KB175706

윌리엄 셰익스피어(1564~1616)

셰익스피어 동상 시카고 링컨공원. 19~20세기

JOHANNES REX :

존 왕(1166~1216, 재위 1199~1216)
존은 친형인 리처드 1세의 뒤를 이어 왕위에 올랐으며, 선대로부터 물려받은 프랑스 지역 땅을 모두 잃었다. 역사적으로 귀족들의 강요에 의해 대헌장에 서명한 것으로 유명하다.

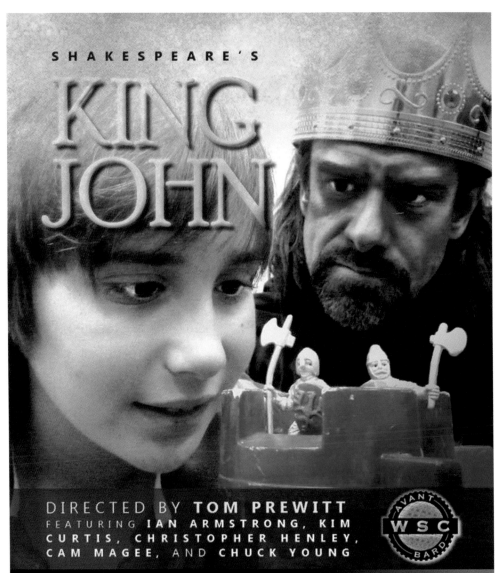

연극 〈존 왕〉 포스터 톰 프레위트 연출, 이안 암스트롱 주연. 2013.

에드워드 3세(1312~1377, 재위 1327~1377)
백년전쟁을 일으킨 왕

《에드워드 3세》 크레시 전투(1346) 백년전쟁 초기인 이 전투에서 영국군은 대승을 거두었다.

연극 〈에드워드 3세〉 에드워드 3세를 연기한 데이빗 린톨 스트렛퍼드 백조극장. 2002.

리처드 2세(1367~1400, 재위 1377~1399)
섬세하고 불안했던 소년왕

《리처드 2세》 리처드 2세를 그린 〈윌튼 두 폭 제단화〉 중 한 폭 1399.
본디 제목은 '성 에드문드·성 에드워드·수호성인 세례 요한의 중재로 성모자를 알현하는 리처드 2세'이다.

《리처드 2세》 리처드 2세의 죽음 프랜시스 휘틀리. 1792.

HENRICVS · ·IIII·

헨리 4세(1367~1413, 재위 1399~1413) 정통성 시비에 시달렸던 왕

《헨리 4세 제1부》 헨리 왕자와 폴스타프 조지 화이팅 플래그. 1834.

《헨리 4세 제2부》 4막 5장에서 헨리 왕자가 왕이 잠든 사이 왕관을 써 보곤 그대로 그것을 들고 나온다. 잠에서 깬 왕은 왕관이 없어진 것을 알고 몹시 놀란다.

헨리 5세(1387~1422, 재위 1413~1422)

〈아쟁쿠르 전투〉 15세기 삽화. 1415년 10월 25일 형세가 달라져 헨리 측에 유리해진다.

영화 〈헨리 5세〉 헨리 5세 역을 케네스 브레너가 연기하는 아쟁쿠르 전투. 1989.

영화 〈헨리 5세〉 로렌스 올리비에 주연. 1945.
로렌스 올리비에는 20세기 셰익스피어 극의 대표적 배우. 옛날 글로브 극장 상연풍경이 재현되어 화제가 되었다.

World Book 282

셰익스피어전집1 [역사극 I]

William Shakespeare

KING JOHN/EDWARD Ⅲ/RICHARD Ⅱ
HENRY Ⅳ PART1/HENRY Ⅳ PART2/HENRY Ⅴ

존 왕/에드워드 3세/리처드 2세
헨리 4세 제1부/헨리 4세 제2부/헨리 5세

셰익스피어/신상웅 옮김

동서문화사

디자인 : 동서랑 미술팀

셰익스피어전집 1 [역사극I]
존왕/에드워드 3세/리처드 2세/헨리 4세 제1부
헨리 4세 제2부/헨리 5세
차례

King John

존 왕

[등장인물]

존 왕 헨리 2세와 엘리너 사이의 다섯 아들 가운데 막내

헨리 왕자 존 왕의 아들

아서 왕위 계승권이 있는, 존 왕의 조카. 브르타뉴 공작

솔즈베리 백작

펨브룩 백작

에식스 백작

비고트 경 노퍽 백작 로버트

휴버트

로버트 팰컨브리지 죽은 로버트 팰컨브리지 경의 아들

서자 로버트의 배다른 형제 필립

제임스 거니 팰컨브리지 부인의 하인

폼프렛의 피터 예언가

필립 프랑스 왕

루이 프랑스 왕자, 존 왕의 조카인 스페인 카스티야 왕국 블랑슈 공주와 결혼

리모주 오스트리아 공작

믈룅 프랑스 백작

샤티옹 존 왕에게 파견된 프랑스 특사

팬덜프 추기경, 로마 교황의 대사

엘리너 대비 존 왕의 어머니, 아키텐의 엘리너.

콩스탕스 아서의 어머니

블랑슈 존 왕의 조카

팰컨브리지 부인 죽은 로버트 팰컨브리지 경의 아내

그 밖에 귀족들, 앙주 시민들, 전령들, 주장관, 수행원들, 병사들, 시종들, 사형집행인들, 나팔수

[장소]

잉글랜드와 프랑스

존 왕

잉글랜드 왕궁.

존 왕, 엘리너 대비, 펨브룩 백작, 에식스 백작, 솔즈베리 백작, 프랑스 대사 샤티옹
등 등장.

존 왕 샤티옹, 프랑스 왕이 원하는 게 무엇이오?

샤티옹 먼저 문안 인사 올립니다. 프랑스 왕의 어명으로, 잉글랜드의 가짜
임금께 아뢰나이다.

엘리너 이상한 칭호로군, 가짜 임금이라니!

존 왕 어머니, 가만히 계시고 대사의 말을 들어보세요.

샤티옹 프랑스의 필립 왕께서는 돌아가신 전하의 형 제프리의 아드님이신
아서 플랜태저넷의 정당한 권리를 지키기 위해, 이 아름다운 섬과 여러 영
지, 즉 아일랜드, 푸아티에, 앙주, 투렌, 멘 등을 당신이 소유하는 것은 부
당하므로 여기서 손을 떼고 어린 조카 아서에게 넘겨주시라는 주장입니다.
아서 공, 그분이야말로 정당한 주권자이시니까요.

존 왕 내가 그것을 거절한다면?

샤티옹 강제로 빼앗아 간 권리를 되찾기 위해서는, 피비린내 나는 격렬한 전
쟁을 일으킬 수밖에는 없습니다.

존 왕 그렇다면 싸움에는 싸움으로, 피에는 피로, 강권에는 강권으로 대하
겠다고 프랑스 왕에게 전하오.

샤티옹 그러시다면 이 대사의 입으로 프랑스 왕의 도전을 받으십시오. 이것
이 제가 가지고 온 마지막 특명입니다.

존 왕 나의 대답을 가지고 무사히 돌아가오. 그러나 그대는 번개처럼 프랑스

로 달려가야 할 거요. 그대의 보고가 끝나기 전에, 천둥 같은 내 대포 소리를 듣게 될 테니. 나의 성난 나팔을 불어 그대 나라가 파멸할 것을 예언하리라. 그대가 잘 호위해서 보내시오, 펨브룩, 샤티옹! 잘 가오. (샤티옹과 펨브룩 퇴장)

엘리너 그것 봐요. 내가 뭐라고 했습니까? 야심가 콩스탕스가 프랑스와 온 세상을 부추겨서 자기 아들의 권리를 주장할 거라고 말하지 않았나요? 콩스탕스가 좀더 우호적으로 협상을 했더라면 잘 해결되었을 텐데, 이제 두 나라는 잔혹한 전쟁으로 결판을 낼 수밖에 없게 되었군요.

존 왕 우리에게는 강력한 군사력과 정당한 권리가 있습니다.

엘리너 (혼잣말로) 왕의 권리보다도 강력한 군사력이 필요하지. 그것을 빼앗기는 날에는, 우리는 끝장이야. 하늘과 너와 나만이 들을 수 있는 말을 나는 너의 귀에 속삭이겠어.

주장관(州長官) 등장.

에식스 전하, 시골 사람들이 듣도 보도 못한 희한한 소송 문제에 대한 전하의 판결을 바라옵니다. 그들을 안으로 들어오게 해도 괜찮으시겠습니까?

존 왕 들어오게 하시오. 이번 원정 비용은 대성당과 수도원들에게 부담시켜야겠소.

로버트 팰컨브리지와 그의 배다른 형 필립 팰컨브리지 등장.

존 왕 너희들은 누구냐?

서자 전하의 백성 팰컨브리지라 하옵니다. 노샘프턴셔에서 태어났으며, 사자심왕 리처드 1세로부터 영광의 기사 칭호를 받은 로버트 팰컨브리지의 맏아들입니다.

존 왕 너는 누구냐?

로버트 지금 저 사람이 말씀드린 팰컨브리지의 상속자입니다.

존 왕 저 사람은 맏아들이고, 또 너는 상속자라고? 그럼, 너희 둘은 배다른 형제인가 보구나.

존 왕을 연기하는 로버트 B. 맨텔

서자   한 어머니의 자식입니다, 전하. 이건 틀림없는 사실이며, 아버지도 확실
히 한 아버지입니다. 그러나 진실을 알기 위해 하늘과 제 어머니에게 물어
봐 주소서. 저도 매우 의심스럽습니다. 사람의 자식이라면 모두 그러할 것입
니다.

엘리너   무엄한 사람! 어서 말을 해보아라. 너는 쓸데없는 의심을 품어 네 어
미를 모욕하고, 그 명예를 더럽히는구나.

서자 제가요? 아닙니다. 제가 어디 그럴 리가 있겠습니까? 그것은 제 동생의 주장이며, 결코 저의 주장은 아닙니다. 동생에게 물어보소서. 어째서 저의 연수입인 5백 파운드를 빼앗으려는지 물어보시옵소서. 하늘이여, 어머니의 명예와 저의 땅을 지켜주소서!

존 왕 솔직한 자로군. 저자는 동생이라면서 왜 너의 상속 재산을 요구하느냐?

서자 저도 모릅니다. 저의 관심은 땅뿐이니까요. 그러나 동생은 저를 사생아라 헐뜯고 다녔습니다. 제가 정당하게 태어났는지 아닌지를, 제 어머니가 알려주기 전에는 제가 어찌 알겠습니까? 전하, 하지만 저는 분명히 제 부모의 정당한 뼈와 피를 이어받은 사람입니다. 저희들의 모습을 비교해 보시고 판단을 내려주소서. 만일 로버트 경이 저희들을 다 낳고, 저기 있는 아들이 아버지를 닮았다면, 아버지이신 로버트 경, 제가 당신을 닮지 않은 것을 하늘께 감사드립니다.

존 왕 하늘은 어째서 이런 분별 없는 인간을 보내주셨던가!

엘리너 저자는 어딘가 세상 떠나신 리처드 1세를 닮은 데가 있군요. 그의 말투도 꼭 같고, 그의 큰 체격이 내 아들 리처드 1세와 비슷하지 않나요?

존 왕 저도 저자의 모습에서 형님과 비슷한 점을 찾았습니다. (로버트를 바라보며) 어찌하여 너는 형의 땅에 대한 소유를 주장하느냐?

서자 (가로막으며) 저자는 얼굴의 반이 아버지를 닮았기 때문입니다. 그 닮은 얼굴 때문에, 저의 땅 모두를 갖겠다는 것입니다. 연수입 5백 파운드를 말입니다.

로버트 존귀하신 전하! 제 아버지가 살아 계실 때, 전하의 형님이신 선왕 리처드 1세께서는 제 아버지를 남달리 총애하셨나이다.

서자 설령 그렇다고 해도 그것을 내세워서 제 땅을 가져갈 수는 없습니다. 제 어머니를 매우 총애하셨다면 몰라도.

로버트 일찍이 아버지를 독일의 대사로 보내신 일도 있었습니다. 독일 황제와 그즈음 매우 중요한 사건을 처리하기 위해서였습니다. 아버지가 집에 없는 틈을 타서, 전하께서는 저희 집을 방문하셨습니다. 그때 무슨 일이 있었는지는 저로서는 부끄러워 말씀조차 아뢸 수 없습니다. 하지만 사실은 사실이니까요. 제 아버지와 어머니 사이에는 크나큰 바다가 가로놓여 있었습니다. 아버지 말에 따르면, 이 덩치 좋은 자는 그렇게 해서 생겼다 합니다. 제 아버지는 임종 때 아주 엄숙하게, 그의 땅을 모두 제게 물려주겠다고 유언하셨습니다. 이자는 어머니의 아들이지, 아버지의 아들이 아니라고 말씀하셨습니다. 만일 아버지의 아들이라면, 14주일이나 일찍 세상에 나온 셈이라고 했습니다. 그러니 전하, 제가 아버지의 유언대로 제 땅을 갖게 해주소서.

존 왕 여봐라, 네 형은 네 아버지의 정당한 아들이니라. 네 아버지의 아내는 결혼 뒤에 저 사람을 낳았으니, 어머니가 부정한 짓을 했다 해도 그것은 그녀의 실수이다. 그런 실수는 아내를 둔 남편들이라면 누구나 겪을 수 있는 위험이다. 한 가지 물어보겠다. 내 형 리처드가 이 사람의 친아버지라면, 어떻게 네 아버지의 아들이 되었는지 말이다. 법에 따르면, 증거가 없는 한 남편은 아내의 자식을 자기 자식이 아니라고 주장할 수 없느니라. 네 아버지는 무슨 일이 있든, 이렇게 얻은 송아지는 제 암소에게 젖을 먹여 기르게 해야 하는 것이다. 그렇게 해야 하고말고. 그러나 네가 말한 대로 내 형님인 선왕의 아들이라고 하자. 그렇다 해도 내 형님은 자기 아들이 아니라고 할 수도 있지만, 네 아버지는 그것을 거절할 수 없다. 그러니 내 형님은 네 아버지의 상속자를 낳았으며, 네 아버지의 상속자는 네 아버지의 땅을 마땅히 소유해야 하느니라.

로버트 그러면 제 아버지의 유언은 아들도 아닌 아들 때문에 효력을 잃는 것입니까?

서자 (혼잣말로) 그렇다. 날 낳는 데 있어 멀리 계신 그분의 뜻이 효력이 전혀 없는 것이니 말이야.

엘리너 네 동생과 함께 너는 팰컨브리지의 아들이 되려느냐, 아니면 네가 닮은 리처드의 명망 있는 아들이 되어 땅을 포기하겠느냐?

서자 대비마마! 제 동생이 저와 비슷하고, 제가 리처드 왕과 비슷하다면, 로버트 경도 저 아이처럼 리처드를 닮았을 것이옵니다. 또 만일 저의 두 다리가 저렇게 젓가락 같고, 제 팔이 저렇게 뱀 가죽 같으며, 제 얼굴이 저렇게 달랐다면 저는 감히 장미꽃을 제 귀에 꽂고 다니지도 못할 겁니다. 그런 몰골로 모든 땅을 상속받느니 차라리 그 자리에서 죽는 게 낫습니다.

엘리너 네가 맘에 드는구나. 너는 네 땅을 동생에게 주고, 날 따르지 않겠느냐? 나는 군인이며, 곧 프랑스로 전쟁을 하러 갈 거다.

서자 동생, 내 땅을 가져라. 나는 내게 온 행운을 잡겠다. 너는 그 얼굴로 연수입 5백 파운드를 얻게 됐지만 얼굴값은 5펜스짜리도 못 돼. 대비마마, 죽을 때까지 모시겠나이다.

엘리너 (농담조로) 천만에! 죽을 때는 네가 나보다 앞서 가거라.

서자 저희 지방 예의범절에 따라 높으신 분에게 먼저 양보하겠나이다.

존 왕 네 이름은?

서자 전하, 필립이라 합니다. 성은 붙이지 않고 그저 필립이라고 불리나이다. 로버트 경 부인의 맏아들 필립이라고요.

존 왕 이제부터는 네가 닮은 그분의 성을 따르거라. 필립, 무릎을 꿇어라. 몸을 일으킬 때에는 훨씬 높은 사람이 되어라. (필립이 무릎을 꿇는다. 존 왕은 그를 기사로 임명하면서 그의 어깨를 자신의 칼로 가볍게 두드린다) 자, 일어나라 리처드 플랜태저넷 경.

서자 어머니 쪽 동생인 로버트, 손을 다오. 너의 아버지는 너에게 땅을 물려주었고, 나의 아버지는 내게 명예를 물려주셨다. 로버트 경이 집을 비웠을 때 내가 태어나게 된 그 시간, 그 밤, 그 낮에 축복이 있기를!

엘리너 플랜태저넷의 기개와 어찌 그리 닮았느냐. 난 너의 할머니다. 그렇게 불러라.

서자 그건 우연이며, 정식은 아닙니다. 그러나 무슨 상관이 있겠습니까? 정도를 조금 벗어나 들창이나 창문 너머로 들어간 셈이지요. 어쨌든 플랜태저넷임에는 틀림없습니다. 대낮이 안 되면 밤에라도 다니는 거지요. 어떻게 얻었든지 손에 쥔 것은 쥔 것이지요. 가깝든지 멀든지 과녁을 맞혔으면 된 것이고, 제가 어떻게 태어났든지 저는 저인 것입니다.

존 왕 (로버트 팰컨브리지에게) 물러가거라, 팰컨브리지. 너의 바람은 이루어졌다. 영토 없는 기사 덕분에 토지를 소유한 지주가 되었구나. 어머니, 어서 가시지요. 리처드, 우린 프랑스로 가야 한다. 어서 서둘러라.

서자 동생아, 잘 가라. 행운을 빈다. 넌 운 좋게도 정당하게 태어났으니. (그만 남고 모두 퇴장) 이제 난 작위(爵位)를 가지게 되었지만 땅은 얼마나 줄었는지 몰라. 그러나 어떤 시골 처녀도 귀부인으로 만들어 줄 수 있다. 사람들은 날보고 "안녕하십니까, 리처드 경!"이라고 인사할 테고, 그럼 나는 뽐내

존 왕 "필립, 무릎을 꿇어라, 몸을 일으킬 때에는 훨씬 높은 사람이 되어라."

면서 "응, 잘 있었나!"라고 대답하겠지. 그자의 이름이 조지라면 피터라고 불러주는 거야. 거의 귀족이 되면 남의 이름을 잊어버리기 일쑤니까. 보석상이 된 자가 너무 사교적이면 권위가 서지를 않는단 말야. 국왕 전하가 주최하는 연회에 참석한 외국 손님이 사치스럽게 이쑤시개로 이를 쑤실 때, 이 기사님도 배가 차면 이쑤시개로 이를 쑤시고는 입맛을 다시는 거야. 시골에서 데리고 온 사람에게 이렇게 한바탕 훈계도 해야지. 몸을 반쯤 누인 채로 "여보게!"라고 불러보는 거야. "부탁이 있네만"이라고 시작을 해야지. 그러면 그자는 마치 학교 교과서에 나오는 것 같은 대답을 할 거다. "나리, 명령만 하소서." 그럼 나는 "아니오, 이쪽이 오히려"라고 답해 주기로 하지. 어떻게 대답해야 할지 몰라 상대가 당황스러워할 때 알프스나 아펜니노산맥이 어떻고, 피레네산맥과 포강 등이 어떠한지 이야기를 하는 동안 만찬은 거의 끝나가겠지. 이 고매한 사회는 나 같은 야심가에게 딱 맞아. 아첨꾼도 있어야 시대에 뒤처진 사생아가 되지 않는 거야. 내가 아첨을 하건 안 하건 어쨌든 난 철저한 사생아야. 겉으로나 안으로나 사람들을 속이고 살아야 해. 그래야만 내가 남에게 속지 않지. 사람들은 모두 나를 속이려고 할 테니 말야. 그런데 누가 승마복을 입고 달려오는 걸까? 저렇게 급히 말을 달려오는 부인은 누구지? 그 앞에서 나팔을 불어줄 남편도 없군.

팰컨브리지 부인과 제임스 거니 등장.

서자 아니, 어머니잖아! 어머니, 이 궁전에는 무슨 일로 그리 급히 오시죠?

팰컨브리지 부인 네 동생 그 못된 놈은 지금 어디 있느냐? 내 체면과 명예를 깎고 다니는 그 놈이 어디 있느냐 말이다.

서자 제 동생 로버트 말씀입니까? 돌아가신 로버트 경의 아들 말씀이시죠? 거인 콜브랜드 못지않은 사람이요. 어머니가 찾으시는 것은 로버트 경의 아들이죠?

팰컨브리지 부인 그래, 로버트 경의 아들 말이다. 너의 그 불경한 동생, 로버트 경의 아들 말이다. 그런데 넌 왜 로버트 경을 비웃느냐? 그 아이도 너도 로버트 경의 아들인데 말이다.

서자 제임스, 잠시 자리 좀 피해 주게.

거니 그렇게 하겠습니다, 필립 도련님.

서자 필립 참새라고 불러라, 제임스. 세상에는 알아둘 일들이 있는 법이지. 내가 곧 알려줄게. (거니 퇴장) 어머니, 저는 로버트 경의 아들이 아니었습니다. 로버트 경은 성금요일에, 제 몸에 있는 그 귀족의 몫을 찾아 드시려 했다면 단식을 할 수밖에 없었어요. 성모 마리아께 맹세코, 그분이 저를 만들 수 있었을까요? 로버트 경은 못 했을 겁니다. 우리는 그분의 재주를 알아요. 그러니 어머니, 저에게 이 팔다리를 주신 분이 누구인가요? 로버트 경은 이 다리를 만드는 데 조금도 거들지 않았습니다.

팰컨브리지 부인 너도 네 동생과 한패가 되었느냐? 너의 몫을 지키기 위해서라도 나의 명예를 지켜주어야 하지 않느냐? 어째서 말도 안 되는 소리만 늘어놓느냐, 이 엉뚱한 놈아!

서자   저는 기사예요, 어머니! 기사라고요. 당당하게 작위를 받은 기사란 말입니다. 버젓이 이 어깨에 지니고 있다고요, 어머니! 저는 로버트 경의 아들이 아니에요. 로버트 경과의 관계를 끊고 땅도 포기했어요. 정당한 아들로서의 신분도, 가문의 이름도 다 버렸어요. 어머니, 이젠 제 친아버지가 누군지 가르쳐 주세요. 점잖은 사람이길 바라는데, 누구죠?

팰컨브리지 부인   팰컨브리지 집안 사람이라는 사실을 부인했단 말이냐?

서자   악마를 부인하듯이 진심으로 버렸습니다.

팰컨브리지 부인   리처드 사자왕이 바로 너의 아버지셨다. 오랫동안 계속된 끈질긴 구애에 못 이겨 내 남편의 침대를 그분에게 내드렸다. 하느님, 저의 죄를 나무라지 마소서. 내가 지은 죄의 결과(자식)가 바로 너란다. 그 때문에 나는 심한 비난도 받았었다.

서자   어머니! 이 태양 아래 그분보다 더 훌륭한 아버지는 없습니다. 이 땅 위에서는 용서받을 만한 죄도 있는 것입니다. 어머니가 지은 죄도 그런 것 가운데 하나입니다. 그게 어머니의 잘못은 아니니까요. 왕의 명령으로 사랑을 요구하시는데, 어찌 백성의 도리로서 정성을 다해 복종하지 않을 수 있습니까? 두려울 게 없는 사자도 바로 리처드 왕에게 심장을 빼앗겼다지 않습니까? 사자의 심장도 빼앗아 가시는 분인데, 연약한 여인의 마음이야 쉽게 가져가실 수 있었겠지요. 어머니, 저는 진심으로 제 아버지께 감사드립니다. 누가 감히 어머니한테 잘못을 저질렀다고 말하나요? 제가 가만두지 않겠습니다. 어머니, 저의 친척들을 만나보세요. 그들은 이렇게 말할 겁니다. 리처드 왕께서 저를 잉태하게 할 때 어머니가 거절했더라면 그것이야말로 큰 죄가 되었을 거라고요. 그것이 죄가 아니라고 말할 때, 과연 누가 거짓말이라고 탓할 수 있을까요? (모두 퇴장)

〔제2막 제1장〕

프랑스 앙주 시(市) 앞.
한쪽에서는 군대를 거느린 프랑스 왕 필립, 왕자 루이, 존 왕의 형인 제프리의 아내인 콩스탕스와 아들 아서, 시종들 등장. 다른 쪽에서는 사자의 가죽을 쓴 오스트리아 리모주 공작이 군대를 이끌고 등장.

루이   다행히도 앙주 시 앞에서 이렇게 만나게 되어 매우 기쁩니다. 아서 공, 자네의 위대한 숙부이신 리처드 선왕께선 일찍이 사자의 심장을 끄집어 내셨고, 팔레스타인 성전(聖戰)에서 용감히 싸우시다가, 이 용감한 공작의 손에 일찍 세상을 떠났다. 이제 공작은 리처드 왕의 후손에게 보상을 하기 위해, 그러니까 아서 공 자네를 위해 군대를 일으켜 여기까지 오게 되었네. 이것은 자네의 권리를 빼앗아 간 불의한 숙부, 잉글랜드의 존을 치기 위한 것이다. 그러니 공작을 반갑게 맞아주게. 그를 안아주고 사랑해 주게.

아서   사자왕 리처드를 죽인 당신의 죄를 하느님은 용서해 주실 것입니다. 당신은 그의 후손을 살리기 위해 전쟁의 날개로 그의 권리를 감싸주시니까요. 비록 당신을 환영하는 이 손은 힘이 없으나, 거짓 없는 순수한 사랑을 드립니다. 대공, 이 앙주 시 성문 앞에서 진심으로 당신을 환영합니다.

루이   고귀한 소년이여! 그 누가 그대를 도와주지 않겠소?

오스트리아 공작   (아서에게) 그대에 대한 사랑을 맹세하며 그 증거로서, 이렇게 그대 뺨에 열렬한 키스를 남기오. 맹세하건대 그대를 위해 앙주 시를 돌려주고, 그 밖에 잉글랜드가 빼앗아 간 프랑스에 있는 그대의 소유지를 다시 찾기까지는 고국으로 돌아가지 않겠소. 뿐만 아니라 잉글랜드의 남쪽 해안, 분노하는 거센 파도의 바다에 둘러싸여 외국의 침략을 받아본 적 없다고 자부하는 잉글랜드의 서쪽 저 끝에 사는 주민들까지 그대를 왕이라 부를 때까지 나는 돌아가지 않고 그대를 위해 싸우겠소.

콩스탕스   오, 그의 어머니의 감사를, 과부의 감사를 받아주소서. 대공의 강하신 손이 그 아이에게 힘이 될 수 있도록 도와주시어, 당신의 사랑에 좀더 큰 보상을 할 수 있게 하소서.

오스트리아 공작   하늘의 평화는 정의와 자비를 위한 이러한 전쟁에서, 칼을 드는 사람에게 도움을 주실 것이오.

프랑스 왕   자, 이제 전투를 시작한다. 이 반항의 도시를 향해서 대포의 방향을 잡아라. 노련한 책략가들만을 골라 유리한 전략을 세우게 하라. 이 소년을 이 시의 군주로 세우기까지는, 우리 왕족들의 뼈를 이 앞에 묻어도 좋고 프랑스 사람들의 피를 밟아도 좋으니, 성공할 때까지 끝까지 싸우리라.

프랑스 왕 "부인이 희망하신 대로, 우리의 특사 샤티옹이 놀랍게도 때마침 도착했군요."

콩스탕스 전하의 특사 샤티옹이 답신을 가져올 때까지 기다려 주십시오. 부주의하여 전하의 칼을 피로 물들이지 않게 하소서. 우리가 전쟁을 서두르는 동안 평화로운 해결책을 샤티옹 경이 잉글랜드로부터 가져온다면, 부당하게 흘린 우리의 피 한 방울 한 방울에 대해 깊은 후회를 남길 터이니 기다리심이 옳은 줄로 압니다.

샤티옹 등장.

프랑스 왕 부인이 희망하신 대로, 우리의 특사 샤티옹이 놀랍게도 때마침 도착했군요. 잉글랜드에서 뭐라고 했는지 간단히 말해 주오. 냉정히 기다리겠소, 샤티옹 경!

샤티옹 이 하찮은 도시에서 포위를 풀고, 좀더 대대적인 전쟁 준비를 하셔야
겠습니다. 잉글랜드는 전하의 정당한 요구에 오히려 화를 내고, 전쟁을 위
한 무장을 하였나이다. 제가 역풍 때문에 출항을 지체하였기에, 이미 잉글
랜드군은 저와 같은 시간에 상륙했다 합니다. 그들은 이 시로 서둘러 행군
해 오고 있습니다. 잉글랜드군은 강하고, 병사들은 자신감에 넘쳐 있습니
다. 존 왕과 함께 오는 사람으로는, 왕을 들쑤셔서 피를 흘리는 분쟁을 일으
키게 한, 악행과 망상, 파괴와 어리석음을 상징하는 여신인 아테라고 불리
는, 왕의 어머니가 있습니다. 그 조카 스페인의 블랑슈 공주도 따르고 잉글
랜드 사자왕의 서자 필립도 따라오고 있습니다. 그 밖의 모든 무뢰한들, 경
솔하고 혈기왕성한 지원군들, 얼굴 생김새는 여자인데 사나운 용처럼 화를
잘 내는 온갖 무리들이 고향의 재산을 팔아 여기에서 새로운 행운을 얻고
자 우쭐대고 떠나왔습니다. 다시 말씀드리면 지금 잉글랜드 군대처럼 용맹
한 정예 부대들을 가득 실은 군함이 그리스도교 국가를 치기 위해 바다를
항해한 일은 일찍이 없었을 것입니다. (요란한 북소리) 저 무례한 북소리 때
문에 더 상세한 설명을 아뢸 수가 없습니다. 그들은 눈앞에 와 있습니다. 담
판을 짓든지, 전쟁을 시작하든지, 이쪽에서도 모든 준비를 철저히 해야 합
니다.

프랑스 왕 이렇게 갑자기 쳐들어오다니!

오스트리아 공작 뜻밖의 일을 당했으니, 우리는 더 힘을 내어 막아내야 합니
다. 위급한 때일수록 용기는 더 커지는 법이니까요. 그들을 맞이합시다. 준
비는 되었습니다.

존 왕, 엘리너 대비, 존 왕의 조카딸 블랑슈, 서자 및 귀족들, 병사들 등장.

존 왕 프랑스가 조상으로부터 내려온 우리의 정당한 권리와 소유를 인정한
다면 프랑스에 평화가 있기를 바랍니다. 만일 인정하지 않는다면 프랑스는
피를 흘리고, 평화는 하늘로 날아가 버릴 것이오. 신의 성난 대리인으로서
우리는 프랑스의 오만한 모욕을 처벌하겠소.

프랑스 왕 잉글랜드군이 프랑스로부터 그대로 철수하여 평화롭게 그곳에서
살아간다면 잉글랜드에 평화가 있을 것입니다. 우리는 잉글랜드를 사랑하

오. 우리가 이렇게 갑옷을 입고 땀을 흘리는 것도 잉글랜드를 위해서입니다. 이런 고초는 마땅히 당신이 겪어야 할 일이오. 그러나 당신은 잉글랜드를 사랑하기는커녕 잉글랜드의 정당한 왕을 끌어내리고, 계승권이 있는 어린 왕을 핍박하여 왕관을 더럽혔습니다. (아서를 가리키며) 여기 당신의 형님 제프리의 모습을 살펴보십시오. 제프리를 꼭 빼닮은 이 눈과 이마를. 아서는 그 아버지 제프리를 그대로 작게 줄여놓은, 곧 시간의 손길로 앞으로 완전히 성인이 될 사람입니다. 그 제프리는 당신의 형이었고, 여기 아서는 그의 아들입니다. 잉글랜드는 제프리의 것, (존 왕이 쓰고 있는 왕관을 가리키며) 그 왕관은 제프리의 것입니다. 그런데 어떻게 당신이 스스로를 잉글랜드의 왕이라 부를 수 있습니까? 당신이 빼앗은 그 왕관을 이어받아야 할 그의 관자놀이에 아직 맥박이 뛰고 있는데 말입니다.

존 왕 프랑스 왕, 이렇게 하나하나 따져가며 날 심문할 권한은 누구한테서 받았소?

프랑스 왕 정의에 금이 가고 흠집이 생겼을 때, 이를 꿰뚫어 보고 바르게 심판하시는 하늘에 계신 저 위대한 심판관의 권력에 따른 것입니다. 그 엄숙하신 심판관이 내게 이 어린 소년을 보호하라고 명하신 것입니다. 그분의 명령에 따라 그대의 잘못을 꾸짖는 것입니다. 또한 그의 힘으로 당신을 벌하도록 돕는 것입니다.

존 왕 아! 당신이야말로 권력을 찬탈한 자요.

프랑스 왕 천만에! 이것은 찬탈자를 치기 위한 것이오.

엘리너 당신이 찬탈자라고 하는 건 누구를 말하는 거요, 프랑스 왕?

콩스탕스 내가 대답하지요. 바로 당신의 아들입니다.

엘리너 이 무엄한 것! 네가 낳은 사생아를 왕으로 앉혀놓고, 넌 여왕이 되어 세상을 다스리겠다는 거로구나.

콩스탕스 당신이 당신의 남편에게 충실했던 것처럼, 나도 아이 아버지인 제프리에게 충실했어요. 존이 당신을 닮은 것 이상으로 이 아이는 자기 아버지를 꼭 닮았어요. 당신들은 마치 비와 물을 보듯, 악마가 어미 악마를 닮은 것과 같군요. 내 아이가 사생아라고요? 그렇다면 제프리도 당신이 정당하게 낳은 아들이 아니지요. 그리고 제프리는 당신의 아들이 될 수가 없어요.

엘리너 (아서에게) 아서야, 네 아비를 모독하는 저 것이 네 어미라는 여자다.

콩스탕스 너를 모욕하는 저분이 바로 너의 할머니시다.

오스트리아 공작 조용히들 하시오!

서자 법정 호출꾼의 소리를 들으시오!

오스트리아 공작 넌 도대체 뭐냐?

서자 너와 악마놀이를 할 분이시다. 할 수 있다면 너의 껍질도 벗겨주지. 너는 말 그대로, 죽은 사자의 수염을 잡아당겨 용맹을 뽐냈다는 토끼처럼 될 거야. 어디 잡기만 하면, 그 껍질을 벗길 테니 조심해. 난 한다면 하고 말 테니까.

블랑슈 아, 저 껍질은 살아 있는 사자에게서 손수 가죽을 벗겨내셨다는 그분에게 아주 잘 어울릴 거예요.

서자 헤라클레스가 사자 가죽을 노새 등에 씌운 것처럼 지금 멋지게 등에 메고 있는 거죠. 하지만 이 멍청아, 내가 그 짐을 덜어주지. 그렇지 않으면 너의 등이 부러질 테니까.

오스트리아 공작 큰소리를 치며 시끄럽게 구는 저자는 누구냐?

프랑스 왕 왕자, 우리가 당장 해야 할 일을 결정하라.

루이 모두들 입씨름은 이제 그만하시오. 존 왕이시여, 결론적으로 잉글랜드, 아일랜드, 앙주, 투렌, 멘은 아서의 소유임을 당신에게 선언하오. 그것들을 포기하고 군대를 철수하지 않겠습니까?

존 왕 차라리 내 목숨을 버리리다. 프랑스 왕! 거절하겠소. 브르타뉴의 아서야, 내게 오너라. 저 비겁한 프랑스 왕 곁에 붙어 있을 때보다 더 많은 것을 너에게 주겠다. 꼬마야, 항복해라.

엘리너 자, 너의 할머니에게 오너라.

콩스탕스 아서, 할머니에게 가거라. 왕국을 할머니께 드리면 할머니는 자두, 버찌, 무화과를 네게 안겨주실 거다. 참 좋은 할머니이시구나.

아서 (울면서) 제발 가만히 계세요, 어머니! 전 무덤에라도 들어가고 싶어요. 저 때문에 이렇게 다투실 필요는 없습니다.

엘리너 가엾기도 해라. 어미 때문에 부끄러워서 저렇게 우는구나.

콩스탕스 다른 이야 어떻든 상관 말고 스스로 부끄러운 줄 아세요. 이 아이 눈에서 진주 같은 눈물이 흐르는 것은, 어미 때문이 아니라 할머니가 잘못을 저질렀기 때문이에요. 하늘은 저 수정 같은 눈물의 대가로 이 아이에게 정의를, 당신에게는 복수를 내려주실 거예요.

엘리너 하늘과 땅을 모독하다니, 어처구니가 없구나!

콩스탕스 하늘과 땅을 해치는 것은 바로 당신입니다! 내가 모독하다니요? 당신과 당신 아들이야말로 이 불쌍한 아이의 영지와 왕위와 정당한 권리를 빼앗아 갔어요. 이 아이는 당신 맏아들의 아들이에요. 오직 당신 때문에 이 아이는 불행해진 거예요. 당신이 지은 죄로 이 아이가 벌을 받고 있으니까요. 거룩한 율법에 따라, 당신이 잉태한 모체에서 아직 2대밖에 되지 않았는데도 당신이 받아야 할 벌이 이 아이에게 내려진 겁니다.

존 왕 미친 것, 그만하지 못해!

콩스탕스 이 말은 꼭 해야겠습니다. 이 아이가 괴로운 까닭은 할머니의 죄 때문만이 아니라, 하느님은 할머니의 죄와 그 죄악의 자식이 함께 그 손자에게 고통을 주게 하시는 겁니다. 그렇게 해서 그 아이는 할머니의 죄로 고통받고, 할머니가 받는 벌로도 고통을 받게 되는 것입니다. 이 모든 저주가 다 이 아이에게로 내려졌단 말입니다. 그녀에게 저주를!

엘리너 무엄하구나! 나는 네 아들의 자격을 박탈할 유언장도 쓸 수가 있다는 걸 알아둬!

콩스탕스 물론 알고말고요. 누가 그걸 의심하겠어요? 유언 말입니다! 아주 사악한 유언을요! 한 여인의 유언, 심술궂은 할머니의 유언장!

프랑스 왕 조용하시오, 부인. 그만하시든지, 감정을 좀 가라앉히든지 하세요. 이렇게 서로 욕이나 퍼붓는 논쟁을 옆에서 가만히 듣고 있을 수만은 없군요. 자, 나팔수를 불러라. 나팔을 불어 앙주 시민들로 하여금 성 위에 오르게 하라. 그들에게 아서와 존 왕 가운데 누구를 정통의 왕으로 생각하는지 의견을 들어보겠다.

나팔 소리. 시민 몇 사람 성 위에 등장.

시민 우리를 성 위에 불러낸 것은 누구시오?

프랑스 왕 프랑스 왕이 잉글랜드를 위해 불러낸 것이오.

존 왕 아니, 잉글랜드 왕이 잉글랜드를 위해 불렀소. 앙주 시민 여러분, 그리고 나의 사랑하는 백성들이여.

프랑스 왕 앙주 시민 여러분, 그리고 아서의 백성들이여, 나의 나팔이 그대들을 불렀소.

존 왕 우리 모두의 이익을 위한 것이오. 내 말을 먼저 들어보시오. 지금 여러분의 시 앞에 이렇게 나부끼는 프랑스 깃발들은, 당신들을 쓰러뜨리기 위한 것이오. 그들의 대포는 분노의 탄알로 잔뜩 채워져, 언제든지 앙주 시를 향해 쏠 수 있게 준비돼 있소. 프랑스군은 잔혹한 포위 작전 태세를 갖추고 닫혀 있는 앙주 성문을 향해 잔인하게 쳐들어가려 하오. 우리 잉글랜드군이 도착하지 않았다면, 여러분의 도시를 허리띠처럼 둘러싼 고요한 성벽은 프랑스군에게 포위당했을 거요. 지금쯤 그들은 대포를 세차게 쏘아대며 이 도시를 위협하고 무참히 파괴했을 것이오. 그리하여 평화로운 이 성을 피에 굶주린 프랑스군이 폐허로 만들었을 거요. 하지만 여러분의 정당한 왕인 나는, 이 급한 소식을 듣고 여러분을 구하기 위해 재빨리 대군을 이끌고 직접 온 것이오. 보시오, 깜짝 놀란 프랑스군은 이제 담판에 응하고 있소. 이제는 이 앙주성을 불에 휩싸인 포탄으로 공격하여 성벽을 흔들어 부수기보다는, 부드러운 말을 쏘아대어 여러분의 귀를 농락하려 하고 있소. 친절한 시민들이여, 여러분의 국왕인 날 어서 맞이해 주오. 서둘러 대군을 이끌고 오느라 지금 나는 매우 지쳐 있소. 문을 열고 들어가 쉬게 해주오.

프랑스 왕 나의 말을 듣고 나서 우리 두 사람에게 대답해 주오. 보시오, 나의 오른쪽에 계신 이분은 (아서의 손을 쥐고 들어 보인다) 플랜태저넷의 어린 공자 (公子)이시며 이분 (존 왕을 가리킨다) 형님의 아들이시오. 이분이 어린 공자의 권리를 빼앗아 누리기에, 우리는 그의 권리를 도로 찾아주기 위해 하늘에 맹세코 이렇게 앙주 시 앞에 군대를 이끌고 와 있을 뿐 여러분에 대한 적의는 조금도 없소. 오직 학대받는 어린 왕자를 구하기 위한 것뿐이오. 여러분은 진정한 소유권자에게 의무와 충성을 다할 수 있게 되기를 바라오. 이 어린 왕자께 말입니다. 그렇게만 되면 우리 군대는 재갈 물린 곰처럼, 보기에는 사납지만 순순히 모든 공격을 그만두겠소. 우리의 대포는 아무도 상처 입지 않도록 허공의 구름에 대고 쏘아버리지요. 그리고 축복과 행운만을 기원하며 칼날이 상하지 않은 채, 투구는 우그러지지 않은 채, 피 한 방울 흘리지 않고 돌아가리다. 그러면 여러분 아내와 자식들은 평화롭게

존 왕 "잉글랜드 왕이 잉글랜드를 위해 불렀소. 앙주 시민 여러분, 그리고 나의 사랑하는 백성
들이여."

지낼 수 있을 겁니다. 그러나 여러분이 우리의 호의를 거절한다면, 여러분
을 둘러싼 낡은 성벽은 우리들 전쟁의 사자로부터 그대들을 막아줄 수 없
을 것이오. 잉글랜드군이 그 성벽을 아무리 정예 부대들로 호위를 한다 해

도 소용없을 것이오. 여러분은 지금 내가 말한 대로 우리를 환영하겠소? 그렇지 않으면 전쟁의 신호를 울려, 피로써 우리의 소유권을 주장하게 할 것이오?

시민 1 우리는 잉글랜드 왕의 백성입니다. 잉글랜드 왕을 위해서, 또 그의 권한으로 이 도시를 지키겠소.

존 왕 그렇다면 잉글랜드 왕이 왔으니, 나를 성안으로 맞아들여라.

시민 1 그럴 수는 없습니다. 국왕임을 증명하는 분께 충성을 다하겠습니다. 그것이 증명될 때까지는 이 문을 세상으로부터 굳게 닫아두겠습니다.

존 왕 이 왕관이 증명할 수 없단 말인가? 그렇다면 증인들을 데리고 오지. 잉글랜드 태생의 3만 정예 부대를……

서자 (혼잣말로) 사생아들과 그 밖에 다른 출신들도 포함해서.

존 왕 그들의 목숨을 걸고 나의 권리를 찾으리라.

프랑스 왕 숫자로 보나, 신분으로 보나, 우리도 그에 못지않은 용사들이…….

서자 (혼잣말로) 사생아도 있지.

프랑스 왕 그의 주장을 반박하기 위해 그의 눈앞에 서 있다.

시민 1 어느 쪽 주장이 정당한지 증명할 수 있을 때까지 어느 분에게도 복종할 수 없습니다.

존 왕 그렇다면 신이여, 우리 왕국의 정당한 왕을 증명하기 위한 치열한 싸움에서 영원한 집으로 돌아가는 자들의 죄를 용서하소서.

프랑스 왕 아멘, 아멘! 기마병들은 말에 오르라! 모두 무장하라!

서자 용을 후려갈긴 뒤로 여관 간판이 되어 말 등에 타고 있는 조지 성인이시여, 그 솜씨를 우리에게도 가르쳐 주십시오. (오스트리아 공작에게) 이봐, 암사자와 함께 있는 너의 동굴에 내가 갔었더라면, 그 사자 머리 위에 황소 대가리를 씌워 마누라를 빼앗긴 남편 꼴이 어떤지 보여주었을 텐데.

오스트리아 공작 그만해!

서자 오, 사자 소리가 들리니 그렇게 떨고 있어라.

존 왕 (병사들에게) 자, 좀더 높은 곳으로 올라가 가장 적당한 지점에 병사들을 배치하라!

서자 서두르셔서 야전에서의 전략상 요충지를 차지하셔야 합니다.

프랑스 왕 (병사들에게) 그렇다면 우리는 저쪽 다른 언덕에 진을 치자. 신과 정

의는 우리 편이다! (존 왕 무리와 좌우로 나뉘어 퇴장)

프랑스 전령, 나팔수와 함께 성문 앞에 등장.

프랑스 전령　앙주 시민들이여, 성문을 활짝 여시오! 잉글랜드의 공작, 어린 아서 전하를 맞이하시오. 오늘날 프랑스군의 손은, 수많은 잉글랜드군을 땅에 쓰러뜨려 피를 흘리게 했고, 이 때문에 수많은 어머니들이 눈물을 흘렸소. 또한 수많은 과부의 남편들이, 붉게 물든 차가운 땅을 껴안고 있소. 이렇게 승리는 프랑스에 손실을 거의 입히지 않은 채, 프랑스 군기와 더불어 휘날리고 있소. 이제 프랑스군은 승리의 입성을 할 것이며, 아울러 브르타뉴의 아서 공을 잉글랜드의 국왕으로, 또 이 앙주 시민의 왕으로 선언하오.

잉글랜드군 전령, 나팔수와 함께 등장.

잉글랜드 전령　앙주 시민들이여, 기뻐하시오! 종을 울리시오! 여러분의 왕, 또 잉글랜드의 왕이신 존 왕이 곧 입성하십니다. 이 불행한 날의 사령관이신 그분이 곧 오십니다. 그들의 은빛 갑옷과 투구는 프랑스군의 피로 물들었소. 그러나 프랑스군의 창은 잉글랜드군 투구에 달린 깃털 하나도 건드리지 못했소. 우리 편의 군기는 싸움이 시작될 때 들고 나갔던 자의 손이 그대로 들고 개선을 했으며, 또 씩씩한 사냥꾼 무리같이 우리 잉글랜드군의 손은 창에 찔린 적군의 피로 붉게 물들었소. 자! 어서 성문을 열고, 오늘의 승리자들을 맞아들이시오.

시민 1　전령들이여, 저희들은 탑 위에서 싸움을 처음부터 끝까지 다 지켜보았습니다. 공격과 후퇴 모두 두 편의 전력은 똑같았지요. 저희들 눈으로는 판단하기 어려웠습니다. 피는 피를 부르고, 일격은 일격으로 받아넘기며, 힘은 힘으로 막아내고, 두 편의 전력이 대등하니 어느 편을 더 좋아할 수 있겠습니까? 어느 한편이 더 위대한 것을 증명하기까지는 어느 편에도 우리 도시를 넘겨드릴 수가 없습니다.

좌우 양쪽에서 저마다 병사들을 거느리고 두 왕 다시 등장.

존 왕 프랑스 왕이여, 그대는 흘릴 피가 아직 더 남아 있소? 자, 이젠 나의 주장을 받아들이겠소? 우리의 권리는 그대 때문에 그 흐름을 방해받았었지만, 이제라도 제대로 흐르게 하여 맑은 물이 큰 바다로 순조롭게 흘러가게 함이 어떻소?

프랑스 왕 잉글랜드 왕, 이 뜨거운 혈전에서 우리 프랑스와 비교하여 잉글랜드군의 피도 거의 맞먹게 흘린 것으로 알고 있소. 아니, 잉글랜드군이 좀더 흘렸을 것이오. 하늘이 굽어보건대 이 지역을 다스리는 (아서의 손을 든다) 이 손을 걸고 맹세하겠소. 이 무기는 정의를 위해 들었던 것이니, 그대를 항복시키겠소. 이를 거절한다면 한 나라의 국왕을 죽은 자들의 명부에 넣을 수밖에 없소.

서자 (혼잣말로) 흥! 왕의 죽음이라! 왕의 고귀한 피에 불이 붙으면 왕의 영광도 하늘 높이 솟아오를 거야. 그러면 죽음의 신은 강철로 그의 턱에 테를 두르고 병사들의 칼을 그의 이로 삼아, 전투에서 승부가 결정되는 동안 인간들의 살을 찢어 잔치를 벌이겠군. 왜 이 멍청한 왕들은 놀란 듯 서 있는 거야? 왕들이여, "적을 무찔러라!" 외쳐. 둘의 힘은 비슷하니, 용기에 불이 붙은 듯 열띤 병사들에게 외치란 말이야. 다시 한 번 피비린내 나는 전쟁터로! 그래서 한쪽이 패하면 다른 한쪽은 평화를 누릴 수 있어. 그때까지는 싸우고 피 흘리며 죽어가는 거지!

존 왕 시민들은 이제 누구 편을 들 것인가?

프랑스 왕 시민들이여, 잉글랜드를 위해 말하라! 누가 여러분의 국왕인가?

시민 1 국왕으로 인정받는 그분이 잉글랜드의 왕이오.

프랑스 왕 이분이시다. 여기 이렇게 그의 권리를 쥐고 있다.

존 왕 아니, 왕은 여기 있다. 왕은 바로 나다! 이렇게 자신의 몸으로 위대한 권력을 대표하는 앙주의 주인, 곧 그대들의 주인이 여기 있다.

시민 1 우리가 부정하는 이 모든 것보다 더 위대한 힘이라야 합니다. 물론 그런 권위자가 나타날 때까지는, 우리 성문은 두려움으로 굳게 닫혀 있을 것입니다. 우리는 정당한 왕이 그 두려움을 깨끗이 물리쳐 줄 때까지 이 성문을 열지 않을 것입니다.

서자 고얀 놈들, 이놈들은 당신들을 비웃고 있습니다. 저렇게 안전하게 성벽 위에 서서, 마치 극장에서 배우들에게 하듯이 삶과 죽음을 넘나드는 전투를 재미삼아 지켜보며 조롱하는군요. 제 말 좀 들어보십시오. 예루살렘이 로마에게 포위당했을 때처럼, 두 분은 잠시 한편이 되어 이 앙주 시를 거침 없이 맹렬하게 공격하십시오. 동과 서로 나누어 대포로 성을 쏘아대며, 이 오만한 도시의 돌 많은 허리를 두드려 부숴 버리십시오. 저라면 이놈들을 아주 혼을 내주겠습니다. 이 성벽을 흔적도 없은 황무지로 만들어 버리겠어요. 그러고 나서 합쳤던 두 분의 힘을 다시 나누어도 늦지 않으니까요. 그 때 다시 맞서게 되면 운명의 신은 머지않아 자기 마음에 드는 편에게 승리의 영광을 안겨주며 키스해 줄 것입니다. 두 분 전하! 이 거친 충고가 어떻습니까? 그럴듯한 묘책이라 생각지 않으십니까?

존 왕 우리 머리 위에 걸려 있는 저 태양을 걸고 말하건대, 그대 말도 괜찮구나. 프랑스 왕이여! 우리가 서로 힘을 합쳐 앙주 성을 함락시킨 뒤에 왕위를 정하는 전투를 하는 게 어떻소?

서자 (프랑스 왕에게) 당신에게 왕의 기개가 있거든 이 작은 도시 시민들에게 모욕을 당할 것 없이, 당신네 대포 아가리를 이 오만한 성벽 쪽으로 돌리시오. 우리도 그렇게 할 테니까요. 이 시를 함께 폐허로 만든 뒤에 천국에 가든 지옥에 가든 우리의 일을 해결하도록 합시다.

프랑스 왕 그렇게 합시다. 그럼, 어느 편에서 공격할까요?

존 왕 우리는 서쪽으로 쳐들어가 앙주 시 중심부를 파괴하겠소.

오스트리아 공작 나는 북쪽에서 하죠.

프랑스 왕 우리는 남쪽에서 대포 세례를 해주겠소.

서자 (혼잣말로) 야! 이거 아주 빈틈없는 전략이로군! 북쪽에서 남쪽까지! 오스트리아와 프랑스가 포구를 대고 쏜다! 이것을 잘 끌어가야지. 자, 가십시다.

시민 1 왕들이시여, 잠깐 말씀드릴 수 있을까요? 그러면 우리는 두 분께 평화와 아름다운 친선을 제안하겠습니다. 공격이나 손실 없이 이 도시를 얻으실 수 있게 해드리겠습니다. 저 병사들이 침대에서 편안히 죽도록 구원해 주십시오. 이 전투를 계속하는 데 따른 불필요한 희생이 일어나지 않기만을 바랍니다. 고귀한 왕들이시여, 제 말을 들어주십시오.

존 왕 걱정하지 말고 말해 보아라. 우리는 귀를 기울여 듣겠노라.

시민 1 저기 계신 스페인 왕의 따님, 블랑슈 공주는 잉글랜드 왕의 조카분이십니다. 프랑스 왕자 루이와 저 아름다운 공주 두 분을 생각해 보십시오. 넘치는 사랑을 아름다움에서 찾을 수 있다면 블랑슈 공주보다 아름다운 분이 어디 있겠습니까? 열정적인 사랑을 여인의 덕에서 찾는다면 블랑슈 공주님보다 높은 덕을 또 어디서 찾을 수 있겠습니까? 사랑이 신분으로만 맺어질 수 있는 야심에 찬 것이라면 블랑슈 공주님보다 더 나은 혈통, 더 고결한 신분을 가진 여인이 어디 있겠습니까? 아름다움, 덕, 신분을 이렇게 고루 갖추신 분이 블랑슈 공주님이시며, 또 이와 똑같이 완전하신 분이 프랑스의 세자 루이 왕자님이십니다. 만일 왕자님이 그렇게 완전한 분이 아니시라면 공주님도 어떤 결점을 가지셨을 것이며, 공주님이 완전한 분이 아니시라면 왕자님도 마찬가지일 것입니다. 왕자님은 신의 축복을 받은 인간의 반쪽이시며, 완전해지시려면 공주 같으신 분이 계셔야만 합니다. 공주님 또한 마찬가지입니다. 그러한 두 줄기의 은빛 물결이 하나로 합해졌을 때, 그들이 흐르는 양쪽 강둑을 영광으로 빛나게 할 것입니다. 그렇게 하나가 된 물줄기에 두 개의 기슭이 있듯이, 왕자와 공주님이 결혼을 하시면 두 왕께서 두 물줄기가 되시는 겁니다. 왕자와 공주 두 분의 결합은 굳게 닫힌 이 성문을 여는 데, 대포보다 훨씬 손쉽게 더 큰 이익을 가져올 것입니다. 이 결혼이 이루어지면 포탄이 강요하는 것보다 훨씬 빠르게 이 성문이 열릴 것이며, 두 분께서는 무난히 시내로 들어오실 수 있을 것입니다. 이러한 결합 없이는 우리는 성난 바다처럼 귀머거리가 될 것이며, 사자처럼 대담해질 것이고, 산과 바위처럼 꿈쩍도 하지 않을 것입니다. 아니, 죽음 그 자체도 이 도시를 지키고자 하는 우리들의 분노만큼 위압적이지는 않을 것입니다. (프랑스 왕과 루이 왕자가 길 한쪽으로 비켜나서 이야기를 주고 받는다)

서자 (혼잣말로) 이런, 이 말을 들으면 죽음의 신이 놀라 떨다가, 썩어 문드러진 몸에 걸친 누더기 옷이 벗겨질라. 이렇게 쉽게 전쟁이 끝난대서야! 죽음도 산도 바다도 토해 낼 거대한 입이로군. 으르렁대는 성난 사자 이야기도 열세 살 먹은 소녀가 강아지 이야기를 하듯 거침없이 내뱉는구나. 어떤 포수가 이따위 씩씩한 용사를 낳은 거야? 놈이 지껄이는 말은 대포 소리 같군. 불을 뿜어내고 연기를 토하고 굉음을 울리며 그놈의 혀는 분수도 모르고 사람들에게 쏘아대는구나. 한 대 맞으면 귀가 먹먹해지지. 곤봉으로 맞은 것처럼 말이야. 프랑스군의 주먹보다도 더 센걸, 빌어먹을. 내 아우의 아

엘리너 "국왕! 이 청혼을 받아들여 성사시킵시다……."

버지를 아버지라고 부른 뒤로, 말로 이렇게 맞아보기는 처음이다.

엘리너 (존 왕에게만 들리게) 국왕! 이 청혼을 받아들여 성사시킵시다. 지참금을 많이 주어 보내면, 그 인연으로 흔들리는 국왕의 권리를 굳건히 할 수 있을 것이오. 그렇게 되면 저기 저 어린것이 자라서, 나중에 권리를 주장할 수도 없게 될 거요. 프랑스 왕도 양보할 듯한 눈치로군요. 저것 보오, 귓속말을 하고 있지 않소? 저렇게 동의할 듯한 눈치가 보일 때 서둘러 결정하오. 저 열정이 식어서 아서에 대한 동정과 연민으로 다시 돌아가기 전에 어서요.

시민 1 위협받고 있는 우리 도시의 평화적인 제안에 대해서 어찌 두 분께서는 대답이 없으십니까?

프랑스 왕 잉글랜드 왕이 먼저 말씀하시오. 이 앙주 시가 당신 것이라고 먼저 주장을 하셨으니 말이오.

존 왕 거기 루이 왕자가 이 아름답게 장정된 책에 '사랑합니다'란 글을 읽을 수 있다면 왕비에 못지않은 지참금을 보내겠소. 지금 우리가 포위하고 있는 이 시를 제외한 앙주, 투렌, 멘, 푸아티에, 그리고 이쪽 바다 지역은 모두 주겠소. 공주의 아름다움, 교양, 혈통과 더불어 그녀의 직위, 권위, 명예는 이 세상 어느 왕녀와 견주어도 뒤떨어지지 않을 것이오.

프랑스 왕 루이 왕자, 너의 생각은 어떠냐? 공주를 잘 보아라.

루이 보고 있습니다, 전하. 공주 눈 속에 기적이, 놀라운 기적이 나타나 보입니다. 그녀의 눈 속에 제 그림자가 비추고 있습니다. 그것은 부왕 전하 아들의 그림자에 지나지 않으나, 이제는 태양이 되어 당신의 아들을 그림자로 하고 있습니다. 저는 지금 그녀의 눈에 비친 저 자신만큼 이렇게 자신을 사랑해 본 적이 없습니다. (블랑슈와 속삭인다)

서자 (혼잣말로) "그녀의 눈에 비친 저 자신"이라고! 그녀의 찡그린 눈썹에 매달렸다고나 하렴. 그녀의 가슴속에서 팔다리가 찢기는 형이라도 받았나 보지. 그자는 사랑의 반역자라는 걸 알게 될 거야. 너처럼 매달리고, 끌려가고, 팔다리가 찢기는 얼간이 촌뜨기 놈이 아름다운 공주의 상대라니!

블랑슈 (루이에게만 들리게) 이런 문제에서, 제 숙부님의 뜻은 바로 저의 뜻이에요. 숙부님이 당신의 어떤 점을 좋아하시든, 그분의 마음을 움직일 수 있다면 저도 그 점을 좋아하게 될 거예요. 다시 말씀드리면, 저도 당신을 사랑할 수 있을 것입니다. 더는 말하지 않겠어요. 당신은 사랑할 만한 가치가 있는 분, 아무리 나쁜 생각을 하신다 해도 당신을 미워할 수가 없을 것 같아요.

존 왕 이 젊은이들은 무슨 이야기를 하고 있지? 블랑슈, 네 생각은 어떠냐?

블랑슈 저는 도의상 숙부님의 뜻에 따르는 것이 사리에 맞다고 생각합니다.

프랑스 왕 왕자의 생각은 어떤가? 공주를 사랑하는가?

루이 오히려 사랑을 거부할 수 있느냐고 물어주십시오. 저는 공주를 너무나 사랑하니까요.

존 왕 그러면 볼케센(벡생), 투렌, 멘, 푸아티에, 앙주, 이 다섯 지방을 주겠소. 그리고 3만 마르크를 그녀와 함께 보내겠소. 프랑스 왕이여, 조건에 만족하신다면 당신의 아들과 딸에게 손을 잡으라고 명령하시오.

프랑스 왕 나도 이것으로 만족하오. 두 사람은 손을 잡아라.

오스트리아 공작 두 분의 입술도 맞추십시오. 이 사람도 약혼할 때 그렇게 했답니다. (루이와 블랑슈가 손을 잡고는 입맞춤을 한다)

프랑스 왕 앙주 시민들이여, 성문을 열라. 그대들이 제안한 대로 친선이 맺어졌으니 우리를 들어가게 하라. 성 마리아 교회에서 곧 결혼식을 치를 것이다. 콩스탕스 부인은 여기 함께 오시지 않았나요? 계셨더라면 이 결합에 반대했을 거요. 콩스탕스 부인과 그 아들은 어디에 있느냐? 누구 아는 사람 없느냐?

루이 그분은 전하의 군막에서 슬퍼하고 계셨습니다.

프랑스 왕 맹세코, 이 혼인동맹으로는 그분의 슬픔을 덜어주지 못할 것입니다. 잉글랜드의 왕이여, 어떻게 하면 이 과부의 마음을 풀어드릴 수 있을까요? 그분을 위해서 이렇게 해왔던 것인데, 결과는 반대로 우리에게만 유리하게 되었으니 말이오.

존 왕 해결 방법이 있지요. 아서를 브르타뉴 공작 겸 리치먼드 백작으로 아울러 책봉하고, 이 풍요롭고 아름다운 도시의 공작으로 삼겠소. 콩스탕스 부인을 모셔 오시지요. 어서 전령을 보내 이 결혼식에도 참석하게 하십시오. 그녀가 바라는 것을 모두 이루어 주지는 못했지만 얼마쯤 만족시켰다고 생각하오. 적어도 그녀의 슬픔을 없애줄 수는 있을 겁니다. 자, 어서 가서 이 뜻하지 않던 예식을 치르도록 합시다. (서자만 남고 모두 퇴장)

서자 미쳤군! 왕들도 미쳤어! 이게 무슨 정신 나간 협상이람! 존 왕은 아서에게 전권을 주기 싫어서 그 일부를 주고 말다니. 또 프랑스 왕은 신의 병사나 되는 듯이 양심을 갑옷 삼아 입고 의리를 위해 싸움에 나섰다고 떠들어대더니, 사람의 마음을 뒤바꾸게 하는 저 교활한 악마의 귓속말에 넘어가 버렸구나. 그놈은 믿음을 작살내고 맹세를 깨버리는 상습범, 왕들이나 거지, 늙은이나 젊은이, 그리고 처녀들, '처녀'라는 이름 말고는 아무것도 잃을 게 없는 가련한 처녀들한테까지도 그 이름을 빼앗아 먹는 악당, 허울 좋은 신사에다 잇속만 챙기는 말씀씨라니. 이 세상은, 세상 그 자체는 인간을 빗나가게 하는 이 편의라는 놈이 방향, 목적, 진로, 계획을 어긋나게만 하지 않는다면 자연스럽고 알맞게 균형이 잡히게 마련인데, 이 편의란 놈이, 이 포주 놈이, 이 중개자인 체하는 놈이, 온갖 것을 뒤엎어 버리는 이놈이 변덕스러운 프랑스 왕의 눈을 멀게 해서, 본디 굳은 결심과 목적을 품고 시작한 영예로운 전쟁을 취소하여 치욕스런 평화조약을 맺게 했단 말이다. 그런데 나는 어째서 이 편의를 나무라는 거지? 그건 그놈이 나를 보러 찾아오지 않기 때문이지. 내가 그런 놈을 경계할 만한 힘이 있어서 그런 건 아냐. 그놈이 내 손에 돈을 쥐어준다면 그걸 물리치진 못할 거라고. 아직 그런 일을 겪어보지 못했으니 거지가 부자들 틈에서 욕하는 격이지. 내가 거지로 있는 한, 욕이나 실컷 해야겠어. 부자 말고는 이 세상에 죄가 없다고 지껄이는 거야. 하지만 내가 부자가 되면 덕 있는 체하고, 거지인 것 말고 이 세상에 악덕은 없다고 해야지. 왕들도 잇속에 넘어가 신의를 깨뜨리는 이상, 나는 나대로 어떤 이익을 얻어야 돼. 부귀가 나의 군주요, 내가 숭배하는 건 바로 너다. (퇴장)

〔제3막 제1장〕

프랑스. 프랑스 왕의 군막.
콩스탕스, 아서, 솔즈베리 백작 등장.

콩스탕스 결혼을 하게 됐다고! 평화조약을 맺기로 했다고! 불결한 피와 불결한 피가 맺어진단 말이지! 루이는 블랑슈를 얻고, 블랑슈는 그 모든 지역을 얻는다고? 그럴 리가 없어. 잘못 들은 거예요. 잘못 전한 거라고요. 다시 차근차근 말해 주세요. 그럴 수는 없어요. 당신은 말로만 그러는 거지. 당신 말은 믿을 수가 없어요. 당신이 하는 말은 헛소리처럼 들리는군요. 당신 말을 절대로 믿을 수 없어요. 왕은 나에게 그와 반대되는 약속을 했어요. 나를 이렇게 두렵게 했으니 당신은 벌받을 거예요. 나는 몸이 아파서 겁도 많아요. 남편 없이 사는 여자는 나쁜 사람들의 핍박을 받기 때문에 두려움이 많은 법이에요. 그래서 과부들은 겁이 많기 마련이지요. 당신이 지금 하신 말은 농담이라고 해도, 이렇게 불안한 상태에서 나는 흔들리는 마음을 가라앉힐 수가 없어요. 나는 하루 종일 두려움에 떨어야만 했어요. 왜 머리를 저으세요? 내 아들을 왜 그렇게 슬픈 표정으로 바라보세요? 가슴에 손을 없은 건 무슨 뜻인가요? 왜 그렇게 눈물을 머금고 있죠? 시냇물이 넘쳐흐르듯 말이에요. 그렇게 슬픈 빛을 보이시는 것은 당신의 말이 사실임을 증명하시는 건가요? 그럼, 다시 말해 주세요. 아까 하신 이야기들을 다시 하라는 게 아니라 이것만, 이 한마디만 해주세요. 당신 이야기가 진실인지 아닌지, 그것만 말해 주세요.

솔즈베리 부인께서 거짓이라고 생각하시는 만큼 진실입니다. 제가 진실을 말하도록 의심하시는 그 생각만큼이나 말입니다.

콩스탕스 이 슬픔을 믿으라 말하지 마시고, 차라리 이 슬픔이 날 어떻게 죽일 수 있는지를 가르쳐 줘요. 절망한 두 사람이 부딪혔을 때 쓰러져 죽는 것과 같이, 믿는 마음과 삶의 길이 부딪히게 하세요. 루이가 블랑슈와 결혼한다고요? 아서, 그럼 너는 어떻게 되지? 프랑스 왕이 잉글랜드 왕과 화해를 하고 친구가 된다니, 난 어떻게 되는 거지? 보기도 싫으니 어서 내 앞에서 물러가요. 이런 소식을 가져온 그대는 가장 흉측한 사람이에요.

솔즈베리 부인, 다른 사람이 잘못한 일을 전해드린 것 말고, 제가 어떤 해를 부인께 끼친 적이 있습니까?

콩스탕스 그러한 증오받을 해로움은, 알리는 사람까지도 흉악한 자가 되게 하지요.

아서 어머니, 참으세요.

콩스탕스 날보고 참으라고 하는 네가, 네 어미를 욕보이는 고약하고 보기 싫은 놈, 불쾌한 얼룩과 흠집으로 꽉 차 있는 절름발이, 어리석고 비틀어지고 음흉하고 못된 놈, 흉악한 사마귀와 꼴도 보기 싫은 점투성이라면 나도 상관하지 않고 참을 수 있을 거다. 나는 널 사랑하지도 않을 테고, 너는 왕관을 간직할 만한 고귀한 태생도 아닐 것이다. 하지만 너는 훌륭해. 자연과 운명이 힘을 모아 널 위대하게 만들었다. 자연이 네게 준 혜택은 백합과 장미꽃봉오리와 더불어 자랑할 만한 것이었지. 아, 그러나 운명의 여신은 널 버리고 말았다. 운명은 너의 삼촌 존 왕과 손을 잡고는, 그의 황금 손을 내밀어 프랑스 왕을 부추겨 왕의 명예를 떨어뜨리고, 왕으로 하여금 그들의 뚜쟁이가 되게 했단 말이야. 프랑스 왕은 운명의 여신과 존 왕의 뚜쟁이, 논다니인 운명의 여신과 왕위 찬탈자 존의 뚜쟁이가 되어버렸다! 당신이 말해 보세요. 프랑스 왕이 맹세를 깬 것이 아닌가요? 왕에게 가서 욕설이나 퍼부어 주세요. 나는 이곳에 홀로 남아 슬픔을 참고 견뎌야 하니, 그 슬픔을 이 곳에 남겨두고 가세요.

솔즈베리 부인, 용서하십시오. 부인을 모시지 않고는 두 분 전하 앞에 나아 갈 수 없습니다.

콩스탕스 나는 갈 수 없어요. 나는 나의 슬픔에 오만해지라고 이르겠어요. 슬픔, 그 슬픔의 주인은 고개를 숙이는 천한 자가 되어버리니까요. 나의 이 처절한 슬픔의 옥좌 앞에 두 왕더러 오라고 하세요. (땅 위에 주저앉는다) 내 슬픔은 너무나 위대하기 때문에 단단한 대지 말고는 그 무엇도 날 지탱해 줄 수 없으니까요. 여기 이렇게 나와 내 슬픔은 앉아 있겠어요. 여기에 나 의 왕좌가 있어요. 왕들에게 오라고 하세요.

존 왕, 프랑스 왕, 루이, 블랑슈, 엘리너, 서자, 오스트리아 공작 및 시종들 등장.

프랑스 왕 (블랑슈에게) 며늘아기야, 프랑스는 이 복된 날에 언제나 잔치를 베 풀 것이다. 이날을 거룩하게 기리기 위해, 해는 제 길을 운행하던 중에 연금 술사가 되어 흙덩어리 지구를 찬란한 금빛으로 비춰 줄 것이다. 해마다 오 늘은 경축일로 지키게 하리라.

콩스탕스 (일어선다) 사악한 날이지, 거룩한 날은 아니오. 이날이 무슨 가치가 있다는 건가요? 오늘이 가져온 것이 무엇이죠? 달력에 황금색 글자로 씌어 질 만한 어떤 일이라도 일어났나요? 어떤 축하할 만한 일이라도? 차라리 이 날을 없애버려야죠. 수치의 날, 억압의 날, 맹세를 저버린 날을 말입니다. 이 날을 그대로 남겨두어야 한다면, 아기를 잉태한 아내들에게 이날은 해산을 하지 않도록 기도를 올리라고 해야 할 거예요. 그렇지 않으면 망나니 자식 을 낳아서 모두 망쳐버리게 될 테니까요. 그러니 뱃사람은 난파되지 않도록 경계해야 하고, 모든 약속도 오늘만은 하지 말아야 할 겁니다. 오늘 시작한 모든 일은 실패로 끝이 나 불행한 결과를 가져올 것이며, 진실하게 맺은 서 약도 새빨간 거짓말로 변해 버릴 거라고요!

프랑스 왕 부인, 하늘에 걸고 맹세하건대, 오늘의 이 아름다운 일을 그렇게 저주해야 할 이유는 없을 겁니다. 내가 왕의 권위로 부인께 약속하지 않았 던가요?

콩스탕스·아서와 솔즈베리 백작 헨리 푸젤리. 1783.

콩스탕스 당신은 날 속였어요. 가짜를, 한 푼의 가치도 없는 가짜를 주고는
진실인 듯 거짓 맹세를 했지요. 거짓 맹세를요. 나의 적을 피 흘리게 해주려
고 전쟁을 일으켰다 하셨지요? 그런데 이제는 나의 원수를 도와 그를 더 강
하게 해주고 있지 않습니까? 맞서 싸우는 용기와 무섭게 찌푸린 전쟁의 얼
굴은 이제 냉정한 화해와 가장된 협정으로 바뀌어 우리 모자를 짓누르고
있습니다. 오, 하늘의 신들이시여, 이 위증하는 왕들을 멸하소서. 불쌍한 과

부가 이렇게 호소하오니, 제 남편을 대신하여 들어주소서. 이날이 평화 속에 저물지 않게 해주소서. 해가 지기 전에 이 맹세를 저버린 왕들 사이에 충돌이 일어나게 해주소서. 저의 호소를 들어주소서, 들어주소서!

오스트리아 공작 콩스탕스 부인, 진정하십시오.

콩스탕스 전쟁! 전쟁뿐이지! 평화가 뭐야? 전쟁만이 날 진정시킬 수 있어. 오, 리모주 공, 당신은 그 사자 가죽을, 피 묻은 노획물을 부끄럽게 하는군요. 이 노예, 철면피, 비겁자! 용기는 한 푼어치도 없으면서 대단한 용맹이라도 있는 듯 언제나 강한 자에게 붙어 사는 비겁자! 변덕스런 운명의 여신이 안전하다고 일러주는 때 말고는 싸워본 적도 없는 운명의 승리자, 당신도 거짓을 말하며 권력에 아첨하는군요. 이 어리석은 자, 허세만 부리는 바보, 내 편을 들어주겠다고 큰소리치며 맹세하더니, 이게 대체 어떻게 된 거죠? 소리를 지르고, 발을 구르고 하더니 말이오. 이 냉혈동물, 그대의 별과 운명의 신에 맹세코 나의 편이 되어주겠다고 하던 그대가, 내 원수 편을 들어 날 이렇게 쓰러뜨리다뇨! 부끄러워서 그 사자 가죽을 어떻게 입고 있죠? 벗어버리고 대신 송아지 가죽이나 그 비겁한 몸뚱이에 걸치세요.

오스트리아 공작 저런 소릴 함부로 퍼붓는 자가 남자라면!

서자 송아지 가죽이나 그 비겁한 몸뚱이에 걸치시지!

오스트리아 공작 목숨이 아깝거든 함부로 지껄이지 마라!

서자 송아지 가죽이나 그 비겁한 몸뚱이에 걸치시지!

존 왕 그만, (서자에게) 네 분수를 알라.

팬덜프 등장.

프랑스 왕 여기 교황의 사절이 오시는군요.

팬덜프 신성한 하늘의 대리인이신 왕들이여, 안녕들 하십니까? 존 왕, 당신께 전할 소식이 있어 왔습니다. 밀라노의 추기경인 이 팬덜프는, 교황 이노켄티우스 3세의 특별사절로 여기에 온 것입니다. 교황의 이름으로 그대에게 묻노니, 어찌하여 그대는 교회와 성모 마리아를 거역하고 캔터베리 대주교로 선임된 스티븐 랭턴을 힘으로 탄압하여 성직에서 물러나게 하셨습니까? 이노켄티우스 교황의 이름으로 묻습니다.

존 왕 이 세상의 어떠한 이름으로도 신성한 왕에게 함부로 질문을 할 권리는 없소. 추기경인 그대가 교황이란 하찮고 가치없으며 우스꽝스런 이름을 가지고 와서 내게 대답을 요구하다니 무엄하군요. 이 이야기를 그에게 전하시오. 그리고 잉글랜드 왕의 입으로 이탈리아의 사제가 내 통치권 아래 있는 이곳에서 십일조를 받거나 권리를 주장할 수는 없다 말했다고도 전하시오. 나는 이 하늘 아래서는 최고 통치자이며, 어떤 사람의 도움도 간섭도 필요 없는 최고의 주권자라고. 교황에게 또 이렇게 말하시오. 허식으로 가득 찬 그의 권리 주장에 대해 고개 숙이지 않겠다고.

프랑스 왕 잉글랜드의 왕이여, 그건 신을 모독하는 말이 아닌가요?

존 왕 전하를 비롯하여 모든 그리스도교 나라의 왕들이 쓸데없이 사제들의 간섭을 받으며 살고 있습니다. 또 돈으로 사버릴 수 있는 저주를 겁내면서 살고 있지요. 인간의 죄를 사면받을 수 있다 하여 금과 쇠붙이와 돈으로 면죄부를 사들이고 있습니다. 그런 것을 파는 인간들입니다. 당신과 다른 왕들은 이 간교한 마술사에게 당하여 절절매고들 있지만, 나만은 교황의 명령을 거부하고 그의 지지자들을 모두 내 원수로 삼으렵니다.

팬덜프 그렇다면 내가 가진 법의 권력으로 당신을 저주하고 파문하겠습니다. 누구나 그의 이단적인 행동에 가담하지 않고 반기를 드는 사람은 축복을 받을 것입니다. 또 어떠한 방법으로든지 그의 목숨을 빼앗는 사람은 성자와 같은 칭호와 칭송을 얻게 될 것입니다.

콩스탕스 내게도 교황과 똑같은 권한을 주어 그를 저주하게 하소서. 추기경님, 나의 매서운 저주를 받아들여 주십시오. 내가 저 사람에게서 받은 모든 악들을 더하지 않고는, 추기경께서도 저 사람을 충분히 저주하지 못하실 테니까요.

팬덜프 부인, 나의 저주는 법에 따른 정당한 것입니다.

콩스탕스 나의 저주도 그렇습니다. 법이 부패하여 제 구실을 못하고, 악을 막지 못할 때는 그것을 벌해야 합니다. 법은 내 아들이 자신의 왕국을 갖지 못하게 막고 있습니다. 이 왕국을 통치하는 사람이 법을 쥐고 있으니까요. 법 자체가 그토록 썩었는데 어떻게 그런 법이 나의 저주를 막아낼 수 있겠습니까?

팬덜프 프랑스 왕 필립이여, 저주가 두려우시면 저 이단자와 손을 끊으시오.

그가 교황의 뜻을 따르지 않으면 프랑스의 권력을 일으켜 그를 치시오.

엘리너 필립 왕, 그대의 얼굴이 창백해지는군요. 손을 끊으시면 안 됩니다.

콩스탕스 그 말을 듣지 마세요. 뉘우치지 않는다면 프랑스 왕, 당신은 악마 예요. 그와 손을 끊지 않으면 당신의 영혼은 지옥으로 떨어질 거예요.

오스트리아 공작 필립 왕, 대주교의 말을 들으시오.

서자 송아지 가죽이나 그 비겁한 몸뚱이에 걸치시지!

오스트리아 공작 에이! 이 악당 놈아, 그만 집어치우지 못해! 네놈의 모욕을 내 가슴속에 담아두겠다. 그 이유는…….

서자 그 바짓가랑이가 그토록 넓으니 무엇이든 담아가라!

존 왕 필립 왕, 추기경에게 뭐라고 대답하겠습니까?

콩스탕스 대주교가 명하신 대로 말할 수밖엔 없겠죠.

루이 부왕 전하! 잘 생각하셔서 대답하십시오. 로마 교황의 무거운 저주를 사시든가, 잉글랜드 왕과의 가벼운 친분을 잃으시든가 어느 하나를 선택하셔야 합니다. 가벼운 쪽을 버리시는 게 옳겠죠.

블랑슈 그건 교황의 저주 쪽입니다.

콩스탕스 루이, 강하게 나가요. 숫처녀 같은 모습으로 악마가 그대를 유혹하고 있어요.

블랑슈 콩스탕스 부인은 진실에서가 아니라, 자신의 절박한 필요에 따라서 말하는 겁니다.

콩스탕스 당신이 내게 필요한 것을 인정한다면, 그 필요는 오직 진실의 죽음으로 살아나는 것이며 진실은 필요의 죽음으로 다시 살아난다는 필연성의 원칙을 생각해야 합니다. 내게 필요한 것을 짓밟으면 진실은 솟아날 것이며, 이를 지켜주면 진실은 짓밟힐 것이오.

존 왕 대답을 못하는 걸 보니 필립 왕이 감동을 했나 보군요.

콩스탕스 (프랑스 왕에게) 저 왕에게서 떨어져, 대답을 잘하세요.

오스트리아 공작 그렇게 하세요, 필립 왕. 더는 흔들리지 마시고.

서자 송아지 가죽에만 흔들리시죠. 막돼먹은 사나이!

프랑스 왕 너무나 혼란스러워서 어찌 답해야 할지 모르겠소.

팬덜프 전하가 파문당하고 저주를 받으면, 차츰 더 혼란스러워져서 무엇을 말할지 정말 모르시게 될 겁니다.

서자 "송아지 가죽이나 그 비겁한 몸뚱이에 걸치시지!"

프랑스 왕 훌륭하신 추기경이시여, 처지를 바꾸어서 당신이 나라면 어떻게
할지 말씀해 주시오. 이 손은 방금 저 존 왕의 손을 잡았지요. 우리의 영혼

은 거룩한 종교 의식으로써 서로 혼인으로 맺어져 하나가 되었습니다. 이것으로 우리 두 나라 사이에는 신의가 굳게 서약되었으며, 평화와 우정과 진실한 사랑이 맺어졌습니다. 이러한 협정은 조금 전에 맺어졌으며, 그 바로 전까지는 하느님도 아시다시피 우리 두 왕은 매우 격노하여 치열한 복수의 싸움으로 우리의 손을 피로 물들였었지요. 방금 사랑과 친절로 잡은 두 손이 이세 다시 갈라져야만 합니까? 신의와 약속을 헛되이 해야만 합니까? 하늘을 놀리고, 어린아이들이 손을 잡았다가 어느새 다시 떼어놓는 것같이 굳은 약속을 깨뜨리며, 웃음 깃든 평화로운 신랑 신부의 방에 진실로 가득한 온화한 얼굴을 향해 피의 행군을 하며 폭동을 일으켜야만 합니까? 거룩하신 추기경! 제발 그런 일이 없도록 해주시오. 당신의 자비와 권리로 너그러운 판단을 내려주신다면, 우리는 축복 속에 당신을 기쁘게 해드리면서 계속 우정을 나눌 것입니다.

팬덜프 잉글랜드 왕과 손을 끊고 원수가 되지 않는다면, 어떠한 형식도 어떠한 수단도 받아들일 수 없습니다. 자, 전투 준비를 하시오. 우리 교회에 승리를 가져오도록 하시오. 자상한 어머니이신 교회로 하여금 저 반역자를 무섭게 저주하도록 하겠습니다. 반역하는 아들을 어머니가 저주하듯 프랑스 왕이여, 그대는 독사의 혀를 가져야 하오. 성난 사자의 발톱과 굶주린 호랑이의 이빨로 이 반역자에 맞서야 하오. 당신이 지금 품고 있는 평화의 부드러운 유혹을 끊고 말입니다.

프랑스 왕 나는 손은 떼겠지만 마음은 떼어놓지 못하겠소.

팬덜프 당신은 신의를 지킨다고 하면서 신의와 원수를 맺으며, 자기가 한 말과는 어긋나는 이야기를 하며 내란을 일으키는 사람처럼 그릇된 맹세를 하는군요. 당신은 하느님께만 맹세를 해야 합니다. 첫째가 하느님입니다. 곧 하느님의 군대가 돼야 합니다. 당신은 자기 자신에 맞서서, 또 스스로 실천할 수 없는 맹세를 하는군요. 해서 잘못되는 일이라면 하지 않는 게 덕이 되고, 악을 불러오는 행동이라면 하지 않는 게 진실이오. 잘못되었다는 생각이 들 때는, 이를 옳게 처리하기 위해 다시 한 번 잘못을 저지르는 겁니다. 그러면 잘못 감으로써 다시 바른길로 가게 됩니다. 간접적이라고는 하지만 그 간접은 직접적인 것이 될 것이며, 이열치열이란 말이 있듯이 거짓은 거짓으로 바로잡는 것입니다. 서약을 지키게 하는 것이 종교입니다. 그러나 당신은 스스로 맹세한 것에 어긋나는 서약을 했으므로, 종교에 어긋나는 서약을 한 것이지요. 당신은 당신의 진실한 맹세에 어긋나는 서약을 했단 말이오. 당신은 진실한 맹세를 오히려 의심하며 주저하기 때문에 교회에 반역하는 것입니다. 그 진실한 맹세란 바로 하느님께 바친 맹세이며, 이것을 깨뜨려서는 안 됩니다. 하지만 당신이 맺었다고 하는 그 서약은 오히려 깨뜨려야만 할 헛된 서약이었습니다. 어디까지나 당신은 처음 하느님께 바친 맹세를 지켜야 하기 때문에, 그것에 반대되는 다른 맹세는 버려야만 합니다. 당신의 변함없는 고귀한 정신을 무장하여, 그 어리석은 제의들을 물리치십시오. 그렇게 하면 당신은 우리의 축복을 받을 것입니다. 그렇지 않으면 당신은 떨쳐버릴 수 없는 무거운 저주에 눌려 어둠 속에서 죽게 될 것이오.

오스트리아 공작 반역입니다, 철저한 반역만이 살길입니다!

서자 입 닥쳐! 송아지 가죽으로 네 입을 막아줄까?

루이 부왕 전하, 병사를 일으키시지요!

블랑슈 당신의 혼인날에요? 당신이 혼인한 신부의 집안과 맞서 싸우시렵니까? 우리의 혼인 잔치가 피 흘린 사람들로 꾸며져야 하나요? 요란한 나팔 소리와 거친 북소리, 지옥의 울부짖는 소리가 우리의 엄숙한 혼인 잔치의 무도회를 대신해야만 하나요? (무릎을 꿇는다) 남편, 내 말을 들어주세요. 아, '남편'이란 이 말은 내 입에 얼마나 서투른지요! 그러나 그토록 서투른, 이제까지 한 번도 해본 적 없는 그 이름을 위해 이렇게 무릎을 꿇고 당신에게 간청합니다. 제발 내 숙부님과 맞서서 싸우지 마세요.

콩스탕스 (무릎을 꿇는다) 나도 이렇게 무릎 꿇고 간청하오. 착한 세자! 하늘이 예정하신 운명을 뒤집지 마시오.

블랑슈 당신의 사랑을 내게 보여주세요. 아내라는 이름보다 더 강하게 당신의 마음을 움직일 사람이 또 있을까요?

콩스탕스 그대가 붙잡아야 할 것, 내세워야 할 것은 하느님의 명예입니다. 오, 루이 세자, 그대의 명예 또한 마찬가지입니다. 그대의 명예를 지키세요!

루이 (프랑스 왕에게) 부왕 전하! 이렇게 중대한 일이 논의되고 있는데 어쩌면 그리도 냉정하신지요?

팬덜프 나는 그대에게 저주를 내리겠소.

프랑스 왕 (존 왕의 손을 놓으면서) 그럴 필요는 없겠소. 잉글랜드 왕, 나는 당신과 손을 끊겠소.

콩스탕스 (일어나면서) 아, 떠났던 국왕의 권위가 돌아오니, 기쁘기 그지없
군요.

엘리너 에이, 괘씸한 것! 프랑스인들의 변덕은 어쩔 수 없군!

존 왕 프랑스 왕이여! 그대가 지금 한 말을 한 시간 뒤에는 후회하게 해주
겠소.

서자 옛날에는 무덤 파는 대머리 사나이가 시간을 맞추었다지. 프랑스 왕도
그리 될까? 그렇다면 필립 왕은 후회하겠군.

블랑슈 (일어나면서) 태양은 핏빛으로 바뀌었구나. 낮이여, 안녕! 이제 나는 어
느 편으로 가야 하지? 나는 양쪽에 다 속해 있고, 양쪽과 다 손을 잡고 있
으니 어쩌면 좋담. 양쪽이 다 격해 있을 때 양쪽에 내 손을 잡혔으니, 난 찢
기고 휘둘릴 것이 아니냐! 여보, 당신이 승리하시라고 기도할 수가 없군요.
숙부님, 저는 숙부님이 패하시라고 기도할 수도 없습니다. 아버님, 저는 아
버님께 행운이 따르시기를 기도할 수 없습니다. 대비마마, 할머님의 소원이
이루어지시기를 기도할 수 없으니 어찌해야 합니까? 누가 승리하시든지 저
는 다른 한편에는 원수가 돼야 하니까요. 철저한 패배만이 있을 뿐입니다.

루이 공주, 그대의 운명은 내게 있어요. 나와 더불어 그대의 운명은 결정되
는 것이오.

블랑슈 내 운명이 존재하는 그곳에, 나의 죽음도 있을 거예요.

존 왕 (서자에게) 조카! 가서 군대를 정비하라. (서자 퇴장) 필립 왕! 나의 분노
는 지금 불꽃처럼 타오르고 있소. 이 뜨거운 분노는 피, 그것도 가장 값비
싼 그대 프랑스 왕의 피가 아니고서는 가라앉힐 수 없을 것이다.

프랑스 왕 그대의 격분은 자신을 불태울 뿐이오. 나의 피가 흐를 새도 없이
그대 자신을 불태워 재가 돼버리고 말 거요. 그대는 지금 위험 속에 있으니
조심하길 바라오.

존 왕 그렇게 위협하는 그대보다 위험하지는 않소. 어서 진군하자. (모두 퇴장)

〔제3막 제2장〕

같은 곳. 앙주 근처 벌판.

다급한 나팔 소리. 군대의 행진이 끝나자, 오스트리아 공작의 머리를 손에 든 서자
등장.

서자 오늘은 참으로 뜨거운 격전이 되고 말았군! 눈에 보이지 않는 악마가
공중에 떠돌아다니는 모양이지. 그러면서 불행을 퍼부어 장난을 치나봐. 필
립이 쉬는 동안 오스트리아 공작 머리는 거기서 굴러다니고 있어라.

존 왕, 아서, 휴버트 등장.

존 왕 휴버트, 이 소년을 지키고 있거라. 필립, 전선으로 가거라. 어머께서
는 군막에서 습격을 당하셨다는데, 어떻게 되셨는지 걱정이다.
서자 전하, 대비마마는 제가 구해 드렸습니다. 이제 조금만 더 공격하면 우리
가 승리할 겁니다. 어서 싸움을 계속하시죠. (모두 퇴장)

〔제3막 제3장〕

같은 곳.
다급한 나팔 소리. 행군. 후퇴. 존 왕, 엘리너 대비, 아서, 서자, 휴버트, 귀족들 등장.

존 왕 (엘리너에게) 그렇게 하세요. 어머께서는 물러가 계십시오. 호위를 단
단히 해서 모시게 할 테니까요. (아서에게) 아서, 그렇게 슬픈 얼굴은 하지 말
아라. 할머께서는 널 사랑하시고, 삼촌인 나도 너의 아버지가 되어주겠다.
아서 이걸 알면 어머니는 슬퍼서 돌아가실 거예요!
존 왕 (서자에게) 조카, 어서 잉글랜드로 돌아가라. 내가 돌아가기 전에 먼저
서둘러 가서, 수도원장들이 감춰 둔 돈주머니들을 거꾸로 하여 그 안에 잡
혀 있던 천사들을 풀어주도록 해라. 평화 속에서 살진 고기들은 이런 때에
허기진 배들을 채워주어야 한다. 네게 나의 모든 권한을 위임할 테니, 어서
가서 잘 처리하거라.
서자 금과 은이 저를 유혹하는 한, 교황이 종(鐘)과 성경과 양초 등으로 저
를 파문한다 해도 상관없습니다. 전하, 떠나겠습니다. 대비마마, 신앙심이 일

어나면 당신의 안녕을 위해 기도를 올리겠나이다. 이렇게 대비마마의 손에 입을 맞추고 떠납니다.

엘리너 착한 손자, 잘 가거라.

존 왕 조카, 잘 가거라. (서자 퇴장)

엘리너 아서야, 이리 오너라. 할 이야기가 있으니. (두 사람은 옆으로 비켜선다)

존 왕 휴버트, 이리 오게. (휴버트를 한쪽으로 데리고 간다) 자네는 나의 은인이야. 이 육체의 벽들에 갇혀 있는 내 영혼이, 그대의 은혜를 갚으라고 한다네. 착한 친구, 그대가 스스로 맹세한 그 약속을 이 가슴속에 언제나 소중히 간직하겠네. 손을 이리 주게. 그대에게 할 말이 있으나 좀더 좋은 기회에 하기로 하지. 내가 자네를 얼마나 소중히 여기는가를 말하려니 어색하여 부끄럽기만 하네.

휴버트 전하의 그런 말씀은 황공하옵니다.

존 왕 친애하는 친구, 아직은 그렇게 말할 이유가 없으나 앞으로는 그렇게 될 걸세. 그리 머지않은 시일에 그렇게 될 걸세. 내가 그대를 위해서 좋은 일을 하게 될 날이 꼭 올 거야. 할 말이 있으나 지금은 그만두겠네. 태양은 하늘에 높이 떠 있고, 세상의 쾌락을 즐기는 이 오만한 한낮은 너무도 현란하고 어수선한 것들이 많으니 내 말을 누가 듣는 것이 싫어. 만일 자정의 종이 쇠로 된 혓바닥과 청동의 입을 벌려 졸음에 겨운 밤의 정적을 깨게 된다면, 또 이곳이 묘지라면, 그리고 자네가 수없이 많은 잘못을 저질렀다든지, 심술궂은 우울증이 자네 혈관을 오르내리며 피를 굳게 하다가 웃음이라는 바보를 간질여 주어 사람들을 웃음에 빠뜨리게 된다면 내가 계획하는 바를 그르치고 말 거야. 자네가 눈을 가리고 나를 보고, 귀를 막고 내 말을 들으며, 혀를 쓰지 않고 답변을 하며, 상상만을 가지고 눈과 귀와 혀가 말하지 않고 대답을 하겠다 한다면, 사람들이 지켜보는 귀찮은 대낮에라도 내 생각을 자네에게 털어놓겠네. 그러나 아, 그만두겠네. 그렇지만 나는 자네를 사랑해. 진정으로 자네도 날 사랑한다고 생각하네.

휴버트 저도 전하를 사랑합니다. 무슨 일이든지 명령하시면 따르겠나이다. 저의 목숨이 없어진다 해도 하늘에 맹세코 하겠나이다.

존 왕 자네가 그렇게 해줄 것을 내가 모르는 줄 아나? 충직한 휴버트, 휴버트, 휴버트, 저기 저 아이를 좀 보게, 친구. 자네에게 할 말은 이거라네. 저

영화 〈존 왕〉 허버트 비어봄 트리 감독. 1899.
휴버트 역을 맡아 갑옷 속에 잘디 작은 미늘로 엮은 옷을 입고 있는 프랭클린 매클레이.

　아이는 나의 길을 가로막는 독사야. 내가 발을 떼어놓을 때마다 저 아이가
　내 길을 가로막고 있단 말이야, 알겠나? 자네는 저 아이를 보호하고 있게.
휴버트　전하께 거역하지 않도록 제가 잘 지키겠습니다.
존 왕　죽음이다!
휴버트　예?

존 왕 무덤이지!

휴버트 살려두지 않겠습니다.

존 왕 됐다. 이제 마음이 놓이는구나. 휴버트, 난 자네를 사랑해. 자네에 대한 일은 더 말하지 않겠네. 어머니, 그럼 안녕히 가십시오. 군대는 곧 보내겠습니다.

엘리너 전하께 축복이 있기를.

존 왕 아서, 잉글랜드로 가거라. 휴버트가 너를 보호해 줄 것이다. 충성을 다하여 널 섬길 것이다. 칼레로 가자! (모두 퇴장)

〔제3막 제4장〕

같은 곳. 프랑스 왕의 군막.
프랑스 왕, 루이, 팬덜프, 시종들 등장.

프랑스 왕 그래, 폭풍을 만나 모든 함대가 흩어져 버렸단 말이냐?

팬덜프 용기를 내십시오! 앞으로 잘될 겁니다.

프랑스 왕 이렇게 모두 형편없이 되어버렸는데 어떻게 잘될 수 있지? 우리는 패하지 않았나? 앙주는 빼앗긴 게 아닌가? 아서는 포로가 되지 않았나? 가까운 친구들도 차례로 살해당했네. 잔인무도한 잉글랜드 왕은 프랑스군의 거센 저항을 물리치고 잉글랜드로 가버렸잖은가?

루이 그는 승리하자마자 바로 앙주 시에 단단히 방어진을 쳤습니다. 이제까지 그렇게 치밀하고 재빠른 전술은 읽은 적도 들어본 적도 없었지요.

프랑스 왕 잉글랜드에 대한 이런 칭찬을 듣고도 참아야만 하는가! 우리 같은 치욕을 당한 다른 나라라도 있으면 좋으련만.

머리를 풀어 헤친 콩스탕스 등장.

프랑스 왕 저기 오는 게 누구지? 영혼의 무덤이로군. 영원히 자기 의지에 반항하는 사람, 살아 있는 내내 억지로 자기 영혼을 그 육신의 감옥 안에 가두어 두는 여인. 부인! 나하고 함께 가십시다.

콩스탕스　자, 보십시오. 당신의 평화 협정이 가져온 결과를 말입니다.

프랑스 왕　참으시오, 콩스탕스 부인.

콩스탕스　그런 위로의 말이나 충고는 필요 없습니다. 죽음이여, 죽음이여, 오 상냥하고 사랑스러운 죽음이여! 냄새나는 것이지만 향기로운 것, 썩은 것이지만 먹을 수 있는 것, 영원한 밤의 침대에서 일어나라. 번영하는 자들에게는 미움과 두려움의 대상인 그대여, 나는 그 보기 싫은 뼈다귀에 입맞추리라. 그 퀭한 눈에 내 눈망울을 들이대고, 그 우글거리는 구더기로 그대의 반지를 만들어 끼겠노라. 숨 쉬는 내 입을 더러운 흙으로 틀어막아, 그대와 같은 거추장스러운 시체가 돼버리고 말리라! 죽음이여, 내게 웃음을 지어다오. 나는 그대의 아내처럼 입을 맞추리라. 불행한 자의 애인이여, 어서 내게 와다오.

프랑스 왕　부인, 제발 진정하시오.

콩스탕스　외칠 숨이 있는 한, 진정하지 못하겠어요. 오, 내 혀가 천둥의 입에 달렸다면 좋았을 것을! 세상이라도 뒤흔들고, 잠들어 있는 해골도 잡아 일으켰을 텐데. 연약한 여인의 목소리는 듣지 못하고, 여간한 기도에도 움직이지 않으며, 오히려 경멸을 보내는 저 해골들도 놀라 무덤에서 일어날 텐데.

팬덜프　부인은 슬픔을 말하는 게 아니라, 미친 사람의 말을 하고 있습니다.

콩스탕스　내게 그런 거짓말을 하다니, 당신은 성스럽지 않군요. 내가 미쳤다고요? 난 이렇게 내 머리카락을 쥐어뜯고 있을 뿐이죠. 내 이름은 콩스탕스예요. 나는 제프리의 아내예요. 어린 아서는 내 아들인데 납치당했어요. 나는 미치지 않았어요. 그럴 수만 있다면 차라리 미쳐버리고 싶군요! 그렇게만 되면 어떠한 슬픔도 잊을 수 있을 테니까요. 잊을 수 있다면, 무엇을 잊어야 할까! 내가 미칠 수 있는 방법을 알려주세요. 그렇게 하면 당신은 성자로 인정받을 거예요. 나는 미친 게 아니라 너무나 깊은 슬픔에 빠져 있는 것이니, 나 자신의 이성이 어떻게 해야 이 불행에서 벗어날 수 있는지를 가르쳐 주세요. 나 스스로 목을 매거나 해서 죽으라고 말이에요. 내가 미쳤다면 내 아들을 잊을 수 있을 거예요. 그렇지 않으면 걸레쪽 같은 인형을 내 아들이라고 생각하겠죠. 난 미치지 않았어요. 아주 뚜렷이 느껴요. 괴로움과 슬픔들을 너무나 뼛속 깊이 느껴요.

프랑스 왕　그 머리카락을 묶으시오. 오, 그 삼단 같은 아름다운 머리카락 속에는 얼마나 애절한 사랑이 깃들어 있는지! 그러나 한 줄기 은빛 눈물이 흐르면, 슬픔을 동정한 머리카락들은 서로 얽히어 고통 속에 서로 떨어질 수 없는 믿음의 친구들과도 같소.

콩스탕스 원하시면 잉글랜드로 가지요.

프랑스 왕 머리카락을 묶으시오.

콩스탕스 네, 그렇게 하죠. 그런데 왜 머리카락을 묶어야 하나요? 나는 일부러 속박에서 풀어놨습니다. "내가 내 손으로 이 머리카락을 자유로이 풀어 헤칠 수 있듯이 내 아들도 구해 낼 수 있기를" 하고 외쳤어요. 그러나 이제 나는 이 머리카락의 자유를 미워하지 않을 수 없어요. 다시 이들을 속박하겠어요. 내 아들이 포로가 되어 묶여 있으니까요. (머리카락을 묶는다) 추기경님, 당신께서 우리 친구들이 천국에 있는 것을 보게 될 것이며, 알게 될 거라고 말씀하시는 걸 들었어요. 그게 정말이라면 나는 내 아들을 다시 볼 거예요. 첫 번째로 태어난 인간인 카인으로부터 방금 태어난 아이에 이르기까지 그토록 사랑스럽고 귀여운 아이는 본 적이 없어요. 그런데 이제 구더기는 내 봉오리를 먹어버리겠죠. 그 뺨에서 아름다운 빛을 앗아가 버릴 테니, 그 아이는 유령처럼 수척해질 거예요. 학질을 앓는 사람처럼 앙상해져서 죽어갈 거예요. 그런 그 아이가 천국에 올라가면, 내가 그 아이를 천국에서 다시 만날 때 그 아이를 몰라볼 거예요. 그럼 나는 영원히, 영원히, 내 아름다운 아들 아서를 만날 수 없게 되겠죠.

팬덜프 슬픔에 너무 깊이 빠지는 것은 죄악입니다.

콩스탕스 자식을 가져본 적 없으니 그런 말씀을 하는 겁니다.

프랑스 왕 부인은 슬픔을 아드님과 똑같이 사랑하시나 보군요.

콩스탕스 내 아들이 없는 빈자리를 슬픔이 대신 차지하고 있거든요. 그 아이 침대에 눕고, 나와 함께 길을 걷고, 그 아이의 아름다운 모습을 보여주고, 그 아이 말을 하고, 그 아이의 훌륭한 점들을 내게 일깨워 주거든요. 그 아이가 남긴 옷에서 그 아이 모습을 떠올리지요. 그러니 내가 어떻게 슬픔을 사랑하지 않겠어요? 안녕히들 가세요. 당신이 나처럼 이러한 슬픔에 빠져본 적이 있다면, 지금보다는 좀더 나은 위로를 해줬을 거예요. 내 머릿속이 이렇게 흐트러졌는데 내 머리카락을 매만진다고 무슨 소용이 있나요. (묶은 머리카락을 풀어 헤친다) 오, 주여! 내 아들, 나의 아서, 내 소중한 아들,

나의 생명, 나의 기쁨, 나의 양식, 내 모든 세상! 남편을 잃은 나의 위로, 내 슬픔을 고쳐주는 것! 아, 어쩌나! (퇴장)

프랑스 왕 어떤 불길한 일이라도 일어날까 걱정이구나. 따라가 봐야지. (퇴장)

루이 이 세상엔 날 즐겁게 해주는 게 아무것도 없소. 두 번 듣는 이야기처럼 따분한 게 삶이죠. 졸린 사람의 둔한 귀를 어지럽히는 이야기처럼, 쓰디쓴 치욕이 삶의 달콤한 맛을 버려놓았어요. 수치심과 고통 말고는 아무것도 남은 게 없군요.

팬덜프 중한 병이 낫기 위해서는, 그 회복기엔 오히려 심한 발작이 일어나지요. 이처럼 재앙이 물러갈 즈음에도 눈에 띄게 재앙이 나타나는 법. 오늘의 실패로 무엇을 잃었습니까?

루이 모든 영광, 기쁨, 행복을 다 잃었지요.

팬덜프 이 전쟁에서 이겼다면 왕자님은 불행했을 겁니다. 운명의 여신이 인간에게 행운을 가져다줄 때는 짐짓 무서운 눈으로 노려보는 법이랍니다. 존 왕은 자신이 승리했다고 생각하지만 실제로는 엄청난 것을 잃었으니 이상하기도 하지요. 왕자께선 아서가 포로가 된 게 슬프지 않습니까?

루이 존 왕이 아서를 납치해서 기뻐하는 것만큼 난 슬프답니다.

팬덜프 왕자님의 판단은 그 나이만큼이나 젊고 혈기왕성합니다. 앞일을 예측하여 말씀드릴 테니 잘 들어보십시오. 내가 이야기하려는 것은 그 숨결만으로도 먼지를 떨어버릴 것이며, 헛된 지푸라기, 아주 작은 방해물이라도 다 물리쳐 버릴 것입니다. 왕자께서 잉글랜드의 왕좌를 향해 나아가는 길을 가로막는 방해물을 말입니다. 그러니 잘 들어두십시오. 존 왕이 아서를 납치해 갔습니다. 그러나 존 왕은 아서의 혈관 속에 따뜻한 피가 흐르고 있는 동안은 한 시도, 아니 단 일 초도 편치 못할 것입니다. 부당하게 뺏은 왕의 홀은, 손에 넣을 때와 같이 부당하게 지켜 나가게 되는 겁니다. 미끄러운 곳에 서 있는 사람은 스스로를 지탱하기 위해 그 어떤 것이라도 잡아야만 합니다. 존 왕이 서기 위해서는 아서가 넘어져야만 합니다. 그것이 마땅한 이치이니 그렇게 될 수밖에 없는 것이지요.

루이 어린 아서가 쓰러지면 내가 얻는 것은 무엇일까요?

팬덜프 왕자님의 아내 블랑슈 공주의 권리로, 아서가 가졌던 모든 권리를 주장할 수 있게 되지요.

루이   그럼 아서가 그랬듯이 나의 목숨과 권리를 잃게 되겠군요.

팬덜프   이 낡은 세상에서 너무도 어리고 순진하시군요. 존의 계략은 왕자님에게 오히려 이롭게 될 것입니다. 시간은 당신 편을 들어줄 것입니다. 피를 흘려가며 정당한 왕인 아서의 권리를 뺏으려는 사람은 반드시 자기 피를 흘림으로써 끝이 날 테니까요. 그러한 악행은 백성들의 마음을 차갑게 돌아서게 하여 그들의 충성심을 얼어붙게 만들 겁니다. 백성들은 그의 악행을 지켜보면서 기회가 되는 대로 그런 사악한 왕을 몰아내려고 할 것입니다. 그들은 밤하늘에 꼬리를 물고 나타나는 별똥별이나 흔한 바람, 폭풍 등 우리 주변에서 늘 일어나는 어떠한 일도 그냥 지나쳐 보지 않으며, 그 하나하나를 기이한 현상이다, 흉조다, 말하겠지요. 존 왕에게 나쁜 징조라고, 하늘의 엄격한 벌을 예고하는 것이라고들 생각할 것입니다.

루이   어쩌면 아서를 죽이지 않고 가두어 두고는, 자신은 안전하다고 생각할지도 모르지요.

팬덜프   그는 왕자님의 진군 소식을 듣자마자 아서를 죽일 것입니다. 그렇게 되면 백성들은 그에게 등을 돌려, 어떤 새로운 힘에 입맞춤을 할 것입니다. 다시 말씀드려, 존 왕의 잔인무도한 행위에 맞서 강력하고 폭발적인 힘을 드러내리라는 것이지요. 이러한 폭동은 머지않아 일어나리라고 예상됩니다. 왕자님에게 이보다 더 유리한 사태가 또 어디 있겠습니까? 사생아 팰컨브리지는 지금 잉글랜드로 갔습니다. 교회를 약탈하기 위해서지요. 이는 교회에 대한 모독입니다. 이러한 때 프랑스군 10여 명만 그곳에 있다 해도, 틀림없이 1만 명의 잉글랜드인은 쉽게 끌어모을 수 있을 것입니다. 눈이 쌓여 산을 이루듯이 말이지요. 고귀하신 왕자님, 저와 함께 국왕 전하께 가시지요. 잉글랜드 백성들의 불만을 이용하면 무슨 일이든 할 수 있습니다. 지금 그들의 마음은 반란을 일으킬 기세로 가득 차 있으니까요. 자, 잉글랜드로 가시지요. 제가 가서 전하를 설득하겠습니다.

루이   강력한 이유는 강력한 행동을 일으키지요. 자, 갑시다. 추기경님이 좋다고 하시면 전하께서도 절대로 반대하지 않으실 것입니다. (모두 퇴장)

잉글랜드. 성안의 한 방.

휴버트, 쇠와 밧줄을 든 사형집행인들 등장.

휴버트 이 쇠를 달궈 주게. 그리고 커튼 뒤에 숨어 있어. 내가 발로 땅을 구르거든 재빨리 달려나와, 나와 함께 들어오는 소년을 붙잡아서 의자에 묶으란 말이다. 조심해야 하네. 주위를 잘 감시하게.

사형집행인 1 영장(令狀)을 가지셨으니 명령대로 하겠습니다만, 별일 없길 바랍니다.

휴버트 쓸데없는 의심은 하지 말게. 걱정할 것 없어. 어서 명령대로 하게. (사형집행인들 퇴장)

아서 등장.

휴버트 아서 공, 이리 오시오. 할 말이 있습니다.

아서 휴버트, 잘 잤어?

휴버트 소공자님, 안녕하십니까!

아서 그래, 난 소공자이지. 이렇게 작은 내가 더 큰 지위를 가질 수 있다는구나. 휴버트는 기분이 좋지 않은가봐.

휴버트 네. 더 즐거웠던 때도 있었습니다만.

아서 아, 날 불쌍히 여겨줘. 누구도 나보다 더 슬픈 사람은 없을 거야. 프랑스에 있을 때 난 이런 이야기를 들었어. 젊은 사람은 사랑에 실패했을 때만 슬퍼해야 한다고. 내가 감옥에서 나가 양치기가 된다면 지금보다 훨씬 더 즐거울 텐데. 그리고 여기 그대로 있을 수도 있겠지만 아무래도 숙부는 날 해치려고 할 것 같아. 숙부는 날 꺼리고, 난 숙부를 두려워하고. 내가 제프리의 아들인 게 잘못일까? 아냐, 절대로 내 죄가 아니야. 차라리 내가 휴버트의 아들이라면 좋겠어. 그럼 날 사랑해 줄 테니까.

휴버트 (혼잣말로) 이 순진하게 재잘거리는 어린 공자와 함께 있다간, 죽어버린 내 자비심이 되살아날 거야. 어서 해치워야지.

아서 휴버트, 어디 아파? 오늘은 왜 그토록 창백해 보이지? 사실 그대가 좀

아프면 좋겠어. 그럼 내가 밤새워 간호해 줄 텐데. 휴버트가 날 좋아하는 것
보다 훨씬 더 난 휴버트가 좋아.

휴버트 (혼잣말로) 그 말이 내 마음을 울리는구나. (종이쪽지를 아서에게 준다)
아서 공, 이걸 읽어주십시오. (몰래 눈물을 닦으며, 혼잣말로) 에이, 어리석은
눈물! 잔인성을 문밖으로 내쫓아서는 안 된다. 어서 해치워야지. 여자처럼
연약한 눈물이 흘러내리지 않게 해야지. 읽지 못하십니까? 예쁘게 잘 썼
지요?

아서 너무 잘 썼구나. 이렇게 악독한 일을 시키기 위해서 말이다. 그래, 내 두
눈을 불에 달군 쇠로 지져야만 하느냐?

휴버트 그렇습니다.

아서 그렇게 할 거야?

휴버트 그렇게 해야만 합니다.

아서 그대는 심장이 있어? 지난번 그대가 머리가 아프다고 했을 때, 난 내 수
건을 그대 이마 위에 얹어줬었지. 어떤 공주님이 정성을 다해 수놓아 준, 내
가 가장 소중히 아끼는 수건을. 그리고 돌려달라는 말도 하지 않았어. 한밤
중에 내 손을 그대 머리 위에 얹고, 일 분 일 초도 자지 않고 시간이 가는
것을 알려주려는 듯 오래 지켜보면서, 그대를 어서 빨리 낫게 해주려고 "뭘
원하지?" "어디가 아프지?" "그대를 위해 내가 무엇을 해주면 좋을까?" 이렇
게 계속 물어보았지. 그 시간에 가난한 사람의 아이들이라면 그대에게 한
마디 위로도 없이 그대로 잠을 자고 있었겠지만, 소공자인 나는 그대가 아
플 때 그렇게 살펴주었어. 어쩌면 그대는 내가 뒷날을 생각해서 그렇게 교
활한 행동을 했을 거라고 말할지도 모르지만, 절대로 그렇지 않아. 마음대
로 생각해도 좋아. 하느님의 뜻으로 내가 불행해져야 한다면 할 수 없지. 그
렇다면 왜 그대가 그렇게 해야 하는 거지? 내 눈을 없애버리겠다고? 그대를
한 번도 흘겨본 적 없는 이 두 눈을?

휴버트 그렇게 하겠다고 이미 서약을 했습니다. 불에 달군 쇠로 그 두 눈을
지져버리겠다고요.

아서 오, 이런 무쇠같이 잔인한 시대가 아니라면 누가 감히 이런 짓을 하려
할까? 시뻘겋게 달궈진 무쇠라도 나의 두 눈 가까이 오면 내 눈물을 마셔버
리고, 아무 죄 없는 나의 눈물은 불같은 분노도 식혀버릴 것을. 어디 그뿐

아서 "오, 하느님, 감사합니다. 고마워, 휴버트."

일까? 내 눈을 해치려고 불을 붙이고 있었으니 곧 녹이 슬어 없어지고 말
거야. 그대 마음은 두드린 쇠보다도 더 단단한가 보구나. 천사가 내게 와서
휴버트가 내 눈을 없앨 거라고 말했다면 난 절대로 믿지 않았을 거야. 휴버
트가 직접 말하기 전에는 말이야.

휴버트 (발을 구르면서 소리친다) 어서 나오너라!

사형집행인들, 밧줄과 불에 달군 쇠를 들고 등장.

휴버트 내가 명령한 대로 해라!

아서 휴버트, 날 살려줘, 제발! 난 저 잔인한 사람들의 눈만 보고도 벌써 눈
이 멀었어.

휴버트 그 쇠를 이리 주고, 이 아이를 묶게.

아서 아! 어찌 그리도 사납지? 난 반항하지 않을 테야. 돌처럼 가만히 있을
거라고. 휴버트, 그러니 제발 날 묶지 말아줘. 아니, 휴버트, 이 사람들을 내

보내줘. 양처럼 순하게 가만히 앉아 있을게. 움직이지도 않고 말도 하지 않을게. 원망하는 눈으로 쇠를 쳐다보지도 않을 테야. 이 사람들만 내보내 줘. 그럼 난 휴버트가 아무리 괴롭혀도 다 용서해 줄게.

휴버트 잠깐 들어가 있게. 난 아서 공과 이야기를 좀 해야겠네.

사형집행인 1 이런 끔찍한 일은 안 하는 게 좋소. (다른 사형집행인들과 함께 퇴장)

아서 아, 난 친구를 꾸짖어서 쫓아버렸군. 그 사람, 얼굴은 험상궂어도 마음은 착한가봐. 그 사람을 다시 오게 해줘. 그 착한 마음이 그대의 동정심을 되살아나게 할지도 모르잖아.

휴버트 자, 마음의 준비를 하세요.

아서 다른 방법이 없을까?

휴버트 눈을 없애는 것 말고는 없습니다.

아서 오, 그대의 눈에 조그만 티끌이라도 들어간 적이 있다면, 낱알이나 먼지, 모기 또는 머리카락이 눈에 들어가면 얼마나 불편하고 아픈 것인지를 안다면 지금 그대가 하려는 일이 얼마나 잔인한 짓인가를 알 수 있을 텐데.

휴버트 돌처럼 가만히 있을 거라고 약속하셨잖아요? 자, 이제 그만 입을 다무세요.

아서 휴버트, 어떻게 가만히 있겠어. 두 눈을 살려달라고 간청하려면 혀가 둘이라도 모자랄 텐데. 내게 말하지 말라는 소리를 말아줘, 제발. 휴버트, 차라리 내 혀를 잘라줘. 대신 내 눈을 그대로 갖고 싶어. 내 눈을 제발 없애지 말아줘. 그대를 보는 것 말고는 아무것도 할 수 없다 해도 좋으니까. (쇠를 붙잡는다) 이봐, 맹세컨대 쇠는 식어서 나를 해치지는 못해.

휴버트 다시 달구면 되지요.

아서 아니, 그렇게 하지 못할 거야. 불은 슬퍼서 꺼졌을 거야. 너무나 잔인한 일에 쓰이는 게 무척 슬퍼서. 자, 보라고. 불타오르던 석탄에도 악의가 사라졌어. 저 하늘이 숨결을 불어넣어 그 불길을 끄고, 그 위에 참회의 재를 뿌려준 거야.

휴버트 하지만 내 입김으로 다시 살릴 수도 있답니다.

아서 그렇게 해도 얼굴만 붉히게 될 거야. 그리고 그대가 한 일에 대해 부끄러워하게 될 거야. 아니, 그대의 눈으로 불똥이 튈지도 몰라. 싸움을 강요당한 개가 주인을 물려고 덤벼들 듯이 말이야. 나를 해치라고 명령받은 모든 것들이 그런 일을 하지 않겠다고 거절할 거야. 무서운 불이나 쇠붙이조차도 가지고 있는 그 자비심을 그대만은 갖고 있지 않아.

휴버트 좋습니다, 그 눈을 가지고 사십시오. 당신의 눈을 건드리지 않겠습니다. 숙부님이 소유하신 모든 즐거움을 소공자도 누리세요. 그러나 나는 이 쇠로 그 눈을 없애겠다 서약을 했고, 또 그렇게 하려고 결심했었지요.

아서 이제야말로 휴버트 같구나. 아까까지는 다른 사람 같았는데.

휴버트 이젠 그만. 안녕히 가십시오. 소공자의 숙부께는 당신이 돌아가셨다고 아뢰어야만 합니다. 이제 저 잔인한 첩자들에게는 거짓말을 흘려 보내겠습니다. 귀여운 아서 공, 이제부터는 마음 놓고 주무세요. 아무 의심도 근심도 하지 말고 주무셔도 좋습니다. 휴버트는 온 세상을 다 준다 해도 공자님을 해치진 않을 테니까요.

아서 오, 하느님, 감사합니다. 고마워, 휴버트.

휴버트 조용히 하십시오. 더는 말하지 마세요. 나와 함께 몰래 저 안으로 들어가시지요. 당신을 살려드렸기 때문에 나는 많은 곤란을 겪게 될 테니까요. (모두 퇴장)

〔제4막 제2장〕

잉글랜드. 존 왕의 궁전.
존 왕, 펨브룩, 솔즈베리, 귀족들 등장. 존 왕이 왕좌에 오른다.

존 왕 이렇게 다시 왕관을 쓰고 앉아 내려다보니 내 마음도 즐겁거니와, 그대들도 모두 즐거울 것이오.

펨브룩 '다시'라는 말은 필요없습니다, 전하. 이미 쓰신 왕관은 단 한 번도 빼앗기신 일이 없습니다. 백성들은 반역할 뜻이 조금도 없었을 뿐만 아니라, 새로운 변화를 바라며 근심할 일도 없었으니까요.

솔즈베리 그러므로 전하의 대관식을 두 번 치르는 것은 필요없는 일인 줄로 생각합니다. 이미 그렇게 훌륭한 왕위에 장식을 덧붙인다면, 이는 순금에다 금을 입히는 것과 같고, 백합에 물을 들이거나, 앉은뱅이꽃에 향수를 뿌리거나, 얼음을 깎아 매끄럽게 한다거나, 일곱 빛깔 무지개에 다른 빛깔을 하나 더 보탠다거나, 저 하늘의 아름다운 태양을 더 아름답게 한다고 촛불을 켜는 것과 같아서 모두 의미없는 일입니다.

펨브룩 전하의 뜻을 받들어 한 일이오나, 이는 옛이야기를 되풀이하는 것과 같아서 듣는 자는 의아하게 생각할 것입니다. 마땅한 때가 아닌데 이 일을 감행하셨으니 말입니다.

솔즈베리 감히 말씀드리건대, 이로 말미암아 전통으로 내려온 간소한 의식이 크게 변화를 겪게 될 것입니다. 그러한 색다른 옷을 입으시면, 바람의 방향에 따라 배가 움직이듯이 백성들 마음의 뱃길을 돌려버립니다. 분별 있는 자를 당황케 하며, 건전한 생각을 병들게 하고, 진실을 의심케 합니다.

펨브룩 장인이 자기 솜씨보다 지나치게 좋은 것을 만들려고 하다가는 오히려 솜씨가 빗나가게 마련이며, 실책을 섣불리 변명하려 들다가 오히려 더 나쁜 결과를 불러오는 것입니다. 이는 해어진 옷을 기우려다 더 흉하게 만드는 셈이지요.

솔즈베리 이러한 뜻에서 두 번 왕관을 쓰시기 전에 이미 전하께 간청드렸으나 전하께서는 뜻대로 하시었으니, 저희들은 충심으로 그 뜻을 따른 것입니다. 저희들의 의향은 언제나 전하의 명령에 따라 결정되기 때문입니다.

존 왕 내가 두 번 대관식을 하는 데에는 좀더 중요한 이유가 있지만 나중에 경들에게 말하겠소. 나의 불안이 사라져 나의 위치가 아주 굳건해졌을 때 말이오. 그러나 기쁘게 들어줄 테니 고쳐야 할 점들을 말해 보시오.

펨브룩 여기 모인 여러 신하들의 혀가 되어 제가 아뢰옵니다. 이는 저 자신과 이들을 위한 것이나, 저희 신하들의 진정한 소망은 전하의 안위입니다. 다름이 아니라 저희들은 아서 공의 석방을 진심으로 청합니다. 아서 공을 포로로 잡아둔 까닭에 백성들의 불평 불만이 차츰 커져가고 있으며, 이 때문에 앞으로 어떤 위험한 사태에 빠질지도 모릅니다. 만일 전하의 왕위가 정당한 것이라면 어린 조카를 두려워하실 이유가 어디 있습니까? 그러한 의심과 불안은 언제나 불의의 걸음과 함께 가게 되어 있습니다. 그렇게 어린 분을 가두시어 한창 교육받아야 할 나이에 덧없이 시간을 보내게 하신다면, 그의 젊음을 빼앗는 게 아니고 무엇이겠습니까? 이는 전하의 불평분자들에게 기회를 주어, 좋은 핑계로 삼게 하는 것밖엔 되지 않습니다. 전하께서 무엇이든 고칠 점이 있으면 말하라 하셨기에, 저희들은 아서 공의 석방을 간청하나이다. 그 일 말고는 아무것도 청하지 않겠으며, 저희들의 안전은 오로지 전하의 안위에 따르는 것이니 전하의 안위를 위하여 이런 소청을 올립니다.

휴버트 등장.

존 왕 좋소. 어린 아서에 대한 것은 경들에게 모두 맡기겠소. 휴버트! 소식을 가져왔나? (휴버트를 가까이 불러 비밀 이야기를 한다)

펨브룩 (동료들에게) 저자가 어떤 흉한 짓을 했을지도 모릅니다. 저자는 내 친구에게 왕의 영장을 보여주었다는군요. 저 눈에 어떤 악랄한 죄를 저지를 것 같은 독기를 품고 있소. 저 의심스러운 눈초리는 무엇인가 불안한 것을 그 가슴에 지니고 있는 듯하니, 아무래도 이미 일을 저지른 것 같군요. 우리가 걱정했던 대로 명령을 받고 곧 이행을 한 것 같소.

솔즈베리 왕의 얼굴빛이 변하는군요. 그의 야망과 양심 사이에 갈등이 일어나나 봅니다. 전쟁터에서 양측의 전령이 되어 갈팡질팡하듯이 말이오. 그의 야욕은 너무 커져서 머잖아 터져버리고야 말 거요.

펨브룩 그것이 터지면 가엾게도 어린아이의 죽음이라는 추한 고름이 나오고 말겠죠.

존 왕 (비밀 이야기를 마치고) 인간이 죽음의 신을 물리칠 수는 없지. 경들, 내가 원하는 것도 아서를 살리는 일이지만, 경들이 방금 내게 간청한 그 일은 이미 끝났소. 죽었단 말이오. 휴버트 말이, 아서는 엊저녁에 갑작스런 병으로 죽었다 하오.

솔즈베리 저희들이 이미 걱정한 대로 치료 불가능한 중병이었나 봅니다.

펨브룩 공자 자신이 아프다고 느끼시기 전에, 이미 죽음 가까이에 계실 거라고 짐작했습니다. 이승이든 저승이든 반드시 응답이 있어야겠지요.

존 왕 어째서 그렇게들 엄숙한 표정으로 날 바라보오? 그대들은 내가 운명의 가위라도 쥐고서 인간의 생명줄을 마음대로 자르는 줄 아오?

솔즈베리 이건 명백한 불의입니다. 그렇게 고귀한 자리에 앉아 계시면서 그런 짓을 저지르다니, 부끄러울 따름이지요. 그런 부정한 장난에는 반드시

대가가 따를 것입니다. 자, 나는 떠나겠습니다.

펨브룩 잠깐 기다리시오, 솔즈베리 경! 나도 가겠습니다. 함께 가서 그 불쌍한 아서 공이 강제로 얻은 작은 왕국을 찾아봅시다. 이 섬을 모두 차지할 수 있었던 그 혈통을 지니고도, 고작 석 자 길이밖에 못 얻은 그 작은 무덤을 말이오. 이런 추악한 일이 일어나는 세상, 이대로 내버려 둘 순 없는 일. 얼마 안 있어 우리 모두에게 슬픔이 닥칠 것이오. (귀족들 퇴장)

존 왕 (혼잣말로) 그들이 분노로 가득 차 있다. 아, 후회가 되는구나. 피를 흘린 곳에 세운 주춧돌은 단단하지 못하며, 다른 이의 피를 흘려 얻은 삶은 불확실한 것을.

전령 등장.

존 왕 너는 어째서 겁에 질린 눈빛을 하고 있느냐? 너의 뺨에 핏기는 다 어딜 갔느냐? 폭풍 없이는 그렇게 검고 험한 하늘이 맑게 갤 수가 없겠지. 그 험한 기후를 쏟아놓아라. 프랑스에서는 모두 어떻게 되었느냐?

전령 프랑스군이 잉글랜드로 향했습니다. 거대한 병력을 이끌고 오고 있나이다. 다른 나라를 정복하기 위해 프랑스군이 그렇게 많은 군대를 일으킨 적은 일찍이 없었습니다. 전하의 그 신속한 계략을 배웠나 봅니다. 전하께서는 그들이 전투 준비를 한다는 말씀을 들으시자마자, 이미 바다를 건너왔다는 소식을 듣게 되실 것입니다.

존 왕 아니, 우리 척후병들은 무엇을 했단 말이냐? 술에 취해 있었더란 말이냐? 어디서 잠을 잤단 말이냐? 대비마마는 어디서 무얼 하고 계시는 거냐? 그렇게 많은 군대가 소집되었다는데 듣지 못하시다니.

전령 전하, 대비마마의 귀는 먼지로 막혀버렸나이다. 대비께서는 4월 1일에 승하하셨습니다. 콩스탕스 부인도 사흘 전에 미쳐서 돌아가셨다고 들었습니다. 그러나 그것은 소문이며, 사실인지 아닌지는 확실하지 않습니다.

존 왕 (혼잣말로) 불행의 신이여, 그렇게 너무 서둘러 움직이지 마소서. 나의 불평하는 신하들을 내 편으로 만들 때까지 날 도와주소서. 뭐라고? 어머니께서 돌아가셨다고! 프랑스에 있는 내 신하들은 이제는 꺼져가는 불이로구나! 여기 이미 상륙했으리라고 말하는 그 대군을 누가 지휘하고 온다더냐?

전령 프랑스 세자의 지휘로 온다 하옵니다.

존 왕 너는 이런 불길한 소식으로 날 어지럽히는구나.

서자가 폼프렛의 피터를 데리고 등장.

존 왕 (서자에게) 그래, 세상 사람들은 뭐라고들 하더냐? 네가 한 일에 대해서? 더 이상 내게 불길한 소식을 전하지 마라. 내 머리는 이미 불길한 것들로 꽉 차 있으니.

서자 가장 불길한 소식을 듣고 싶지 않으시다면, 듣지 않으신 채로 그대로 전하의 머리 위에 떨어지게 하오리다.

존 왕 조카, 참아라. 너무 급히 몰려든 파도에 놀라서 그렇다. 이제는 그 물결 위에서 숨을 좀 돌리게 되었으니 무슨 말이든 들어보겠다. 무슨 일인지 말해라.

서자 사제들 속에 들어간 저는 큰 성공을 거두었습니다. 제가 거둔 돈의 액수로 증명이 될 것입니다. 그러나 제가 이리로 오는 동안 사람들의 표정들에서 이상한 것을 느꼈습니다. 그들은 뜬소문과 망상들에 사로잡혀, 자신들이 무엇을 두려워하는 줄도 모르면서 공포로 떨고 있었습니다. 그래서 여기 예언자를 한 사람 데려왔습니다. 이자는 폼프렛 거리에서 사람들이 수백 명 따르는 가운데 무엄한 노래를 거친 곡조로 부르고 있었습니다. 그 노래의 내용을 들어보니, 다음 부활절 정오가 되기 전에 전하의 왕관은 빼앗기리라는 것이옵니다.

존 왕 이 정신 나간 몽상가야! 어째서 그따위 소릴 지껄였느냐?

피터 진실로 그렇게 되리라고 내다보았기 때문입니다.

존 왕 휴버트, 그자를 저리 끌고 가서 가두어라. 그자가 말하는, 내가 왕관을 내놓으리라고 하는 그날 정오에 그자를 교수대에서 처형하리라. 데려다가 잘 가둔 다음에 너는 다시 내게로 돌아오너라. 너에게 할 말이 있으니. (휴버트, 피터를 데리고 퇴장) 오, 내 다정한 조카, 너는 이 소식을 들었느냐? 누가 상륙했다는 것을?

서자 프랑스군이 상륙했다지요, 전하. 거리의 사람들은 그 이야기로 떠들썩합니다. 또 저는 비고트 경과 솔즈베리 경을 만났습니다. 이제 갓 타오르기 시작하는 불길처럼 눈에 쌍심지를 켜고, 다른 사람들과 함께 아서의 무덤을 찾고 있었습니다. 전하의 지시로 지난밤에 살해당했다고 하더군요.

존 왕 착한 조카야! 어서 가서 그들을 따라잡아, 이리로 데려오너라. 나에 대한 그들의 신의를 회복할 방법이 있으니.

서자 네, 가서 데리고 오겠습니다.

존 왕 어서 서둘러 뛰어가라. 내 신하 가운데 단 한 사람도 나의 적이 되어서는 안 된다. 무자비한 외국군이 쳐들어와 나라가 위협을 받는 이때에, 그들을 내 편으로 만들어야 한다. 메르쿠리우스처럼 발뒤꿈치에 날개라도 달고, 생각이 날 듯이 날아서 그들에게로 갔다가 내게로 오너라.

서자 이렇게 위급한 시기이니 서둘러 다녀오겠습니다. (퇴장)

존 왕 (전령에게) 훌륭한 전령이여, 따라가라. 서자가 내게 미리 소식을 전해야 할 일이 있을지도 모르니, 네가 그 소식을 전하는 역할을 맡아라.

전령 전하! 분부대로 거행하겠나이다. (퇴장)

존 왕 어머니께서 돌아가셨다고!

휴버트 다시 등장.

휴버트 전하, 사람들이 말하기를, 지난밤엔 달이 다섯 개나 떴다 합니다. 그 가운데 네 개는 움직이지 않고, 다섯 번째 달 하나가 움직이지 않는 네 개 달 주위를 아주 기이하게 움직이면서 돌고 있었다 합니다.

존 왕 다섯 개의 달이라고!

휴버트 노인들은 거리에서 이 현상이 무서운 일을 예고한다 말하고 있습니다. 그리고 어린 아서 공의 죽음이 사람들 입에 오르내리고 있습니다. 사람들은 그 이야기를 하면서 머리를 가로젓거나 귓속말들을 주고받았습니다. 말을 전하는 사람은 듣는 사람의 손목을 부여잡고, 듣는 사람은 무엇인가 두려운 듯 이마를 찌푸리거나 고개를 끄덕이거나 눈망울을 굴렸습니다. 대장장이는 모루 위에서 쇠붙이가 차갑게 식는 줄도 모르고 망치를 든 채 입을 딱 벌리고, 재단사의 이야기를 듣고 있었습니다. 재단사는 손에 가위와 자를 쥐고서, 신발은 급해서 짝을 바꿔 신고 있었습니다. 그들은 수천의 프랑스군이 켄트에 상륙했다는 이야기를 하고 있었는데, 야위고 더러운 직공이 뛰어들어와서는 아서 공의 죽음을 전하는 것이었습니다.

존 왕 어째서 넌 나에게 이런 두려운 소식을 전해 주느냐? 왜 어린 아서의 죽음을 그토록 강조하지? 네 손으로 그를 죽이지 않았느냐? 난 충분한 권리와 이유를 갖고 있었지만, 넌 아무 이유도 없이 그 아이를 죽였다.

휴버트 이유가 없다고요? 전하께서 제게 명령하신 게 아닙니까?

존 왕 그것이 바로 왕들이 져야 하는 저주스러운 운명이지. 왕을 섬기는 신하는 주인의 일시적인 기분을 영장으로 여기고, 왕이 눈짓만 해도 그것이 법률인 듯 오해를 하지. 별 뜻 없이 장난삼아 찌푸린 얼굴만 보아도, 위험한 일이라도 일어난 듯 사람의 목숨을 끊는 게 노예란 말이다.

휴버트 전하께서 직접 쓰시고 봉하신 영장이 여기에 있습니다.

존 왕 오, 마지막 심판 날, 이 글씨와 도장을 증거로 날 지옥에 보내겠구나. 흔히 악행을 위한 도구를 보면 악행을 저지르고 싶어지는 법이다. 네가 옆에 없었다면, 이런 부끄러운 일을 하도록 자연이 만들고 특징지어 놓은 네가 없었다면 난 처음부터 이런 끔찍한 살인은 생각조차 할 수 없었을 것이다. 그러나 너의 그 피에 굶주린 얼굴을 보고, 네가 그런 잔인한 일을 위험을 무릅쓰고 해낼 만한 사람이라고 생각하게 된 거란 말이다. 그래서 난 네게 아서의 죽음에 대해 어렴풋이 눈치를 보인 것뿐인데, 넌 왕인 나의 환심을 사려고 어린 공자를 죽이는 일을 아무렇지도 않은 듯 승낙했어.

휴버트 전하……

존 왕 내가 이런 음모를 네게 비쳤을 때 네가 한 번만 고개를 저어 거절하거나 의심스러운 눈초리를 보내어 솔직하게 말해 주었다면, 난 크게 부끄러워하며 그만두었겠지. 그렇게 했다면 네가 두려워하는 것들을 나 또한 두려워했으리라. 그러나 넌 나의 눈짓만으로 충분히 이해를 했다는 듯, 바로 죄와 타협해 네 마음의 허락을 받아내고는, 그 결과 우리의 혀로 감히 말할 수도 없는 끔찍한 일을 저질렀단 말이다. 어서 내 눈앞에서 사라져라. 다시는 네 얼굴을 보지 않겠다. 나의 신하들도 모두 떠나버렸고, 이제 이 나라는 외국군으로 성문을 봉쇄당할 지경에 이르렀다. 아니, 작은 우주로 불리는 내 몸 안에서도 피와 호흡의 전쟁이 벌어졌다. (가슴을 치며) 내 양심과, 내 조카 아서의 죽음 사이에 내란이 일어났단 말이다.

휴버트 다른 적을 방어할 준비를 하소서. 양심과의 싸움은 제가 화해시켜

드리지요. 어린 아서는 살아 있습니다. 이 손은 아직 깨끗하며, 붉은 피로 물들지 않았습니다. 저는 이 가슴에 살인의 뜻을 한 번도 품어본 적이 없습니다. 전하께서는 저의 몰골 때문에 죄를 지으셨다 비난하셨습니다만, 그렇게 험상궂은 모습 안에 숨어 있는 제 마음은, 그토록 순진한 어린아이를 죽일 백정의 마음은 아니었습니다.

존 왕　아서가 살아 있단 말이냐? 어서 신하들에게 가서 이 사실을 알려라. 격노한 그들을 진정시켜라. 그래서 모두들 날 다시 따르게 하라. 너의 겉모습을 그토록 나쁘게 말한 걸 용서해 다오. 화가 나서 눈이 멀었나 보다. 피묻은 아서의 눈이 떠올라 너의 모습이 추하게 느껴진 거란다. 답변은 필요 없으니 어서 가서 나의 신하들, 귀족들을 데려오너라. 내 기도는 더디기만 하구나. 어서 서둘러 가라. (휴버트와 따로 퇴장)

〔제4막 제3장〕

같은 곳. 성 앞.
아서, 어린 뱃사공으로 변장하고 성 위에 나타난다.

아서　이 성벽은 높기도 하구나. 그러나 뛰어내려야지. 땅이여! 날 불쌍히 여겨다오. 그래서 날 다치게 하지 마라. 세상에서 날 아는 사람은 얼마 되지 않아. 또 안다 해도, 이 목동이 누구인가를 알아볼 사람은 없을 거야. 난 완전히 변장을 했으니까. 아, 두려워. 그래도 해봐야지. 손이나 발이 부러지지만 않으면 도망갈 방법은 얼마든지 있을 거야. 여기 있다가 죽느니, 이곳을 빠져나가다가 죽는 게 낫지. (뛰어내린다. 잠시 황홀한 상태에 빠진다) 오, 숙부의 혼이 이 돌들에도 숨어 있구나. 하느님, 저의 영혼을 받아주십시오. 잉글랜드여, 내 뼈를 묻어다오. (죽는다)

펨브룩, 솔즈베리, 비고트 등장.

솔즈베리　경들, 나는 세인트 에드먼즈베리에 가서 그분을 만나겠습니다. 이 위험한 시기에는 이러한 부드러운 제안을 받아들이는 게 안전하다고 생각합니다.

펨브룩 추기경의 편지는 누가 가져왔죠.?

솔즈베리 프랑스의 귀족 믈룅 백작이 가져왔습니다. 그분 말씀에 따르면, 프랑스 세자의 호의는 편지에 나타난 것보다 훨씬 더 두텁다더군요.

비고트 그러면 내일 아침에 만나도록 합시다.

솔즈베리 아니지요, 이틀이나 걸릴 테니 곧 출발하는 게 좋겠습니다.

서자 등장.

서자 다시 한 번 잘 만났소, 화가 나신 귀족님들! 국왕 전하께서 빨리 돌아 오라고 하시는군요.

솔즈베리 전하께서는 스스로 우리를 물리치셨소. 우리는 피로 적신 왕의 옷과 어깨를 나란히 하지 않겠소. 우리의 순결한 명예를 지키기 위해, 걸음걸이마다 피로 얼룩진 그 흔적들을 따르지는 않겠소. 돌아가서 그렇게 전하시오. 왕의 가장 큰 죄악을 알고 있다고.

서자 마음속으로야 어떠한 생각을 품더라도, 입으로는 그렇게 말하면 안 된다고 생각하오.

솔즈베리 지금은 우리의 예의가 아니라 슬픔이 말을 하는 것이오.

서자 당신들의 슬픔이 그리 대단할 것도 없게 되었으니 그렇지요. 이제 예의도 좀 지켜보시오.

펨브룩 여보시오, 격렬한 감정에는 특권이 있소.

서자 맞는 말이지만, 다른 사람이 아니라 그 주인을 다치게 하죠.

솔즈베리 이 성은 감옥이오. 누가 여기 누워 있지? (아서를 본다)

펨브룩 오, 죽음이여, 순수한 왕자의 아름다움을 자랑하는가! 이 넓은 땅 위에 이런 나쁜 일을 숨겨줄 만한 곳도 없단 말인가!

솔즈베리 살인을 저질러 놓고 원수를 갚으려면 갚으라고 말하는 듯, 이렇게 거리낌 없이 시체를 내버려 두다니.

비고트 아니면 이 아름다운 몸이 누울 만한 곳을 찾지 못한 것인가? 너무나 고귀하신 왕자의 몸이니.

솔즈베리 (서자에게) 리처드 경, 어찌 생각하시오? 당신이 보았거나 읽었거나

들은 적이 있으신지요? 눈으로 보고는 있지만 이 일을 실제로 보고 있다고 생각되는지요? 이런 증거가 없다면 이런 일을 상상할 수 있겠습니까? 이건 살인 행위로는 최고 가는 경지이며, 절정이라고 말할 수 있습니다. 이보다 더 잔인하고 파렴치한 짓은 없을 겁니다. 아무리 성난 눈이라도, 아무리 무서운 미움의 눈이라도 회한의 눈물을 흘리지 않을 수 없을 것입니다.

펨브룩 지난날 모든 살인 행위들은 여기 이것에 비하면 다 용서할 만한 것이오. 이 흉악한 사건은 아직 일어나지 않은 모든 죄악을 거룩하고 순결하게 할 것이오. 앞으로 일어날 살인 사건들을 한갓 장난으로 생각하게 만들 것이오. 여기 이 사악한 살인과 비교한다면 말입니다.

서자 저주할 만한 냉혹한 짓이오. 이런 짓을 저지른 게 그 어떤 손이라면, 무자비하기 이를 데 없는 사악한 손이로군요.

솔즈베리 어느 누구의 손으로 한 짓이라면! 우린 사실 이런 일이 있으리란 예상을 했었소. 이건 파렴치한 휴버트란 놈이 왕의 명령을 받고 한 짓이오. 그래서 난 왕의 신하가 되기를 거절한 것이오. 이 가련한 생명의 파멸 앞에 무릎 꿇고, 숨을 다한 이에게 거룩하고 엄숙한 서약을 하겠소. 복수를 할 때까지는 세상의 쾌락을 맛보지 않고, 세상의 즐거움에 결코 물들지 아니할 것이며, 안락하고 게으른 삶을 살아가지 않겠다고 맹세하리다.

펨브룩과 비고트 (무릎을 꿇는다) 우리도 그대의 맹세와 함께할 것을 엄숙히 서약하오. (자리에서 일어선다)

휴버트 등장.

휴버트 여러분, 저는 여러분을 찾느라 얼마나 헤맸는지 모릅니다. 아서 공은 살아 계십니다. 전하께서는 여러분에게 돌아오라 말씀하셨습니다.

솔즈베리 아니, 뻔뻔스럽고 부끄러움도 모르는 놈이로군! 이 고약한 악당, 썩 물러거라!

휴버트 제가 왜 악당입니까?

솔즈베리 내가 대신 형을 집행해야만 하겠느냐? (칼을 뺀다)

서자 칼이 빛나는 걸 보았으니, 이제 그만 거두시지요.

솔즈베리 살인자를 찌르기 전에는 거둘 수 없소.

휴버트 솔즈베리 경, 물러서십시오. 저의 칼도 경의 칼만큼 날카로우니까요. (자신의 칼에 손을 갖다댄다) 경께서 자제심을 잃고 저를 함부로 공격하시지 않기를, 경의 고귀하신 신분과 인품을 잊으시고 화를 내시는 일이 없기를 바랍니다.

비고트 물러서라, 이 똥덩어리 놈! 네가 감히 귀하신 분께 대들어?

휴버트 제왕이라 해도 이 결백한 목숨을 위협해 온다면 저는 감히 이 몸을 방어하겠습니다.

솔즈베리 너는 살인자야!

휴버트 그렇게 단정짓지 마십시오. 저는 살인을 한 적이 없습니다. 누구의 혀가 거짓을 말한다 해도 그건 진실이 아닙니다. 진실을 말하지 않는다면 거짓인 거죠.

펨브룩 (칼을 뽑으면서) 저자를 토막내라!

서자 (칼을 뽑으면서) 잠깐만 기다리시오.

솔즈베리 팰컨브리지! 저리 비키시오. 아니면 내 칼에 맞게 될 테니.

서자 솔즈베리! 그대는 악마를 치는 게 나을 거요. 나에게 얼굴을 찌푸리거나, 덤벼들거나, 쓸데없이 격분하여 내 화를 돋우면 죽여버릴 테니 어서 칼을 집어넣으시오. 그렇잖으면 그대도, 그대의 흐느적거리는 무기도 다 부서뜨려 버리겠소. 지옥으로부터 악마라도 나타난 것같이 말이오.

비고트 어쩌려고 그러오, 고명한 팰컨브리지 경? 당신은 왜 저 살인자의 편을 드는 거요?

휴버트 비고트 경! 나는 살인자가 아닙니다.

비고트 그럼, 누가 이 어린 공자를 죽였지?

휴버트 (시체를 본다) 내가 어린 공자와 헤어진 것은 한 시간도 채 안 됩니다. (무릎을 꿇는다) 그때는 무사하신 걸 보고 떠났는데, 나는 당신을 존경하고 사랑했어요. 이렇게 세상을 떠나시다니 나는 평생 울며 슬퍼할 것입니다.

솔즈베리 저 간교한 눈에서 흘리는 눈물을 믿지 말아요. 악당이라도 그런 눈물을 짜낼 수는 있지요. 이제까지 그래 왔듯이 순진한 척 후회의 눈물을 흘리는 척 하는 것이겠지요. 자, 나와 함께 가시지요. 살인으로 가득 찬 이 더러운 곳을 떠납시다. 나는 이 죄악에 찬 냄새에 숨이 막힐 지경이오.

비고트 자, 세자가 계신 곳 에드먼즈베리로 갑시다.

펨브룩 왕에게는 에드먼즈베리에서 우릴 찾아보라고 전하시오. (귀족들 퇴장)

서자 꼴 좋게 됐군! 이 훌륭한 짓을 그대는 알고 있었나? 만약에 그대가 이 살인을 저질렀다면 휴버트, 자네는 무한한 자비의 손길이 아예 닿을 수 없는 지옥으로 빠져드는 거라네.

휴버트 제 말 좀 들어주십시오.

서자 아니, 뭐라고! 내가 말하는 걸 들어보게. 자네 심장은 새까매. 지옥의 왕자 루시퍼보다 더 까맣단 말이야. 자네가 이 아이를 죽였다면, 지옥 어디에도 자네만큼 추악한 놈은 없을 거라고.

휴버트 제 영혼에 걸고······.

서자 자네가 이 끔찍한 살인에 동의만 했다 해도, 자네는 몸부림치며 절망해야 해. 만약 밧줄이 없다면 아주 가는 끈, 거미줄같이 가는 끈으로라도 목을 매서 죽어야 한단 말이다. 아니면 숟가락에 괸 물에라도 빠져 죽든지. 그렇게 적은 물이라도 자네 같은 악마가 빠지면, 큰 바다의 물같이 그 숨통을 막아버릴 테니까. 난 슬프게도 자네를 의심하게 되네.

휴버트 제가 만일 이 아름다운 몸에 깃든 달콤한 숨결을 끊어버렸거나, 그 일에 찬성을 했거나, 그럴 마음을 가졌었다면, 지옥의 온갖 고통으로 괴로움을 받아도 좋습니다. 그러나 저는 그분을 살려드리고 떠났습니다.

서자 가서 그 시체를 안아 올리게. (휴버트, 시체를 든다) 나는 이 세상의 가시덤불 속에서 길을 잃은 것만 같네. 잉글랜드를 아주 쉽게 손에 들어 올리는군! 그분은 정당한 권리를 가진 이 나라의 진정한 왕이었는데, 생명 없는 한 줌 흙이 되어 영원히 하늘나라로 가고 말았구나. 이제 잉글랜드는 이리저리 흔들리며 끌려다니고, 주인 잃은 싸움터가 되어버렸구나. 이 개 같은 전쟁은 뼈만 남은 왕권을 노리어 털을 곤두세우고 으르렁대며 부드러운 평화를 위협하고 있다. 외국의 원정군과 국내의 불평분자들은 힘을 모아 이 끔찍한 혼란 속에서 이 나라 왕권이 쓰러지기만을 기다리고 있다. 까마귀가 죽은 짐승에게 덮치듯 말이다. 이런 태풍 속에 웃옷과 허리띠를 그대로 보존하는 사나이야말로 복받은 거지. 그 아이를 안고 날 따라오게. 나는 전하에게 가야겠네. 수많은 일들이 앞에 놓여 있어. 하늘까지도 이 나라를 험상궂게 바라보고 있구나. (모두 퇴장)

잉글랜드. 존 왕의 궁전.
존 왕, 왕관을 받든 팬덜프, 시종들 등장.

존 왕　나는 이 영광의 왕관을 그대 손에 바치나이다.

팬덜프　(존에게 왕관을 건네며) 교황의 이름으로, 그대의 권리이며 군주의 상징인 이 왕관을 다시 받으십시오.

존 왕　이제 당신의 거룩한 약속을 지키시오. 프랑스 진영에 가서, 교황의 전권으로 그들의 진군을 멈추게 해주시오. 우리가 프랑스에 포위되기 전에, 불평 불만으로 가득 찬 우리 군신들은 반역을 일으켰소. 백성들은 이 국왕에게 복종하기를 거절하고, 혈통이 다른 외국 왕족에게 충성을 맹세하고 있소. 이렇게 극에 달한 불평은 추기경의 도움 없이는 가라앉힐 수 없소. 그러니 어서 저들을 막아주시오. 지금 나라의 상태가 위중하여 급히 손을 써야 하니 어서 서둘러 주시오.

팬덜프　전하가 교황께 지나치게 고집을 부린 데다, 엎친 데 덮친 격으로 내입김 때문에 이 폭풍이 시작된 것이오. 그러나 당신이 이렇게 쉽게 고집을 버리고 순순히 응하므로, 이제 나의 혀로 이 전쟁의 폭풍을 가라앉혀 세찬 바람이 휘몰아쳤던 이 땅을 다시 고요하게 할 생각이오. 당신이 교황을 섬길 것을 전제로, 나는 프랑스 진영으로 가서 군대를 거두게 하겠소. (퇴장)

존 왕　오늘이 부활절이구나? 예언자가 부활절 정오 전에 나의 왕관이 박탈되리라고 하지 않았느냐? 강제로 빼앗길 것으로 생각했는데, 다행히도 스스로 내놓게 되었으니 고맙기도 하지.

서자 등장.

서자　켄트 지역이 모두 항복했습니다. 저항을 계속하고 있는 곳은 도버성 뿐입니다. 런던은 친절한 귀인을 맞이하듯 세자와 그의 군대를 환영했습니다. 전하의 신하들은 전하를 배반하고 적을 섬길 것을 약속했습니다. 전하의 편인 몇몇 사람들은 당황하여 어찌할 바를 모르고 있습니다.

존 왕 어린 아서가 살아 있다는 말을 듣고도 귀족들이 돌아오려 하지 않던가?

서자 아서가 죽어 거리에 던져진 것을 그들이 발견했습니다. 생명의 보석을 악당에게 빼앗긴 빈 상자와도 같이, 거리에 버려져 있는 것을 말입니다.

존 왕 휴버트란 그 빌어먹을 놈이 그 아이가 살아 있다고 말했는데!

서자 그자가 아는 한 어린 공자가 살아 있었던 것만은 사실인가 봅니다. 그런데 어찌하여 전하께서는 그렇게 기운이 없으십니까? 왜 그토록 슬퍼하십니까? 뜻하신 대로 용감하게 행동하십시오. 왕권을 쥐고 계신 전하의 눈에서 두려움과 불신을 보지 않게 하소서. 세상의 흐름에 맞추어 움직이시고, 불에는 불로 맞서십시오. 위협하는 자에게는 위협을 가하며, 우쭐대는 공포에 맞서 노려보십시오. 그렇게 하시면 위대한 이의 행동을 따르고 싶어하는 대중이 전하의 용기를 본받아, 두려움을 잊고 용감해질 것입니다. 자, 가시지요. 전쟁의 신 마르스가 내려온 것같이 빛나는 모습을 드러내십시오. 용기와 포부와 자신감을 보여주십시오. 이 사자 굴에 적들이 들어오게 내버려 두시겠습니까? 게다가 그 사자가 두려움으로 떨고 있어서야 되겠습니까? 그런 말이 들려오지 않게 하소서. 적이 가까이 오기 전에 먼저 뛰어나가 쳐부숴야 합니다.

존 왕 조금 전 추기경 일행이 왔었는데, 다행히도 평화 협정을 맺었느니라. 그는 프랑스 왕자의 군대를 물리쳐 줄 것을 약속했다.

서자 아, 그런 불명예스러운 협정을 맺으시다니요! 침략해 온 군대가 아직 이 땅에 있는데, 그런 타협으로 비굴한 협정을 맺어가며 비위를 맞추어야만 합니까? 수염도 아직 나지 않은 애송이, 비단에 싸인 방탕한 응석받이가 용맹을 높이 떨쳤던 이 나라를 짓밟고 다니며, 장난감 같은 깃발을 휘날리고 장난 같은 군사 훈련을 하며 이 땅의 하늘을 조롱하고 있는데, 이대로 내버려 둘 수는 없습니다. 전하, 진군하십시오. 추기경이 평화 협정을 맺게 하지는 못할 것입니다. 그자가 그런 짓을 했다 해도, 우리는 최소한 방어할 이유가 있음을 알려야 합니다.

존 왕 그러면 너에게 모든 지휘권을 맡기겠다.

서자 자, 용맹을 떨치러 가시지요. 우리 군대는 더 강한 적과도 맞서 싸울 수 있습니다. (모두 퇴장)

세인트 에드먼즈베리 근처. 프랑스 왕자의 진영.

루이, 솔즈베리, 믈룅, 펨브룩, 비고트, 잉글랜드와 프랑스 병사들 무장하고 등장.

루이 (믈룅에게 서류를 건네주며) 믈룅 경, 이 서류의 사본을 만들어 잘 보관해 두시오. 그리고 원본은 이분들에게 돌려드리시오. 여기에는 공정한 조항이 기록되어 있으니 양쪽이 다 같이 하나하나 차분하게 읽다보면 우리가 왜 이 성스러운 서약을 했는지를 알 수 있으며, 굳게 신의를 지켜 절대로 협정을 어기는 일이 없을 거요.

솔즈베리 저희들 쪽에서는 절대로 깨뜨리지 않을 것입니다. 존귀하신 세자 저하, 저희들은 강요받은 바 없이 자의에 의해서 저하께 충성을 서약했습니다만, 사실 이렇게 아픈 시대의 상처를 명예롭지 못한 반역으로 고쳐보려 하거나, 썩어가는 하나의 상처를 치유하기 위해 다른 여러 상처들을 내야 하는 것을 결코 즐거워할 수만은 없습니다. 오, 내 허리에서 이 칼을 뽑아 과부를 만들어야 한다고 생각하니 비통하기 그지없군요. 아, 더구나 솔즈베리의 이름을 부르면서, 명예로운 구원과 방어를 요청하고 있는 이때! 그러나 이 시대가 너무나 깊이 병들어 있으므로, 저희들의 정당한 권리를 건강하게 되찾기 위해서는 정의와 부정이 하나가 되어 이 손을 들지 않을 수가 없습니다. 아, 하지만 이건 슬픈 일이 아닐 수 없습니다. 이 섬의 아들인 우리가 이렇게 우울한 시간을 맞아야 하다니. 우리가 낯선 외국인들의 뒤를 따라, 고향의 심장으로 진군해 나아가야 하다니, 여러분이나 저는 불쌍한 처지에 빠지고 말았군요. 이러한 불명예스러운 일을 해야만 하는 처지를 생각하니, 뒤로 물러나 눈물짓지 않을 수 없습니다. 이렇게 외국의 귀족들에게 승리를 안겨주기 위해 내 나라에서 낯선 군기를 따라다녀야 하다니, 여기서 저는 무엇을 하고 있는 걸까요? 오, 나라여, 바다의 신 넵투누스가 너를 두 팔에 안고 낯선 바닷가로 데려가 주었으면…… 그곳에서 이 두 그리스도교 나라가 피 흘리는 싸움을 멈추고 친밀한 화해를 할 수 있다면 얼마나 좋을까!

루이 그대는 고귀한 인품이 돋보입니다. 그대의 위대한 애국심은 그대 가슴속에서 고귀한 지진을 일으키고 있소. 그대는 어찌할 수 없는 선택과 명예 사이에서 갈등하고 있군요. 그 명예로운 눈물을 이 손으로 씻게 해주오. 두 뺨에 흐르는 그 은빛 눈물을. 나는 한때 어느 여인의 눈물을 보고는 이 마음이 녹아내리는 것만 같았소. 그때 그 눈물은 그리 세지 않은 평범한 것이었는데도 말이오. 하지만 지금 그대의 눈물은 가슴에서 끓어오르는 것이니, 어찌 나의 눈이 놀라지 않으리오. 둥근 밤하늘에 타는 듯이 빛나는 저 위태로운 별똥별을 본 것보다 더 놀라게 되오. 솔즈베리 경, 얼굴을 들고서 너그러운 마음으로 이 폭풍을 쫓아버리시오. 그 눈물일랑 이 거대한 세상의 노여움을 알지 못하는 어린아이에게 주시든지, 즐겁게 들떠 있는 떠들썩한 연회장에서만 운명을 겪어본 젊은이에게나 주어버리시오. 이젠 눈물을 거두오. 이 루이와 함께 풍요로운 앞날을 약속하는 행복한 주머니에 경의 손을 깊숙이 집어넣으시오. 잉글랜드의 귀족들이여, 경들도 그러합니다. 그대들이 나에게 힘을 실어주고 있으니, (나팔 소리) 나는 천사의 목소리로 말한 것 같습니다.

팬덜프 등장.

루이 보십시오, 여기에 거룩한 교황의 사절이 오시오. 하늘의 손으로부터, 우리의 행동을 정당한 것으로 인정하는 칙서를 전하러 오신 겁니다.

팬덜프 안녕하십니까, 존귀하신 프랑스 왕자님! 먼저 말씀드리겠습니다. 존 왕은 로마 교황과 화해하셨습니다. 교회에 그렇게도 완강히 저항하던 그의 마음이 누그러졌습니다. 그러니 왕자께서는 이제 그 위협의 깃발을 거두시고, 험악한 전쟁의 야만스러움을 길들여 사람이 기른 사자처럼 평화의 발 아래 순하게 엎드려, 앞으로는 다시 해를 끼치지 않도록 하십시오.

루이 오, 용서해 주시오. 나는 후퇴하지 않겠습니다. 나는 무슨 물건과도 같이 물러설 수는 없습니다. 그러기에는 나의 신분이 너무 높습니다. 남의 명령에 따라서 움직일 수는 없습니다. 이 세상 어느 나라에게도 이용당하거나, 기계같이 움직이지는 않겠습니다. 추기경께서는 꺼진 숯에 전쟁의 불을 붙여주셨지요. 이 괘씸한 잉글랜드와 우리 사이의 전쟁을 말입니다. 이제 이 불길은 너무도 높이 타오르고 있습니다. 그 불을 일으킨 것과 같은 약한 바람으로는, 다시 이 불을 끌 수 없게 되어버렸습니다. 당신은 나에게 정의의 얼굴을 알아보는 법을 가르쳐 주었고, 내가 이 땅에서 권리를 주장할 수 있음을 보여주었습니다. 이번 일을 치르도록 내 가슴에 입김을 불어넣어 주었단 말입니다. 그런데 이제 와서 존 왕이 로마 교황에게 화해를 청해 왔다고 말씀하시다니요. 그 화해가 내게 무슨 의미가 있습니까? 나의 신혼 잠자리를 걸고, 아서의 뒤를 이어 이 땅이 마땅히 나의 것이 될 텐데, 그리고 반이나 정복한 이제야 와서 나에게 후퇴를 하라는 겁니까? 존이 로마와 화해를 했다고 해서요? 내가 로마 교황의 노예입니까? 이 싸움에 로마가 단한 푼이라도 보탠 게 있습니까? 병사는 얼마나 보냈던가요? 군수품은 얼마나 지원해 주었습니까? 이 모든 것을 부담한 사람은 내가 아닙니까? 나와 나를 지지하는 사람들 말고, 이 전쟁을 끌고 나가는 데 누가 피땀을 흘렸단 말입니까? 내가 이 땅에 올랐을 때 이 나라 백성들은 환호를 보내며, "국왕 전하 만세!"를 외치며 나를 맞이하지 않았던가요? 나는 이 왕관을 얻을 수 있는 가장 좋은 카드를 손에 쥐고 있는 게 아닌가요? 그런데 이제 와서 날보고 양보하란 말이오? 천만에요! 그럴 수는 없습니다. 그런 말은 하지도 마시오!

팬덜프 저하는 지금 사건의 겉모습만을 보고 계십니다.

루이 겉이든 속이든 어림도 없소. 나는 내가 목적한 것을 이룰 때까지는 돌아가지 않겠습니다. 이 용감한 병사들을 뽑을 때 내가 바란 것은, 죽음과 위험을 무릅쓰고 이 땅을 차지해 명예를 회복하는 것이었소. (나팔 소리) 이렇게 우렁찬 나팔 소리는 무엇인가?

서자, 수행원들과 함께 등장.

서자 공명정대한 세상의 예를 갖추어 내 말을 들어주오. 나는 말을 전하러 왔소, 밀라노의 추기경 각하! 존 왕의 특사로 왔습니다. 프랑스 세자와 만나 어떻게 일을 처리하셨는지 알고자 왔습니다. 대답에 따라, 나도 드릴 말씀이 있습니다.

팬덜프 세자께서는 내가 간청하는데도 끝까지 적의로 대항할 것을 주장하고 계시오. 그는 군대를 철수하지 않겠다고 단언했소.

서자   모든 원혼이 흘린 피를 걸고, 그 젊은 세자께서 말씀 한번 잘했소. 우리 잉글랜드 왕의 말을 들으시오. 그는 나를 통해 이렇게 말씀하셨습니다. 우리 국왕 전하는 전투를 다시 시작하는 이유도 충분하거니와 이미 준비도 다 되었습니다. 이 하찮고 권위도 갖추지 못한 공격을, 가면무도회에서 하는 것 같은 전쟁놀이를, 수염도 나지 않은 애송이들을 끌고 온 이 군대를 우리 국왕은 가소롭게 여기시고, 이 풋내기 군대를 이 지역에서 채찍질해 내보낼 작정이십니다. 우리 국왕 전하께서는 당신을 당신 문 앞에서 매질하고, 들창을 뛰어넘어 달아나게 하고, 남몰래 우물 밑바닥에 물통처럼 빠지게 하고, 마구간 짚단 속에 웅크리고 있게 하고, 궤짝이나 짐칸 속에 저당물같이 납작 엎드려 있게 하고, 돼지 우리에 처넣고, 감옥이나 땅굴 속에 숨어 있게 하고, 자기 나라의 까마귀가 우는 소리만 듣고도 무장한 잉글랜드군의 소리인 듯 벌벌 떨게 하셨소. 그 왕의 승리의 손이 당신 나라에서도 당신을 혼쭐내었는데 이곳 자신의 나라에서 힘없이 물러나시리라고 생각하오? 천만의 말씀! 용감한 우리 국왕께서는 독수리가 하늘 높이 치솟았다가 먹잇감을 찾아 쏜살같이 내려오는 것처럼 무장을 갖추어 적들을 물리치실 것이오. 당신들, 이 무모하고 배은망덕한 반역자들이여! 어머니인 잉글랜드의 태를 갈기갈기 찢어버리는 네로 같은 자들아, 부끄러워하라! 당신들의 아내들이나 어여쁜 딸들이 아마존 여인들처럼 전쟁을 알리는 북소리를 따라 힘차게 달리며, 골무를 끼던 손가락에는 전투 장갑을 끼고, 바늘을 쥐던 손에는 창을 들고, 순하고 부드러운 마음은 험상궂고 피를 좋아하는 마음으로 가득 차 있단 말이오.

루이   그 우쭐대는 소리는 이제 그만하고, 조용히 돌아가라. 오욕의 인사는 그것으로 충분하다. 잘 가라. 너 같은 허풍쟁이의 호언장담이나 들으며 귀한 시간을 낭비하고 싶지 않다. 어서 돌아가라.

팬덜프   내가 말을 좀 하겠소.

서자   아니! 내가 말을 하겠다.

루이   더는 누구의 이야기도 듣지 않겠소. 어서 북을 쳐라! 북을 쳐서 전쟁의 혀가 우리 권리를 주장하고 우리가 여기에 와 있음을 알리게 하라.

서자   그야 북을 치면 함성이 들려올 거다. 당신들도 우리가 북을 치면 그렇게 외쳐대겠지. 당신들의 북을 울리게 하라. 당신들 못지않게 우리 북도 소리를 내어줄 테니까. 한 번 더 북소리를 울려보아라. 그때는 하늘의 귀를 두드려 놀라게 하며 천둥의 울림도 부끄러워할 메아리로 대답해 주겠다. 그건 용감한 존 왕께서 벌써 당신들의 코앞에 와 계시다는 뜻이다. 이렇게 부드러운 특사를 여기에 보내신 것은 한갓 희롱에 지나지 않지. 지금 전하의 이마 위에는 죽음의 신이 자리해 수천 명이나 되는 프랑스군을 한꺼번에 집어삼키실 수 있단 말이다.

루이   적이 나올 때까지 북을 크게 쳐라.

서자   나오고말고, 세자! (모두 퇴장)

〔제5막 제3장〕

같은 곳. 전쟁터.
나팔 소리. 존 왕과 휴버트 등장.

존 왕   전쟁 상황은 어떠하냐? 휴버트, 내게 보고하라.

휴버트   좋지 않은 것 같습니다. 전하의 상태는 어떠신지요?

존 왕   오랫동안 앓아온 열병이 나를 더 무겁게 짓누르는구나. 아, 가슴이 아프다!

전령 등장.

전령   전하! 전하의 용맹스러운 조카 팰컨브리지로부터 전갈이 왔습니다. 어서 이곳을 떠나시라는 간청이오며, 가시는 방향을 저를 통해 알려달라 하십니다.

존 왕   스윈스테드 쪽으로 갔다고 전하라. 그곳 수도원으로.

전령   기뻐하소서. 사흘 전 프랑스군의 증원군이 굿윈 샌즈에서 파선되었다는 소식입니다. 이건 조금 전 리처드 경에게 들어온 보고이며, 프랑스군은 전의를 잃고 후퇴하는 중이라 합니다.

존 왕   아! 이 폭군 같은 열병이 날 타오르게 하니, 그토록 반가운 소식조차 그다지 기쁘게 들리질 않는구나. 곧 스윈스테드로 떠나겠다. 어서 날 들것

에 태우거라. 난 몹시 쇠약해져서 쓰러질 것만 같다. (모두 퇴장)

〔제5막 제4장〕

다른 전쟁터.
솔즈베리, 펨브룩, 비고트 등장.

솔즈베리 존 왕에게 그토록 많은 친구들이 있으리라고는 생각지 못했소.
펨브룩 다시 쳐 올라갑시다. 프랑스군의 사기를 높여줘야지요. 그들이 실패
하면 우리도 실패하는 거니까요.
솔즈베리 팰컨브리지란 사생아 놈이 저렇게 끄떡도 않고 혼자 버티고 있지
않습니까?
펨브룩 존 왕은 몸이 몹시 쇠약해져서 전쟁터를 떠났다 하오.

다친 믈룅 백작이 한 병사의 부축을 받으며 등장.

믈룅 잉글랜드의 반역자들에게 날 데려다주오.
솔즈베리 우리가 행복했던 시절에는 우릴 그렇게 부르지 않았었소.
펨브룩 저자는 믈룅 백작이오.
솔즈베리 치명상을 입었군요.
믈룅 잉글랜드의 귀족들이여, 달아나시오. 그대들은 매수되었소. 당신들의
반역 행위를 거두시오. 내팽개친 애국심을 다시 일으켜, 존 왕을 찾아 그
앞에 무릎을 꿇으시오. 만약 프랑스군이 이 싸움에서 이기게 되면, 당신들
의 목을 베어 당신들이 여태까지 기울여 온 노력에 보상한다고 하오. 프랑
스 세자는 그의 많은 신하들과 함께—나도 물론 그랬습니다—에드먼즈베
리 제단 앞에서 당신들의 목을 베어버리기로 맹세했습니다. 우리가 처음 영
원한 우의와 사랑을 굳게 맹세하던, 바로 그 제단 앞에서 말이오.
솔즈베리 어떻게 이럴 수가 있소? 이게 사실이오?
믈룅 이렇게 죽음을 앞두고 있는 내가, 불 앞의 밀랍 인형과도 같이 가까스
로 목숨을 붙잡고 있는 내가 무슨 이득이 된다고 거짓말을 하겠습니까? 이

제 난 곧 죽을 것이나, 다만 하늘에 가서 떳떳할 수 있도록 진실을 말하는 것뿐이오. 다시 일러두리다. 루이가 승리하는 날 당신들이 날이 밝아오는 것을 보게 된다면, 그는 맹세를 저버리는 게 되지요. 이 밤에도, 낮 동안 내 빛을 비추느라 지치고 고달픈 태양 주위에는 벌써 불길한 검은 연기가 에워싸기 시작했을 것입니다. 바로 이러한 오늘 밤에라도 당신들의 목숨을 끊으려는 것이지요. 당신들의 도움으로 루이 세자가 승리만 하게 되면 당신들은 나라를 버리고 모반을 꾀한 대가를 치르게 될 것이오. 존 왕과 함께 있는 휴버트에게 안부 전해 주시오. 그 사람에 대한 나의 우정과, 나의 할아버지가 잉글랜드인이라는 사실 때문에 내 양심이 이러한 고백을 하게 된 것입니다. 그 대신 이 몸이 시끄러운 전쟁터를 떠나, 얼마 남지 않은 시간 동안 나의 생각들을 정리하고 신에게 기도하며 내 영혼이 편안하게 하늘나라로 갈 수 있게 해주시오.

솔즈베리 그대의 말을 믿으리다. 이 좋은 기회를 받아들이지 않는다면 내 영혼이 저주를 받게 될 것이니! 이로써 우리의 대역죄를 보상하겠습니다. 성난 파도와도 같았던 우리의 반역 생활을 거두고, 잦아든 물결과도 같이 바다로 흘러들어, 위대하신 존 왕 전하께 무릎 꿇겠소. 내가 그대를 부축해 주리다. 잔인한 죽음의 고통이 그대 눈에 가득하오. 여러분, 새로운 탈주를 합시다. 이는 옛 정의를 되찾는 새로운 기쁨이 될 것이오. (믈룅을 부축하며 모두 퇴장)

〔제5막 제5장〕

프랑스의 진영.
루이와 그의 시종들 등장.

루이 하늘의 태양도 저물기를 꺼리는가, 잉글랜드군의 부끄러운 퇴각을 아는 듯 서쪽 하늘에 머물며 얼굴을 붉히는구나. 오, 우리 군대는 용감하게 돌아왔다. 그렇게 격렬한 전투 뒤에 우리 군의 빗발치는 사격으로 적의 깃발은 사라지고 전장은 우리 터전이 되었지.

전령 등장.

전령 세자 저하, 어디 계십니까?

루이 여기 있다. 무슨 일이냐?

전령 믈렁 백작이 전사했습니다. 믈렁 백작이 잉글랜드 귀족들을 설득해 잉글랜드로 돌아가게 했다고 합니다. 저하가 그렇게도 기다리시던 지원군은 굿윈 샌즈에서 침몰했습니다.

루이 아, 불길한 소식이로다. 에이, 빌어먹을! 이런 불길한 보고를 해오다니! 오늘 밤 이렇게 언짢은 일이 있을 줄은 꿈에도 생각지 못했다. 어둠 속에서 발을 헛디뎌 지쳐버린 양쪽 군대가 갈라서기 두어 시간 전에 존 왕이 달아났다고 보고한 자는 누구냐?

전령 누가 말을 했든지, 그것은 사실입니다.

루이 오늘 밤은 저마다 진영을 잘 지키고 엄중히 경계하라. 내일은 해뜨기 전에 일어날 것이며, 대단한 모험을 펼칠 것이다. (모두 퇴장)

〔제5막 제6장〕

스윈스테드 수도원 근처 벌판.
서자와 휴버트 따로따로 등장.

휴버트 누구냐? 말하라! 빨리 말하지 않으면 쏘겠다!

서자 잉글랜드 편이오. 그대는 누구요?

휴버트 잉글랜드 편의 한 사람이오.

서자 어디로 가는 길이오?

휴버트 그걸 왜 알려고 하오? 그대가 내 일을 묻는다면, 나도 그대의 볼일이 무엇인지 물어보겠소.

서자 휴버트인가 보군.

휴버트 꼭 맞혔습니다. 내 목소리를 아는 걸 보니, 확실히 그대는 나와 같은 편인가 보군요. 누구요?

서자 아무렇게나 생각하게. 날 그렇게 친구로 생각한다면 플랜태저넷에서 왔

존 왕의 죽음   런던, 드루리 레인 극장 공연. 1865.

다는 것만 알고 있게.

휴버트   제 기억력이 얼마나 나쁜지! 캄캄한 밤이라 당신을 볼 수 없어 이렇게 실수를 하게 되는군요. 용감한 병사여, 용서하시오. 당신의 말을 어떻게 하면 알아들을 것도 같고, 또 모를 것도 같고 하니 말입니다.

서자   자, 인사는 그만하게. 무슨 좋은 소식이라도 있는가?

휴버트   아, 이 어둠 속에서 바로 당신을 찾고 있었지요.

서자   간단히 전해 주게. 무슨 소식이 있지?

휴버트   오, 이 밤에 어울리는, 캄캄하고 두렵고 불안하며 전율할 소식이 있습니다.

서자   자, 그 불길한 사건의 상처를 보여주게. 여자처럼 기절 같은 건 하지 않을 테니.

휴버트   국왕께서 어떤 수도사에게 독(毒)으로 해를 당하셨습니다. 제가 떠날 때는 이미 정신을 거의 잃은 상태였습니다. 너무 늦기 전에 당신을 찾기 위해 길을 나섰지요. 반드시 무슨 좋은 방법이 있을 것만 같아서요.

서자   어떻게 해서 독을 드시게 되었나? 누가 드렸느냐 말일세.

휴버트 수도사지요. 그자는 죽음을 각오하고 스스로 약을 먹고 바로 쓰러졌습니다. 하지만 전하께서는 빨리 서두르면 회복하실지도 모릅니다.

서자 자네는 누구에게 전하를 맡기고 왔나?

휴버트 모르셨던가요? 반역했던 귀족들이 돌아왔답니다. 헨리 왕자를 모시고 말입니다. 전하께서는 그들의 간청을 받아들여, 그들을 모두 용서해 주셨습니다. 그들이 지금 전하를 모시고 있습니다.

서자 위대한 하늘이시여, 노여움을 거두시어 우리에게 견딜 수 없는 시련을 더는 내리지 마시옵소서. 내 말을 들어보게, 휴버트. 오늘 밤 내 군대의 절반이 바닷가에서 파도에 휩쓸려 떠내려갔다네. 링컨의 높은 밀물이 몰려와 그들을 삼켜버린 거지. 나는 언덕으로 재빨리 기어올라가 화를 면할 수 있었네. 어서 앞장서게나. 전하가 계신 곳으로 안내하게. 내가 도착하기도 전에 돌아가시게 될까 걱정이군. (두 사람 퇴장)

〔제5막 제7장〕

스윈스테드 수도원의 정원.
헨리 왕자, 솔즈베리, 비고트 등장.

헨리 왕자 너무 늦었습니다. 전하의 온몸에 이미 독이 퍼진 듯합니다. 영혼의 덧없는 집이라고 하는 그의 순결한 뇌는 혼미해져서 거의 운명하실 때가 되었음을 예고해 주는 것 같습니다.

펨브룩 등장.

펨브룩 전하께서는 아직 말씀을 하십니다. 밖으로 나오시면 독 기운으로 타들어갈 것 같은 기분이 가라앉을 거라 믿고 계십니다.

헨리 왕자 이 정원으로 모시고 나오도록 합시다. (비고트 퇴장) 전하께서는 아직도 헛소리를 하고 계시오?

펨브룩 아까 왕자님이 떠나실 때보다는 조금 나아지셨습니다. 지금은 노래까지 부르셨습니다.

노팅엄셔 뉴어크성 귀족들은 1215년 존으로 하여금 대헌장에 서명하게 함으로써 분쟁을 마무리했다. 그 1년 뒤 존은 이 성에서 죽었다.

헨리 왕자   아, 환자를 제멋대로 가지고 노는 병이로다! 맹렬한 극한을 오래 겪다 보면 고통마저 느낄 수 없게 되나 봅니다. 죽음은 눈에 보이는 육체를 집어삼킨 뒤, 눈에 보이지 않는 마음에 쳐들어가 온갖 망상으로 찌르고 상처를 내며, 마지막 보루인 그 마음을 에워싸서 스스로 혼미해지게 만들죠. 죽음 앞에서 노래를 부르시다니, 이상도 하오. 나는 이 창백하고 가녀린 분의 어린 백조요. 그는 죽음 앞에서 가냘픈 육체의 목소리로 서글픈 찬송가를 부르며 자신의 몸과 마음을 영원한 안식으로 이끄는군요.

솔즈베리   낙심하지 마십시오, 왕자님! 저하께서는 그토록 혼미하신 저분의 아드님으로, 그분을 대신하기 위해 이 세상에 태어나신 것입니다.

시종들과 비고트, 존 왕을 의자에 앉힌 채로 부축하여 들고 등장.

존 왕   이제 내 영혼이 자유를 찾게 되었으니 즐거워하라. 나는 방 안에서 죽을 수는 없어. 나의 가슴은 한여름같이 뜨겁다. 그래서 이 창자의 모든 더러운 것들을 부수어 버리는구나. 이 몸은 양피지 위에 펜으로 휘갈겨 놓은 초상화, 이 불같은 열로 오그라드는구나.

헨리 왕자 전하! 좀 어떠신지요?

존 왕 독약을 먹었으니 편할 리가 있느냐. 죽음이 다가와 버림받고 내던져졌 는데, 너희들 가운데 겨울을 불러 그 얼음 같은 손가락을 내 속에 넣어주라 고 말하는 놈이 하나도 없구나. 내 왕국에 흐르는 강물을 불러, 내 타는 가 슴속을 흘러가라 명령하지도 않고, 북쪽의 찬바람을 불러 내 죄어드는 입 술에 키스하라고 하지도 않는구나. 나는 많은 것을 바라는 게 아니라 그저 차가운 위안거리로 나를, 나의 이 불같이 뜨거운 기운을 가라앉혀 달라는 것뿐이다. 그런데 너희들은 그토록 매정하고 배은망덕하게 나의 부탁을 거 절한단 말이냐.

헨리 왕자 저의 눈물로써 전하의 고통을 덜어드릴 수만 있다면 얼마나 좋겠 습니까!

존 왕 눈물은 짜다. 그래서 더워. 나의 이 몸뚱이는 지옥이다. 이 저주받은 피 속에 악마와도 같은 독이 가득 퍼져 잔혹하게 뛰어놀고 있으니 말이다.

서자 등장.

서자 오, 전하를 뵈오려고 미친 듯이 달려왔더니 제 몸이 화통이 되어버렸습 니다.

존 왕 조카야! 네가 나의 눈을 감겨주려고 왔구나. 내 심장은 부서지고 타버 렸으며, 나의 생명을 향해하던 돛폭은 이제 한 가닥의 터럭밖에 남지 않았 다. 내 심장은 가냘픈 한 개의 끈으로 겨우 붙어 있다. 그 보고가 끝날 때쯤 이면 너는 하나의 흙더미, 죽은 왕족의 모습을 보게 될 것이다.

서자 프랑스 왕자는 이리로 오고 있답니다. 우리가 어떻게 응해야 할지는 하 느님만 아시는 일입니다. 지난밤 저는 좋은 기회를 얻어 진군하던 중, 병사 의 절반이 뜻하지 않은 파도에 휩쓸려 가버렸습니다. (존 왕 죽는다)

솔즈베리 죽어가는 분의 귀에 그런 불길한 보고를 드리다니요. 전하! 전하! 왕이시던 분이 이렇게 되시다니!

헨리 왕자 나도 저렇게 달려가다가, 저렇게 숨이 멎을 테지. 오늘 이 순간까지 왕이었던 분이 흙이 되고 말았으니, 이 삶에 무슨 확신과 무슨 희망이 있으며, 또 의지할 무엇이 남아 있으리오!

서자 그리도 쉽게 가버리시다니요? 제가 홀로 남아 당신의 복수를 해야겠군요. 저는 하늘에 가서도, 이 세상에서와 같이 전하를 섬기겠나이다. (귀족들에게) 자, 제자리로 돌아온 별들이여, 그대들의 군대는 어디에 있소? 그대들의 충성심을 증명하기 위해, 곧 나와 함께 진군하여 기력을 잃은 이 땅의 문턱에서 수치와 굴욕을 가져온 그 세력을 몰아냅시다. 쫓아가지 못하면 쫓기게 되는 것입니다. 프랑스 왕자는 우리들 발뒤꿈치까지 와 있소.

솔즈베리 그대는 우리만큼 정보를 알고 계시지 못하나 보군요. 팬덜프 추기경이 여기 와서 쉬고 있다는 사실을 말이오. 반 시간 전쯤에 프랑스 세자가 그를 보내 평화 협정을 요청해 왔습니다. 우리에게 그 제안을 명예롭게, 존경하는 마음을 다해 받아들이라고 합니다. 더는 전쟁을 하지 않는 조건으로 말이오.

서자 우리 편의 방어진이 탄탄하게 짜여져 있다는 사실을 알게 되면 전쟁을 그만두려고 할 테지요.

솔즈베리 이미 퇴각이 시작되었답니다. 적군의 수많은 보급품들이 바닷가로 움직이고 있다 하며, 추기경에게 이 전쟁을 마무리짓도록 모든 것을 맡겼다고 합니다. 이의가 없다면 오늘 오후에 경과 우리 신하들이 함께 추기경과 동행하여, 이 일을 행복하게 끝맺읍시다.

서자 그렇게 하십시다. 다른 왕자들도 선왕 전하의 장례식에 참석하도록 하시지요.

헨리 왕자 유해는 우스터에 모셔야 합니다. 전하의 유언이셨으니까요.

서자 그렇게 하십시오. 그리고 왕자님은 정통의 왕권과 이 땅의 영광을 이어받으소서! 저는 이렇게 무릎 꿇고 신하로서 언제까지나 충성과 신의를 다 할 것을 맹세하나이다.

솔즈베리 저희도 똑같은 경애의 마음을 바치오며, 영원토록 흠 없는 충성을 맹세합니다.

헨리 왕자 진심으로 감사합니다. 경들의 맹세에 이 눈물 말고는 달리 어떻게 고마움을 표현해야 할지 모르겠군요.

서자 지금은 꼭 필요한 눈물만을 흘리십시오. 이제까지 수없이 많은 슬픔을 맛보았으니까요. 이 잉글랜드는 지난날에도 그랬듯이, 앞으로도 오만한 정복자의 발아래 무릎 꿇는 일은 없을 것입니다. 모든 귀족이 이 땅의 품으로 돌아왔으니 우리가 스스로 상처를 내지 않는 한, 군대가 삼면으로 쳐들어온다 해도 두려울 게 없습니다. 우리는 그들을 놀라게 할 것입니다. 잉글랜드가 스스로 충실하기만 하면 그 무엇도 우리를 비탄에 빠뜨릴 수는 없습니다. (존 왕의 주검을 지고서 모두 퇴장)

Edward Ⅲ
에드워드 3세

[등장인물]

에드워드 3세 잉글랜드 왕. 에드워드 2세와 프랑스 필립 4세의 딸인 왕비 이자벨의 맏아들

에드워드 왕자 에드워드 3세의 맏아들. 별명 '흑태자'

필리파 왕비 에드워드 3세의 아내, 윌리엄 3세의 딸

워릭 백작 솔즈베리 백작부인의 아버지

더비 백작

솔즈베리 백작

솔즈베리 백작부인

오들리 경

퍼시 경

로도윅 에드워드 왕의 비서

기사 윌리엄 몬터규 솔즈베리의 조카

기사 존 코플랜드

로베르 아르투아 백작 뒤에 리치먼드 백작

몽포르 경 브르타뉴 공작

고뱅 드 그라스 프랑스인 포로

장 2세 필립 6세를 이어 프랑스 왕

샤를 왕자 장 2세의 맏아들. 뒤에 노르망디 공작

필립 왕자 장 2세의 막내아들. 뒤에 부르고뉴 공작

로렌 공작

빌리에 노르망디의 기사

칼레 대장

또 다른 대장

부유한 칼레 사람 6명

가난한 칼레 사람 6명

해병

크레시 시민 2명

다른 프랑스인 3명

두 아이를 가진 어머니

보헤미아 왕

폴란드 대장

덴마크 부대

데이비드 왕 스코틀랜드 왕

기사 윌리엄 더글러스

그 밖에 수행원들, 전령들, 의전관들, 병사들

[장소]

잉글랜드와 프랑스

에드워드 3세

런던. 왕궁의 방.

나팔 소리. 에드워드 왕이 더비, 에드워드 왕자, 오들리, 아르투아, 위릭 등과 함께 등장.

에드워드 왕 아르투아의 로베르, 비록 그대는 조국 프랑스로부터 추방된 몸이지만 이제 우리 편이 되어 이전처럼 위대한 귀족 신분을 지키며 살도록 하오. 그대에게 리치먼드 백작 작위를 내리겠소. 자, 그럼, 우리 집안의 계보를 말해 보시오. 누가 필립 르 보 뒤를 이어 왕이 되었소?

아르투아 세 왕자입니다. 세 분 모두 차례대로 아버지의 옥좌에 올랐으나, 안타깝게도 모두 죽고 후손도 남기지 않았나이다.

에드워드 왕 그 세 사람은 나의 어머니 쪽 혈통이었소?

아르투아 그렇습니다, 전하. 전하의 부친께서 필립 르 보 왕의 외동따님 이자벨 공주를 왕비로 맞이하시어, 그 향기로운 꽃밭으로부터 유럽에 희망을 꽃피운 존귀하신 전하께서 프랑스 왕위 계승자로서 태어나셨나이다. 그러나 저 반역자들의 악덕을 보십시오. 이처럼 필립 르 보 왕의 핏줄이 끊어지자 프랑스인들은 마땅히 다음 후계자가 되어야 할 어머니의 권리를 빼앗고는 발루아 가문의 존을 왕으로 선언했으니, 그가 바로 지금 그들의 왕이지요. 프랑스 왕국은 훌륭한 집안에서 태어난 부계 혈통의 왕자들로 가득하며, 부계 혈통이 아니면 자신들의 통치자로서 인정할 수 없다는 것이 바로 전하를 왕위 계승에서 제외하려는 저들의 특별한 이유란 것입니다.

에드워드 왕 저들이 내세우는 그럴듯한 근거는 부서지기 쉬운 모래 더미에 지나지 않음을 알려주겠소.

아르투아 제가 프랑스인으로서 이러한 사실을 폭로하는 것이 극악무도한 짓이라고 생각할 수도 있겠으나, 하늘에 걸고 맹세하건대 이는 개인적인 악의나 증오심 때문이 아니며, 제가 태어난 나라에 대한 사랑과 정의심이 제 혀를 자극하여 이렇게 남김없이 말씀드리는 것입니다. 전하야말로 우리의 평화를 지켜 나아갈 정당한 수호자이시며, 발루아 가문의 존은 그 가지에 불과하나이다. 따라서 신하들은 마땅히 자기들의 왕을 섬겨야 하지 않겠나이까? 아, 폭군의 오만함을 멈추게 하고, 자기 나라의 참된 목자를 섬기는 것보다 더한 신하의 본분이 어디 있겠습니까?

에드워드 왕 아르투아, 그대의 충고는 열매를 맺어주는 빗방울과도 같이 나의 위엄을 돋우어 주오. 그대의 말 속에 담긴 타오르는 활기로 말미암아 이 가슴에는 뜨거운 용기가 움트고 있소. 진실을 알지 못하여 이제까지 가슴속에 묻어왔던 용기이나, 이제는 명성이라는 황금 날개를 달고 일어날 것이오. 그리고 정당한 이자벨의 혈통답게 완고한 적들의 목에 강철로 된 멍에를 씌워, 프랑스에서 나의 왕권에 반역한 자들에게 모욕을 주겠소. (뿔나팔 소리) 전령이군. 오들리 경, 어떤 소식인지 살펴보고 오시오.

오들리, 퇴장했다가 곧이어 다시 등장.

오들리 바다를 건너온 로렌 공작이 전하를 뵙고자 합니다.

에드워드 왕 어서 들어오게 하오. 경들 소식을 들을 수 있겠지.

로렌 공작, 수행원들과 등장.

에드워드 왕 공작, 어인 일이오?

로렌 가장 위대하신 프랑스의 장 왕 전하께서 에드워드에게 안부 전하며 이 로렌을 통해 명령하십니다. 그대는 전하의 관대하신 선물인 귀엔 공작령을 차지하게 되었으니, 몸을 낮추어 신하의 예를 올리도록 하오. 그런 이유로 여기 이렇게 명하노니, 40일 안에 프랑스로 와서 그곳 관례에 따라 우리 왕의 충직한 신하임을 맹세하시오. 그렇지 않으면 그 공작령에 대한 그대의 권리를 잃게 되리니, 전하께서 몸소 그 땅을 소유하게 되실 겁니다.

에드워드 왕 이 무슨 기막힌 우연이란 말인가! 프랑스에 가겠다고 마음을 정
하자마자 바로 초대를 받는구나. 게다가 위협까지 가하면서 오지 않으면 벌
을 주겠다고 하니! 가지 않겠다고 하면 어린아이 같은 짓이지. 로렌 공, 이
회답을 그대의 왕에게 전하라. 그가 바라는 대로 방문하기로 하겠다. 그러
나 어떤 방문인 줄 아느냐? 노예처럼 허리를 굽히러 가는 게 아니라, 정복
자와도 같이 그에게 다가가 고개를 숙이게 하리라. 그자의 보잘것없는 서투
른 책략은 이미 모습을 드러냈다. 그의 얼굴에서 오만함을 그럴듯하게 감싸
주던 가면이 벗겨지고 진실이 드러난 것이다. 자기에게 충성을 바치라고 감
히 나에게 명령을 해? 그자가 차지한 왕관은 나의 것이라고 전하라. 그리고
무릎을 꿇어야 할 자는 바로 그라고. 내가 요구하는 것은 하찮은 공작령
따위가 아니라 프랑스의 모든 영토이니라. 만일 내 뜻에 굴복하지 못하겠다
면 그놈이 빌려 입은 그 깃털처럼 가벼운 옷들을 모두 벗겨서, 벌거숭이로
들판에 쫓아내리라.

로렌 그렇다면 에드워드, 그대의 신하들이 지켜보는 바로 이 자리에서 당신
의 도전장을 던지시오.

에드워드 왕자 도전장이라고, 이 프랑스 놈이? 네 주인의 목구멍 깊은 곳까
지 그것을 쳐 넣어주지. 그리고 왕이신 내 아버지와 여기에 모인 다른 귀족
들 앞에서 확실히 말해 두겠다만, 그대가 가져온 소식은 너무나 악의적인
것이다. 그대를 이곳에 보낸 자도 독수리 둥지에 염치없이 기어들어 오려는
게으른 수벌 같은 놈이지. 격렬한 폭풍으로 그자를 흔들어 떨어뜨려서, 다
른 자들의 본보기로 삼으리라.

워릭 그자가 입고 있는 사자 가죽을 벗으라고 전하라. 전장에서 사자와 맞닥
뜨리게 되면, 그의 오만함을 보고 화가 난 사자가 그를 갈기갈기 찢어놓고
말리라.

아르투아 내가 그 왕에게 드릴 수 있는 가장 훌륭한 충고는 강제로 굴복하
기 전에 스스로 항복하는 것이오. 폭력 앞에서 모욕을 겪는 것보다는 스스
로 무릎을 꿇는 편이 나을 테니.

로렌 타락한 반역자, 독사 같은 놈아, 네가 나고 자란 조국을 뒤집어엎겠다
는 것이냐! 이 음모에 가담할 작정이냐? (칼을 뽑는다)

에드워드 왕 (칼을 뽑고는) 로렌, 이 날카로운 칼을 보아라. 나의 심장을 억누르

는 뜨거운 욕망은 이 칼날보다 더 매섭고 따끔거리지만, 나이팅게일이 스스로 가슴에 상처를 내듯이 나도 이 따끔거리는 가슴을 한결같이 다독거릴 것이다. 우리의 군기가 프랑스에서 펄럭일 때까지는 말이다. 이것이 나의 최후통첩이다. 어서 꺼져라.

로렌 그 통첩이나 잉글랜드인의 용기 따위엔 관심 없다. 무엇보다 화가 치미는 것은 이놈의 한심한 꼬락서니다. 누구보다도 충성을 바쳐야 할 자가 가장 큰 반역을 저지르다니. (수행원들과 함께 퇴장)

에드워드 왕 자, 경들, 우리 함대는 이미 출항했소. 도전장은 던져졌고 곧 싸움이 시작될 것이오. 그러나 그리 빨리 끝날 싸움은 아니오.

윌리엄 몬터규 경 등장.

에드워드 왕 무슨 일로 왔소, 윌리엄 몬터규 경? 스코틀랜드와 우리 사이의 동맹은 어찌 되었소?

몬터규 갈라지고 해체되었나이다, 전하. 우리 군이 철수한다는 걸 알게 되자마자 저 비열한 왕은 지난날 맹세도 잊은 채, 곧바로 접경 마을로 쳐들어가 바윅을 점령하고 뉴캐슬을 약탈하고 짓밟았습니다. 그리고 지금 그 폭군은 록스버러성을 포위하고 있는데, 그 안에 갇힌 솔즈베리 백작부인의 목숨이 위험합니다.

에드워드 왕 워릭, 그건 바로 그대의 딸이 아니오? 그대의 사위는 몽포르 경의 기반을 구축하기 위해 그곳 브르타뉴 반도에서 오랫동안 군복무를 하지 않았소?

워릭 그렇습니다, 전하.

에드워드 왕 야비한 데이비드! 팔을 흔들며 죽이겠다고 위협하는 인질이 겨우 가련한 아녀자란 말인가? 그러나 내가 너의 달팽이 뿔을 오그라지게 해주리라! 그럼 먼저 오들리 경, 나의 명령이오. 프랑스와 전쟁을 치르기 위해 보병을 소집하오. 그리고 네드, 너는 무장한 병사들을 이끌고 각 주마다 부대를 선발하라. 하지만 불명예라는 오점만큼은 두려워할 줄 아는 사기 충천한 병사들이어야 한다. 강대국을 상대로 큰 전쟁을 치르는 거니까 절대로 마음을 놓아선 안 돼. 더비 백작, 우리의 대사 자격으로 나의 장인인 에노

〈에드워드 3세의 궁전에 있는 제프리 초서〉 포드 메독스 브라운. 1856~68.

백작을 찾아가 우리 계획을 알려드리시오. 아울러 플랑드르에 있는 우리 동
맹군과 독일 황제가 한 편이 되도록 힘써 주오. 나는 그대들이 힘을 합쳐
적을 무찌르는 동안 내 지휘 아래 있는 군대를 이끌고, 반역을 저지른 스코
틀랜드 왕을 다시 격퇴하겠소. 그러나 여러분, 마음을 굳게 다잡아야 하오.
어느 쪽에서든 이는 모두 전쟁이니까 말이오. 그리고 네드, 너도 이제는 공

부나 독서는 그만 잊어버리고, 그 어깨 위에 놓인 갑옷의 무게를 견뎌야 하느니라.

에드워드 왕자 이 전쟁의 격앙된 소리는 젊은 심장에는 즐겁게 울립니다. 왕의 대관식에서 만세를 부르짖는 즐거운 외침과도 같나이다. 명예의 전당에서 제가 배우는 것은 적을 죽음의 신 앞에 바치거나, 아니면 정의로운 싸움에서 스스로 목숨을 바치는 방법입니다. 자, 저마다 가야 할 길로 즐겁게 나아갑시다. 이렇게 중요한 일에 지체하면 큰일이지요. (퇴장)

〔제1막 제2장〕

록스버러. 성 앞.
솔즈베리 백작부인이 발코니에 등장.

백작부인 아, 내 서글픈 눈은 전하께서 구원의 손길을 보내주시기만을 얼마나 헛되이 바라고 있는가! 아, 몬터규, 내 귀여운 조카, 넌 나를 위해 전하께 탄원을 올릴 만큼의 열정도 없단 말이냐. 스코틀랜드인에게 포로로 잡혀 겪는 모욕이 얼마나 서러운 것인지 전하께 말도 못했겠구나. 엉뚱하고 무례한 맹세로 사랑을 구하며, 야만스럽게도 강제로 여인을 모욕한다는 것을 말도 건네지 못했으리라. 만일 그자가 제멋대로 설치도록 내버려 둔다면 저 북방 민족들이 우리를 얼마나 비웃겠느냐. 그리고 놈들의 불쾌하고 파렴치하며 경박한 춤으로 우리를 정복하여 쓰러뜨렸다고 말하겠지. 그것도 황량하고 음산하며 쓸모없는 벌판에서 말이야.

데이비드 왕과 더글러스, 로렌 등 등장.

백작부인 어서 몸을 피하자. 나의 영원한 적들이 이쪽으로 오고 있어. 저 어리석고 자만심 가득한 자들이 무슨 이야길 하는지, 가까운 곳에 숨어서 들어봐야겠어. (무대 뒤쪽에 숨는다)

데이비드 왕 로렌 공, 우리의 형제인 프랑스 왕에게 안부 전해 주오. 같은 그리스도교 신자로서 가장 존경하며 흠모하고 있다고 말이오. 돌아가서 이런 말도 전해 주오. 우리는 잉글랜드와의 협상에 결코 응하지 않을 것이며, 우호 관계나 휴전 협정도 맺지 않겠다고. 또한 그들의 시골 마을들을 모두 불태우고, 그들의 도시 요크를 맹렬하게 공격할 거라고 전하오. 그대의 왕이 "그만하라, 이제는 가련한 잉글랜드인들을 용서해 다오!" 말할 때까지는 우리의 힘센 기마병들이 쉼 없이, 말의 입에 물리는 가벼운 재갈이나 재빠른 박차에 녹슬 사이도 없이 쇠사슬로 엮어 만든 갑옷을 벗지도 않고, 스코틀랜드의 물푸레 나뭇결이 드러난 막대기를 느긋하게 성벽에 기대어 놓지도 않을 것이며, 단추가 있는 황갈색 가죽띠로부터 날카로운 칼을 치워놓지도 않을 거라고. 잘 가오. 그리고 이 성 앞에서 우리와 작별 인사를 하고 왔다고 말해 주오. 그때 우리가 이 성을 굴복시킨 것이라고.

로렌 떠나겠습니다. 전하의 훌륭하신 인사 말씀을 우리 국왕에게 잘 전하겠습니다. (퇴장)

데이비드 왕 자, 더글러스, 방금 하던 일로 다시 돌아가지. 그 전리품 분배는 말인데…….

더글러스 전하, 저는 그 부인만 있으면 됩니다.

데이비드 왕 아니, 그만하게. 내가 먼저 골라야 하지 않나. 그리고 내가 먼저 말하지. 그 부인은 내 거라네.

더글러스 그러시다면 전하, 저는 부인의 보석을 갖겠습니다.

데이비드 왕 그것도 그 부인의 것이니, 언제나 그녀와 함께 있어야 하지. 그 부인을 차지하는 자가 다 갖게 되는 거야.

스코틀랜드인 전령이 급하게 등장.

전령 전하, 저희가 전리품을 가져오려고 언덕 위를 달려 이곳으로 오다가, 멀리서 수많은 병사들이 행진하는 것을 보았습니다. 갑옷 위로 쏟아지는 뜨거운 햇살을 받으며 거대한 철갑 군단이 나무창을 들고 이리로 오고 있었습니다. 전하께서는 서둘러 대책을 마련하소서. 적들이 천천히 행진해 온다고 해도, 가장 뒤쪽에 있는 부대가 이곳까지 오는 데에는 네 시간도 채 걸리지 않을 겁니다.

데이비드 왕 후퇴하라, 후퇴하라. 잉글랜드 왕이 오고 있다.

더글러스 이봐, 제미, 내 멋진 검정말에 안장을 얹어라.

데이비드 왕 싸우려는 건가, 더글러스? 우린 힘이 너무 약하다.

더글러스 알고 있습니다, 전하, 그러니 어서 달아나야죠.

백작부인 (앞으로 나오며) 스코틀랜드에서 오신 여러분, 잠시 한잔하시며 머무르다 가시지요.

데이비드 왕 그녀가 우릴 조롱하는군, 더글러스. 도저히 못 참겠네.

백작부인 그런데 여러분, 누가 여자를 차지하기로 했죠? 그리고 보석은요? 전리품을 나누어 가질 때까지는 떠나지 않겠군요.

데이비드 왕 전령의 말과 우리가 하는 말을 다 들었군. 이젠 마음 푹 놓고 우릴 조롱하고 있어.

　　다른 전령 등장.

전령 2 무장하십시오, 전하! 적의 기습 공격입니다.

백작부인 전하, 프랑스의 전령을 쫓아가셔야죠. 그리고 요크까지는 도저히 갈 수 없다고 말씀하세요. 당신의 귀여운 말이 절뚝거린다고 핑계를 대세요.

데이비드 왕 그 말도 들었어, 제기랄! 여자야, 잘 있거라. 더는 여기 머무를 수가 없구나. (스코틀랜드인들 퇴장)

백작부인 두려워하지는 않으나, 그래도 살기 위해 도망치는군. 오, 행복한 위안을 주는 이여, 어서 집으로 돌아와요! 자만심에 넘쳐서 거들먹거리던 스코틀랜드 놈들, 이 나라 모든 군대가 몰려와도 물러서지 않겠노라. 우리 성벽 앞에서 맹세하더니, 군대가 오고 있다는 말을 듣자마자 염치없이 등을 돌리고는 매서운 북동풍이 부는 곳으로 돌아가는구나.

　　몬터규 등장.

백작부인 아, 이 따사로운 여름날! 나의 조카가 왔어!

몬터규 안녕하세요, 숙모님? 우린 스코틀랜드인이 아니에요. 왜 우리 편이 못 들어오게 문을 잠그신 거죠?

백작부인 정말 잘 와주었구나, 조카. 적들을 몰아내고 우리 편을 잘 맞이하기 위해 그런 거란다.

몬터규 전하께서 몸소 이곳에 오셨어요. 숙모님, 어서 내려오셔서 전하께 인사드리세요.

백작부인 어떻게 전하를 맞이해야 하지? 신하로서의 예의와 존경심을 어떻게 표현하면 좋을까? (2층 무대에서 퇴장)

화려한 나팔 소리. 에드워드 왕, 워릭, 아르투아 등 등장.

에드워드 왕 아니, 우리가 미처 개들을 풀어놓기도 전에 여우처럼 살금살금 도망쳐 버렸나?

워릭 도망쳤나이다, 전하. 힘센 사냥개들이 컹컹 짖어대며 흥분해서 바짝 뒤쫓고 있습니다.

백작부인 등장.

에드워드 왕 이분이 백작부인이오, 워릭?

워릭 그렇습니다, 전하. 그녀의 아름다움은 매서운 바람을 맞은 5월의 꽃과 같나이다. 폭군에게 더럽혀지고, 시들고, 흐려져, 사라지고 말았나이다.

에드워드 왕 전에는 지금보다 훨씬 더 예뻤단 말이오, 워릭?

워릭 전하, 그녀는 이제 전혀 예쁘지 않습니다. 지난날 제가 보아온 딸의 모습에 비하면 오늘 그 아름다움은 한풀 꺾였나이다.

에드워드 왕 (혼잣말로) 지금도 이토록 아름다운데 이보다 더 훌륭했다 하니, 얼마나 신비로운 매력이 그 눈 속에 담겨 있었던 걸까? 이제는 흐려지고 말았다는 그 눈이 어찌하여 이 왕의 눈길을 끌며, 넋을 잃고 바라보게 한단 말인가?

백작부인 (무릎을 꿇으며) 경외하는 마음으로 이 땅보다 낮게 무릎을 굽혀, 무릎의 우둔함을 대신하여 감사드리는 마음으로 다시금 허리를 굽혀 저의 충성심을 전하오며, 수백만 번이라도 신하로서의 감사를 드리옵니다. 전하께서 이곳에 오심으로써 저희 성문으로부터 전쟁과 위험이 쫓겨났습니다.

에드워드 왕 부인, 일어서시오. 평화를 가져오려고 이곳에 왔으나, 어떻게 하다 보니 전쟁을 끌어들이고 말았소.

백작부인 전쟁은 사라졌나이다, 전하. 스코틀랜드인들은 떠났습니다. 증오심과 함께 자기들 고장으로 달려갔나이다.

에드워드 왕 (혼잣말로) 여기서 굴복하여 수치스럽게 사랑을 갈망하지 않도록 스코틀랜느군을 뒤쫓아가는 거다. 아르투아, 갑시다.

백작부인 기다려 주십시오, 고귀하신 전하. 잠시 이곳에 머무르시며, 강력하신 왕권으로 이 성을 영예롭게 해주십시오. 전장에 있는 저의 남편도 이 소식을 들으면 더없이 기뻐할 것이옵니다. 그러니 전하, 보잘것없는 성이오나 잠시 머물러 주소서. 어서 저희 집으로 들어오십시오.

에드워드 왕 미안하오, 부인. 더는 가까이 갈 수 없소. 지난밤 모반에 대한 꿈을 꾸었기에 가기가 꺼려지는구려.

백작부인 추악한 모반 따위는 이곳에는 없나이다.

에드워드 왕 (옆으로 비켜서서 혼잣말로) 그리 멀지 않은 곳에, 왕을 모반하는 그대의 눈 속에 있었구나. 그것이 내 마음에 독을 감염시키고 있다. 지혜는 거부당하니 치료의 손길도 없는 듯하다. 인간의 눈에서 빛을 앗아가는 빛이란, 햇빛에만 있는 게 아니다. 나의 눈이 보려는 것은 오직 이곳의 두 별이니. 태양보다 더 빛나며, 나로부터 빛을 훔쳐가는구나. 마음에 잠겨 있는 욕망이여, 그 욕망은 생각 속에 잠기게 해놓고 널 억제하리라. 워릭, 아르투아, 어서 말을 타고 떠납시다.

백작부인 전하를 머무르시게 하려면 어떻게 말씀드려야 하나요?

에드워드 왕 (혼잣말로) 눈이 그토록 간절히 말하는데 혀가 무슨 필요가 있겠소? 세련되고 유창한 웅변보다는, 오히려 그 눈이 마음을 움직이게 하오.

백작부인 4월의 햇살처럼 저희 성을 밝게 비춰 주시더니, 곧 떠나시렵니까? 전하께서 안으로 들어와 주신다면 밖에 있는 성벽도 무척 기뻐할 것입니다. 저희가 사는 곳은 시골과 다를 바 없나이다. 사람들의 차림도 세련되지 못하고 예의를 그렇게 따지지도 않으며, 둔하고 무뚝뚝하여 그만큼 대접도 화려하진 않지만 사람들 마음은 아름다우며 곳곳에 풍요로움과 아기자기한 자랑거리들이 숨겨져 있습니다. 금덩이가 묻힌 곳 위로는 땅이 자연의 웅장함을 드러내지 못하여 황량하고 시들고 빈약하며 열매도 열리지 않고 메말

랐나이다. 그러나 그곳에는 푸르른 풀밭과 온갖 빛깔 꽃들이 자랑스럽게 향기를 내뿜으며 오물과 부패한 물질들을 깨끗이 만들어 줍니다. 저의 긴 말들을 다시 결론지어 말씀드리지요. 저 성안은 이 초라한 성벽들과는 다른 곳이오며, 장식 없는 소박한 망토와도 같이 비바람을 막아주는 곳입니다. 저의 부족한 표현보다 더 큰 은혜를 베푸시어 잠시나마 이곳에 머물러 주소서.

에드워드 왕 (옆으로 비켜서서 혼잣말로) 아름다운 것만큼이나 지혜로운 여인이로다. 지혜가 아름다움의 수호신으로서 문을 지킬 때, 때마침 사랑에 빠진 어리석은 자가 어찌 그녀의 부탁을 들어주지 않으리오. 백작부인, 처리해야 할 일들이 급하기는 하지만 잠시 미루고 부인의 뜻을 받아들이겠소. 자, 경들, 오늘 밤은 이 성에 머무릅시다. (퇴장)

〔제2막 제1장〕

록스버러. 성의 정원.
로도윅 등장.

로도윅 전하의 눈은 그녀의 눈에 빠져버렸지. 그 귀는 그녀의 달콤한 혀가 말하는 속삭임을 삼키고, 바람이 부는 대로 모습을 바꾸는 구름과도 같이 그 열정 또한 전하의 뺨 위에서 어지럽게 모습을 드러냈다가는 사라져 버리는구나. 보라, 그녀가 뺨을 붉히면 전하는 새파래지지. 그녀의 뺨이 어떤 마법을 부리기라도 한 것처럼 전하의 뺨 위로 붉은 버찌 같은 피를 끌어당기는 것만 같아. 또 경외심으로 그녀 뺨이 파래지면 전하의 뺨은 진홍빛으로 물들지. 하지만 그녀의 아름다운 붉은빛 같지는 않아. 벽돌과 산호가 다르듯, 살아 있는 것과 죽은 것이 다르듯 말이야. 그런데 왜 전하는 그녀의 낯빛을 닮아가는 거지? 그녀가 낯을 붉히는 것은 부드러운 겸손에서 비롯된 수줍음인데, 그것은 전하의 거룩한 존재가 앞에 있기 때문이지. 그러나 전하가 낯을 붉히는 것은 부도덕한 새빨간 수치야. 왕이신데도 눈길은 이리저리 갈피를 못 잡고 계시니 말이야. 그녀가 파래지는 것은 나약한 여자의 두려움을 뜻하지. 전하를 받들어 모시려고 하기 때문이야. 전하의 뺨이 파래지는 것은 죄를 짓는 데 대한 두려움을 뜻하지. 위대한 왕이신데도 어긋난 사랑을 하기 때문이야. 그렇다면 스코틀랜드와의 싸움은 이젠 안녕이지! 그 대신 잉글랜드는 변덕스러운 사랑을 상대로 기나긴 싸움을 끌어가게 되겠군. 저기, 전하가 혼자 걸어오시는구나. (비켜선다)

에드워드 왕 등장.

에드워드 왕 그녀는 내가 온 뒤로 더욱더 아름다워지고 있어. 그녀 목소리에 담긴 말 한마디 한마디는 그 어느 때보다 더 은방울 소리 같아. 그녀의 재치도 막힘 없이 물처럼 흐르지. 데이비드 왕과 스코틀랜드인들에 대한 거침없는 이야기는 얼마나 색달랐던가! "바로 이렇게"라고 말하고는 "그가 말했죠" 하고 나서 스코틀랜드인들의 천한 말투와 억양을 흉내내어 말했지. 그래도 스코틀랜드인들이 말하는 것보다는 좀더 품위 있게 말이야. "그리고 이렇게 말했어요"라며 그녀 스스로 대답했지. 누가 그녀처럼 말할 수 있으랴? 그녀가 성벽에서 속삭일 때 그 목소리는 하늘에서 울려오는 천사의 노랫소리, 야만적인 적에 대한 부드러운 도전의 말이야. 그녀가 평화를 말할 때면, 전쟁의 신에게 감옥으로 가라고 명령하는 것 같구나. 그녀가 전쟁 이야기를 하면, 그녀의 말솜씨가 전쟁마저 아름답게 만들어서 카이사르를 로마의 무덤에서 불러내는 것만 같아. 지혜로운 말도 그녀의 혀에서 나오지 않으면 어리석게만 들리지. 아름다움도 그녀의 얼굴에 대해 말하는 게 아니라면 비웃음일 뿐이야. 여름이란 다름 아닌 그녀의 밝은 얼굴에 있지. 경멸하는 그녀의 얼굴은 그야말로 서리 끼는 겨울이야. 그 여자를 포위한 스코틀랜드인들을 나무랄 수도 없어. 그녀가 바로 이 나라의 전 재산이니까. 그렇게도 값지고 아름다운 여인 곁을 지키지 못하고 모두 도망쳐 버리다니, 겁쟁이들이군. 로도윅, 거기 있느냐? (로도윅, 앞으로 나온다) 잉크와 종이를 가져오너라.

로도윅 알겠습니다, 전하.

에드워드 왕 그리고 경들에게 체스를 두고 있으라 전해라. 난 홀로 걸으며 생각할 게 있으니.

로도윅 알겠습니다, 전하. (퇴장)

에드워드 왕   로도윅은 시에 대한 교양도 있고 사람의 마음을 움직이는 열정
도 가슴에 담고 있으니, 그에게 내 감정을 솔직하게 털어놓고 비단 베일을
씌운 것 같은 부드러운 시를 쓰게 하여, 아름다운 여왕들 가운데서도 으뜸
으로 아름다운 나의 여왕에게 이 마음의 병을 알리리라.

로도윅 다시 등장.

에드워드 왕   펜과 잉크와 종이가 준비되었는가, 로도윅?

로도윅   예, 전하.

에드워드 왕   그럼 정자로 가서 나의 옆에 앉거라. 그곳을 너와 나의 회의실
겸 쉼터로 삼겠다. 나의 생각들이 푸른빛이니, 푸른빛으로 둘러싸인 곳으로
가자. 어지러운 마음을 쉬게 하리라. 자, 로도윅, 황금빛 시(詩)의 여신을 불
러들여라. 마법의 펜을 들어서 탄식은 가장 깊은 탄식으로, 슬픔을 말하면
바로 신음을 하고, 눈물을 쓰라 하면 타타르인의 눈에도 눈물이 고이며, 냉
혹한 스키타이인도 연민을 느끼게 하는 달콤한 슬픔의 말들을 앞뒤로 써넣
어 가슴속 깊이 간직하게 하라. 그렇게 사람의 마음을 움직이는 힘을 시인
의 펜은 갖고 있을 것이다. 그리고 그대가 시인이라면 그와 같이 자신의 마
음을 움직여서, 그대의 군주가 느끼는 것과 같은 사랑을 그대 가슴속에 느
껴보아라. 달콤한 화음을 넣어 현악기를 연주하면 지옥의 귀도 다소곳이 듣
게 될 테니, 시인의 지혜로부터 나오는 울림은 또 얼마나 나약한 인간의 마
음을 사로잡아 들뜨게 할까?

로도윅   전하, 어느 분께 글을 쓸까요?

에드워드 왕   미인을 부끄럽게 하며, 지혜로운 이를 바보로 만드는 이, 세상의
모든 덕을 다 갖춘 이의 본보기이며 축소판인 그대여, '아름다움보다 더 훌
륭한'이라고 시작해야 한다. '아름다운 이들보다 더 아름다운' 같은 아름다
운 말을 생각해 내라. 찬사를 보내는 온갖 말들을 끌어와, 최고의 찬사보다
더 큰 찬사를 높이높이 띄워 날려야 한다. 그런 것은 아첨이니 죄가 된다고
겁먹을 필요는 없으리라. 네가 10배나 더 많은 찬사를 보낸다 해도 네가 찬
사를 보낼 사람은 그보다 10만 배는 더 찬사를 받을 만한 분이다. 자, 쓰기
시작하라. 나는 잠시 생각에 잠겨보리라. 그녀의 아름다움이 얼마나 나를

열정적으로 만들며, 또 얼마나 가슴 아프게 하고, 고뇌에 휩싸이게 했는지 잊어서는 안 된다.

로도윅　여자분께 쓰는 겁니까?

에드워드 왕　그게 아니라면 어떤 아름다움이 나를 누르고 승리의 노래를 부르겠느냐? 여인이 아니라면 누구에게 내 사랑의 노래를 바치겠느냐? 말을 칭찬하라는 줄 알았느냐?

로도윅　어떤 분이시며 어떤 신분을 가진 분이신지요? 제가 알아야 할 것 같습니다, 전하.

에드워드 왕　옥좌에 앉을 만한 분이다. 나의 옥좌는 그녀의 발이 내딛는 발판에 불과하리라. 이 정도면 그녀의 훌륭한 신분으로 보아, 너도 그녀가 누구인지 짐작할 수 있으리라. 자, 어서 써라. 그동안 난 그녀를 생각하고 있겠다. 그녀의 목소리는 음악이며, 나이팅게일의 소리 같구나―여름을 즐기는 모든 시골 사람들도 햇빛에 그을린 자기 연인의 목소리가 음악처럼 들리리라―그런데 왜 하필이면 나이팅게일 이야기를 꺼내게 됐지? 나이팅게일은 불의를 저지른 여인[*1]인데 말이야. 또한 그것은 너무나 풍자적이지. 죄라고는 하나, 죄라고 생각하고 싶지 않아. 차라리 미덕이 죄가 되고 죄가 미덕이 되면 좋겠어. 그녀의 머리카락은 비단보다 훨씬 더 부드러워. 아첨하는 거울처럼 노란 호박 같은 머릿결이라고 한결 더 아름답게 써라…… 아첨하는 거울처럼. 아주 빨리 가슴에 다가오는구나. 그녀의 눈에 대해서라면, 거울이 태양을 붙잡는다고 말하고 싶다. 거울에 비쳐 반사되는 뜨거운 열기가 내 가슴에 부딪쳐 심장을 타오르게 하니 말이야. 아, 자연스럽게 일어나는 사랑의 선율에 맞추어서 내 영혼은 어떤 노래를 불러야 할까! 이봐, 로도윅, 잉크를 금색으로 바꾸었느냐? 아직 아니라면, 내 여인의 이름을 대문자로 써라. 그리고 종이를 금박으로 입혀라. 읽어봐, 로도윅, 어서. 내 텅 빈 귓구멍을 너의 시로 아름답게 채워다오.

로도윅　그 찬사의 말들은 아직 끝나지 않았나이다.

에드워드 왕　그 찬사의 말들은 나의 사랑처럼 영원하며, 너무나 격렬한 폭발

[*1] 그리스 신화에 나오는 아테네 공주 필로멜라. 형부인 테레우스에게 겁탈당한 뒤 언니와 함께 테레우스의 아들을 죽여 그 고기를 테레우스가 먹게 했다. 제우스가 그녀를 나이팅게일로 변신시켰다고 전해진다.

적인 감정을 담고 있으니 어찌 끝맺음을 할 수 있겠느냐. 그녀의 아름다움에 어울리는 것은 오직 나의 사랑뿐, 최고의 아름다움에는 최고의 사랑을 보내리라. 그녀의 아름다움에 찬사를 보내는 것은 바닷물을 한 방울씩 세는 것. 아니, 이 거대한 대지에 모래알을 떨어뜨려 한 알 한 알 기억 속에 자국을 남기는 것이다. 그렇다면 쉼 없이 이어지는 찬사들 속에서 어찌 그 끝을 말할 수 있겠는가? 어서 읽어라. 들어보겠다.

로도윅 "달의 여신보다 더 아름답고 순결한 분……."

에드워드 왕 그 시에는 아주 뚜렷한 두 가지 실수가 있구나. 그녀를 창백한 밤의 여왕에 비교하다니 말이다. 어둠 속에 있으면 밝게 빛날 거라고? 그렇다면 그녀는 태양이 고개를 들면 흐려지는 빛처럼 희미해지다가 사라지기라도 한단 말인가? 나의 사랑은 저 하늘의 눈에 도전장을 던져 한낮에도 모습을 드러내리니, 황금빛 태양보다 더 밝게 빛나리라.

로도윅 또 다른 실수는 무엇이옵니까, 전하?

에드워드 왕 다시 한 번 그 부분을 읽어보아라.

로도윅 "더 아름답고 순결한 분……."

에드워드 왕 순결이란 말을 하라고 하지 않았다. 그러다가는 그녀 마음속 보석을 빼앗게 되리라. 순결보다는 차라리 정직한 사랑을 받아야 한다. 그런 건 필요없으니까 순결한 달을 읊은 부분은 지우거라. 그녀를 해에 비유하는 게 좋겠다. 햇빛보다 세 배는 더 밝다고 해라. 그녀의 완벽함은 해에 뒤지지 아니하니, 해처럼 향기로운 꽃들을 넉넉히 꽃피우며, 해처럼 얼어붙은 겨울을 녹이며, 해처럼 한여름의 활기를 더해 주며, 해처럼 바라보면 눈이 부시어 어지럽게 하니, 이처럼 해에 비유해 볼 때 그녀는 해처럼 자유롭고 너그럽다고 해라. 해는 들판에서 자라는 비천한 잡초에게도—향기를 내뿜는 장미를 대하듯이—사랑스럽게 미소 짓노라. 그 달빛 다음 부분은 어떻게 썼느냐?

로도윅 "달의 여신보다 더 아름답고 순결한 분, 절개는 더욱 단단해……."

에드워드 왕 절개가 누구보다 단단하다는 거지?

로도윅 "유디트*² 보다 더욱……."

---

*2 아시리아의 장군 홀로페르네스의 목을 잘라 죽이고 고대 이스라엘을 구한 여인.

에드워드 왕 오, 끔찍한 구절이구나. 그다음 줄에 칼이라고 쓰면 내 목을 자르라고 애걸하는 거로군! 그것도 어서 지워라, 로도윅! 다음 줄은?

로도윅 여기까지만 썼습니다.

에드워드 왕 잘됐다. 그만큼 실수도 덜하게 됐으니까. 이제까지 한 것만으로도 너무 지나쳤다. 안 되고말고. 잔인한 전쟁 이야기는 부대장이나 하는 것이며, 어두운 곳에 갇힌 이야기는 죄인이 하는 것이며, 죽음의 고통은 병자가 써 내려갈 것이며, 굶주린 자가 잔치의 단맛을, 얼어붙은 영혼이 불꽃의 은혜를, 온갖 슬픔이 그 반대인 행복을 말하게 되므로 사랑의 말은 사랑하는 자의 혀로부터 나와야 참된 것이다. 내가 쓸 테니 펜과 종이를 주게.

백작부인 등장.

에드워드 왕 잠깐, 내 영혼의 관리자가 왔느니라. 로도윅, 너는 전열을 배치할 줄 모르느냐? 양쪽 날개를 이렇게, 측면 보루는 이렇게, 기병대는 이쪽으로…… 아무래도 넌 전략이 부족한 듯하다. 이건 이쪽에, 또 이건 이쪽에 배치해야 하느니라.

백작부인 저의 당돌함을 용서해 주소서. 실례를 무릅쓰고 존경하는 전하께 문안 인사를 올립니다. 이러한 실례를 저의 의무라고 여겨주소서.

에드워드 왕 (로도윅에게) 가보아라. 다음에는 내가 말한 대로 배치하라.

로도윅 이만 물러가겠나이다. (퇴장)

백작부인 전하께서 그렇게 어두운 표정을 하고 계시니 걱정스럽습니다. 그 음울한 벗이자, 마음을 억누르는 우울로부터 벗어나시게 하려면 신하된 자로서 제가 어찌해야 하는지요?

에드워드 왕 아, 부인. 나는 어리석은 사람인지라, 굴욕감을 향기로운 위안으로 가릴 수 없으니 말을 하리다. 백작부인, 나는 이곳에 온 뒤로 부당한 대우를 받고 있소.

백작부인 전하께서 이곳 저희 영지에서 부당한 대우를 받으시다니요! 인자하신 전하, 무엇 때문에 그러시는지 상세히 알려주십시오.

에드워드 왕 내가 말을 하면 얼마나 위안을 받을 수 있겠소?

백작부인 제가 여인으로서 할 수 있는 일이라면 전하, 온 마음으로 전하를 위로해 드릴 것을 맹세하나이다.

에드워드 왕 그대의 말이 진실이라면 내 마음의 병은 이미 다 나은 거나 다름없소. 부디 당신의 힘으로 나의 기쁨을 되찾을 수 있기를. 그렇게 되면 난 행복할 것이오, 백작부인. 아니면 차라리 죽어버리겠소.

백작부인 그렇게 하겠나이다, 전하.

에드워드 왕 꼭 그렇게 하겠다고 맹세해 주오.

백작부인 하늘에 맹세하고, 꼭 하겠습니다.

에드워드 왕 그러면 조금만 비켜서서, 왕이 당신을 사랑한다고 자신에게 말해 주오. 왕을 행복하게 해주겠다고 스스로 맹세했으며, 온 마음으로 위로해 주겠노라 말했다고. 그다음에는 언제쯤 내가 행복해질 수 있는지 말해 주오.

백작부인 다 되었나이다, 존경하는 전하. 제가 바칠 수 있는 사랑의 힘은 가슴속에서 우러나오는 깊은 순종의 마음이오니, 이를 입증하기를 바라신다면 어떻게든 저를 통하여 시험해 보소서.

에드워드 왕 나는 그대에게 푹 빠져버렸다고 말하는 것이오.

백작부인 저의 아름다움을 말씀하십니까? 그러시면 저를 마음대로 취하소서. 실은 대단할 것도 없나이다. 전하께서 생각하시는 그 10분의 1 가치도 되지 않을 것입니다. 저의 미덕을 말씀하십니까? 하실 수만 있다면 그것도 마음대로 취하소서. 저에게 미덕이 있다면 나누어 드릴수록 더 많아질 테니까요. 제가 드릴 수 있는 거라면 무엇이든 모두 가져가소서.

에드워드 왕 내가 갖고 싶은 것은 바로 당신의 아름다움이오.

백작부인 아, 이 얼굴은 화장한 것이니, 깨끗하게 닦아낸 뒤에 제 자신에 대한 모든 권리를 포기하고 전하께 속히 바치겠나이다. 하지만 전하, 이는 저의 목숨과 관계가 있습니다. 하나를 가져가시면 이 목숨도 함께 가는 것입니다. 이는 여름날 생명을 비춰주는 햇빛을 그 그림자가 말없이 따르는 것과 같나이다.

에드워드 왕 그러나 빌려주는 거라면 함께 즐길 수도 있지 않겠소.

백작부인 제 지성을 지배하는 이 영혼을 빌려드리고도 제 몸이 살아 있다면, 빌려드릴 수도 있나이다. 제 영혼의 궁궐인 이 몸을 빌려드려서, 저로부터 떼어내고도 영혼이 남아 있게 된다면 제 몸은 저의 영혼이 머무르는 집이요, 궁궐이요, 수도원이며, 그 영혼은 순수하고 신성하며 흠 없는 천사일 것입니다. 만일 전하께 빌려드리기 위해 이 영혼의 집을 제가 떠나야 한다면 저는 이 가엾은 영혼을 죽이고, 이 가엾은 영혼은 저를 죽여야 하나이다.

에드워드 왕 내가 원하는 것을 주겠다고 맹세하지 않았소?

백작부인 그렇습니다, 전하. 제가 드릴 수 있는 것이라면 드리지요.

에드워드 왕 그대가 내게 줄 수 있는 것 말고는 더 바라는 게 없소. 애원하려는 게 아니라 사려는 것이오…… 바로 당신의 사랑을. 그리고 당신의 사랑으로 호화로운 거래를 하여 나의 사랑을 당신에게 주려는 거라오.

백작부인 거룩하신 그 입술로 말씀하셨으나 전하께서는 사랑이라는 신성한 이름을 더럽히셨나이다. 저에게 주시겠다는 그 사랑은 저에게 주실 수 없는 것입니다. 왕은 그 사랑의 선물을 왕비께 바쳐야 하며, 저에게 바라시는 그 사랑 또한 제가 드릴 수 없는 것으로, 여인은 자신의 의무를 남편에게 해야 하는 것입니다. 주화에 새겨진 전하의 초상을 깎거나 위조하면 사형을 당하게 됩니다. 전하, 거룩하신 전하께서 스스로 하늘의 왕에게 거역하시려는지요? 전하의 의무와 서약을 잊으시고 금지된 곳에 그 초상을 새기시렵니까? 결혼의 신성한 법을 어기시면 전하 자신보다 더 위대한 명예를 훼손하게 됩니다. 왕이 되는 것은 결혼 다음으로 명예로운 일입니다. 전하의 선조이신, 이 우주의 유일한 통치자인 아담은 신의 뜻에 따라 왕이 되신 게 아니라 남편이 되는 영예를 얻었나이다. 전하께서 스스로 정하신 게 아니라 해도 왕의 법을 거스르는 것은 죄입니다. 신(神)의 입으로 정하고 신의 손으로 봉인한 신성한 법령을 어긴다면, 이 얼마나 두려운 일입니까? 저는 알고 있나이다. 전하께서는 지금 전장에서 전하를 위해 싸우고 있는 저의 남편을 총애해 주시는 것을요. 그 솔즈베리의 아내를 시험해 보시는 거겠죠. 바람둥이의 말에 응해 주는지, 아닌지를 말입니다. 그 때문에 여기에 머물러 죄를 얻게 되니, 전하여서가 아니라 그 죄를 짓지 않기 위해 저는 떠나겠나이다. (퇴장)

에드워드 왕 그녀의 아름다움은 그녀의 신성한 말 때문일까, 아니면 그녀의 말이 그 아름다움에 대한 상냥한 설교라도 되는 걸까? 바람이 돛을 아름답게 하며, 돛은 보이지 않는 바람이 되듯이 그녀의 말은 그녀의 아름다움을, 그녀의 아름다움은 그녀의 말을 드러낸다. 아, 내가 꿀을 모으는 벌이 되어, 이 꽃으로부터 미덕의 꿀을 나르고 싶구나. 독을 빨아들이는 시기하는 거미가 되어, 빨아들인 꿀을 치명적인 독액으로 만들게 되지는 않을까! 종교는 엄숙하며 아름다움은 부드러운 것인데…… 아름다움의 수호자로서는 너무나 엄격하구나. 아, 그녀가 나에게 공기와 같은 존재가 되어준다면! 하긴, 그렇기도 하지. 내가 그녀를 아무리 껴안으려 해도 내게 잡히는 것은 오직 나 자신뿐이니까. 꼭 그녀를 갖고 싶어. 이치로 따져서 말이 안 된다거나 비난을 받는다 하더라도, 이 뜨거운 사랑은 억누를 수가 없구나.

워릭 등장.

에드워드 왕 그녀의 아버지가 오는군. 그를 설득해 봐야지. 이 사랑의 전쟁에서 나의 편을 만들리라.

워릭 전하께선 왜 그리도 우울해 보이십니까? 송구하오나 전하께서 그토록 슬퍼하시는 까닭을 알고 싶나이다. 이 늙은 몸이 힘을 쓰면 전하의 슬픔을 물리칠 수 있을 것이니, 그리하면 오랫동안 지고 계셨던 마음의 짐을 내려놓으실 수 있습니다.

에드워드 왕 내가 먼저 부탁하려 했는데 친절한 제의를 알아서 해주는군요. 그러나 아, 세상이여, 이 아첨의 커다란 온상아, 어찌하여 너는 황금의 말들로 사람의 혀를 장식하며, 그 행위를 납처럼 무겁게 억누르고, 약속한 대로 순조롭게 실행하려 들지 않느냐? 아, 인간은 마음속으로만 자신의 생각들을 간직하고는, 그 자제할 줄 모르는 혀로는 마음에도 없는 거짓들을 마구 쏟아내니, 그 오만불손한 숨통을 막을 수가 없구나!

워릭 이 늙은이의 명예에 걸고, 빛나는 금을 납이라고 둘러대지 않겠나이다. 노인은 잘못을 찾아내어 지적할지언정 아첨은 하지 않습니다. 다시 한 번 말씀드리지요. 제가 전하의 슬픔을 알게 되고 그 슬픔을 덜어드릴 수만 있다면, 전하의 짐을 제가 대신 짊어져 전하께 위안이 되고자 하나이다.

에드워드 왕 거짓꾼들은 그럴듯하게 말을 해놓고는, 그 말대로 자신의 도리를 다하는 법이 없소. 그대는 오늘 맹세한다고 말을 하고는, 내 슬픔의 내용을 알게 되자마자 경솔하게 뱉어낸 그 말을 다시 삼켜서 나를 저버릴 것이오.

워릭 하늘에 맹세코 그럴 리가 없나이다. 전하께서 저에게 그 칼에 맞아 죽으라고 명령하셔도 말입니다.

에드워드 왕 이 슬픔은 경의 명예를 잃게 하여, 오점을 남겨야만 고칠 수 있는 것이오.

워릭 그러한 손실이라도 전하께 이로운 거라면, 그 손실은 저에게노 이로운 것입니다.

에드워드 왕 맹세한 것을 다시 취소할 수 있다고 생각하오?

워릭 할 수 있다 해도 절대로 취소하지 않겠나이다.

에드워드 왕 그러나 만일 취소를 하게 된다면 나는 경에게 뭐라고 말하면 좋겠소?

워릭 신성한 맹세를 깨뜨리는 악당에게 어떠한 말씀을 하셔도 좋습니다.

에드워드 왕 맹세를 깨뜨리는 자에게 뭐라고 말해야 하오?

워릭 신과 인간의 맹세를 깨뜨린 자는 신과 인간들로부터 파문을 당해야 한다고 하소서.

에드워드 왕 정당하고 종교적인 서약을 깨뜨린 자에게는 뭐라고 해야 하겠소?

워릭 악마나 하는 짓이며, 인간도 아닙니다.

에드워드 왕 그대가 서약을 깨뜨리거나, 우리 사이에 맺은 사랑과 의무의 모든 관계를 취소한다면, 그것은 악마나 하는 짓을 나에게 저지르는 것이오. 그러니 워릭 경, 그대가 정말 자신이 말한 대로 그런 사람이라면, 그리고 스스로 한 맹세를 지키겠다면 딸에게 가서 나 대신 명령하고 설득하여, 어떻게든 그녀가 나의 연인이 되어 비밀스런 사랑을 하게 해주오. 그대의 대답은 듣지 않겠소. 경의 맹세로 딸의 맹세를 깨뜨리시오. 아니면 난 죽게 될 거요. (퇴장)

워릭 아, 너무나 맹목적인 왕이로군. 아, 밉살스럽기도 하지! 신의 이름으로 맹세한 것을 깨뜨리는 일을 신의 이름으로 맹세하게 하다니. 차라리 나 스스로 자신에게 나쁜 짓을 하는 게 나으리라. 나의 오른손에 걸고 맹세하는데, 이 오른손을 잘라버리는 게 어떨까? 우상을 파괴하기보다는 더럽히는 게 나으리라. 그러나 둘 다 하지 않겠다. 내 맹세를 지키며, 딸에게 이제까지 내가 알려준 모든 미덕을 취소하게 하는 거야. 전하를 받아들일 생각이라면 남편 솔즈베리를 잊으라고 해야겠다. 맹세는 쉽게 깨뜨릴 수 있는 거라고 말해 줘야지. 하지만 맹세를 깨뜨리는 것은 그리 쉽게 용서받을 수 있는 일은 아니야. 사랑은 참다운 자비를 베푸는 것이라고 해야지. 그러나 참다운 사랑은 그렇게 너그럽진 않아. 전하께서는 수치를 견뎌낼 수 있다고 해야지. 하지만 그가 왕이라 하더라도 그 죄를 면할 수는 없어. 설득하는 것이 나의 도리라고 말해야지. 그러나 딸의 정절이 거기에 동의하게 할 수는 없어.

백작부인 등장.

위릭　딸애가 오는군. 자식에게 이렇게 나쁜 짓을 하는 아버지는 없을 거야.

백작부인　아버지, 제가 찾고 있었습니다. 어머니와 여러 경들도 전하를 잘 모시도록 부탁하셨답니다. 전하의 마음이 즐거워지도록 힘써주세요.

위릭　(혼잣말로) 이 신성하지 못한 심부름을 어떻게 시작하면 좋을까? 딸아이를 내 자식이라고 부를 자격도 없다. 어떤 아버지가 이런 일로 자식을 설득할 수가 있단 말인가? 먼저 '솔즈베리 부인' 하고 부르며 시작할까? 안 돼. 그는 내 친구야. 어떤 친구가 그렇게 우정에 상처를 낼 수 있단 말인가? (백작부인에게) 그대는 내 딸도 내 소중한 친구의 아내도 아니며, 나는 그대가 생각하는 위릭도 아니고, 지옥 궁궐에서 온 대리인일 따름이다. 이러한 모습에 나의 영혼을 담아, 그대에게 전하의 심부름을 하는 거다. 위대하신 잉글랜드의 왕께서 그대에게 빠져 있네. 그대의 목숨을 빼앗을 권력이 있는 분은 그대의 명예를 빼앗을 권력도 있지. 그러니 목숨보다는 그대의 명예를 맡기는 데 동의하라. 명예는 때로 잃을 수도 있으나 다시 찾을 수도 있다. 그러나 목숨은 한 번 사라지면 되찾을 수 없다. 태양은 풀을 마르게도 하나 영양을 주어 자라게도 하지. 전하는 너에게 모욕도 주시지만 너의 신분을 올려주실 수도 있다. 옛 시인이 쓰기를, 위대한 아킬레우스의 창은 상처 낸 자리를 고치기도 한다. 그 교훈은 위대한 자는 잘못을 저지를 수도, 고칠 수도 있다는 뜻이다. 사자에게는 피 묻은 턱이 어울리는 것 같지만, 약한 자가 발밑에서 겁먹고 떨고 있는 것을 보면 온화해져서 그 먹이를 풀어주기도 한단다. 전하께서는 자신의 영광 속에 너의 치욕을 감추어

버릴 것이며, 너를 찾으려고 전하를 바라보는 자는 태양을 보다가 눈이 멀게 되리라. 한 방울 독이 바다를 해칠 수 있겠느냐? 그 거대한 공간이 악한 것을 삼키면 그 악한 일도 사라져 버리는 것이 아니겠느냐? 전하의 위대한 명성은 이 악행을 작게 만들며, 매서운 비난이 쏟아진다고 해도 사탕을 주어 가장 달콤하고 소중한 것으로 만든단다. 그리고 부끄러우나 하지 않을 수 없는 일이라면, 한다고 해도 해로울 것도 없느니라. 이같이 나는 전하를 위해 죄에 고결한 말들을 입혀서, 전하의 요구에 대한 너의 대답을 기다리겠다.

백작부인 터무니없는 말씀으로 저를 괴롭히시는군요! 저는 너무나 불행합니다. 위험한 적에게서 피했구나 여겼는데, 10배나 악한 저의 편에게 포위되다니요! 전하께서는 제 순결한 피를 더럽히시기 위해 제 핏줄인 아버지마저 타락시켜서, 그런 부끄럽고 비열한 권유를 하게 한단 말입니까? 독이 뿌리까지 퍼져 나갔다면 그 가지에 병균이 들어가도 놀랄 일은 아니죠. 엄격한 어머니가 젖꼭지에 독을 바른다면 아기가 병들어 죽어도 놀랄 일이 아닐 겁니다. 그렇다면 죄에 대해서는 법을 어기는 허가증을 주고, 젊은이에게는 위험스러운 자유 통치권을 주며, 법의 엄격한 금지 사항들을 지워버려서 치욕에는 치욕으로, 죄에는 벌을 명하는 모든 법규를 취소해야 합니다. 안 됩니다. 저를 죽게 내버려 두세요. 전하의 지나친 요구가 계속된다면, 그 더러운 욕정에 이 몸을 맡기느니 차라리 죽음을 택하겠습니다.

워릭 너는 내가 바라던 대로 말을 해주었다. 이제까지 내가 말한 것을 모두 취소하겠다. 명예로운 무덤이, 왕의 더럽혀진 침실보다 더 많은 존경을 받게 되리라. 높은 지위에 있는 사람은 좋은 일이든 나쁜 일이든, 자신이 하는 일도 그만큼 책임이 크다. 하찮은 티끌도 햇빛에 비추어 날아가면 실제 크기보다 훨씬 더 크게 보이느니라. 여름날의 밝은 햇빛이라도, 죽은 짐승에 입을 맞추면 바로 살을 썩게 한다. 날이 선 도끼에 맞으면 그만큼 상처도 깊다. 신성한 곳에서 범한 죄는 10배나 더욱 악한 것이 되리니, 권위의 힘으로 악한 일을 행하면 다른 자들에게도 악을 저지르게 하느니라. 원숭이에게 금빛 옷을 입힌다면, 그 옷이 화려할수록 더 큰 웃음을 자아내리라. 내 딸아, 전하의 영광과 너의 치욕에 대하여 할 말은 얼마든지 있다. 황금잔에 담은 독은 가장 위험한 것이란다. 어두운 밤은 번쩍이는 번갯불로 더욱 검게 보이며, 썩은 백합은 잡초보다 더 고약한 냄새를 풍긴단다. 그리고 명예를 가진 자가 죄를 저지른다면, 명예가 없는 자보다 세 배는 더 치욕스러운 것이 되리라. 이렇게 너의 가슴에 축복의 말들을 하며 나는 가련다. 네가 황금처럼 빛나는 명예로운 이름을 버리고 신성한 침실을 더럽히는 자가 된다면, 나의 축복은 가장 무거운 저주로 변하리라.

백작부인 아버지 뜻을 따르겠습니다. 이 마음이 그렇게 절개를 굽힌다면 이 몸은 제 영혼을 끝도 없는 슬픔에 잠기게 하겠지요. (두 사람 퇴장)

〔제2막 제2장〕

록스버러. 성안의 방.
한쪽 문에서는 프랑스에서 온 더비, 다른 쪽 문에서는 북을 든 오들리 등장.

더비 고귀하신 오들리 경, 마침 잘 만났군요. 전하와 경들은 안녕하신지요?

오들리 전하와 헤어진 지 벌써 2주가 됐소. 나는 전하의 분부를 받들어 병사들을 소집한 다음, 전하께 완벽하게 정렬된 모습을 보여드리고자 이렇게 군대를 이끌고 왔습니다. 더비 경, 황제로부터 무슨 소식이 있습니까?

더비 우리가 바라는 대로 좋습니다. 황제께서는 전하께 우군으로서 도움을 주셨으며, 전하를 모든 본토와 광대한 지배령의 중장으로 임명하셨습니다. 이로써 저 넓은 프랑스 땅에 진군할 준비는 끝난 거죠!

오들리 뭐라고요? 그 소식을 들으시고 전하께서는 얼마나 기뻐하셨을까요?

더비 아직 소식을 전하지 못했습니다. 전하께서는 침울한 표정으로 홀로 침실에 계시면서, 저녁 식사 때까지는 누구도 들어오게 하지 말라고 분부하신 걸로 알고 있습니다. 솔즈베리 백작부인과 부인의 아버지 워릭 경, 아르투아 경과 다른 분들도 모두 이마를 찌푸리고 있답니다.

오들리 그렇다면 틀림없이 뭔가가 잘못되었나 보군요. (안에서 나팔소리)

더비 나팔 소리군요. 전하께서 나오시나 봅니다.

에드워드 왕 등장.

오들리   전하께서 오셨습니다.

더비   전하께서는 만사형통하소서.

에드워드 왕   아, 그대가 그렇게 할 수 있는 마법사라면!

더비   황제의 인사 말씀입니다. (황제의 편지를 건넨다)

에드워드 왕   (혼잣말로) 백작부인에게서 온 거라면 좋을 텐데.

더비   전하께서 요청하신 대로 되었나이다.

에드워드 왕   (혼잣말로) 거짓말쟁이, 그녀는 그게 아니었어. 내가 그렇게 하려
는 거지.

오들리   국왕 전하께 충성을 다하겠나이다!

에드워드 왕   (혼잣말로) 그래, 한 사람만 빼고 모두 그렇겠지. 오들리 경, 경이
가져온 소식은 무엇이오?

오들리   전하께서 명하신 대로 기사들과 보병들을 소집하여 이리로 이끌고
왔나이다.

에드워드 왕   그럼, 우리의 파견 명령에 따라서 보병들을 말에 태워서 출발하
게 하라. 더비, 나는 지금 백작부인의 마음을 알고 싶소.

더비   백작부인의 마음이라고요, 전하?

에드워드 왕   내 말은 황제가 그렇다는 거요. 나 혼자 있고 싶소.

오들리   무슨 생각을 하고 계시는 거지?

더비   기분이 그러시다면 혼자 계시게 해야지. (오들리와 함께 퇴장)

에드워드 왕   이렇게 마음속에서 차오르는 것을 혀가 말해 버리는구나. '황제'
라고 말해야 할 것을 '백작부인'이라고 해버렸으니. 하기야 왜 아니겠어? 그
녀가 나에게는 황제나 다름없지. 그래, 나는 그녀에게 무릎 꿇는 노예지. 그
눈빛을 보며 기분이 어떤지 살피고 있으니까.

로도윅 등장.

에드워드 왕   로도윅, 클레오파트라보다 아름다운 여인이 카이사르에게 뭐라
고 답하는가?

로도윅   아직은 답하시지 않았나이다, 전하. 밤이 되기 전에 전하께 말씀드리
시겠답니다. (안에서 북소리)

에드워드 왕 내 마음속 상냥한 큐피드를 가슴 뛰게 하는 이 천둥 같은 진군의 북소리는 무엇이지? 처량한 양가죽이로다! 두드리는 자에게 무슨 말을 하겠는가! 자, 크게 울리는 양가죽 바닥을 찢어라. 거기에 달콤한 글을 적어, 하늘 요정의 가슴을 울리게 하리라. 그것을 편지지 대신 쓴다면, 시끄러운 북소리도 여신과 위대한 왕 사이에 사랑의 전달자가 되리라. 자, 북치는 이에게는 류트를 연주하게 하라. 아니면 북의 가죽끈으로 목이나 매라고 해야겠다. 그렇게 거슬리는 소리로 하늘을 시끄럽게 하는 것은 지금으로서는 무례한 짓이라고 생각되니 말이다. 물러가라! (로도윅 퇴장) 내가 하는 싸움에 무기는 소용없다. 그러나 이들 팔이 적을 맞이하여 가슴을 깊이 울리는 신음의 진군을 하게 하리라. 이 눈은 화살이 되고, 이 한숨은 바람이 부는 곳으로 날아가며 나의 달콤한 대포를 나를 것이다. 아, 슬프게도 그녀는 나보다도 태양을 잡았어. 하기는 그녀 자신이 바로 태양이지. 그러니 시인의 말에도, 바람둥이 큐피드는 눈이 보이지 않는 거야. 그러나 사랑도 먼저 눈으로 보고 빠져들게 되지. 너무 강한 사랑의 빛으로 눈이 부셔서 아무것도 볼 수 없게 될 때까지는.

로도윅 다시 등장.

에드워드 왕 무슨 일이냐?
로도윅 전하, 저 활발한 진군의 북소리는 용감한 아드님이신, 에드워드 왕자님의 것입니다.

에드워드 왕자 등장.

에드워드 왕 (혼잣말로) 그 아이로구나. (로도윅 퇴장) 오, 어쩌면 저리도 자기 어머니와 꼭 닮았는지! 그 어머니와 꼭 같은 모습으로 나타나 나의 빗나간 욕망을 고치려나 보군. 내 심장을 꾸짖으며, 도둑질하는 나의 눈을 탓하노라. 왕비를 바라보며 크게 만족했던 이 눈이 이제는 다른 곳을 찾아 헤매다니, 그 영혼의 헐벗음을 감출 수도 없는 가장 천한 도둑질이다. 그래, 너로구나. 무슨 소식이라도 가져왔느냐?

에드워드 왕자 사랑하는 전하 그리고 아버지, 프랑스와 맞서 싸우기 위해 잉글랜드의 가장 젊은 꽃봉오리들을 모아, 이렇게 전하의 명령을 따르려고 왔나이다.

에드워드 왕 (혼잣말로) 아직도 이 아이 얼굴에서 아이 어머니 모습이 보인다. 저 눈은 바로 왕비의 눈, 생각에 잠기는 듯 날 바라보는 그 눈길에 낯이 뜨거워지는구나. 이는 자신이 잘못을 저지르고 있다는 증거가 아니겠는가. 욕망은 불꽃이다. 사나이는 불꽃과 같아서, 속에서 타오르는 욕망을 스스로 드러낸단 말이야. 가벼이 휘어지는 비단같이 변덕스런 허영심아 사라져라! 저 아름다운 브르타뉴 큰 땅이 나에게 무릎 꿇는 이때에, 나 스스로는 자신을 담은 이 작은 영혼의 집 하나도 다스리지 못한단 말인가? 영원히 녹슬지 않을 강철 갑옷을 다오. 나는 왕족을 굴복시키러 가리라. 그러는 사이 나 자신도 굴복시키지 않을까? 아니, 적의 친구가 되려는 건 아니겠지? 그럴 수는 없다. 자, 애야, 우리는 앞으로 나아갈 뿐 물러서지 않으리라. 진군이다! 우리 군기를 휘날리며 프랑스의 공기를 향기롭게 하자.

로도윅 다시 등장.

로도윅 전하, 백작부인께서 밝게 미소를 지으시며 전하를 뵙게 해달라고 간청하나이다.

에드워드 왕 (혼잣말로) 그래, 바로 이거야. 그녀의 미소는 포로가 된 프랑스군의 몸값이 되어, 프랑스 왕과 왕자와 귀족들을 해방시켜 주리라. 자, 네드, 너는 나가서 친구들과 즐거운 시간을 보내라. (왕자 퇴장 뒤에 혼잣말로) 네 어미를 꼭 닮은 널 볼 때마다, 시커먼 까마귀 같은 그 못난 모습이 떠오르는구나. 로도윅, 어서 달려가서 백작부인을 모셔 오너라. (로도윅 퇴장) 그녀는 이 겨울의 온갖 먹구름을 쫓아버리며, 하늘도 땅도 아름답게 가꾸어 놓으리라. 가련한 병사들을 희생양으로 만드는 것은 큰 죄악이리니, 차라리 가죽옷을 만들어 입은 아담 이래 이제까지 기록에 남을, 좀처럼 찾아보기 힘든 아름다운 여인과 부당하게나마 잠자리를 함께하는 편이 나으리라.

로도윅의 안내를 받으며 백작부인 등장.

에드워드 왕 로도윅, 어서 가보아라. 내 지갑에서 돈을 꺼내 친구들과 어울려 놀든지, 다 써버리든지, 술을 마시든지, 길거리에 뿌리고 다니든지 네 마음 대로 해도 좋다. 넌 잠시 이곳을 떠나, 날 혼자 있게 내버려 두어라. (로도윅 퇴장) 내 영혼의 놀이 친구여, 그대의 아름다운 사랑을 간절히 바라는 나의 요청에 대해 '네'라는 대답보다 더 신성하고 거룩한 말을 하려고 왔나요?

백작부인 제 아버지께서 축복을 하시며 제게 명하셨습니다.

에드워드 왕 나의 뜻을 따르라는 거겠죠.

백작부인 예, 존경하는 전하, 마땅히 그리하는 게 신하된 도리라고 말씀하셨나이다.

에드워드 왕 그렇고말고요. 가장 존귀한 사랑이여, 정의에는 정의로, 사랑에는 사랑으로 보답해야 한다오.

백작부인 불의에는 불의가, 증오에는 끝없는 증오만이 있나이다. 그러나 전하께서는 그토록 열정적이시니, 저의 거부도 남편의 충성심도 어느 소중한 가치들도 가장 높은 자리에 계신 전하 앞에서는 아무 소용이 없음은 물론, 전하의 위압적인 권력으로 이 모든 소중한 것들조차 두려움에 떨게 합니다. 그리하여 저는 자신의 뜻과는 달리 전하의 뜻을 따르며, 해서는 안 될 일을 어쩔 수 없이 하기로 결심했나이다. 다만 전하와 저의 사랑 사이에 놓인 장애물들을 전하께서 없애주신다면 그리하겠습니다.

에드워드 왕 말해 보오, 아름다운 백작부인. 하늘에 걸고 반드시 그리하리라.

백작부인 우리 둘의 사랑을 가로막는 이들을 살아 숨 쉬게 하는, 그 숨통들을 막아버리는 것이옵니다, 전하.

에드워드 왕 누구의 숨통 말이오, 부인?

백작부인 사랑하는 전하, 전하의 왕비님과 제 남편 솔즈베리를 말하나이다. 그들이 살아 있는 동안에는 우리의 사랑도 마땅히 그들과 함께 나누어야 하는 것이니, 두 사람이 죽어 없어지지 않으면 우리의 사랑도 주고받을 수가 없습니다.

에드워드 왕 그 말은 법에 어긋나는 것이오.

백작부인 전하의 요청도 법에 어긋나는 것입니다. 만일 저의 제안이 법에 어긋나므로 실행할 수 없는 거라면, 전하가 하시려는 일도 실행할 수 없는 것입니다. 저를 사랑한다고 맹세하신 것도 말씀으로만 하신 거라고 생각할 수밖에 없나이다.

에드워드 왕 그만그만. 그대의 남편과 왕비는 죽음을 면치 못할 것이오. 당신은 헤로보다 훨씬 아름다우며, 수염도 나지 않은 레이안드로스가 나보다 더 강할 수는 없을 거요. 레이안드로스는 사랑을 만나기 위해 편한 물줄기를 헤엄쳐 갔으나, 난 나의 헤로가 살고 있는 세스토스에 이르기 위해 헬레스폰트의 피바다를 건널 것이오.

백작부인 아니, 그보다 더한 일도 하시겠지요. 우리의 사랑을 갈라놓는 저의 남편과 왕비님, 이 두 분의 심장에서 흘러나오는 피로 강을 이루게 할 것입니다.

에드워드 왕 그대의 아름다움이 두 사람을 사형죄로 내몰며, 두 사람은 마땅히 죽어야 한다고 증언하오. 재판관인 나 자신이 두 사람에게 이러한 선고를 내릴 것이오.

백작부인 (혼잣말로) 아, 거짓을 증언하는 사악한 아름다움과, 그보다 더 타락한 판결이로다! 저 위대하신 하늘의 대법정에서 최후의 심판이 열려 이 감추어진 악행이 드러나게 된다면, 전하와 나는 두려움으로 떨게 될 것이다.

에드워드 왕 뭐라고 말하는 거요, 내 아름다운 사랑? 단단히 결심한 거요?

백작부인 파멸을 결심하였나이다. 그러니 이 말씀만은 꼭 지켜주소서. 위대하신 전하, 저는 전하의 것입니다. 그러니 오늘 서 계신 바로 그곳에, 그대로 계십시오. 저는 조금만 떨어져 있겠나이다. 그리고 제가 어떻게 전하의 손에 자신을 맡기게 될지, 이제부터 그 모습을 지켜봐 주십시오. (갑자기 돌아서서 단검 두 자루를 꺼내 보인다) 제 허리에 전하와의 혼인을 위해 마련한 단검이 두 자루 있습니다. 하나를 받으소서. 그리고 왕비님을 죽이세요. 그분이 어디 계신지 알려드리겠나이다. 다른 한 자루로는, 제 스스로 저의 남편을 찌르겠습니다. 그분은 지금 제 가슴속에서 편히 쉬고 있나이다. 그 두 분이 사라지고 나면 저는 당신을 사랑할 것입니다. 아, 움직이지 마소서. 음란한 왕이시여, 저를 말릴 생각일랑 아예 하지 마십시오. 저의 목숨을 구하려 절 막아보려 하셔도, 제 결심은 그보다 훨씬 빠를 것입니다. 조금이라도 움직이시면 바로 찌르겠나이다. 그러니 가만히 계십시오. 제가 드리는 말씀을 듣고 선택하시기만 하면 됩니다. (무릎을 꿇고) 당신의 가장 부정한 간청을 거두시어. 다시는 저의 사랑을 구하지 않겠노라 맹세하시든지, 아니면 신에 맹세코 이 날카롭게 갈아놓은 단검으로 당신이 더럽히시고자 하는 저의 가련하고 순결한 피로 당신 왕국의 땅을 붉게 물들이소서. 맹세하십시오, 에드워드, 맹세하소서. 아니면 찌르겠나이다. 당신 앞에서 스스로 죽어 보이겠습니다.

에드워드 왕 지금 이 몸을 치욕스럽게 하는 거룩한 힘에 걸고 맹세하오. 다시는 그러한 사랑을 구하는 어떠한 말도 나의 입에서 나오지 않을 것이오. 일어나요, 이 땅의 진정한 숙녀여. 우리 잉글랜드는 로마인이 능욕한 루크레티아를 떠올리며 헛되이 온갖 아름다운 찬사를 늘어놓기보다는, 당신의 이름을 훨씬 더 자랑스러워할 것이오. 일어나시오. 나의 잘못으로써 당신의 명예를 드높이리니, 앞으로 당신의 명성은 더욱더 커갈 것이오. 나는 이제 어리석은 꿈에서 깨어났소. 워릭, 내 아들, 더비, 아르투아, 그리고 오들리, 용감한 전사들아, 모두 어디에 있소?

모두 등장.

에드워드 왕 워릭, 그대를 북방을 수호하는 자로 임명하겠소. 왕세자와 오들리는 곧장 바다로 나아가서, 뉴헤이븐으로 서둘러 떠나도록 하오. 거기서 몇 사람은 내가 올 때까지 기다리시오. 나와 아르투아, 더비는 플랑드르를 지나서 우리 편을 만나 지원군을 요청하겠소. 오늘 밤엔 나의 어리석은 구애 작전으로 정숙한 연인을 공략하려던 일을 털어놓을 시간이 없으니, 동쪽 하늘에 찬란한 모습을 드러내기 전에 우리가 먼저 군가로 저 태양을 깨웁시다. (모두 퇴장)

〔제3막 제1장〕

플랑드르. 프랑스 진영.
프랑스의 장 왕, 그의 두 아들 노르망디 공작 샤를과 필립, 그리고 로렌 공작 등장.

장 왕   자, 우리 1천 명 함대가 바다에서 적을 쓰러뜨려 우리의 먹잇감으로 만들 때까지, 이곳에 진영을 치고 기쁜 소식이 오기를 기다리자. 로렌, 에드워드는 어떻게 하고 있나? 이 전투에 대비해서 어떤 군비를 갖췄는지 들었는가?

로렌   시간을 아껴야 하므로 번거로운 과정을 생략하고 요점만을 말씀드리겠나이다. 전하, 정확한 소식통에 따르면 물샐틈없이 단단히 군비를 갖추었다고 합니다. 잉글랜드 병사들이 기세등등하게 집결한 모습이 승리를 눈앞에 둔 듯하답니다.

샤를   잉글랜드가 여태까지 품고 있었던 것은 불평불만과 잔인하고 선동적이고 타락한 반항자들이며, 방탕한 눈으로 나라의 변화와 개혁을 바라던 자들이 아니었소? 그런데 이제 와서 그렇게도 충성스럽게 바뀔 수 있단 말이오?

로렌   그렇습니다만 스코틀랜드인은 다릅니다. 이미 전하께 말씀드렸듯이, 칼을 칼집에 도로 집어넣거나, 협정에 응하는 일은 없을 거라며 우리에게 으름장을 놓고 있습니다.

장 왕   아, 그렇다면 어느 정도 희망이 보이는군. 하지만 네덜란드에 있는 에드워드 왕의 우군을 생각하면, 언제나 술이나 홀짝거리는 낙천주의자들이니…… 어딜 가도 술을 벌컥벌컥 들이켜며 강한 맥주로 거품투성이가 돼 있는 네덜란드인들을 건드리게 할까봐 걱정이란 말이다. 더욱이 듣자하니 황제도 그자를 편들면서, 그를 자기 권력 안에 포함하려고 한다던데. 하기는 적의 숫자가 많으면 많을수록 승리의 영광도 커지게 마련이지. 우리에게는 국내의 군사력 말고도 이웃한 우군들이 있다. 엄격한 폴란드인들과 호전적인 덴마크인들, 보헤미아 왕과 시칠리아 왕, 이들 모두 우리의 동맹이며, 곧 이리로 진군해 오기로 했다. (안에서 북소리) 그러니 조용히 하라. 그들의 북소리가 들려온다. 이곳에 거의 다 온 것 같구나.

보헤미아 왕과 덴마크 병사들 등장. 폴란드 대장과 러시아인들을 포함하여 여러 병사들도 다른 입구에서 등장.

보헤미아 왕   프랑스의 장 왕 전하, 우리는 프랑스의 동맹국이자 가까운 이웃으로서, 우군이 어려움에 처해 있는 것을 보고 이렇게 우리 군대를 이끌고 도우러 왔나이다.

폴란드 대장   그리고 터키에게 위협이 되고 있는 모스크바, 또한 강인한 병사들을 키우는 당당한 땅 폴란드에서 전하를 위하여 함께 싸울 종복들을 이끌고 왔나이다. 전하의 대의를 위하여 기꺼이 모험을 하겠습니다.

장 왕   어서 오시오, 보헤미아 왕, 그리고 여러분! 이러한 정성과 친절을 결코 잊지 않으리다. 가장 많은 보상금을 우리 국고에서 수령하게 하겠소. 허세로 가득 찬 토끼의 지혜뿐인 나라, 저 잉글랜드 놈들로부터 세 배는 더 빼앗아 가시오. 지금 우리는 희망에 넘쳐서 기쁨으로 들떠 있소. 바다에서 우리는 트로이의 항구를 제압한 아가멤논의 군대 못지않게 강한 힘을 자랑한다오. 땅에서는 목마름으로 몇 줄기 강물을 마셔버린 군대, 페르시아 왕 크세르크세스의 수백만 군대에 견줄 만하다오. 그렇다면 야만적이고 맹목적이며 오만불손한 저 에드워드는 우리의 왕관에 손을 대려다가 저 거친 파도에 삼켜져 물귀신이 되거나, 아니면 이 땅에 오르자마자 갈기갈기 찢겨질 것이오.

해병 등장.

해병   전하, 해안 가까이에서 물샐틈없이 주위를 감시하다가 에드워드 왕의 거대한 함대를 발견했습니다. 처음 멀리서 보았을 때에는 시들어 버린 소나무숲 같았습니다만, 가까이 다가가 보니 눈부시게 빛나며 온갖 빛깔로 물결치는 비단 깃발들이 꽃으로 흐드러진 풀밭처럼 드넓은 땅을 장식하고 있었나이다. 적의 진영은 반달형 배치를 이루며 매우 위풍당당해 보였습니다. 함선 꼭대기에 꽂혀 있는 깃발이나 뒤따르는 모든 함대의 깃발들도, 잉글랜드와 프랑스 문장이 똑같이 4분의 1씩 짝을 이룬 문장 방식*³이었나이다. 바람의 도움을 받아 거침없이 의기양양하게 달리며, 전속력을 다해 이쪽으로 바닷물을 헤치며 오고 있습니다.

장 왕   우리의 향기로운 백합을 이미 잘라먹었단 말인가? 바라건대, 꿀은 이

---

*3 백합과 사자 문양이 둘씩 대각선으로 된 도안.

미 바닥이 나버리기를. 그놈은 뒤늦게 달려오는 거미와도 같이 그 잎에서 나오는 무서운 독액을 빨아들일지어다. 그런데 우리 해군은 어디에 있지? 이 큰까마귀 떼들에게 어떻게 맞써 싸울 준비를 하고 있느냐?

해병 정찰함의 보고로 사실을 알게 되자마자 우리 군은 바로 닻을 뽑고 돛에 노기를 실어, 굶주림에 허덕이는 독수리가 허기진 배를 채우려 하듯이 바람을 타고 쏜살같이 나아가고 있나이다.

장 왕 좋은 소식이로구나. (돈을 주며) 배에 돌아가라. 만일 피비린내 나는 싸움터에서 죽음을 피해 살아남게 되면, 다시 돌아와 전투 상황을 전해 주게. (해병 퇴장) 여러분은 자기 자리로 흩어져, 적의 상륙에 대비하도록 하오. 먼저 그대는 보헤미아군을 이끌고 오른쪽 아래에 진지를 갖추기 바라오. 나의 큰아들 노르망디 공작은 모스크바의 지원군과 함께 왼쪽 고지로 올라가라. 둘 사이의 이 중간 지대는 막내 왕자와 내가 지키겠소. 자, 모두들, 출발하시오. 각자 맡은 자리를 책임지시오. 우리는 아름답고 드넓은 제국 프랑스를 지켜야 하오. (필립 왕자와 둘만 남고 모두 퇴장) 자, 필립, 말해 보아라, 잉글랜드가 도전해 온 것을 어찌 생각하느냐?

필립 제 작은 의견입니다만 전하, 에드워드가 그럴듯한 족보를 들고 와서 뭐라고 주장을 하더라도 지금 왕관을 차지하신 분은 전하이시니, 바로 이 점이 모든 법 가운데에서도 가장 확실한 법이지요. 그러나 그렇지 않다고 해도 그자가 이겼다고 떠벌리기 전에, 저의 소중한 피를 분수처럼 흩뿌려서라도 제멋대로이며 방자한 저놈들을 제 집으로 쫓아 보내겠습니다.

장 왕 말 잘했다, 필립. 빵과 포도주를 가져오게 하라. 우리 둘이서 배를 채우고 기운을 돋운 뒤에, 함께 나아가 적들을 매섭게 노려보자꾸나. (식탁 위에 음식이 마련되자 필립과 함께 자리에 앉는다. 멀리서 전투 소리가 들린다) 드디어 바다에서 치열한 전투가 시작되었다. 싸워라, 프랑스인들이여, 용감히 맞서 싸워라. 동굴 속 새끼들을 지켜주는 곰과 같이, 분노하는 복수의 여신 네메시스여, 행운의 키를 잡으소서. 잉글랜드의 함대가 당신의 노여움을 받아 뿔뿔이 흩어져 바다에 빠지게 하소서.

필립 아, 아버지, 이 울려 퍼지는 대포 소리는 아름다운 음악처럼 먹은 음식을 소화시켜 줍니다!

장 왕 애야, 한 왕국의 통치권을 손에 넣으려고 다투는 게 얼마나 몸서리치

〈슬로이스 해전〉 장 프루아사르 《연대기》에 묘사된 전투 세밀화. 14세기
셰익스피어의 희곡에서는 슬로이스 해전에서 대패한 프랑스 왕 필립 6세를 제외하고 아들 장 왕
이 해전에서 패하는 것으로 그렸다.

는 공포인지 너도 알게 될 것이다. 땅이 정신을 아찔하게 할 만큼 무섭게
흔들리거나, 대기가 크게 울부짖으며 매서운 불빛을 쏟아낸다 해도, 왕들
이 그들의 부풀어 오른 가슴속 증오심을 드러낼 때만큼 두렵지는 않으리라.
(퇴각 나팔 소리) 퇴각 나팔 소리다. 한쪽이 불리해졌나 보군. 아, 그게 프랑스
라면, 친절한 운명의 여신이여, 돌아오소서. 오시는 길에 역풍을 순풍으로
바꾸어 주소서. 저 하늘이 우리에게 미소 지으며 우리 군이 적을 쳐부수고,
적이 달아나게 하소서.

해병 등장.

장왕 나의 심장이 떨고 있다. 창백한 죽음의 모습이로다. 오늘의 명예는 누구에게 있는가? 너에게 아직 숨결이 있다면 이 패전의 슬픈 이야기를 어서 말해라.

해병 말씀 올리겠나이다. 은혜로우신 전하, 프랑스는 적을 물리치지 못했으며, 오만한 에드워드가 승리하여 의기가 충천해 있습니다. 아까 전하께 보고드릴 때에는, 용맹한 두 나라의 함대는 분노와 희망과 불안에 휩싸여 서로 급하게 맞서 싸우며 치열한 격전을 벌였으나, 적의 함선이 우리 함선에 엄청난 포격을 가했나이다. 두 함선이 한 치의 양보도 없이 싸우다가, 나머지 함대도 마저 맞붙어 싸우니, 이는 격노한 용이 도도하게 격투하듯 연기를 내뿜으며 험상궂은 죽음의 전령을 보냈습니다. 그러자 대낮임에도 밤처럼 어두워지기 시작하더니, 암흑은 새롭게 생명을 빼앗긴 영혼들처럼 살아 있는 사람들을 집어삼키고 말았나이다. 동료들과 작별 인사를 나눌 새도 없었답니다. 있었다고 해도 그 진저리 나는 소음 때문에 모두 귀머거리나 벙어리처럼 되고 말았지요. 항구로 이어지는 해협에서 부상자들로부터 흘러나오는 피로 바다는 검붉게 물들고, 포격으로 갈라진 갑판 틈으로 바닷물이 밀려들어오는 상황이었습니다. 이쪽에서는 몸통에서 머리가 떨어져서 날아다니며, 저쪽에서는 팔다리가 갈기갈기 찢겨져 높이 튀어 오르니, 회오리바람이 여름날의 누런 흙먼지를 소용돌이치게 하여 하늘 한가운데로 흩뿌리는 것만 같았나이다. 그다음에는 배들이 중심을 잃고 흔들리다가 둘로 쪼개지더니, 거대하고 무정한 물결 속에 잠겨버려 마침내 맨 꼭대기의 장루(檣樓)마저도 보이지 않게 되었습니다. 이때야말로 온갖 전략을 짜내어 방어와 공격을 시도하며, 용기와 힘을 발휘하여 나아갈 것인가, 아니면 비겁하게 물러날 것인가를 제대로 보여줄 때였나이다. 명성을 얻기 위해 싸우는 배들도 있었고, 자신의 임무를 다하기 위해 마지못해 싸우는 배도 있었습니다. 용감한 전함 농파레유도 온 힘을 다해 분투했으며, 그보다 더 아름다운 닻을 펼친 군함은 없었다고 하는 불로뉴의 블랙스네이크도 온 힘을 다해 싸웠나이다. 그러나 모든 일이 헛일이었습니다. 태양도 바람도 물결도 우리의 적이라도 되는 듯 모두 우리의 뜻을 거역했나이다. 어쩔 수 없이 우리 군은 길을 내주었고, 적은 상륙했습니다. 이것으로 보고를 마치겠나이다. 우리 군은 때아니게 패하고, 끝내 적이 이겼습니다.

장 왕 그렇다면 도리가 없군. 지금으로서는 곧바로 나머지 군을 한데 모아, 적이 영역을 더 멀리 넓혀가지 못하도록 맞서 싸우는 거다. 가자! 소중한 나의 아들 필립, 여기서 떠나는 거다. 이 병사의 말이 네 아비의 심장을 꿰뚫었느니라. (모두 퇴장)

〔제3막 제2장〕

피카르디. 크레시 부근의 들판.
프랑스인 둘 등장. 두 아이를 데리고 있는 여자와 다른 프랑스 시민들이 이들을 만난다.

프랑스인 1 여러분, 어찌 된 일입니까? 무슨 일이 있었나요? 왜 그런 짐을 메고 있죠? 그래, 짐을 모두 싸들고 이사하려는 겁니까?
시민 1 이사라니요? 세상이 온통 난리가 났는데 겁이 나서 살 수가 있어야죠. 세상에 떠도는 소문도 못 들었소?
프랑스인 1 어떤 소문이요?
시민 2 프랑스 해군이 바다에서 패배해서 잉글랜드군이 여기까지 쳐들어오고 있다는 거요.
프랑스인 1 그래서요?
시민 1 그래서라니요? 증오와 파괴가 바로 코앞에 닥쳤는데, 도망칠 때가 아니란 말이오?
프랑스인 1 안심하세요. 적군은 여기에서 아주 먼 곳에 있다니까요. 본토까지 쳐들어오기 전에 놈들을 물리쳐서 자기들 왕국으로 돌아가게 해야죠.
시민 1 아, 그래서 베짱이는 겨울이 오기까지 즐겁게 놀기만 하면서 시간을 보내고는, 얼어붙은 추위가 그 어리석은 머리를 싹둑 동강내 버리면 이미 때는 늦고 돌이킬 수 없게 되는 거요. 비가 내리는 걸 보고 나서야 비옷을 마련하는 자는, 무심코 소홀히 하다가 온통 물투성이가 된다, 이 말이오. 우리처럼 이렇게 가족을 거느리고 있는 사람은 자신과 가족들을 돌보기 위해서 미리 준비를 해야지, 아니면 어려운 상황이 왔을 때 피할 수가 없게 되오.

프랑스인 1 그렇다면 당신은 우리가 절망에 빠져서, 이 나라가 저들의 속국이 되리라고 생각하오?

시민 2 알 수는 없죠. 하지만 최악의 상태를 미리 대비하는 게 현명한 일이죠.

프랑스인 1 그래도 싸워야죠. 매정한 자식들처럼 사랑하는 부모인 조국을 소홀히 해서야 되겠습니까?

시민 1 쳇, 이미 무기를 들고 싸운 자들은 몇 백만이나 되는 용사들이니, 마땅히 얼마 되지 않는 한 무리의 적을 두려움에 떨게 해야죠. 그러나 정의로운 자가 싸워서 이기는 거라오. 에드워드는 바로 선왕의 조카이나, '장 발루아'는 세 단계나 멀리 건너뛰었소.

여자 거기에다 소문에는 한때 수도사였던 사람이 예언을 잘하기로 유명한데, 그의 말은 벌써 여러 번이나 맞아떨어졌다는군요. 그는 지금도 말하기를, 서쪽 나라에서 사자가 잠에서 깨어나 곧 프랑스의 백합을 가져갈 거랍니다. 그래서 많은 프랑스인들이 이런 예언을 떠올리며 두려워 벌벌 떨게 된다는 거죠.

프랑스인 한 명 등장.

프랑스인 3 주민 여러분 그리고 프랑스 시민들이여, 어서 달아나요! 아름답게 꽃피운 평화와 행복한 삶의 뿌리가 이 땅에서 완전히 버림받고 추방되었소. 그 대신 약탈을 일삼는 전쟁이 큰까마귀처럼 여러분들 집 지붕 위에 앉아 있소. 학살을 비롯한 온갖 사악한 행동들이 거리 곳곳에서 아무렇지 않은 듯 행해지고 있소. 이는 나 자신이 바로 지금, 이 아름다운 산을 내려오다가 본 거라오. 멀리까지 시선을 돌려보면, 다섯 개 도시가 불타오르며 밀밭과 포도밭도 가마처럼 타오르고 있었소. 그리고 연기가 바람을 타고 주위로 퍼져 나갈 때에도, 마찬가지로 불길을 피해 뛰쳐나온 수많은 주민들이 가엾게도 병사들의 창에 이리저리 찔려 쓰러졌다오. 이 무서운 분노의 전령들이 세 방향으로부터 비극의 행진곡을 울리며 다가오는데, 오른쪽으로부터는 정복자인 왕이, 왼쪽으로부터는 혈기왕성하고 난폭한 왕자가, 그리고 가운데에는 번쩍이는 갑옷을 입은 수많은 병사들이었소. 멀리 보아도 이들이 지나는 곳마다 하나같이 폐허가 되어버렸소. 그러니 어서 도망가요. 시민들이여, 지혜로운 사람이라면 좀더 먼 곳으로 떠나시오. 여기 머물러 있다간 아내는 겁탈당하고, 재산은 당신들이 울고 있는 눈앞에서 나눠지게 될 거요. 어서 떠나요. 곧 태풍이 몰아친다니까요. 가요, 어서요! 놈들의 북소리가 들리는 것 같소. 아, 가련한 프랑스인들, 그대들의 몰락이 걱정되는구려. 그대들의 영광도 흔들리는 벽과 같이 곧 무너져 내릴 거요. (모두 퇴장)

〔제3막 제3장〕

피카르디. 크레시 부근의 들판.
북소리. 에드워드 왕, 더비 백작, 병사들과 고뱅 드 그라스 등장.

에드워드 왕   우리가 이 솜 강물의 얕은 곳을 찾아서 강어귀를 건널 수 있도록 잘 가르쳐 준 프랑스인은 어디 있느냐?

고뱅   여기 있나이다, 전하.

에드워드 왕   그대는 이름이 뭐지?

고뱅   고뱅 드 그라스입니다, 전하.

에드워드 왕   그럼 고뱅, 우리에게 좋은 일을 해준 대가로 그대를 자유로운 몸이 되게 하리라. 또 그 공로에 대한 상금으로 금화 5백 마르크를 주겠다. 내 아들을 만나긴 해야겠는데, 그 아이 얼굴이 무척 보고 싶군.

아르투아 등장.

아르투아   좋은 소식입니다, 전하. 프랑스 땅에 오른 뒤로는 만나지 못했던 왕자님이 오들리 경과 그 무리와 함께 가까이 와 계십니다.

에드워드 왕자, 오들리 경, 병사들 등장.

에드워드 왕   어서 오너라, 멋진 왕자로다. 아들아, 어떻게 지냈느냐? 프랑스 해안에 도착한 뒤로 말이다.

에드워드 왕자 하늘이 도와주셔서 승리하였나이다. 아르플뢰르, 생로, 크로투와, 카랑탕 등 가장 강력한 도시 몇 곳을 차지하고 나머지 도시들은 파괴해서 우리가 지나는 곳마다 허허벌판이 되었으며, 다시 밟고 돌아오는 길은 지나가는 자도 없이 쓸쓸하기만 했습니다. 우리에게 굴복한 자들은 부드럽게 용서해 주었고, 우리의 평화 제의를 모욕하며 거부하는 자들에게는 매서운 복수의 벌을 내렸나이다.

에드워드 왕 아, 프랑스여, 동포의 따뜻한 포옹을 어찌 이리도 고집스럽게 거부하는가? 우리는 부드럽게 그대의 가슴을 열게 하여 그 포근한 땅 위에 발을 내딛으려 했건만. 그런데도 오만하게 고집을 부리며, 길들여지지 않은 수망아지처럼 이리저리 뛰면서 우리에게 뒷발질을 하다니! 어디, 네가 말 좀 해봐라, 네드. 격전이 일어나는 동안 왕위 찬탈자인 프랑스 왕을 본 일이 있느냐?

에드워드 왕자 예, 전하, 두 시간도 되기 전에 그는 10만 군사를 이끌고 강 한쪽 둔치에 있었으며, 다른 쪽에도 수많은 프랑스 병사들이 진을 치고 있었나이다. 숫자가 적은 우리 군이 당하지나 않을까 저는 몹시 걱정을 했습니다만, 다행히도 전하가 오시는 걸 보고 적군은 크레시 평원으로 철수했습니다. 훌륭하게 포진되어 있는 걸로 보아, 바로 그곳에서 우리와 한바탕 격전을 벌이려는 것 같았나이다.

에드워드 왕 그게 사실이라면 받아들이지. 나 또한 바라던 바다.

장 왕, 샤를 왕자, 로렌 공작, 보헤미아 왕, 젊은 필립 왕자, 병사들 등장.

장 왕 에드워드, 프랑스의 진정한 왕인 장은 네가 우리나라를 공격해 잔인하게 진군해 나아가며 우리의 충성심 깊은 백성들을 죽이고 마을들을 파괴하는 것을 한탄하며, 네 뻔뻔한 얼굴에 침을 뱉고 다음과 같이 너의 오만불손한 입을 비난하노라. 먼저 너는 부랑아다. 그리고 너는 도둑질로 먹고사는 해적이다. 가난한 비렁뱅이다. 살아갈 곳도 없으며, 있다고 해도 채소나 곡물도 풍요롭게 자라지 않는 불모의 땅에서 모든 것을 훔치며 살아가고 있다. 그리고 너는 신의를 저버리고 나와 맺은 동맹과 엄숙한 약속을 깨고 있으니, 거짓꾼이며 악마 같은 간악한 놈이다. 끝으로 한마디 더하지. 너같이 비열한 놈과 겨루는 내 모습이 우습다마는, 아마도 네가 그토록 구하는 것은 재물이리라. 네가 하는 짓은 사랑이 아니라 위협이기에, 너의 그 두 가지 욕심을 채워주려고 내가 여기에 온 것이다. 이곳에 자루가 가득 넘칠 만큼 많은 보물과 진주 그리고 돈을 가져왔다. 그러니 약한 자들은 그만 괴롭히고, 무장한 군인답게 무장한 자들과 싸워라. 어디, 다른 옹졸한 도둑놈들 사이에서 얼마나 남자답게 네가 이 전리품을 받을 것인지, 내가 눈여겨보리라.

에드워드 왕 담즙이나 약쑥도 즐겁게 삼킬 수 있는 거라면, 너의 인사말도 벌꿀같이 달콤하다고 말하리라. 그러나 담즙이 그런 맛이 아니듯, 너의 말솜씨도 조롱거리밖에 되지 않는다. 너의 하찮은 짓거리를 내가 어떻게 생각하는지 잘 들어둬라. 네가 나의 명성을 떨어뜨리려 하거나, 내 가문의 덕망을 뒤엎으려고 아무리 늑대같이 짖어댄다 해도 난 상처받을 게 없다. 네가 아무리 교활하게 세상에 떠들어대며, 매춘부가 얼굴에 화장하듯이 말도 안 되는 악랄한 주장들을 꾸며낸다 해도 거짓은 반드시 들통나게 마련이니, 마침내 너의 명예에 더러운 흠집만을 내게 되리라. 그러나 나를 화나게 하려고 나더러 겁쟁이에 지나지 않는다고 말하거나, 너무나 나태해 자극할 필요가 있다고 한다면, 내가 바다를 어떻게 건너왔는지 생각해 보아라. 뭍에 오른 뒤로 내가 어느 마을도 점령하지 않고, 해안에서 한 발짝도 나아가지 않으며, 안전만을 걱정해 바닷가에서 잠이나 잤다는 말이냐? 하지만 만일 내가 달리 행동했다면, 내가 발루아 너에게 맞서 싸우는 것은 전리품 때문이 아니라 네가 빼앗은 그 왕관 때문임을 기억하라. 나는 맹세코 그 왕관을 되찾고 말리라. 아니면 둘 중 하나는 쓰러져 무덤 속으로 들어가게 되리라.

에드워드 왕자 우리가 받은 독설을 되갚아 주려는 게 아니다. 널 저주하고 경멸하려는 것도 아니다. 우리는 땅 위를 기어 다니는 뱀처럼 구멍 속에 숨어 있다가, 그 혀로 찌르려는 것이 아니다. 우리가 지닌 것은 냉혹한 칼이다. 이 칼이 우리와 우리의 상황을 말해 주리라. 그러나 아버지의 허락 아래 확실하게 알려주지. 너의 목구멍에서 나온 교만한 독은 나에 대한 중상이며, 가장 사악한 거짓이다. 그리고 우리가 하는 말들은 참으로 공정한 것이니, 오늘 전투로 판가름 나게 되리라. 어느 쪽이 이겨서 그 이름을 후대에까지 떨치게 될 것인가, 어느 쪽이 운수가 다하여 저주를 받으며 영원한 치욕을 남길 것인가!

에드워드 왕 그 일은 더 따져볼 것도 없다. 그의 양심 또한 이것이 우리의 권리임을 인정하리라. 그러니 발루아 너는 낫으로 밀을 베어 넘어뜨리듯이, 이 분노가 불꽃으로 타오르기 전에 스스로 물러서지 않겠느냐?

징 왕 에드워드, 네가 프랑스에서 어떤 권리를 갖는지 물론 나도 알고 있다. 그렇다고 해도 불명예스럽게 왕위를 포기하여 물러나느니, 차라리 이 전장이 도살장같이 피바다가 될 때까지 이 왕관을 지키기 위해 끝까지 싸우겠다.

에드워드 왕자 아, 폭군이여, 네가 어떤 놈인지 마침내 그 본모습을 스스로 밝히고 마는구나. 이 왕국에는 아버지도, 왕도, 양치기도 없으니 이 나라 오장육부를 네 손으로 갈기갈기 찢어서, 굶주린 호랑이처럼 그 피를 빨아먹겠다는 것이로구나.

오들리 프랑스의 귀족 여러분, 여러분 자신의 생명을 이처럼 아낌없이 버리겠다는 자를 그대들은 어찌 따르는 것이오?

샤를 이분이 참다운 군주가 될 수 없다면 누구를 따르라는 거냐, 이 쓸모없는 늙은이야?

에드워드 왕 너는 시간이 이자의 얼굴 위에 나이를 깊이 새겨 놓았음을 탓하려느냐? 그러나 이들은 참된 경험을 쌓은 존경받는 학자들임을 잘 알아 둬라. 회오리바람이 갑자기 어린 나뭇가지들 위로 휘몰아쳐도 단단히 자란 참나무같이 끄떡하지 아니하리라.

더비 너 말고, 너의 아비 집안에서 오늘날까지 왕위에 올랐던 자가 있느냐? 위대한 에드워드 가문은 모계 쪽으로 5백 년 동안 왕홀을 잡으며 백성들을 다스려 왔다. 그러니 이 배반자들아, 잘 생각해 보아라. 이러한 혈통으로 보아 어느 쪽이 진정한 왕인가? 이쪽인가, 저쪽인가?

필립 아버지, 말씀은 그만하시고 전투 태세를 갖추시지요. 잉글랜드 놈들은 지금 말로 시간을 끌려고 하는 것입니다. 밤만 되면 싸울 생각도 하지 않고 달아날 기세입니다.

장 왕 여러 경들, 그리고 내 사랑하는 신하들이여, 지금이야말로 그동안 애 써서 갖추어 놓은 병력을 시험할 때요. 그러니 여러분, 이 점을 신중히 생각

〈크레시 전투〉 백년 전쟁의 일부. 프랑스 칼레 남쪽 크레시앙퐁티외 근교. 1346년 8월 26일, 잉글랜드의 결정적인 승리

하시오. 여러분이 마땅히 싸워 지켜줄 자는 바로 여러분의 왕이며, 여러분이 맞서 싸워야 할 상대는 바로 외국인들이오. 저들과 맞서 싸워서 지켜 나아가야 할 것은, 포근하고 부드러운 재갈로 고삐를 잡을 자애로운 통치자요. 우리와 맞서 싸우는 자가 이기게 되면 바로 폭군으로서 왕좌를 차지하는 것이니, 여러분을 노예로 삼아 억압하여 가장 소중한 자유를 사라지게 할 것이오. 그러니 여러분의 나라와 왕을 지키기 위해 가슴속 굳센 용기를 그 강한 두 팔로 펼쳐 보여주오. 그리하여 하루라도 빨리 이 부랑아들을 이 나라에서 쫓아냅시다. 에드워드는 엄청난 식탐을 자랑하는 데다, 나약하면서도 아주 음탕한 바람둥이라오. 바로 얼마 전까지만 해도 어떤 여인에게 푹 빠져서 죽자 살자 매달린 적이 있지 않소? 거기에다 저 겉모습만 번지르르한 호위병들은 또 어떻소? 놈들에게서 소고기 등뼈를 빼앗고 푹신푹신한

깃털 침대를 내놓으라고 한다면, 아마도 지나치게 일을 시켜서 지쳐버린 늙은 말처럼 힘을 못 쓰고 늘어질 거요. 자, 프랑스인들이여, 이러한 자가 여러분의 주인이 되지 못하도록 놈들을 잡아서 꼼짝도 못하게 묶어버리시오.

모든 프랑스인 국왕 전하 만세! 프랑스의 장 왕 전하 만세!

장 왕 자, 모두들 이 크레시 평야 위에 흩어집시다. 그리고 에드워드, 언제든지 덤벼라. (보헤미아 왕, 모든 프랑스인들과 함께 퇴장)

에드워드 왕 바로 지금 너를 상대해 주리라, 프랑스의 장. 잉글랜드의 귀족들이여, 오늘 결판을 내기로 합시다. 명예를 짓밟는 중상과 모략으로부터 벗어나느냐, 아니면 결백함에도 무덤 속으로 들어가느냐 하는 것이오. 자, 네드, 이것이 네가 전장에 나아가는 첫 전투이니, 예부터 지켜온 병사들에 대한 예우에 따라 엄숙하게 너에게 기사 작위를 수여하며 무기를 전해 주리라. 의전관, 이리 오너라. 나의 아들인 왕자를 위해 단단히 무장을 시켜라.

의전관 네 명이 갑옷, 투구, 창, 방패를 들고 등장.

에드워드 왕 (첫 번째 의전관에게서 갑옷을 건네받아 왕자에게 입히며) 왕세자 에드워드 플랜태저넷, 신이 내려주신 이 갑옷으로 네 가슴을 감싸주리라. 너의 고귀하며 굴하지 않는 마음을 견고하며 비할 데 없는 강한 용기로 무장하라. 비열한 감정이 결코 들어가지 않기를 바란다. 자, 이제 나아가 용감하게 싸워라. 그리고 너의 발걸음이 닿는 곳마다 새로운 정복의 역사를 쓰거라. 자, 이어서 경들도, 명예로운 말로 왕자를 축복해 주오.

더비 (두 번째 의전관에게서 투구를 받는다) 왕세자 에드워드 플랜태저넷, 이 투구를 그대 머리에 얹으니, 그 두뇌의 방을 지키리라. 전쟁의 여신 벨로나여, 당신의 손길로 그 관자놀이를 언제나 승리의 월계관으로 감싸주소서. 용감하게 싸우셔서 가시는 곳마다 새로운 정복의 역사를 쓰십시오.

오들리 왕세자 에드워드 플랜태저넷, 이 창을 그대의 남자다운 억센 손에 받으시오. 청동 펜을 다루듯 자유자재로 이 창을 사용해 프랑스에서 그대의 피비린내 나는 전략들을, 그대의 용감한 공적을 명예로운 책 안에 기록하기를. 용감하게 싸우셔서 나아가는 곳마다 새로운 정복의 역사를 쓰십시오.

아르투아 왕세자 에드워드 플랜태저넷, 이 둥근 방패를 그대의 손에 받으시오. 페르세우스의 방패처럼, 이 방패를 가진 그대의 모습을 보고 적이 놀라 메마른 죽음의 무감각한 조각상으로 변하게 하소서. 용감하게 싸우셔서 그 발길 닿는 곳마다 새로운 정복의 역사를 쓰십시오.

에드워드 왕 이제 기사 작위를 내려줄 차례이나, 이것은 네가 전장에서 공을 세울 때까지 잠시 미루겠노라.

에드워드 왕자 자애로우신 아버지, 그리고 어려운 일에 언제나 앞장서시는 귀족 여러분, 여러분이 주신 명예는 저의 젊지만 아직은 미숙한 힘에 활기를 돋워 주며, 나이 든 야곱이 그의 아들에게 축복의 말을 해주었듯이 저를 격려해 줍니다. 제가 만일 여러분이 주신 신성한 선물을 더럽히거나 신의 영광에 어긋나게 사용하고, 고아나 가난한 자를 지켜주지 못하거나 잉글랜드에 이롭지 못하게 사용한다면, 제 다리엔 관절염이 생기고 두 팔은 힘을 잃으리니, 마음은 시들며 수액이 말라버린 나무처럼 명예롭지 못한 모습이 될 것입니다.

에드워드 왕 우리의 강철 같은 군대를 다음과 같이 배치하겠소. 선두 부대는 네드, 네가 지휘한다. 활기 넘치는 정신에 위엄을 더해 주기 위해 신중한 오들리와 함께 가라. 그리하면 용기와 경험이 하나로 합쳐져 두 사람의 통솔력은 어느 누구에게도 뒤지지 않으리라. 주력 부대는 내가 몸소 지휘하리라. 그리고 더비가 후속 부대로서 내 뒤를 따라서 행군하시오. 이와 같이 배치할 테니 어서 포진하라. 나는 말에 오르겠다. 하느님, 우리에게 승리를 안겨 주소서. (모두 퇴장)

〔제3막 제4장〕

피카르디. 크레시 부근의 평야.
외침 소리. 수많은 프랑스 병사들이 달아나며 등장. 그 뒤를 에드워드 왕자가 말을 타고 쫓아간다. 다음에 장 왕과 로렌 공작 등장.

장 왕 아, 로렌, 우리 군이 왜 달아나는 거지? 우리 병사들의 수가 적군보다 훨씬 많지 않나.

로렌 전하, 제노바의 수비대가 행진에 지친 나머지 바로 전장에 뛰어들기를 꺼려서, 전선에 도착하자마자 곧바로 후퇴했답니다. 그래서 이를 본 다른 병사들까지 당황해 싸움도 하기 전에 모두 걸음아 날 살려라 내빼고 말았나이다. 그때 서로 죽지 않으려고 급히 도망치다 보니 한꺼번에 옥신각신하다가 밀려나서, 적이 한 짓도 아닌데 적보다 천 배나 더 죽었습니다.

장 왕 아, 불운이 닥쳤구나! 하지만 일부라도 우리와 함께 머물도록 설득해 보자. (로렌과 함께 퇴장)

북소리. 에드워드 왕과 오들리 등장.

에드워드 왕 오들리 경, 아들이 적군을 쫓는 동안 우리 병사들을 이 작은 언덕으로 후퇴시켜서 잠시 한숨 돌리게 하오.

오들리 알겠나이다, 전하. (퇴각 나팔 소리)

에드워드 왕 정의로운 판결을 내려주는 하늘이시여, 어찌 우리 인간의 어리석은 판단력으로 당신의 은밀한 섭리를 헤아릴 수 있겠나이까. 오늘의 승리를 정의로운 자에게 주시며, 사악한 자가 스스로 그 발부리에 걸리게 하시리니, 어찌 인간이 그 놀라운 업적을 찬양하지 않을 수 있으리오.

아르투아 등장.

아르투아 구해 주소서, 에드워드 국왕 전하. 전하의 아드님을 구해 주소서!

에드워드 왕 구해 달라니, 아르투아? 왕자가 포로가 되었소? 아니면 말에서 떨어져 심하게 다쳤소?

아르투아 둘 다 아닙니다, 전하. 뒤돌아서서 달아나는 프랑스 병사들을 추격하시다가 그만 포위되셨습니다. 전하께서 바로 구해 주지 않으시면 탈출이 불가능합니다.

에드워드 왕 쳇, 싸우게 내버려 두오. 오늘 무장을 갖추게 했으니, 기사로서 자신의 도리를 다해야 하오.

더비 등장.

더비 전하, 왕자께서 그만! 아, 어서 제발 도와주소서! 완전히 포위되어 옴짝 달싹 못하고 계시나이다.

에드워드 왕 그렇다면 스스로 싸워서 명예를 얻어야 하니까 용맹하게 그곳을 빠져나오든지, 그렇지 못하면 어쩔 수 없잖소? 나의 늘그막을 살펴줄 아들은 하나가 아니라 더 있으니 말이오.

오들리 등장.

오들리 영명하신 에드워드 국왕 전하, 부디 허락해 주소서. 저의 군사를 이끌고, 죽음 앞에 내몰린 전하의 아드님을 구하게 해주십시오. 프랑스가 던진 올가미는 둔덕의 개미들처럼 왕자님 주위로 모여들고, 왕자님은 그물망 안에 갇힌 사자처럼 정신없이 포위망을 물어뜯고 찢으며 그곳에서 벗어나려 발버둥치고 계십니다. 하지만 모든 것이 헛일이오니, 왕자님 스스로는 아무것도 할 수가 없나이다.

에드워드 왕 오들리, 참으시오. 만일 병사 하나라도 내 자식을 구하겠다고 보낸다면 교수형에 처하리라. 오늘은 그 아이가 이러한 탄식 속에서 용기 있게 어려움들을 헤쳐 나아갈 것인지, 스스로 자신의 운명을 결정하는 날이오. 탈출할 수 있게 되면, 네스토르*⁴의 나이가 되기까지 그 아이는 이 공적을 언제나 아름다운 무용담으로 떠올리게 될 거요.

더비 아, 그러나 먼저 살아 있어야 그런 날들을 맞이할 수 있나이다.

에드워드 왕 아니, 그렇다면 묘비명이 언제까지나 그 아이에게 찬사와 존경을 보낼 것이오.

오들리 하지만 전하, 구할 수도 있는 왕자님의 피를 뿌리게 하는 것은 너무 지나치신 고집이옵니다.

에드워드 왕 그만하오. 경들 가운데 누구도 지원군이 제 구실을 하게 될지, 못할지 모르지 않소. 어쩌면 벌써 죽었거나, 붙잡혀서 포로가 되었는지도 모르오. 그리고 먹이를 잡으려고 날아가는 매를 가로막는다면, 그 매는 쓸모없는 존재가 되리라. 에드워드를 이 손으로 구해 내면, 그 아이는 위험에

---

*4 그리스 신화에 나오는 영웅으로, 트로이 원정에 참가한 최고령 장수.

처할 때마다 이렇게 구해 주기만을 바라게 될 거요. 그러나 그 아이가 스스로 어려움을 물리친다면, 죽음이나 공포를 거뜬히 극복하게 되오. 그러면 그 뒤로는 더 이상 어린아이나 노예처럼 두려움에 떨지 않으리라.

오들리 오, 냉혹한 아버지로다! 그래서 에드워드 왕자와는 영원한 작별이군.

더비 안녕, 상냥한 왕자님, 기사도의 희망이여!

아르투아 오, 이 목숨을 걸고 왕자님을 죽음에서 구하려 했건만!

에드워드 왕 아니, 잠깐만 무슨 소리가 들리오. 어두운 퇴각 나팔 소리 치고는 너무 크지 않소? 그 애와 함께 갔던 자들이 모두 죽지 않았으면 좋으련만. 좋은 소식이든 나쁜 소식이든, 누군가 소식을 가지고 돌아오겠지.

나팔 소리가 울리는 가운데 에드워드 왕자가 손에 부서진 창을 들고 등장. 그 앞에는 군기에 싼 보헤미아 왕의 시체가 운반된다. 모두 달려나가 왕자를 껴안는다.

오들리 아, 이 얼마나 신나는 구경거리인가! 에드워드 왕자가 살아 돌아오다니!

더비 어서 오십시오, 용감한 왕자님.

에드워드 왕 잘 돌아와 주었구나, 플랜태저넷.

에드워드 왕자 (무릎 꿇고 아버지 손에 입을 맞춘다) 전하께 문안드리나이다. 그리고 여러 경들, 다시 한 번 진심으로 감사드립니다. 자, 보십시오. (보헤미아 왕의 시체를 가리키며) 겨울의 혹독한 고난은 이제 끝났습니다. 사람을 굶주린 듯 집어삼키는 심연과 강철 같은 바위투성이인 저 전장의 소용돌이치는 바다에서 고통스런 항해를 마치고, 그토록 바라던 항구에 선물을 가지고 돌아왔나이다. 이는 앞으로 맞이하게 될 여름에 대한 희망이며, 고된 여행에 대한 달콤한 보상이리니, 여기 이렇게 죽음의 문앞까지 무릅쓰고 다가가 베어낸, 제 칼이 이루어 낸 최초의 열매인 이 제물을 겸허한 마음으로 바칩니다. 바로 보헤미아 왕입니다, 아버지. 제가 이들과 맞서 싸우다 몸을 돌렸을 때 갑자기 수천이나 되는 적군 병사들이 제 주위를 에워싸고는, 대장장이가 모루를 힘껏 두드리듯이 긴 칼로 제 투구를 강타해 왔나이다. 하지만 대리석같이 단단한 용기가 저를 쉬임 없이 받쳐주었습니다. 저는 울창한 참나무숲을 벌목하라는 임무를 받아 작업하는 나무꾼의 도끼처럼 때로

이 팔이 지치기도 했으며, 여러 번 내리치다가 머뭇거리기도 했으나, 여러분이 내려주신 축복과 열정에 찬 저의 맹세로 다시 힘을 얻었나이다. 새로운 용기가 끝없이 저에게 새로운 활기를 주어 적들을 비웃으며 길을 뚫고 나아갔으니, 마침내 수많은 적들을 몰아낼 수 있었습니다. 보십시오. 이렇게 에드워드의 손이 여러분의 뜻에 어긋나지 않게 기사로서의 본분을 다했기를 바라나이다.

에드워드 왕 아, 너는 기사로서 자신의 본분을 다 해주었다, 네드. 그러하니 너를 죽이려 한 자들의 피로 아직도 따뜻한 너의 칼을 잡고 (병사가 바치는 칼을 받아서 왕자의 두 어깨를 칼끝으로 치면서) 일어서라. 에드워드 왕자, 무공을 세운 진정한 기사로다. 오늘 너는 이 아비를 너무나 큰 기쁨으로 놀라게 했으며, 왕의 후계자로서 너의 타당성을 증명해 보였느니라.

에드워드 왕자 전하, 오늘 전투에서 살해된 적의 기록이 여기에 있나이다. 존귀한 왕자 11명, 남작 80명, 기사 120명, 일반 병사 3만 명이며, 우리 군은 1천 명입니다.

에드워드 왕 신이여, 찬양받으소서. 자, 프랑스의 장, 너는 이제 에드워드 왕이 방탕하지 않음을 알게 되었으리라. 나 에드워드는 사랑놀이에 빠진 한량도 아니며, 병사들도 늙고 지친 말들이 아니다. 그런데 겁을 잔뜩 집어먹은 왕은 어디로 달아났지?

에드워드 왕자 그의 왕자들과 함께 푸아티에 쪽으로 달아났습니다.

에드워드 왕 네드, 오들리와 함께 네가 그들을 계속 추격해라. 나와 더비는 곧바로 칼레로 달려가, 그 항구 도시를 포위하겠다. 이번이 마지막 전투가 되리라. 그러니 달아나는 사냥감을 더 주의 깊게 추격하라. 이건 무슨 그림이지?

에드워드 왕자 (그림을 가리키며) 암컷 펠리컨입니다, 전하, 구부러진 부리로 자기 가슴에 상처를 내어, 그 떨어지는 핏방울로 둥우리 속 새끼들을 키우는 모습이지요. 그림 제목은 '시크 에 보스'—'너도 그렇게 하라'입니다. (모두 퇴장)

브르타뉴. 잉글랜드 진영.
몽포르 경이 손에 작은 관(冠)을 들고 솔즈베리 백작과 함께 등장.

몽포르 솔즈베리 경, 당신 덕분에 우리의 적인 발루아의 샤를이 살해되고, 나는 다시 브르타뉴의 공작령에서 마음 놓고 통치하게 되었소. 국왕과 당신의 친절한 도움을 받았으니 나의 충성을 맹세하리다. 그 증표로 이 작은 관을 드리니, 전하께 전해 주오. 그리고 이 몽포르는 언제나 에드워드의 충실한 편이라는 서약도 꼭 전해 주오.

솔즈베리 반드시 그리하겠습니다, 몽포르 경. 머지않아 모든 프랑스 땅의 통치권이 전하의 정복하는 손 아래 굴복하게 될 것입니다. (몽포르 퇴장) 자, 일이 무사히 진행된다면 칼레에서 전하를 즐겁게 다시 뵐 수 있으리라. 편지에서 분명히 밝히고 있듯이, 그곳으로 주력군을 이동하신다고 하니 이 전략도 해볼 만하겠지. 거기, 누가 있느냐? 빌리에를 데려오너라.

빌리에 등장.

솔즈베리 빌리에, 너는 나의 포로이므로 난 너에게 보상금으로 10만 프랑을 요구할 수도 있으며, 또 마음만 먹으면 언제까지든 널 가두어 둘 수도 있다. 그러나 혹시라도 네가 나의 제안을 받아들여, 아주 작은 일 하나만 해준다면 넌 쉽게 풀려날 수도 있다. 그 작은 일이란 바로 네가 나에게 노르망디 공작 샤를의 통행 허가증을 구해 주는 거다. 공작이 다스리는 나라들을 지나서 곧바로 칼레까지 가려는 거다. 너라면 쉽게 그 허가증을 얻을 수 있겠지. 공작과 너는 한 스승 아래 함께 공부한 사이라고 늘 말해 오지 않았는가. 그렇게만 해준다면 널 자유롭게 풀어주겠다. 어떤가? 해볼 텐가?

빌리에 해보겠습니다. 하지만 먼저 공작에게 말을 건네봐야 합니다.

솔즈베리 그래, 말해 보게. 말을 타고 어서 떠나게. 하지만 떠나기 전에 진심으로 맹세하라. 만일 내가 요구한 바를 이루지 못하면 다시 나의 포로로서 되돌아오겠다고 말이다. 그렇게 하면 너를 믿어주리라.

빌리에 그 조건에 동의하겠습니다, 백작님. 그 말씀대로 충실히 따르겠습니다. (퇴장)

솔즈베리 다녀오너라, 빌리에. 프랑스인들이 맹세를 지키는지, 어디 한번 그들의 신의를 시험해 보리라. (퇴장)

〔제4막 제2장〕

피카르디. 칼레 앞 잉글랜드 진영.
에드워드 왕과 더비가 병사들을 이끌고 등장.

에드워드 왕 동맹을 맺자는 우리의 제의를 거부하며 길을 열어주지 않으니, 식량이나 지원군이 이 저주받은 도시를 도우러 오지 못하게 곳곳으로 포위하라. 칼로 안 되면 굶기는 수밖에.

가난한 칼레 사람 여섯 명 등장.

더비 놈들이 그렇게 믿었던 지원군은 후퇴하여 다른 곳으로 가버렸나이다. 지금쯤 놈들은 자신들이 고집 부린 것을 후회하고 있을 겁니다. 그런데 이 허름한 누더기들은 다 무엇일까요, 전하?

에드워드 왕 뭐하는 자들인지 물어보오. 칼레에서 왔나 보군.

더비 절망과 비애를 그려놓은 듯한 가련한 자들아, 너희들은 살아 있는 인간이냐, 아니면 무덤에서 나와 미끄러지듯 스쳐 지나가는 망령이냐?

가난한 자 1 망령은 아닙니다, 나리. 숨은 쉬고 있으나, 죽음이라는 고요한 잠을 자느니보다 못하게 살아가고들 있습죠. 저희는 오랫동안 병에 시달려 지치고 불구가 된 서러운 주민들입니다. 전쟁에 나가지도 않으면서 식량이나 축내고 있다며, 이 도시의 대장이 우리를 쫓아냈습니다.

에드워드 왕 참으로 자비로운 짓이군. 찬사를 보내줘야겠어! 그러면 앞으로 어떻게 살아갈 거지? 우리는 너희들의 적이다. 이치대로라면 너희들을 칼로 찌를 수밖에 없느니라. 우리가 제안한 동맹을 너희 쪽에서 거절했으니 말이야.

가난한 자 1 만일 전하께서 다른 살길을 허락지 않으시면, 죽음과 같은 삶을 사느니 기꺼이 죽음을 맞이하겠나이다.

에드워드 왕 아무 힘도 없는 가난한 자들이로다. 온갖 어려움을 겪으며 고통 속에 살아왔구나! 더비 경, 가서 이들의 고통을 덜어주오. 이들에게 식량을 나누어 주고 한 사람에게 5크라운씩 주어서 보내라. (더비와 가난한 사람들 퇴장) 사자는 고분고분한 먹잇감은 건드리지 않는다. 에드워드의 칼이 치는 것은 고집을 부리는 뒤틀린 놈들이다.

　　　퍼시 경 등장.

에드워드 왕 퍼시 경, 어서 오시오. 내게 잉글랜드 소식을 어서 전해 주오.

퍼시 왕비께서 전하를 뵙고자 이쪽으로 오고 계십니다. 왕비님과 국왕 대행께서 반가운 소식을 갖고 왔습니다. 스코틀랜드 왕 데이비드가 전하가 왕국에 계시지 않는 틈을 타서 자신의 승리를 확신했는지 반란을 일으켰으나, 여러 경들이 활약을 펼치고 왕비께서도 산기(産氣)가 있으신 불편한 몸에도 날마다 무장하시어 반란군을 무찔러 진압하시고, 데이비드를 포로로 붙잡았나이다.

에드워드 왕 고맙소, 퍼시. 참으로 기쁜 소식이오. 그를 전장에서 잡은 이는 누구요?

퍼시 존 코프랜드라는 시골 향사입니다, 전하. 그런데 그는 포로를 전하께만 인도하겠다고 하여, 지금 왕비께서는 심기가 불편하십니다.

에드워드 왕 그렇다면 칙사를 보내서 이곳으로 코프랜드를 불러오도록 명하고, 포로가 된 왕도 그자와 함께 데려오도록 하오.

퍼시 전하, 왕비께서는 바람의 방향만 맞으면, 몸소 바다를 건너 곧바로 이곳 칼레로 오시어 전하를 뵈오려고 하십니다.

에드워드 왕 그야 환영하고말고. 모래가 있는 해변 가까이에 진영을 치고 왕비를 맞이하겠소.

　　　칼레 대장 등장.

대장　전하, 칼레 시의원들이 이 도시와 성을 전하의 손에 넘기기로 기꺼이 결의했나이다. 시민의 생명과 재산을 지켜주시겠다고 전하께서 보증을 해주신다면 말입니다.

에드워드 왕　그렇게 하라고? 그렇다면 자기들 마음대로 명령하고, 처리하고, 사람을 뽑고, 통치하겠다는 뜻이군. 아니, 그렇게는 안 된다. 가서 전하라. 처음에 제안한 국왕의 자비를 거절했으니, 이제 와 바란다고 해서 해줄 수 있는 게 아니라고. 내가 받아들일 것은 오직 싸움의 불길과 칼뿐이다. 그러나 앞으로 이틀 안에 이 도시에서 가장 부유한 상인 여섯 명이 속옷만 입은 채 벌거숭이로 내게 다가와, 목에는 목을 매달 수 있도록 밧줄을 달고서 무릎 꿇고 엎드려서 머리를 조아리거나, 그게 싫다면 차라리 목을 매달아 죽기를 택하여 나의 뜻을 따른다면 허락해 주리라고 부유한 노신사들에게 말해 주어라. (대장만 남고 모두 퇴장)

대장　부러진 지팡이에 의지하니 이런 꼴을 당하는 거야. 장 왕의 지원군이 우리 도시를 구해 줄 거라고 믿지만 않았다면 그렇게까지 도전적으로 대하지는 않았을 텐데. 하지만 이제 와서 무슨 소용이 있으랴. 아무튼 모두 당하느니, 몇 사람만 당하는 게 낫지. (퇴장)

〔제4막 제3장〕

푸아투. 푸아티에 부근의 평야. 프랑스 진영. 노르망디 공작의 천막.
노르망디 공작인 샤를 왕자와 빌리에 등장.

샤를　놀라운 일이군, 빌리에. 우리에게 너무나 치명적인 적을 위해 이토록 귀찮게 나에게 매달리다니.

빌리에　적을 위한 게 아닙니다, 왕자님. 그렇게 해야 제 몸값이 면제되니, 이토록 진지하게 그들을 대변해 줄 수밖에요.

샤를　몸값이라니? 그게 대체 무슨 소린가? 지금 자네는 이렇게 자유로운 몸이잖아? 적에게 이득이 될 만한 기회라면 그걸 잘 이용해서 내 편을 이롭게 해야 하지 않나?

빌리에　그렇지 않습니다. 그 기회가 정의롭지 못하다면요. 이익과 명예는 따로 분리되어서는 안 됩니다. 그렇지 않으면 우리 행동들은 부끄러운 게 되고 말지요. 아무튼 그런 골치 아픈 문제들은 나중에 이야기하기로 하고, 왕자님은 통행 허가증을 써주시겠습니까, 아닙니까?

샤를 빌리에, 그런 짓은 하지 않겠네. 또 해서도 안 되는 거야. 솔즈베리가 자기 마음대로 통행 허가증을 요청한다 해도 그렇게 할 수는 없지.

빌리에 그러시다면 어쩔 수 없군요. 저는 감옥으로 다시 돌아가야겠습니다.

샤를 돌아간다고? 그럴 순 없지. 이제 막 덫을 빠져나온 새처럼, 자기가 어떤 상황에 처했었는지 깨닫지 못하는 건가? 위험한 상황을 겨우 벗어났는데 다시 위험 속으로 몸을 던지겠다니, 어리석고 무분별한 짓이네.

빌리에 그러나 그렇게 하기로 맹세했나이다, 왕자님. 그러니 저의 양심으로는 그 맹세를 깨뜨릴 수가 없습니다. 그렇지 않았다면 왕국을 다 준다 해도 스스로 끌려가지는 않겠죠.

샤를 맹세라고? 왜 그런 것에 얽매이지? 너는 너의 왕에게도 충성을 맹세하지 않았느냐?

빌리에 왕자님이 옳은 것을 명령하신다면 무엇이든지 하겠습니다. 그러나 제가 말로써 한 맹세라도 따르지 말라고 설득하시거나 명령하시는 것은 옳지 않으니, 그렇게 할 수 없나이다.

샤를 아니, 사람을 죽이는 것은 옳고, 적과의 약속을 어기는 것은 옳지 않다는 건가?

빌리에 일단 전쟁이 선포되면 그 다툼 자체가 잘못된 것으로 받아들여져서, 사람을 죽이는 것도 합법적으로 허용이 됩니다. 그러나 맹세를 할 때에는 어떻게 맹세할 것인지 먼저 깊이 생각해야 합니다. 또 일단 맹세를 했다면 목숨을 걸고서라도 절대로 어겨서는 안 되는 것입니다. 그러니 왕자님, 낙원으로 날아가는 것처럼 저는 기쁘게 감옥으로 돌아가겠습니다.

샤를 기다려라, 나의 빌리에. 너의 고귀한 마음은 영원히 존경을 받아 마땅하리라. 너의 간청을 더는 미루지 않겠다. 문서를 주게. 서명을 하겠다. 나는 오늘까지 너를 빌리에로서 아껴왔으나, 이제부터는 너를 나 자신으로 알고 포옹하리라. 여기에 머무르며, 언제든지 네 주인의 아낌을 받아라.

빌리에 감사합니다, 왕자님. 지금 바로 출발해서 먼저 백작에게 이 통행 허가증을 전하겠습니다. 그러고 나서 왕자님을 기쁘게 모시겠습니다.

샤를 그렇게 해라, 빌리에. 그리고 샤를에게 어떤 일이 일어나더라도, 그의
　　　병사들이 모두 이러하기를 바란다. (빌리에 퇴장)

　　장 왕 등장.

장 왕 이리 오너라, 샤를. 어서 무장을 해라. 에드워드가 함정에 걸렸다. 잉글
　　　랜드 왕자가 우리 손아귀에 들어왔지. 우리가 철벽같이 지금 그를 에워싸고
　　　있으니 그는 도망칠 수 없으리라.

샤를 전하도 오늘 전투에 참가하실 겁니까?

장 왕 그래야겠지, 내 아들아? 저쪽은 겨우 8천 명이지만 우리는 적어도 6만
　　　명은 된단다.

샤를 전하, 이 격렬한 전투에서 우리가 어떤 승리를 거두게 되는지 기록된
　　　예언이 있나이다. 크레시 전장에서 그곳에 사는 늙은 은둔자가 저에게 전해
　　　준 것입니다. (읽는다)

날개 단 새가 너의 군대를 떨게 하며, 무정한 돌들이 뛰어올라 전열을 어지
럽히거든 거짓되지 않은 이를 생각하라. 그때는 바로 운이 나쁜 두려운 날
이 되리라. 그러나 전투가 끝날 무렵에는, 너의 적이 프랑스에 온 것처럼 너
의 발길도 잉글랜드에까지 닿으리라.

장 왕 이는 우리에게 운이 따르리라는 뜻이다. 돌들이 뛰어올라 전열을 어지
　　　럽히는 것은 있을 수 없는 일이며, 또 하늘의 새가 무장한 군사를 떨게 할
　　　수도 없으니, 이는 우리가 승리한다는 뜻이니라. 하지만 그 말이 사실이라
　　　고 해도, 마침내 우리가 에드워드를 이곳에서 쫓아내고 그 나라에 들어가
　　　서 우리가 당한 대로 복수하게 되리라는 것이니, 이러한 복수는 서로 똑같
　　　이 주고받는 것이니라. 그러나 이 모든 것은 쓸데없는 망상이며 장난이고
　　　꿈이다. 아들을 올가미에 빠뜨렸으니 다음은 그 아버지 차례다. (모두 퇴장)

푸아투. 푸아티에 부근의 평야. 잉글랜드 진영.
에드워드 왕자, 오들리, 그 밖의 사람들 등장.

에드워드 왕자 오들리, 죽음의 팔이 우리를 에워싸고 있소. 어떠한 위안도 보이지 않으니, 죽음이나 기다리면서 저세상에서 더 나은 삶을 기대할 수밖에. 크레시 전장에서 우리가 흩뿌린 용감한 기상이 프랑스인들의 숨통을 막아 저들을 뿔뿔이 달아나게 했었죠. 하지만 몸을 숨기고 지켜보던 수백만 프랑스군이 지금 아름답게 타오르는 태양을 가리고 있소. 우리에게 남은 것은 오직 어둡고 침침한 암흑뿐이며 모든 것을 끝내버릴 눈먼 밤의 공포요.

오들리 이렇게 갑자기 강력한 힘으로 밀고 들어오다니, 놀라울 따름입니다. 우리 앞쪽 계곡에는 저들의 왕이 모든 자연 조건을 자기 편에 이롭게 군을 배치하여, 우리 군 전체보다 강한 군사력으로 무장하고 있나이다. 노르망디의 용감한 공작이라는 그의 아들은 이 오른쪽 산을 온통 번쩍이는 갑옷으로 채우니, 높이 솟아오른 언덕이 은빛으로 빛나는 보석이나 달님처럼 보입니다. 그 위로 크고 작은 깃발들과 새로운 기치들이 하늘 높이 나부끼며, 그 모습은 바람이 화려한 깃발들에게 다투어 입맞춤하려는 것 같습니다. 우리 왼쪽에는 젊은 왕자 필립이 또 다른 언덕을 군대로 뒤덮으니, 그 정렬한 모습이 우뚝 서 있는 금빛 창들은 나란히 서 있는 황금나무들처럼, 깃발들은 나뭇잎처럼, 옛날 문장(紋章)의 무늬는 여러 과일과 함께 채색되어 헤스페리데스*5의 과수원처럼 보입니다. 우리 뒤편에도 높이 솟아오른 언덕이 한쪽만 터놓은 반달처럼 우리를 에워싸고 있습니다. 그곳에는 치명적인 석궁들이 놓여 있는데, 이 전투의 통솔자는 포악한 샤티옹입니다. 상황이 이러하나이다. 우리가 퇴각 장소로 보아둔 계곡은 저들의 왕이 지키고, 양쪽 언덕에서는 왕자들이 의기양양하게 우리를 바라보며, 뒤쪽 언덕은 샤티옹이 버티고 있으니, 그곳에는 틀림없이 죽음의 신이 서 있을 겁니다.

---

*5 그리스 신화. 서쪽에 있는 행복의 정원에서 황금 사과를 지킨 네 자매.

에드워드 왕자 우리가 죽음의 신이라고 부르는 이름은 그 행위보다 훨씬 더 강력한 힘을 가지고 있다오. 지금 경이 한 말은 죽음의 힘을 가장 강력하게 해주고 있소. 이 손안에 쥘 수 있는 모래가 아무리 많다 해도 그렇게 수많은 모래 가운데 한 움큼일 따름이니, 쉽게 잡힐 수도 재빨리 내던져질 수도 있는 거라오. 그러나 그 모래를 한 알 한 알 센다고 하면 그 숫자는 기억하기도 어려울 만큼 머리를 어지럽힐 뿐이니, 단 한 가지 일이라도 생각하기에 따라서는 10억 가지 일이 돼버린다오. 우리 앞뒤나 양옆에 포진한 그들 분대나 기병대, 또는 연대라 해도 단지 하나의 힘일 따름이오. 이를 한 사람이라고 부를 때 그의 손, 발, 머리 등 몇 가지 힘으로 생각할 수도 있으나, 사실은 모두가 단 하나의 힘이오. 그러하니 이 많은 것들도 오들리 경, 오직 하나라오. 그리고 이를 한 인간의 힘이라고 생각해도 좋소. 멀리까지 가는 자는 몇 마일이라고 쉽게 말하나, 실은 한 발 한 발 따져보면 가슴이 메어지는 거라오. 홍수를 만드는 물방울은 한없이 많지만, 경도 알다시피 우리는 그저 '비'라고 부를 따름이지요. 단 하나의 프랑스, 단 한 사람의 프랑스 왕이죠. 프랑스에는 그보다 더 많은 왕이 없으니, 그 왕 한 사람이 하나의 강력한 군대만 거느리고 있는 거라오. 그리고 우리에게도 하나의 왕이 있으니, 그 숫자는 따질 필요가 없소. 하나 대 하나의 대등한 관계라오.

장 왕의 전령 등장.

에드워드 왕자 무슨 소식인가? 짧게 말하라.

전령 1 우리 주군이신 프랑스 왕께서, 저를 통하여 적군인 잉글랜드의 왕자께 인사드리나이다. 만일 당신이 귀족, 기사, 향사, 잉글랜드의 신사들 가운데 1백 명을 뽑아 그들과 함께 우리 전하의 발아래 무릎을 꿇는다면, 전하께서는 바로 피비린내 나는 군기를 접어 거두시고 그 생명들의 몸값으로 보상금을 대신하실 겁니다. 그렇지 않으면 이제까지 브르타뉴 땅에 묻힌 것보다 더 많은 잉글랜드인의 피가 오늘 이 땅 위에 뿌려질 것입니다. 이 자비로운 제의에 뭐라고 답하시겠나이까?

에드워드 왕자 프랑스를 덮고 있는 이 하늘에는 나에게서 선한 기도를 끌어내는 자비심이 있다. 그러나 한 인간에게 자비를 간청하는 그런 천한 말들이 나의 입에서는 결코 나오지 않으리라. 돌아가, 너의 왕에게 전하라. 나의 혀는 강철로 된 칼이다. 이 칼은 그의 비겁한 투구에 나의 자비심을 베풀게 해달라고 청하리라. 나의 군기도 그의 군기와 마찬가지로 붉게 휘날리며, 나의 병사들은 대담하고 잉글랜드군은 매우 강하다. 그러므로 그에게 정면으로 맞서겠노라고 전해라.

진령 1 그럼 가보겠나이다. (퇴장)

다른 전령 등장.

에드워드 왕자 너는 무슨 소식을 가져왔느냐?

전령 2 저의 주군이신 노르망디 공작께서 젊은 왕자님이 위험에 처해 계신 것을 안타깝게 여기시고, 저를 통하여 왕자님께서 타본 적 없는 발 빠르고 영리한 스페인산 작은 말을 보내오셨나이다. 그 말을 타고 어서 도망치라고 전하셨습니다. 그렇지 않으면 죽음의 신이 당신을 죽이겠노라 맹세할 것입니다.

에드워드 왕자 그런 짐승은, 그 짐승과 다를 바 없는 그에게나 돌려줘라! 비겁한 자의 말에는 탈 수 없다고 전하라. 그 보잘것없는 야윈 말은 오늘 그에게 타라고 해라. 나는 나의 말에게 피를 뒤집어쓰게 하고, 그 박차에는 그 두 배나 더 많은 피를 뿌리게 해서라도 그를 잡으리라. 그 얼빠진 녀석에게 어서 가서 전하라. (전령 퇴장)

또 다른 전령 등장.

전령 3 에드워드 왕자님, 가장 강력한 기독교 국가인 프랑스 왕의 둘째 아들 필립 왕자께서 그대의 삶이 이제 다하였음을 헤아리시고, 기독교도로서의 자비와 사랑에 충만하시어 기도문이 가득 실려 있는 이 책을 그 고귀한 손에 전합니다. 그대의 삶은 한순간에 지나지 않으니 고요히 생각에 잠기기를 바라며, 영혼마저도 무장하여 이제부터의 긴 여행을 준비하십시오. 이 같은 왕자의 말씀을 전했으니 저는 그만 돌아가겠습니다.

에드워드 왕자 필립의 전령이여, 왕자에게 나의 인사를 전하라. 그가 보내주는 것을 다 받으면 좋겠지만, 내가 생각해 보니 이렇게까지 나를 염려하다가 철없는 어린아이가 어려움을 겪게 되지 않겠느냐? 이 책이 없으면 기도도 할 수 없을 텐데, 그때마다 감응을 받아 기도할 수 있는 성직자도 아니잖은가. 그러므로 이 흔해빠진 기도서를 다시 돌려줄 테니, 자신이 어려움에 빠졌을 때 써먹는 게 좋을 거다. 그리고 내가 어떤 죄들을 지었는지도 알지 못할 테니, 나를 위해 어떤 기도를 해야 할지도 모를 것이다. 밤이 깊어지기 전에 그가 하느님께 드리게 될 그 기도의 말들을 내 가슴으로 들어보리라. 그 궁궐의 애송이에게 그렇게 말하라. 어서 가라.

전령 3 이만 물러가겠나이다. (퇴장)

에드워드 왕자 자신들의 힘과 숫자만 믿고 자신만만해하는군! 자, 오들리 경, 그대의 은빛 날개 소리를 들려주오. 그 우윳빛 머리카락을 시간의 전령으로 삼아, 그 시간이 전해 준 지혜를 이 위기 속에서 보여주오. 그대는 수많은 전투에서 활약하며 부상도 입었소. 그렇게 철필로 쓴 지난날 전략이 그 명예로운 얼굴에 뚜렷이 드러나 있소. 당신은 이런 고난과 반려자와도 같이 늘 함께 있었소. 그러나 나에게는 이 위험이 얼굴을 붉히는 아가씨처럼 곤혹스럽기만 하오. 이 위험한 때에 내가 어떻게 하면 좋을지 어서 답을 가르쳐 주오.

오들리 죽음이란 삶과 마찬가지로 평범한 것입니다. 하나를 선택하는 순간부터 다른 하나가 끊임없이 우리 뒤를 따라다니지요. 살아가는 그 순간부터 바로 죽음의 시간을 뒤쫓아가서 붙잡으려는 것과 같답니다. 우리는 먼저 봉오리를 맺고, 그러고 나서 꽃을 피우며, 또 열매를 맺지요. 그런 다음에 곧 그 열매는 떨어져, 그림자가 우리 뒤를 따르듯이 우리는 죽음을 뒤따라갑니다. 그런데 만일 우리가 죽음을 붙잡으려고 한다면 죽음을 두려워할 이유가 어디 있겠습니까? 죽음을 두려워하면서 왜 죽음을 뒤따르죠? 그토록 죽음이 두렵다면 어떻게 죽음을 피해야 할까요? 그토록 죽음이 두려우면서도 우리는 그 두려움으로, 우리가 두려워하는 것을 더 빨리 잡으려고 할 따름이지요. 만일 두려움이 없다면 우리 운명의 한계를 바꾸어 보려는 어떠한 결심이나 시도도 하지 않게 됩니다. 익은 것이든 썩은 것이든 운명의 제비를 뽑아, 언젠가는 떨어지게 되는 것입니다.

에드워드 왕자 아, 어르신, 그 말씀으로 나는 1백만 배나 더 단단한 갑옷을 이 몸에 걸치게 되었습니다…… 두려워하는 것을 찾아 헤매다니, 나는 이제까지 얼마나 어리석게 살아왔던가! 그리고 살아 있는 것의 숨통을 끊는 죽음의 신의 오만한 승리는 얼마나 불명예스러운가! 그 정복의 화살이 쏘아 죽이는 모든 생명이 죽음의 신을 찾지만 그 신은 그 생명들을 찾지 않으니, 그 영광도 부끄러운 것이다. 나 자신은 고귀한 생명을 단 한 푼어치라도 쳐서 쓰러뜨리지 않을 것이며, 언젠가 찾아올 죽음을 피할 생각은 반에 반 푼어치도 하지 않으리라. 산다는 것은 죽음을 찾아가는 것에 지나지 않기 때문이다. 죽음이란 새로운 생명의 시작일 따름이니, 시간을 지배하는 신이 하시는 대로 따르리라. 삶과 죽음은 서로 다른 것이 아니다. (모두 퇴장)

〔제4막 제5장〕

푸아투. 푸아티에 부근의 평야. 프랑스 진영.
장 왕과 샤를 왕자 등장.

장 왕 갑작스런 어둠이 하늘을 가려 바람은 두려움으로 동굴 속에 기어들고 나뭇잎 하나 흔들리지 않으니, 세상은 죽은 듯이 고요하고 새들은 노래를 멈추며 흐르는 시냇물은 냇가에 인사하던 속삭임을 멈추었노라. 태풍이 오기 전에 이처럼 고요하다고들 말하는데, 하늘이 어떤 예언을 할 것인지 기대해 보겠다. 그런데 이 고요함은 어디서 누구로부터 시작되었지, 샤를?
샤를 병사들이 눈을 뜨고 입을 열어 서로를 바라보며 서로가 말하기를 바랐으나, 아무도 말을 하려고는 하지 않나이다. 혀가 한밤처럼 두려움으로 꽁꽁 묶여 있으니, 이 나라에선 모두가 깨어 있지만 혀는 잠들어 있습니다.
장 왕 조금 전까지도 자신의 황금마차에서 세상을 바라보던 자랑스럽고 화려한 태양이 갑자기 모습을 감추니, 이 땅이 온통 무덤같이 어둠에 휩싸여 죽은 듯이 숨을 죽이며 불안에 떨고 있구나. (큰까마귀들의 울부짖음) 들어보아라. 이 무슨 끔찍한 부르짖음이냐?

필립 왕자 등장.

샤를   동생 필립이 옵니다.

장 왕   몹시 당황한 표정이구나. 네 얼굴에 쓰인 그 두려움은 무엇을 뜻하느냐?

필립   도망, 도망가셔야 합니다, 전하!

장 왕   비겁하게 도망을 가다니? 거짓말을 하는구나. 달아날 필요는 없다.

필립   어서 도망가셔야 합니다!

장 왕   정신 차려라. 두려움에 떨고 있구나. 그리고 소름 끼치도록 두려워하는 그 공포의 정체를 밝혀라. 도대체 무슨 일이냐?

필립   큰까마귀 떼가 우리 병사들 머리 위로 깍깍 울부짖으며 우리 군 대열과도 같이 삼각형 또는 사각형 모양으로 날아다니는데, 갑자기 안개가 일어 하늘의 대기층을 덮어버리고 대낮을 기묘하게도 밤으로 바꾸어 놓아서 모두들 떨며 어쩔 줄 몰라 하고 있나이다. 간단히 말씀드리면 우리 병사들은 무기를 내려놓고 자기가 있던 자리에 조각처럼 서서, 핏기 없는 새파란 얼굴로 서로 바라만 보고 있습니다.

장 왕   아, 그 말을 들으니, 그 예언이 떠오르는구나. 하지만 나는 결코 두렵지 않다. 어서 돌아가 기가 꺾인 병사들에게 용기를 주어라. 큰까마귀들은 무장한 우리 병사들을 보고는, 얼마 안 되는 굶주린 적들을 무찌를 대군으로 생각해 전투가 끝난 뒤 이리저리 뒹굴게 될 시체들을 차지하려고, 우리 군이 쓰러뜨릴 적군들의 죽은 고기를 기다리는 거라고 말해 주어라. 말이 넘어져 죽어갈 때 아직 숨이 남아 있어도, 굶주린 새들은 어서 그 생명이 다하기를 기다리며 지켜보는 것이란다. 그렇다 해도 이 큰까마귀들은 어차피 죽게 될 가련한 잉글랜드인들의 시체를 차지하려고 하늘을 날고 있는 것이니라. 저 새들이 저렇게 부르짖음은, 우리에게 '자신들을 위해 적군들을 죽여서 그 고기를 먹게 해달라'는 뜻이다. 돌아가서 우리 병사들을 격려하라. 서둘러 나팔을 불어라. 이 어리석은 사소한 오해를 어서 끝내게 하라. (필립 퇴장)

또 다른 소리. 솔즈베리가 프랑스 대장에게 끌려오며 등장.

대장   전하, 이 기사와 나머지 마흔 명을 보십시오. 대부분은 살해되거나 도망쳤습니다만, 온 힘을 다하여 우리 대열을 뚫고 자신들의 포위된 왕자 곁으로 달려가려고 했나이다. 전하 뜻대로 이자를 처리하소서.

장 왕 가서, 지금 눈에 보이는 가까운 나뭇가지에 그자의 몸을 매달아라. 프랑스의 나무는 잉글랜드 좀도둑의 교수대로 하기엔 너무나 아깝다마는.

솔즈베리 노르망디 공작, 나는 이 나라를 무사히 통과하도록 허락한 당신의 증서를 갖고 있습니다.

샤를 빌리에가 당신을 위해 준 거로군?

솔즈베리 그렇습니다.

샤를 그렇다면 허락하리라. 자유롭게 지나가라.

장 왕 자유롭게 교수대로 가서 목을 매달게 해주지. 안 된다고 거부하지도, 길을 가로막지도 않겠다. 어서 끌고 가!

샤를 전하, 부디 저의 명예에 상처를 주지 마소서. 저에게 약속하신 문장의 효력을 깨지 말아주십시오. 이자는 제 손이 왕자 신분으로서 서명한, 이제까지 명예가 훼손된 적 없는 저의 이름으로 된 증서를 지녔나이다. 왕자의 견고한 맹세를 깨뜨리시려거든, 차라리 왕자의 지위를 떠나게 해주십시오. 간청하오니, 부디 이자를 무사히 지나가게 해주소서.

장 왕 너 자신도, 너의 입에서 나오는 말들도 모두 나의 명령에 따라야 하느니라. 내가 깨뜨리지 못할 너의 약속이 어찌 있을 수 있느냐? 둘 중에 어느 것이 더 명예스럽지 못하다고 생각하느냐? 아버지의 뜻을 따르지 않는 것과, 너 자신의 뜻을 따르지 않는 것 가운데 말이다. 왕자인 너는 물론 그 누가 한 말이라도, 왕의 권력을 뛰어넘을 수는 없느니라. 왕의 뜻을 끝까지 따른다면 자기 자신과의 약속을 저버리는 게 아니다. 맹세를 어기는 것은 마음이 동의할 때 일어나며, 네 자신이 동의하지 않고 어기게 된 것이라면 너에게 죄가 되지 않는다. 자, 이자의 목을 매달아라. 너의 허가증은 나에게 있으니, 나의 강제 집행은 네가 약속을 지키지 않아도 되는 명분을 만들어주리라.

샤를 그 말씀은, 저에게 말이나 떠벌리고 다니는 군인이 되란 뜻은 아니시겠지요? 그렇다면 저도 무기를 지니고 있다가, 싸워야 할 때에는 싸워야겠죠. 아버지 말씀대로라면 제가 무기용 허리띠를 풀 수도 없고, 보호자의 허락 없이는 자기 것을 남에게 주겠다고 말할 수도 없다는 건가요? 제 영혼에 걸

연극 〈에드워드 3세〉 알렉산드루 토실레스쿠 감독. 루마니아, 부쿠레슈티 국립극장 상연. 2009.

고, 만일 잉글랜드의 에드워드 왕자가 프랑스 기사들에게 그 부왕의 땅을 무사히 지나가도록 서약하며 그 고귀한 손으로 서명을 했다면, 부왕은 용감한 자식의 명예를 지켜주기 위해 무사히 그들이 지나갈 수 있도록 허락함은 물론, 온 정성을 다해 그들에게 연회를 베풀어 줄 것입니다.

장 왕 그런 관례를 따르겠다는 거냐? 그럼, 그렇게 하라! 이봐, 잉글랜드인, 너는 어떤 신분이지?

솔즈베리 여기서는 포로이나 잉글랜드에서는 백작입니다. 저를 아는 사람들은 솔즈베리라고 부릅니다.

장 왕 그렇다면 솔즈베리, 어디로 가려는지 말하라.

솔즈베리 우리의 군주, 에드워드 왕이 계시는 칼레 땅입니다.

장 왕 칼레라고, 솔즈베리? 그럼, 칼레로 가라. 그리고 흑태자 에드워드가 묻힐 화려한 무덤을 준비하라고 일러라. 이곳에서 서쪽으로 6마일쯤 가면 높은 산이 있는데, 저 하늘의 푸른 가슴에 안겨 얼굴을 감춘 듯이 높은 봉우리가 보이지 않으나, 그 높은 곳에 너의 발이 다다르면 그 아래 낮게 펼쳐진 계곡을 돌아보아라―이제껏 겸손하던 그가 요즘에 무기를 들더니 오만해졌지―그곳에 초라한 잉글랜드의 왕자가 강철 같은 군대에 포위되어 있다. 그 상황을 보고 나서 급히 칼레로 달려가, 왕자는 전사한 게 아니라 적에게 포위당해 질식사했노라고 왕에게 전하라. 그뿐만이 아니다. 에드워드가 생각하는 것보다 빨리 프랑스 왕이 찾아가 볼 계획이라고 전하라. 가라, 어서! 우리의 포탄에 맞지 않아도 그 연기가 너희들의 숨통을 막으리라. (모두 퇴장)

〔제4막 제6장〕

푸아투. 푸아티에 부근의 평야. 전장.
전투 소리. 에드워드 왕자와 아르투아 등장.

아르투아 괜찮으십니까? 적군의 사격에 맞으신 건 아닙니까?

에드워드 왕자 아니, 아르투아, 먼지와 연기로 숨이 막혀서 신선한 공기를 마시려는 거요.

아르투아 그러시면 숨을 돌리신 뒤에 다시 싸우소서. 프랑스 놈들은 까마귀 떼를 보고 놀라 우왕좌왕하고 있나이다. 우리의 화살통이 다시 채워진다면, 왕자님은 오늘을 영광스러운 승리의 날로 기록하실 겁니다. 하지만 아, 화살을 더 주소서, 주여! 우리에겐 화살이 필요합니다.

에드워드 왕자 용기를 내시오, 아르투아. 날개 달린 화살은 별것 아니오. 날개 달린 새들이 모두 우리 편이니! 까마귀 떼가 악을 쓰며 적진을 괴롭히고 있는데, 우리가 싸우겠다고 진땀 흘리며 설쳐댈 필요가 뭐 있겠소? 일어나요, 어서, 아르투아! 이 땅 스스로 불을 내뿜는 부싯돌로 무장하고 있소. 우리 궁수들에게 화려한 빛깔의 주목 활을 내려놓고 돌을 집어 던지라고 명령해 주오! 함께 갑시다, 아르투아, 어서! 왠지 이길 것 같소. (아르투아와 함께 퇴장)

전투 소리. 장 왕 등장.

장 왕 우리 군은 스스로 혼란에 빠져버렸군. 모두들 놀라서 이리저리 흩어지고 있으니. 공포가 빠르게 퍼져 나가 군 전체가 차가운 표정으로 웅성거리는구나. 아주 사소한 걸 보고도 크게 놀라며 마침내 공포에 질려서, 어서 도망치라고 비굴한 영혼을 부추기고 있다. 어리석은 납덩어리가 아닌 강철 같은 정신을 가진 나 자신도 그 예언을 떠올리면서, 프랑스의 돌이 반역을 하여 잉글랜드로부터 날아온다는 사실을 깨닫게 되면, 스스로 몹시 놀라고 마음이 약해져서 두려움에 굴복하게 되리라.

샤를 왕자 등장.

샤를 도망치십시오, 아버지, 어서요! 프랑스인들끼리 죽이고 있나이다. 남아서 싸우려는 자들이 달아나는 자들에게 활을 쏘아대며, 우리의 북은 의기소침한 소리를 울리고, 우리 군의 나팔은 불명예와 후퇴를 읊고 있습니다. 죽음을 두려워하는 공포심이 비겁하게도 혼란에 혼란을 더하고 있나이다.

필립 왕자 등장.

필립　눈을 크게 뜨시고 이 치욕을 똑바로 바라보십시오! 팔 하나로 군대가 당하고 있습니다. 아무것도 가진 것 없는 다윗은 돌멩이로 단단한 골리앗 스무 명을 물리쳤다고 합니다. 스무 명밖에 안 되는 헐벗고 굶주린 자들이 작은 부싯돌만으로, 단단히 무장하고 철통 방어를 하는 강력한 우리 병사들을 쫓아버렸나이다.

장 왕　뭐라고? 놈들이 던진 돌에 맞아 우리가 무너지고 있다고? 4만 명이나 되는 저 멍텅구리들이, 겨우 마흔 명밖에 안 되는 바싹 마른 비렁뱅이들의 돌에 맞아 쓰러지다니!

샤를　아, 차라리 이 몸이 다른 나라 사람이라면! 오늘은 내 나라 프랑스에게 가장 치욕스런 날이다. 세상 사람들이 우리를 웃음거리로 삼으리라.

장 왕　그래, 아무 희망도 남아 있지 않단 말이냐?

필립　죽음으로 이 치욕을 파묻을 희망만이 남아 있나이다.

장 왕　나와 한 번 더 겨루어 보게 하리라. 살아 있는 병사들 가운데 스무 명의 하나 정도는, 몇 안 되는 나약한 놈들을 두려움에 소스라치게 할 사내대장부들이 있으리라.

샤를　그럼, 다시 한 번 도전해 보겠습니다. 하늘이 버리시지 않는다면 패배할 리가 없나이다.

장 왕　자, 어서 나아가라! (모두 퇴장)

오들리가 부상당해 수행원 둘의 부축을 받으며 등장.

수행원들　몸은 좀 어떠십니까?

오들리　피로 물들이는 연회에서 만찬을 즐기는 자에게 이 정도 부상이야 있을 수 있는 거라네.

수행원 1　치명상이 아니라면 좋겠습니다.

오들리　그렇다 한들 어떤가. 이는 빚을 갚는 것이라, 최악의 경우라 해도 어차피 죽어야 할 사람이 죽는 거라네. 친구들, 에드워드 왕자께 날 데려다주게. 내 붉은 피로 물든 옷을 보여드리며, 왕자님께 작별 인사를 드리고 싶네. 왕자님을 뵙게 되면 이렇게 웃으며 말하겠네. 크게 입을 벌린 나의 상처는 이 오들리 전투의 마지막 결실을 말해 주는 것이라고. (모두 퇴장)

푸아티에. 잉글랜드 진영.

승리한 에드워드 왕자, 잉글랜드 병사와 프랑스 병사 몇 명과 함께 군기를 펼쳐 보이며 등장. 장 왕과 샤를 왕자가 포로가 된 채 끌려 들어온다.

에드워드 왕자 한때는 프랑스 왕이었으나 오늘은 그저 평범한 프랑스인일 뿐인 장, 그리고 너 오만한 노르망디 공작 샤를, 피로 물든 너의 군기는 이제 포로의 빛깔로 바뀌었다. 지난날 나에게 도망치라며 말을 보내준 네가 오늘은 나의 관대한 처분만을 바라고 있으니, 귀하신 그대들이 무척 부끄럽게 되었구나! 아직 어려서 수염조차 나지 않은 잉글랜드의 소년들이 이처럼 너희 왕국의 한가운데에서 20대 1로 너희들을 해치웠다.

장 왕 너의 힘이 아니라 너의 운명이 우리를 정복한 거다.

에드워드 왕자 이는 하늘이 정의의 손을 들어주신다는 뜻이다.

아르투아, 필립 왕자와 함께 등장.

에드워드 왕자 자, 보아라, 아르투아. 함께 지금 오고 있는 자는 지난날 우리 영혼에게 훌륭한 충고를 해준 적이 있느니라. 어서 오오, 아르투아. 필립도 어서 오게. 지금 기도가 필요한 이는 그대인가, 나인가? 오늘이야말로 그대가 속담을 증명했소. 너무 밝은 아침은 어두운 날을 몰고 온다고 말이오.

나팔 소리. 수행원 두 사람의 부축을 받으며 오들리 등장.

에드워드 왕자 아니, 이토록 잔인한 일이 일어나다니! 아, 1천 명 프랑스 병사들이 오들리 얼굴에 죽음의 부호를 그려 넣었느냐? 어서 말해 보오. 그대는 무심한 미소로 죽음에 입맞추며 자신의 최후에 매혹된 듯, 자신의 무덤을 즐겁게 바라보는 듯하오. 어느 피에 굶주린 칼이 그 얼굴에서 생명을 훔쳐내어, 내 사랑하는 영혼에게서 그토록 참된 친구를 빼앗는가?

오들리 아, 왕자님, 저에게 해주시는 달콤한 탄식의 말씀은 죽음을 바라보는 자에게는 애처로운 조종 소리와 같나이다.

에드워드 왕자 오들리, 나의 혀가 그대의 최후를 울린다면, 이 팔이 그대의 무덤이 될 것이오. 그대의 목숨을 살리거나, 그 죽음에 복수하려면 어떻게 해야 좋겠소? 그대가 포로로 잡은 왕들의 피를 마셔서 생명을 되찾을 수 있다면 그 피로 치유할 것이며, 나도 함께 잔을 비우리다. 이 명예로 그대의 죽음을 면하게 할 수 있다면 결코 죽어 사라지지 않을 오늘의 명예를 모두 그대의 것으로 하겠소. 오들리, 부디 살아만 주오.

오들리 승리에 넘치시는 왕자님, 오늘 위대한 승리자가 되셨나이다. 왕을 포로로 사로잡은 카이사르의 명성을 얻으셨군요. 아, 왕자님의 부왕이신, 고귀하신 국왕 전하를 뵈올 때까지 이 희미한 죽음을 저 멀리 몰아낼 수 있다면! 저의 영혼은 이 육체라는 성(城)을, 망가진 이 제물을 올리며 기쁘게 암흑과 종말, 흙과 구더기의 세계로 가겠나이다.

에드워드 왕자 용맹한 이여, 기운을 내요. 그대의 영혼은 그토록 자부심으로 가득 차 있지 않소? 그 성벽이 조금 파괴되었다 하여 도시 전체를 내어줄 수는 없으니, 프랑스인들의 무딘 칼로 그대의 영혼을 이 세상 동반자인 그대의 육체와 헤어지게 할 수는 없소. 자, 그대의 생명을 회복시키기 위해, 그대에게 연간 3천 마르크에 해당하는 잉글랜드의 땅을 주겠소.

오들리 그 선물을 저의 빚을 갚는 데 쓰겠나이다. 이들 가엾은 두 수행원은 건강하고 소중한 자신들의 목숨을 내걸고 저를 프랑스군으로부터 구해 냈습니다. 왕자님께서 주신 것을 이들에게 주겠나이다. 그리고 왕자님, 저를 아끼신다면 부디 저의 유언인 이 증여를 승낙해 주소서.

에드워드 왕자 명성이 높은 오들리 경, 부디 살아주오. 이 수행원들과 그대에게 두 배로 선물을 주리다. 그대가 살든 죽든 이들에게 주는 것은 변함없이 너그럽게 인정될 것이오. 자, 여러분, 나의 친구를 안락한 가마에 태우시오. 승리감에 넘치는 발걸음으로 칼레로 가서 자랑스럽게 부왕을 뵈옵고, 이 전쟁의 정당한 노획물인 프랑스 왕을 바칠 것이오. (모두 퇴장)

피카르디. 칼레 앞 잉글랜드 진영
에드워드 왕, 필리파 왕비, 더비, 병사들 등장.

에드워드 왕 그만하오, 필리파 왕비, 진정하시오. 코플랜드가 자기 잘못을 변명하지 못하도록 놈을 노려보며 이 불쾌감을 전해 주리다. 자, 오만하게도 이 도시가 저항을 해오는구나. 병사들아, 공격하라! 놈들의 위장 지연술에 더는 속지 않으리라. 칼을 들라. 손에 넣은 전리품은 저마다 가져가라.

시민 여섯 명, 맨발에 속옷 차림으로 목에 밧줄을 걸고 등장.

시민들 자비를 베풀어 주소서, 은혜로우신 에드워드 전하, 부디 자비를!

에드워드 왕 경멸받아 마땅한 하찮은 놈들! 이제 와서 휴전을 바라느냐? 나에겐 너희들의 헛된 외침을 들어줄 귀가 없느니라. 북을 울려라, 전투가 시작되었다! 칼을 뽑고 위협을 가하며 나아가라!

시민 1 아, 고귀하신 전하, 이 도시를 불쌍히 여겨주소서. 저희 말씀을 들어주십시오, 위대하신 전하. 전하께서 하신 약속을 부디 지켜주소서. 이틀의 유예 기간이 아직 끝나지 않았나이다. 저희는 어떤 고문을 당해 죽거나 어떤 벌을 받게 되더라도, 전하의 뜻을 기꺼이 따르려고 왔습니다. 이렇게 하여 두려움에 떨고 있는 수많은 이들을 살려낼 수만 있다면요.

에드워드 왕 약속이라? 그래, 분명히 그렇게 했지. 그러나 내가 요구한 것은 중요한 지위에 있는 시민들, 그리고 가장 부유한 자들의 투항이다. 너희들은 아마도 비천한 하인들이거나 흉악한 해적들이라, 체포되어서 나에게 가혹하게 죽임을 당하지 않아도 법으로 사형당하게 돼 있으리라. 그러니 그런 꾀에 넘어갈 수는 없다.

시민 2 경외하는 전하, 지금 서쪽으로 떨어지는 태양이 처량하게 고개 숙인 저희를 비추고 있사오나, 동쪽 하늘이 새벽빛을 붉게 물들일 때에 저희도 존귀한 존재로 이름을 알리어 왔나이다. 이 말이 거짓으로 밝혀진다면, 저희를 저주받은 마귀의 무리라고 부르셔도 좋습니다.

에드워드 왕 만일 그렇다면 약속대로 이행할 것이며, 평화롭게 도시를 차지하겠다. 그러나 너희들 자신에 대해서는 사면을 바라지 말라. 오직 왕의 정의가 명령하는 대로, 너희들 몸은 이 성벽 주위를 질질 끌려 다니다가 팔다리가 찢기리라. 이것이 바로 너희들의 운명이다. 병사들아, 어서 가서 내 명령대로 이들을 처단하라.

왕비 아, 이렇게 무릎 꿇는 자들을 너그러이 대해 주소서. 평화를 지켜 나가는 것은 영예로운 일입니다. 그리고 왕은 사람들을 살려주며 안전을 지켜주는 것으로, 신께 가장 가까이 다가갈 수 있게 된답니다. 프랑스의 왕이 되시려거든, 그곳 백성들 스스로 당신을 왕이라고 부르게 만드소서. 칼로 내려치고, 불길로 태워버리는 것은 우리 자신의 명성에 조금도 도움이 되지 않나이다.

에드워드 왕 경험이 우리에게 모든 악폐가 통제되어 세상에 고요한 평화가 찾아올 때 가장 행복한 시대를 누릴 수 있다는 걸 가르쳐 주오. 하지만 칼을 휘둘러 남을 정복하지 않으면 안 될 때도 있는 것처럼 그만큼 감정을 느끼고 있는 인간임도 알려야 하므로 필리파의 말대로 따르겠소. 너희들의 요구를 들어주마. 이들이 살아서 왕의 자비를 자랑스럽게 말하게 하리라. 그 대신 백성들을 괴롭힌다면 너희들을 공포에 떨게 하리라.

시민들 국왕 전하 만세, 행복한 통치자가 되소서!

에드워드 왕 자, 이제 길을 떠나, 너희들이 살던 도시로 돌아가라. 그리고 이 친절이 너희들의 존경을 받을 만한 일이라면, 이 에드워드를 너희들의 왕으로서 우러러보며 받들도록 하라. (시민들 퇴장) 지금 해외에서 우리 군이 하는 일들을 듣자 하니, 음울한 겨울철이 끝날 때까지 우리 주둔 부대를 잠시 이대로 놔둬야겠는데…… 아니, 누가 오는 거지?

코플랜드와 데이비드 왕 등장.

더비 코플랜드와 스코틀랜드의 데이비드 왕입니다, 전하.

에드워드 왕 이자가 바로 왕비에게 포로를 넘기려 하지 않은 그 오만불손한 북쪽의 향사인가?

코플랜드 전하, 저는 북쪽의 향사이긴 합니다만 오만하지도 불손하지도 않습니다.

에드워드 왕 그렇다면 어찌하여 왕비의 제안을 그다지도 고집스럽게 거부했느냐?

코플랜드 일부러 거부하려고 한 것은 아닙니다, 전하. 다만 저 자신의 공적과 공공의 법규를 따른 것입니다. 저는 홀로 싸워 가며 왕을 사로잡았나이다. 그리고 병사답게, 적어도 스스로 싸워 얻게 된 공로를 잃고 싶지 않았습니다. 그래서 이 코플랜드는 전하의 명령에 따라, 저의 몸과 마음을 낮추어 곧바로 프랑스로 왔나이다. 전하, 이 승리의 전리품을 받아주소서. 온갖 고생을 무릅쓰고 차지한 귀중한 것입니다. 만일 전하께서 그 자리에 계셨다면 이미 바쳐 올렸을 것입니다.

왕비 하지만 코플랜드, 그대는 왕의 이름으로 행한 나의 임무를 무시함으로써 왕의 명령을 모욕했느니라.

코플랜드 왕의 존함을 우러르오나, 전하 자신은 더욱 우러러보나이다. 그 존함에 대하여 언제나 충성을 다할 것이며, 전하 자신께는 이렇게 무릎을 굽힙니다.

에드워드 왕 왕비, 아무쪼록 불쾌한 마음을 흘려보내시오. 이자가 내 맘에 드는구려. 그리고 그의 말도 호감이 가오. 큰일을 하려는 자가 그 일에 따르는 영광을 놓치려고 하겠소? 모든 강물은 바다로 흘러드는 법. 코플랜드의 충성도 왕에게 향하는 거라오. 그러니 무릎을 꿇어라. 에드워드 왕의 기사여, 이제 일어서라. 너의 지위를 지속하기 위해, 너와 너의 후손에게 1년에 5백 마르크씩 주리라.

솔즈베리 등장.

에드워드 왕 어서 오오, 솔즈베리 경. 브르타뉴로부터 무슨 소식이 있소?

솔즈베리 예, 전하. 우리가 이겨서 그곳을 차지했으며, 그 나라의 섭정 샤를 드 몽포르가 전하께 이 보석 왕관을 보내면서 진정한 충성을 맹세하였나이다.

에드워드 왕 그 수고를 깊이 치하하오, 용감한 백작. 그대가 애쓴 대가로 무엇을 바라는지, 어디 말해 보오.

솔즈베리 하오나 전하, 이 기쁜 소식에 이어서 안타까운 목소리로 말씀드리지 않을 수 없습니다. 슬픈 사건을 읊어야 하겠나이다.

에드워드 왕 그건 또 무슨 소리요? 우리 군이 푸아티에서 무너졌소, 아니면 내 아들이 아주 어려운 상황에 빠졌소?

솔즈베리 왕자님이 그렇습니다, 전하. 별것 아니오나 제가 충성스러운 기사 마흔 명과 함께 프랑스 왕자의 서명을 받은 통행 허가증을 가지고 길을 지날 때, 왕자님은 매우 곤란한 처지에 빠져 계셨는데, 우리 군은 날카로운 창을 가진 적군의 기습을 받아 포로가 되어 프랑스 왕 앞에 끌려갔나이다. 왕은 이 광경을 보고 신이 나서 복수를 하겠다며, 곧바로 저희들의 목을 베라고 명령했습니다. 명예를 존중하는 공작이 화가 난 자기 부왕을 설득하여 저희들을 곧바로 풀어주게 하지 않았더라면, 저희들은 틀림없이 죽었을 것입니다. 왕은 저희가 떠나기 전에 전하께 이렇게 전하라 말했습니다. "아들의 장례식이나 준비하라고 전하라. 오늘 우리의 칼이 왕자의 생명줄을 끊으리라. 그가 생각한 것보다 우리가 일찍 왔으니, 이에 대한 대가를 치르게 해주리라." 저희는 감히 이 말에 대꾸하지 못하고 지나갔습니다. 저희의 마음은 이미 죽은 것이나 다름없었으며, 몰골은 비참했고 핏기 하나 없었나이다. 저희는 걷고 또 걷다가 마침내 산꼭대기에 이르렀지만 그곳에서 저희를 비탄에 빠지게 하는 상황을 직접 눈으로 보고 나니, 세 배나 더 마음이 무거워졌습니다. 하오나 전하, 바로 그곳에서 양쪽 군대가 계곡 아래에서 서로 마주하고 있는 것을 보았나이다. 프랑스군은 고리 모양으로 참호를 구축했으며, 방어벽들 사이사이로 빽빽하게 황동빛 대포들이 배치되어 있었습니다. 이쪽에는 1만 기병대가 말 위에서 대치했고, 저쪽은 그 두 배나 되는 창을 든 부대가 네모꼴로 대치하고 있었나이다. 이쪽에는 석궁(石弓)들과 치명적 상처를 내는 투창들 사이로, 용맹함으로 널리 이름을 떨치신 우리 에드워드 왕자께서 수평선 위로 보이는 가느다란 물체와도 같이, 또는 바다에서 일어나는 물거품처럼 보이기도 하고 소나무 숲속의 개암나무 가지이거나, 단단한 사슬로 말뚝에 묶인 곰과도 같이 저 프랑스의 사냥개들이 자신의 고기를 탐내어 덤벼들 때를 기다리는 듯이 우뚝 서 계셨습니다. 바로 그때 죽음을 부르는 종소리가 울려 퍼지더니 대포가 터지면서, 몸을 떨게 하는 굉음이 포대(砲臺)가 설치된 산 전체를 뒤흔들었나이다. 이어서 나팔

에드워드 3세에게 칼레의 시민들을 살려달라 청원하고 있는 필리파 왕비   C.L. 다우티. 1964.

소리가 하늘로 울리며 접전이 벌어져서, 더는 누가 우군이고 누가 적군인지를 가늠할 수도 없이 암흑의 혼돈 속으로 빠져들고 말았으니, 연기를 내뿜는 화약과도 같은 칼은 한숨을 내쉬며 눈물 젖은 이 눈을 돌렸습니다. 이렇게 불운하게도 에드워드 왕자님이 때아닌 죽음을 맞이하게 되었음을 유감스럽게도 전해드리나이다.

왕비 아, 이게 내가 프랑스에 와서 받는 환영 인사란 말인가? 사랑하는 이들을 만나 위안받고자 했는데, 어찌 이런 일이 일어난단 말인가? 내 사랑 네드, 이 어미는 차라리 이곳에 오기 전에 바다에 빠져 죽어, 이 슬픈 종말을 듣지 않았더라면 좋았을 걸 그랬구나.

에드워드 왕 참으시오, 왕비. 눈물을 흘린다고 그 아이가 돌아오지는 않소. 거기에 아직 잡혀 있다고 해도 마찬가지라오. 지금 내가 하듯이, 아직 들어본 일 없는 소름 끼치는 복수를 떠올리면서 스스로를 위로하는 거요, 고귀한 왕비. 그 왕이 나더러 아들의 장례식이나 준비하라고 했겠다! 그래, 그렇게 하리라. 그러나 장례식에서 프랑스의 모든 귀족이 애도자가 되어, 온몸의 혈관이 텅 비고 메말라 버릴 때까지 피눈물을 쏟게 하리라. 놈들의 뼈로 그 관(棺)의 뼈대를 삼으리라. 불타버린 놈들의 도시에서 남은 재부스러기로 그 유해를 덮을 흙을 대신하리라. 죽어가는 놈들의 비참한 신음 소리는 조종 소리가 되리라. 그리고 무덤을 비추어 주기 위해 150개의 탑을 훨훨 태워서 용맹한 아들의 죽음을 애도하게 하리라.

안에서 화려한 음악 소리, 전령 등장.

전령 기뻐하십시오, 전하. 어서 옥좌에 오르소서! 매우 강력한 힘을 가지신, 모든 이들이 경외하는 왕자이시며 두 팔이 피로 물든 군신 마르스의 위대한 종, 프랑스인에게는 공포이며 우리에게는 명예가 되시는 분께서 로마의 귀족과도 같이 당당하게 개선하셨나이다. 왕자님이 타신 말의 등자 아래, 포로가 된 프랑스의 장 왕과 그 왕자가 함께 묶여서 끌려오고 있습니다. 왕자님은 장 왕의 왕관을 전하께 바치고, 전하를 프랑스의 왕으로 선언하고자 하시나이다.

에드워드 왕 왕비, 애도를 멈추고 눈물을 닦으시오! 나팔을 울려라. 참으로

장하구나, 플랜태저넷!

에드워드 왕자, 장 왕, 필립, 오들리, 아르투아 등장.

에드워드 왕 오랫동안 잃어버렸던 것을 도로 찾은 것만 같다. 아들이 아버지의 마음을 참으로 기쁘게 해주는구나. 지금도 너만 생각하면 가슴이 저려 오는 듯하다.

왕비 이 인사가 나의 기쁨을 대신 말해 주리라. (아들에게 키스한다) 가슴이 너무나 벅차올라 말도 나오지 않는구나.

에드워드 왕자 부왕 전하, 여기 이 선물을, 전쟁의 전리품인 이 승리의 왕관을 받아주소서. 이제까지 그러했듯이 이 왕관 또한 저의 생명을 걸고 얻어 낸 것입니다. 전하의 마땅한 권리로서, 프랑스의 왕위를 계승하소서. 그리고 여기에 우리들 다툼의 주원인이었던 이 포로들을 전하의 손에 넘겨드립니다.

에드워드 왕 자, 프랑스의 장, 네가 한 말을 지켰구나. 생각했던 것보다 우리가 일찍 만나리라고 말했는데, 그대로 되었군. 그러나 처음부터 이렇게 환대했더라면 지금은 폐허로 돌더미가 돼버린 훌륭한 도시들이 상처 입지 않고 남았을 게 아닌가? 또한 너무 일찍 무덤으로 들어간 수많은 이들의 생명을 구할 수도 있었을 텐데 말이야.

장 왕 에드워드, 돌이킬 수 없는 것은 말하지 마라. 네가 요구하는 몸값이 얼마인지나 말해 다오.

에드워드 왕 장, 몸값은 나중에 알려주마. 먼저 바다 건너 잉글랜드로 가서, 네가 어떤 대접을 받게 되는지 보아라. 어떠한 처지가 된다 해도, 우리가 프랑스에 도착한 뒤로 이제까지 겪어온 것보다 더 고약할 수는 없겠지만.

장 왕 저주받을 놈! 이미 예언된 것이었으나 예언자가 말한 것과는 아주 딴판이군.

에드워드 왕자 이제 부왕 전하께 이 에드워드 왕자가 기원하나이다. 저에게 베풀어 주신 그 사랑이 저에게는 가장 강력한 방패가 되어왔습니다. 전하께서는 그 위대한 힘을 세상에 드러내기 위한 수단으로 저를 선택하셨으나, 그 작은 섬나라에서 나고 자란 다른 많은 왕자들에게도 그러한 승리자의 명성을 얻을 수 있도록 기회를 허락해 주소서! 저의 경우라면 이 몸이 얻은 피투성이 상처들, 전장에서 뜬눈으로 새운 지친 밤들, 무수히 겪은 위태로운 전투들, 저에게 가해 온 끔찍한 위협들, 더위와 추위 그리고 그 밖에 다른 고난들이 오늘보다 스무 배는 더 주어지기를 바라나이다. 그리하면 후세 사람들이 우리 젊은 왕자들의 고통스러웠던 무용담들을 읽게 될 때마다, 굳건한 결의로 다시 타오르게 될 것입니다. 이로써 프랑스 땅뿐만 아니라 스페인이나 터키, 그 어느 나라라 해도, 아름다운 잉글랜드의 노여움을 불러일으켰다가는 곧 그 존재 앞에서 두려워 떨며 물러날 것입니다.

에드워드 왕　잉글랜드의 귀족들이여, 지금 이곳에 평화를 선언하노라, 이제 고통스러운 싸움은 끝이 났다. 칼을 도로 칼집에 집어넣고, 지친 팔다리를 쉬며, 전리품들을 다시 살펴보아라. 이 항구 도시에서 하루 이틀 쉬면서 원기를 회복한 뒤에, 신이 허락하신다면 잉글랜드로 출항하리라. 우리 세 왕과 두 왕자, 그리고 한 왕비는 무사히 도착하여 개선 행진을 하리라. (모두 퇴장)

Richard Ⅱ
리처드 2세

[등장인물]

리처드 2세   잉글랜드 왕. 에드워드 흑태자의 아들

왕비   리처드 왕의 아내

곤트의 존   랭커스터 공작. 리처드 왕의 숙부

요크 공작   리처드 왕의 숙부

오멀 공작   요크 공작의 아들

요크 공작부인   요크 공작의 아내

글로스터 공작부인   죽은 글로스터의 아내

토머스 모브레이   노퍽 공작

헨리 볼링브룩   헤리퍼드 공작. '곤트의 존'의 아들. 뒤에 헨리 4세

노섬벌랜드 백작

헨리 퍼시   별명 핫스퍼. 노섬벌랜드 백작의 아들

로스 경

윌러비 경

피츠워터 경

기사 피어스 엑스턴

서리 공작

솔즈베리 백작

버클리 경

부시 ⎫
배거트 ⎬ 리처드 왕의 지지자들
그린 ⎭

칼라일 주교

웨스트민스터 수도원장

기사 스티븐 스크룹

궁정 의전관

웨일스 대장

그 밖에 귀족들, 수행원들, 전령들, 관리들,
병사들, 시녀들, 하인, 정원사, 일꾼들,   [장소]
간수, 마부, 시종들, 관중들   잉글랜드와 웨일스

리처드 2세

런던. 리처드 왕의 궁전.
리처드 왕이 곤트의 존, 여러 귀족들과 시종들을 거느리고 등장.

리처드 왕 랭커스터의 노공작, 덕망 높은 곤트의 존, 용맹한 아들 헨리 헤리
퍼드가 얼마 전 노퍽 공 토머스 모브레이의 대역죄를 날카롭게 아뢰며 밝
히려 했으나 내가 경황이 없어 듣지 못했소. 지난번 약속한 대로 아들을 데
려오셨소?

곤트 네, 데리고 왔습니다.

리처드 왕 또한 숙부도 알아보셨는지요. 노퍽 공에게 쌓이고 쌓인 그의 원한
때문인지 아니면 실제로 대역의 기미가 있어 충직한 신하로서 참을 수 없
는 분노에서인지 말이오.

곤트 아뢰옵기 황공하오나 제가 살펴본 바로는 전하에 대한 끔찍한 역모를
공작이 꾸미고 있음을 눈치챘기 때문이지, 결코 사사로운 원한 때문은 아닙
니다.

리처드 왕 (시종에게) 어서 두 사람을 들라 하라. 분노한 얼굴과 얼굴을 맞대
게 하여 원고와 피고가 거리낌 없이 말하는 것을 내가 직접 들어보겠다. 두
사람이 모두 오만한 데다가 성난 파도처럼 날뛰고 불길처럼 격분해 있으니.

헨리 볼링브룩과 토머스 모브레이 등장.

볼링브룩 은혜로우신 전하, 제가 가장 사랑하는 전하, 오래오래 태평성대를
누리시옵소서!

모브레이 끝없이 이어지는 해와 달과 더불어 크나큰 복을 누리소서. 하늘의 신들마저 이 땅의 행복을 시샘하도록 영광된 왕권을 길이 누리소서!

리처드 왕 공들의 칭송은 고맙소. 그러나 한 사람의 말은 어차피 아첨이라는 게 둘이 온 이유에서도 분명히 나타나오. 서로 역심을 품었다고 상소하고 있으니 말이오. 사촌 헤리퍼드, 그대는 노퍽 공 토머스 모브레이를 무슨 죄 명으로 고발하는 거요?

볼링브룩 무엇보다 먼저 하늘이여, 저의 진실을 보증해 주소서. 제가 왕 앞에 탄핵을 올림은 오로지 전하의 안전을 걱정하는 신하로서의 충성심 때문이며 결코 다른 개인적 원한 때문은 아닙니다. 자, 토머스 모브레이, 네 얼굴에 대고 뱉는 내 말을 똑똑히 귀담아들어라. 지금 내가 하는 말은 이 땅에서는 내 몸이 증명해 주고 저 하늘에선 내 신성한 영혼이 화답해 줄 것이다. 넌 역적이며 간교한 악당이다. 그냥 두기엔 너의 집안이 지나치게 좋고, 살려두기에는 너무나 악랄한 놈이다. 하늘이 수정처럼 투명하고 맑으면 맑을수록 떠도는 구름은 한결 더 초라하게 보이기 마련이다. 네 치욕을 더 크게 알리기 위해 다시 한 번 간악한 역적의 이름을 너의 목구멍에 쑤셔넣겠다. 또 한 가지 전하의 허락만 있으시다면 이 자리에서 내가 한 말을 바로 정의의 칼로써 증명해 보이겠다.

모브레이 제 말이 냉정하다 하여 열성이 없다고 탓하지 마옵소서. 이 일은 입에 거품을 물고 싸우는 아녀자의 입씨름처럼 혀끝을 놀려 다툼으로써 결말지을 일이 아닙니다. 뜨거운 피가 식어야만 결판이 날 테지만 이처럼 매도당하고 입을 다물고만 있을 굴욕적인 인내심은 저에게 없습니다. 다만 전하의 심기를 어지럽힐까 두려워 마음대로 욕설을 퍼부을 수 없을 뿐입니다. 아니면 역적이란 말에 곱절의 기세를 올려 저자의 목줄기로 급히 되돌아가게 했을 겁니다. 그가 지체 높은 왕가의 핏줄이 아니고 전하의 친척만 아니라면 저자를 경멸하고 그의 얼굴에 침을 뱉었을 겁니다. 비겁한 모함꾼이요, 비열한 악한이라 불렀을 겁니다. 그걸 밝히기 위해서라면 어떠한 불리한 여건이라도 마다하지 않겠습니다. 눈이 얼어붙은 알프스 산봉우리라도 또는 잉글랜드인이 밟아본 일조차 없는 미개의 두메까지 뛰어가서라도 기꺼이 저자와 결투를 하겠습니다. 맹세합니다. 그때까지는 저의 충성심을 믿어주십시오. 그가 한 말은 모두 거짓입니다.

볼링브룩 비겁한 놈이 파랗게 질려 떠는구나. 자, 여기 결투의 표시를 던진다. (장갑을 모브레이의 발치에 던진다) 왕가의 혈통도 떨쳐버리고 전하의 친척이란 사실도 던져버리겠다. 네가 그걸 핑계 삼는 건 전하께 대한 충성심이 아니라 날 두려워해서다. 죄악으로 오금을 못 쓰는 너에게 아직 이 명예스런 결투의 표시를 주울 만한 용기가 남아 있다면 어디 주워봐라. 그렇게 하면 기사도의 모든 의식 절차에 따라 결투를 하여 내가 말한 사실과 네가 마음먹은 모든 음모를 칼과 칼로써 입증하겠다.

모브레이 (장갑을 주우며) 도전을 받아들이겠다. 그리고 전하께서 친히 내 어깨에 기사의 작위를 수여하신 이 칼에 맹세한다. 공정하고 명예로운 기사도에 어긋나지 않는다면 어떠한 결투라도 기꺼이 대적해 주마. 내가 역적이거나 부정한 시합을 꾀했다면 말 위에서 살아 내려오지 못하리라.

리처드 왕 헤리퍼드는 모브레이를 무슨 근거로 고발하는 거요? 그가 역모를 꾸몄다면 분명 내가 이해할 만한 엄청난 사실이 있을 텐데.

볼링브룩 저의 증언에 조금도 거짓이 없음을 이 목숨 걸고 맹세합니다. 모브레이는 전하의 병사들에게 줄 급료라는 명목으로 8천 노블을 받아 가로채서는, 부정한 일에 쓰기 위해 송두리째 자기 손아귀에 쥐고 있습니다. 이는 사악하고 불충한 역적의 행동이 아니고 무엇이겠습니까? 어찌 그뿐이겠습니까? 지난 18년간 이 나라에서 모의되고 일어났던 모든 반역은 바로 이 비열한 모브레이를 근원으로 하여 그 뿌리가 뻗어 나간 것입니다. 그런즉 바로 여기에서든지 아니면 잉글랜드 사람이 가본 어떤 먼 곳에 가서라도 저자와 결투하여 사실임을 밝히겠습니다! 그 밖에도 저자의 흉악한 생명을 바쳐 입증해야 할 죄과가 또 있습니다. 그는 글로스터 공의 암살을 꾀해 공작을 적대시하는 귀 여린 사람들을 충동질하여 끝내 죄 없는 공작의 영혼을 피의 강물로 흘러가게 한 비겁하기 짝이 없는 자입니다. 글로스터 공의 피는 신의 제물이 된 아벨의 피처럼 입 없는 무덤에서도 정의로운 심판과 준엄한 징벌을 간절히 바라며 절규하고 있습니다. 우리 고귀한 가문의 명예를 걸고 맹세합니다. 이 팔로 저자의 죄를 응징하든지, 이 목숨을 버리든지 하겠습니다.

리처드 왕 그의 결심이 하늘을 찌를 듯하구나! 노퍽의 토머스 공, 그대는 어떻게 해명하겠소?

모브레이 오, 전하 부디 얼굴을 돌리시고 잠시라도 귀를 막으십시오. 혈통을 더럽히는 저자에 대해서 저도, 선량한 백성도 저 더러운 거짓말을 얼마나 증오하는지 말해 주는 동안 말입니다.

리처드 왕 모브레이, 내 눈과 내 귀는 더없이 공평하오. 나의 사촌이며 왕세자라 할지라도 볼링브룩은 숙부의 아들일 뿐, 나는 이 홀(笏)의 존엄성을 걸고 맹세하노니 아무리 신성한 왕의 핏줄에 가까운 친척이라 해도 특권을 줄 수는 없으며 나의 강인한 마음을 편애로써 어지럽힐 수는 없소. 그도 모브레이 공도 둘 다 나의 신하라오. 그러니 조금도 어렵게 생각지 말고 소신껏 말해 보오.

모브레이 그래 볼링브룩, 너의 목구멍에서 뱉어낸 말이야말로 네 심장 속에서 만들어 낸 새빨간 거짓말이렷다! 나는 칼레에 보낼 자금의 4분의 3을 병사들에게 틀림없이 나누어 줬다. 나머지는 전하의 허락을 받아 보관했다. 몇 해 전에 내가 프랑스로 왕비님을 뵈러 갔을 때의 비용을 내가 먼저 치렀던 바, 그것을 전하께서 갚아주신 거다. 먼저 그 거짓말부터 도로 삼켜라. 글로스터 공 이야기만 하더라도 내가 죽인 게 아니다. 하지만 그 사건에 의무를 태만히 했음을 스스로 치욕스럽게 생각하고 있다. (곤트의 존에게) 그렇지만 지금 맞닥뜨린 적의 아버지인, 덕망 높으신 랭커스터 대공작 어른에 대해서는 한때 암살을 꾀한 바 있습니다. 그 죄는 오늘도 가슴 깊이 뉘우치고 있습니다. 그러나 지난번 고해성사에서 솔직히 털어놓아 어르신의 자비로운 용서를 빌고 다행히 용서받은 걸로 압니다. 그건 분명 저의 잘못이나 다른 참소는 저 악하고 비겁하며 흉악무도한 자의 사사로운 원한에서 비롯된 것이므로 저는 정정당당히 맞서겠습니다. 그래서 저 건방진 역모자의 발부리에 도전의 표시로서 이 장갑을 던져 저자의 심장 속에 담긴 가장 깨끗한 피를 흘리게 하여 제가 충직한 신하임을 밝혀 보이겠습니다. 이를 속히 실행코자 하니 전하께서 결투 날짜를 정해 주시기를 청원드리나이다.

리처드 왕 분노의 불길에 싸인 두 사람은 나의 충고를 받아들여 피 흘리지 않고 분노를 삭이기 바라오. 내가 비록 의사는 아니지만 처방을 내리리다. 원한이 깊을수록 절개 수술도 깊이 하는 법. 서로 잊고 용서하고 타협하여 화목하게 지내기를 바라오. 의사들 말로는 이달에 피를 보는 건 불길하다 했소. (곤트의 존에게) 숙부, 이번 사건은 싹이 돋아나기 전에 뽑아버립시다.

노퍽 공은 내가 달랠 터이니, 공은 볼링브룩을 설득하도록 하시오.

곤트 중재역은 늙은이에게 알맞은 일입니다. 내 아들아, 노퍽 공의 장갑을 버려라.

리처드 왕 노퍽 공도 장갑을 버리시오.

곤트 어서 해라, 어서. 효심이 있다면 아비가 다시 말하게 하지 말라.

리처드 왕 노퍽, 어서 버리시오. 나의 명령이오. 불복은 있을 수 없소.

모브레이 이 몸만이라면 전하의 발아래 던지겠나이다. 이 목숨은 전하의 것입니다. 하지만 치욕은 다릅니다. 목숨을 바침은 신하의 의무이나 명예는 다릅니다. 제가 죽은 뒤에도 명예는 무덤 위에 영원히 존재해야 하며 이 명예는 비록 왕명이라 할지라도 더럽힐 수 없는 것입니다. 전하 앞에서 모욕당하고 참소를 받아 창피를 당했으며 모함의 독이 묻은 창끝으로 영혼까지 찔렸습니다. 이 영혼의 상처를 치유할 약은 오로지 독을 뿜은 저자의 심장에서 흐르는 피뿐인 줄 압니다.

리처드 왕 분노는 참아야 하는 법. 그 장갑 이리 주오. 표범도 사자에겐 순종하는 법이라오.

모브레이 하지만 표범의 얼룩은 없어지지 않습니다. 무고한 누명을 씻어주시면 이걸 버리겠나이다. 지존하신 국왕 전하, 덧없는 인생의 가장 아름다우며 순수한 보물은 티 없는 명예라 생각합니다. 명예를 잃으면 인간은 도금한 인형이나 채색한 찰흙과 다름없습니다. 충신의 가슴속에 간직한 용맹심이야말로 상자 안에 겹겹이 넣어둔 보석과 같습니다. 저의 명예는 생명이자 살과 뼈와 같으므로 명예를 잃으면 목숨이 끊긴 것과 다름없습니다. 전하, 명예를 시험하도록 허락해 주십시오. 오직 명예를 위해 살고 죽을 것이옵니다.

리처드 왕 사촌, 당신부터 장갑을 내놓으시오.

볼링브룩 오, 신이여, 이 영혼이 무서운 죄를 범하지 않게 살펴주소서! 아버지의 눈앞에서 망신스런 꼴을 보여야 한단 말입니까? 또 이 비열한 겁쟁이를 상대로 비렁뱅이처럼 겁에 질려 가문을 더럽힐 수 있나이까! 제 혀가 나약한 말들로 명예를 손상하거나 비열하게 휴전을 제의하느니 차라리 제 이로 요망한 배신자인 이 혀뿌리를 물어뜯어 흐르는 피를 수치의 근원인 저 모브레이의 얼굴에 뿌려서 망신의 상처가 오래오래 남도록 해주겠습니다.

(곤트 퇴장)

리처드 왕 나는 명령하도록 태어났으며, 부탁은 못하오. 내가 명령해도 화해 못하면 도리 없으니 두 사람은 성 람베르트 제전 때 코벤트리에서 대기하시오. 이를 어기면 목숨을 지키지 못하리라. 그곳에서 칼과 창을 가지고 응어리진 숙원의 불화를 단숨에 판가름하오. 중재가 이루어지지 못했으니 정의가 기사도의 승패를 가려주게 하겠소. 의전관, 즉시 담당자에게 알려서 이 둘의 싸움을 처리하라. (모두 퇴장)

〔제1막 제2장〕

랭커스터 공작 저택의 한 방.
곤트의 존과 글로스터 공작부인 등장.

곤트 아아, 나도 우드스톡의 핏줄을 나눈 형제요, 제수씨의 한 맺힌 말을 듣지 않아도 동생의 목숨을 잔인하게 빼앗은 자들에 대한 복수심이 들끓고 있소. 그러나 죄를 범한 자들을 처벌하고 바로잡는 일은 그 죄를 저지른 자에게만 가능한 것인즉 우리로서는 어찌할 도리가 없소. 그 결판은 신의 뜻에 맡겨야 하오. 신들은 이 땅 위에 시기가 무르익기를 기다렸다가 죄인들의 머리 위에 철퇴를 내릴 것이오.

공작부인 피를 나눈 형제인데 어찌 그러고만 계십니까? 아주버님의 연로하신 피엔 삶의 불꽃을 피울 사랑도 없습니까? 아주버님은 에드워드 왕의 일곱 왕자 가운데 한 분이십니다. 국왕의 신성한 피를 담은 일곱 개의 병, 또는 하나의 뿌리에서 뻗은 일곱 개의 가지입니다. 그 가운데 어떤 병들은 자연히 메말라 버리기도 하고, 또 어떤 가지들은 비명에 잘리기도 했습니다. 그렇지만 에드워드 왕의 귀한 피를 넘치도록 받아 세상이 우러러보던 저의 남편, 저의 생명 토머스 글로스터는 산산조각이 나서 그 고귀한 피는 땅에 쏟아지고 살인자의 도끼에 맞아 가지는 무참히 잘리고 여름철 초록빛 잎새들은 여지없이 시들어 버렸습니다. 아, 그이의 피는 바로 아주버님의 피랍니다! 아주버님을 낳은 그 침대, 그 탯줄, 그 씨가 같은 분에게서 그이를 만들어 낸 것이 아닌가요. 오늘 아주버님은 살아 숨을 쉬고 계시지만 동생이 살

리처드 2세를 위해 그린 윌튼의 두 폭 제단화 무릎 꿇은 리처드 왕과 성모. 1395~99.

해된 것이 아주버님이 살해된 거와 어찌 다르겠습니까. 아버님을 꼭 닮은
불쌍한 동생이 처참하게 죽임당했어도 넋 잃고 보고만 계시렵니까. 그건 아
버님의 명을 재촉하는 거와 마찬가지죠. 어찌 그걸 인내라 부르겠습니까,
그건 체념입니다. 그처럼 동생이 학살당하는 걸 방관하심은 목숨을 순순히
내주는 것이며 포악한 살인자에게 살해 방법을 가르쳐 주는 셈이죠. 신분
이 천한 이에게는 인내가 미덕이 될 수 있으나 귀인에게는 창백하고 냉정하
며 비겁한 행동일 뿐입니다. 제가 드릴 말씀은 아주버님의 목숨을 지키시려
면 제 남편의 죽음을 복수하심이 최선의 방법이라는 겁니다.

곤트 신이 가름할 것이오. 신의 대행자가, 제단 앞에서 성유를 바른 신의 대
리인이 동생을 죽게 하신 거니까 그것이 잘못된 일이면 반드시 하늘이 벌
을 내리실 거요. 나는 신의 대리인에게 무엄하게 팔을 걷어붙이고 맞설 수
는 없소.

공작부인 그럼 저는 누구에게 하소연해야 하나요?

곤트 과부의 보호자이며 수호자이신 신에게요.

공작부인 네, 그럼 그러지요. 안녕히 계십시오. 아주버님은 헤리퍼드와 잔인

무도한 모브레이가 결투하는 걸 보시러 코벤트리로 가시는 길이지요? 오, 눈 감지 못하는 그이의 원한이 조카의 창끝에 맺혀 암살자의 심장을 꿰뚫어 다오! 불운하게도 첫 번째 공격에서 성공하지 못하면 모브레이의 가슴 속에 겹겹이 쌓인 죄악이 입에 거품을 문 말의 등뼈를 짓눌러 부러뜨리고, 그 비열한 배신자가 말에서 떨어져 땅에 거꾸로 박혀 내 조카 헤리퍼드 앞에 무릎 꿇게 하소서! 안녕히 계십시오, 아주버님. 죽은 동생의 아내는 슬픔을 벗으로 삼아 한평생을 마치겠습니다.

곤트 안녕히 가시오, 제수씨. 나는 코벤트리로 가봐야 하오. 그럼 제수씨나 떠나는 나나 무고하기를 빕니다!

공작부인 아니, 한마디만 더요. 슬픔은 사그라들다가도 다시 튀어오르는 법입니다. 속이 비어서가 아니라 무겁기 때문이죠. 이런 말씀은 드리지 않고 떠났어야 옳았는데, 끝날 듯하면서도 끝이 없는 것이 슬픔이랍니다. 참, 요크의 아주버님께 인사 전해 주십시오. 아아, 다 말씀드렸습니다…… 잠깐만요, 급히 떠나지 마세요. 할 말은 다했으나 너무 서둘러 떠나지는 마세요. 할 말이 더 생각났습니다. 요크의 아주버님께 전해 주세요. 뭐더라? 저, 전 플래쉬에 가 있을 테니 곧 한번 와주십사 하고요. 아, 찾아오신다고 해도 볼 만한 게 있을까요? 인적 없는 방, 장식 없는 벽, 어느 곳에도 하인은 없고 사람들이 밟을 일조차 없는 마당 돌만이 있을 뿐. 환영하는 것이라곤 저의 비탄에 젖은 소리뿐일 테니. 차라리 이렇게 전해 주십시오. 구석구석마다 슬픔만이 질펀히 깔려 있는 곳에 오시지 말라고요. 전 슬픔을, 슬픔을 곱씹으며 죽어가겠지요. 눈물 지으며 마지막 작별 인사를 올립니다. (모두 퇴장)

〔제1막 제3장〕

코벤트리의 시합장. 정면에는 국왕석과 귀빈석, 양쪽은 결투자의 좌석.
관중과 전령들, 시종들, 궁정 의전관과 오멀 공작 등장.

의전관 오멀 공, 헨리 헤리퍼드 공은 무장을 다 마쳤습니까?
오멀 예, 모든 준비를 마치고 입장만을 기다리고 있습니다.

의전관 노퍽 공도 사기가 하늘을 찌를 듯 출전 나팔 소리만을 고대하고 있습니다.

오멀 아, 그럼 투사들의 준비가 모두 끝났군요. 남은 일은 전하께서 납시기를 기다리는 것뿐이오.

트럼펫 소리. 리처드 왕이 귀족들을 거느리고 등장. 곤트 공작도 그 대열에 있다. 모두 자리에 앉자 노퍽 공작이 무장한 모습으로 등장.

리처드 왕 의전관, 저쪽에 나타난 기사에게 이 자리에 무장하고 나온 까닭을 알아보아라. 그의 이름을 물어보고 규칙에 따라 그에게 자기 주장의 정당함을 서약하도록 하라.

의전관 신과 국왕의 이름으로 묻노니 이름을 밝혀라. 어찌하여 그렇듯 기사의 갑옷을 입고 나타났으며 또 누구와 무슨 까닭에 결투하려 하는가? 기사도의 서약에 따라 거짓 없이 진실을 말하라. 그러면 그대의 용기에 신의 보살핌이 있을 것이니라.

모브레이 제 이름은 노퍽 공작, 토머스 모브레이입니다. 신께 맹세코 어길 수 없는 기사도의 서약에 따라 이렇게 이 자리에 나타난 이유는 저를 무고하게 참소한 자와 대결하여 신과 전하께, 그리고 자손에게 저의 충성심과 진실함을 밝히기 위해서입니다. 또 신의 은총으로 저의 팔로써 헤리퍼드가 신께, 전하께, 저에게 배반자임을 입증하기 위해 정의의 결투에 나섰으니 신이여, 보살피소서! (자기 자리에 앉는다)

트럼펫 소리. 상소인 헤리퍼드 공작이 무장한 모습으로 등장.

리처드 왕 의전관, 저편에 무장하고 나타난 기사에게 이름과 함께 이곳에 무장을 하고 나온 까닭을 물어보아라. 그리고 법규대로 격식에 맞추어 그가 주장하는 상소가 옳음을 서약케 하라.

의전관 이름을 말하라. 이 시합장에 계신 전하 앞에 나온 이유는 무엇인가? 결투 상대는 누구이며 싸움의 까닭은 무엇인가? 정의의 기사답게 답변하면 신의 가호가 있을 것이니라!

볼링브룩 저는 헤리퍼드와 랭커스터 그리고 더비의 공작 헨리입니다. 제가 갑옷 차림으로 이 장소에 나온 까닭은 신의 은총과 저의 용기로 노퍽의 공작 토머스 모브레이야말로 신께, 리처드 왕께, 저에게 극악무도한 배신자라는 사실을 밝히기 위해서입니다. 결투에 임하는 저를, 신이여 보살피소서!

의전관 (장내 사람들에게) 이 결투장에서 공정한 심판을 관장하도록 임명받은 의전관과 담당관 말고는 그 누구도 이곳에 가까이 오지 말라. 이 법을 어기는 자는 조금도 지체하지 않고 사형으로 다스릴 것이니라.

볼링브룩 궁정 의전관, 전하 앞에 신하로서의 예를 올리고자 하니 전하께 아뢰어 주시오. 모브레이와 이 몸은 마침 머나먼 순례의 길을 떠나게 될 처지입니다. 또한 몇몇 친지들에게 마지막 다정한 작별 인사를 나누게 해주시오.

의전관 (왕에게) 상소인이 신하의 의무를 다하고자 전하의 손에 입맞추고 하직 인사 올리겠다고 하옵니다.

리처드 왕 (일어서며) 내가 내려가서 이 팔로 포옹하리라. (내려가서 볼링브룩을 포옹한다) 사촌 헤리퍼드, 그대의 주장이 그토록 옳다면 이 결투에서 반드시 행운이 있을 것이오. 오, 잘 가오, 나의 혈족. 그대가 오늘 피를 흘린다 해도 나는 그저 비통해할 뿐 그댈 위해 복수는 할 수 없는 처지요.

볼링브룩 아아, 존귀한 두 눈을 저 때문에 눈물로 얼룩지게 하지 마십시오. 비록 모브레이의 창끝이 제 폐부에 꽂힌다 해도 매가 새를 덮치듯 재빠르고 자신만만하게 모브레이와 맞서겠습니다. (의전관에게) 친애하는 의전관, 당신과도 작별을 하겠소. 그리고 사촌 오멀 공, 잘 있으오. 나는 삶과 죽음의 갈림길에 있지만 병색이 아니라 싱싱한 젊은 피가 솟고 맥이 뛰고 있소. 잉글랜드의 만찬 마지막에 가장 좋은 요리가 나오듯이 감미로운 인사를 마지막으로 올립니다. (곤트의 존에게) 아버지, 제 피를 만든 주인이신 당신의 젊은 시절 그 정신이 몸 안에서 되살아나 무서운 용기로 저를 격려해 주고 승리하도록 이끌어 주십시오. 아버지의 기도로써 저의 창끝을 예리하게 갈아 모브레이의 갑옷을 밀초를 꿰뚫듯 쉽사리 뚫게 해주시고, '곤트의 존'이라는 이름을 그 아들의 용맹한 행동으로 새로이 빛내도록 해주십시오.

곤트 신께서 네 정의를 꽃피우게 해주실 거다. 싸움에 임해서는 번개처럼 날쌔어라. 벼락같이 덤벼라. 너에게 적의를 품은 간악한 적의 투구를 쳐부수어 박살을 내라! 젊은 피를 들끓게 하여 용감하게 싸워 이겨다오.

볼링브룩 저의 결백과 성 조지의 가호로 기어이 승리하겠습니다! (자리에 앉는다)

모브레이 (일어서며) 신과 운명의 여신이 어떤 결정을 하든지, 목숨을 부지하든 잃든 간에 어디까지나 저는 전하의 성실하고 충성스러우며 강직한 신하입니다. 붙잡혔던 포로가 쇠사슬을 끊고 황금과 같은 자유를 누리는 그 심정도, 제가 원수와 맞서 싸움의 향연을 즐기려는 이 벅찬 마음보다는 즐겁지 못할 것입니다. 전하, 그리고 동료 귀족 여러분, 영원한 행복을 비는 저의 소망을 받아주십시오. 광대놀이처럼 즐겁고 상쾌한 마음으로 결투에 임하겠습니다. 정의에는 평온이 따르는 법이니까요.

리처드 왕 공이여, 건투를 비오. 나는 그대의 눈빛에서 덕과 용기가 번득거림을 분명히 볼 수 있소. 의전관, 결투의 시작을 명하라. (귀족들과 자리로 돌아간다. 볼링브룩과 모브레이, 투구를 쓰고 면갑을 내린다)

의전관 헤리퍼드와 랭커스터와 더비의 공작 헨리, 이 창을 받으라. 신이여 정의를 가호하소서!

볼링브룩 탑과 같이 단단한 확신으로 외칩니다, 아멘.

의전관 (전령에게) 자, 노픽의 공작 모브레이께 이 창을 드려라.

전령 1 헤리퍼드, 랭커스터, 더비의 공작 헨리 공은 노픽의 공작 토머스 모브레이가 신과 전하 그리고 그에 대해 반역자임을 신과 전하 앞에서 입증하며, 만일 패배하면 허위와 비겁의 오명을 받을 각오로 이 자리에 나와 모브레이와 결투할 것을 청합니다.

전령 2 노픽의 공작인 토머스 모브레이는 헤리퍼드, 랭커스터, 더비의 공작 헨리가 신과 전하께 또 그에 대해 불충함을 입증하여 그 명예를 지킬 것이며, 만약 패하면 허위와 비겁의 오명을 받을 각오로 불같은 열의와 자유 의지를 가지고 결투 시작 신호를 기다리고 있습니다.

의전관 나팔을 불어라. 투사들은 결투를 시작하라. (트럼펫 소리. 두 사람이 결투를 시작하려 할 때 왕이 손에 든 홀을 땅에 내던진다) 멈추시오! 전하께서 홀을 던지셨소.

리처드 왕 두 사람의 투구를 벗기고 창을 내려놓게 하여 저마다 제자리로 돌아가게 하라. 나를 따라들 오시오. (좌우를 보며) 공들과 협의하여 내가 두 사람에게 판결을 내릴 때까지 나팔을 울리게 하라. (중신들을 데리고 물러서서 협의하는 사이 트럼펫의 화려한 취주가 계속된다. 볼링브룩과 모브레이에게) 가까이 오오. 중신들과 결정한 바를 알리겠소. 이 왕국의 땅은 스스로 길러낸 백성의 소중한 피로써 더럽혀져서는 아니 될 것이오. 동포의 칼로 동족을 죽이는 처참한 광경을 나는 차마 눈뜨고 볼 수 없소. 두 사람은 독수리처럼 날개 치며 하늘 높이 치솟으려는 오만과 야심에 불타, 질투의 불길이 증오가 되어 나라의 평화를 뒤흔들려 하고 있소. 이제 겨우 평화가 이 나라의 요람 속에서 조용히 단잠에 빠져들려 하는데 이를 소란스럽게 두드리며 울려대는 북소리와 귀를 찢는 듯한 무서운 나팔 소리, 불꽃 튀기는 창칼의 부딪히는 소리로 깨우면 아름다운 평화는 이 고요한 나라에서 달아나 우리는 동포의 피로 물든 강을 건너게 될 것이오. 그러므로 나는 두 사람을 이 땅에서 추방하노라. 사촌 헤리퍼드, 이제부터 여름이 열 번 돌아와 이 땅에 풍요로운 수확을 가져올 때까지는 이 아름다운 영토에 들어올 수 없으니 낯선 유배지에서 살지어다. 명령을 어기면 사형이오.

볼링브룩 어찌 어명을 거역하겠습니까. 전하의 몸을 따뜻하게 감싸는 햇빛이 귀양살이하는 죄인에게도 그 황금빛 줄기를 밝게 비춰주리라 생각하니 한없는 위안이 됩니다.

리처드 왕 노픽, 그대는 더 무거운 선고를 받게 될 것이오. 나의 본의는 아니지만 어쩌겠소. 아무리 느리고 소리 없이 흐르는 시간도 그대의 끝없는 유배의 세월을 가로막진 못할 것이오. "평생 돌아오지 말지어다" 이 절망적인 명령을 그대에게 내리노니 이를 어기면 죽음을 면치 못할 것이오.

모브레이 그처럼 무거운 벌을 전하께서 내리실 줄은 꿈에도 몰랐습니다. 모든 것이 신의 뜻인데 누구를 원망하겠습니까. 그렇지만 나라 밖으로 유배되는 벌이 아닌 좀더 훌륭한 포상을 내려주실 줄로 믿어왔습니다. 40년 동안 익힌 모국어를 이제 버려야 한단 말씀입니까? 그리되면 이제부터 저의 혀는 줄이 끊어진 제금이나 하프와 다름없습니다. 또 상자 안에 넣어둔 정교하게 만든 악기요, 꺼내어 켠다 해도 악기를 다룰 줄 모르는 이의 손에 들어온 신세가 될 것입니다. 전하께서는 이 입속에 혀를 가두어 놓으시고 이와 입술로써 이중으로 빗장을 지르셨으니 이제는 굼뜨고 무감각한 멍청이의 무지만이 저를 지키는 간수가 되었습니다. 유모에게 재롱 떨며 낱말을 배우기에는 너무 나이를 먹었고 새삼 학생이 될 시기도 지났습니다. 이 혀로 익힌 모국어의 숨통을 끊으셨으니 꿀 먹은 벙어리가 되어 죽으라는 선고와 다름없지 않습니까?

리처드 왕 아무리 애원해도 소용없소. 일단 선고를 내렸으니, 넋두리한들 이미 시위는 당겨졌소.

모브레이 그러면 저는 끝없는 밤처럼 울적한 암흑 속 삶을 찾아 조국의 빛을 등지고 떠나겠나이다. (떠나려 한다)

리처드 왕 둘 모두 이리 와서 맹세하시오. 추방당한 손을 내 보검 위에 얹고 신에게 진 의무에 두고 맹세하시오. 나에 대한 의무는 추방과 더불어 면책하니 나의 명령을 지키겠다고 맹세하시오. 진실을 소중히 여기고 신을 존경한다면 유배 중 절대 우정을 돈독히 나누거나 친히 만나는 일이 없도록 할 것이며, 편지를 보내고 답장을 쓰거나 하지 말 것이며, 고국에서 빚어진 가시 돋친 원한의 싸움을 절대로 나라 밖에서 화해하지 말 것이며, 나와 내 왕위와 내 신하와 이 나라에 대해 절대로 음모를 꾸미거나 기도하거나 공모하지 말지어다.

볼링브룩 맹세하겠습니다.

모브레이 저도 맹세하겠습니다.

볼링브룩 노픽, 나의 원수라 하더라도 할 말은 해야겠다. 전하의 허락만 있었다면 지금쯤 둘의 영혼 가운데 하나는 육체의 덧없는 무덤에서 추방되어 공중에서 헤매고 있었을 거다. 지금 우리의 몸이 이 땅에서 쫓겨나듯 말이다. 조국을 떠나기 전에 네 반역죄를 고백해라. 멀리 떠나야 할 몸인데 죄 많은 영혼의 무거운 짐을 짊어지고 가지 마라.

모브레이 천만에! 볼링브룩, 만일 내가 반역자라면 내 이름은 살아 있는 이들의 명단에서 사라졌을 거다. 이 몸이 이 나라에서처럼 하늘에서도 추방당할 거란 말이다. 네가 어떤 자인지는 신과 네 자신, 그리고 내가 알고 있다. 머잖아 전하께서는 후회하실 날이 올 것입니다. 전하, 건강히 지내소서. (혼잣말로) 이제부턴 어느 길이든 갈 수 있다. 고국으로 돌아오는 길만 아니면 온 세계가 나의 길이다. (퇴장)

리처드 왕 숙부, 숙부의 그 눈빛에서 뼈아픈 심정을 손에 잡을 듯이 읽을 수 있소. 숙부의 그 슬픈 표정이 아들의 유배 햇수를 줄이게 했소. 4년을 말이오. (볼링브룩에게) 추운 겨울이 여섯 번 지나면 유배지에서 환영하는 조국의 품으로 돌아오오.

볼링브룩 짧은 한마디 속에 얼마나 긴 세월이 담겨 있는가! 지루한 겨울 네 번, 나풀대는 봄 네 번이 말 한마디로 끝나다니…… 전하의 말씀이란 그런 것인가.

곤트 저를 걱정하시어 자식의 유배 기간을 4년 줄여주신 은혜에 감사드립니다. 하지만 그 은혜가 그다지 소득이 없을까 염려됩니다. 자식이 보내야 할 6년이란 시간 동안 해와 달이 바뀌어 세월을 부르기 전에 저의 기름 끊긴 등불은 시간과 함께 빛이 사그라져 덧없이 영원한 밤의 암흑 속으로 꺼져갈 겁니다. 제 얼마 남지 않은 촛불은 다 타버리고 사라져 죽음의 신에게 눈이 가려지고 다시는 자식을 보지 못하겠지요.

리처드 왕 아니, 숙부는 오래오래 사실 수 있을 것이오.

곤트 전하께선 저의 수명을 한순간도 늘리지 못하십니다. 슬픔에 잠기게 하여 저의 낮을 줄이고 밤을 앗아버릴 수는 있으나 단 하루의 아침도 보태지는 못하십니다. 시간을 도와 나이를 쌓아 나갈 수는 있으나 주름살을 멈추게 하실 수는 없는 일입니다. 죽음을 명하신다면 시간은 어명에 따르겠지만 죽고 나면 왕국을 내놓으셔도 저를 되살려 내진 못하십니다.

리처드 왕 당신 아들의 유배는 충분히 협의한 끝에 행해진 거요. 숙부도 함께 결정을 본 것이 아니겠소. 그런데 어째서 내 결정에 불만인 거요?

곤트 입에 단것이라도 소화해 보면 쓸 수도 있습니다. 저에게 판정하도록 명하셨지만 그것보다는 아비로서의 의견을 말하라는 명령을 받고 싶었습니다. 아, 그 애가 제 자식이 아니라 남의 자식이었다면 죄를 줄이고자 관대한 처분을 내렸을 겁니다. 자식이어서 치우쳤다는 비방을 면하기 위해 그런 결정을 했으나 끝내 저 자신을 해치게 되었습니다. 아, 실은 이 가운데 다른 분이 저의 그러한 말이 너무 가혹하다고 말해 주기를 은근히 바랐건만, 마음에도 없는 제 말이 채택되었으니 자신을 파멸시킨 일이 되고 말았습니다.

리처드 왕 사촌, 잘 가오. 숙부도 작별 인사를 하시오. 6년 추방을 명하노니 어서 떠나도록 하오. (트럼펫의 화려한 연주. 궁신들과 퇴장)

오멀 사촌, 안녕히 가시오. 이제 다시 만나 이야기도 할 수 없으니 가시는 곳 곳에서 편지로 알려주십시오.

의전관 작별 인사는 아직 하지 않겠습니다. 말을 타고 육지의 끝까지 모시겠습니다.

곤트 아니, 무슨 속셈으로 그다지도 말에 인색한 거냐? 친구들이 인사를 하는데 답례조차 안 하다니.

볼링브룩 작별 인사를 할 겨를이 없습니다. 저의 혀끝은 가슴을 메운 슬픔을 토해 내는 것만으로도 혀뿌리가 굳을 지경입니다.

곤트 너의 슬픔이래야 한때 나라를 떠나는 것뿐 아니냐?

볼링브룩 기쁨이 떠나면 슬픔만이 있게 마련입니다.

곤트 뭐, 여섯 번의 겨울이다. 눈 깜짝할 사이에 지날 거다.

볼링브룩 즐거운 사람들에게는 그렇겠죠. 하지만 슬픔은 아주 짧은 순간도 3년처럼 길게 느껴집니다.

곤트 그저 즐거운 여행이려니 생각하면 된다.

볼링브룩 강요당한 긴 순례길에서 아무리 그렇게 뒤집어 생각하려 해도 한탄스럽기는 마찬가지입니다.

곤트 지친 발걸음을 끌고 가는 어두운 여행길은 뒷날 귀국이라는 보석의 빛을 한결 아름답게 해줄 거다.

볼링브룩 아닙니다. 제가 밟는 지루한 발자국마다 저의 사랑하는 보석 같은 사람들에게서 얼마나 멀리 떨어져 가고 있는지를 생각케 할 따름입니다. 오랫동안 남의 나라를 떠도는 지루한 자숙의 기간을 보내다가 끝에 가서 가까스로 자유의 몸이 된다 한들 그것이 뭐 그리 자랑이 될 수 있겠습니까? 슬픔을 벗삼는 나그네의 삶일 뿐이지요.

곤트 해가 떠오르는 곳이면 어디든지 지혜로운 사람에게는 항구요 행복한 안식처다. 어쩔 수 없는 너의 불행을 이렇게 타이르도록 해라. 쓴 배도 맛들일 탓이라고. 전하께서 널 추방하신 게 아니라 네가 그랬다고 생각해라. 불행은 지탱하는 힘이 약할 때 더욱 무겁게 짓누르는 법이다. 가거라. 내가 네게 명예를 구하기 위해 보내는 것이지 전하께서 너를 유배하신 것이 아니다. 또는 이 나라에 무서운 흑사병이 기승을 부리고 있어 공기 맑은 곳으로 간다 생각해라. 그렇잖으면 네가 소중히 여기는 것이 네가 떠나온 곳에는 없고 네가 가는 곳에 있다고 생각하렴. 상상해 봐라. 지저귀는 새들은 음악가이고, 발끝에 스치는 풀은 화문석이 깔린 접견실이며, 들꽃은 아름다운 아가씨이고, 또 너의 발걸음은 가락 맞춰 밟는 즐거운 춤이라 여겨라. 아무리 미친 듯 으르렁대는 슬픔도 그 슬픔을 비웃고 대수롭게 여기지 않는 사람을 물어뜯지는 못하느니라.

볼링브룩 아, 아무리 꽁꽁 얼어붙은 캅카스 산줄기를 상상한다고 해도 손에 불을 지필 수는 없는 일. 진수성찬으로 배가 부르다고 상상하는 것으로 에이는 듯한 굶주림을 참을 수 있나요? 모진 더위를 생각한다고 해서 동지섣달 눈밭 속에 알몸으로 뒹굴 수가 있나요? 있을 수 없는 일이죠. 좋은 것을 상상하면 할수록 괴로움은 더욱 깊이 파고들 뿐, 종기는 잔인한 슬픔의 이로 물어뜯는 편이 차라리 낫지 섣불리 손을 대면 더 고통스러울 뿐입니다.

곤트 자, 자, 아들아, 내가 바래다주마. 내가 너 같은 젊음과 이유만 있다면 머뭇거리지 않겠다.

볼링브룩 잉글랜드의 땅이여, 잘 있거라. 그리운 흙이여, 안녕히! 날 한시도 잊지 않고 돌봐주신 어머니, 유모, 안녕히 계세요! 그 어디를 헤매고 다닌다 해도, 나는 비록 유배를 당했지만 참된 잉글랜드인이라 자랑하겠다. (모두 퇴장)

〔제1막 제4장〕

궁전.
한쪽 문에서 리처드 왕이 배거트와 그린을 데리고 등장. 다른 문에서는 오멀 공작이 등장.

리처드 왕 그동안 내가 확실히 보았소. 사촌은 그 오만한 헤리퍼드를 어디까지 배웅했소?

오멀 전하께서 말씀하신 대로 그 오만한 헤리퍼드를 가까운 한길까지 바래다주고 거기서 헤어졌습니다.

리처드 왕 그렇다면 이별의 눈물을 쏟았겠군?

오멀 저는 전혀 흘리지 않았습니다. 그때 마침 북동풍이 얼굴을 따갑게 휘갈기는 바람에 잠자던 물줄기가 깨어나 저는 억지 눈물로 이별이 아쉬워 눈시울을 적신 것처럼 했습니다.

리처드 왕 작별할 때 그가 무어라 말했소?

오멀 "잘 있소!" 했습니다. 제 심정으로선 마음에도 없는 그런 말을 입에 담는 것이 부끄럽고 욕된 것이었기에 슬픔의 무덤 속에 말들이 파묻혀 버려 말을 할 수 없는 듯 꾸몄습니다. '잘 가오'란 작별 인사가 그의 짧은 유배를 더 길게 해줄 수만 있었더라면 몇만 번이라도 작별의 인사를 했겠지만, 그럴 것 같지 않아 그저 입을 다물어 버렸지요.

리처드 왕 그는 우리의 사촌이오. 하지만 유배 기간이 끝나 그가 이 나라에 돌아올 때 마음을 고쳐 우리의 동지가 될 것인지는 매우 의문스럽소. 우리 자신과 부시도, 여기 있는 배거트와 그린도 그자가 평민들에게 인사하는 것을 눈여겨보지 않았던가. 공손하고 친절하게 허리 굽히는 꼴이 그들 가슴속으로 파고들며 노예들에게까지 경의를 표하고 가난한 기능공들에게도 미소를 지어 보내며 비위를 맞추어, 그들의 동정을 유배지에까지 끌고 가려는 듯 이를 악물고 운명을 참는 것 같아 보였소. 심지어 생굴을 파는 계집애들에게도 모자를 벗어 보이지 않던가. 마차꾼 둘이 그에게 은총을 빌자 무릎을 굽히고 "나의 동포여, 사랑하는 친구들이여 고맙습니다" 이렇게 떠들어댔다 하오. 얼마 안 있어 잉글랜드가 자기 것이 될 것처럼, 그리고 백성들도 그를 왕위 계승자로 인정하고 있다는 듯 말이오.

그린 이미 그는 떠났으니 심려 마소서! 시급한 문제는 요즘 아일랜드에서 반기를 든 반역도들인 줄 아나이다. 빠르게 조치를 내리지 않으시면 전하께선 호미로 막을 것을 가래로 막게 됩니다.

리처드 왕 역적 무리 토벌에는 내가 출진할 생각이오. 그런데 궁정의 비용이 너무 늘어나고 하사금도 자주 내렸기 때문에 이제는 국고가 바닥날 형편이니 왕령의 토지를 빌려주고 그 수입으로 아일랜드 출전 비용을 마련해야겠소. 그것도 부족하다면 내가 자리를 비웠을 때는 국왕 대리에게 백지 위임장을 맡겼다가 부자들을 발견하는 대로 많은 기부를 하게 하여 군자금을 보충해서 보내도록 하오. 나는 곧장 아일랜드로 출정하겠으니……

부시 등장.

리처드 왕 부시, 무슨 일이오?

부시   곤트의 존이 중병에 걸려 누워 있다고 합니다. 황공하오나 가능한 한
   속히 와주십사 하는 다급한 전갈입니다.

리처드 왕   어디에 계시오?

부시   일리의 주교관입니다.

리처드 왕   신이여, 의사의 마음에 용기를 주어 숙부를 무덤으로 빨리 보내도
   록 도와주소서! 숙부의 금고 안에 있는 금화로 아일랜드 원정군의 군비가
   넉넉히 마련될 수 있으리라. 자 여러분, 다 같이 문병을 갑시다. 신이여, 황급
   히 갈지라도 이미 문병 아닌 문상이 되게 해주소서!

모두   아멘. (모두 퇴장)

〔제2막 제1장〕

일리 주교관.
중병에 걸린 곤트가 부축을 받으며 동생 요크 공작과 함께 등장.

곤트   숨을 거두기 전에 전하께서 찾아줄지? 경솔한 젊음에 대해 단단히
   타일러 줘야겠는데.

요크   걱정하지 마세요. 숨도 가쁜데 충고해 봤자 전하의 귀에는 헛된 일입
   니다.

곤트   임종할 때 듣는 말은 장엄한 음악 같아 귀를 기울인다고들 하던데. 말
   수를 적게 하면 거의 흘려버리지는 못하는 법이니라. 고통스럽게 숨을 몰아
   쉬며 하는 말에는 진리가 담겨 있으니까. 다시는 더 말을 할 수 없게 되는
   사람이 하는 말은 약삭빠른 젊은이들이 실없이 나불대는 아첨의 말보다는
   귀담아듣게 마련이라고. 인간의 임종은 그때까지 살아온 생애보다 더 주목
   받는 법. 서산에 기울어지는 해나 음악의 종장은 마지막 한 수저의 꿀이 진
   짜 단맛을 내듯, 끝에 가서 가장 아름다운 것. 마지막 순간의 말이야말로
   과거 어느 말보다도 길이 새겨지는 법이다. 살아생전에 내 충고를 듣지 않
   던 리처드도 내 임종의 엄숙한 말엔 귀를 막지 못할 거다.

요크   천만에요. 아첨꾼들의 잔소리로 꽉 막혀 있는걸요. 현자도 듣기 좋아한

다는 찬사와 탐욕스런 젊은이들이 독을 품은 소리에 빠져 즐겨 듣는 음란한 노래나, 원숭이처럼 뒤늦게 흉내나 내려 애쓰는 이들이 서툴게 따라하는 이탈리아의 화려한 최신 유행 정보 등, 세계 어느 나라에서 일어난 것이든 —새롭기만 하면 아무리 하찮은 것이라도 상관없어요—바로 전하의 귀에 안 들어가는 게 있나요? 옳고 그름을 헤아리지 못하는 전하께 왕도를 권해 보신들 강물에 돌 던지기죠. 전하는 이미 제멋대로 가는 국왕입니다. 그렇게 숨도 가쁘신데 기력을 낭비할 뿐입니다.

곤트 이제 나의 임종이 다가오니 새로이 영감을 받은 예언자 같은 심정으로 국왕의 앞날을 말씀드리겠다. 가랑잎에 불붙은 것 같은 급한 혈기로는 이 나라 왕권이 얼마 가지 못한다. 사나운 불길은 순식간에 타버리는 법. 가랑비는 오래 내리지만 갑자기 퍼붓는 소나기는 잠깐이지. 말을 너무 빨리 달리게 하면 말이 쉬이 헐떡이게 되고, 음식을 게걸스럽게 먹으면 체하게 되며, 경박한 욕심은 양이 안 차는 가마우지처럼 끝내는 먹이가 끊어져 제 간을 쪼아먹게 마련이지. 대대로 이어온 왕좌, 이 섬나라의 왕권, 장엄한 이 강토, 군신 마르스가 자리한 땅, 제2의 에덴동산, 지상의 낙원, 무서운 전염병과 외적의 침략을 막기 위해 자연의 여신이 세워 놓은 이 요새, 이 행복한 종족, 이 아담한 별천지, 복을 받지 못해 시샘하는 외적이 악마의 손길을 뻗칠 때 스스로 방어하는 성벽도 되며 깊고 넓은 호수가 되어주기도 하는 은빛 바다 위에 아로새겨진 보석 같은 이 나라…… 축복받은 땅, 이 대지, 이 왕국, 이 잉글랜드, 이 젖줄기, 그런 종족이기에 두려움과 존경을 받아왔고, 그런 혈통이기에 미개한 유대 땅에서 온누리의 구세주 되시는 성자의 무덤을 되찾기 위해, 또 기독교의 포교를 위해, 진정한 기사도를 위해 용맹히 싸워 바다 멀리 구만 리까지 이름을 떨쳤던 역대 국왕을 탄생시킨 그 탯줄, 그 고귀한 정신을 가진 이 나라, 이 위대하고 위대한 나라, 세계 구석구석까지 그 이름을 떨치며 막강해진 조국인데 셋방이나 하찮은 소작지처럼 임대되어 버리는 지경에 이르렀다. 죽음을 눈앞에 두고 이런 말을 입에 담게 될 줄이야. 승리의 기세등등한 바다로 둘러싸인 잉글랜드, 바다의 신 넵투누스의 시샘하는 포위 공격을 해변 암석으로 물리친 잉글랜드가 이제는 부끄럽게도 잉크로 얼룩진 양피지 대여문서로 묶이고 말다니. 수많은 나라를 정복했던 잉글랜드가 수치스럽게도 속으로 썩어가다니. 아, 이 치욕이 내 목숨과 함께 사라진다면 얼마나 행복한 죽음이 될까!

리처드 왕, 왕비, 오멀 공작, 부시, 그린, 배거트, 로스 경, 윌러비 경 등장.

요크 전하께서 오셨습니다. 젊은 왕이시니 부드럽게 말씀하시지요. 성미 급한 망아지는 자극하면 더욱 날뛰니까요.

왕비 랭커스터 대공, 차도가 있으신가요?

리처드 왕 좀 어떠시오? 나이 많은 곤트*¹?

곤트 오, 그 이름이 지금 저에게 딱 들어맞습니다! 나이도 더 먹었고 수척해지기도 했죠. 가슴속에 응어리진 슬픔 때문에 음식을 끊었습니다. 음식을 끊었으니 야윌 수밖에 없지 않습니까? 잠에 파묻힌 잉글랜드를 줄곧 지켜보았습니다. 잠을 설치니 살이 빠지고 여위어 갑니다. 아비로서 누리는 생명의 양식인 기쁨이란 곧 자식의 얼굴을 보는 것인데, 그 기쁨을 빼앗겼으니 그만 끼니를 끊게 되어 이렇게 뼈만 남았습니다. 곤트는 여위어 무덤 가기에 안성맞춤이 되었으니 텅 빈 무덤 속엔 뼈밖에 들어갈 것이 없습니다.

리처드 왕 병자치고는 실없는 말씀도 참 잘하시는군요.

곤트 비참한 자는 자신을 조롱함으로써 위안을 얻지요. 전하께서 저의 이름을 없애려 하시니 저는 제 이름을 조롱해서 존귀하신 전하께 아첨합니다.

리처드 왕 죽어가는 사람이 산 사람에게 아첨을 다 하다니요?

곤트 아니요, 아닙니다. 산 사람이 세상을 떠나는 분께 드리는 아첨입니다.

리처드 왕 죽어가는 그대가 내게 아첨한다 했지 않소?

곤트 오, 아닙니다! 비록 제가 중태입니다만 임종을 맞는 분은 전하이십니다.

리처드 왕 나는 건강하게 숨을 쉬며, 병든 그대를 지켜보고 있소.

곤트 저를 만드신 하느님께선 아십니다. 전하가 병중이심을 제가 보고 있다는 것을요. 제 눈이 병들기도 했지만 정녕 전하께서 병환 중이십니다. 전하께선 이 나라 전체를 죽음의 병상으로 만드셔서 좋지 못한 평판을 휘감으시고 누워 계십니다. 그러하오니 전하께서는 참으로 지각 없는 환자이십니다. 처음부터 전하께 상처 입힌 자들을 의사로 두고서 성유 바른 몸을 치료

---

*1 Gaunt에는 '수척한' '아주 여윈'의 뜻이 있음.

받고 계십니다. 숱한 아첨꾼들이 왕관 속에 들끓습니다. 겨우 머리밖에 들어가지 않는 그 비좁은 곳에 도사리고 있지만 그들이 끼치는 해독은 이 나라 전체에 미치고 있습니다. 오, 전하의 할아버지*²께서 선견지명이 있으셔서 그 자식의 자식*³이 당신의 자식들*⁴을 살해한 것을 내다보셨더라면 전하께서 치욕으로 물들여 놓으신 그 보위에 오르시기 전에 왕세자 책봉을 안 하셨을 겁니다. 전하는 요물들의 간교에 홀려 폐위당하고 있는 중입니다. 오, 신의 조카이신 전하가 온 세계의 섭정이라 해도 이 국토를 임대함은 수치이거늘 전하의 세계는 이 국토밖에 없는데, 이를 욕되게 함은 비길 데 없는 수치가 아닙니까? 전하는 이제 잉글랜드의 지주일 뿐 왕은 아니십니다. 전하의 법적 지위는 법의 노예일 뿐, 그리고 전하는…….

리처드 왕 (격분하여) 지혜마저 말라빠진 무지렁이 미치광이로다. 오한이 들어 새파래졌음을 기회로 오만하게 간언을 한다고 감히 차가운 너스레를 떨어 내 얼굴을 창백하게 하고 분노로 얼굴의 핏기마저 가시게 하다니. 잉글랜드 정통을 이어받은 국왕으로서의 체통을 걸고 만약 그대가 에드워드 선왕이 낳으신 아들의 친동생만 아니었던들 제멋대로 지껄이는 그 혓바닥이 달린 머리통을 오만불손한 어깨에서 베어버렸을 거요.

곤트 오, 에드워드 형님의 아들이여, 이 몸이 그의 부왕 에드워드 3세의 아들이라 해도 인정일랑 베풀지 마시오. 전하는 아비 피를 빨아먹는 펠리컨처럼 할아버지의 피를 취하도록 실컷 들이켰소. 나의 동생 글로스터, 오 순박하고 선량한 영혼이여, 복받은 영혼들 사이에서 고이 잠들라. 글로스터가 본보기요, 좋은 증인입니다. 에드워드 왕이 피를 쏟아도 전하에게 예사로운 일이었소. 저는 내일을 기약할 수 없는 기울어진 병든 몸이니, 여기에다가 고집쟁이 늙은이 같은 전하의 냉정함을 보태면 시든 꽃쯤 어찌 단칼에 베실 수 없으리까. 부끄러워하시오. 죽은 뒤에도 수치는 그대로 살아남을 겁니다! 이 진언은 두고두고 전하에게 가책을 줄 것입니다! (시종에게) 나를 침상으로 옮겨라. 그리고 무덤으로 보내다오. 사랑과 명예를 받는 사람만이 간절히 살고자 할 것이니라. (시종들에게 들리어 퇴장)

---

*2 에드워드 3세.
*3 리처드 2세.
*4 글로스터 공작 등.

리처드 왕 늙어 쇠고집만 부리는 자는 죽어 마땅하느니라. 둘 다 지닌 곤트에 겐 무덤이 어울릴 것이다.

요크 황공하오나 그의 진언을 너그러이 용서하소서. 다루기 힘든 병에다가 망령기까지 있는 탓입니다. 전하에 대한 그의 충성은 끝이 없습니다. 곤트 공의 아들 헤리퍼드도 마찬가지입니다.

리처드 왕 당신 말이 맞소. 헤리퍼드의 마음이 곤트의 마음…… 그들의 마음이 내 마음이라 여기리다.

노섬벌랜드 등장.

노섬벌랜드 전하, 곤트 공에게서 온 전갈이옵니다.

리처드 왕 어떤 전갈이오?

노섬벌랜드 아무 말도 없습니다. 다 끝났습니다. 이제 랭커스터 공작의 혀는 줄이 없는 악기가 되어 말도 생명도 모두 사라졌습니다.

요크 다음엔 이 요크가 삶의 파산을 맞이하게 하소서! 죽음은 육체의 궁핍 으로부터 번뇌를 없애줄 것입니다.

리처드 왕 무르익은 열매는 먼저 떨어지는 법. 그가 바로 그러하오. 그의 생 애는 끝났지만 내 삶의 순례는 계속될 것이오. 그건 그렇다 하고…… 이제 아일랜드 전쟁 건인데, 저 버러지 같은 졸개들을 토벌해야겠소. 다행히 다 른 독사들은 다 없어졌는데 그것들만이 아직 살아서 해를 입히고 있으니. 이런 막중한 나랏일에는 엄청난 비용이 들 터인즉, 부족함을 메우기 위해 숙부 곤트 공이 소유했던 금은 집기류, 화폐, 그 밖의 세입, 동산 모두를 몰 수하리다. (귀한 물건들을 평가해 보며 방 안을 돌아다닌다)

요크 (탄식하듯 혼잣말로) 언제까지 참고 있어야 되나? 아, 의무감으로 전하를 모셔왔지만 부정을 얼마나 더 견뎌야 하는지? 글로스터의 죽음에도, 헤리 퍼드의 유배에도, 곤트가 당한 힐책에도, 백성들이 당하는 노략질에도, 가 없은 볼링브룩의 결혼을 방해하는 일에도, 이 몸이 받은 모욕에도 낯빛조 차 안 바꾸고 참아오며 왕의 얼굴을 찌푸리게 한 적이 한번도 없었는데. (왕 에게) 에드워드 대왕의 일곱 왕자 중 막내이며 전하의 아버지 웨일스의 왕 자는 첫째였습니다. 젊은 시절의 흑태자만큼 영특한 분은 다시 없었지요.

싸움터에선 사자보다 용맹했으나 평화 시에는 양보다 어지셨습니다. 전하께선 아버지의 얼굴을 닮아 전하 나이 때의 아버지 모습과 너무도 비슷합니다. 그러나 그가 얼굴을 찡그리신 건 동료들에게가 아니라 프랑스인들에게였습니다. 그가 쓴 돈은 오로지 몸소 얻은 것이었고 선왕께 물려받은 것은 소비하지 않았습니다. 그는 친척의 피로 손을 더럽히신 적이 없었고 동족의 적들만 피로 물들였습니다. 오, 리처드 전하…… 비통한 나머지 정신이 다 혼미합니다. 아니면 어찌 선왕과 전하를 견주겠습니까. (소리내어 흐느껴 운다)

리처드 왕 (돌아다보며) 아니 숙부, 어찌 이런 말씀을 하십니까?

요크 아 전하, 용서해 주소서. 용서 못 하신다 해도 감히 아룁니다. 추방당한 헤리퍼드에게서 왕족의 지위와 권리를 박탈하실 겁니까? 곤트는 죽었지만 헤리퍼드는 살아 있지 않습니까? 곤트는 공정한 사람이었으되 헨리는 진실하지 못하단 말씀입니까? 곤트가 어찌하여 상속자를 가질 자격이 없겠습니까? 그의 적자가 훌륭한 상속자가 못 된단 말씀입니까? 그 권리를 헤리퍼드에게서 빼앗으심은 대대로 이어온 고유의 특권과 전례의 권리마저 몰수하시는 겁니다. 그건 오늘에 이어 내일이 오지 않게 하는 것이니, 그리 되면 전하도 왕이 아니시지요. 정당한 순서대로 계승하지 않고선 왕위에 오르지 못하는 것입니다. 오, 신이여—부디 그런 일이 일어나지 않도록 하소서! —부당하게 헤리퍼드의 권리를 박탈하시어 법정대리인을 통해 재산 상속을 청구하는 그의 특허장을 무효화하시며 그의 충성을 거부하신다면 전하께선 천만 가지 위험을 스스로 불러올 것이며, 어진 이 나라 백성의 민심을 잃게 되고, 마침내 신의 부드러운 인내심마저도 자극하여 명예와 충성심으로 봐서는 도저히 상상할 수 없는 일을 생각하게 할지도 모릅니다.

리처드 왕 공이 어찌 생각하든 나는 그의 집기와 물품과 돈과 땅을 모조리 몰수할 것이오.

요크 한동안 떠나 있겠습니다. 실례합니다, 전하. 무슨 일이 일어날지 누구도 장담할 수 없습니다. 그러나 나쁜 방법으로 하는 일이 좋은 결과를 맺을 수는 없습니다. (퇴장)

리처드 왕 부시, 곧바로 윌트셔 백작에게 가서 일리 주교관으로 돌아와 이 일을 처리하라고 전하오. 나는 내일 아일랜드로 떠날 것이니. 이 일은 더 지체할 수 없소. 내가 없는 동안 숙부 요크 공을 잉글랜드의 섭정으로 임명하오. 숙부는 공명정대하고 늘 나를 사랑하시니까. 이리 오시오, 왕비⋯⋯ 내일이면 헤어져야 하오. 밝은 표정을 지으시오. 함께 보낼 시간도 많지 않으니 말이오. (왕비, 부시, 오멀, 그린, 배거트와 함께 퇴장)

노섬벌랜드　자 여러분, 랭커스터 공작이 돌아가셨습니다.

로스　그래도 살아 계신 셈이지요. 아드님이 공작이 되었으니까요.

윌러비　빛 좋은 개살구요. 이름뿐이지, 수입은 하나도 없소.

노섬벌랜드　정의만 살아 있다면 둘 다 갖게 될 겁니다.

로스　가슴이 메입니다. 침묵을 지키자니 가슴이 터질 것 같고, 드러내 놓고 입을 놀리자니 화를 입게 될 테고.

노섬벌랜드　가슴속에만 간직하지 말고 모두 털어놓으시지요. 경이 한 말을 어지럽게 퍼뜨려 해를 끼치려 드는 자는 숨통을 끊어버리면 되지 않소.

윌러비　경이 하고 싶은 말은 헤리퍼드 공에 대한 겁니까? 그렇다면 솔직하게 말씀하시지요. 그분에게 이로운 일이라면 어서 듣고 싶습니다.

로스　내가 그분께 도움이 되는 일이 뭐가 있겠소? 물려받은 재산을 몽땅 몰수당한 그분을 동정하는 것 말고 달리 방법이 있겠습니까?

노섬벌랜드　아, 이 무슨 치욕인가. 기울어 가는 이 나라에서 그분 같은 왕족이 또 고귀한 핏줄을 이어받은 다른 분들이 그렇듯 부당한 일을 당하다니. 왕은 간신배들에게 휘둘려 제정신이 아닙니다. 그들이 나쁜 마음을 품고 우리를 미주알고주알 헐뜯는 날이면 왕은 당장에 서슬이 퍼래져서 우리 목숨은 물론 자식과 후손들까지도 살아남지 못할 거요.

로스　국왕은 평민들에겐 과중한 세금을 거두어들여 헐벗게 하여 민심을 등지고, 귀족들에겐 지난날 잘못을 내세워 벌금을 매겨 신망이 땅에 떨어졌소.

윌러비　게다가 날마다 새로운 징수 방법을 짜내어, 무기명 특허장이니 헌금이니 해서 백성의 돈을 긁어모으니 도대체 그 돈을 다 어디에 쓰는지 모를 일이오.

노섬벌랜드　전쟁 때문은 아니오. 전하는 전쟁을 해본 일도 없지 않소. 오히려 훌륭하신 선왕들이 이루신 것들을 비열하게도 그냥 내준 일이 비일비재하지 뭡니까. 사실 전하가 평화 시에 쓴 비용이 전쟁 때 쓴 것보다 많습니다.

연극 〈리처드 2세〉 미카엘 패닝턴(곤트의 존)·데이비드 테넌트(리처드 2세) 출연. 로열셰익스피어
컴퍼니. 2013.

로스 윌트셔 백작은 왕명으로 세금을 거둬들여서 전하와 나눈다지 않습니까.

윌러비 왕은 파산한 거나 다름없소.

노섬벌랜드 국왕에겐 비난과 파멸이 있을 뿐이오.

로스 그렇게 지나친 세금을 거두면서도 이번 아일랜드 원정 비용이 부족해 쫓겨난 공작의 재산까지 강탈하다니.

노섬벌랜드 훌륭한 친척의 재산을 말이오. 오, 참으로 비열한 왕이오! 그런데 여러분, 지금 우리는 무서운 태풍 소리를 듣고 있으면서도 피할 곳을 찾지 않고 있지 뭡니까. 폭풍이 몰아치는데도 우린 돛을 내리지 않고 앉아서 이대로 죽음을 부르고 있는 게 아니오?

로스 난파를 당할 건 뻔한 사실이 되었소. 이젠 도저히 그 위험을 피할 길이 없소. 그저 파멸이 닥치는 걸 바라보고만 있었으니 말이오.

노섬벌랜드 아니오, 해골의 움푹 파인 눈 속에서도 삶의 빛을 볼 수 있소. 하긴 기쁜 소식을 얼마나 믿어야 할는지 단언할 순 없지만.

윌러비 그럼 우리도 속을 털어놓았으니 공도 숨김 없이 말씀해 보시지요.

로스 마음 놓고 말씀하십시오, 노섬벌랜드. 우리 셋은 한뜻이니까요. 어차피 그 말씀은 그저 생각일 뿐이지요. 그러니 대담하게 말씀하십시오.

노섬벌랜드 그럼 말하리다. 실은 브르타뉴의 항구 포 르 블랑으로부터 이런 정보를 손에 넣었소. 헤리퍼드의 헨리 공작은 최근 엑서터 공에게서 도피해 온 코범 경 레이놀드, 그의 동생인 이전의 캔터베리 대주교 토머스 어핑엄 경, 존 램스턴 경, 존 노베리 경, 로버트 워터턴 경 그리고 프랜시스 코인트 등과 함께 브르타뉴 공작의 전폭적인 지원 아래 대함선 8척과 병사 3천 명을 거느리고 서둘러 이쪽으로 오고 있다는 거요. 머잖아 북쪽 해안에 상륙한답니다. 어쩌면 이미 도착했을지도 모르오. 그렇다면 왕의 군대가 아일랜드로 떠날 때를 기다리는 게 틀림없소. 그러니 그때 노예의 굴레를 벗어던지고 이 기울어 가는 나라의 찢긴 날개를 새로 바꾸어, 더럽혀진 왕관을 사기꾼들의 전당포에서 되찾고 황금빛 왕홀에 끼인 먼지도 털어내어 왕의 권위를 되찾고 싶거든, 나와 함께 서둘러 레이븐스퍼그로 갑시다. 그러나 용기가 없어 그렇게 하는 게 두렵거든 남아 있으되 비밀만은 지켜주시오. 그럼 나는 이만 갑니다.

로스 말을 가져오라, 말을! 두려워하는 자는 수상한 자이니라.

윌러비 말만 잘 뛰어주면 내가 가장 먼저 도착할 거요. (모두 황급히 퇴장)

〔제2막 제2장〕

궁전.
왕비, 부시, 배거트 등장.

부시 왕비마마, 너무 슬퍼하지 마소서. 국왕 전하와 이별하실 때 약속하지 않으셨습니까? 생명에 독이 되는 슬픔을 멀리하시고 즐거운 마음으로 지내시기로.

왕비 그렇게 약속드린 건 전하를 위로하기 위한 일이고, 나를 위해선 도저히 그렇게 되지 않는구려. 나로서는 어찌하여 슬픔이라는 길손을 맞아들여야 하는지 그 이유를 알 수가 없소. 리처드 왕처럼 다정한 손님을 떠나보내야 한다는 것 말고는. 아직 태어나지 않은 불행이 운명의 태내에서 성숙하여 이 몸에게 실체로서 다가오고 있는 것만 같군요. 그래서 내 가슴 깊이 간직한 나의 영혼이 걷잡을 길 없이 떨고 있는지도 모르겠어요. 이렇게 슬픈 건 전하와의 이별 말고도 또 다른 무엇이 있어서가 아닌지.

부시 슬픔의 실체는 하나로되 그 그림자는 스무 가지나 됩니다. 또 그것은 그림자에 불과한데도 슬픔 그 자체로 보입니다. 아마도 슬픔에 젖은 눈이 눈물에 얼룩져서 하나의 실체가 여러 개로 보이는 거겠지요. 마법의 거울을 똑바로 바라보면 그저 혼란스러운 것뿐이지만, 비스듬히 보면 비로소 정확한 형체가 드러나는 거나 마찬가지입니다. 왕비마마도 국왕 전하의 출발을 비스듬히 보셨기 때문에 실제로는 존재하지도 않는 슬픈 환영이 나타난 겁니다. 실체가 없는 그림자일 뿐입니다. 왕비마마, 이제는 국왕 전하가 떠나셨을 때 느낀 것보다 더한 슬픔은 없으리라고 생각하십시오. 있다 하더라도 그것은 비탄의 그림자요, 실체 없는 허상이오니 이를 보고 슬픔에 젖으시는 일은 없어야 합니다.

왕비 그럴지도 모르오. 하지만 내 마음속 영혼은 어쩐지 그렇지 않다고 말하고 있군요. 어느 쪽이든 슬픈 건 어쩔 수가 없어요. 참을 수 없을 만큼 말이오. 아무것도 생각하지 않아도 까닭 모를 비탄에 짓눌려 몸은 오그라들고 숨이 끊어질 것만 같아요.

부시 그것은 오직 공상에 지나지 않습니다.

왕비 아니오, 공상이 아니오. 공상은 과거에 어떤 슬픈 일이 있음으로써 생겨나는 것이죠. 내 것은 그렇지가 않아요. 나의 이 엄청난 비탄은 아무 일도 없는 데서 비롯하니까요. 나의 이 공허한 슬픔에는 뭔가 확실한 것이 있고, 지금은 없지만 머잖아 있게 될 것만 같아요. 그렇지만 그것이 무엇인지 오늘은 모르겠어요. 뭐라고 이름을 붙일 수도 없군요. 이름도 알 수 없는 비탄이라오.

그린 등장.

그린 신이여, 전하를 지켜주시옵소서! (부시에게) 마침 잘 만났소. 설마 전하께서는 아직 아일랜드로 떠나지 않으셨을 테죠?

왕비 설마라니? 출발하셨길 바라야 하지 않아요? 하루라도 빨리 결행하고자 계획하셨는데 서둘러 출발하시는 것이 좋은 일이죠. 어째서 아직 출발하지 않으셨길 바라는 거죠?

그린 우리의 희망이신 전하께서 출발만 안 하셨다면 어떠한 기적이 일어나 이들을 절망의 수렁으로 빠뜨려서 이 나라 왕권을 보존하시리라 믿기 때문입니다. 추방인 볼링브룩이 의기양양하게 반기를 들고 레이븐스퍼그에 다다른 것 같습니다.

왕비 오! 하느님 맙소사!

그린 사실입니다, 왕비마마. 게다가 노섬벌랜드 경과 그 아들 헨리 퍼시, 로스, 보몬트, 윌러비 경 등이 저마다 강병을 거느리고 볼링브룩 진영으로 탈출했습니다.

부시 그렇다면 노섬벌랜드와 그를 따르는 이들을 역적으로 널리 알려야 하지 않소?

그린 이미 알렸죠. 그러나 우스터 백작은 그 직위를 버려 왕실 집사직을 내동댕이치고, 왕실 관리들도 떼를 지어 백작과 함께 볼링브룩에게로 달아나 버렸습니다.

왕비 그린, 그대는 나에게 비탄의 산파가 되어주었소. 그래서 태어난 것이 볼링브룩이라는 슬프고 불길한 후계자요. 내 영혼이 이러한 무서운 아이를 낳았으니 산욕으로 고생하는 산모의 마음에는 불행과 슬픔이 쌓이고 쌓일 뿐이오. (흐느껴 운다)

부시 너무 절망하지 마십시오, 왕비마마.

왕비 아니, 도리 없소. 절망뿐이오. 이제는 희망도 없으며 있다고 한다면 위선이지요. 거짓된 희망을 나는 증오하오. 희망이란 어차피 죽음에서 멀리 떠나게 하려는 아첨꾼이자 기생충에 지나지 않소. 죽음은 부드럽게 생명의 끈을 놓아주려 하는데 욕된 희망이 생명을 무한정 끌어가게 하려는 거지요.

요크 공이 무장을 하고 등장.

그린 요크 공이 오셨습니다.

왕비 아! 연로하신 몸에 투구를 다 쓰시고, 어쩐지 표정이 근심스러워 보이시네! 숙부님, 부디 위안이 될 만한 말씀 좀 해주세요.

요크 그렇게 하면 내 마음에도 없는 거짓말을 하게 됩니다. 위안은 천국에나 있는 거라오. 우리가 사는 이 땅에는 오직 불행과 근심과 비탄만이 있지요. 전하께서는 이 나라를 굳건히 하시려고 원정을 나가셨는데, 그 틈에 나라를 위태롭게 하려는 적이 쳐들어온 겁니다. 이 나라를 지킬 임무를 맡은 나는 늙고 쇠약해, 이 몸 하나조차 지탱하기도 어려운데 말입니다. 전하께서 지나친 욕심을 내시어 이 나라가 병들어 버렸으니, 이제 드디어 아첨을 일삼던 추종배들을 시험할 때가 온 것입니다.

하인 등장.

하인 공작님, 아드님은 제가 도착하기 전에 이미 떠나셨답니다.

요크 떠났다고? 할 수 없지! 저마다 마음 내키는 곳으로 가라지! 귀족들은 탈출하고, 백성들은 싸늘하기만 한데 아마도 곧 헤리퍼드에게 가담해 배반하고 말겠지. (하인에게) 여봐라, 플래쉬에 있는 나의 여동생 글로스터 공작부인한테 가서 은 1천 파운드만 보내달란다고 전해라. 자, 이 반지를 갖고 가라.

하인　그만 여쭙는 것을 잊었습니다. 실은 오늘 그곳에 잠깐 들렀습니다. 더 말씀드리면 비탄하실 일입니다만.

요크　무슨 일이냐?

하인　제가 들르기 한 시간 전에 이미 돌아가셨습니다.

요크　오 하느님이시여, 자비를 베푸소서! 어쩌자고 이 나라에 불행이 밀물처럼 잇따라 들이닥친단 말이냐! 어찌해야 좋을지 모를 일이다. 나의 불충이 전하의 심기를 어지럽히는 것만 아니라면 내 남동생 글로스터와 함께 참수라도 당하는 편이 좋았을 텐데. 그래, 아일랜드에 가신 전하께는 다급한 소식을 보냈느냐? 이 전쟁의 비용은 또 어떻게 마련한다? 아아 제수씨, 아니, 조카던가? 왕비마마, 용서해 주십시오. 그래 여봐라, 넌 어서 가서 마차를 준비해라. 그리고 집에 있는 갑옷을 가져오너라. (하인 퇴장) 여러분, 어서 병사들을 징집해 주시오. 큰 사건들이 이렇게 뒤죽박죽 밀어닥치니 어떻게 손을 써야 할지 모르겠소. 둘 다 나의 조카요. 한쪽은 지존의 신분이니, 신하의 맹세나 의무를 다해 모셔야 될 분. 또 한쪽은 전하께서 그에게 잘못을 저지르셨으니 신의 양심으로, 친척의 정을 베풀어야 될 사람이지. 어쨌건 무슨 일이든지 해야겠는데…… 왕비마마! 안전한 곳으로 피하시지요. 여러분, 저마다 병사를 모아서 빨리 버클리성에서 만나도록 합시다. 곧장 플래쉬에도 가봐야겠는데 시간이 안 되는구나. 모든 게 뒤죽박죽, 엉망진창으로 구나. (왕비와 함께 퇴장)

부시　마침 순풍이라 아일랜드로 보고를 가지고 가기엔 좋은 날씨인데 거기선 통 무소식이오. 우리가 적을 쳐부술 만한 병사를 징집한다는 건 도저히 불가능한 일이오.

그린　게다가 우린 국왕의 총애를 받아온 신하라 국왕을 미워하는 자들은 이를 갈며 우리를 미워할 것이오.

배거트　변덕쟁이 평민들, 돈이라면 눈에 불을 켜지. 누구든 자기네 지갑을 비우는 날이면 놈들 가슴에 증오의 불씨가 댕겨진단 말야.

부시　그래서 국왕에 대한 비난이 어지럽지 않소.

배거트　그들 손에 권한을 거머쥐게 되면 우릴 그냥 놔두지 않을 거요. 우린 줄곧 국왕의 측근이었으니.

그린 나는 곧장 브리스틀성으로 피신하겠소. 윌트셔 백작이 이미 그곳에 가 있을 거요.

부시 나도 함께 가리다. 증오에 찬 평민들이 도움은커녕 미친개처럼 우리를 산산이 물어뜯어 놓을 게 틀림없소. 경도 우리와 함께 가겠소?

배거트 아니, 난 아일랜드에 계신 전하 곁으로 가겠소. 안녕히…… 나의 예감이 틀리지 않다면 우리는 여기서 헤어지면 다시는 못 만날 거요.

부시 그건 요크 공이 볼링브룩을 무찌르느냐 아니냐에 달렸소.

그린 아아 가엾은 공작! 공작이 하시는 일은 바닷가 모래알을 세는 일, 또는 바닷물을 몽땅 들이마시는 것과도 같소. 그분을 위해 한 사람이 싸운다면 도망자는 1천 명도 넘을 거요. 그럼 잘들 가시오. 이번만은 영원한 이별이오.

부시 다시 만날 수도 있을 거요.

배거트 아마도 어려울 거요. (모두 퇴장)

〔제2막 제3장〕

글로스터셔의 벌판.
볼링브룩과 노섬벌랜드, 병사들을 거느리고 등장.

볼링브룩 자, 여기서 버클리까지는 얼마나 되겠소?

노섬벌랜드 글쎄요. 실은 저도 글로스터셔는 처음입니다. 이 높은 산들과 험준한 고갯길이 더 먼 길같이 느끼게 하여 피로가 곱절로 옵니다. 다행히 재미있는 이야기를 해주신 덕분에 그 어려운 행군이 퍽 즐거웠습니다. 하지만 로스와 윌러비는 공작님과 동행을 못해 레이븐스퍼그에서 코츠월드까지의 진군이 무척 지루했을 겁니다. 저는 공작님과 같이 있어서 이 먼길을 조금도 지루한 줄 모르고 왔습니다. 하지만 그들도 제가 누리고 있는 은혜를 머잖아 누릴 수 있으리라는 희망을 위안 삼고 있을 겁니다. 앞으로 누리게 될 기쁨에 대한 희망은, 누리고 있는 기쁨 못지않으니까요. 그 때문에 피로에 지친 두 사람도 먼 길이 짧게 느껴질 겁니다. 공작님과 함께 있는 제가 느끼는 것처럼 말입니다.

볼링브룩 나와의 동행이 뭐 그리 즐거운 일이겠소. 분에 넘치는 찬사요. 저기 누가 오는군!

헨리 퍼시, 언덕 꼭대기에 등장.

노섬벌랜드 제 아들 헨리 퍼시입니다. 어디서 오는지 모르나 틀림없이 제 아우 우스터가 보냈을 겁니다. 헨리, 숙부는 어떠시냐?

퍼시 저는 숙부님 소식을 아버지가 말씀해 주실 줄 알았는데요.

노섬벌랜드 아니, 네 숙부는 왕비님 곁에 있지 않느냐?/

퍼시 그렇지 않습니다. 아버지, 숙부는 궁전을 떠나셨습니다. 관직을 내던지고 왕실 관리들을 모두 해산시키셨습니다.

노섬벌랜드 어째서 그랬을까? 지난번에 만나서 이야기를 나누고 헤어졌을 때 그런 기미가 안 보였는데?

퍼시 아버지가 역적으로 선고되셨기 때문이죠. 아무튼 숙부님도 레이븐스퍼그로 가셨습니다. 헤리퍼드 공작님을 돕기 위해서죠. 저더러 버클리에 가서 요크 공이 병력을 어느 정도 모았는지 살핀 뒤에 레이븐스퍼그로 돌아오라고 말씀하셨습니다.

노섬벌랜드 애야, 너는 헤리퍼드 공작님을 잊었느냐?

퍼시 잊다니요. 기억에도 없는 걸 어떻게 잊을 수가 있겠습니까? 제가 알기로는 한 번도 공작님을 뵌 적이 없습니다.

노섬벌랜드 그럼 지금 인사 올려라. 이분이 공작님이시다.

퍼시 존경하는 공작님, 충성을 바칩니다. 아직은 어려서 많이 부족하지만 앞으로 성숙해지면 더욱 열과 성의를 다해 모실 것을 맹세합니다.

볼링브룩 참으로 고마운 말이다, 퍼시. 좋은 친구를 얻어 마음에 새길 때만큼 기쁜 일이 없네. 그대의 우정과 더불어 나의 행운도 이루어지면 반드시 그대의 참된 우정에 보답할 수 있을 걸세. 이것은 진심으로 하는 약속이니 이 손이 이렇게 보증하네.

노섬벌랜드 (퍼시에게) 버클리까진 얼마나 되느냐? 그곳에서 군대를 거느린 요크 공의 동정은 어떻더냐?

〈프랑스 대사들〉 한스 홀바인(아들). 1533.

부시와 왕비의 대화에서 묘사된 왜상화법
이다. 유명한 왜상화의 예는 〈대사들〉 그
림 아래쪽에 묘사된 해골이다. 이 해골은
예각으로 비스듬히 볼 때 비로소 정상적
올바로인 그림으로 볼 수 있다(아래 두 그
림 참조).

퍼시 저 나무숲 너머에 버클리성이 있습니다. 제가 들은 바로는 3백 명의 병력이 지키고 있답니다. 성안에 요크 공과 버클리 경, 시모어 경 말고는 이름이 알려진 분은 없다고 합니다.

로스와 윌러비 등장.

노섬벌랜드 로스 경과 윌러비 경이 옵니다. 박차에 피가 묻고 상기된 얼굴로 보아 급히 달려온 듯합니다.

볼링브룩 경들, 어서 오시오. 두 분의 우정이 유배당한 역적을 찾아주셨군요. 이 사람이 오늘 드릴 수 있는 거라곤 실속 없는 감사의 말뿐이지만 그 우정과 노고에 보답할 날이 꼭 있을 거요.

로스 공작님을 옆에서 모시는 것만으로도 보화를 받은 거나 다름없습니다.

윌러비 그것만으로도 우리 노고는 보상받고도 남습니다.

볼링브룩 가난한 자의 형편으론 고맙다는 말밖에 드릴 게 없으니, 아직 덜 여문 나의 행운이 무르익어질 때까진 그것으로 보답할 수밖에요. 누가 오오.

버클리 등장.

노섬벌랜드 버클리 경인 것 같습니다.

버클리 헤리퍼드 경, 여기 전갈이 있습니다.

볼링브룩 반갑소. 먼저 랭커스터라고 불러주시오. 나는 그 이름을 찾기 위해 잉글랜드에 왔소. 그대가 무슨 말을 전하려는지 알 수 없으나 나의 답을 들으려면 먼저 그 이름으로 불러주시오.

버클리 오해하지 마십시오. 공작님의 영예로운 이름을 손상시킬 의도는 전혀 없습니다. 공작의 이름이 어떻든간에 난 이 나라의 섭정이신 요크 공으로부터 당신께 드릴 전갈을 가지고 왔습니다. 어떤 까닭으로 해서 국왕이 안 계시는 동안 사병을 일으켜 조국의 평화를 어지럽히는지 알아오라는 분부이십니다.

수행원을 거느리고 요크 공 등장.

볼링브룩　내 대답이 그대를 거칠 필요가 없을 것 같소. 공작께서 몸소 이곳
에 오셨소. 아아, 숙부님! (무릎을 꿇는다)

요크　무릎을 꿇기보단 너의 겸손한 마음을 보여다오. 그건 단지 보여주기 위
한 가식일 뿐이다.

볼링브룩　존경하는 숙부님!

요크　쯧쯧! 존경이니 숙부니 하는 말일랑 입 밖에도 내지 마라. 난 반역자의
숙부가 아니다. '존경'이란 말도 불경한 자의 입에서 나오면 모독이 되느니라.
어찌하여 너는 추방당한 욕된 발부리를 무엄하게도 잉글랜드 땅에 감히 내
딛었단 말이냐? 아니, 또 할 말이 있다. 도대체 어째서 이 평화로운 땅 위에
서 수천 리 길을 진군하며 꼴사나운 칼과 창을 휘두르면서 여러 마을을 전
쟁의 공포 속으로 몰아넣는 거냐? 성유를 바르신 국왕께서 부재중이심을
알고 온 거냐? 바보 같은 조카로다. 국왕은 남아 계신다. 국왕의 권한은 충
직한 이 가슴속에 엄연히 남아 있다. 아, 오늘 내가 용감한 네 아버지 곤트
공과 함께 젊은 군신의 재현이라고 할 흑태자를 수천 명의 프랑스군 진중에
서 구출해 내던 때의 패기와 젊음이 있다면 지금은 마비가 된 팔이지만 바
로 너를 응징해서 그 죄를 벌할 것이다만!

볼링브룩　존경하는 숙부님, 제 잘못을 일러주십시오. 어떤 점이 어째서 잘못
되었는가를 말씀해 주세요.

요크　그래, 잘못도 이만저만한 것이 아니다. 엄청난 대역죄에다 가증스런 역
모죄이지. 유배당한 몸으로 너는 그 기간이 끝나기도 전에 돌아왔을 뿐 아
니라 전하께 칼을 뽑아 대들었으니까.

볼링브룩　제가 쫓겨난 건 헤리퍼드로서였습니다만 오늘은 랭커스터로서 돌
아온 겁니다. 그러니 숙부님, 부탁합니다. 제가 받은 부당한 처우를 공정한
눈으로 살펴주십시오. 숙부님을 뵈니 제 아버지를 뵙는 것 같습니다. 그러
니 숙부님은 제 아버지이십니다. 오, 그런데 아버지, 그저 보고만 계시겠습
니까? 제가 떠돌이 방랑자로 선고되고, 제 상속권과 왕족으로서의 권리를
강제로 빼앗기고 재산마저 벼락치기로 출세한 간신배들의 손아귀에 돌아
가는데요? 제가 왜 태어났습니까? 제 사촌 동생이 잉글랜드의 국왕이라

면 전 랭커스터 공작이 되어야 마땅합니다. 숙부님도 아들 오멀이 있으시지요. 숙부님이 먼저 돌아가셨고 그가 저처럼 짓밟혔다면 그도 큰아버지 곤트 공을 아버지로 생각하고 자신에게 불법을 행한 자들을 추궁해서 궁지에 몰아넣었을 겁니다. 제가 갖고 있는 증명서에 따라서 정당한 권리가 있음에도 상속 재산 청구소송이 거부되었습니다. 아버지의 재산은 모두 압류되어 팔리고 다른 모든 것도 부당하게 사용되고 있습니다. 저더러 어찌하라는 겁니까? 저는 신하입니다. 그래서 법에 호소하는 겁니다. 그런데 법정대리인조차도 거부당했어요. 저는 스스로 정당한 적자로서 유산 상속을 요구하는 겁니다.

노섬벌랜드 공작께선 너무 가혹한 대접을 받아왔습니다.

로스 그걸 바로잡는 것이 공작의 의무가 아니겠습니까?

윌러비 미천한 것들이 공작의 유산으로 권세를 누리고 있습니다.

요크 잉글랜드의 중신들이여, 나도 이 말만은 해두겠소. 나 또한 조카가 당한 억울함에 동정을 합니다. 그것을 바로잡기 위해 최선을 다해 노력했소. 하지만 이런 식으로 창칼을 휘두르며 돌아와 멋대로 자신의 길을 튼답시고 불법으로 정의를 바로잡으려는 건 있을 수 없는 일이오. 그런 식으로 조카를 부추긴 중신들은 반역의 선동자요, 역적 무리라 하지 않을 수 없소.

노섬벌랜드 공작께서는 자신의 귀국이 오직 권리를 찾기 위한 것이라 맹세했습니다. 그리고 그 권리 회복을 위해 우리는 공을 돕기로 맹세했습니다. 그 맹세를 깨는 자는 영원히 영광된 세월을 누리지 못할 겁니다.

요크 그야 이 전쟁의 결과는 뻔하오. 나로선 어쩔 수도 없는 일. 실토하지만 내 힘은 약하고 모든 게 변변치 않소. 내게 생명을 주신 신께 맹세하지만, 할 수만 있다면 여러분을 오라로 묶어서 왕의 자비를 애원하게 하고 싶소. 하지만 그건 불가능한 일이기에 나는 중립을 지키기로 하겠소. 그럼 잘들 가시오. 떠나는 게 아니면 오늘 밤은 이 성안에 들어가 쉬는 게 어떻겠소?

볼링브룩 숙부님, 그 호의는 기꺼이 받겠습니다. 하지만 또 한 가지 부탁이 있습니다. 브리스틀성까지 함께 가주십시오. 그 성을 부시와 배거트, 그 밖의 패거리가 차지하고 있다는데 저는 버러지 같은 그들을 뿌리 뽑겠다고 맹세했습니다.

요크 그야 함께 가도 상관은 없다만…… 그래도 그만두겠다. 난 이 나라 법을 어기고 싶진 않으니까. 친구도 적도 아닌 처지에서 여러분을 대접하겠소. 이젠 깨어진 사발이라 걱정해도 소용없는 일이렷다. (모두 퇴장)

〔제2막 제4장〕

웨일스의 병영.
솔즈베리 백작과 웨일스의 한 대장 등장.

대장　아아, 솔즈베리 백작님, 우린 열흘 동안이나 여기 머물면서 해산하려는 동지들을 겨우 말려왔는데 아직도 전하께선 소식이 없습니다. 그러니 그만 해산할까 합니다. 안녕히 계십시오.

솔즈베리　하루만 더 기다려 주시오, 믿음직스러운 웨일스 친구. 전하께선 그 대들을 완전히 믿고 계시는 터인데.

대장　전하께서는 돌아가셨다던데요. 더 머무를 수 없습니다. 이 나라 월계수는 다 말라버렸다고 하며, 하늘에선 유성들이 항성을 위협하고 있습니다. 창백하던 달도 핏빛 얼굴로 땅을 내려다보고, 예언자들은 핼쑥해진 얼굴로 무서운 재앙을 속삭이며, 부자들은 재산을 잃을까 근심하고, 무뢰한들은 혼란과 전쟁을 틈타 한몫 잡으려 기뻐 날뛰고들 있습니다. 이 징조는 전하가 돌아가셨거나 실각하실 조짐이랍니다. 저는 물러갑니다. 리처드 전하께서 돌아가셨다 믿고 동지들은 모두 도망쳐 버렸습니다. (퇴장)

솔즈베리　아, 리처드 왕 전하! 슬픔에 찬 제 마음의 눈에는 당신의 영광이 유성처럼 하늘에서 천한 이 땅 위로 떨어지는 것이 보입니다. 당신은 울면서 서쪽 하늘로 저물어 가는 해님이나이다. 닥쳐올 불행과 분쟁의 폭풍우를 예고하듯이 말입니다. 당신 편 사람들은 적진으로 달아나고 운명은 모두 당신을 불리한 쪽으로만 몰고 갑니다. (퇴장)

〔제3막 제1장〕

브리스틀. 성 앞.

볼링브룩, 요크, 노섬벌랜드, 로스, 퍼시 등장. 부시와 그린, 포로가 되어 등장.

볼링브룩 두 사람을 이리 끌어내오. 부시와 그린, 듣거라. 너희들이 저지른 여러 악행을 꼬치꼬치 캐내어 곧 육체를 떠나게 될 너희들 영혼을 굳이 괴롭히고 싶진 않다. 그건 자비가 아닐 터. 그러나 무고한 너희들을 처형했다는 비난을 면하기 위해 나는 이 자리에 계신 여러분 앞에서 너희를 사형에 처하는 이유를 똑똑히 밝힌다. 너희들은 혈통이나 용모가 훌륭한 신사이신 행복한 왕을 신하로서 올바르게 받들지 못하여 불행하고 추한 모습으로 망가뜨렸다. 그뿐인가, 심지어는 불륜을 저지르게 하여 금실 좋던 전하와 왕비 사이를 갈라놓았으니 왕비는 독수공방에 묻혀 한 많은 탄식으로 밤을 지새우고 그 아름다운 얼굴을 눈물로 적셔 얼룩지게 했다. 이것도 너희들이 저지른 흉악한 범죄 가운데 하나다. 나로 말하면 왕손으로 태어나 혈통으로나 친분으로나 전하와 가까운 처지였다. 그러나 너희들이 전하께 나를 모함하여 나는 누명을 쓰고 형을 받아 낯선 땅의 구름 아래서 주먹같이 뭉쳐진 한숨을 내쉬며 유배의 뼈저린 고초를 맛봐왔다. 그동안 너희들은 내 영토로 배를 채우며 살았고, 나의 사냥터를 공유지로 만들고, 나의 산림을 함부로 베어내고, 내 집 창문에 걸어놓은 가문의 상징을 뜯고 문장을 찢어냈다. 그리하여 세상 사람들의 판단과 살아 있는 이 몸에서 흐르는 붉은 피 말고는 내가 귀족의 혈통이라고 버젓이 내세울 만한 아무 증거도 남기지 않았다. 이들 죄목뿐 아니라 그 몇 배나 되는 범죄에 대해 너희들에게 사형을 선고한다. 두 사람을 처형장으로 보내 죽음의 손에 넘겨라.

부시 볼링브룩을 잉글랜드에 맞이하느니 차라리 죽음을 기꺼이 맞겠다. 여러분 안녕히.

그린 하늘이 우리의 영혼을 받아들여 주시고 부정한 자들에게는 지옥의 고통을 주실 거라 생각하니 스스로 위로가 되는구나.

볼링브룩 노섬벌랜드 경, 저자들의 처형에 입회해 주시오. (노섬벌랜드와 몇몇 사람이 두 포로를 끌고 나간다) 숙부님, 왕비님은 숙부댁에 계시지요? 아무쪼록 후하게 대접해 드리시고 제 안부를 정중하게 전해 주십시오. 제 인사를 각별히 유의해 전해 주십시오.

요크 사람을 보내 너의 호의를 적은 편지를 이미 전해 드렸느니라.

볼링브룩 감사합니다, 숙부님. 자 여러분, 글렌다워 패거리를 소탕하러 떠납시다. 잠시 동안 일하고 나서 쉽시다. (모두 퇴장)

〔제3막 제2장〕

웨일스의 해안.
북, 나팔과 군기. 리처드 왕, 칼라일 주교, 오멀 공작 및 병사들 등장.

리처드 왕 저기 보이는 것이 바클로리성인가?
오멀 예, 전하. 거센 파도에 시달리신 끝에 뭍에 오르셨는데 맑은 공기가 어떠하신지요?
리처드 왕 나는 하늘을 날듯 상쾌하오. 나의 왕국에 다시 서게 되니 기뻐서 눈물이 날 지경이오. (손으로 풀을 어루만지며 둑에 앉는다) 그리운 대지여, 이 손으로 그대에게 인사하노라. 반역자들의 말굽에 갈기갈기 찢기어 상처 입은 그대이지만, 오랫동안 헤어졌던 자식과 다시 만난 어머니가 감정에 북받쳐 눈물과 미소로 번갈아 맞이하듯 나도 울고 웃으면서 나의 대지 그대에게 인사하노라. 이 국왕의 손으로 그대를 어루만지노라. 어진 국토여, 그대 군주의 원수에게는 양식을 주지 말지어다. 적의 탐욕스런 굶주림을 그대의 진미로 채워주지 말지어다. 아니, 땅속의 독을 빨아들인 거미들과 우둔하게 걷는 두꺼비들을 역적들의 길목에 늘어놓아 왕위 찬탈을 기도하는 발걸음이 그대를 짓밟을 때 역모자들을 혼내줄지어다. 또 가시투성이 쐐기풀을 던져 나의 적들을 괴롭혀 주거라. 그리고 그자들이 그대의 가슴에서 꽃을 꺾거들랑 독사를 덤불 속에 숨겨두었다가 두 갈래로 갈라진 뱀의 혓바닥이 핥아서 국왕의 원수들을 떼죽음당하게 하라. 경들, 내 기도를 어리석다고 비웃지들 마오. 이 대지에도 정이 있을지니, 이 돌들도 갑옷 입은 병사들이 되어 이 정통성 있는 왕이 사악한 반역자들의 칼 앞에 쓰러지는 걸 막아줄 것이오. (자리에서 일어선다)
칼라일 걱정 마십시오, 전하. 전하를 왕으로 만드신 신께서 어떤 일이 있어도 전하를 지켜주십니다. 하늘이 주신 기회를 절대로 소홀히 하셔서는 안 됩니다. 만일 하늘의 뜻에 우리가 따르지 않는다면 하늘이 주시는 기회를 스스로 저버리는 게 됩니다.

오멀 전하, 주교의 말은 우리가 너무 태만했다는 뜻입니다. 우리가 방심한 사이에 볼링브룩은 재력으로나 병력으로나 날이 갈수록 강대해지고 있습니다.

리처드 왕 그 무슨 상스럽지 못한 소리요, 사촌! 이 땅 위 온갖 사물을 비추는 하늘의 눈이 지구 뒤쪽으로 숨어 반대편 세계를 밝힐 때 이쪽에서는 어둠을 틈타 도둑과 강도들이 활개를 치고 살인과 잔학한 짓을 행하지만, 이 지구 밑으로부터 해가 떠올라 동쪽 산봉우리 저 커다란 소나무를 붉게 물들이고 죄악의 소굴을 구석구석까지 비추면, 살인과 반역과 추악한 죄악들은 몸에 걸치고 있던 밤의 옷이 무참하게 벗겨져 벌거숭이가 된 채 사시나무처럼 떨게 된다는 걸 모르오? 도둑이자 반역자인 볼링브룩도 마찬가지요. 내가 지구 반대쪽 세계에 가 있는 동안 기세 좋게 밤의 향락을 흠뻑 즐겼겠지만 내가 동쪽 옥좌에서 의연하게 일어서는 것을 보면 눈부신 햇살을 마주 바라볼 수 없게 되오. 반역을 저지른 그는 양심에 찔려 얼굴을 붉히며 자신의 죄과에 놀라 바들바들 떨 테고, 거친 바다의 물을 다 가지고도 신이 발라주신 성유를 왕의 몸에서 씻어낼 수는 없을 거요. 인간들의 입놀림으로 신이 정해 주신 대리인을 폐위시킬 수는 없는 법. 내 금빛 왕관에 무엄하게도 사악한 칼을 들이대려고 볼링브룩이 끌어모은 많은 병사들에 대하여 신은 이 리처드 편에 서서 영광스런 찬사를 보내주실 거요. 하늘은 늘 정의를 지켜주시니 천사들이 싸워 주면 약자는 패하기 마련이오.

솔즈베리 등장.

리처드 왕 어서 오시오. 공의 군대는 어디쯤에 있소?

솔즈베리 전하, 멀리에도 가까이에도 없습니다. 있는 것은 저의 약한 팔뿐입니다. 비탄이 제 혀를 움직이는 한 절망밖에는 말씀드릴 게 없습니다. 하루 늦게 도착하시는 바람에 전하의 행복한 나날엔 먹구름이 끼고 말았습니다. 어제를 되불러오고 시간을 돌이켜보면 1만 2천 명의 용감한 병사가 전하에게 있었으나 불행히도 이미 때는 늦어 오늘은 기쁨도 친구도 행운도 전하의 권위도 모두 부서지고 말았습니다. 웨일스의 군대는 전하께서 돌아가셨다는 소문을 듣고 모두 볼링브룩에게 투항하거나 흩어져 도망쳤습니다.

오멀 전하, 심려치 마십시오. 왜 그렇게 창백하십니까?

리처드 왕 방금까지도 2만 병사들의 피가 나의 얼굴에서 기세를 떨쳤건만 이젠 모조리 달아나 버렸구나. 그래, 그만한 피가 되돌아오기까지 나는 시체처럼 창백할 수밖에 도리가 없다. 목숨이 아까운 자들은 내 곁에서 도망쳐라. 시간은 나의 자존심에 오점을 남겼다.

오멀 고정하십시오, 전하. 체통을 지키셔야 합니다.

리처드 왕 그만 나를 잊고 있었군. 나는 국왕이 아닌가? 잠을 깨라, 비겁한 왕이여! 잠을 자고 있구나. 왕의 이름은 병사 2만 명의 이름과 거뜬히 맞먹지 않는가? 창칼을 들라, 내 이름아! 하찮은 신하가 위대한 영광에 반기를 든 것뿐. 왕의 총신들이여, 땅을 굽어보지 말라. 지체가 높은 몸이 어찌 뜻을 낮게 가질 수 있겠는가. 요크 공에게는 충분히 쓸 만한 병력이 있을지니라. 그런데 저기 오는 건 누구지?

스크룹 등장.

스크룹 건강과 행복을 더욱 누리시옵소서, 전하. 저의 혀는 슬픈 소식을 아뢸 수밖에 없습니다만.

리처드 왕 나의 귀는 열려 있고 마음은 이미 각오가 돼 있다. 그대가 말할 최악의 것이라고 해봐야 그저 뜬세상의 손실에 지나지 않는 것. 내 왕국이 무너졌는가? 그건 골칫거리였을 뿐, 골칫거리가 사라졌으니 손실은 없지 않은가? 볼링브룩이 나와 승부를 다투어 보려는 건가? 그가 더 위대해질 수는 없지. 그가 신을 섬긴다면 나도 신을 섬기는 이상 그와 맞먹는 거지. 신하들의 반역인가? 그건 어쩔 수 없는 노릇. 나를 배반하는 건 신에 대한 서약을 깨뜨리는 일이지. 불행, 파괴, 파멸, 멸망, 뭐든 말하라, 상관없으니. 최악은 죽음인데, 죽음이란 언젠가는 찾아오는 것이 아닌가.

스크룹 전하께서 재난의 비보를 그토록 견디실 각오가 돼 있으시니 마음이 놓입니다. 때아닌 폭풍우로 은빛 강물이 둑을 넘어 밀려들어오듯 세상은 온통 눈물바다를 이루고 볼링브룩의 위세는 높은 파도가 되어 하늘을 찌를 듯 거센 기세로 부풀더니, 공포에 질린 전하의 영토를 번쩍이는 단단한 창칼과 강철보다 더 강한 인간의 의지로 뒤덮고 있습니다. 수염이 허연 노인들도 전하께 역심을 품고 벗겨진 대머리에 투구를 썼으며, 아직 계집애 목소리인 소년들도 전하께 거역하여 쩡쩡한 쇳소리를 지르며 여자 같은 나약한 손발에 힘겨운 갑옷을 걸치고 있습니다. 전하의 기도 신부들까지도 이중으로 저주받은 삼나무 활을 전하께 겨누고 있습니다. 아니, 물레 돌리는 아녀자들까지도 옥좌를 향해 녹슨 창을 휘두르고 있으며, 남녀노소가 함께 모반하여 말씀드리기 어려울 만큼 사태가 악화되어 있습니다.

리처드 왕 그렇게 흉한 비보를 참 잘도 말해 주었다. 윌트셔 백작은 어디에 있는가? 배거트는? 부시는 어떻게 됐는가? 그린은? 그들은 어째서 위험한 적이 그토록 손쉽게 침입하도록 내버려 뒀는가? 내가 승리하는 날엔 그들은 마땅히 참수감이니라. 그자들은 틀림없이 목숨이 아까워 볼링브룩과 손잡은 거다.

스크룹 그들은 참으로 편안히 잘들 있습니다, 전하.

리처드 왕 오 악당들, 독사들, 지옥에 떨어질 놈들아! 개가죽을 쓰고 아무한테나 꼬리를 치는 놈들! 나의 은총을 입은 놈들이 독사가 되어 내 심장을 문다. 세 놈의 유다들, 아니 유다보다 몇 배나 더 사악한 놈들이다! 항복을 했다고? 무서운 지옥의 악귀들아, 대역죄를 저지른 그자들의 병든 영혼을 쳐부숴라!

스크룹 아아, 지극한 총애도 돌변하면 모질고 지독한 증오로 바뀌는구나. 전하, 그 저주를 거두십시오. 평화를 얻은 것은 손을 내밀고서가 아니라 목을 내밀고서입니다. 전하께서 저주하신 그들은 여지없이 죽임을 당해 우묵한 무덤 속에 말없이 누워 있습니다.

오멀 부시도 그린도 윌트셔 백작도 다 죽었단 말인가?

스크룹 네, 브리스틀에서 세 분 모두 참수당했습니다.

오멀 내 아버지는 군대를 거느리고 어디 계시오?

리처드 왕 어디 있든 상관없다. 이제 누구도 위로의 말을 하지 마라. 자, 우리 무덤이나 구더기나 묘비명 이야기나 하자꾸나. 먼지를 종이로 삼아 이 쏟아지는 눈물로 대지의 가슴에다 슬픔을 적어두자. 집행인을 선정해서 유언장이나 만들자. 아, 그럴 것도 없다. 내가 이 땅에 남길 수 있는 유산은 폐위당한 시체밖에 더 있겠는가? 내 땅과 내 목숨 모두 볼링브룩의 것이 되어버렸다. 나의 것이라고 부를 수 있는 건 죽음뿐이다. 그 나머지는 내 뼈를 거친 흙으로 덮어 감싸주는 초라한 무덤뿐이니라. 그러면 자, 우리 모두 이 땅 위에 앉아 왕들의 죽음에 대한 애절한 이야기나 해보자…… 먼저 폐위당한 전왕의 망령에 사로잡힌 왕, 왕비에게 독살당한 왕, 자다가 암살당한 왕의 이야기들 말이다. 모두 살해당했다. 어차피 죽게 될 왕의 관자놀이를 누르는 왕관 위에는 죽음의 신이 도사리고 있다. 죽음의 광대가 세력을 장악하여 왕의 영화를 비웃는 것이다. 왕에게 준 한순간을 헛되다고 말이다. 국왕으로 군림하는 동안에는 모든 사람이 두려워하며 공경하고 눈짓 하나로도 사람의 생명을 마음대로 할 수 있으니, 자신의 목숨을 이어가는 육체도 난공불락의 철벽인 양 허황된 자만심으로 부풀게 되지. 그렇게 자만해진 다음에는 마침내 죽음의 신이 나타나 작은 바늘 하나로 두껍고 단단한 성벽을 뚫어놓고서는 "왕이여, 안녕히 가시오!" 하지. 자, 모자를 쓰시오. 왕도 살과 피를 가진 인간이오. 거창한 경례로 놀리지 말지어다. 존경이니 전통이니 격식이니 예의 따위는 다 내던져 버립시다. 경들은 이제까지 나를 잘못 봐왔던 거요. 나도 경들처럼 밥을 먹고 살고 허기를 느끼고 슬픔도 맛보고 친구도 필요하오. 이렇듯 욕망의 시종인 나를 어찌 왕이라 말할 수 있겠소?

칼라일 전하, 지혜로운 이는 앉아서 불행을 한탄하지 않고 비탄의 뿌리를 의연히 뽑아버립니다. 적을 두려워하심은 두려움이 솟아나는 힘을 꺾어버리고 자신을 나약하게 하며 적에게 힘을 보태주는 겁니다. 그런 어리석음은 자신을 배반하는 것입니다. 또한 비겁함은 죽음을 부릅니다. 싸움은 죽음 이상의 것이 아닙니다. 싸우다 죽는 건 죽음으로 죽음을 파멸시키는 것이며, 죽음을 두려워하면 죽음의 노예가 될 뿐입니다.

오멀 제 아버지가 군대를 거느리고 있습니다. 팔다리로 몸을 만드는 묘책을 세우십시오.

리처드 왕 주교의 말이 옳소…… 오, 오만한 볼링브룩, 각오하라. 결과가 어떻게 되든 너와 결판짓겠다. 이제 학질과도 같던 공포의 열병은 말끔히 사라졌다. 제 것을 되찾는 건 쉬운 일이다…… 스크룹, 숙부께서 군대를 거느리고 어디에 계시는가? 비록 표정은 심상치 않다만 기쁜 대답을 해다오.

스크룹 무릇 사람은 하늘의 빛깔과 구름의 움직임을 보고 그날그날의 상태와 변화를 판단합니다. 그러하오니 저의 침울하고 무거운 눈빛을 보시고 상스럽지 못한 말씀 아뢰옴을 용서해 주십시오. 저는 고문자처럼 여태까지 나쁜 소식을 조금씩 변죽만 울려왔지 최악의 소식을 아직 꺼내지 못했습니다. 전하, 숙부 요크 공은 볼링브룩과 합세하여 북부의 성들은 모조리 넘겨주었으며 또한 남부의 성주들도 무장하고 그의 편이 돼버렸습니다.

리처드 왕 이제 그만. (오멀에게) 고약하군 사촌, 전망의 달콤한 늪에 빠져 있던 나를 건져준 것이 고작 이거란 말인가! 아니, 더 할 말이 있나? 무슨 위안의 말이 또 있는가? 더 이상 나에게 위안의 말을 하는 자는 영원히 저주받을지어다. 플린트성으로 가자. 그곳에서 한탄하며 죽으리라. 불행의 노예가 된 왕은 왕답게 불행에 머릴 조아리노라. 나의 것이라 할 수 있는 군대는 해산시켜라. 농촌으로 가게 해서 곡식이 자랄 희망이 있는 땅뙈기를 지어 먹게 하라. 나에게는 희망이 없다. 내 결심은 변하지 않는다. 간언을 해봐야 헛일이다.

오멀 전하, 한 말씀만 올리겠나이다.

리처드 왕 듣기 좋은 아첨으로 내게 상처를 주는 자는 이중으로 잘못을 저지르는 거다. 병사들을 모두 해산시켜라. 밤이 된 리처드를 떠나 아침 해가 솟아오르는 볼링브룩에게 가도록 하라. (모두 퇴장)

〔제3막 제3장〕

웨일스. 플린트성 앞.
고수와 기수들을 앞세우고 볼링브룩, 요크, 노섬벌랜드 등장. 시종들과 병사들이 뒤따른다.

볼링브룩 믿을 만한 정보에 따르면 웨일스군은 이미 해산했다 하며 솔즈베리는 왕을 만나러 갔다 하고, 왕은 며칠 전에 몇몇 측근과 함께 이 해안에 상륙한 모양이오.

노섬벌랜드 매우 반가운 소식입니다. 리처드가 이 부근에 머리를 감추고 있다니 말입니다.

요크 노섬벌랜드 공은 '리처드 왕'이라 부름이 마땅할 것 같소. 아, 슬픈 일이오. 지존의 국왕으로서 머리를 감추어야 하시다니.

연극 〈리처드 2세〉 데보라 워너 연출, 피오나 쇼우 출연. 런던 공연. 1995.

노섬벌랜드 오해 마십시오. 다만 간단히 말하기 위해 존칭을 뺐을 뿐입니다.

요크 그전만 같았어도 그대가 예를 갖추지 못했다면 전하께서도 존칭을 생략한 대가로 그대를 발칙하게 여기시어 그 키를 머리 길이만큼 짧게 해놓으셨을 거요.

볼링브룩 숙부님, 그의 말을 너무 섭섭하게 생각지 마십시오.

요크 조카도 지나치게 가리지 말게. 그러나 하늘이 내려다보고 있음을 잊어선 안 되네.

볼링브룩 알고 있습니다, 숙부님. 하늘의 뜻을 거역할 생각은 조금도 없습니다. 그런데 누가 오나 봅니다.

퍼시 등장.

볼링브룩 잘 왔네, 헨리. 참, 저 성은 항복할 것 같지 않나?

퍼시 공작님, 전하의 군대가 지키고 서서 우리가 들어가는 것을 막고 있습니다.

볼링브룩 왕의 군대! 저 성에 왕이 있을 리가 없잖나?

퍼시 아닙니다. 저 성에는 국왕이 계십니다. 리처드 왕께서 말입니다. 석회와 돌로 다져 놓은 성벽 안에 말입니다. 전하와 함께 오멀 공작, 솔즈베리 백작, 스티븐 스크룹 경, 그리고 이름은 알 수 없지만 신분이 높으신 신부가 한 분 계십니다.

노섬벌랜드 오, 그분은 분명 칼라일 주교이실 거다.

볼링브룩 (노섬벌랜드에게) 노섬벌랜드, 그대가 저 낡은 고성 외벽으로 가서 부서진 창을 향해 나팔 소리를 크게 드높여 휴전 신호를 보내고 이렇게 전해 주오…… 헨리 볼링브룩은 신하로서 무릎 꿇고 리처드 전하의 손에 예를 올리며 삼가 전하께 충심으로 복종과 충성을 서약하나이다. 전하께 무기와 군대를 바치기 위해서 여기에 왔나이다. 하지만 먼저 저의 유배 선고를 거두어 주시고 몰수된 토지를 기꺼이 돌려주소서. 그것을 허락하지 않으시면 우세한 병력으로 잉글랜드인들을 학살하여 그 상처에서 비오듯 쏟아지는 피로써 여름날의 먼지를 가라앉힐 작정입니다. 그러나 볼링브룩은 리처드 왕의 푸르른 국토를 붉은 피바람으로 뒤덮고 싶어하지 않음을 삼가 머리 숙여 알려드리는 바입니다. 가서 이렇게 전하시오. 그동안 난 이 들판의 초록빛 양탄자 위를 행진하고 있으리다…… (노섬벌랜드, 나팔수를 데리고 성쪽으로 간다) 자, 행진합시다. 위협하듯 북을 시끄럽게 울려대지 말고 저 성의 허물어진 흉벽 틈새로 우리 군대가 얼마나 늠름한가를 잘 관찰할 수 있게 하는 거요. 리처드 왕과 내가 서로 맞붙게 되면 천둥 치는 번갯불이 먹구름으로 뒤덮인 하늘을 갈라놓듯이 불과 물이 부딪혀 불꽃이 튀게 될 것이오. 그러나 국왕은 불이 되고, 나는 순종하는 물이 되겠소. 분노는 왕께 주고, 나는 땅 위에 눈물의 비를 뿌리리다. 국왕의 머리 위가 아니라 땅 위로 말이오. 자, 행진하며 우리 어서 리처드 왕의 동향을 살핍시다.

이때 성 밖에서는 담판 개시 나팔을 불어댄다. 성안에서도 그에 응답하는 나팔 소리. 이윽고 다시 나팔 소리. 성벽 위에 리처드 왕, 칼라일 주교, 오멀, 스크룹, 솔즈베리 등장.

볼링브룩 저걸 보시오. 리처드 왕이 몸소 나타나셨소. 타오르는 불길처럼 동녘 문에서 붉게 솟아오른 해님이 서쪽 하늘로 나아갈 때 시샘하는 구름이 그 영광을 어둡게 가리며 밝은 궤도를 어지럽히려는 것을 노여움으로 지켜보며 붉게 달아오른 듯한 모습이오.

요크   역시 국왕다운 모습이오! 보시오, 저 눈초리를. 독수리 눈처럼 빛나고 사람을 위압하는 위엄이 풍기지 않소. 얼마나 비통한 일이오. 저렇게도 훌륭한 몸이 해를 입고 더럽혀져야 하다니!

리처드 왕   (노섬벌랜드에게) 어처구니없구나. 나는 그대가 황송해하며 무릎을 꿇기를 오랫동안 기다려 왔다. 왜냐하면 나는 정통성 있는 왕이기 때문이다. 그런데 어째서 그대는 무릎을 꿇지 않고 신하로서의 도리를 소홀히 하는가? 내가 왕이 아니라면 언제 신께서 신의 대리직권을 나로부터 거두어 가셨는지 그것을 말해 보라. 어떠한 인간의 손으로도 이 신성한 왕의 홀을 빼앗을 수 없음을 나는 분명히 알고 있다. 무엄하게 손을 댄다면 그것은 신성 모독이고, 도둑질이며, 찬탈이다. 그대 생각으로는 온 백성의 영혼이 병들어 나에게 역모를 꾀하여 내가 사면초가가 된 줄 아는가? 나를 보살펴 주시는 전능하신 신께선 나를 위해 그 먹구름 속에 역병의 대군을 동원하고 계시다. 신하의 신분으로 나의 머리 위에 감히 손을 쳐들어 내 귀한 왕관의 영광을 위협하는 그대들이여, 그대들의 아직 태어나지 않은 자손들에게 응징이 내릴 것이다. 똑똑히 전하라—저기 서 있는 자가 볼링브룩이겠지—이 땅 위를 밟는 그대 발자국마다 포악한 모반으로 얼룩지고 있다고. 잔학한 전쟁의 피로 물들인 문서를 펼쳐 상속권을 얻으려 돌아왔겠지만, 그 자가 탐내는 왕관이 태평성대를 누리기 전에 잉글랜드의 수천수만 명 어머니들의 아들들이 머리에 피를 흘려 꽃피는 이 대지를 더럽히게 될 거다. 겁먹은 처녀처럼 파리한 평화의 얼굴빛이 분노의 핏빛이 되어 초원의 풀잎은 어진 잉글랜드인의 피로 이슬 맺힐 것이라 일러라.

노섬벌랜드   하늘에 계신 주여, 우리의 군주이신 전하께서 끔찍한 내란의 소용돌이 속에 휘말리지 않도록 보호하소서! 전하의 가장 소중하신 사촌 헨리 볼링브룩께서 전하 손에 공손히 입맞춤을 보낸다 합니다. 두 분의 할아버님 에드워드 왕의 유해를 안치한 신성한 무덤을 걸고, 그리고 두 분 모두 한 줄기의 샘물에서 흘러내려온 같은 왕족의 핏줄을 나눈 왕손임을 걸고, 또 용감하셨던 세상을 떠난 곤트 공의 손에 걸고, 또 어떠한 서약이나 말씀보다도 믿을 수 있는 그 자신의 인격과 명예에 걸고 이렇게 서약합니다. 그의 이번 귀국은 정통 왕족으로서 모든 권리를 회복시켜 주실 것을 무릎 꿇고 청원할 뿐 다른 뜻은 없다고 아룁니다. 따라서 전하께서 그것을 허락하신다면 그는 번뜩이는 자기 창칼을 녹슬게 할 것이며, 무장한 군마를 마구간으로 돌려보내고 전하께 충성을 바칠 것이라 합니다. 왕손의 신분을 걸고 서약한다고 합니다. 저 또한 신사로서 제 신분을 걸고 그의 말을 확신합니다.

리처드 왕 노섬벌랜드, 왕의 답은 이렇다고 전하오. 사촌 볼링브룩의 귀국을 환영하며 그의 정당한 요구는 하나하나 모두 틀림없이 이루어질 것이라고. 나의 친절한 답변을 그도 호의를 가지고 받아들이도록 그대가 될수록 정중한 말로 잘 전하오. (노섬벌랜드는 볼링브룩에게 간다. 오멀에게) 사촌, 내가 이처럼 비천한 태도로 좋은 말만 함은 나의 위엄을 욕되게 하는 것이 아니오? 노섬벌랜드를 다시 불러서 반역자에게 도전의 말을 던져 싸워 죽는 것이 좋지 않겠소?

오멀 전하, 안 됩니다. 우군에게 시간을 주고 우군이 칼을 휘두르면서 올 때까지는 점잖은 말씀으로 응대하심이 옳은 줄로 생각됩니다.

리처드 왕 오, 신이여! 오, 신이여! 저 오만불손한 사나이에게 무서운 유배의 선고를 내린 이 혀가 이제는 달콤한 말로 그 선고를 다시 취소해야 하다니! 오, 내가 이 거대한 슬픔만큼 위대한 인간이었으면. 아니거든 차라리 나의 이름만큼이나 왜소한 인간이 되든가! 아니다, 지금까지의 나를 잊어버리자! 오늘 내가 해야 할 도리도 잊어버리자! 오만한 마음이여, 실컷 날뛰어라. 적이 닥쳐오면 너도나도 단번에 작살날 몸이니.

오멀 노섬벌랜드가 돌아옵니다.

리처드 왕 이제 왕이 어떻게 하면 좋은 거지? 굴복해야 하나? 굴복하리라. 폐위를 당해야 하는가? 내 기꺼이 퇴위하리라. 국왕의 이름을 잃어야 하는가? 신의 이름에 걸고 버리리라. 나의 보석도 묵주알과 바꾸고, 내 화려한 왕궁을 은둔자의 오두막집과 바꾸고, 화려한 옷은 거지의 누더기와 바꾸리라. 정교하게 만든 금잔도 나무접시와 바꾸리라. 홀은 순례자의 지팡이와 바꾸고, 나의 충절한 수많은 신하는 성자의 조각상 한 쌍과 바꾸리라. 나의 거대한 왕국은 작은 무덤과 바꾸리라. 작디작은 이름 없는 무덤 말이다.

그렇지 않으면 사람들의 발길이 잦은 큰길에 묻혀 신하들의 발부리가 수시로 지엄한 왕의 머리를 짓밟고 지나가게 하리라. 살아생전에도 이 심장을 짓밟은 놈들인데 하물며 땅에 묻히면 나의 머리를 어찌 밟지 않겠는가? 오멀, 그대도 우오? 마음 착한 사촌! 경멸받는 우리의 눈물로 하늘을 흐리게 하세. 한숨과 눈물로 여름철 곡식을 시들게 해서 아, 배신한 땅에 굶주림이 어깨춤을 추게 하세. 그렇게도 안 된다면 우리의 슬픔을 장난삼아 흐르는 눈물로 무슨 재미있는 놀이라도 하세. 이를테면 눈물을 한곳에만 떨어뜨려 그 눈물로 땅에 한 쌍의 무덤이 파이게 하여 그곳에 묻히면, 눈물로 무덤을 판 두 친척이 여기 고이 잠들다…… 라고 써놓게 되겠지! 그러면 불운이 좋은 묘비명을 가져다준 셈이 되는 게 아니오? 아, 부질없이 지껄이는 나의 말을 그대들이 비웃고 있는 걸 아네. 위세가 하늘을 찌르는 노섬벌랜드여, 볼링브룩 전하의 말씀은? 전하께서는 이 리처드에게 죽는 날까지 살아도 좋다고 하시었소? 절을 하는 걸 보니 볼링브룩이 승낙했군.

노섬벌랜드 전하, 볼링브룩 경이 뜰 아래에서 전하를 뵙고자 기다리고 있습니다. 황공하오나 전하께서 허락하여 주소서.

리처드 왕 내려가지, 아래로 내려가리라. 빛나는 신 파에톤이 사나운 말을 다루지 못해 곤두박질하듯…… 비천한 뜰 아래에서 말이지? 지존인 왕이 비천해지는 아래 뜰로, 역적들의 호출을 받고 그들에게 은혜를 베풀어 주기 위해! 비천한 뜰 아래로 내려오너라? 내려간다! 왕이 간다! 하늘 높이 나는 종달새가 울어야 하는데 밤부엉이가 울어대다니. (일행과 함께 성벽에서 퇴장)

볼링브룩 (앞으로 나서면서) 전하는 뭐라고 하시오?

노섬벌랜드 비탄에 잠기시어 광인처럼 갈피 잡을 수 없는 말씀만 하십니다. 벌써 오십니다.

왕과 그 일행, 무대 아래쪽으로 등장.

볼링브룩 다들 물러서서 전하께 경건하게 예를 드리시오. (무릎을 꿇는다) 자애로우신 전하…….

리처드 왕 훌륭한 사촌, 천한 땅에 고귀한 무릎을 대는 것은 땅을 콧대 높게 함이며 그대를 욕되게 하는 일이오. 나의 눈에는 그대의 허례가 반갑지 않소. 오히려 내 가슴에 느끼고 싶은 것은 그대의 진심이오. 자, 일어서시오. 사촌. 비록 무릎은 낮게 꿇었어도 그대 마음은 (자기 머리 위를 가리키면서) 이 왕관 높이에 있음을 알고 있소.

볼링브룩 은혜로우신 전하, 저는 저의 것을 되찾기 위해 이곳에 왔을 뿐입니다.

리처드 왕 그대 것은 그대 것, 그리고 나도 그대의 것, 또 다른 모든 것도 다 그대의 것이오.

볼링브룩 지존이신 전하, 저의 충성이 전하의 마음에 드시는 한 어찌 저의 것이 아니겠습니까?

리처드 왕 암, 마음에 들다마다. 모든 걸 제 손아귀에 휘어 넣을 수 있는 가장 강력하고 가장 확실한 방법을 아는 사람들은 그것을 얻을 자격이 있지. (요크에게) 숙부, 손을 주시오. 눈물을 거두시고요. 눈물은 사랑의 표시이지만 나를 구제하지는 못합니다…… (볼링브룩에게) 사촌, 나는 나이가 어려 그대의 아버지는 될 수 없으나 그대는 충분히 나의 상속자가 될 만한 나이요. 그대가 갖고 싶어하는 걸 내주겠소. 그것도 기꺼이. 힘으로 시키는 일을 어찌 내가 거절할 수 있겠소? 런던으로 가야 하겠지, 사촌, 그렇지요?

볼링브룩 예, 전하. 그러합니다.

리처드 왕 그렇다면 거부할 순 없는 일. (나팔 소리. 모두 퇴장)

〔제3막 제4장〕

랭글리. 요크 공작의 정원.
왕비와 시녀들 등장.

왕비 이 정원에서 우리 서글픈 걱정거리를 쫓아내 줄 즐거운 놀이가 없을까?

시녀 왕비마마, 공굴리기를 하세요.

왕비 그건 이 세상의 땅이 온통 울퉁불퉁해서 공이 빗나가기만 할 것이니 내 운명이 순탄치 못함을 일깨워 준단 말이다.

시녀 왕비마마, 춤을 추는 건 어떠세요?

왕비 슬픔이 내 마음을 휘감고 있는데 어찌 내 다리가 경쾌한 장단에 맞출 수 있겠니? 그러니 춤은 그만두자. 다른 놀이는 없을까?

시녀 왕비마마, 이야기나 할까요?

왕비 슬픈 이야기이냐, 기쁜 이야기이냐?

시녀 두 가지 다이옵니다.

왕비 두 가지 다 싫다. 기쁜 이야기라면 본디 기쁨과는 등진 몸이라 내게 더욱 슬픔을 일깨워 주리라. 또 슬픈 이야기라면 처음부터 슬픔 속에 잠겨 있어서 가뜩이나 기쁨을 모르는 터에 더욱 슬픔을 부채질해 줄 것이니라. 이미 느껴본 것은 되씹어 볼 필요가 없으며, 없는 것을 푸념한들 무슨 소용이 있겠니.

시녀 왕비마마, 노래를 부르겠습니다.

왕비 노래 부를 까닭이 있다면 그것도 좋다. 하지만 난 네가 울어주는 편이 한결 즐겁겠다.

시녀 제가 울어서 왕비님께 위안이 되신다면 울 수 있나이다.

왕비 울어서 내 슬픔이 사라진다면야 내가 노래라도 부르마. 너의 눈물을 빌릴 것도 없이.

정원사 한 사람과 일꾼 둘이 삽을 들고 등장.

왕비 아 잠깐, 정원사가 왔나 보다. 이 나무 그늘에 숨어보자. 내 비참한 처지를 두고 맹세한다. 분명 저것들이 무슨 이야기를 할 거다. 나라에 이변이 일어나면 누구나 그 이야기를 하지. 불행이 있기에 앞서 슬픈 이야기가 있기 마련이니. (시녀들과 한쪽 구석으로 숨는다)

정원사 (한 일꾼에게) 어서 저 축 늘어진 살구 열매를 묶어라. 제멋대로인 자식 놈처럼 방탕한 무게로 짓눌러 어미 가지를 휘어지게 했구나. 휘어진 가지에다 받침을 해주어라. (또 한 일꾼에게) 너는 가서 우거지게 퍼진 나뭇가지를 사형집행인이 죄인을 참수하듯 잘라 줘라. 우리들 민주국가에서 하늘을 찌를 듯 높이 뻗치고 있는 가지는 잘라내야 돼. 우리의 정치는 모든 사람이 평등해야 되느니…… 너희들이 그 일을 하는 동안에 나는 저 호들갑스럽게 자란 잡초를 뽑아버리겠다. 좋은 꽃에서 양분을 빼앗는 염치없는 것들이니까.

일꾼 왜 우리는 이 비좁은 울타리 안에서 훌륭한 나라의 흉내를 낸답시고 법을 지킨다, 격식을 차린다, 균형을 취한다 야단입죠? 바다로 둘러싸인 정원인 이 나라 전체가 잡초만이 우거지고 그 아름다운 꽃들은 숨통이 막히고 과일나무들은 제멋대로 뻗어 있고, 울타린 나자빠지고 화단은 엉망진창, 소담하게 자란 초목에는 벌레들이 득실대는데요?

정원사 입 닥치고 있어. 이렇듯 어지러운 봄을 빚어내신 나리께서는 지금 추풍낙엽의 신세를 당하셨다. 그 넓게 퍼진 잎사귀 아래서 비바람을 피했던 잡초가 밑거름이 되는 줄 알았는데 사실은 피를 빨아먹고 있었던 거야. 모조리 볼링브룩에게 뿌리째 뽑혔지. 말하자면 윌트셔 백작도 부시도 그린도.

일꾼 그럼 다들 죽은 거요?

정원사 그렇다고. 볼링브룩이 낭비가 심했던 왕을 붙잡았다니까. 참 딱하기도 하지! 우리가 이 정원을 손질하듯이 진작 나라를 챙기고 가꾸고 했어야 했는데 말야! 우리는 계절에 맞춰서 과일나무 껍질에 상처를 내주지? 그건 수액이라는 피를 빼주지 않으면 시건방지게 너무 자라 가지고 곧 말라 죽기 때문이란 말야. 그분도 벼락출세한 사람들을 그런 식으로 다뤘더라면 그자들도 살아남아 충성심이라는 좋은 결실을 맺었을 거고, 전하도 그 충직한 과일을 맛보셨을 텐데. 우린 쓸모없는 가지를 잘라내 버리는데, 그건 과일을 살리기 위해서란다. 그분도 그렇게만 하셨던들 왕관을 놓치는 일은 없었을 테지. 쓸데없는 일에 빠져 할 일을 안 한 탓이라고.

일꾼 그럼 왕께서는 그 자릴 뺏겼다 이 말인가요?

정원사 이미 수렁에 빠진 거야. 왕위가 날아가는 것도 시간문제일 거야. 요크 공작의 친구한테서 엊저녁 편지가 왔다는데 이미 형세는 기울었대.

왕비 아, 입을 다물고 있자니 가슴이 터져 죽을 지경이구나! (앞으로 나서면서) 에덴동산의 아담처럼 이 정원 손질이나 할 일이지, 무엄하게도 어찌 그런 상서롭지 못한 소리를 함부로 입에 담느냐? 어떤 하와, 어떤 독사에게 사주당해서 저주받은 인간을 두 번째로 타락시키려는 거냐? 어째서 넌 리처드 전하가 퇴위당했다고 하는가? 검불 같은 놈이 감히 국왕의 몰락을 예언하다니? 말하라, 어디서 언제 어떻게 너는 이 불길한 소식을 들었는가? 말하라, 이 몹쓸 것아!

〈추락하는 파에톤〉 귀스타브 모로. 1878.
리처드는 자신을 천계로부터 추방당하는 파에톤에 비유한다.

정원사 왕비마마, 용서하소서. 기뻐서 그런 말을 지껄인 건 아니옵니다. 하지만 제가 한 말은 사실입니다. 리처드 왕께선 볼링브룩의 강력한 손에 잡히시고 말았나이다. 두 분의 운명은 저울에 얹혀 있습니다. 전하의 저울접시에는 전하 한 분과 무게를 가볍게 하는 경박한 간신들만이 있을 뿐인데, 위대한 볼링브룩 쪽 저울접시에는 그분 말고도 이 잉글랜드의 귀족들이 니나 없이 다 함께 있어 리처드 전하보다는 훨씬 무거울 수밖에 없습니다. 런던으로 서둘러 가보시면 압니다. 누구나 다 알고 있는 걸 말씀드렸을 따름입니다.

왕비 불행한 소식이여, 너는 그렇게도 발이 빠르면서 마땅히 처음 알려야 할 나한테는 어이해 이처럼 늦게 알렸느냐? 아, 이렇게 마지막 알려준 건 이 가슴에서 슬픔을 끝까지 간직하고 있으라는 뜻이더냐. 자, 얘들아, 가자. 런던에 가서 불행한 전하를 뵙도록 하자. 나의 슬픈 얼굴은 위세당당한 볼링브룩의 승리를 빛내주기 위해 태어났단 말인가? 정원사, 이런 불행한 소식을 말해 준 벌로 네가 접붙인 나무는 결코 자라지 않으리라. (시녀들과 함께 퇴장)

정원사 불쌍한 왕비님! 저의 직업이야 얼마든지 저주하소서. 그래서 당신께 더 큰 불행만 없다면 오죽 좋겠습니까? 여기에 눈물을 쏟으셨겠다. 그래 바로 여기에 쓰디쓴 자비의 약초, 비탄의 화단을 만들자. 그래서 비탄 초가 이곳에 피어나면 슬피 우시던 왕비님의 모습을 기릴 수도 있으렷다. (일꾼들과 함께 퇴장)

〔제4막 제1장〕

웨스트민스터 수도원의 홀.
볼링브룩, 오멀, 서리, 노섬벌랜드, 퍼시, 피츠워터, 다른 귀족들, 칼라일 주교, 웨스트민스터 수도원장, 의회에 등원한다. 전령과 관리들이 배거트를 끌고 나온다.

볼링브룩 배거트를 불러내라. (배거트, 앞으로 끌려나온다) 자 배거트, 글로스터공의 죽음에 대해 아는 바를 사실대로 말해라. 전하에게 그렇게 하시도록 권한 놈이 누구냐? 또 비명에 가시게 한 잔학한 하수인은 누구냐?

배거트 먼저 오멀 경을 뵙게 해주십시오.

볼링브룩 사촌, 앞으로 와서 저자를 보오. (오멀, 앞으로 나온다)

배거트 용맹한 오멀 경, 설마 한 번 공언한 바를 비겁하게 말한 적 없다고는 하지 않으시겠지요. 글로스터 암살을 계획한 바로 그날 밤 경이 말씀하시는 걸 들었소. "내 팔의 길이가 이 평화스런 잉글랜드의 궁정에서 칼레에 있는 숙부의 머리까지 못 닿을 것 같소?" 그 밖에도 여러 이야기가 있었으나 나는 이 말도 확실히 기억합니다. 경이 10만 크라운을 준다고 해도 볼링브룩이 잉글랜드에 돌아오는 것만큼은 안 된다고, 그 사촌이 죽으면 이 나라는 크게 행복할 것이라고도 하셨소.

오멀 왕족 그리고 귀족 여러분, 제가 저 미천한 놈에게 뭐라고 대답을 해야 하겠소? 저자와 같은 처지에서 저자를 힐책하면 나의 아름답고 깨끗한 혈통을 더럽히는 것이 되고, 그렇다고 잠자코 있으면 저자의 중상질하는 혓바닥에 걸려 내 명예가 더럽혀지니. 자, (배거트를 향하여 장갑을 내던지면서) 이것이 내 도전의 표시다. 너를 지옥에 보내기 위해 죽음이 날인한 영장이다! 네 말이 거짓임을 네 심장의 피로 증명하겠다. 이 귀중한 칼을 더럽히기에는 너무도 비열한 피이긴 하지만.

볼링브룩 배거트, 가만. 그 장갑을 집으면 안 된다.

오멀 (혼잣말처럼) 아! 나를 이토록 격분시킨 자가 이 자리에서 한 분만 빼놓고 가장 신분이 높은 사람이었더라면 그건 내가 원하는 바이건만.

피츠워터 신분이 같지 않아서 용기가 나지 않는 거라면 자, 오멀, 이것이 결투의 표시다. (장갑을 내던진다) 내가 상대가 돼주마. 네 모습을 비쳐주는 저 태양에 두고 맹세한다. 네가 글로스터 공 죽음에 대한 하수인이라고 공언하는 소리를, 그것도 자랑스럽게 말하는 걸 나도 확실히 들었다. 만약 그 사실을 열 번 스무 번 부인한다면 너는 거짓말쟁이다. 그 거짓의 날조자인 네 심장을 이 칼끝으로 파헤치겠다.

오멀 비겁한 놈, 살아서 그날을 감히 볼 수 있을 것 같은가? (장갑을 집어 든다)

피츠워터 음, 지금 바로 결판을 내주고 싶다.

오멀 피츠워터, 너는 이 대가로 지옥행이다.

퍼시 오멀, 당신 말은 거짓이오. 피츠워터의 고발은 모두 사실이고, 당신은 거짓투성이오. 이 사실을 당신 숨통을 끊어서라도 밝히겠소. 자, 도전의 표시오. (장갑을 내던진다) 용기가 있다면 주우시오.

오멀 그것을 줍지 않는다면 이 손은 썩어 문드러지고, 번득이는 적의 투구 위에 다시는 복수의 창을 휘두르지 못할 것이다! (장갑을 집어 든다)

귀족 거짓 맹세만 하는 오멀, 나 또한 이 땅에 대고 말하거니와 해가 떠오른 뒤부터 해가 질 때까지 너의 그 반역자의 귀에 대고 외친대도 부족할 거짓말쟁이. 매도당해서 분하거든 결판을 내자. 자, 이건 나의 명예스런 결투 신청의 표시다. (장갑을 내던진다) 용기가 있다면 집어 들고 승부를 내보자.

오멀 (장갑을 집어 들면서) 이제 더 없는가? 맹세코 모두 상대해 주겠다! 너 같은 것들 2만 명이라도 상대할 천(千)의 용맹심이 이 가슴속에는 깃들어 있다.

서리 피츠워터 경, 나는 오멀 공과 당신이 이야기하던 때의 일을 생생히 기억하고 있소.

피츠워터 아 참, 그렇겠군요. 그때 경도 그 자리에 계셨겠소. 그럼 내가 옳다는 걸 증언해 줄 수 있겠습니다.

서리 거짓이라고 증언하리다. 진실한 하늘에 맹세코 말이오.

피츠워터 뭐요? 당신은 거짓말을 하고 있소.

서리 파렴치한 놈! 너의 그 말이 이 칼에 무게를 더해 준다. 이 칼이 너를 응징하고 보복하지 않고 놔둘 것 같으냐? 거짓말쟁이인 너와 네 거짓말을 네 아비의 머리뼈와 함께 땅속 깊이 묻어놓겠다. 자, 그걸 증명하기 위한 내 명예의 도전장이다. (장갑을 내던진다) 용기가 있거든 그걸 주워 들고 승부를 하러 나와라.

피츠워터 미련한 놈이 달리고 싶어 환장한 말에 마구 박차를 가하다니! (장갑을 집어 든다) 내 먹고, 마시고, 숨 쉬고, 살아 있는 한에는 어떤 허허벌판에서 서리와 마주치더라도 그 얼굴에 침을 뱉고 거짓말쟁이라 욕을 퍼부어 주겠다. 자, (장갑을 내던지며) 이것이 약속의 증거다. 호된 응징을 각오해라. 나는 이 새 왕국의 영광된 시민이 되려는 바 단언컨대 오멀의 죄과에 대한 나의 고발은 진실이며, 뿐만 아니라 추방당한 노퍽 공작 말에 따르면 너는 칼레에 계신 글로스터 공을 살해하기 위해 부하 두 명을 보냈다더라.

오멀　어느 분이시든 결투 신청에 쓸 물건을 좀 빌려주십시오. 노퍽의 거짓을 증명하겠습니다. (귀족 중에서 모자를 벗어주는 사람이 있다) 자, 이것을 던지오. 만약 그의 귀국이 허락되면 그자의 명예를 시험할 것이오.

볼링브룩　이 분쟁은 노퍽 공이 귀국할 때까지 모든 도전의 표시물과 더불어 유보해 두겠소. 그분은 나의 원수지만 귀국시켜 그 영지와 권리 모두를 돌려주겠소. 귀국하면 바로 오멀과 대결시키겠소.

칼라일　아, 그 명예스런 날은 결코 볼 수 없을 것입니다. 노퍽은 추방 생활을 하는 동안 여러 번 예수 그리스도를 위해 십자가가 그려진 깃발을 휘날리며 이교도 국가인 터키, 사라센을 상대로 크게 공을 세우셨습니다. 하지만 거듭된 전투로 피로에 지쳐 이탈리아의 베니스에 은퇴했으나 그 육신을 수려한 그 나라 땅에 맡기시고, 그 맑은 영혼은 여러 해 동안 그 깃발 아래 모시고 전투하던 그의 대장이신 주 그리스도에게 바치셨답니다.

볼링브룩　오, 주교, 노퍽이 죽었소?

칼라일　예, 그렇습니다. 제가 살고 있는 것만큼이나 분명합니다.

볼링브룩　그 영혼이시여, 아브라함의 가슴에 고이 안기소서! 공소인인 여러 경들, 이 분쟁은 도전의 표시물과 더불어 유보해 두리다. 결투 날짜는 나중에 알리겠소.

요크, 시종들을 데리고 등장.

요크　랭커스터의 공작, 나는 깃털이 뽑힌 리처드의 전령으로서 왔소. 리처드는 기꺼이 그대를 왕위 계승자로 책봉, 왕권의 상징인 홀을 그대 손에 넘기니 그를 이어 보위에 오르십시오. 자, 우리의 국왕 헨리 4세 만세!

볼링브룩　그럼 신의 이름으로 보위에 오르리다.

칼라일　안 됩니다! 저는 존엄한 이 자리에 가장 걸맞지 않으나 진실을 아뢰기에는 가장 알맞은 사람입니다. 이 존엄한 분들 가운데 어느 한 분이라도 고귀하신 리처드 왕을 정당하게 재판하실 만한 분이 계셨으면 합니다. 그래서 그분의 높은 인덕이 국왕에 대해 왈가왈부하는 부정, 불경스러운 일을 삼가도록 가르쳐 주셨으면 합니다. 신하로서 어이 국왕에게 선고를 내릴 수 있겠습니까? 이 자리에 리처드 왕의 신하가 아닌 사람이 누가 있습니까? 비록 죄상이 명백히 드러난 도둑일지라도 결석 재판을 한 예는 없습니다. 하물며 신의 위엄의 상징이며 신이 선택한 장군, 집사, 대리인으로서 성유 바르시고 왕관 쓰시고 기나긴 세월 왕위에 계신 분에 대해 부재중이신 동안 비천한 신하로서 어찌 심판할 수 있습니까? 오, 신이여, 막아주소서. 기독교 국가에서 깨끗한 영혼을 가진 사람들이 그와 같은 비정하고 흉악하며 간악한 행동을 할 수는 없습니다. 저는 신하의 한 사람으로서 신하인 여러분에게 신의 뜻에 따라 신이 정하신 왕을 위해 감히 이렇게 말씀드립니다. 여러분이 왕이라 부르는 이 헤리퍼드 공은 헤리퍼드 왕임을 빙자한 간악한 역적입니다. 만약 여러분이 그에게 왕관을 씌우면 저는 예언합니다. 잉글랜드인의 피는 흐르고 흘러서 땅의 거름이 될 것이며 앞으로 이 나라는 이 저주받은 행위 때문에 신음하게 될 겁니다. 평화는 터키인들과 이교도를 품어서 잠들어 버리고 태평성대를 즐겨야 할 이 나라에는 싸움이 벌어져 동족상잔, 골육상쟁의 피를 흘릴 것입니다. 무질서와 공포와 불안과 폭동이 꼬리에 꼬리를 물어 그칠 날이 없으며 이 땅은 골고다의 언덕, 해골의 황야라 불릴 것입니다. 오, 여러분이 부추겨서 피붙이끼리 싸우게 된다면 이 저주받은 땅에 일찍이 없었던 가장 불행한 싸움을 보게 될 겁니다. 막으십시오. 제지하십시오. 처참한 일이 일어나지 않도록 말입니다. 우리 자식과 후손들에게서 한 맺힌 소리를 듣지 않도록 말입니다!

노섬벌랜드 주교, 말씀 한번 잘했소. 그 수고값으로 그대를 대역죄로 체포하오. 웨스트민스터 수도원장이 재판날까지 저 죄인을 잘 맡아주시오…… 그런데 여러분은 평민들의 청원을 허락하시겠소?

볼링브룩 리처드를 모셔오시오. 만인 앞에서 왕위를 물려받으면 떳떳하게 일을 처리해 나갈 수 있으리라.

요크 내가 모셔오겠습니다. (퇴장)

볼링브룩 여기 잡혀 있는 여러 경들, 재판 때 다시 답변을 듣기 위해 불러들이겠소만 보석의 보증인을 구하도록 하오. 나는 경들의 우정을 받은 바도 없거니와, 도움을 기대한 일도 없소.

요크 공작, 리처드 왕을 안내하며 다시 등장. 리처드는 왕복을 벗은 초라한 모습. 관리들이 왕관 및 왕실의 휘장을 들고 등장.

리처드 왕   아아, 내가 국왕으로 군림하던 때의 심정이 채 가시기도 전에 어째서 내가 왕 앞에 호출되었단 말이오? 남의 환심을 사고 아첨하고 머릴 조아리고 무릎을 꿇음이 아직은 생소하오. 슬픔이 내게 복종하는 예절을 익혀줄 때까지 기다려 줄 순 없소? 하지만 여기 있는 사람들의 얼굴은 퍽 낯이 익군. 내 신하가 아니었나? 전에는 모두들 내게 "만세 만세" 외쳐댔는데. 유다도 예수님께 그렇게 했었지. 예수님의 열두 제자는 한 사람 말고는 모두 충직했지만, 나의 신하 1만 2천 명 가운데 충신은 한 명도 없구려⋯⋯ 신이여, 왕을 지켜주소서! 어찌 "아멘!" 하는 사람이 없소? 내가 설교자와 교인의 1인 2역을 해야 하나? 그럼 내 "아멘"이라고 하지. 신이여, 왕을 지켜주소서! 내 비록 왕은 아니지만, 아멘이라고 하자. 하늘이 나를 왕으로 여기신다면. 도대체 나더러 뭘 하라고 불렀소?

요크   최근 보위에 있으심에 피로가 크다 하시며 자진하여 제의하신 일 때문입니다. 헨리 볼링브룩에게 왕위와 왕관을 넘겨주십시오.

리처드 왕   왕관을 이리 다오⋯⋯ 그럼 사촌, 왕관을 받으시오. 자 사촌, 이쪽에는 나의 손, 그쪽에는 그대의 손. 이 금관은 깊은 우물과 같소. 두 개의 두레박은 교대로 물을 퍼올리며 비어 있는 쪽은 공중 높이 올라가지만 가라앉은 쪽은 눈에 띄지 않은 채 물만 가득 차 있소. 밑으로 가라앉아 슬픔을 마시며 눈물로 가득한 두레박이 바로 나요. 물론 높은 곳에 떠 있는 두레박은 그대이고.

볼링브룩   기꺼이 양위하시는 걸로 알고 있었는데.

리처드 왕   이 왕관은 흔쾌히 넘기오. 그러나 나의 슬픔만은 내 것이오. 나의 영예와 권력은 빼앗아 갈 수 있어도 이 슬픔만은 아니 되오. 아직도 이 슬픔에는 내가 왕이오.

볼링브룩   걱정거리의 일부는 왕관과 더불어 나에게 물려주오.

리처드 왕   그대가 걱정해 준다고 해서 나의 슬픔을 없앨 순 없소. 나의 슬픔은 왕이었을 때의 걱정이 끝나 걱정거리를 잃었기 때문이며, 그대의 걱정은 새로운 걱정거리를 얻음으로 생긴 걱정이오. 내가 왕으로서의 걱정을 넘겼건만 슬픔은 그대로 남아 있소. 그건 왕관을 따라야 하는 건데도 아직 내 마음에 남아 있소.

볼링브룩   왕권을 양위하는 데 이의 있으시오?

리처드 왕 없소. 아니 있소. 있소. 아니 없소. 아무 존재도 아닌 이 판국에 어찌 있다고 말하겠소? 그대에게 왕권을 양위하지. 잘 눈여겨보오, 왕위에서 물러나는 나의 모습을. 내 머리 위에서 무거운 관을 벗어주리다. 내 손에서 거추장스런 이 홀도 내주리다. 그리고 내 마음에서 왕의 긍지도 버리리다. 나의 눈물로 내가 즉위할 때 바른 성유를 씻어버리고, 내 손으로 내 왕관을 건네주며, 내 혀로 신성한 나의 왕위를 부정하고, 내 입김으로 백성이 한 모든 의무와 서약을 날려버리리다. 모든 영화와 위엄에 대해 나는 손을 끊고 나의 장원과 지세와 세입을 모두 포기하며 법령과 법규 그리고 명령을 다 백지로 돌리리다. 신이여, 나에 대한 서약을 어긴 자를 용서하소서! 신이여, 당신에게 서약한 사람들이 배신하지 않게 도우소서. 아무것도 지니지 않은 내가 슬퍼하지 않게 하소서. 모든 것을 다 이룬 그대에게 무한한 기쁨이 있기를 비오! 그대가 이 리처드의 자리를 길이 보존하기를, 리처드가 한시바삐 흙 속에 눕게 되기를 왕이 아닌 리처드가 기도드립니다. 헨리 왕께 신의 은총을. 그리고 태평성대를 누리소서. 더 할 일이 남아 있소?

노섬벌랜드 한 가지만 더 긴히 여쭐 말씀이 있습니다. 전하와 전하의 추종자들이 이 나라와 이 땅의 복지에 반하여 저지른 한탄스러운 죄악에 대한 탄핵문을 읽으시어 온 천하에 밝힘으로써 퇴위의 당위성을 백성들이 이해하게 해주소서.

리처드 왕 꼭 그리해야만 되는가? 내가 짜놓은 어리석은 행태를 친히 내 손으로 다시 풀어야 하는가? 노섬벌랜드, 만약에 그대의 죄악이 낱낱이 적혀 있다면 그대는 이처럼 훌륭한 사람들 앞에서 감히 낭독하고 수모를 당하겠는가? 그대는 분명 가증스런 한 조항을 읽게 될 거요. 불법으로 왕을 퇴위시키고 신하로서 굳은 서약을 어겼다는 조항이지. 이는 하늘의 장부에도 엄밀히 적혀 있네…… 아니, 당신들은 소 닭 보듯 가련한 신세가 되어 시달림받고 있는 내 모습을 손 놓고 그저 바라만 보고 있을 건가? 그 가운데는 겉으로 연민의 정을 보이는 척하면서 빌라도처럼 손을 씻으려는 자도 있다. 그대들 빌라도는 나를 이 고통의 십자가에 인도한 자들인지라 그대들의 죄는 물로 씻지 못한다.

노섬벌랜드 자, 어서 그 조항을 읽어주시오.

리처드 왕 내 눈은 눈물로 가득 차 있어 읽을 수가 없다. 비록 찝찔한 눈물이 눈을 흐려놓곤 있지만 이 자리에 있는 배신자 무리는 잘 볼 수 있다. 아니, 눈을 돌려 나 자신을 바라보면 나 또한 다른 사람들처럼 역적이라는 것을 알 수 있다. 화려한 옷을 벗어버리기로 내 영혼에 동의했으며, 영광을 욕되게 하고 주권을 노예로 만들고 왕의 지존을 신하의 비천함으로, 위엄을 무식쟁이의 경지로 떨어뜨리고 말았으니까.

노섬벌랜드 전하!

리처드 왕 너의 전하는 아니다, 이 건방진 무뢰한아. 난 누구의 전하도 아니다. 이름도 없다, 칭호도 없다. 세례명도 이제는 없다. 그것조차도 빼앗겨 버리지 않았는가. 아, 비통한 일이로다. 모진 겨울을 수없이 지내왔건만 이제 와서 불려질 이름조차도 모르게 되다니! 아, 이 몸이 눈사람 왕이었다면 얼마나 좋았으랴. 볼링브룩이라는 해 앞에 서 있으면 이 몸이 녹아 물방울이 되어버렸을 텐데! 선량한 왕, 위대한 왕, 비록 위대하지는 않으나 나의 말이 잉글랜드에서 아직 통한다면 거울을 가져오게 하라. 즉시 이 자리에서 내 얼굴이 어찌 생겼는지 보고 싶노라. 위신이 땅에 떨어진 왕의 모습을 말이다.

볼링브룩 누구든지 가서 거울을 가지고 오너라. (시종 한 사람 퇴장)

노섬벌랜드 거울을 가져올 동안에 이 편지를 읽어주십시오.

리처드 왕 이 악마야, 벌써 지옥의 고문을 시작한단 말이냐.

볼링브룩 더는 강요하지 마오, 노섬벌랜드 경.

노섬벌랜드 그래서는 백성들이 이해하지 못할 것입니다.

리처드 왕 아니, 그들은 반드시 이해할 거다. 이제 곧 내가 나의 모든 죄가 조목조목 적혀 있는 책자를 보고 읽어주겠다. 그 책이 바로 나 자신이다.

시종, 거울을 들고 다시 등장.

리처드 왕 이리 가져오너라. 여기 쓰인 글자를 읽어주마. (거울을 들여다본다) 아직은 깊은 주름살이 없다. 슬픔이 그토록 여러 번 내 얼굴에 타격을 주었건만 이보다 더한 깊은 상처가 있을 수 있단 말이냐? 오, 아첨쟁이 거울이여, 네가 영화를 누리던 시절의 신하들처럼 너도 나를 속이는 거냐! 그래, 예전엔 이 얼굴이 궁전의 지붕 아래서 날마다 1만 명의 신하를 거느려 왔던 얼굴인가? 해처럼 숭배하는 자들을 눈부시게 했던 것이 바로 이 얼굴이란 말인가? 이것이 그토록 숱하게 어리석은 짓들을 해오다가 마침내 볼링브룩에게 깔아뭉개진 얼굴이란 말인가? 덧없는 영화로군. 이 얼굴도 그 영화처럼 덧없구나. (거울을 땅바닥에 내던져 박살을 낸다) 보라, 이렇듯 덧없이 산산조각으로 박살이 나지 않았는가…… 오! 침묵하는 왕이여, 이짓의 참뜻을 가슴에 새기시오. 슬픔이 내 얼굴을 박살내는 건 바로 한순간의 일이오.

볼링브룩 당신 슬픔의 그림자가 당신 얼굴의 그림자를 부순 것이오.

리처드 왕 아니, 뭐라고 했소? 내 슬픔의 그림자? 암! 그렇지. 그게 사실일 테지. 내 슬픔은 내 가슴속에 있겠다. 그러니 이렇게 겉에 나타난 슬픈 표정은 번민하는 영혼 속에서 말없이 커진 보이지 않는 슬픔의 그림자에 지나지 않는다. 영혼 속에야말로 참된 슬픔이 담겨 있지. 왕이시여, 거듭 은혜를 베풀어 주시니 감사드리오. 나에게 한탄해야 하는 이유를 주셨을 뿐 아니라 한탄하는 방법까지 가르쳐 주시니. 한 가지 더 부탁이 있소. 곧 그대 앞에서 물러나 귀찮게 하지 않을 테니 들어주시겠소?

볼링브룩 말하오, 훌륭한 사촌.

리처드 왕 "훌륭한 사촌?" 나는 왕보다 더 위대하도다. 내가 왕이었을 때 아첨하는 자들은 신하들뿐이었는데 신하가 된 지금은 왕이 내게 아첨을 할 만큼 위대해졌으니 더 부탁할 필요도 없겠소.

볼링브룩 말해 보오.

리처드 왕 들어주시겠소?

볼링브룩 그러리다.

리처드 왕 그럼 떠나게 해주시오.

볼링브룩 어디로 말이오?

리처드 왕 어디든, 그대가 없는 곳이라면 기꺼이 가겠소.

볼링브룩 자, 그러면 런던 탑까지 선도(先導)하여 드려라.

리처드 왕 잘 말했소! 선도라, 선수(先手)겠지. 진짜 왕의 파멸을 기회로 잽싸게 선수를 쳐서 출세하는 자들이 아니냐. (몇 명의 귀족들에게 이끌려 퇴장)

볼링브룩 다음 수요일을 내 대관식 날로 정하겠소. 귀공들, 만반의 준비를 하시오. (웨스트민스터 수도원장, 칼라일 주교, 오멀만 남고 모두 퇴장)

수도원장 못 볼 광경을 보고 말았습니다.

칼라일　재앙이 닥칠 겁니다. 아직 태어나지 않은 후손들은 오늘의 이 아픔을 가시에 찔리듯이 절실히 느끼게 될 것입니다.

오멀　두 분께 묻습니다만 이 나라의 해로운 오점을 없앨 방법이 있을까요?

수도원장　오멀 경, 그 일은 내가 속마음을 털어놓고 말하기 전에 성찬을 걸고 누설하지 않을 것과 이 사람이 계획한 것이 무엇이든 그대로 실행할 것을 맹세해 주시오. 그대 얼굴에 불만의 빛이 역력하오. 마음에는 비탄이, 그리고 두 눈에는 눈물이 고였소. 내 집으로 가서 함께 저녁 식사를 합시다. 그러고 나서 밝은 내일을 기약할 수 있는 한 가지 계책을 말씀드리리다. (모주 퇴장)

〔제5막 제1장〕

런던. 런던 탑에 이르는 길목.
왕비와 시녀들 등장.

왕비　전하께선 이 길로 오실 거다. 율리우스 카이사르가 세운 불길한 탑으로 통하는 길이다. 형을 받은 전하께서 오만한 볼링브룩의 포로가 되어 저 탑 돌의 품속에 갇히게 되겠지. 여기서 좀 쉬자. 이 반역의 땅이 진정한 국왕의 왕비에게 쉴 곳을 줄는지는 모르지만.

리처드 왕이 호위병에게 이끌려 온다.

왕비　아 가만, 저것 봐. 아니, 보지 않는 게 좋겠다. 내 아름다운 장미꽃이 시든 모습을…… 아니 봐야 돼. 가엾은 생각에 우리들 몸이 녹아 이슬이 되어 참사랑이 맺힌 눈물로 전하를 씻어드려 생기를 되살릴 수도 있겠지. 당신은 영화를 누린 옛 트로이의 유적, 위대하신 리처드 왕의 무덤이십니다. 이제 리처드 왕은 아니십니다. 당신과 같이 멋진 여인숙에 어쩌다 흉물스런 슬픔이 머물게 됐을까요? 승리의 기쁨이 목로주점마다 출렁대는데.

리처드 왕　울지 마오, 아름다운 여인이여. 슬픔과 손을 잡고 나의 최후를 보채지 마오. 오, 착한 님이여, 지난날의 영화는 행복한 꿈이었다고 생각하구려. 꿈에서 깨어보니 우리의 모습은 바로 이렇게 되어 있단 말이오. 왕비, 나는 무서운 가난과 의형제를 맺었소. 죽을 때까지 우린 손을 맞잡고 살아갈 거요. 당신은 프랑스로 돌아가 수녀원에나 들어가도록 하오. 여태까지 우리는 신을 모독하는 생활을 하다 현세의 왕관을 잃었지만, 이제부터 독실한 신앙생활을 하게 되면 내세의 왕관을 얻을 수 있을 것이오.

왕비 아니, 나의 리처드 님은 겉모습만이 아니라 마음마저 변하고 나약해지셨습니까? 볼링브룩이 슬기마저 노략질하여 마음속까지 차지해 버렸단 말입니까? 사자는 죽어가면서도 발톱을 세운다지 않습니까? 죽기가 억울하고 분하여 상대가 없으면 땅이라도 할퀸다지 뭡니까? 그런데 전하는 순한 생도처럼 나긋나긋 꾸지람만 듣고 회초리에 입을 맞추며 폭도들에게 비굴하게 꼬리를 흔들면서 굽실거리십니까? 짐승들의 왕 사자이신 전하께서요?

리처드 왕 하긴 짐승들의 왕이니라! 놈들이 짐승만 아니었다면 난 끝내 백성들의 행복한 왕이었을 텐데. 지난날의 왕비여, 프랑스로 갈 준비를 하시오. 나는 죽었다고 생각하오. 이곳을 임종의 자리라 여기고 생전의 마지막 작별을 한다고 생각하오. 지루한 긴 겨울밤이면 노인들과 난롯가에 둘러앉아 그들에게 옛날 옛적에 일어났던 슬픈 시절의 이야기를 해달라고 하오. 작별 인사를 하기 전에 그 슬픈 이야기의 답례로 나에 대한 애절한 이야기도 하시구려. 그들은 눈물을 흘리며 잠자리에 들게 될 거요. 감정이 없는 타다 남은 장작불도 눈물을 자아내는 당신의 비통한 이야기에 감동되어 동정의 눈물로 남은 불꽃을 꺼줄 것이오. 그래서 어떤 것은 재가 되고 어떤 것은 시꺼먼 숯이 되어 정통을 이어받은 왕이 폐위된 것을 슬퍼할 것이오.

노섬벌랜드가 시종들과 등장.

노섬벌랜드 상왕 전하, 볼링브룩 전하의 마음이 바뀌셨습니다. 런던 탑이 아니라 폼프렛성으로 가셔야겠습니다. 그리고 왕비에 대해서도 속히 프랑스로 떠나시라는 명령이 내려졌습니다.

리처드 왕 노섬벌랜드, 너는 오만불손한 볼링브룩을 내 왕좌에 오르게 한 사다리였느니라. 내 말해 두건대 이제 얼마 가지 않아 사악한 죄악이 썩은 응

어리가 되어 곪아터지는 날이 닥쳐올 것이다. 너는 그를 도와 나라를 손아
귀에 거머쥐게 했으니. 그가 왕국을 이등분하여 반쪽을 준다 해도 마음에
차지 않을 거다…… 왕은 생각할 거다. 부당한 왕을 세우는 방법을 네가 알
고 있으니 별 명분도 없이 찬탈한 왕좌로부터 자신도 언제 다시 내쫓기게
될는지 모른다고. 사악한 자들의 우정은 얼마 안 가 공포로 바뀌며, 공포는
증오로 바뀌고, 이 증오는 한쪽 또는 둘 다 지극한 위험 속에 몰아넣게 되
어 결국은 죽음의 나락으로 떨어지고 만다.

노섬벌랜드 나의 죄는 내가 알아서 하면 됩니다. 어서 작별 인사를 하십시
오. 곧 떠나셔야 합니다.

리처드 왕 이중의 이혼이로구나! 사악한 것들. 너희들은 날 이중으로 능멸했
느니라…… 나와 내 왕관 사이를 가르고, 나와 내 정당한 아내와의 사이를
가르고. 자, 그럼 우리의 서약을 키스로 지워버립시다. 아니, 그렇게는 안 되
지. 키스로 맺은 서약인데…… 노섬벌랜드, 우리를 떼어놓아라…… 그래 난
북방의 혹한과 질병으로 메마른 땅으로, 그리고 아내는 프랑스로. 아내는
그곳에서 꽃이 활짝 핀 5월처럼 화사하게 치장을 하고 건너왔건만 오늘은
만성절이나 동짓날처럼 초라하게 되돌아가는구나.

왕비 그럼 헤어져야 하는 겁니까? 생이별을 해야 하나요?

리처드 왕 그렇소. 그리운 님이여, 손과 손의, 마음과 마음의 이별이오.

왕비 (노섬벌랜드에게) 차라리 둘 다 함께 추방해서 전하도 나와 함께 보내
주오.

노섬벌랜드 그건 온정에 의한 것일 뿐 지혜로운 조치는 못 됩니다.

리처드 왕 둘이 함께 울어 슬픔이 하나로 뭉치게 되겠군. 그대는 프랑스에서
나를 위해 울어주오. 난 그대를 위해 이곳에서 비통해하리다. 가까이 있는
것보다는 차라리 멀리 떨어져 있는 게 낫소. 그대는 한숨으로 가는 길을 헤
아리시오. 난 한탄으로 헤아려 보리다.

왕비 제 갈 길은 아스라이 머니 한숨도 길어지겠지요.

리처드 왕 내 갈 길은 짧으니 한 발자국에 두 번씩 한탄하리다. 가슴이 갈기
갈기 찢기는 슬픔으로 갈 길을 늘리리다. 슬픔에 하소연하는 건 짧을수록
좋소. 이제 슬픔과 결혼하면 한평생 슬픔으로 지내게 될 터인즉 한 번의 키
스로 우리의 입을 막고 말없이 헤어집시다. 내 마음을 받으오. 당신 마음은

내가 품으리다. (왕비와 키스한다)

왕비 제 마음을 돌려주소서. 전하의 마음을 지니고 있다가는 틀림없이 슬픔으로 죽을 것입니다. (왕과 다시 키스한다) 이젠 제 마음을 돌려받았어요. 어서 가소서. 전 한탄으로 제 마음을 죽이겠지요. (운다)

리처드 왕 이별을 이렇게 망설이다간 짓궂은 불행이 덮칠지도 모르오. 자, 다시 한 번, 잘 가시오. 모두들 나머지 말은 슬픈 마음이 말하게 합시다. (모두 퇴장)

〔제5막 제2장〕

요크 공작의 저택.
요크 공과 그의 아내 등장.

공작부인 아, 여보, 그다음 이야기를 해주시겠다고 하셨어요. 두 조카가 이런던으로 들어오는 광경을 말씀하시다 울음이 북받쳐 중단하셨지요.

요크 어디까지 이야기했더라?

공작부인 무례한 것들이 창문에서 쓰레기를 리처드 왕 머리에 쏟아부었다는 처참한 대목까지예요.

요크 그땐 아까도 말했지만, 대망을 품은 주인 볼링브룩 공작의 마음을 잘 알기라도 하듯 생기도 왕성한 준마를 타고 서서히 그러나 당당히 지나가셨소. 사람들은 일제히 "볼링브룩 만세!"를 외쳤다오. 창문이란 창문 모두가 소리치는 것 같았소. 노인 젊은이 할 것 없이 창문 밖으로 머리를 내밀고 눈이 빠지게 공작의 얼굴을 보려고 했으니까. 그리고 벽마다 초상화 등을 그린 현수막을 내걸고 한결같이 "만수무강하소서! 귀국을 환영합니다! 볼링브룩 전하 만세!" 하지 않겠소. 그동안 공작은 모자를 벗고 좌우로 돌아보며 의기양양한 준마의 목보다도 낮게 허리를 굽혀 "감사합니다, 동포 여러분" 줄곧 인사하고 지나갔소.

공작부인 아아, 가엾은 리처드! 그동안 어떻게 되었을까?

요크 예를 들어 극장에서 인기 배우가 퇴장하고 나면 관객은 그다음에 등장하는 배우는 거들떠보지도 않고 그의 대사를 지루한 잡소리로만 생각하오.

바로 그대로요. 사람들은 그보다 더한 멸시의 눈으로 리처드를 바라보았소. "만수무강하소서"는커녕 귀국을 환영하는 소리 한마디 없고, 도리어 신성한 머리에 쓰레기를 부었소. 그는 관용의 미소를 지으며 말없이 털어버렸지만 그의 얼굴에는 눈물과 미소가, 그리고 슬픔과 인내의 표정이 뒤섞여 서로 다투고 있었소. 만약에 신이 인간의 심장을 강철같이 만들지 않았던들 사람들의 심장은 눈물로 녹아버렸을 거요. 아무리 야만인이라도 마땅히 그를 동정했으련만. 그러나 이런 일은 하늘의 뜻이니 우린 하늘의 그 높은 뜻을 순순히 따르는 것밖에 도리가 없잖소. 이제 우리는 볼링브룩의 신하로서 맹세했으니 전하의 권위와 명예를 길이 받들어야만 하오.

공작부인 우리 아들 오멀이 와요.

요크 이제까지 오멀 공작이었지만 리처드 편에 가담했기 때문에 그 작위를 잃었소. 이젠 러틀랜드라 불러야 하오. 난 의회에서 저 아이의 보증인이 되어 꼭 새 왕에 충성할 것을 약속했소.

오멀 등장.

공작부인 아들아, 어서 오너라. 신록이 파릇파릇한 새봄에 활짝 핀 제비꽃이 누구시더냐?

오멀 어머니, 저는 모릅니다. 또한 그리 관심도 없습니다. 제가 제비꽃이 될 생각은 꿈에도 없습니다.

요크 하지만 새봄이 왔으니 넌 봄을 따라야 되느니라. 그렇지 않으면 꽃이 피기도 전에 꺾일지도 몰라. 옥스퍼드에선 소식 없더냐? 무슨 시합이다 축제다 하는 것들이 있을 거라더냐?

오멀 제가 알기로는 있다고 합니다.

요크 너도 물론 참가하겠지?

오멀 신께서 막지 않으시면 그럴 생각입니다.

요크 네 앞가슴에 꽂혀 있는 봉인된 그 편지는 무엇이냐? 아니, 얼굴빛이 변하는구나. 어디 이리 좀 보여다오.

오멀 아버지, 별것 아닙니다.

요크 별것 아니라면 봐도 상관없잖니. 어디 그걸 좀 보자. 그래야 안심이 되겠다.

오멀 제발 아버지, 이것만은 용서하십시오. 이건 그리 대단치 않은 편지입니다. 죄송합니다만 사정이 있어서 보여드릴 수 없습니다.

요크 나도 안 되겠다. 사정이 있어서 난 꼭 봐야겠다. 혹시나 염려가 되어서…….

공작부인 아니, 염려라니요? 그저 증서 같은 거겠지요. 이번 행사에 입고 나갈 새옷을 맞춘 지불증서 같은 거 말입니다.

요크 지불증서라니! 그런 증서를 몸에 지니고 다니는 자가 어디 있담? 부인, 말도 안 되는 소리요…… 얘, 그걸 이리 내놔라. 어디 보자.

오멀 부탁입니다. 용서하십시오. 보여드릴 수 없습니다.

요크 봐야만 마음이 놓이겠다, 봐야겠다는데도. (아들의 앞가슴에서 편지를 낚아채서 읽는다) 역모다! 흉측한 역모! 이 악당아! 반역자야! 이놈!

공작부인 무슨 일이에요, 여보?

요크 (큰 소리로) 여봐라! 거기 안에 누구 없느냐? 말에 안장을 얹어라. (다시 읽는다) 이럴 수가! 도대체 이런 반역이 어디 있담!

공작부인 아니, 무슨 일인가요?

요크 (큰 소리로) 장화를 가져오너라, 장화를. 말에 안장을 얹어라. (다시 읽는다) 내 명예를 걸고, 내 목숨을 걸고, 내 진실을 걸고 이 고얀 놈을 고소하겠다.

공작부인 아니, 왜 그러세요?

요크 부인은 잠자코 있어요.

공작부인 잠자코 있을 수 있어요? 어찌 된 일이냐, 오멀?

오멀 어머니, 걱정 마세요…… 기껏해야 이 하찮은 목숨 하나 버리면 되는 일입니다.

공작부인 목숨을 버리다니!

요크 장화를 가져오너라. 전하를 뵈러 가야겠다.

하인이 장화를 들고 등장.

공작부인 저놈을 혼내주어라, 오멀. 왜 넋 나간 듯이 가만히 있느냐. (하인에게) 저리 가라, 발칙하다! 다시는 내 앞에 얼씬하지 마라.

요크 (하인에게) 장화 달라니까, 장화를. (하인, 요크가 장화 신는 것을 돕는다)

공작부인 아니 여보, 도대체 어쩔 셈이세요? 자기 죄를 스스로 폭로하실 작정이신가요? 아들이 이 아이 말고 또 있어요? 더 낳을 가망이라도 있단 말인가요? 아이를 갖기엔 난 너무나 늙었어요. 그런데 이 나이에 소중한 아들을 떼내서 어미라는 행복한 이름을 빼앗겠다는 건가요? 저 아이는 당신을 닮았잖아요? 당신 자식이 아닌가요?

요크 얼빠진 소리 그만하시오. 부인은 흉악한 음모를 감추겠다는 거요? 그래 열 몇 놈이 성찬에 걸고 맹세를 하고 서로 서명하고 옥스퍼드에서 왕을 죽이겠다는데.

공작부인 이 아이는 가담 못하게 합시다. 여기 잡아둬요. 그러면 되잖아요?

요크 비켜요, 멍청한 여자 같으니! 저놈이 아무리 귀한 아들이라 해도 고소하고 말 것이오.

공작부인 당신이 나처럼 저 아이 때문에 산고를 겪으셨다면 조금 더 동정심을 가지셨을 거예요. 하지만 여보, 나는 다 알고 있어요. 당신은 내가 부정을 저질러 저 아이가 당신의 버젓한 아들이 아니고 사생아라 의심하시는 거죠? 어이쿠 여보, 그런 터무니없는 억측은 마세요. 아들은 당신을 꼭 닮았어요. 이 어미를 닮지도 않았고 내 어느 친척도 닮지 않았어요. 나는 저 아이를 사랑합니다.

요크 저리 비키시오. 한심한 여자로군. (퇴장)

공작부인 어서 오멀. 말을 타고 어서 쫓아가라. 아버지보다 먼저 전하를 뵙고 아버지가 고소하기 전에 용서를 빌어라. 나도 곧 뒤따르겠다······ 비록 늙었지만 너의 아버지만큼은 빨리 달릴 수 있고말고. 볼링브룩 전하께서 널 용서해 주기 전에는 땅에 엎드린 채로 절대로 일어나지 않을 테다. 자, 어서 가라! (모두 황급히 퇴장)

〔제5막 제3장〕

궁전.
헨리 4세가 된 볼링브룩, 퍼시, 귀족들 등장.

헨리 왕 나의 방탕한 아들 소식을 아는 자는 없소? 그 녀석 얼굴을 본 지 벌써 석 달이 됐소. 만약 나의 집안에 재앙이 내려졌다면 그건 바로 그 녀석이오. 경들, 어떻게 해서든지 그놈을 찾아내 주오. 런던의 모든 주점을 샅샅이 뒤져보면 찾을 수 있을 거요. 소문엔 날마다 주점에 파묻혀 있다니까. 함께 어울리는 녀석들이 뒷골목에 나타나 순경을 패거나 강도질하는 깡패들인 모양인데 아직 어리고 마음 여린 그 녀석은 그런 방탕아들을 후원하는 것이 제 딴에는 기사도의 명예인 줄로 착각하는 모양이오.

퍼시 전하, 이틀 전에 왕자님을 뵙고 옥스퍼드에서 열리게 될 저 시합 이야기를 해드렸습니다.

헨리 왕 그래서 그 용사께선 뭐라고 했소?

퍼시 말씀인즉 창녀집에 가서 소박데기 계집의 장갑을 빼앗아, 귀부인께 받은 정표처럼 갑옷에 달고서는 가장 뛰어난 투사를 멋지게 낙마시키겠답니다.

헨리 왕 방탕한 데다 저돌적이야. 그러면서도 어딘가 믿음직스럽기도 하단 말야. 나이 들면서 그것이 결실로 나타난다면 좋으련만…… 저기, 누가 오는가?

오멀, 다급하게 등장.

오멀 전하께서는 어디 계십니까?

헨리 왕 무슨 일이오, 사촌? 그 눈빛하고, 어찌하여 당황하고 있는 거지?

오멀 신의 가호가 있으소서. 전하께 간청이 있습니다. 전하께만 긴히 아뢸 말씀이 있습니다.

헨리 왕 우리 둘만 남겨두고 모두들 물러가오. (퍼시와 귀족들 퇴장) 사촌, 도대체 무슨 일이오?

오멀 (무릎을 꿇는다) 용서한다고 말씀해 주시지 않으면 이 무릎은 영원히 땅속에 뿌리 박히고 이 혀는 입천장에 달라붙어 일어서지도, 말을 아뢸 수도 없게 됩니다.

헨리 왕 그 죄는 계획했다 뿐이오, 아니면 이미 저질렀소? 전자라면 아무리 가증한 죄라도 앞으로 그대의 충성을 얻기 위해 너그러이 용서하겠네만.

연극 〈리처드 2세〉 리처드를 연기하는 제레미 아이언스. 스트랫퍼드 어폰 에이번 로열셰익스피어 극단 공연. 1986.

오멀   그럼 방문을 잠그도록 허락해 주십시오. 아뢸 말씀이 끝날 때까지 아무도 가까이 오지 못하게요.

헨리 왕   그렇게 하지. (자물쇠를 건다)

요크, 문을 두드리며 소리친다.

요크 (밖에서) 오, 전하! 부디 경계하십시오. 바로 전하 앞에 사악한 반역자가 있습니다.

헨리 왕 이 고얀 놈, 단칼에 베어버리겠다. (칼을 뽑는다)

오멀 (다시 무릎을 꿇는다) 고정하십시오. 심려하실 건 없습니다.

요크 (밖에서) 문을 여십시오, 믿는 것도 무모하신 것도 정도가 있으셔야죠. 전하의 안위를 생각해서 그러하니 폭언을 용서하십시오. 열어주시지 않으면 문을 부수고서라도 들어가겠습니다.

헨리 왕이 문을 열고 요크를 들어오게 한 다음, 다시 자물쇠를 건다.

헨리 왕 대체 무슨 일이오, 숙부? 어서 숨을 돌리고 말씀해 보세요. 사정이 급하다면 나도 대비를 하겠소.

요크 어서 오셔서 이 편지를 읽어보십시오. (편지를 내민다) 숨이 차서 말하기 어렵습니다만 역모입니다.

오멀 읽으시더라도 하신 언약 저버리지 마십시오. 저는 후회하고 있습니다. 제 이름을 읽지 마소서. 제 마음은 서명한 손과 한패가 아닙니다.

요크 고얀 놈 같으니. 서명할 때까지는 한패였겠지…… 그건 저 반역자의 앞가슴에서 뺏은 것입니다, 전하. 저놈의 참회는 공포 때문이지 진심은 아닙니다. 저놈을 절대 불쌍하게 여기지 마십시오. 동정심은 전하의 심장을 깨무는 독사가 될 것입니다.

헨리 왕 오, 가증스럽고 대담무쌍한 음모로구나! 굽은 지팡이는 그림자도 굽기 마련인데 그대 같은 충성스러운 아버지에게 저토록 불충한 자식이 있다니! 공은 맑고 깨끗한 은빛 샘물이오. 그 샘물에서 흘러내린 물은 흙탕 속을 흐르는 사이에 더러워지고 말았소! 공의 넘쳐흐르는 선은 악으로 변했지만 그 넘치는 인덕을 높이 사서 공의 타락한 아들의 대역죄를 용서하리다.

요크 제 인덕이 자식 놈의 막중한 악덕을 자아내게 한 셈. 절약해서 이룬 아비의 재물을 거덜내듯 그놈은 치욕으로써 저의 명예를 갉아먹는 게 됩니다. 저놈의 불명예가 죽으면 저의 명예는 살아납니다. 저놈을 살려두시면 저는 치욕에 찬 삶을 살아야 하며, 반역자는 살리고 충직한 신하는 죽는 게 됩니다.

공작부인 (안에서) 아이고 전하, 전하! 제발 문을 좀 열어주십시오.

헨리 왕 누군가, 고래고래 소리치며 애원하는 사람이?

공작부인 (밖에서) 한 아낙입니다. 전하의 숙모이옵니다. 전하, 애원합니다. 제발 문을 열어주십시오. 평생 구걸해 본 적이 없는 사람이 구걸하는 겁니다.

헨리 왕 이제 장면이 바뀌어 비극에서 희극 '왕과 구걸하는 여인'의 막이 열리는군. 위험천만한 사촌, 어서 어머니를 들게 하라. 숙모는 그대의 사악한 죄를 빌러 오셨나 보군.

요크 누가 빈다고 하여 죄를 용서하신다면 이 용서로 말미암아 더 많은 죄악이 득실거리게 됩니다. 썩은 팔다리는 잘라내야 다른 부분이 온전하지, 그대로 두면 목숨마저 잃게 됩니다.

오멀, 문을 열어준다. 공작부인 등장.

공작부인 오 전하, 이 무정한 사람을 절대 믿지 마십시오! 제 핏줄을 사랑하지 않는 사람이 어찌 남을 사랑하겠습니까?

요크 이 미치광이 여인, 어쩌자고 여기까지 왔소? 그 말라붙은 젖가슴으로 반역자를 다시 키우겠다는 거요?

공작부인 여보, 고정하세요. 전하, 들어주십시오, 전하. (무릎을 꿇는다)

헨리 왕 일어나오, 숙모.

공작부인 아니옵니다. 간청하나이다. 러틀랜드를, 죄 지은 제 자식을 용서해주시겠다는 기쁜 한마디를 들려주시기 전에는 결코 일어나지 않고 무릎을 꿇고 걷겠습니다. 행복한 사람들이 보는 햇볕도 절대 보지 않겠습니다.

오멀 어머니의 애원을 들어주시도록 저도 비옵니다. (무릎을 꿇는다)

요크 그들의 탄원을 들어주지 마시기를 저도 충직한 무릎을 꿇고 비옵니다. (무릎을 꿇는다) 자비를 베푸시다간 액운이 닥쳐올 것입니다!

공작부인 저것이 진심이겠습니까? 저 얼굴을 보십시오. 눈물 한 방울 보이지 않으니 그의 간청은 능청입니다. 공작의 말은 입에서 나오고, 저희들의 말은 가슴속에서 우러나온 것입니다. 은근히 거절되길 바라면서 하는 속이 텅 빈 탄원일 뿐입니다. 저희 모자의 청원에는 마음과 영혼 그리고 목숨이 담겨 있습니다. 공작의 무릎은 지쳐 당장에라도 일어서고 싶어하지만 저희는 무릎이 땅에 박혀 뿌리를 내릴 것입니다. 공작의 청원은 공허한 위선에 가득 찼지만 저희들 애원은 열망과 진실에 차 있습니다. 저희가 하는 애원이 이기는 게 마땅합니다. 진심으로 비는 자가 마땅히 받아야 할 자비를 베풀어 주십시오.

헨리 왕 일어서세요, 숙모.

공작부인 전하 "일어서라" 하지 마시고 먼저 "용서한다" 하신 뒤에 "일어서라" 하소서. 제가 전하께 말을 가르치는 유모였다면 용서한다는 말을 맨 처음에 가르쳤을 겁니다. 오늘처럼 그 말을 그토록 듣고 싶어한 적은 없었습니다. "용서한다" 말씀하소서, 전하. 그 말씀은 비록 짧지만 그렇게 아름다울 수가 없습니다. 지금 전하의 입에서 "용서한다"는 말씀보다 더 합당한 말이 나올 순 없습니다.

요크 프랑스어로 "파르돈네 무아(나를 용서하오)"라고 말씀하십시오.

공작부인 당신은 용서를 망치는 용서를 가르치고 있지 않습니까? 참으로 잔인한 남편이시군요. 인정사정없으시니! 엉뚱한 말로 훼방을 놓으시다니요! 우리나라에서 통하는 말로 "용서한다" 말씀하셔야지, 혀 꼬부라진 프랑스어로는 알아듣지 못합니다. 귀하신 얼굴이 말씀해 주시는 듯합니다. 어서 혀로써 말씀해 주십시오. 부드러운 전하의 가슴에 귀를 기울이시고 저희들의 비탄과 애원을 그 가슴에 들려주시어, 저희를 동정하시며 용서한다고 말씀해 주십시오.

헨리 왕 숙모, 어서 일어서시오.

공작부인 일어서게 해달라는 게 아닙니다. 용서를 빌고 있는 겁니다.

헨리 왕 그를 용서하겠소. 그리하면 신께서도 나를 용서해 주실 겁니다.

공작부인 오, 제가 이 무릎을 꿇은 덕분이오니까! 하지만 마음 놓을 수가 없습니다. 다시 한 번 반복해 주십시오. 두 번 용서한다고 해서 두 번 용서하시는 건 아닙니다. 다짐일 뿐입니다.

헨리 왕 진심으로 그를 용서하오.

공작부인 전하는 이 땅 위의 신이오니다.

헨리 왕 그러나 내가 믿어왔던 매형과 수도원장, 모의에 가담한 배신자 무리에겐 바로 군대를 보내 파멸로 몰아넣겠소. 숙부, 옥스퍼드나 그 밖에 반역자들이 있는 곳에 군대를 보내도록 조처해 주시오. 그들은 맹세코 이 땅에서 살지 못하도록 하리다. 그들이 있는 곳을 아는 즉시 처치하도록 할 것이니…… 숙부, 살펴 가십시오. 그리고 사촌도 잘 가오. 숙모가 기도드린 덕택이니 앞으로 충성을 다하도록 하오!

공작부인 (오멀에게) 그럼 얘야, 어서 가자. 새 사람이 되도록 널 위해 기도하겠다. (모두 퇴장)

〔제5막 제4장〕

궁전.
피어스 엑스턴 경과 하인 등장.

엑스턴 너도 들었으렷다. "살아 있는 공포를 없애줄 친구 하나 내겐 없는가?" 이렇게 전하께서 말씀하셨지?

하인 그리 말씀하셨습니다.

엑스턴 "친구 하나 내겐 없는가?"라고 하셨지. 그렇게 두 번이나, 간곡하게. 두 번씩이나, 그렇지?

하인 그렇습니다.

엑스턴 말씀을 하시면서 나를 뚫어지게 쳐다보셨다. "그대야말로 나의 가슴에서 공포를 없애줄 수 있는 친구가 되어주오" 눈으로 말씀하신듯 말이야…… 그건 폼프렛성의 상왕을 말한 거다. 자, 우리 가자. 난 전하의 친구다. 그러니 전하의 적을 없애버려야 돼. (모두 퇴장)

〔제5막 제5장〕

폼프렛성.
리처드 왕 홀로 등장.

리처드 왕 내가 살고 있는 감옥을 이 세계와 비교하며 골똘히 생각해 봤다.

세상엔 많은 사람들이 살고 있지만 이곳에는 나밖에 없으니 좋은 생각이 떠오르질 않는구나. 그러나 좀더 파고들어가 보자. 내 넋을 아버지로, 내 두뇌를 그의 아내로 생각해 본다면? 이 둘 사이에서는 쉴 새 없이 사상이라는 자손이 태어나 자란다. 바로 그 사상이 작은 세계에서 우글댄다. 그것들은 이 세상의 인간들처럼 변덕쟁이여서 좀처럼 만족할 줄 모른다. 이중에서 종교적인 사상은 상류 계층을 형성한다. 이들은 의심과 피를 섞어서 말을 낳고 또 말을 거역한다. 이를테면 하느님은 "나에게로 오라, 아이들아" 해놓고서는 천국으로 들어가는 것보다 낙타가 바늘구멍을 통과하는 것이 더 쉽다고 한다. 야심에 빠진 이상은 이룰 수도 없는 기적을 운운한다. 나의 연약한 손톱으로 어떻게 하면 내가 이 비정한 세계에서 단단한 창살을 뜯어내어 이 거친 감옥 돌벽을 빠져나갈까 생각한다. 하지만 그건 불가능하다. 내자긍심은 당당하게 꽃을 피웠다가 곧 시들어 버린다. 자기 체념에 빠져 스스로에게 아첨하며 운명의 노예가 된 것은 자기가 최초도 아니고 최후도 아니라 생각한다…… 어리석은 거지가 형틀에 매이고는 이렇게 된 자가 자기뿐이 아니라는 생각을 품음으로써 수치심에서 도망치는 격이다. 그래서 그들은 자신의 불행을 앞서 같은 운명을 겪은 다른 사람들의 등에 업혀, 그것으로 마음속에 어떤 위안을 찾지 않던가. 나는 이렇듯 홀로 여러 사람의 역할을 해보지만 만족한 적은 한 번도 없다. 때로는 왕이 되지만 모반당했을 땐 차라리 거지였으면 하고 생각한다. 그래서 거지가 된다. 그럼 무서운 가난 때문에 왕이던 때가 차라리 좋았다는 생각이 든다. 그러면 난 다시 왕이 된다. 그러나 얼마 안 가서 볼링브룩에게 왕위를 빼앗겨 아무것도 아닌 존재가 되고 만다. 하지만 내가 뭐가 되든 난 그 누구도 아니다. 누구든 간에 인간인 이상 아무것에도 만족하지 못한다. 나 자신이 아무것도 아닌 존재가 되어 마음이 편해지기 전에는…… 음악이 들리는구나. (음악 소리) 으음! 박자가 맞지 않는다. 감미로운 음악도 박자가 틀리고 가락이 깨지면 불쾌한 소리에 지나지 않는다! 인생이라는 음악도 마찬가지지. 이 옥중에서 조율이 잘 안 되어 화음이 맞지 않는 것들을 가려낼 수 있는 섬세한 청각을 나는 가졌다. 그러나 난 왕으로서는 정치와 적절한 때를 맞추지 못했고, 국정의 가락이 흐트러진 것을 인식할 만한 멋진 청각도 없었다. 나는 시간만 낭비했으며 이젠 시간이 나의 남은 삶을 낭비하고 있다. 시간은 이제

나를 시계로 만들어 시간을 헤아리게 한다. 내 사상은 생각생각마다 시시각각 한숨짓게 하며 시간의 흐름을 나의 눈에 알린다. 나의 눈은 시계 글자판이요, 나의 손가락은 시곗바늘같이 그때그때 눈을 가리키며 눈물을 씻어낸다. 그래서 시간마다 알리는 소리는 내 무거운 한탄 소리가 되어 나의 심장에 종을 치듯 울린다. 한숨과 눈물과 한탄 소리는 분이 되고 시각이 되어 시간을 알려준다. 하지만 내가 세고 있는 일분일초는 오만한 볼링브룩에게는 오만한 기쁨을 가져다주는 시간이며 나는 그저 멍하니 시계 종소리를 세며 서 있을 뿐…… 이 음악이 날 미치게 하는구나. 제발 더는 들려주지 말아다오. 음악이 미친 사람을 제정신으로 돌려놓았다지만 내 경우에는 총명한 사람을 미치게 만들 것 같다. 그렇지만 저 음악을 들려주는 사람의 마음에 축복이 있으라! 그것은 사랑의 정표니까. 증오로 가득 찬 세계에서 이 리처드에게 사랑이란 소중한 보석이니라.

마부 등장.

마부 상왕 전하 만세!

리처드 왕 고맙소, 귀족. 어차피 서로 같은 신분인데 이렇게 분에 넘치는 존칭을 받아서야. 당신은 누구요? 이곳에는 어찌하여 왔소? 내 불운을 오래 연장시키려고 음식을 가져오는 저 험상궂은 개 같은 놈밖에는 아무도 얼씬 못하는 이곳에 말이오.

마부 상왕께서 국왕으로 계셨을 때 왕실 마구간 마부였습죠. 요크 쪽으로 여행하는 길에 갖은 곡절 끝에 상왕 전하를 뵈옵도록 허락받았습니다. 제 가슴이 얼마나 아팠는지 모릅니다. 대관식 날 볼링브룩이 저 갈색 바버리 말을 타고 런던 거리를 지나가는 것을 보았을 때요! 상왕 전하께서 때때로 타셨고 제가 정성껏 손질했던 말이었지요!

리처드 왕 내 바버리 말을 탔고? 말해 보게 착한 친구. 그 말은 어떻게 하던가?

마부 땅을 깔보듯이 의기양양하게 지나가던뎁쇼.

리처드 왕 의기양양해? 볼링브룩이 등에 탔는데도! 그 녀석, 내 손에서 홍당무를 얻어먹고, 이 손으로 토닥여 주면 신나했었는데. 그래 비틀거리지는 않던가? 넘어지지도 않던가? 오만한 자는 쓰러지는 법이니라. 제 등을 빼앗은 오만한 자의 목을 부러뜨리려 스스로 넘어지지도 않던가? 용서하라, 말이여! 내가 왜 널 나무라는 거지? 넌 인간에게 길들여지고 인간을 등에 태우도록 태어났지? 그런데 나는 말로 태어난 것도 아니면서 노새처럼 무거운 짐을 지고는 저 매정한 볼링브룩에게 박차를 받고 시달림을 당하고 있다.

간수가 식사를 갖고 등장.

간수 (마부에게) 이봐 저리 비켜. 이젠 그만 돌아가.

리처드 왕 나를 사랑하거든 그만 돌아가거라.

마부 할 말은 태산 같습니다만 입이 안 떨어지나이다. (퇴장)

간수 (탁자 위에 접시를 내려놓으며) 상왕 전하, 드시옵소서.

리처드 왕 네가 먼저 한 술 떠봐라. 이전처럼 말야.

간수 상왕 전하, 아니 되옵니다. 최근 전하께서 보낸 피어스 엑스턴 경이 그걸 금지하셨습니다.

리처드 왕 악마여, 랭커스터의 헨리를 잡아가라. 네놈도! 이젠 지쳤다. 더는 못 참겠다. (간수를 때린다)

간수 어이쿠, 사람 살려, 사람 살려요!

엑스턴과 다른 자객들 뛰어든다.

리처드 왕 뭣하는 놈들이냐! 무엄하게 달려들어 나를 죽일 셈이냐? 고얀 놈, 네놈이 먼저 죽으려고 창칼을 제 손에 들었구나. (한 자객의 손에서 창칼을 빼앗아 단숨에 그자를 죽인다) 네놈도 가라. 지옥이 입을 열고 기다리고 있다. (다른 자객도 죽이지만 엑스턴에게 칼을 맞는다) 나를 쓰러뜨린 그 손은 영겁의 불길에 타버릴지어다. 엑스턴, 바로 네놈의 악랄한 손이 왕의 피로써 왕의 땅을 더럽혔다. 올라라, 올라가라 내 넋이여! 네가 있을 곳은 하늘이다. 내 비천한 육체는 여기서 죽어 지하에 가라앉으리라. (죽는다)

엑스턴 왕의 피뿐만 아니라 용기도 충만하셨는데, 그것을 둘 다 내가 망쳐버렸구나. 부디 이것이 좋은 일이 되기를! 지금까지 잘했다고 나를 칭찬하던 악마들이 이건 지옥의 장부 기록감이라고 악담하는 소리가 들리는구나. 나는 이 죽은 왕을 살아 계신 왕에게로 나를 테니, 너희들은 나머지 시체들을 내다가 근처에 묻어라. (시체들을 들고 모두 퇴장)

〔제5막 제6장〕

궁전.
헨리 왕과 요크 공작, 여러 귀족과 시종들 등장.

헨리 왕 요크 숙부, 방금 들어온 보고에 따르면 반역자들이 글로스터셔의 시세스터 거리를 불태웠다 하는데 체포되었는지 사살되었는지 소식이 없소이다.

노섬벌랜드 등장.

헨리 왕 잘 왔소, 무슨 소식이오?
노섬벌랜드 먼저 전하의 행복을 축원하겠습니다. 다음은 옥스퍼드, 솔즈베리, 블런트, 그리고 켄트의 머리를 런던에 보냈다는 보고를 올립니다. 그자들을 체포하게 된 경위는 이 보고서에 자세히 기록돼 있습니다. (보고서를 바친다)
헨리 왕 고맙소. 수고가 많았소. 그대의 공로에는 충분한 포상을 하겠소.

피츠워터 등장.

피츠워터 전하, 저는 브로카스와 베네트 실리의 머리를 옥스퍼드에서 런던으로 보냈습니다. 이 둘은 옥스퍼드에서 전하께 위해를 가하려고 한 반역도의 무리입니다.
헨리 왕 피츠워터 경의 노고는 잊지 않겠소. 참으로 훌륭한 공을 세웠소.

퍼시가 칼라일 주교를 끌고 등장.

퍼시 음모의 괴수 웨스트민스터 수도원장은 양심의 무거운 가책과 번뇌에 견디다 못해 자신의 육체를 무덤에 던졌습니다. 그러나 칼라일 주교는 이렇게 살아 있습니다. 무엄한 죄에 대한 전하의 선고를 기다리나이다.

헨리 왕 칼라일은 들으라. 그대에 대한 선고는 다음과 같다. 그대가 지금 소유한 성당을 떠나 멀리 떨어진 은둔처에 가서 남은 삶을 보내도록 하라. 조용히 살아가면 싸움에 휘말려들지 않고 천명을 누리게 되리라. 주교는 늘 나의 적이었지만 그대의 고결한 인격은 나도 인정하는 바이니라.

엑스턴이 시종들과 함께 관 하나를 들고 등장.

엑스턴 위대하신 전하, 전하의 두려움을 이 관 속에 묻어서 바치나이다. 이 관 속에는 전하의 가장 강력한 적인 보르도의 리처드가 숨을 거두고 누워 있습니다. 거두어 주옵소서.

헨리 왕 엑스턴, 전혀 고마운 일이 못 된다. 그대는 죽음의 전령 같은 손으로 나의 머리 위에, 또 이 고명한 국토 위에 백성의 비방을 가득 쏟아놓는 큰 잘못을 저질렀느니라.

엑스턴 전하의 말씀이 있어 한 일이옵니다.

헨리 왕 독이 필요한 자도 독은 사랑하지 않는 법. 나 또한 그대를 사랑하지 않는다. 내가 그의 죽음을 바란 것은 사실이다. 그러나 살인자를 증오한다. 그리고 살해당한 그를 사랑하노라. 양심의 가책을 그대의 노고에 대한 보상으로 하라. 그러니 치하의 말이나 보상을 바라지 말지어다. 카인과 더불어 밤의 어둠 속을 헤매고 다시는 그대의 얼굴을 밝은 곳에 드러내지 마라. (엑스턴 퇴장) 경들, 맹세코 내 영혼은 슬픔으로 가득 차 있소. 나는 높은 지위에 오르기 위해 피의 세례를 받아야 했나 보오. 자, 내가 애도하는 그분을 추모하여 상복을 입읍시다. 나는 성지 순례를 떠날 것이오. 죄 많은 손에서 피를 씻어내기 위함이오. 엄숙히 따르시오. 경들도 비명에 간 분의 장례를 따르며 눈물로써 나의 비통함을 욕되지 않게 해주오. (관이 들려 서서히 운반되어 나간다. 모두가 그 뒤를 따라 퇴장)

The First Part Of King Henry Ⅳ
헨리 4세 제1부

[등장인물]

헨리 4세 잉글랜드 왕. 이름은 헨리 볼링브룩. 붉은장미 문장(紋章)으로 상징되는 랭커스터 가
  문 출신으로는 처음 왕이 됨. 장미전쟁(1455~1485) 때 리처드 2세를 폐위시키고 반란을 진압

헨리 왕자 헨리 4세의 첫째 아들. '해리' 또는 '핼'이라고도 불림

랭커스터의 존 왕자 헨리 4세의 둘째 아들

웨스트모어랜드 백작

월터 블런트 경

우스터 백작 토머스 퍼시

노섬벌랜드 백작

핫스퍼 해리 퍼시, 노섬벌랜드 백작의 아들

에드먼드 모티머 마치 백작

요크의 대주교 리처드 스크룹

더글러스 백작, 오웬 글렌다워

리처드 버논 경

마이클 경 요크 대주교의 친척

에드워드 포인스 헨리 왕자의 시종

존 폴스타프 경

개즈힐

피토

바돌프

퍼시 부인 핫스퍼의 아내, 모티머의 누나

모티머 부인 모티머의 아내, 글렌다워의 딸

퀴클리 이스트치프에 있는 술집 안주인

프랜시스 술집 심부름꾼

그 밖에 귀족들, 주장관, 술집 주인, 여관 주인, 두 짐꾼, 마부, 나그네들, 하인들, 사자(使者)들

[장소]

잉글랜드

헨리 4세 제1부

〔제1막 제1장〕

런던 왕궁.
한쪽 입구에서 헨리 4세, 월터 블런트 경을 거느리고 들어온다. 다른 입구에서도
웨스트모어랜드와 여러 사람이 들어온다.

헨리 왕 혼란과 두려움이 우리 모두의 얼굴에 그늘을 드리우고 있으나, 이
불안하기만 한 잠깐의 평화가 찾아온 틈을 타 숨을 좀 돌리고 앞으로 먼
땅에서 벌어질 전쟁에 대해 이야기해 보도록 하겠소. 다시는 이 땅의 여신
입술이 그 자녀들의 피로 물드는 일이 없을 것이오. 그 여신의 앞마당이 전
쟁으로 망가지는 일 또한 없을 것이며, 여신의 꽃밭이 군마의 말굽에 짓밟
히는 일 또한 일어나지 않을 것이오. 수심에 찬 하늘에서 쏟아져 내리는 별
똥별과 같이, 마주해 서로를 노려보던 눈들은 사실 한배에서 태어나 한집
에서 자라난 형제들이오. 얼마 전까지는 서로를 죽이고 죽임당하며 부딪쳤
다고는 하나, 이제는 함께 손을 잡고 마음을 모아 앞으로는 친구끼리, 친척
끼리, 동맹끼리 맞서는 일이 없어야 하오. 이 전쟁은 잘못 겨누어진 칼과 같
으니, 그 칼날이 주인을 베는 일이 더는 일어나지 않아야 하오. 그러니 나의
친구들이여, 우리는 모두 그리스도의 군사들로서 그 영광된 십자가를 짊어
지고 전쟁터에 뛰어들어야 하오. 이제는 새로운 군대를 키워내서 성지로 나
아가야만 하오. 1400년 전 우리 죄를 사하기 위해 십자가에 못 박힌 그분께
서 거닐었던 그 성스러운 땅을 차지한 불신자들을 내쫓기 위함이 우리 잉
글랜드 군사들이 태어난 까닭이오. 그러나 이는 이미 1년 전부터 이야기했
던 바, 새삼 다시 입에 올릴 필요는 없을 것이오. 따라서 우리가 이렇게 모
인 이유는 그 이야기를 하기 위함은 아니오. 자, 친애하는 웨스트모어랜드

경, 이 중대한 원정 계획을 추진함에 있어 어젯밤 관료들 회의에서 어떤 결정이 내려졌는지 이야기해 주시오.

웨스트모어랜드 전하, 열띤 논쟁을 벌인 끝에 여러 문제들에 대한 결정을 내리고 있었는데 때마침 웨일스에서 사자가 아주 중대한 보고 사항을 가지고 뛰어들었습니다. 가장 언짢은 소식은 헤리퍼드셔의 군사들을 이끌고 야만스러운 글렌다워를 응징하고 있는 모티머 경이 무엄하기 짝이 없는 적들 손에 사로잡혔다는 소식입니다. 1천 명에 이르는 그의 부하들은 모조리 학살당했으며, 웨일스 여자들이 그 시체를 잔인하고도 야만스럽게 훼손했다고 하는데, 그 모습이 너무나 끔찍하여 그 수치를 차마 말로는 표현할 수 없다고 합니다.

헨리 왕 그렇다면 그 소식 때문에 성지 원정 계획은 중단될 수밖에 없겠군.

웨스트모어랜드 그렇습니다. 게다가 다른 문제도 한 가지 더 있습니다, 전하. 북쪽에서부터 더 끔찍하고 비통한 소식이 왔는데 그 내용은 이러합니다. 성 십자가 날에 퍼시 경의 아들 용맹한 핫스퍼 해리 퍼시가 스코틀랜드의 위대한 전술가 더글러스 백작 아치볼드와 전투를 일으켰습니다. 그 장소는 홈던으로, 들려오는 포성으로 미루어 보아 둘은 오랫동안 아주 치열하게 싸움을 벌인 듯합니다. 이 소식을 가지고 온 사자는 전투가 한참 치열하던 때에 말을 달려 돌아왔기 때문에 승패의 끝은 알지 못했습니다.

헨리 왕 그 전투라면 여기 충성스러운 나의 월터 블런트 경이 이제 막 말에서 내려, 홈던에서 이곳까지 달려오며 묻은 먼지도 털어내기 전에 우리에게 아주 좋은 소식을 전해 주었소. 더글러스 백작은 패하였소. 스물두 명의 기사를 비롯하여 1만여 스코틀랜드 병사들이 피가 흥건한 홈던 들판에 쓰러져 있는 것을 블런트 경이 직접 보았다고 하오. 핫스퍼는 더글러스 백작의 아들 파이프 백작 모데이크와 함께 아톨, 머리, 앵거스, 그리고 멘테이스 백작까지 모조리 사로잡았다 하오. 참으로 영광스러운 승리가 아니겠소? 아주 훌륭한 성과가 아니오? 그렇지 않소?

웨스트모어랜드 정말 그렇습니다. 참으로 귀공자다운 자랑스러운 승리입니다.

헨리 왕 맞소. 소식을 들은 나는 한편으론 슬픔이 몰려와 그런 자랑스러운 아들을 둔 노섬벌랜드 경을 시샘하는 마음의 죄를 짓게 된다오. 영광이 말

헨리 4세의 초상화 17세기
역사가들은 이 그림을 왕이 죽고 나서 그린 것으로 보고 왕의 초상화가 맞는지 의문을 품고 있다.

을 할 수 있다면 그 주제가 될 아들, 숲에서 가장 크고 곧은 나무, 행운의
여신이 누구보다 아끼고 자랑스러워하는 젊은이가 아닌가. 그토록 청송받
는 그를 볼 때마다 나는 방탕과 불명예로 얼룩진 내 아들 해리를 떠올리지
않을 수 없으니. 아, 차라리 짓궂은 요정이 그 둘을 요람에서 바꿔치기 한
것이라면 얼마나 좋겠소! 그렇다면 퍼시 가문은 나의 해리를, 나의 가문 플

랜테저넷은 핫스퍼를 가지게 되었을 텐데. 왕자에 대해서는 더 생각을 말아야지. 웨스트모어랜드 경, 젊은 퍼시의 오만함을 어찌하면 좋겠소? 그는 이번에 사로잡은 포로들 가운데서 파이프 백작 모데이크 말고는 단 한 명도 내게 보내주지 않고 자신이 잡아두겠다 한다오.

웨스트모어랜드 그건 틀림없이 그의 숙부 우스터의 뜻일 겁니다. 늘 모든 일에서 전하를 거스르는 자가 아닙니까. 숙부 뜻에 놀아나 자신의 풋내나는 젊음도 잊은 채 노련하신 전하의 권위에 겁도 없이 대드는 것입니다.

헨리 왕 내가 핫스퍼에게 직접 와서 해명하라고 명령해 두었소. 이로써 예루살렘 원정은 잠시 미뤄둘 수밖에 없게 되었구려. 가서 나의 신하들에게 다음 회의는 수요일에 윈저에서 열릴 것이라 전해 주시오. 그리고 경은 곧바로 나에게 돌아와 주어야 하오. 아직 의논할 일들이 더 있으니. 그렇지만 지금은 너무 화가 나서 더 이야기하고 싶지 않소.

웨스트모어랜드 네, 전하. (모두 퇴장)

〔제1막 2장〕

런던. 왕자의 방.
왕자와 기사 존 폴스타프 등장. 존 폴스타프, 한쪽 구석 벤치에 기대 누워서 코를 골고 있다. 헨리 왕자가 나타나 폴스타프를 깨운다.

폴스타프 (눈을 뜨며) 이런, 헬. 지금이 몇 시지?

헨리 왕자 자네는 그렇게 술에 찌들어서 점심만 먹었다 하면 바지 단추를 풀어 헤치고 벤치에 누워 오후 내내 잠만 자니, 이제는 정말 필요한 질문이 무엇인지도 모르는군. 이 한낮에 시간을 묻다니, 그게 자네와 무슨 상관이 있나? 시침은 술이요, 분침은 닭고기, 시계 글자판은 사창가의 간판이요, 저 신성한 햇살 자체가 불꽃처럼 반짝이는 드레스를 입은 창녀라면 또 모를까, 그렇지 않고서야 도대체 자네가 시간을 알고 싶어하는 이유를 모르겠군.

폴스타프 그래, 자네, 말은 참 잘하는군. 헬, 우리 같은 도둑들은 달과 일곱 개의 별이 떴을 때에만 깨어나 움직이는 거야. 눈부신 기사 아폴로처럼 빛나는 해와는 거리가 멀지. 그런데 왕자, 자네가 왕이 된다면 말일세, 고귀

연극 〈헨리 4세 제1부〉 마이클 갬본(폴스타프 역)·매튜 맥퍼딘(핼 역) 출연. 내셔널 극장 공연. 2005. 폴스타프와 헨리 왕자가 이 작품의 중심 인물이다.

하신 전하, 아 참, 그냥 전하라고만 해야겠군. 자네에게 고귀함 따위가 있을
리 없으니까.

헨리 왕자 뭐라고, 그런 고귀함이 내겐 전혀 없단 말인가?

폴스타프 맹세컨대 조금도. 간식 먹기 전 감사 기도할 거리만큼도 없지.

헨리 왕자 하려던 이야기나 어서 해봐. 어서.

폴스타프 알았네, 알았어. 그러니까 자네가 왕이 되면 우리처럼 밤일을 하는
자들이 낮의 아름다움에 감사할 줄 모르고 잠만 잔다고 비난받지 않게 해
달란 말이야. 그 대신 '달의 여신 디아나의 시종들'이라거나, '어둠의 신사들',
아니면 '달의 일꾼들' 같은 그럴듯한 이름을 붙여줘. 그래야 사람들이 우리
를 우러러봐 줄 게 아닌가. 어쨌든 우리는 저 바다와 마찬가지로 달의 지배
를 받는 선량한 사람들이잖나. 고귀하고 순결하신 달님이 우리가 도둑질하
러 가는 길을 훤히 밝혀주시잖는가.

헨리 왕자 말 한번 잘했네. 그럴듯해. 우리도 바다와 마찬가지로 달의 지배를
받기 때문에 사람의 운이란 파도처럼 들어왔다 나갔다 하지. 예를 들면 월
요일 밤에 훔쳐낸 돈 자루가 화요일 아침이면 다 쓰고 텅 비게 되잖아. 자
네가 "이리 내!" 하고 빼앗은 돈이 "술 가져와!" 한 마디면 사라지지. 교수대
와도 비슷해. 이제 막 첫 계단을 오르는가 싶더니 어느새 꼭대기에 매달려
흔들거리고 있는 거야.

폴스타프 맙소사, 정말이지 꼭 맞는 소리를 하는군. 그건 그렇고, 그 술집 안
주인 말이야, 꽤 군침이 당기지 않던가?

헨리 왕자 휘블라의 꿀처럼 달콤하지, 이 궁궐 친구야. 왜 가죽 갑옷도 꽤나
튼튼하지 않은가?

폴스타프 도대체 무슨 소리를 하는 거야, 미쳤나? 농담 따먹기나 하자는 줄
알아? 가죽 갑옷이 나랑 무슨 상관이 있나?

헨리 왕자 그럼 나는 술집 안주인이랑 무슨 상관이 있기에 물었는가?

폴스타프 자네가 늘 그 여자를 불러서 계산을 하지 않았던가.

헨리 왕자 내가 언제 자네더러 자네 몫을 내라고 한 적 있나?

폴스타프 그 말은 맞아. 늘 자네가 모두 냈지.

헨리 왕자 그 여자에게 돈을 낼 때만 그런 것도 아니야. 어디서나 돈이 있으
면 늘 내가 냈어. 돈이 없을 때에는 내 이름으로 외상을 달았지.

폴스타프 그래, 자네가 왕세자라는 덕을 톡톡히 봤지. 그런데 말이야, 친구, 자네가 왕이 되어도 잉글랜드 땅에 교수대는 그대로 둘 건가? 그 낡아빠진 구닥다리 할아범 같은, 법률이란 녹슨 재갈로 우리 도둑들의 용기를 몽땅 꺾어버릴 셈인가? 자네는 왕이 되면 도둑들을 교수형에 처하지 말게나.

헨리 왕자 그래, 자네가 하게.

폴스타프 내가? 좋지! 하늘에 맹세코 훌륭한 판사가 되어주겠네.

헨리 왕자 벌써부터 판결을 잘못 내렸네. 그게 아니라 자네가 교수형 집행인이 되라는 말이야. 보기 드문 사형 집행인이 될 걸세.

폴스타프 그래 좋아, 헬. 궁정에서 뒹굴고 다니나, 교수대에서 뒹굴고 다니나 둘 다 나한테는 잘 맞는 일이니까.

헨리 왕자 돈이 좀 될 것 같나 보군?

폴스타프 그렇지. 사형당한 죄수들 옷도 빼앗아 입고 말야. 그런데 젠장, 기분이 꼭 거세당한 새끼 고양이나 사슬에 묶인 곰처럼 우울하군.

헨리 왕자 이빨 빠진 늙은 사자나 청승맞은 음악을 연주하는 류트 같지.

폴스타프 그래, 꼭 늘어지는 백파이프 소리처럼 우울하네.

헨리 왕자 토끼 고기*1라도 먹었나? 아니면 하수구에라도 처박힌 꼴인가?

폴스타프 말하는 것 하고는. 못돼 먹은 비유를 하는 데는 자네만한 사람이 없을 거야. 그런데 헬, 이제 시시한 소리는 그만하게. 하느님께서 우리 둘에게 좀 그럴듯한 평판을 내려주면 좋겠어. 글쎄 며칠 전에는 궁정의 높으신 나리가 길을 가다 말고 나를 붙잡더니 자네에 대해 한바탕 잔소리를 퍼붓지 뭔가. 말이 꽤 그럴싸하던데. 물론 제대로 듣지는 않았네. 그래도 길가에서 떠들어대는 것 치고는 맞는 말만 했던 것 같아.

헨리 왕자 잘했네. 성경에도, 지혜가 길거리에서 소리 높여 외쳐도 듣는 이가 없다 하지 않던가.

폴스타프 성경 말씀을 이상한 데다 갖다 붙이는군. 자네는 성인군자도 타락시킬 사람이야. 나도 자네 덕분에 나쁜 물이 들었어. 헬, 하느님께서 자네를 용서해 주셔야 할 텐데. 난 자네를 만나기 전에는 아무것도 모르는 순진한 놈이었다고. 그런데 지금은 솔직히 말해서 악당이나 다름없지 않나. 이제

---

*1 셰익스피어 시대에는 토끼 고기를 먹으면 우울증에 걸린다고 생각했다.

이 짓도 그만둬야겠네. 정말 끝낼 거야. 안 그랬다가는 죄인이 되고 말 걸세. 자네가 아무리 왕자라고는 해도, 자네 때문에 지옥에 떨어질 수는 없으니 말야.

헨리 왕자 내일은 어디에 가서 도둑질을 할 건가?

폴스타프 제기랄, 자네 가는 곳으로 가겠네. 나도 한몫 껴야지. 발을 빼고 달아난다면 날 악당이라 욕하고 때려도 좋아.

헨리 왕자 굉장한 개과천선이로군. 조금 전까지는 하느님을 찾더니, 어느새 또 도둑으로 돌변했어.

폴스타프 무슨 소리, 헬, 이건 내 직업이라고. 사람이 직업을 갖고 일을 하는 건 죄가 아니야.

포인스 등장.

폴스타프 포인스! 이제 개즈힐이 준비를 마쳤는지 알 수 있겠군. 아, 인간이 정말로 착한 일을 해야만 천국에 가는 거라면, 이 녀석은 불타는 지옥도 아까운 놈이야. 선량한 사람들에게 "손들어!" 외치고 다니는 악당들 가운데서도 가장 못돼 먹은 악당이 아닌가.

헨리 왕자 어서 와, 네드.

포인스 안녕하십니까, 헬 왕자님. 투덜이 나리는 또 뭐라 지껄이고 있지? 무슨 일이야, 주정뱅이 존? 악마와 한 거래는 어떻게 되었나? 지난번 성금요일에 식어빠진 닭다리와 싸구려 포도주 한 잔에 자네 영혼을 팔지 않았는가?

헨리 왕자 존 경은 약속을 지키는 사람이지. 게다가 옛말이라면 또 철석같이 믿는 사람 아닌가. 악마라도 줄 건 주라는 옛말이 있으니, 약속대로 악마에게 다 내주게 될 거야.

포인스 (폴스타프에게) 그럼 자넨 악마와의 약속을 지켰으니 지옥에 떨어지겠군.

헨리 왕자 아니면 악마를 속인 죄로 지옥에 떨어지든가.

포인스 그런데 내일 새벽 4시에 성지순례 가는 사람들이 개즈힐을 지나갈 거라는군요. 캔터베리 성당에 낼 헌금을 잔뜩 짊어지고 런던으로 간답니다.

제가 얼굴을 가릴 가면은 준비해 두었으니 말만 타고 오시면 됩니다. 개즈힐 씨는 오늘 밤 로체스터에서 잘 거라는군요. 내일 저녁 식사는 이스트치프에서 하기로 벌써 예약도 해두었지요. 눈감고도 해치울 만한 일입니다. 함께 가겠다면 지갑에 금화를 가득 채워드리지. 싫으면 방구석에 처박혀 목이나 매달든가.

폴스타프 이봐 에드워드, 내가 함께 안 가면 네 녀석 목을 매달아 주지.

포인스 그럼 함께 갈 텐가, 뚱보?

폴스타프 핼, 자네도 함께 갈 거지?

헨리 왕자 뭐? 내가? 도둑질을 해? 말도 안 되는 소리.

폴스타프 10실링을 얻기 위해 나설 용기조차 없다니, 자넨 왕의 혈통이기는커녕 남자다움도 우정도 모르는 사람이군.

헨리 왕자 그래 좋아, 살면서 한 번쯤 미친 짓도 해보는 거지.

폴스타프 잘 생각했어.

헨리 왕자 아냐, 다시 생각해 보니 난 빠져야겠네.

폴스타프 이런 젠장, 네 녀석이 왕이 되면 내가 반란을 일으키고 말 거다.

헨리 왕자 마음대로 하게.

포인스 존 경, 왕자님과 둘이서만 할 이야기가 있으니 자리 좀 피해 주게. 이번 모험이 왜 중요한지 설명하면 왕자님도 가시게 될 거야.

폴스타프 하느님께서 자네에겐 말솜씨를, 왕자에겐 말을 알아듣는 귀를 내려주시면 좋겠군. 자네 하는 말이 그럴듯하게 들려서 왕자가 말을 들어먹기를. 왕자님이 도둑질을 한다니 얼마나 재미있는가. 그래야 이 시대의 악당들도 힘이 나지. 그럼 이만. 나는 이스트치프에 가 있겠네.

헨리 왕자 잘 가게, 철 지난 봄 같은 사람. 안녕히, 한겨울에 찾아온 여름 같은 사람아. (폴스타프 퇴장)

포인스 자, 왕자님, 내일 우리와 함께 가실까요? 제가 재미난 일을 꾸미고 있는데, 혼자선 도저히 해낼 수 없는 일이지요. 폴스타프, 피토, 바돌프, 개즈힐 씨가 그 순례자들을 덮칠 때 우리는 그 자리에 없을 겁니다. 그 녀석들이 순례자들에게서 돈을 빼앗고 나면, 우리 둘이서 그자들을 덮쳐서 그걸 다시 빼앗는 거지요.

헨리 왕자 그렇지만 출발할 때 함께 가기로 했잖아. 어떻게 떨어져 나오지?

포인스 우리가 먼저 출발하거나 뒤처져서 출발하면 되지요. 어디 다른 데서 만나자 하고는 안 나타나면 그만 아닙니까. 그럼 자기들끼리 가서 도둑질을 할 테니, 우리는 기다렸다가 공격하면 됩니다.

헨리 왕자 그렇군. 그렇지만 우리가 탄 말이나 우리 옷차림으로 그자들이 우릴 알아볼 텐데.

포인스 말들은 숲속 다른 곳에 묶어두면 되지요. 가면은 다른 걸로 바꿔 쓰면 되고요. 제가 빳빳한 천으로 망토를 만들어 두었으니 그걸 뒤집어쓰면 옷도 보이지 않을걸요.

헨리 왕자 우리 둘이서 그들을 못 당해 내면?

포인스 뭐, 그 가운데 둘은 엄청난 겁쟁이입니다. 다른 한 명은 좀 싸우겠다고 덤벼들기야 하겠지만, 곧 나가떨어질 거라는 데 제 손목을 걸지요. 저녁 때 만나서 뚱보 녀석이 길게 늘어놓는 거짓말을 듣고 있으면 꽤 재미있을 겁니다. 30대 1로 싸웠다느니, 무시무시하게 달려드는 걸 자기가 잽싸게 피했다느니, 죽을 뻔했다느니 하면서 마구 지껄여댈 테니까요. 그게 바로 이 장난의 묘미가 아닐까요.

헨리 왕자 좋아, 그럼 함께 가겠네. 필요한 것들을 모두 준비해서 이스트치프에서 만나지. 저녁도 거기서 먹겠네. 그럼 가보게.

포인스 안녕히 가십시오, 왕자님. (퇴장)

헨리 왕자 나도 네놈들이 어떤 녀석들인지는 잘 알고 있어. 지금은 이 헛된 난동에 어울려 주는 척해 주지. 그렇게 나는 태양이 되리라. 때 묻고 악한 구름 뒤에서 그 아름다움을 감추고 있는 태양이지. 그렇지만 다시 밝게 빛나고 싶은 마음이 들면 태양을 뒤덮었던 냄새나고 흉악한 구름들을 헤치고 나오리라. 그러면 사람들은 기다림이 길었던 만큼 더 그 태양에 열광하게 되겠지. 하루하루가 휴일의 연속이라면 노는 것도 일하는 것처럼 지겨워지기 마련이지. 하지만 휴일은 가끔씩 찾아오기에 모두가 그렇게 기다리고 또 기다리는 게 아니겠어. 사람들은 익숙지 않고 생각지 못했던 일들을 더 반기게 되는 거야. 그러니 내가 이렇게 제멋대로 하던 짓을 그만두고, 원했던 바는 아니지만 운명에 굴복하여 왕으로서의 할 일을 제대로 해낸다면 갑자기 훌륭한 사람으로 비춰져서, 세상을 놀라게 하리라. 이런 식으로 모두에게 나에 대한 그릇된 생각을 심어놓으면, 내가 개과천선해서 다시 태어나는 날 진흙탕에서 빛나는 다이아몬드가 떠오르기라도 한 듯 더 빛나 보일 게 아닌가. 더 방탕하게 굴어야지. 방탕함의 새 역사를 써서 보여주리라. 그리고 세상이 모두 나를 포기했을 때에, 잊혔던 나의 본모습을 되찾아 주리라. (퇴장)

〔제1막 3장〕

원저궁(宮) 회의실.
헨리 4세, 노섬벌랜드, 우스터, 핫스퍼, 월터 블런트 경, 그 밖에 여러 사람이 모여 있다.

헨리 왕 내가 이제까지 너무나 침착하고 온화한 모습만 보여주었더니, 경들은 바로 이 점을 이용해 나의 인내심을 함부로 짓밟고 있구려. 그러나 앞으로는 다시 국왕다운 위엄을 드러내게 될 테니, 모두들 그리 아시오. 기름처럼 유연하고 솜털처럼 부드러운 나의 천성은 강자에게만 굽실거리는 경들로부터 존경을 얻지 못한 것 같소.

우스터 전하, 저희 퍼시 가문만큼은 전하의 그러한 질책을 들어야 할 까닭이 없습니다. 처음부터 전하가 왕위에 오르도록 도와드린 게 바로 저희들이니까요.

노섬벌랜드 전하……

헨리 왕 우스터, 썩 물러가시오. 그대의 눈에는 오로지 불충과 위험의 빛만이 가득하군. 아, 그대는 어쩌면 그토록 오만하고 무례한가. 왕으로서 신하의 불만 가득한 눈빛을 결코 받아들이지 않으리라. 지금은 물러가 있으오. 그대가 필요해지면 다시 부르리라. (우스터 퇴장) (노섬벌랜드에게) 그대는 무슨 말을 하려 했소?

노섬벌랜드 네, 전하. 이미 말씀드렸다시피, 저의 아들 해리 퍼시가 홈던에서 잡아들인 포로들을 넘겨드리지 않은 것은 일부러 전하의 화를 돋우기 위해서가 아닙니다. 그 말을 전한 사람들이 시기를 했거나 일부러 분란을 일으키려 한 게 틀림없습니다. 제 아들은 잘못이 없습니다.

핫스퍼 전하, 저는 포로를 넘겨드리기를 거부한 일이 결코 없습니다. 제가 기억하기로는, 전투가 끝나고 저는 지쳐 쓰러져 있었나이다. 숨도 차고 어지러워서 칼에 기대어 있는데 그때 갑자기 곧 결혼식을 올려도 될 만큼 아주 말끔하게 차려입은 남자가 저에게 다가왔습니다. 수염은 방금 수확을 마친 들판처럼 깔끔하게 깎고, 향수 냄새를 풀풀 풍기는 사람이었습니다. 이야기를 나누는 내내 기분 나쁜 미소를 지어 보이며 두 손가락으로 향료가 담긴 상자를 집어 들고 코에 가져다 댔다, 치웠다 하면서 냄새를 맡았나이다. 병사들이 시체를 들고 지나갈 때마다 더럽고 냄새나는 시체를 고귀한 자기 가까이로 가지고 오는 건 어디서 배워먹은 버르장머리냐며 투덜댔나이다. 귀부인처럼 멋을 부리는 말투로 그자가 저에게, 제가 사로잡은 포로들을 전하께 가져다 바칠 수 있도록 넘겨달라 요구했습니다. 마침 상처는 시려오고, 그 앵무새 같은 녀석이 하도 시끄럽게 구는 탓에 저는 포로를 넘겨주겠다고 했는지 안 했는지 기억조차 나지 않습니다. 그자가 그렇게 말끔히 차려입고 향내를 풍기면서 귀부인처럼 내숭을 떨어가며 총이니 북이니 상처니 말하는 꼴을 보고 있자니 화가 머리끝까지 치밀어 올랐나이다. 하느님 맙소사! 게다가 상처에는 고래 머리로 만든 연고가 잘 듣는다느니, 화약을 파묻느라 멀쩡한 땅을 다 헤집어 놓아서 용맹한 전사들이 총에 맞아 죽어 안타깝다고 떠들어대지를 않겠습니까. 그 구역질 나는 총만 안 잡아도 됐더라면 자기도 훌륭한 전사가 됐을 거라는 둥, 돼먹지 못한 소리만 골라서 해대니, 저도 되는 대로 아무렇게나 대꾸했던 겁니다. 그러니 전하, 그자가 하는 말만 듣고서 전하에 대한 저의 충성심을 의심하지 말아주소서.

블런트 전하, 이야기를 듣고 보니 해리 퍼시 경이 그자에게 했던 말들은 때와 장소를 고려해 보았을 때 너그러이 잊고 넘어가셔도 좋을 것 같습니다. 헨리 경도 그러한 말을 한 것을 후회하고 있다니, 다시는 이 일을 입에 올려 헨리 경을 옥죄어서는 안 될 것입니다.

헨리 왕 그렇지만 그는 아직도 포로들을 인도하기를 거부하고, 나에게 이런저런 조건들만을 내걸고 있소. 내가 직접 몸값을 내서 그의 멍청한 처남 모티머를 구해 달라는 게 그가 내건 조건이오. 모티머는 저주받을 악당 글렌다워와 맞서 싸우기 위해 자신이 이끌던 군사들 목숨을 적에게 팔아넘긴 놈이오. 게다가 듣기로는 글렌다워의 딸과 결혼까지 했다는군. 배신자를 구해 내는 데 국고를 낭비하라는 말이오? 그는 싸움에 졌을 뿐 아니라 나라를 배반한 겁쟁이인데, 그런 자를 위해 날보고 나서서 적과 홍정하고 몸값을 내라는 거요? 어림없는 소리. 불모의 땅에서 굶어 죽게 내버려 두라지. 나에게 배신자 모티머를 위해서 동전 한 닢이라도 쓰기를 간청하는 자가 있다면 그는 절대로 나의 편이 아니오.

핫스퍼 배신자 모티머라니요! 전하, 그는 결코 항복한 적이 없나이다. 그저 전쟁터에서 운이 나빴을 뿐입니다. 모티머가 입은 상처들이 그 사실을 증명할 겁니다. 그가 수풀이 우거진 세번 강둑에서 한 시간이나 영웅답게 글렌다워와 맞싸워 입은 수없이 많은 상처들 말입니다. 피범벅이 된 그와 병사들의 모습에 강물조차 겁을 집어먹고 핏빛으로 물들어서는, 서둘러 둑 아래 움푹 파인 그늘에 몸을 숨기려는 듯 거세게 흘러갔으며, 전투를 벌이면서 그들은 세 번이나 멈추어 숨을 가다듬고 강물로 목을 축여야 했습니다. 더러운 수작을 감추고자 죽음의 위협을 무릅쓰는 사람이 어디 있겠나이까? 모티머가 처음부터 배반할 생각이었다면 스스로 나서서 그런 큰 부상을 당하지는 않았을 것입니다. 배신자라는 이름으로 그를 모욕하는 일은 삼가주소서.

헨리 왕 퍼시 경은 거짓말을 하고 있군. 거짓말이야. 모티머는 글렌다워와 맞싸운 일이 없소. 그자는 글렌다워와 싸움을 벌이느니 차라리 악마와 맞서 싸우기를 택할 자요. 부끄럽지도 않소? 이제 내 앞에서 모티머 이야기는 꺼내지도 마시오. 그리고 사로잡은 포로들을 지금 내 앞에 데려오시오. 내 명령을 어겼다가는 좋지 못한 일들을 겪게 될 테니. 노섬벌랜드, 이제 아들을 데리고 가도 좋소. 포로들을 보내는 걸 잊지 마시오. (핫스퍼와 노섬벌랜드만 남고 모두 퇴장)

핫스퍼 악마가 나타나서 고래고래 소리를 질러대도 포로들은 보내지 않으리라. 내 목이 달아나더라도 뒤쫓아 가서 할 말을 다 해버리면 속이 시원하련만.

노섬벌랜드 화가 나서 이성을 잃었느냐? 잠시 마음을 가라앉히고 생각해 보아라. 저기 네 숙부가 오는구나.

우스터 다시 나타난다.

핫스퍼 모티머 이야기는 하지 말라고? 흥, 내가 입을 다물 줄 알고? 지옥에 떨어지더라도 할 말은 하리라! 내 몸에서 피를 몽땅 쏟아내 그 피 한 방울 한 방울이 땅을 적시게 해서라도 그의 편을 들어주겠다. 모티머를 구해 내서 고마운 줄 모르는 저 국왕, 배은망덕하고 사악한 볼링브룩 늙은이보다도 더 높은 자리에 앉히고 말리라.

노섬벌랜드 (우스터에게) 동생, 아무래도 네 조카가 전하 때문에 정신이 나갔나 보구나.

우스터 내가 없는 사이에 누가 이렇게 일을 크게 만든 겁니까?

핫스퍼 왕이 포로들을 모두 내놓으랍니다. 그래서 내 처남을 구해 낼 몸값을 달라고 요구했더니 얼굴이 하얗게 질려서는 나를 죽이기라도 할 듯이 쏘아보더군요. 모티머라는 이름만 들어도 부들부들 떠는 꼴이라니.

우스터 그럴 만도 하지. 돌아가신 리처드 2세는 모티머를 왕위 후계자로 지명하지 않았느냐?

노섬벌랜드 그랬지. 내가 직접 들었네. 우리가 그에게 저지른 짓을 하느님께서 용서해 주시기를! 그 불쌍한 리처드 왕이 아일랜드로 쳐들어가기 바로 전이었어. 계획이 좌절되어 다시 돌아오자마자 왕위를 빼앗기고 살해당했지.

우스터 리처드 왕을 죽였다는 이유로 우리는 온 세상의 멸시를 받고 있지 않습니까.

핫스퍼 잠시만요, 리처드 왕이 정말로 제 처남 에드먼드 모티머를 왕위 후계자로 지목했습니까?

노섬벌랜드 그랬다. 내가 이 귀로 똑똑히 들었단다.

핫스퍼 그래서 왕이 모티머를 굶어 죽게 놔두라고 한 거군요. 그렇다고 헨리 왕을 대신해 살인의 오명을 뒤집어쓰고, 그 배은망덕한 머리 위에 왕관을 얹어준 두 분께서 세상 사람들의 저주까지 짊어지는 게 옳은 일입니까? 두 분은 헨리 왕에게 이용당했을 뿐입니다. 사형수의 죽음을 두고 그 교수대 밧줄을, 사다리를, 또는 사형 집행인을 비난할 수 있는 겁니까? 아, 제가 말이 너무 지나쳤습니다. 두 분을 그런 천한 물건들에 빗대다니, 용서하십시오. 저는 그저 저 교활한 왕 아래에 계신 두 분의 처지가 그렇다고 말하려던 것뿐입니다. 하지만 그런 비난을 당하면서도 참고만 계실 겁니까? 역사

《헨리 4세 제1부》 핫스퍼와 그 신하들 에드워드 윌리엄 레인포드. 1852.

가들이 고귀하신 두 분을 두고 향기로운 장미인 리처드 왕을 몰아내고 그
자리에 볼링브룩이라는 가시 돋친 잡초를 심는 부당한 짓을 저질렀다고 비
난하는데도 그저 가만히 계실 겁니까? 수치를 무릅쓰고 도움을 베풀어 준
사람으로부터 버림받고 세상 모두가 두 분을 바보라고 비웃는데도요? 그럴
수는 없는 일입니다. 두 분의 명예를 되찾을 시간은 아직 남아 있습니다. 우
리를 비웃고 모욕한 왕에게 앙갚음하는 겁니다. 왕이라는 작자는 자나 깨
나 어떻게 하면 두 분의 은혜를 죽음으로 갚아줄 수 있을까만 생각한단 말
입니다. 그러니까…….

우스터 얘야, 진정해라. 더는 말하지 말아라. 내가 너에게 이제껏 숨겨왔던
비밀을 하나 털어놓으마. 그 비밀의 책을 펼쳐서 분노에 타오르는 너에게 어
둡고 위험한 이야기를 들려주겠다. 요란하게 소용돌이치는 강물 위를 막대
기 하나 걸쳐놓고 건너가듯 위태로운 모험과도 같은 이야기이다.

핫스퍼 물에 빠지면 죽든지 살든지 끝이 나겠죠! 동쪽에서 위험한 일이 몰
려오면, 북쪽에서는 명예로운 일이 일어나기 마련이니 올 테면 오라지요.

아, 토끼를 놀래줄 때보다는 잠자는 사자를 깨울 때 피가 더욱 끓어오르는 것 아니겠습니까!

노섬벌랜드 모험 생각을 하느라 정신이 나갔구나.

핫스퍼 오, 하느님, 저 하늘로 뛰어올라 창백한 달님의 얼굴 위에 빛나는 명예를 낚아채거나, 끝없이 깊은 저 바다 밑바닥까지 헤엄쳐 들어가 해초의 머리카락 사이를 헤집어 명예를 건져 올리는 일도 어렵지 않을 것만 같습니다. 명예를 구해 온 자는 그 영광을 혼자서 차지할 수 있으니까요. 남에게 나누어 주고 남은 반쪽짜리 명예는 이제 싫습니다!

우스터 (노섬벌랜드에게) 상상 속에 빠져 있군요. 그럴 때가 아닌데. (핫스퍼에게) 조카야, 잠깐 내 말을 들어보아라.

핫스퍼 네, 말씀하십시오.

우스터 네가 사로잡은 스코틀랜드 사람들 말이다.

핫스퍼 제가 다 데리고 있을 겁니다. 오, 하느님, 왕에게는 단 한 명도 내주지 않을 겁니다. 포로 한 놈으로 왕의 영혼이 구원을 받는다 해도 싫습니다. 맹세하건데 제가 다 차지하고 말 겁니다!

우스터 또 내 말은 듣지 않고 딴소리만 하는구나. 포로들은 네가 잡아두어라.

핫스퍼 물론입니다! 왕은 모티머의 몸값을 내놓지 않겠다고 했습니다. 모티머 이야기조차 꺼내지 말라고 했습니다. 그러나 저는 왕이 잠들기만을 기다렸다 그 귀에 대고 "모티머!" 이름을 외쳐줄 겁니다. 아니, 새를 한 마리 잡아서 "모티머"란 말만 되풀이하도록 가르쳐서 왕에게 바쳐야겠습니다. 아마 화가 나서 어쩔 줄 몰라 하겠지요.

우스터 애야, 좀 들어보려무나.

핫스퍼 이제부터는 저 볼링브룩과 하찮은 그 아들 웨일스 왕자를 미워하고 괴롭히는 일에만 제 모든 노력을 바치고 살리라 엄숙하게 맹세합니다. 왕은 그 왕자라는 녀석을 미워해서, 그 녀석에게 안 좋은 일이라도 생겨 죽어버리면 오히려 기뻐할 테지요. 그렇지 않았다면 내가 그 왕자 녀석이 마시는 술에 독이라도 탔을 텐데.

우스터 잘 있어라. 다음에 네 흥분이 좀 가라앉고 나서 다시 이야기하자.

노섬벌랜드 (핫스퍼에게) 참을성도 없이 흥분해서 꼭 계집애처럼 지껄여대니,

너는 네 목소리 말고는 아무 소리도 들리지 않느냐!

핫스퍼 저는 야비한 볼링브룩 이야기만 들으면 꼭 몽둥이로 온몸을 얻어맞는 것 같고, 개미가 제 몸을 구석구석 물어뜯는 것만 같습니다. 리처드 왕이 살아 계실 때, 아, 거기가 어디였더라? 이런 젠장! 글로스터셔 어딘가였는데. 그 정신 나간 공작의 숙부가 살던 곳이었어요. 그의 숙부 요크 말이에요. 거기서 제가 처음으로 거짓말쟁이 볼링브룩을 만나 인사를 했었지요. 젠장! 두 분께서 볼링브룩과 함께 레이븐스퍼그에서 막 돌아오셨던 때였어요.

노섬벌랜드 버클리성(城) 말이구나.

핫스퍼 맞아요. 그때 그 아첨꾼 사냥개 녀석이 했던 말이라니! 어릴 때부터 이렇게 훌륭히 자랄 줄 알았다느니, 우리 해리라고 부르다가, 사랑하는 친척이라고도 했지요. 악마가 와서 물어갈 거짓말쟁이! 죄송합니다, 숙부님. 이제 입 다물고 있을 테니 말씀하세요.

우스터 아니다. 아직 다 끝나지 않은 것 같은데 더 하려무나. 우리는 잠자코 기다릴 테니까.

핫스퍼 다 끝났습니다. 정말입니다.

우스터 그럼 네 스코틀랜드 포로들 말인데, 몸값을 받지 말고 지금 풀어주어라. 그렇게 더글러스와 동맹을 맺은 뒤 그의 영향력을 이용해 스코틀랜드에서 군대를 모으자. 그는 기꺼이 너를 돕고자 할 텐데, 그 이유에 대해선 곧 너에게 편지로 설명해 주마. (노섬벌랜드에게) 형님은 아들이 스코틀랜드에서 할 일을 하는 동안 국민들의 사랑을 한 몸에 받는 대주교를 비밀리에 우리 편으로 끌어들여 주십시오.

핫스퍼 요크의 대주교 말씀입니까?

우스터 그래. 그의 동생 스크룹이 브리스틀에서 왕에게 사형당한 일 때문에 몹시 화가 나 있다. 이건 그냥 추측이 아니야. 그들은 모든 결정을 내리고 계획을 세워서 이미 실행에 들어갔다. 그저 알맞은 때를 기다리고 있을 뿐이지.

핫스퍼 무슨 뜻인지 알겠습니다. 틀림없이 성공할 겁니다.

노섬벌랜드 너는 사냥이 시작되기도 전에 개들을 풀어놓은 꼴이다.

핫스퍼 아뇨, 이 계획은 틀림없이 성공합니다. 스코틀랜드와 요크의 군사들이 모티머와 힘을 합치는 거지요?

우스터 그렇다.

핫스퍼 참으로 훌륭한 계획입니다.

우스터 그리고 우리에게는 반드시 서둘러 군사를 모아야 하는 분명한 이유가 있지 않느냐. 우리가 아무리 아무렇지 않은 척해도, 왕은 언제까지나 우리에게 빚진 기분을 지우지 못할 거다. 늘 우리가 만족할 만한 대접을 받지 못해서 불만을 품고 있다고 생각할 거야. 그래서 우리를 눈엣가시처럼 여겨 없애버리려는 거지. 벌써부터 우리를 쌀쌀맞게 대하기 시작했지 않느냐.

핫스퍼 그렇습니다. 바로 그렇습니다. 우리는 반드시 그에게 복수해야 합니다!

우스터 그럼 나는 이만 가보겠다. 내 편지를 받거든 거기에 지시한 일들 말고는 아무것도 하지 마라. 곧 적당한 틈을 노려서 내가 모티머 경과 글렌다워를 찾아가마. 너는 더글러스와 소집한 군대를 이끌고 우리와 만나는 거다. 비록 지금은 우리 앞날이 이토록 불안하기만 하지만, 그때는 우리의 행운을 당당히 두 팔로 감싸안게 될 거다.

노섬벌랜드 그럼 잘 가게, 동생. 우리는 틀림없이 성공할 거야.

핫스퍼 안녕히 가십시오, 숙부님. 아, 전장의 혼란과 신음 소리가 우리 계획의 증인이 되어주는 그날이 하루빨리 찾아온다면! (모두 퇴장)

〔제2막 1장〕

로체스터. 여관 뜰.
짐꾼 한 사람이 등불을 가지고 들어온다.

짐꾼 1 아이고! 새벽 4시가 아니면 내 목을 달아매. 북두칠성이 굴뚝 너머로 떴는데 아직 말한테 짐도 안 실은 거야? 이봐, 마부!

마부 (무대 밖에서) 잠깐만요!

짐꾼 1 이봐 톰, 내 말 안장 좀 잘 봐줘. 아래에 양털도 좀 깔아주고. 불쌍한 망아지 녀석, 등이 다 까졌지 뭔가.

다른 짐꾼 들어온다.

짐꾼 2 완두콩도 강낭콩도 말도 안 되게 젖었군. 이런 걸 먹였다가는 말들이 배탈이 날 텐데 말야. 이 여관은 마부 로빈이 죽은 뒤로 모든 게 엉망진창이야.

짐꾼 1 불쌍한 사람. 귀리 값이 너무 오르고 나서부터 웃음기가 사라지더니 끝내 죽고 말았지.

짐꾼 2 이 여관은 아마도 런던에서 벼룩이 가장 많은 여관일 거야. 온몸 구석구석 어찌나 물어뜯겼는지 꼭 잉어 비늘처럼 돼버렸어.

짐꾼 1 잉어라고? 난 지난밤에 더 심하게 물어뜯겼네. 왕도 나보다 더 물어 뜯길 순 없을걸.

짐꾼 2 그게 다 요강을 갖다놓지 않아서그래. 요강이 없으니 다들 아궁이에 다 볼일을 보지 않나. 거기서 벼룩이 들끓는 거라고.

짐꾼 1 이봐, 마부! 빨리 좀 하라고, 빨리!

짐꾼 2 난 채링크로스까지 훈제 베이컨과 생강 두 뿌리를 배달해야 한다네.

짐꾼 1 맙소사! 바구니 속 칠면조들이 다 굶어 죽겠다. 이봐, 마부! 이 빌어먹을 녀석. 넌 머리통에 눈도 안 달린 게냐? 귀도 안 들려? 머리통을 후려갈 기기 전에 서두르라고. 젠장. 이래서야 너를 어떻게 믿고 일을 맡기겠느냐.

개즈힐 등장.

개즈힐 안녕들 하신가. 지금 몇 시지?

짐꾼 1 2시쯤 된 것 같은데.

개즈힐 그 등불 좀 이리 주게. 마구간에 가서 내 말을 좀 봐야겠어.

짐꾼 1 그렇게는 안 되지, 이 사람아. 누가 그런 속임수에 넘어갈 줄 알고.

개즈힐 (짐꾼 2에게) 그럼 자네 등불 좀 빌려주게.

짐꾼 2 등불을 빌려달라고? 쳇, 저세상 가서 빌려주마.

개즈힐 이보게들, 런던에는 몇 시쯤 올 텐가?

짐꾼 2 뭐, 적당한 시간에 가야지. (짐꾼 1에게) 이봐, 머그스, 신사분들을 깨우는 게 좋겠어. 값비싼 물건들을 많이 가지고 있어서 함께 움직였으면 하

더군. (짐꾼들 퇴장)

개즈힐 이보게, 하인!

하인 (무대 밖에서) 네, 여기 있습니다, 소매치기 양반.

개즈힐 하인은 뭐 다른 줄 알아? 너도 소매치기나 다름없어. 우리 계획은 다 네가 세우잖아.

하인 들어온다.

하인 안녕하시오, 개즈힐 씨. 어젯밤 말씀드린 대로입니다. 켄트에서 온 지주 하나가 여기 묵고 있는데, 금화를 3백 마르크나 가지고 왔답니다. 어제저녁 식사를 하면서 함께 온 사람한테 이야기하는 걸 들었어요. 그 사람은 세무 관리인인데, 그도 돈을 많이 가지고 있답니다. 이제 막 일어나 아침 식사를 시켰으니, 아마 곧 길을 나설 겁니다.

개즈힐 여보게, 그자들이 오늘 성 니콜라스 님의 도적 떼들에게 당할 거라는 데 내 목을 걸지.

하인 아니, 됐습니다. 목은 교수대를 위해서나 아껴두십시오. 개즈힐 씨 당신이 바로 그 성 니콜라스 님을 열렬히 찬양한다는 도적 떼 아닙니까.

개즈힐 교수대 이야기는 왜 꺼내는 거야? 내가 교수대에 매달리는 날에는 뚱보 둘도 함께 매달리게 되는 거다. 내가 잡혀 들어가면 존 경도 함께 잡혀 죽는 거라고. 그런데 그자는 날씬하다고는 말하기 어렵지. 흥, 우리 도적 떼 안에는 너 따위가 감히 상상도 못할 만한 높은 분들도 계신다고. 물론 그분들은 그저 재미삼아 즐기는 거지만. 그분들 덕분에 우리 도적들이 좀 으스대고 다닐 수 있게 됐지. 잡히더라도 아마 쉬쉬하고 덮으려 들겠지. 우리 무리들 가운데는 거리를 떠돌아다니는 부랑자도 없고, 조잡한 무기나 휘둘러대는 녀석도 없을 뿐 아니라 시뻘건 얼굴에 수염이 덥수룩한 주정뱅이도 없다 이 말씀이야. 하나같이 고귀하고 점잖은 시장님이나 고관 나리들뿐이라고. 비밀을 지킬 줄 알고, 입으로 떠들어대기보다는 손이 앞서고, 술보다는 말을 즐기고, 기도보다는 술을 즐겨 하지. 아차, 그건 거짓말이군. 그분들도 언제나 나라를 위해 기도를 드리고 있으니까. 기도라는 게 실은 나라 안을 마구 짓밟고 돌아다니면서 쑥대밭으로 만들고 있는 거지만.

하인 나라를 짓밟아요? 그래도 되는 건가요?

개즈힐 그럼, 그럼. 정의가 얼마나 썩었는지 꼬떡도 없다고. 우리가 아무리 도
적질을 하고 다니더라도, 꼭 투명 인간이 되는 마법약이라도 마신 것처럼
남의 눈에 뜨일 일은 없지.

하인 에이, 남들 눈에 안 띄는 건 마법약 덕분이 아니라 깊은 밤에만 돌아다
니니까 그런 거죠.

개즈힐 자, 악수를 하지. 빼앗은 돈에서 자네 몫은 틀림없이 떼어주겠네. 진
정한 사나이로서 약속하네.

하인 진정한 사나이는 무슨. 차라리 사악한 도둑놈의 이름을 걸고 약속하시
지요.

개즈힐 무슨 소리야. 도둑이고 뭐고 다 똑같은 인간이란 말이다. 마부에게
내 말이나 가져오라고 해. 그럼 가봐, 이 멍텅구리 녀석아. (두 사람 따로따로
퇴장)

〔제2막 2장〕

개즈힐의 좁은 언덕길. 로체스터에서부터 3킬로미터쯤 떨어진 곳. 덤불과 나무들이
우거져 있다.
캄캄한 밤. 헨리 왕자, 피토, 바돌프가 언덕길을 올라오고 있다. 뒤이어 포인스가
숨을 헐떡이며 등장.

포인스 어서 숨어요! 어서! 제가 폴스타프의 말을 훔쳐서 숨겨두었어요. 그
자는 지금 화가 머리 꼭대기까지 나서는, 싸구려 벨벳처럼 뻣뻣해져서 어
쩔 줄 몰라해요.

헨리 왕자 숨어! (포인스, 피토, 바돌프 무대 밖으로 급히 나간다)

폴스타프 등장.

폴스타프 포인스! 포인스! 빌어먹을 녀석!

헨리 왕자 조용히 해, 이 뚱땡아! 왜 이리 소란이야?

폴스타프 헬, 포인스 어디 갔나?

헨리 왕자 저 언덕으로 올라가던데. 내가 찾아오지. (퇴장)

폴스타프 그런 도둑놈이랑 어울려 다니다 끝내 이 꼴이 됐군. 그 나쁜 자식, 내 말을 훔쳐 가서 숨기다니. 네 발만 더 걸었다가는 숨이 차서 쓰러질 거야. 그래도 그 자식을 찾아 죽여서 내가 교수형만 면할 수 있다면! 지난 22 년간 날마다 그 자식과는 말도 섞지 않겠다고 결심을 했건만, 웬일인지 놈을 만나면 또 홀랑 넘어가고 말았지. 그 자식, 나한테 무슨 사랑의 묘약 같은 거라도 먹이는 건가. 틀림없이 그럴 거야. 포인스! 헬! 네놈들 다 콱 죽어 버려라! 바돌프! 피토! 한 발만 더 뗐다가는 내가 먼저 죽게 생겼군. 이렇게 당하고도 그 자식들을 버리고 착한 사람으로 거듭나지 않는다면 나는 정말 희망이라고는 없는 놈이다. 나한테는 언덕길 10미터쯤 오르기가 1백 킬로미터도 더 걷는 것만큼 힘든 일인데. 녀석들은 그걸 알면서도 나한테 이럴 수 있단 말인가. 도둑이란 놈들이 이렇게 의리가 없다니!

무대 밖에서 휘파람 소리가 들리며 헨리 왕자, 포인스, 피트, 바돌프 등장.

폴스타프 이 망할 자식들아, 콱 죽어버려! 내 말 내놔, 이 나쁜 새끼들아. 어서 내놓고 썩 꺼져버려!

헨리 왕자 조용히 좀 하게, 이 뚱땡이 녀석아! 땅바닥에 귀를 대고 여행자들 발소리가 나는지나 들어봐.

폴스타프 나를 다시 일으켜 줄 지렛대는 있나? 젠장, 자네 아버지의 국고를 통째로 준대도 다시는 이렇게 멀리까지 걷지는 않을 걸세. 도대체 나한테 왜 이런 못된 망아지 같은 장난을 친 거야?

헨리 왕자 말을 빼앗았으니 망아지 같은 장난은 아니지.

폴스타프 헬 왕자, 제발 내 말을 돌려주게.

헨리 왕자 시끄러워. 내가 자네 마부인 줄 알아?

폴스타프 왕세자 따위, 가서 바지로 목이나 매달고 콱 죽어버려라! 어디 내가 잡히기만 해봐, 네놈들 이름까지 몽땅 다 불어버릴 테다. 네 녀석들이 저지른 막돼먹은 짓들에 대해서 지어 부르는 노랫소리가 길마다 울려 퍼지게 해줄 테니 말야. 아무리 장난이라지만 이건 너무 심하잖아!

개즈힐, 언덕길을 내려온다.

개즈힐 멈춰!

폴스타프 이렇게 멈춰 있잖나, 내 의지와는 상관없이 말이다.

포인스 아, 이 모든 일을 꾸민 개즈힐의 목소리다. 바돌프, 무슨 일이냐?

개즈힐 얼굴을 가려, 얼굴을 가리라고. 가면을 써, 어서. 세금으로 걷은 돈이 저 아래에서 오고 있네. 국고로 가져가고 있다는군.

폴스타프 거짓말이야. 왕의 국고가 아니라 술집으로 갈 돈이겠지.

개즈힐 우리 모두가 나눠 갖고도 남을 만한 돈이야.

헨리 왕자 자, 너희들 넷은 좁은 길목에서 그 사람들을 기다려. 네드 포인스 와 나는 그들이 너희들을 피해 갈 경우를 대비해서 아래쪽에서 기다리고 있겠네.

피토 몇 명이나 된다고?

개즈힐 여덟 명이나, 열 명쯤.

폴스타프 젠장, 우리가 당하는 거 아냐?

헨리 왕자 겁이 나나, 뚱뗑이?

폴스타프 말라비틀어진 네 할아버지 같진 않겠지만, 그래도 겁쟁이는 아니 야, 헬.

헨리 왕자 그거야 두고 보면 알겠지.

포인스 이봐, 잭, 자네 말은 저 울타리 뒤에 있네. 필요하면 가서 찾아오게. 그럼 잘 가게. 정신 똑바로 차리고.

폴스타프 (떠나는 왕자 뒷모습을 보며) 교수형 당할까봐 저걸 한 대 때릴 수도 없고.

헨리 왕자 (포인스에게 속삭이며) 네드, 우리 변장 도구는 어디에 있지?

포인스 (속삭이며) 바로 앞에 있습니다. 자, 이제 숨어요. (왕자와 함께 퇴장)

폴스타프 자, 자, 어디 잘 좀 해보자고. 모두들 자기 자리로 가게나.

나그네들 등장.

나그네 1 어서 오시지요, 여러분. 말은 하인 녀석이 끌고 가도록 맡기고, 우리는 운동 삼아 걸어 내려갑시다.

도둑들 멈춰!

나그네들 하느님 도와주소서!

폴스타프 공격이다! 쓰러뜨려라! 목을 베어버려! 거머리 같은 자식들, 배부른 악당 놈들! 우리 같은 젊은이들을 멸시하는 놈들, 죽어라! 탈탈 다 털어버려!

나그네들 아, 이제 우린 끝장이야.

폴스타프 젠장, 이 배불뚝이 악당들아! 끝장이라니, 네 녀석들 재산은 전부 집에 쌓아두지 않았느냐. 이 돼지 같은 자식들! 우리 젊은 사람들도 좀 먹고살아야지? 이 썩어빠진 부자들아. (도둑들, 여행자들 돈을 빼앗은 뒤 이들을 밧줄에 묶어 끌고 나간다)

헨리 왕자와 포인스, 망토를 뒤집어쓰고 수풀 뒤에서 살그머니 나타난다.

헨리 왕자 도둑들이 선량한 사람들을 밧줄로 묶었어. 이제 너와 내가 나타나서 도둑들 호주머니를 털어서 런던으로 즐겁게 떠나는 거다. 이 이야기를 하면서 몇 날 며칠을 신나게 웃고 떠들 수 있을 거야. 죽을 때까지 우스꽝스러운 추억이 되겠지.

포인스 엎드려요, 놈들이 옵니다. (헨리 왕자와 함께 숨는다)

도둑들 다시 나타난다.

폴스타프 어서들 와. 빼앗은 돈을 나누어 갖고 날이 밝기 전에 떠나자고. 왕자와 포인스란 녀석, 아주 겁쟁이들이지 뭐냐. 포인스 자식, 들오리만큼도 용기가 없어서야.

도둑들이 돈을 나누고 있을 때 헨리 왕자와 포인스가 변장을 하고 나타난다.

헨리 왕자 돈 내놔!

포인스 이 악당들아! (도둑들, 돈을 버려두고 잽싸게 도망간다. 폴스타프, 잠시 싸우는 척하다가 곧 함께 달아난다. 헨리 왕자와 포인스, 칼끝으로 폴스타프의 등을 쿡쿡 찌르자 폴스타프, 사람 살리라고 소리친다)

헨리 왕자 이거 너무 쉽군. 이제 신나게 말을 타고 돌아갈 일만 남았어. 도둑 놈들이 모두 흩어져 버렸네. 너무나 겁에 질려서 서로를 적으로 알고 다시 만날 생각도 안 하나 보군. 가자, 네드. 폴스타프는 땀을 너무 흘려서 가는 길마다 풀에 물을 주는 꼴이지 뭔가. 이렇게 웃느라 배꼽이 달아날 지경만 아니었다면 좀 불쌍해 보였을지도 모르지.

포인스 그 뚱땡이 불한당, 큰 소리로 으르렁대는 꼴이라니! (두 사람 퇴장)

〔제2막 3장〕

워크워스성(城) 어느 방.
핫스퍼, 편지를 펼쳐 보며 홀로 등장.

핫스퍼 (읽는다)

저로서는 존경하는 경의 가문에 대한 깊은 충성심으로 마땅히 참가함이 옳은 줄로 여겨지오나.

아니, 마땅히 참가함이 옳은 줄로 여긴다면 왜 참가하지 않은 거야? 우리 가문에 대한 충성심보다는 그 헛간같이 볼품없는 자기 성이 더 중요하다 이거겠지. 어디 보자, 그다음에는 (읽는다)

존경하는 경의 계획은 너무도 위험하며……

그건 그렇지만, 그렇게 따지면 세상에 위험하지 않은 게 어디 있담? 감기에 걸리거나, 잠을 자거나, 술을 마시는 것도 다 위험한 건데. 바보 같으니라고. 위험이라는 가시밭을 헤치고 나아가야만 안전이라는 꽃을 손에 넣을 수 있다는 걸 모르나. (읽는다)

존경하는 경의 계획은 너무도 위험하며, 경께서 동맹을 맺은 자들은 믿음이 가지 않고, 지금으로서는 때도 그리 좋지가 않아, 존경하는 경의 계획은 그토록 강력한 상대를 누르기에는 무리가 있다고 여겨집니다.

이렇게 나온다 이거지? 다시 말하지만 정말 바보 같은 자로군! 하늘에 맹세코 이만큼 훌륭한 계획도, 이보다 더 믿음직한 동맹도 없을 거야. 계획도 흠잡을 데 없고, 동맹도 튼튼하니 성공은 불을 보듯 뻔한 게 아닌가. 훌륭한 계획이고, 믿음직스런 동맹이란 말이야. 바보 멍청이 같으니라고! 요크 대주교도 이 계획을 지지하시고, 지금 이렇게 잘 진행돼 가고 있는걸. 젠장, 이 바보 같은 자가 내 옆에 있었더라면 그 녀석 여편네가 가지고 다니는 부채로 머리통을 후려갈겨 줄 텐데. 아니, 우리 아버지도 숙부님도 계시고, 거기에 나까지 있는데 뭐가 걱정이람? 에드먼드 모티머에 요크 대주교, 거기다 오웬 글렌다워까지 합세했는데? 그리고 더글러스도 있지 않은가? 모두들 다음 달 아흐렛날에 군대를 이끌고 나와 만나기로 편지를 주고받지 않았나? 그들 몇몇은 벌써 군대를 출발시켜 이리로 오고 있는데 말이다. 정말이지 믿을 수 없는 바보 멍청이 같은 인간이로군! 어디, 두고 보라지. 이 녀석은 두려움에 벌벌 떨다가 왕에게 쪼르륵 달려가 우리 계획을 모조리 일러바치겠지. 이런 겁쟁이 녀석에게 중대한 계획을 털어놓은 내가 바보였어. 지옥에나 떨어져라! 왕에게 일러바치라지. 우린 다 준비되었으니 문제없어. 오늘 밤 출발하는 거다.

퍼시 부인 등장.

핫스퍼 케이트, 어떻게 된 거야? 나는 몇 시간 뒤면 당신 곁을 떠나야 해.

퍼시 부인 아, 여보, 왜 이렇게 혼자 계세요? 내가 무슨 잘못을 했기에 지난 두 주 동안 침대에 들지 못하게 하셨나요? 말씀해 주세요. 당신의 식욕도, 욕망도, 달콤한 잠까지도 빼앗아 간 그것이 도대체 무엇인가요? 왜 그렇게 혼자 앉아서 땅만 바라보며 깜짝깜짝 놀라시나요? 어째서 얼굴에는 핏기가 하나도 없고, 나에게만 내주셔야 할 마음은 온통 다른 곳에 빼앗겨서 어두운 슬픔에 잠겨 계시나요? 당신이 잠깐 잠들어 계실 때 옆에서 지켜보고 있었는데, 전쟁 이야기를 하시더군요. 말에게 명령을 내리고, "용감하게 전장으로!" 외치는 소리를 들었어요. 전진이니 후퇴니, 참호니 막사니, 방벽이니 성벽이니 말하고, 대포며 포로들의 몸값이며 죽은 군사들 같은 거친 전쟁 이야기를 하셨어요. 당신의 영혼은 이미 전쟁터에 나가 있어 육체의 잠을 뒤흔드는 듯했지요. 이마에서는 소용돌이치는 강물에서 일어난 거품처럼 땀방울이 흘러내리고, 얼굴에는 갑자기 두려운 명령을 받고 숨을 고르는 듯 이상한 표정이 나타났어요. 아, 이게 다 무슨 전조인가요? 당신은 무언가 심각한 일을 계획하고 있어요. 나를 사랑한다면 내게도 알려주세요.

핫스퍼 여봐라!

하인 등장.

핫스퍼 길리엄스는 내 편지를 가지고 떠났느냐?

하인 네, 한 시간 전에 떠났습니다.

핫스퍼 버틀러는 관리에게서 말들을 데려왔겠지?

하인 이제 막 한 마리를 끌고 왔습니다.

핫스퍼 어떤 말이냐? 귀끝이 잘린 얼룩무늬 갈색 말이냐?

하인 네, 나리.

핫스퍼 (황홀하게) 그 갈색 말을 내 옥좌로 삼으리라. 지금 나가서 타봐야지. 아, 희망이여! 버틀러에게 말을 끌고 뜰로 나오라고 일러라. (하인 퇴장)

퍼시 부인 여보, 내 말을 들어주세요.

핫스퍼 무슨 말인데, 부인?

퍼시 부인 도대체 무엇이 당신을 나에게서 멀어지게 하는 건가요?

핫스퍼 그야 내 말이지. 사랑스런 나의 말.

퍼시 부인 그만하세요, 이 바보 같은 사람! 족제비도 당신처럼 흥분해서 그렇게 이리저리 설쳐대진 않을 거예요. 당신이 무슨 일을 꾸미고 있는지 어떻게든 알아내겠어요. 해리, 정말이에요. 내 동생 모티머가 왕위를 차지하려고 당신에게 도와달라고 한 게 아닐까 걱정돼요. 그래도 당신이 꼭 가셔야겠다면……

핫스퍼 길이 멀어서 걸어가면 지치겠지, 여보.

퍼시 부인 그만, 그만하세요. 앵무새처럼 딴소리만 되풀이하지 말고, 묻는 말에 똑바로 대답해 주세요. 그렇지 않으면 당신 새끼손가락을 정말이지, 비틀어 버릴 거예요.

핫스퍼 저리 가! 귀찮게 하지 말고 저리 가라고! 사랑? 난 당신을 사랑하지 않아. 전혀 관심도 없다고, 케이트. 지금은 애들 소꿉장난하듯이 입맞춤이나 나누고 있을 때가 아니야. 코피를 흘리고 머리가 깨져서 돌아다니게 될 거라고. 맙소사, 내 말은 어디 있느냐! 뭐야, 케이트, 뭘 더 원해?

퍼시 부인 나를 사랑하지 않는다고요? 정말이요? 그렇다면 좋아요. 사랑하지 마세요. 당신이 날 사랑하지 않으신다니, 나도 이제 나 자신을 사랑하지 않겠어요. 정말 나를 사랑하지 않나요? 어서 말씀해 보세요.

핫스퍼 그럼 나를 배웅해 주지 않겠나? 말에 올라타고 나면 당신을 끝없이 사랑한다고 말해 주리다. 그렇지만 케이트, 이제부터는 내가 어디에, 무슨 일로 가는지 묻지 말아줘. 가야 하니까 가는 거야. 그러니 케이트, 오늘 밤 나는 떠나야만 해. 당신이 지혜롭다는 건 나도 알고 있어. 그러나 그 지혜가 내 아내로서의 역할보다 앞서서는 안 돼. 당신은 지조 있는 여자이기는 하나, 그래도 여자니까. 여자들은 비밀을 지키기가 어려워. 모르는 걸 말할 수는 없는 일이니, 내가 당신을 믿을 수 있는 거야, 귀여운 케이트.

퍼시 부인 정말이에요? 얼만큼이요?

핫스퍼 그만큼. 딱 그만큼이야. 하지만 들어봐, 케이트. 내가 어디에 있든지 당신은 늘 나와 함께할 거야. 오늘은 나 홀로 앞서 떠나지만, 내일은 당신도 나를 뒤따라오는 거야. 그럼 됐지, 케이트?

퍼시 부인 그럼요. (두 사람 퇴장)

〔제2막 4장〕

이스트치프. 보어스헤드 술집. 뒤쪽에 커다란 난로가 있다.
깊은 밤. 한쪽 문으로 헨리 왕자가 들어와, 맞은편 문을 열고 외친다.

헨리 왕자 이봐, 네드. 제발 그 갑갑한 방에서 나와서 날 좀 웃겨주게.

보어스헤드 선술집에서의 폴스타프·헨리 왕자와 포인스   로버트 스머크. 1796.

포인스   핼 왕자님, 어디에 계셨습니까?

헨리 왕자   얼간이 서너 명과 술을 몇 통 마셨지. 정말이지 가장 밑바닥 인생
　　을 사는 녀석들이야. 술집 종업원들과 의형제를 맺고, 톰이니 딕이니 프랜시
　　스니 스스럼없이 이름을 부를 수 있는 사이가 됐다네. 녀석들, 내가 아직 왕
　　자에 지나지 않지만, 마음씨 좋기로는 왕 못지않다고 하더군. 나더러 폴스
　　타프처럼 거만한 녀석과는 달리 예의 바르고 솔직한 좋은 사람이라지 뭐
　　야. 내가 왕이 되면 이스트치프에 사는 선량한 젊은이들이 모두 나를 지지
　　할 거라는군. 또 술을 마시는 건 몸에 붉은 물을 들이는 거라며 농담을 하
　　고, 술을 들이켜다 잠시 멈춰 숨이라도 돌리려 하면 “어서 비우게” 소리를
　　질러대더군. 15분쯤 어울리고 나니 이만하면 나도 앞으로는 어떤 녀석들과
　　도 술친구가 될 수 있을 것 같았지. 이봐 네드, 자네도 그 자리에 있었으면
　　좋았을 텐데. 그렇지만 내가 달콤한 자네를 위해서 달콤한 설탕을 조금 가
　　지고 왔네. 이 집에서 일하는 어린애가 쥐어준 거야. 그 녀석, 말이라고는 “8
　　실링 6펜스 되겠습니다”, “어서 오세요”, “잠시만요, 손님!” 그리고 “반월실(半

月室)에 스페인 포도주 한 병!"밖에는 못 하는 놈이지. 그런데 네드, 폴스타프가 올 때까지 여기서 나와 함께 시간이나 때우도록 하지. 내가 그 아이를 불러서 왜 내게 설탕을 주었냐고 물어볼 테니, 넌 옆방에 숨어서 쉴 새 없이 "프랜시스!"를 외치면서 그 녀석을 불러봐. 그러면 녀석은 "잠시만요" 말고는 아무 말도 못 할 테니까. 숨어보게. 내가 어떻게 하는지 가르쳐 줄게.

(포인스 퇴장)

포인스 (무대 밖에서) 프랜시스!

헨리 왕자 완벽하군.

포인스 프랜시스!

프랜시스 허겁지겁 나타난다.

프랜시스 잠시만요, 잠시만요. 랄프, 석류실(石榴室)에 무슨 일이 없나 좀 봐줘!

헨리 왕자 프랜시스, 이리 좀 와봐.

프랜시스 네?

헨리 왕자 넌 여기서 얼마나 더 종 노릇을 해야 하지?

프랜시스 5년이요. 그러니까……

포인스 (무대 밖에서) 프랜시스!

프랜시스 잠시만요, 잠시만요, 손님.

헨리 왕자 5년이라고! 술잔만 쨍그랑대며 보내기엔 너무 긴 세월이군. 프랜시스, 너 그런 계약 문서 따위는 구겨버리고 달아날 용기는 없나?

프랜시스 맙소사, 이 나라에 있는 모든 성경책 위에 손을 얹고 맹세하건대, 그런 일은…….

포인스 (무대 밖에서) 프랜시스!

프랜시스 잠시만요, 손님!

헨리 왕자 프랜시스, 너 몇 살이지?

프랜시스 어디 보자, 그러니까 다음 성 미카엘 축제일*²이면…….

─────────

*2 9월 29일.

포인스 (무대 밖에서) 프랜시스!

프랜시스 잠시만요, 손님. (헨리 왕자에게) 잠시만 기다려 주세요.

헨리 왕자 아니야, 들어봐라, 프랜시스. 내게 준 설탕 말이다, 한 1페니쯤 되느냐?

프랜시스 2페니쯤은 될 겁니다!

헨리 왕자 그럼 내가 1천 파운드 주지. 필요할 때 말만 해라.

포인스 (무대 밖에서) 프랜시스!

프랜시스 잠시만요, 잠시만요.

헨리 왕자 잠시만 있다가 달라고? 프랜시스, 그건 안 된다. 내일이나, 아니면 목요일이나, 프랜시스, 필요할 때 주마. 그런데 프랜시스.

프랜시스 네?

헨리 왕자 넌 그 녀석을 골탕 먹일 수 있겠느냐? 그 수정 단추가 달린 가죽 윗도리를 걸치고 머리는 짧은 데다 마노 반지를 끼고서 짙은 색 양말을 신고 끈 달린 바지를 입은 녀석 말이야. 말은 번지르르하게 잘하고, 스페인 가죽 자루를 가진 자다…….

프랜시스 누구 말씀이십니까?

헨리 왕자 그걸 모른다면 앞으로도 스페인 포도주나 마시고 지내겠구나. 자, 잘 들어보렴. 프랜시스, 네 그 흰색 조끼도 금새 얼룩이 지지 않느냐. 설탕의 산지 바버리에서도 그렇게 비싸지는 않거든.

프랜시스 뭐가요?

포인스 (무대 밖에서) 프랜시스!

헨리 왕자 그만 가보거라, 멍텅구리 녀석! 사람들이 널 부르지 않느냐?

헨리 왕자와 포인스, 번갈아 가며 프랜시스를 불러대고 프랜시스는 어디로 갈지 몰라 허둥지둥한다. 이때 여관 주인, 들어온다.

여관 주인 사람들이 부르는데 그렇게 멍하니 서 있기만 할 거냐? 어서 가서 손님들을 돌봐드려! (프랜시스 퇴장)

여관 주인 지금 존 경과 몇몇 사람들이 문 앞에 와 있는데, 들어오시라고 할까요?

헨리 왕자 잠깐 밖에 세워 두었다가 문을 열어주게. (여관 주인 퇴장) 포인스!

포인스 다시 등장.

포인스 잠시만요.
헨리 왕자 이봐, 폴스타프와 나머지 무리들이 왔나 보군. 웃어줄 준비는 됐지?
포인스 귀뚜라미처럼 즐겁게 웃어젖혀야죠. 그런데 아까 그 일하는 아이에게는 왜 그러신 거죠? 무슨 일로 그렇게 놀려대신 건가요?
헨리 왕자 그냥 재밌으니까 한 거야. 지금 나는 아담 할아버지 때부터 바로 이 밤 12시까지 사람들이 느껴왔던 모든 기분을 맛보고 있다네.

프랜시스 등장.

헨리 왕자 지금이 몇 시지, 프랜시스?
프랜시스 잠시만요, 잠시만요, 손님. (퇴장)
헨리 왕자 저런 앵무새만도 못한 녀석, 저러고도 사람 자식이란 말인가! 할 수 있는 거라곤, 계단을 오르락내리락하며 계산서나 읽는 것뿐이로군. 어쨌든 난 퍼시와는 조금 달라. 저 북쪽의 핫스퍼 말이야. 그자는 아침도 먹기 전에 스코틀랜드인 칠팔십 명은 거뜬히 잡아 죽이고, 손에 묻은 피를 씻고는 아내에게 "사는 게 너무 지루하군, 뭐라도 할 일이 좀 생겼으면!" 한다지. 그 아내는 그자에게 "오, 내 사랑 해리, 오늘은 몇 명이나 죽였나요?" 묻는다는군. 그러면 그자는 하인에게 "내 말에게 물을 먹여라" 명령한 뒤에 "한 열넷쯤 죽였나. 얼마 안 돼. 아주 조금이야" 한다는군. 폴스타프를 들여보내. 내가 퍼시 흉내를 내고, 뚱땡이 폴스타프가 그자의 아내, 빌어먹을 모티머 가문의 딸 역할을 하면 되겠군. 그 주정뱅이는 "마셔!" 하고 외쳐대겠지. 어서 뚱땡이를 데려와.

폴스타프, 개즈힐, 바돌프, 피토 등장. 프랜시스는 술을 들고 뒤따라 들어온다.

포인스　어서 와, 잭. 어디 갔다 왔나?

폴스타프　(헨리 왕자와 포인스를 알아보지 못하고 지친 듯 탁자에 털썩 주저앉으며 혼잣말로) 빌어먹을 겁쟁이 놈들. 모두 앙갚음해 주고 말 테다! 아멘! 애, 술이나 좀 다오. 이런 생활은 이제 지긋지긋해. 차라리 양말이나 만들고 기우며 사는 게 낫겠어. 빌어먹을 놈들! 술이나 내놔, 인마! 도대체 이놈의 세상은 용기가 모두 씨가 말라버렸단 말인가? (술을 마신다)

헨리 왕자　(포인스에게) 자네, 저 태양이 버터 접시에 입맞춤하는 걸 본 적 있나? 저 햇살의 달콤한 이야기에 살살 녹아버리는 버터 말이야. 본 적이 있다면 지금 저 비곗덩어리를 좀 보게.

폴스타프　(프랜시스에게 빈 잔을 돌려주며) 이 나쁜 녀석, 술에 라임을 탔잖아! 사람들은 몽땅 다 악당이고 비열해. 그 가운데서도 겁쟁이 녀석들은 라임을 탄 포도주보다도 더 나쁜 것들이지. 겁쟁이 자식들! 꺼져버려라, 늙은 잭, 이제 죽어도 좋아. 이 땅에 제대로 된 사나이가 한 놈이라도 남아 있다면 나는 막 알을 낳고 말라비틀어진 청어다. 이 잉글랜드 땅에서 교수형당하지 않은 선량한 사람이 셋밖에 남지 않았는데, 그 가운데 하나는 이제 늙고 살이 쪄버렸지 뭔가. 하느님 도와주소서! 정말 빌어먹을 세상이다. 차라리 베 짜는 여편네로 사는 게 낫겠네. 바느질을 하면서 찬송가라도 부를 수 있지 않나. 정말이지, 겁쟁이 녀석들은 염병에나 걸려서 모조리 콱 죽어버려라.

헨리 왕자　무슨 일이야, 뚱보? 뭘 그리 구시렁대고 있나?

폴스타프　(돌아보며) 왕의 아들이군! 내가 나무칼을 휘둘러 네 녀석을 이 나라에서 쫓아내고, 네 녀석 부하들이 네 앞에서 줄행랑치는 모습을 보여주지 않고서는 이 얼굴에 수염도 기르지 않겠다. 네까짓 게 왕세자라고!

헨리 왕자　뚱땡이 녀석, 왜 이렇게 화가 났어?

폴스타프　네 녀석은 겁쟁이가 아니란 말이냐? 대답 좀 해보시지. 거기 포인스, 너도 똑같은 놈이지?

포인스　젠장, 이 뚱땡이가 지금 날보고 겁쟁이라는 거야? 콱 찔러버릴까 보다. (칼을 빼든다)

폴스타프　내가 자네를 겁쟁이라고 했던가? 그럴 리가 있겠나. 하지만 자네처럼 잽싸게 내빼는 달리기 재주를 가질 수만 있다면 1천 파운드도 기꺼이 내겠네. (헨리 왕자 뒤로 숨어서) 자네 등짝 한번 떡 벌어졌군. 그래서 등을 보이는 데 부끄러움이 없는 게로군. 그렇게 친구에게 등을 보여도 되는 건가? 흥, 그런 놈들은 다 콱 죽어버려라! 나는 등 돌리는 친구 따위는 필요 없어. 술이나 내놔! 오늘 내가 술을 마셨다면 악당이라고 부르게.

헨리 왕자 이 악당! 방금 마신 술에 입가가 채 마르지도 않았네.

폴스타프 그게 그거 아니야? (술을 마시며) 다시 한 번 말하지만, 겁쟁이 놈들 다 콱 죽어버려라.

헨리 왕자 무슨 일인데?

폴스타프 무슨 일이냐고? 오늘 아침에 우리 넷이서 1천 파운드나 가로챘다 이 말씀이야.

헨리 왕자 잭, 그 돈은 어딨나? 응?

폴스타프 어디 있기는? 딴 놈들에게 뺏겼지. 우린 고작 넷인데 1백 명이 한꺼번에 덤벼들지 뭔가.

헨리 왕자 뭐, 1백 명?

폴스타프 난 그 가운데 열두 놈들과 두 시간도 넘게 치열한 싸움을 벌였지. 내가 살아나온 게 기적이라네. 놈들 칼이 내 셔츠를 뚫고 들어온 게 여덟 번이나 되고, 바지는 네 번쯤 찢겼지. 내 방패는 여기저기 구멍이 숭숭 뚫려버렸어. 칼은 톱니처럼 너덜너덜해졌지 뭔가. (칼을 빼 보인다) 정말이지, 내 생애 최고의 전투였네. 그렇지만 나의 용맹함으로도 어쩔 수가 없었지. 겁쟁이들은 다 뒈져버려! (개즈힐, 피토, 바돌프를 가리킨다) 어디 저들에게 말해 보라 하게. 거짓말쟁이 악마 새끼들이 아니라면 사실대로 말할 테지.

헨리 왕자 이봐들, 대체 어떻게 된 거야?

개즈힐 우리는 넷밖에 안 되는데 그쪽은 열 명도 더…….

폴스타프 열여섯도 더 될걸.

개즈힐 그래도 끝내 꽁꽁 묶어버렸지.

피토 아냐, 아냐. 묶지는 못했네.

폴스타프 야, 이 자식아, 묶었잖아. 한 놈도 남김 없이. 그렇지 않으면 내가 유대인, 히브리 유대인이다.

개즈힐 그러고서 돈을 나누려는데, 예닐곱쯤 되는 놈들이 몰려와서는…….

폴스타프 묶어둔 놈들을 다 풀어주고 다른 놈들까지 더 나타났어.

헨리 왕자 그래서 그 많은 놈들과 몽땅 싸운 거야?

폴스타프 몽땅이라고? 자네가 말하는 그 몽땅이라는 게 어느 정도인지는 몰라도 아마 쉰 명은 됐을 거야. 그 쉰 명과 몽땅 맞붙어 싸웠다는 내 말이 거짓이라면 나를 바구니에 담긴 무보다도 못한 놈이라고 부르게. 쉰두셋쯤 되는 놈들이 나한테 마구 달려들었지. 글쎄 이게 거짓말이면 난 사람도 아니라네.

헨리 왕자 그 가운데 몇몇을 죽이진 않았기를 바라네.

폴스타프 흥, 너무 늦었어. 두 녀석쯤은 거뜬히 해치웠다고. 그래, 두 명은 틀림없어. 뻣뻣한 옷을 입은 녀석 둘이었지. 내 말 좀 들어봐, 헬. 내 이야기가 거짓말 같거든 내 얼굴에 침을 뱉고 말보다도 못한 놈이라고 욕을 하게. 자네도 내가 예전에 싸움 꽤나 했다는 건 잘 알잖나. 딱 버티고 서서, 이렇게 칼을 휘둘러대는데, 뻣뻣한 옷을 입은 네 놈이 나한테 달려들어서……

헨리 왕자 뭐, 넷? 아까는 둘이라고 했잖아.

폴스타프 넷이야, 헬. 넷이라고 했어.

포인스 맞아요. 넷이라고 했어요.

폴스타프 그 네 놈이서 한꺼번에 내게 칼을 내밀었어. 난 눈 하나 깜짝하지 않았지. 그저 방패를 치켜들고 녀석들이 휘두르는 칼 일곱 자루를 모조리 막아냈다 이 말씀이야.

헨리 왕자 일곱? 그렇지만 조금 전에는 넷이라고 했지 않았나.

포인스 그래요, 뻣뻣한 옷을 입은 녀석 넷이었다고 했지요.

폴스타프 내 칼에 맹세코 일곱이었어. 그렇지 않으면 내가 악당이다.

헨리 왕자 (포인스에게만 들리도록) 내버려 두지. 어차피 점점 더 불어날 테니까. (다시 큰 소리로) 듣고 있네, 잭.

폴스타프 좋아. 들을 만한 값어치가 있는 이야기라고. 그래서 그 뻣뻣한 옷을 입은 아홉 녀석이 말이야……

헨리 왕자 저것 봐, 벌써 두 명이 더 늘어났어.

폴스타프 칼끝이 다 부러져서는……

포인스 바지라도 홀랑 벗겨졌나?

폴스타프 살금살금 도망치기 시작하는데, 내가 도망가게 둘 리가 있나. 잽싸게 뒤따라가서 열한 놈 가운데 일곱을 해치워 버렸지.

헨리 왕자 맙소사, 놀라워라! 뻣뻣한 옷을 입은 두 사람이 단숨에 열한 명이 되다니!

폴스타프 그런데 젠장, 초록색 옷을 입은 세 녀석이 내 등 뒤로 달려들지 뭔가. 그런데 헬, 그때가 얼마나 어두웠던지 자기 손조차 보이지 않았거든.

헨리 왕자 거짓말을 해도 꼭 자기처럼 하는군. 산처럼 어마어마하고, 한낮처럼 훤히 들여다보이는 거짓말이야. 멍청한 뚱보 녀석, 머리가 한창 모자라나 봐. 지저분한 비곗덩어리 같은 놈……

폴스타프 뭐, 자네 돌았나? 미쳤어? 진실이 진실인 줄도 알아보지 못하나?

헨리 왕자 그럼 자기 손도 안 보이는 어둠 속에서 초록색 옷은 어떻게 알아봤단 말인가? 자, 어서 말해 보게. 그건 어떻게 설명할 거야?

포인스 그래, 어서 말해 보라고, 잭.

폴스타프 뭐, 지금 나한테 명령하는 건가? 젠장, 세상에 있는 고문 기구들을 몽땅 가져다가 날 고문해 봐라, 내가 시키는 대로 털어놓는가. 말해 보라고! 할 말이 숲속에 널려 있는 딸기나무처럼 넘쳐난다 해도, 시킨다고 털어놓지는 않을 거야. 사람을 뭘로 보고.

헨리 왕자 더는 상대하기도 싫다. 얼굴 뻘건 겁쟁이, 침대에서 꼼짝할 줄을 모르는 게을러빠진 놈, 말 등이 주저앉을 만큼 살은 뒤룩뒤룩 쪄서는……

폴스타프 젠장! 이 허약해 빠진 놈, 얼굴은 허옇게 뜬 주제에, 소 혓바닥처럼 말라비틀어져서는, 황소 불알만도 못한 녀석, 소금에 푹 절은 정어리 같은 놈! 네 녀석 욕을 낱낱이 하자면 숨이 모자랄 지경이다! 막대기 같은 놈, 텅 빈 칼집 같은 녀석, 활자루 같은 놈아, 땅에 꽂혀 쓸모없는 칼자루 같은 자식아……

헨리 왕자 숨은 쉬면서 하지그래. 네 녀석이 할 말을 다 뱉어내고 나면 내가 딱 한 마디만 하지.

포인스 잘 들어봐, 잭.

헨리 왕자 네 녀석들 넷이서 지나가던 사람 넷을 붙잡고 돈을 빼앗는 모습을 우리는 다 지켜보고 있었다. 자, 이제 창피당할 준비나 하라고. 그다음에 우리 둘이서 너희들 넷을 덮쳐서 칼 한 번 안 휘두르고 너무나 쉽게 그 돈을 빼앗을 수 있었지. 그 돈은 우리가 고스란히 가지고 있어. 원한다면 보여주지. 그런데 폴스타프, 자네는 그런 뱃집을 안고서도 후다닥 잽싸게도 달아나더군. 그러면서 송아지처럼 살려달라고 울부짖으며 뛰어가지 않았나. 천하디 천한 놈. 그러고는 칼날을 일부러 너덜너덜하게 만들어 놓고 싸우다 그렇게 됐다고 거짓말을 해! 자, 이제 이 창피를 감추려고 또 얼마나 말도 안 되는 거짓말을 지어낼 텐가?

포인스 자, 말해 봐, 잭. 이제 뭐라고 할 건가?

폴스타프 하늘에 맹세코 난 처음부터 그게 자네라는 걸 다 알고 있었어. 그럼 들어보게. 그렇다고 내가 왕세자 저하를 죽였어야 하나? 감히 왕자님을? 이 몸이 헤라클레스만큼이나 용맹하다는 사실은 자네도 알잖나. 그렇지만 사람에게도 본능이라는 게 있지. 사자도 진정한 왕자님은 알아보고 덤비지 못하는 법이야. 본능이란 그런 거거든. 나는 본능적으로 알고 겁쟁이인 척했을 뿐이야. 이제부터 나는 용맹한 사자라고 불려야 하네. 자네는 진정한 왕자님이고. 그건 그렇고, 자네가 돈을 가지고 있다니 정말 다행이군. (일어나서 즐겁게 춤을 추며) 이봐, 안주인! 가게 문을 닫게. 오늘 밤은 신나게 마시고, 기도는 내일 하자고. 용맹한 분들, 친구들, 젊은이들, 황금처럼 고귀한 심장을 가진 이들, 세상에 좋다는 이름은 다 갖다 불러주지! 자 신나게 놀아보자고. 연극이라도 한 판 벌여볼까?

헨리 왕자 좋아, 줄거리는 자네가 나 살려라 도망치는 내용으로 하자고.

폴스타프 아, 그 이야기는 이제 그만하시게, 헬.

술집 안주인 퀴클리 등장.

퀴클리 어머나, 왕자님!

헨리 왕자 안녕하시오, 안주인! 나한테 뭐 할 말이라도 있소?

퀴클리 네, 저하. 문밖에 궁정에서 온 귀족 나리가 와 있습니다. 국왕 전하께서 보내셨다면서 왕자님을 뵙고 싶다는데요.

헨리 왕자 돈이나 좀 쥐어주고 내 어머니 계신 곳*³으로 돌려보내.

폴스타프 어떻게 생긴 사람이지?

퀴클리 나이가 많아 보이던걸요.

---

*3 헨리 왕자의 어머니는 1394년에 죽었다. 다시 오지 못하도록 완전히 보내버리라는 농담조 말이다.

폴스타프 늙은이가 무슨 일로 한밤중에 침대에서 빠져나와? 내가 가서 대답해 줄까?

헨리 왕자 그래 주게, 잭.

폴스타프 좋아, 내가 가서 당장 쫓아버리지. (퇴장)

헨리 왕자 자, 모두들 잘 싸워주었네. 자네도 말이야, 피토, 그리고 자네 바돌프도. 자네들 모두 사자와 같군. 그렇게 본능적으로 걸음아 날 살려라 내뺐으니 말야. 진정한 왕자님에게는 손대지 않는다고! 그야 물론이겠지!

바돌프 다른 놈들이 다 도망치기에 따라간 것뿐입니다.

헨리 왕자 그래, 이제 사실대로 말해 보게. 폴스타프의 칼은 어쩌다 저렇게 너덜너덜해졌지?

피토 자기 단검을 들고 일부러 날을 뭉갰으니까요. 그렇게 하면 큰 싸움이 벌어진 것처럼 왕자님을 속일 수 있다면서 우리한테도 똑같이 하라고 시켰어요.

바돌프 맞아요. 그러고는 우리더러 이파리가 창끝처럼 생긴 거친 잡초를 뽑아서 피가 날 때까지 콧구멍을 쑤셔대라고 시키더니, 옷에 피를 묻히고 싸움에서 묻은 피라고 거짓말하라는 거예요. 그런 말도 안 되는 수작을 듣고 있자니 7년 만에 처음으로 부끄러워서 낯을 다 붉혔지 뭡니까.

헨리 왕자 거짓말 마. 자네는 벌써 18년 전에 술 한 잔을 슬쩍 하다가 잡힌 적이 있지 않나. 자네 얼굴은 그때부터 늘 빨갰다네. 불덩이처럼 시뻘건 얼굴에 허리에는 칼까지 차고도 그렇게 도망을 치다니. 도대체 그건 무슨 본능인가?

바돌프 왕자님, 여기 제 얼굴에 불그스름한 자국이 보이시나요? 부어오른 게 보이세요?

헨리 왕자 보이네.

바돌프 이게 무슨 자국인지 아세요?

헨리 왕자 간덩이는 뜨겁게 부어오르고 지갑은 텅 비어 썰렁한 자국일 테지.

바돌프 더 정확히 말해 담즙 기질이지요.

헨리 왕자 더 정확히 말해 잡히면 교수형당해 죽는다는 뜻이지.

폴스타프 돌아온다.

헨리 왕자 여기 말라깽이 잭이 돌아왔네. 뼈밖에 안 남았군그래. 허풍쟁이 친구, 자네 무릎을 본 지가 얼마나 됐지?

폴스타프 내 무릎 말인가? 핼, 내가 자네처럼 젊었을 때는 내 허리도 독수리 발톱처럼 날렵하고, 높으신 나리들이 엄지손가락에 끼고 있는 반지도 지나갈 수 있을 만큼 날씬했다네. 그런데 그 빌어먹을 한숨과 비탄 때문에! 자꾸 한숨을 쉬다 보면 사람은 방광처럼 부풀어 오르게 돼 있어. 그런데 지독한 소식이야. 밖에 와 있던 사람은 존 브레이시 경이었네. 자네더러 내일 아침에는 궁정에 나오라는군. 북부에서 온 그 늙은 미치광이 퍼시와 똑같이 미친 그놈 말야. 악마 아마몬을 두들겨 패고, 루시퍼의 아내를 빼앗아 진정한 악마 대장이 되겠다고 맹세했다는 그 웨일스 놈 말야. 그자 이름이 뭐였더라?

헨리 왕자 오웬 글렌다워.

폴스타프 오웬, 오웬, 그래 맞아. 그리고 그자의 사위 모티머 말일세. 거기다 늙은 노섬벌랜드와 말을 타고 절벽도 달려오른다는 저 기세등등한 스코틀랜드 사람 더글러스까지.

헨리 왕자 말을 타고 전속력으로 달리면서 참새 한 마리까지 쏘아 맞힐 수 있다는 사람 말인가?

폴스타프 그래 잘 알아맞혔네.

헨리 왕자 하지만 그자는 소문처럼 참새를 맞힌 적은 없어.

폴스타프 음, 글쎄 그 악당 녀석이 그래도 용기는 좀 있나 봐. 무슨 일이 있어도 달아나지는 않을 녀석이라니까.

헨리 왕자 이런, 헛소리꾼 같으니! 조금 전에는 그자가 얼마나 잘 달리는지 칭찬하지 않았나!

폴스타프 그야 말을 타고 잘 달린다는 말이지. 땅 위에서 싸울 때에는 절대로 도망치지 않을 사람이야.

헨리 왕자 그야 모를 일이지, 잭. 본능대로라면 달아날 수도 있지 않나.

폴스타프 그건 그래. 본능이 일어나면 그럴 수 있지. 어쨌든 그자 말고 또 스코틀랜드 군사를 1천 명 거느린 모데이크라는 사람도 있다더군. 우스터가 밤사이 달아난 모양이야. 자네 아버지가 그 소식을 듣고는 수염이 하얗게 세고 말았다는군. 이제 땅값이 썩어빠진 고등어처럼 헐값으로 떨어지게 생겼어.

헨리 왕자 음, 그렇다면 곧 무더운 6월이 시작되면 전쟁이 벌어져서 처녀들을 구두 징을 사들이듯이 한꺼번에 1백 명씩 사들일 수도 있겠군.

폴스타프 정말 그렇겠군. 그쪽이라면 우리에게도 운이 따라줄 거야. 그런데 핼, 자네는 무섭지도 않나? 자네는 왕세자 아닌가? 그 더글러스라는 자, 기운 넘치는 퍼시, 게다가 악마 같은 글렌다워까지 똘똘 뭉쳤는데 그보다 더 두려운 적이 어디 있겠나? 정말 겁나지 않나? 상상만으로도 피가 꽁꽁 얼어붙는 것 같지 않나고?

헨리 왕자 전혀 그렇지 않다네. 정말이야, 난 자네 같은 본능은 없거든.

폴스타프 음, 자네 내일 아버지 앞에 가면 아주 혼쭐이 날 걸세. 대답이나 준비해 놓지그래.

헨리 왕자 그럼 자네가 내 아버지인 것처럼 나한테 이것저것 물어봐 주게.

폴스타프 그럴까? 좋아. 이 의자가 내 왕좌라고 생각하게. 이 칼이 내 홀장이고, 이 방석이 내 왕관이다.

헨리 왕자 아무리 봐도 자네의 왕좌는 간이 의자일 따름이고, 자네의 빛나는 왕홀은 무딘 단검이며, 자네의 왕관이란 바로 그 처량한 대머리로군.

폴스타프 어쨌든 자네 마음속에 고상함의 불꽃이 아주 꺼진 게 아니라면 시키는 대로 하게. 자, 술을 가져와. 눈이 뻘게져야 진짜로 울고 있던 것처럼 보이지 않겠나. 꼭 캄비세스 왕처럼 열정을 다해 목소리를 내보겠어.

헨리 왕자 뭐, 그럼 먼저 절을 하지. (허리 숙여 절을 한다)

폴스타프 그럼 이제 내가 말할 차례로군. 경들은 물러가 있게.

퀴클리 오, 맙소사, 이거 정말 재미있겠는걸!

폴스타프 울지 말아요, 나의 왕비. 흐르는 눈물은 아무 소용 없으니.

퀴클리 어머, 세상에, 표정 연기까지!

폴스타프 이런, 경들이 나의 왕비를 데리고 나가주시오. 눈에서 눈물이 멈출 줄을 모르니.

퀴클리 맙소사, 꼭 삼류 배우처럼 연기를 하잖아!

폴스타프 (퀴클리에게) 쉿, 귀여운 술 주전자, 이 귀여운 술꾼, 조용히! (헨리 왕자에게) 해리, 나는 네가 요즘 하고 다니는 짓은 물론 네가 어울리는 친구들에 대해서도 기가 막힐 따름이다. 잡초는 짓밟힐수록 더 잘 자란다고들 하지만, 젊음은 그와 달라서 낭비하면 더 빠르게 시들어 버릴 뿐이지. 너는 내 아들이다. 네 어미가 그리 말했으니 아마 맞을 테지. 그리고 너의 그 사납게 번뜩이는 눈빛 하며 얼빠진 표정을 보면 내 아들이 틀림없구나. 그럼 네가 내 아들이 맞다 치고, 문제는 바로 이거야. 어째서 너는 내 아들인데도 그토록 사람들에게 손가락질을 받는 게냐? 축복받은 하늘의 태양이 제멋대로 시간을 낭비하며 거들먹거리고 다녀서야 되겠냐? 이런 질문은 입에 올릴 가치조차 없다. 잉글랜드의 왕세자가 남의 지갑을 털고 도적질을 해도 되는 것이냐? 이 또한 짚고 넘어가야 할 문제다. 해리, 너도 역청이라는 건 들어보았을 테지. 옛 현인들도 말했다시피, 이 역청에 닿으면 뭐든지 시커멓게 때가 타고 만단다. 네가 어울려 다니는 친구들도 마찬가지다. 해리, 나는 지금 술에 취해서가 아니라 눈물에 젖어서 이런 말을 하는 거란다. 장난삼아 하는 말이 아니라 화가 나서 하는 말이야. 입으로만 하는 소리가 아니라 가슴속에서 우러나오는 비통한 이야기란 말이다. 그래도 네 친구들 가운데에 아주 훌륭하고 건실한 사람이 하나 있기는 하더구나. 네가 자주 어울려 다니던데, 이름은 잘 모르겠다.

헨리 왕자 어떻게 생긴 사람인데요, 전하?

폴스타프 참으로 풍채가 당당하고, 커다란 몸집에 얼굴에는 생기가 가득하며, 눈빛은 총명하고, 행동거지가 고귀한 사람이었다. 겉보기에는 한 쉰 살쯤 되었을까, 아냐 예순이 다 됐을지도 모르지. 아 그래, 기억이 났다! 그 사람 이름이 폴스타프라고 했다. 그가 나쁜 녀석이라면 내가 사람 보는 눈이 없는 게지. 해리, 그 사람은 얼굴만 봐도 그 고귀한 성품이 드러나 보이더구나. 나무는 열매로 알아볼 수 있고, 열매는 나무로 알아볼 수 있다고들 하지 않더냐. 그 폴스타프란 사람은 아주 훌륭한 사람이 틀림없다. 그러니 그 사람만 빼고 다른 친구들은 몽땅 버리도록 해라. 자, 이제 말해 봐라. 요 녀석아, 지난 한 달 동안 넌 도대체 어디서 무얼 하고 다닌 게냐?

헨리 왕자 그걸 왕 흉내라고 내는 거야? 자네가 내 역할을 해, 내가 아버지 역할을 할 테니.

폴스타프 나를 폐위시키려는 겐가? 자네가 내 반만큼이나 왕 흉내를 근엄하게 잘 낸다면, 나를 집토끼나 산토끼 고기처럼 거꾸로 매달아도 좋네.

헨리 왕자 (폴스타프와 자리를 바꾸면서) 그럼, 나는 여기 앉겠네.

폴스타프 나는 여기 서겠네. (다른 사람들에게) 자네들이 평가를 좀 해봐.

헨리 왕자 그래, 해리, 너는 어디서 오는 길이냐?

폴스타프 존경하는 전하, 이스트치프에서 오는 길입니다.

헨리 왕자 요즘 네 평판이 매우 좋지 않더구나.

폴스타프 젠장, 전하, 그건 모조리 다 거짓말입니다. (다른 사람들에게) 내가 젊은 왕자 흉내를 내서 한바탕 웃겨줄 테니 기대들 하라고.

헨리 왕자 그게 무슨 막돼먹은 말버릇이냐? 이제부터는 감히 내 눈도 쳐다볼 생각을 마라. 너는 하느님 은총으로부터 너무나 멀어지고 말았다. 늙고 뚱뚱한 모습을 한 악마가 들러붙어 너를 조종하는 게 틀림없어. 술통 같은 모습을 한 작자가 네 친구라니. 왜 그런 거대한 물집 같은 녀석과 어울리는 게냐. 야만적이기 짝이 없고, 전염병같이 더러우며, 술독에 빠져 사는 뚱보에다, 머리가 허옇게 센 늙은 악당, 악의 두목과 말이다. 술 퍼마시는 일 말고 그자가 할 줄 아는 게 뭐냐? 닭다리를 뜯어먹는 일 말고 그자가 잘하는 게 뭐냐 말이다. 사기 치는 일 말고 그자가 머리를 쓰는 때가 또 있더냐? 온통 죄악으로만 가득한 자가 아니냐? 도대체가 좋은 구석이곤 하나도 없지 않느냐?

폴스타프 전하, 조금 더 알아들을 수 있게 말씀해 주셨으면 합니다. 누구 이야기를 하시는 겁니까?

헨리 왕자 젊은이들을 나쁜 길로 이끄는 가증스런 악당 폴스타프 말이다. 흰수염이 성성한 악마 같은 자.

폴스타프 전하, 그 사람이라면 제가 잘 압니다.

헨리 왕자 그건 나도 알고 있다.

폴스타프 그런데 그 사람이 저보다 더 나쁜 인간이라고는 차마 말씀드릴 수 없나이다. 안타깝게 세어버린 머리카락을 보면 알 수 있듯이 그는 나이가 많지요. 그러나 그를, 이런 말씀을 드려 죄송합니다만 호색한이라고 하신다면 당치 않습니다. 물론 그 사람은 술이나 달콤한 걸 좋아하기는 하지만, 그게 죄가 된다면 하느님께서 우리 모두를 악으로부터 구하셔야 할 겁니다. 또 나이가 들고도 명랑한 게 죄가 된다면, 그 말고도 지옥에 떨어져야 할 노인들을 제가 잔뜩 알고 있습니다. 뚱뚱해서 욕을 들어야 하는 것이라면 파라오의 말라비틀어진 암소가 사랑을 받아야 하겠지요. 그럴 수는 없나이다, 전하. 피토는 내치셔도 좋습니다. 바돌프도, 포인스도 모두 제 곁에서 쫓아내셔도 상관없습니다. 하지만 사랑하는 잭 폴스타프, 친절한 잭 폴스타프, 선량한 잭 폴스타프, 용감한 잭 폴스타프, 그 이름으로 더욱 용감한 잭 폴스타프만은 저 해리의 친구로 남게 하고 절대로 내쳐서는 안 됩니다. 절대로 안 됩니다. 그를 쫓아내면 온 세상을 잃는 거나 마찬가지니까요.

헨리 왕자 쫓아내리라. 반드시 쫓아내고야 말리라. (문 두드리는 소리. 퀴클리, 프랜시스, 바돌프 퇴장)

바돌프, 헐레벌떡 뛰어 돌아온다.

바돌프 왕자님, 큰일 났습니다. 문밖에 주장관이 무시무시한 경비병들을 한 무리 거느리고 왔어요.

폴스타프 나가, 이놈아! 연극을 끝마쳐야 한다고. 폴스타프를 위해 해줄 말이 아직도 한참 남아 있어.

퀴클리 들어온다.

퀴클리 오, 큰일 났어요, 큰일이요.

헨리 왕자 이런, 이런, 별것도 아닐 텐데 무슨 호들갑이람. 무슨 일이오?

퀴클리 주장관님이 병사들을 이끌고 오셨어요. 여길 수색하시겠대요. 들어오시라고 할까요?

폴스타프 들었지, 헬? 순금을 가짜로 몰아세우는 실수를 저지르지 않도록 조심하게. 자네는 진실한 사람이야. 보기엔 그렇지 않을지 몰라도.

헨리 왕자 자네는 본능이랄 것도 없는 타고난 겁쟁이지.

폴스타프 섣부른 판단은 그만두게. 자네가 주장관을 그냥 돌려보낼 수 있다면, 어디 한번 해보게. 그렇게 할 수 없다면 들어오게 해. 교수대로 끌려가는 수레 위에 앉은 내 모습은 그 누구보다도 위풍당당할 테니 말야. 그렇잖으면 제기랄, 일찌감치 염병에나 걸려 죽었어야 했다고! 다른 녀석들처럼 교수대에 매달리자마자 숨이 끊어졌으면.

헨리 왕자 (폴스타프에게) 어서 저 벽걸이 뒤에 숨어. 너희들은 모두 위층으로 올라가 있어라. 자, 다들 당당한 얼굴을 하고 양심에 찔리는 기색을 보이지 마라.

폴스타프 한때는 나도 당당한 얼굴과 깨끗한 양심을 가지고 있었지. 그렇지 만 다 잃어버린 지 오래야. 어서 숨어야지. (벽걸이 뒤에 숨는다. 헨리 왕자와 피 토만 남고 모두 퇴장)

헨리 왕자 주장관을 들어오게 해.

주장관과 짐꾼, 들어온다.

헨리 왕자 아, 주장관, 무슨 일입니까?

주장관 먼저 저의 결례를 용서해 주십시오, 왕자님. 도둑을 잡으라는 고함 소리와 울부짖음에 몇 명을 쫓다가 이 집까지 왔습니다.

헨리 왕자 어떤 자들이죠?

주장관 그 가운데 한 명은 이름이 꽤나 알려진 녀석입니다, 자비로우신 왕자 님. 몸집이 아주 크고 뚱뚱한 사내지요.

짐꾼 버터 덩어리처럼 뒤룩뒤룩 살이 찐 녀석입니다.

헨리 왕자 그 사람은 지금 이곳에 없다고 내가 보증하지요. 내가 심부름을 보냈거든요. 주장관, 내일 점심때까지는 그자를 당신이나, 아니면 다른 누구 에게라도 꼭 가게 하지요. 혐의가 무엇이 됐건 다 직접 진술하라고 하겠습 니다. 그러니 오늘은 이만 돌아가시지요.

주장관 네, 왕자님. 신사 두 명이 3백 마르크를 빼앗긴 사건이랍니다.

헨리 왕자 그럴 수도 있겠지요. 그자가 정말로 도둑질을 했다면 모두 자백할 겁니다. 그럼 안녕히 가시오.

주장관 안녕히 주무십시오, 왕자님.

헨리 왕자 이미 아침이 아닌가 싶은데요?

주장관 네, 저하. 벌써 새벽 2시쯤 된 듯합니다. (주장관과 짐꾼 퇴장)

헨리 왕자 이 뚱땡이 악당, 세인트 폴 대성당만큼이나 유명해졌군. 가서 그만 나오라고 해.

피토 폴스타프! (벽걸이를 젖히며) 이 뒤에서 잠이 들었는데요. 말처럼 코를 골 고 있습니다.

헨리 왕자 코 고는 소리 한번 요란하군! 주머니를 뒤져봐. (피토가 폴스타프의 주머니를 뒤져 종이쪽지를 몇 장 찾아낸다) 뭐야, 그건?

피토 그냥 종잇조각 같습니다.

헨리 왕자 뭐라고 쓰여 있나 읽어봐.

피토 (읽는다)

닭고기······ 2실링 2펜스. 양념······ 4펜스. 포도주 두 통······ 5실링 8펜스. 마른 멸치와 후식 포도주······ 2실링 6펜스. 빵······ 반 페니.

헨리 왕자 괴물 같은 녀석! 빵은 겨우 반 페니어치 먹고, 술은 그렇게나 마셔 댔단 말이야? 나머지는 네가 가지고 있어. 다음에 시간 날 때 더 읽어보자. 저 사람은 그냥 자게 내버려 두지. 내일 아침에는 궁정에 들어가 봐야겠군. 우리 모두 전쟁에 나가야 할 것 같다. 자네에게도 자리를 하나 마련해 주겠네. 이 뚱땡이에게는 보병 부대를 하나 맡겨야겠어. 얼마 못 가 쓰러져 뻗을 게 틀림없지만. 우리가 훔친 돈은 이자까지 쳐서 돌려주어라. 아침 일찍 나오너라. 그럼 내일 보자, 피토.

피토 안녕히 주무십시오, 왕자님. (모두 퇴장)

〔제3막 1장〕

웨일스. 글렌다워 저택 어느 방.
핫스퍼, 우스터, 모티머 경, 오웬 글렌다워 등장.

모티머 공정하게 협약이 이루어지고, 우리의 동맹은 굳건하겠습니다. 시작부터 꽤 순조롭군요.

핫스퍼 모티머 경, 그리고 친애하는 글렌다워, 앉으실까요? 우스터 숙부님도요. 이런 젠장! 지도를 깜빡했군!

글렌다워 지도라면 여기 있소. 앉아요, 친애하는 퍼시. 앉으시오, 친애하는 핫스퍼. 랭커스터는 당신을 그렇게 부른다죠. 그리고 그 이름을 입에 담을 때마다 얼굴이 새파랗게 질려서는 한숨을 몰아쉬며 그대가 하루빨리 천국으로 떠나주기만을 기도한다더군요.

핫스퍼 당신 이름이 들려올 때마다 당신이 어서 지옥에 떨어지기를 바란다지요.

글렌다워 그럴 수밖에. 내가 태어나던 날 밤 하늘은 온통 불바다를 이루었으며, 혜성들이 불꽃을 내뿜었고, 또 내가 태어나던 순간에는 온 땅이 겁에 질려 몸을 떨었으니까요.

핫스퍼 그건 당신 어머니가 키우는 고양이가 새끼를 낳았어도 마찬가지였을 겁니다. 당신이 태어난 것과는 상관없는 일이죠.

글렌다워 글쎄 내가 태어났던 날, 땅이 뒤흔들렸소.

핫스퍼 당신이 무서워서 요동을 친 거라면, 땅은 나와는 좀 생각이 다른 가보군요.

글렌다워 하늘은 온통 불바다가 되고, 땅은 벌벌 떨었소.

핫스퍼 아, 그럼 불바다가 된 하늘이 두려워서 떨었던 거지, 당신이 두려워서가 아닐 겁니다. 자연도 병이 들면 이상한 증상을 보이곤 하거든요. 가끔은 땅도 배 속이 가득 차고 거북해서 복통을 일으키는 때가 있지요. 그럴 때면 늙은 땅의 여신이 온몸을 부들부들 떨어서 뾰족한 교회탑과 이끼 낀 성탑까지도 쓰러지기 마련입니다. 당신이 태어났을 때에도 우리 여신 할머니께서 몸 상태가 험악하여 몸부림쳤던 것이로군요.

글렌다워 이보게 친구, 다른 사람이 이런 무례를 저질렀다면 용서하지 않았을 걸세. 다시 한 번 말하지만 내가 태어났을 때 하늘은 온통 불덩이로 가득했으며, 산에서는 염소 떼가 달려 내려오고, 가축들은 겁에 질려 들판 위를 이리저리 뛰어다녔소. 이러한 징조들이 바로 내가 비범한 인물이라는 증거지. 오늘까지 살아온 이 삶이 나는 남들처럼 평범한 사람이 아니라는 사실을 보여주고 있소. 잉글랜드와 스코틀랜드 그리고 웨일스를 통틀어서 나를 제자라 부르거나, 내게 무언가를 가르쳤다고 나설 만한 사람이 한 명이라도 있던가? 여자의 배에서 난 사람치고 오묘한 주술과 어둠의 힘에 있어 나와 견줄 만한 자가 어디 있단 말이오?

핫스퍼 그야, 당신만큼 웨일스 사투리를 잘하는 사람은 또 없겠지요. 그럼 식사나 하실까요. (일어선다)

모티머 이봐, 퍼시, 그만하시게. 자꾸 그러면 이분이 정말로 화를 내겠소.

글렌다워 나는 저 지옥 깊숙한 곳으로부터 악령들을 불러올 수도 있소.

핫스퍼 그런 건 나도 할 수 있습니다. 누구나 할 수 있는 일이죠. 그렇지만 부른다고 악령들이 정말 올까요?

글렌다워 내가 악마를 부리는 방법을 가르쳐 주겠소.

핫스퍼 그럼 나는 악마에게 창피 주는 방법을 가르쳐 드리죠. 그건, 진실을 말하기만 하면 됩니다. 진실을 말하면 악마도 무안해지고 말죠. 당신에게 악마를 불러낼 힘이 있다면, 어디 불러내 보시오. 내가 창피를 주어서 쫓아 버리고 말 테니까요. 이제 거짓말은 집어치우고 진실만을 말하여 악마에게 창피를 줘보십시오!

모티머 자, 자, 이렇게 의미 없이 떠들어대는 일은 이제 그만합시다.

글렌다워 지금까지 헨리 볼링브룩은 세 번이나 내게 싸움을 걸어왔고, 와이 강가와 흙탕물이 흐르는 세번 강가에서 세 번 다 내게 혼쭐이 났소. 비에 흠뻑 젖어 빈손으로 달아났지요.

핫스퍼 맨발로 비를 쫄딱 맞으며 달아나다니! 그런데도 열병에 걸리지 않은 게 신통하군요.

글렌다워 자, 여기 지도가 있소. 우리 셋이서 약속한 대로 영토를 나누어 볼까요?

모티머 부주교님이 이미 영토를 아주 공평하게 삼등분해 주셨습니다. 트렌트강으로부터 세번강에 이르는 잉글랜드 남동부 땅은 모두 내 몫이고, 세번강 서쪽 웨일스의 기름진 땅은 모두 오웬 글렌다워 몫이며, 친애하는 나의 매부, 당신은 트렌트강 저쪽 나머지 북부 땅을 차지하는 거요. 우리 세 사람 사이의 협약서는 이미 석 장 만들어 두었소. 오늘 밤 다 함께 서명하도록 합시다. 그리고 나의 매부, 내일은 계획대로 나와 우스터 경과 함께 슈루즈버리로 가서 스코틀랜드 군사를 이끌고 있는 당신 아버지를 만나 합류하는 거요. 나의 장인 글렌다워 경은 아직 군대가 준비되지 않으신 듯하지만, 어차피 앞으로 보름 동안은 그 군대까지는 필요 없을 거요. (글렌다워에게) 그때까지는 장인어른 영지에 사는 사람들이며 친구들을 불러모아 군대를 소집하실 수 있을 겁니다.

글렌다워 그보다는 훨씬 덜 걸릴 겁니다, 여러분. 부인들은 내가 모시고 가지요. 그러니 오늘은 작별 인사도 하지 말고 조용히 떠나십시오. 그렇지 않으면 눈물이 바다를 이루고 말 테니까요.

핫스퍼 (지도를 자세히 들여다보며) 버턴에서 북쪽으로 있는 내 땅은 여러분의 땅만큼 크지가 않은 것 같군요. 여기 이렇게 반달 모양으로 구부러진 강줄기가 끼어들어서 기름진 땅을 다 깎아버렸잖소. 여기에 둑을 쌓아 막으면 은빛 아름다운 트렌트강 물줄기가 이곳에서 새로운 물길로 순조롭게 흐를 테니, 그처럼 깊숙이 구부러들지 않아서 이 아래 기름진 땅을 잃지는 않겠소.

글렌다워 강줄기를 바꾸겠다고? 그럴 수는 없소. 본디 그렇게 생긴 것을.

모티머 하지만 여기 강물이 흘러서 내 영토에도 흘러들어와 그쪽에도 같은 이익을 주고 있소. 그쪽에서 빼앗은 만큼 이쪽에서 떼어간 거요.

우스터 그러나 적은 비용으로 땅을 파헤쳐 물줄기를 돌리면 여기 북쪽에 더 많은 땅을 얻을 수 있소. 그렇게 하면 강물이 곧게 흐르게 되오.

핫스퍼 그렇게 하겠어요. 돈도 그다지 많이 들지 않을 듯하군요.

글렌다워 그렇게 하도록 둘 수는 없소.

핫스퍼 그렇게 둘 수 없다고요?

글렌다워 그렇소. 그렇게는 못하오.

핫스퍼 누가 날 막을 수 있단 말입니까?

글렌다워 누구긴, 바로 내가 막을 수 있소.

핫스퍼 그럼 내가 알아듣지 못하게 그 말을 웨일스 사투리로 해보시죠.

글렌다워 나도 그대 못지않게 또박또박 말을 잘할 수 있소. 나는 잉글랜드 궁정에서 자란 사람이오. 그 시절에는 하프 가락에 맞춰서 달콤한 노래를 짓고는 했소. 이 나라 말에 음악이라는 아름다운 선물을 준 셈이오. 그대에게선 그런 아름다움을 절대로 찾아볼 수 없지만.

핫스퍼 물론입니다. 나는 그 점을 온 마음으로 감사하고 있죠. 그런 낯부끄런 노래나 지어 부르느니, 차라리 새끼 고양이처럼 야옹거리는 게 낫겠소. 쇳조각이 끽끽대는 소리나, 기름칠이 덜 된 수레바퀴가 삐거덕대는 소리를 듣는 게 낫소. 거드름 피워대는 노래를 듣고 있노라면 이가 갈리오. 허약한 망아지가 비틀거리며 걸음을 떼는 꼬락서니 같달까.

글렌다워 좋소, 트렌트 강줄기를 바꾸시오.

핫스퍼 상관없습니다. 나는 그럴 만한 친구에게라면 그보다 세 배는 더 되는 땅도 기꺼이 내줄 마음이 있는 사람이오. 그러나 거래를 하는 데에 있어서는 털끝만치도 양보할 수 없습니다. 약정서는 준비되었소? 이제 떠나도 되는 거요?

글렌다워 달이 밝으니 밤에 떠나도 될 거요. 약정서를 서두르게 하고, 부인들에게 출전 소식을 알리겠소. 딸애가 정신이 나갈까 걱정이군. 그 아이는 제 남편 모티머를 끔찍이 사랑하니까. (퇴장)

모티머 이런, 퍼시! 도대체 내 장인께 왜 그러오?

핫스퍼 나도 어쩔 수 없소. 입만 열었다 하면 나의 화를 돋우는 걸 어떡하오. 두더지와 개미가 어떻다는 둥, 몽상가 멀린과 그의 예언이며, 용과 지느러미 없는 물고기, 날개 잃은 그리핀, 깃털이 몽땅 빠진 까마귀, 웅크린 사자와 두 발로 걷는 고양이…… 도무지 말도 안 되는 그따위 소리만 해대니 믿을 수가 있어야죠. 어젯밤에는 글쎄 잠도 못 자게 붙잡고는, 자기를 따르는 악마들의 이름을 아홉 시간이나 읊어댔단 말이오. 나는 "음", "그렇군요!" 이렇게 맞장구치며 듣는 척했을 뿐일세. 아, 정말이지 늙어빠진 말이나 투정부리는 여편네처럼 지루한 사람이오. 연기로 숨 막히는 집 안에 갇힌 것보다 더 견디기 어렵소. 호화로운 대저택에서 산해진미를 먹으며 그 사람 이야기를 듣느니 차라리 헛간에서 치즈와 마늘만 먹고 사는 게 낫겠소.

모티머 알고 보면 훌륭하신 분이오. 책도 많이 읽었고, 기이한 마법에도 능하신 데다, 사자처럼 용맹하고, 놀랄 만큼 붙임성 좋고 인심 좋기로는 인도의 보석 광산 같다고 할까. 게다가 매부, 그거 아오? 그분은 그대를 무척이나 존중하시오. 그대가 그분 심기를 그렇게 건드려도 화내지 않고 꾹 참으시지 않소. 정말이지 그대처럼 그분께 대들고도 혼쭐이 나지 않은 사람은 세상에 또 없을 거요. 그러니 너무 모질게 굴지는 마시오. 부탁이오.

우스터 (핫스퍼에게) 사실 넌 너무 고집이 세. 그리고 이곳에 온 뒤로 줄곧 그분 화를 돋우기만 했잖아. 그런 점은 고치는 게 좋아. 때론 그런 성격이 네 지위나 용기, 힘을 드러내어 널 돋보이게 해줄지는 몰라도, 그보다는 너의 급한 성질이나 무례함, 부족한 자제력, 자부심이나 오만함, 거드름, 남을 깔보는 마음을 드러낼 뿐이야. 귀족으로서 그런 결점들은 아주 조금만 지녀도 남들의 신뢰를 잃게 돼. 남들의 시선으로부터 너의 좋은 점들을 가려 아무도 네 진가를 알아보지 못하게 하지.

핫스퍼 잘 알았습니다. 예의범절이 숙부님께 부귀와 명예를 가져다주기를! 저기 부인들이 오는군요. 가서 작별 인사를 하십시다.

글렌다워, 퍼시 부인과 모티머 부인을 이끌고 들어온다.

모티머 내 아내는 영어를 할 줄 모르고, 나는 웨일스 말을 할 줄 모르니 이렇게 속 터지는 일이 또 어디 있겠나.

글렌다워 내 딸이 울고 있네. 자네와 떨어지고 싶지 않다는군. 자기도 군인이 되어 함께 전쟁터에 나가겠다고 매달린다네.

모티머 장인어른, 아내에게 퍼시 부인과 함께 곧 뒤따라오게 될 거라고 말해주세요.

글렌다워 (웨일스 말로 딸에게 이야기한다. 모티머 부인 또한 웨일스 말로 대답한다) 도무지 말을 들어먹질 않는군. 고집불통에 막무가내야. 아무도 이 아이를 말리지 못할 거야. (모티머 부인, 웨일스 말로 다시 뭐라 한다)

모티머 그대 얼굴만 보아도 무슨 말을 하는지 알 수 있소. 천사처럼 아름다운 그대 눈에서 흘러내리는 그 아름다운 웨일스의 눈물을, 나는 그 누구보다 더 깊이 이해할 수 있다오. 남자로서 눈물짓는 일이 부끄럽지만 않았다면, 나도 같은 눈물로 그대에게 대답했을 텐데. (모티머 부인, 웨일스 말로 몇 마디 더 하고 입맞춤한다) 이 입맞춤의 뜻을 이해할 수 있소. 당신도 나의 마음을 이해할 수 있겠지. 그래도 당신 나라 말을 배우는 일을 게을리하지 않겠소. 당신의 목소리로 울려 퍼지는 웨일스 말은 너무나 달콤해서, 여름 꽃으로 가득한 정원에서 류트 가락에 맞추어 노래 부르는 아름다운 여왕의 목소리처럼 황홀하오.

글렌다워 안 돼, 자네까지 그렇게 눈물을 흘리면 이 아이가 정신이 나가고 말 걸세. (모티머 부인, 다시 웨일스 말로 이야기한다)

모티머 아, 도대체 무슨 말을 하는 건지!

글렌다워 자네보고 저 아이의 무릎을 베고 풀 위에 누우라는군. 자네가 좋아하는 노래를 불러 자네 눈꺼풀에 잠의 정령을 드리우게 하고, 자네의 핏줄마다 달콤한 무기력함을 불어넣어, 저 하늘의 황금마차가 동녘 하늘에 떠오르기 바로 전, 그 밝음도 어둠도 아닌 시간처럼 반은 잠들고 반은 깨어 있는 듯 달콤한 졸림을 주어 자네 마음을 달래주겠다는군.

모티머 그럼 어디 앉아서 노래를 들어볼까요. 노래가 끝날 즈음에는 아마 약정서가 완성될 테지요.

글렌다워 그렇게 하게. (모티머 앉는다. 모티머 부인도 남편 곁에 앉는다) 반주를 해 줄 요정들은 여기서 3천 마일이나 떨어진 허공을 떠다니고 있는데, 이제 곧 이리로 올 거야. 앉아서 들어보자고.

핫스퍼 케이트! 당신도 누워 있는 걸 좋아하잖아. 어서 와서 내게 무릎을 내어달라고.

퍼시 부인 어머, 싫어요. (핫스퍼가 팔을 잡아당기자, 거부하는 척하다가 웃으며 곧 남편과 함께 풀 위에 앉는다. 핫스퍼, 아내 무릎에 머리를 기댄다. 음악이 연주되기 시작한다)

핫스퍼 이제 보니 악마가 어째서 웨일스 말을 잘하는지 알겠군. 이토록 변덕스러우니 말야. 그래도 음악은 좋군.

퍼시 부인 그렇다면 당신이야말로 가장 훌륭한 음악가겠네요. 온 세상에 당신보다 더 변덕스러운 사람은 없으니 말이에요. 이제 가만히 누워서 모티머 부인이 부르는 웨일스 노래나 들어보세요.

핫스퍼 흥, 차라리 우리집 개가 아일랜드 말로 짖어대는 걸 듣는 게 낫지.

퍼시 부인 그렇게 말하다가 머리가 깨져도 좋아요?

핫스퍼 아니.

퍼시 부인 그럼 가만히 계세요.

핫스퍼 그럴 순 없지. 가만히 있는 건 여자들에게나 어울리는 짓이라고.

퍼시 부인 하느님께서 당신을 이끌어 주시기를!

핫스퍼 웨일스 여자의 침실로.

퍼시 부인 뭐라고요?

핫스퍼 쉿, 노래를 시작했어. (모티머 부인, 웨일스 말로 노래를 부른다) 자, 케이트, 당신도 한 곡 불러봐.

퍼시 부인 싫어요, 절대로.

핫스퍼 절대로라니! 정말이지, 당신은 꼭 사탕장수 아내처럼 말하는군. "절대 당신은 아니에요", "내 목숨을 걸고 맹세하는데" "하느님이 바로잡아 주시는 대로" 또 "대낮처럼 분명하게" 따위 말이야. 꼭 평생 마을 밖으로 나가본 일이 없는 여인같이 매가리가 없어. 숙녀라면 숙녀답게 자신감 넘치게 말을 하라고. "절대로" 같은 시시한 말은 일요일에 교회에 가려고 가장 좋은 벨벳 옷을 차려입은 천민 아낙네들이나 하는 거야. 자, 어서, 한 곡 불러봐.

퍼시 부인 안 불러요.

핫스퍼 재단사가 되려면 노래를 부를 줄 알아야 해. 재단사들은 노래하기를 좋아하니까. 아니면 새에게 노래를 가르칠 수도 있겠지. 약정서만 준비되면 두 시간 안에 떠나야겠어. 다 되면 나를 찾아오라고. (퇴장)

글렌다워 자, 모티머 경, 우리도 가지. 퍼시는 한시라도 빨리 떠나고 싶어 안달인데, 자네는 그와 반대로 굼뜨군. 약정서가 다 준비됐을 걸세. 가서 서명을 마치면 곧바로 말을 타고 떠나야지.

모티머 네, 잘 알겠습니다. (모두 퇴장)

〔제3막 2장〕

런던. 왕궁.
헨리 4세, 헨리 왕자, 그 밖에 다른 사람들 등장.

헨리 왕 다들 잠시 물러나 주오. 왕세자와 단둘이 할 말이 있소. 멀리는 가지 마오, 곧 다시 부를 테니. (신하들 퇴장) 내가 저지른 어떤 잘못 때문에 하느님께서 나의 살과 피로 나에게 벌을 내리시기로 한 것 같다. 네 행동거지를 보고 듣자니, 너에겐 오로지 하나의 목적만 주어진 듯하구나. 바로 나의 죄악을 벌하기 위한 하느님의 보복과 채찍이지. 그렇지 않고서야 고귀한 신분으로 태어난 네가 어째서 그리도 천박하게, 절제할 줄도 모르고 방탕하며 비열한 행동을 하면서 그토록 악한 무리들과 어울려 다니고, 왕자인 너와 맞먹으려 드는 자들을 그대로 내버려 둔단 말이냐?

헨리 왕자 전하, 저를 향한 비난들이 사실이 아님을 해명할 수 있습니다. 저는 무고하기에 그러한 비난들을 떨쳐버릴 수 있나이다. 그러나 한 가지 청이 있사온데, 전하같이 위대하신 분들에게는 늘 뒤따르기 마련인 그러한 소문들, 웃으면서 아첨하는 자들이나 남 말하기를 즐겨하는 자들이 재미삼아 꾸며낸 그러한 이야기들이 전혀 사실이 아님을 제가 증명해 보이겠습니다. 전하께서도 제가 젊은 혈기로 저지른 그릇된 행동들에 대해서는, 저 스스로 인정하고 뉘우치니 부디 너그러이 용서해 주십시오.

헨리 왕　하느님께서 너를 용서해 주시기를! 하지만 해리, 나는 여전히 너의 그런 무분별한 몸가짐만은 이해할 수가 없구나. 우리 선조들 가운데에는 그런 분이 계시지 않았는데 말이다. 네가 의회의 자리를 함부로 내던지는 바람에 네 동생이 대신 그 자리를 메우게 되지 않았느냐. 너는 스스로 궁정 신하들과 왕족들을 등지고 말았다. 젊은 너를 향한 기대와 희망은 이제 깨어졌으니, 모든 사람이 마음속 깊이 너의 추락만을 내다보고 있을 뿐이다. 내가 너처럼 평민들과 지나치게 가까이 지내며, 천박한 무리들과 스스럼없이 어울렸다면, 나를 왕위에 앉혀준 민심은 아직도 선왕 리처드 편에 서 있었을 게다. 그랬다면 나는 명예도 지위도 얻지 못한 채 추방자의 삶을 살았겠지. 그러나 나는 대중 앞에 모습을 드러내는 일을 피해 왔기에 나를 만난 사람들은 혜성이라도 본 듯 경탄하는 것이란다. 백성들은 나를 보면 자녀들을 붙잡고, "저기 그분이 계신다!" 말하며, 서로 "어디? 누가 볼링브룩이시지?" 묻곤 한다. 그들 눈에 나는 하늘보다 위대한 존재임에도 늘 겸손하게 행동하니, 마침내 그들의 마음을 얻어내어 그들 입에서 경탄을 자아내게 한 거란다. 선왕이 살아 있을 때부터 그래 왔지. 그게 바로 내가 늘 경이롭고 신선하게 여겨지는 까닭이다. 나는 대주교의 화려한 미사복과도 같은 존재이다. 쉽게 볼 수 없어 더욱 값지게 여겨지는 거지. 나는 대중 앞에 좀처럼 나타나는 일이 없지만, 그들 앞에 나설 때만큼은 누구보다도 위엄 있는 모습을 보인다. 흔히 볼 수 없는 물건은 그로 인해 가치가 올라가는 법이다. 그러나 경박했던 선왕은 천박한 광대들, 쓸데없는 재담꾼들과 나돌아 다닌 탓에 그 인기는 빠르게 타오른 만큼 어느새 사그라들어 꺼져버리지 않았느냐. 스스로 격을 낮추고, 까불거리는 바보들과 어울려 다니니 그런 게지. 마침내 국왕의 위대한 이름은 아이들의 비웃음으로 얼룩지고, 시시한 농담에 웃고 떠들며 무지한 풋내기들과 격의 없이 어울리는 동안 왕의 체면이라고는 찾아볼 수 없게 되었지. 선왕은 인기를 쫓아 천박한 평민들과 시간을 보내곤 했다. 달콤한 꿀도 날마다 먹으면 물리는 법, 날마다 사람들과 어울려

주었더니 모두가 그 단맛에 질려버리고 만 게지. 조금 달아도 한없이 달게 느껴지는 거란다. 오뉴월 뻐꾸기처럼 흔하디 흔한 존재가 되어버렸으니 그가 하는 말에 아무도 귀 기울이지 않게 되고, 보아도 아무런 감동도 없게 된 거란다. 이따금씩 빛나는 태양을 바라볼 때처럼 경탄의 눈길을 보내는 게 아니라, 모두들 싫증을 내고 무감각해지는 거지. 왕을 앞에 두고도 꾸벅꾸벅 졸며, 적을 대하듯이 지겨워하는 기색만 가득하게 되었단 말이다. 그런데 해리, 네가 딱 그 꼴이 뭐냐. 비열한 녀석들과 어울려 다니다 왕자의 체면을 잃었으니까. 네 얼굴을 한 번이라도 더 보려고 하는 이는 온 왕국에서 오직 나 하나뿐이란다. 그런 나조차도 눈물이 온통 앞을 가려 널 제대로 바라볼 수가 없구나.

헨리 왕자 인자하신 전하, 이제부터는 좀더 저답게 행동하겠습니다.

헨리 왕 지금 너는 내가 막 프랑스에서 돌아와 반란을 일으켰던 때의 리처드 왕과 다를 바 없단다. 그리고 그때 나는 꼭 지금의 퍼시와 같았지. 나의 이 홀장과 영혼을 걸고 맹세하건대, 그 젊은이는 왕의 빈껍데기 그림자에 지나지 않는 너보다는 차라리 더 왕위에 걸맞아 보인다. 그 아이는 왕위 계승권도, 아니 그 비슷한 아무것도 가지지 않고서도 쉽게 군대를 일으켜 왕국을 위협하고 있지 않느냐. 국왕에 맞서 군사를 이끌고 사자를 향해 달려들고 있다. 너보다 나이가 많지도 않은데, 연로한 귀족들이며 존경받는 주교들까지 모두 피 흘리는 전쟁터로 끌어들였다. 그 악명 높은 더글러스를 무찔러 결코 죽어 없어지지 않을 명예를 얻지 않았느냐! 어디 그뿐이냐, 그의 위대한 공적과 과감한 기습, 그리고 무훈의 명성은 오늘날까지 모든 그리스도교 국가들의 칭송을 받고 있다. 포대기에 싸인 전쟁의 신 마르스와 같은 핫스퍼는, 더글러스를 세 번이나 무찌르고 사로잡아, 마침내는 동맹을 맺고 나의 왕위를 위협하고 있다. 너는 이에 대해 뭐라 말하겠느냐? 퍼시, 노섬벌랜드, 요크 대주교, 더글러스 그리고 모티머가 다 함께 손을 잡고 나를 물리치러 오고 있다. 그런데 내가 너에게 왜 이런 이야기를 하는 거지? 내가 가장 사랑하고, 가장 두려워하는 적인 너에게 말이다. 너의 그 비열한 두려움과 비굴한 근성에다 참을성 없는 기질까지 더해져서, 네가 퍼시의 부하가 되어 내게 칼을 들이민다 해도 난 놀라지 않을 게다. 강아지처럼 그자 뒤꽁무니를 졸졸 따라다니며 아첨을 해댈 테지. 너는 그러고도 남을 만큼 타락한 녀석이니까.

헨리 왕자 그렇게 생각하지 마십시오. 그런 일은 없을 겁니다. 전하의 마음을 이토록 저에게서 돌아서게 만든 자가 누구이든지, 하느님께서 그자를 용서해 주시길 바랍니다. 제가 퍼시를 물리치고, 불명예로 얼룩진 제 이름을 되돌려 보겠습니다. 영예로운 승리의 마지막에 전하 앞에 다가와, 제가 당신 아들이라고 자랑스럽게 말씀드리겠습니다. 피로 물든 옷을 입고, 피로 얼룩진 가면을 쓰고 나아가 저의 수치를 씻어내고 오겠나이다. 그때는 저 이름 높고 영예로운 젊은이, 용맹한 핫스퍼, 그 고귀한 기사가 아버지의 못난 해리를 전쟁터에서 맞닥뜨리는 바로 그날이 될 겁니다. 그가 이제껏 쌓아온 영예나 제 이름에 드리워진 수치가 그 두 배가 되기를 바랍니다. 왜냐하면 머지않아 그 북녘에서 온 젊은이가 그의 영예와 저의 수치를 맞바꾸게 될 테니까요. 퍼시는 저를 위해 힘쓰고 있는 겁니다, 아버지. 저를 대신해 명예를 쌓아가고 있을 뿐입니다. 제가 반드시 그 명예를 저에게 가져다 바치도록 만들겠습니다. 그 명예의 마지막 한 조각까지 모두 저에게 내놓지 않으면 제 손으로 그자의 심장에서 명예를 짜내고야 말겠습니다. 하느님의 이름을 걸고 약속드립니다. 그리고 하느님께서 저에게 이런 일을 해내도록 허락해 주신다면, 제 오랜 방황으로 아버지께서 얻으신 깊은 상처들이 모두 낫게 될 겁니다. 제가 실패한다면 저의 죽음으로 그동안의 잘못을 덮을 수 있겠지요. 이 약속을 조금이라도 어기게 되느니 차라리 십만 번이라도 죽겠습니다.

헨리 왕 아들아, 이 약속을 통해 반란군 십만 명이 쓰러진 것이나 다름없다. 내 무한한 신뢰와 함께 이 전쟁의 모든 지휘권을 너에게 맡기노라.

블런트 등장.

헨리 왕 무슨 일인가 블런트? 매우 위급해 보이는군.

블런트 급히 말씀드릴 게 있나이다. 스코틀랜드의 모티머 경이 전하는 말에 따르면, 이달 열하룻날에 더글러스와 잉글랜드 반란군이 슈루즈버리에서 합류했다 합니다. 모두가 약속한 대로 움직인다면 이 왕국 역사상 가장 거대하고 강력한 반란군이 될 듯합니다.

헨리 왕 그 소식은 이미 닷새 전에 들었소. 웨스트모어랜드 백작이 내 아들 랭커스터 공작과 함께 오늘 전장에 나갔소. 해리, 너는 다음 수요일에 출전하도록 해라. 나 또한 목요일에 출전하겠다. 브리지노스에서 만나자꾸나. 필요한 시간을 가늠해 보면 오늘부터 열이틀 뒤에는 브리지노스에 모일 수 있을 거야. 할 일이 많구나. 어서 서둘러라. 조금이라도 꾸물댔다가는 적에게 모처럼 좋은 기회를 주게 되리라. (모두 퇴장)

〔제3막 3장〕

이스트치프. 술집 보어스헤드.
새벽녘, 허리에 곤봉을 찬 폴스타프와 바돌프 등장.

폴스타프 바돌프, 지난번 일이 있고 나서 내가 무척 시들해졌지? 살이 쪽 빠진 것 같지 않아? 몸집이 작아졌지 않나? 살가죽이 이렇게 펑퍼짐한 할망구 옷가지처럼 축 늘어진 걸 봐. 주름이 자글자글한 게 꼭 썩어 쪼그라든 사과 같지 뭐야. 아직 몸이라고 부를 만한 게 남아 있는 동안 어서 내 죄들을 뉘우쳐야겠어. 곧 상태가 아주 나빠질 거야. 그럼 잘못을 뉘우칠 기운조차 남지 않겠지. 교회 안이 어떻게 생겼는지 이제는 기억도 나지 않는다고. 말라비틀어진 시시한 망아지 한 마리보다도 못하니 원. 교회 안이 말이야! 이게 다 친구를 잘못 사귄 탓이야. 나쁜 친구들 탓이라고.

바돌프 존 경, 그렇게 불평을 해대면 오래 살 목숨도 줄어들게 되오.

폴스타프 그래, 자네 말이 맞아. 그럼 어디 너저분한 노래나 한 곡 불러서 날 좀 웃겨보게. 나는 신사로서 떳떳한 삶을 살아왔어. 뭐, 부끄럽지는 않을 정도로 살아왔네. 어쨌든 욕도 별로 안 하고, 도박에도 손대지 않았지. 일주일에 일곱 번 이상은 말이야. 매음굴에도 15분에 한 번쯤 가는 게 다야. 서너 번쯤은 빚도 갚은 적이 있어. 그렇게 건실하게 바른길을 저울질하며 살아왔건만, 지금 내 삶은 바른길에서 벗어나 온통 뒤죽박죽 엉망진창이란 말이야.

바돌프 그야 그렇게 뚱뚱하니 별수 있나요. 너무 뚱뚱하니까 저울 밖으로 벗어날 수밖에요.

폴스타프   자네는 그 못난 얼굴이나 좀 바로잡도록 해. 난 내 삶을 바로잡아
볼 테니. 우리 패거리가 군함이라면 자네야말로 배 앞머리에 달린 등불과
도 같지. 그 빛이 코에서 나온다는 게 문제지만 말야. 새빨갛게 빛나는 등
불의 기사님이셔.

바돌프   저런, 존 경. 내 얼굴이 당신한테 무슨 피해라도 끼쳤답니까?

폴스타프   그건 그래. 오히려 자네 얼굴 덕에 득을 봤으면 봤지, 꼭 해골 같아
서 죽음을 일깨워 준다네. 자네 얼굴만 보면 저 뜨거운 지옥불과 영원한 지
옥에서 고통받는다는 성경 속 부자들이 생각나거든. 자네에게 조금이라도
선한 구석이 있었더라면 난 자네 얼굴에 대고 맹세라도 했을 거야. "이 불덩
이, 하느님의 천사가 틀림없는 이 불덩이에 대고 맹세합니다!" 이렇게 외쳤
을 거라고. 하지만 자네는 아주 지독한 악당이잖아. 불길이 활활 타오르고
있는 그 얼굴만 아니었다면 어둠의 자식이었을 거란 말이지. 자네가 저번에
내 말을 찾으러 개즈힐 언덕을 깜깜한 밤에 올랐을 때, 난 무슨 도깨비불이
라도 본 줄 알았어. 자네는 영원히 타오르는 승리의 횃불과도 같아. 절대로
꺼지지 않는 모닥불이지! 밤에 자네와 함께 이 술집에서 저 술집으로 걸어
다니면서 자네 덕분에 아긴 초 값이 수천 마르크는 될 걸세. 물론 자네에
게 술을 먹이는 데 쓴 돈을 따져보면 온 유럽에서 가장 비싼 초를 잔뜩 사
고도 남겠지만 말야. 자네 코가 지난 서른두 해 동안 그렇게 새빨갛게 빛난
게 다 내 덕분인 줄 알라고. 하느님께서도 날 칭찬해 주셔야 할 거야.

바돌프   젠장, 내 얼굴이 그렇게 좋으면 아예 당신 배 속에 집어넣고 다니
시오!

폴스타프   맙소사, 그랬다가는 배 속이 다 불타버리고 말 텐데!

퀴클리 등장.

폴스타프   안녕하시오, 꼬꼬댁 마님! 내 지갑을 털어간 자는 찾아냈소?

퀴클리   어머나, 존 나리, 어떻게 생각하세요, 네? 내가 내 집 안에 기어든 도
둑을 그냥 놔둘 것 같아요? 물론 다 찾아봤지요. 여기저기 캐묻고 다니면
서 남편한테도 똑같이 하라고 시켰다고요. 여기 있는 모든 어른이며 아이며
하인들에게까지 다 물어봤는데도 머리카락 한 올 잃어버렸다는 사람이 없

답니다.

폴스타프 거짓말쟁이! 여기 바돌프도 이 집에서 면도를 하고 얼굴에 숭숭 났던 털이 싹 없어졌는데. 그리고 정말로 내 지갑을 도둑맞았다니까. 흥, 지옥에나 떨어져라, 못난 계집 같으니. 지옥에나 떨어지라고.

퀴클리 뭐, 나요? 세상에, 내 집에서는 그 누구도 나한테 그런 말 함부로 못해요.

폴스타프 관둬. 내가 당신을 잘 아는데 뭘.

퀴클리 아니요, 존 나리. 당신은 나에 대해 몰라요. 나는 당신을 아주 잘 알지요. 당신은 나한테 빚이 있어요. 그 돈을 안 내고 어물쩍 넘어가려고 이렇게 소란을 피우는 거잖아요. 내가 당신 셔츠만 해도 열두 벌은 사줬다고요.

폴스타프 그 구질구질 싸구려 셔츠들 말이지. 그런 건 다 빵집 여편네한테 줘버렸어. 밀가루 치는 체로 쓰라고 말야.

퀴클리 말도 안 되는 소리, 모두 한 마에 8실링이나 하는 값비싼 천으로 만든 셔츠였다고요. 게다가 밥값이며 술값도 안 냈고, 나한테서 빌려간 돈도 24파운드나 되잖아요.

폴스타프 (바돌프를 가리키며) 그건 이 사람도 함께 먹고 마셨으니까, 이 사람더러 내라고 해.

퀴클리 저 사람은 가난해서 돈이 없는걸요.

폴스타프 뭐? 가난해? 이 얼굴을 좀 봐. 이게 부자가 아니면 뭐야? 이 빨간 코며 못난 뺨으로 돈을 찍어내도 되게 생겼는데. 난 한 푼도 낼 수 없네. 내가 무슨 얼뜨기인 줄 알아? 여관에 들어와서 편히 쉬기는커녕 지갑만 털리고 말았는데? 우리 할아버지가 남겨준 반지도 들어 있었다고. 40마르크나 나가는 비싼 반지야.

퀴클리 오, 맙소사! 왕자님께서 그 반지는 구리 반지라고 몇 번이나 말씀하시는 걸 내가 다 들었는데!

폴스타프 뭐야? 그 왕자 녀석은 사기꾼이야. 젠장, 그 녀석이 지금 내 앞에서 그런 소릴 지껄였다가는 내가 개처럼 두들겨 팼을 텐데.

왕자와 포인스, 군복을 차려입고 발걸음을 맞추며 등장.

연극 〈헨리 4세 제1부〉 바바라 마틴(퀴클리 역)·폴 리더(바돌프 역)·로저 알람(폴스타프 역) 출연. 글로브 극장. 2010.

폴스타프 (허리에 차고 있던 곤봉을 피리처럼 들고 부는 척하며) 여보게들, 무슨 바람이 불었나? 행진이라도 하자는 건가?

바돌프 그거 좋군. 둘씩 줄을 맞춰서 교수대로 행진하는 거지.

퀴클리 왕자님, 제 이야기 좀 들어주세요.

헨리 왕자 무슨 일이오, 퀴클리? 남편은 잘 지내죠? 참 정직한 사람이지요, 내가 아주 좋아한답니다.

퀴클리 왕자님, 제 말 좀 들어보세요.

폴스타프 저 여편네 말은 됐고, 내 말이나 좀 들어봐.

헨리 왕자 무슨 일인가, 잭?

폴스타프 지난밤에 저 벽걸이 뒤에서 잠을 자고 있었는데 누가 내 지갑을 훔쳐갔지 뭔가. 이 여관은 매음굴로 바뀌어서 잠든 사람 지갑을 마구 털어간다고.

헨리 왕자 그래서 뭘 잃어버렸나, 잭?

폴스타프 자네는 내 말을 믿어주는 거지, 헬? 40파운드짜리 채권 몇 장과 할아버지가 남겨주신 반지가 없어졌네.

헨리 왕자 그 싸구려 반지, 8페니쯤 하려나.

퀴클리 제 말이 그 말이에요, 왕자님. 왕자님께서 그렇게 말씀하신 걸 제가 들었다고 했더니, 글쎄 이 사람이 왕자님 욕을 끔찍이도 해대지 뭐예요. 입이 어찌나 험하던지. 왕자님을 두들겨 패겠다고 했어요.

헨리 왕자 뭐, 그게 정말이오?

퀴클리 정말이고말고요. 제 말이 거짓이면 저는 정직함도 신뢰도 없는 인간에다, 여자도 아니죠.

폴스타프 정직함이라고는 매춘부만큼도 없고, 신뢰라고는 도망치는 여우만큼도 없으면서 무슨. 게다가 꼴에 여자라니. 여자 옷만 차려입었다고 다 여자면, 누구나 고관 부인이 될 수 있겠군. 썩 꺼져버려, 이것아.

퀴클리 '이것아'라고 했나요? 내가 무슨 물건이에요?

폴스타프 무슨 물건이긴! 하느님 감사합니다, 하고 외칠 만한 물건이지.

퀴클리 나는 그런 물건이 아니에요. 똑똑히 들어두라고요. 나는 어엿한 한 남자의 아내예요. 당신이야말로 그 기사 작위만 빼놓으면 완전 악당이지 뭐야. 날 그따위로 부르다니.

폴스타프 넌 여자라는 것만 빼놓으면 한 마리 짐승일 뿐이지 뭐냐.

퀴클리 무슨 짐승인데, 이 악당아, 응?

폴스타프 무슨 짐승이긴? 수달이다 수달.

헨리 왕자 수달이라고? 왜 수달이지?

폴스타프 왜냐하면 물고기도 아니고 네 발 달린 짐승도 아닌 것이, 어디다 써먹어야 할지 도무지 알 수가 없으니 그렇지.

퀴클리 그렇게 심한 말을 하시니! 당신은 몰라도, 모든 사람이 내가 어디에 쓸모 있는지쯤은 안다고요. 이 악당아!

헨리 왕자 당신 말이 맞아요, 부인. 이 사람 말이 너무 심하군.

퀴클리 왕자님께도 이렇게 심한 말을 했다고요. 지난번에는 글쎄, 왕자님이 자기에게 1천 파운드나 빚이 있다고 하던데요.

헨리 왕자 이봐, 내가 자네에게 1천 파운드 빚을 졌다니?

폴스타프 1천 파운드뿐이겠어, 헬? 1백만 파운드는 될 거다. 자네의 사랑은 1

백만 파운드 가치가 있지. 자넨 내게 사랑을 빚졌지 않나.

퀴클리 아니에요, 왕자님. 이 사람이 왕자님은 사기꾼이라면서 두들겨 패겠 다고 했어요.

폴스타프 바돌프, 내가 그랬나?

바돌프 물론이지요, 존 경. 그렇게 말했잖아요.

폴스타프 그래 맞아. 이 사람이 내 반지는 싸구려 구리 반지라고 해서 그 랬지.

헨리 왕자 그거야 구리 반지가 맞으니까 그렇지. 그래서 말한 대로 날 두들 겨 팰 텐가?

폴스타프 헬, 내 말 좀 들어봐. 자네가 그냥 평범한 사람이라면 그랬겠지. 그 러나 자네는 왕자님 아닌가. 나는 자네가 울부짖는 새끼 사자만큼이나 두 렵다네.

헨리 왕자 왜 그냥 사자가 아니고 새끼 사자야?

폴스타프 사자처럼 무서운 사람은 국왕 전하가 계시잖나. 자네가 아무리 무 서워도 자네 아버지만큼 무섭겠나? 자네가 그렇게 무서웠으면 이 허리띠가 끊어져 버리라고 기도하겠네.

헨리 왕자 저런, 그랬다가는 자네 뱃살이 무릎까지 처질 텐데! 이보게, 어차 피 자네 배 속에는 믿음이나 정직함이나 선량함 따위는 들어 있지 않아. 온 통 지방과 위장으로 가득해서 들어갈 자리가 없잖은가. 지갑을 훔쳤다고 정 직한 여인을 몰아세우다니, 이 나쁜 녀석 같으니라고. 뻔뻔스러운 뚱땡이, 네놈 주머니 속에 든 거라고는 고작해야 술집 외상값 영수증이나, 매음굴 에 대해 써놓은 쪽지, 아니면 숨이 찰 때 먹으려고 아껴둔 사탕 쪼가리뿐이 지. 또 뭐가 더 있었다면 나야말로 악당이다. 그래도 자네는 거짓말을 그만 두지 않을 테지. 제대로 그럴듯하게 해내지도 못하면서 말이야. 부끄럽지도 않나?

폴스타프 내 말 좀 들어봐, 헬. 아담은 그토록 깨끗한 낙원에서도 타락하고 말았는데, 이 사악한 세상을 살아가는 가엾은 잭 폴스타프는 어떻겠나? 내 가 남들보다 좀 살이 쪘지 않나? 이게 다 유혹에 약해서 그런 거야. 그런데 내 지갑을 가져간 건 자네란 말이지?

헨리 왕자 그런 것 같네.

폴스타프 퀴클리, 내가 당신을 오해했소. 재빨리 나가서 아침 식사나 가져다
주오. 남편을 사랑하고, 하인들을 보살피고, 손님들을 잘 돌봐주오. 내가 본
디 이렇게 멀쩡한 사람이야. 봤지? 여느 때처럼 가만히 있잖나. 자, 이제 가
봐요! (퀴클리 퇴장) 헬, 이제 다 이야기해 보게. 궁정에서 무슨 일이 있었나?
우리가 도둑질한 일은 어떻게 됐지?

헨리 왕자 내가 또 한 번 자네 목숨을 구했지. 훔친 돈을 돌려줬네.

폴스타프 돌려줬다는 말이 그리 썩 마음에 들지는 않는군. 헛수고만 한 게
아닌가.

헨리 왕자 아버지와는 화해를 했다네. 이제 나 하고 싶은 대로 다 할 수
있어.

폴스타프 그럼 먼저 가서 국고를 털지그래. 손 씻을 시간도 없네, 어서 빨리
가게나.

바돌프 그렇게 하십시오, 왕자님.

헨리 왕자 자네에게는 보병대 지휘를 맡기겠네.

폴스타프 기마부대면 더 좋았을 텐데. 그런데 어디 가면 좀도둑질 잘하는 녀
석을 하나 찾을 수 있을까? 스물두 살쯤 먹은 녀석으로 말이야. 정말이지
그런 녀석의 도움이 절실하네. 그건 그렇고, 반란을 일으킨 녀석들에게 참
고맙게 됐군그래. 착한 사람들만 괴롭혀대니 말야. 아주 마음에 쏙 들어.

헨리 왕자 바돌프!

바돌프 네, 왕자님.

헨리 왕자 이 편지를 내 동생 랭커스터 공작 존에게 가져다줘. 이건 웨스트
모어랜드에게 전해 주고. (바돌프 퇴장) 피토, 너는 가서 말을 가져와. 어서!
우리 둘은 점심때까지는 여기서 30마일쯤 떨어진 곳에 가야 한다. (피토 퇴
장) 잭, 자네는 내일 2시까지 템플 홀로 오게나. 거기서 군대를 넘겨주고, 장
비를 마련할 돈도 주겠네. 온 나라가 난리가 났어. 그 꼭대기에는 퍼시 녀석
이 앉아 있지. 그들이 죽거나 우리가 죽거나, 둘 중 하나야. (퇴장)

폴스타프 끝내주는군! 정말이지 멋진 세상이야! 주인, 아침 식사를 가져와.
아, 이 여관에서부터 군대를 몰고 갈 수 있다면 얼마나 좋을까!

슈루즈버리에서 가까운 곳. 반란군 진영.
핫스퍼, 우스터, 더글러스 등장.

핫스퍼 옳으신 말씀이오, 위대하신 스코틀랜드 용사여! 요즘 세상은 진실을
말해도 아첨꾼 소리를 듣지만, 나는 당신처럼 높이 칭송받을 만한 전사는
세상에 다시없다 말하고 싶소. 내가 아첨할 줄 모르며 감언이설도 좋아하
지 않는다는 사실을 하느님께서 잘 알고 계십니다. 그러나 당신만은 내 마
음속 깊이 우러러보고 있다 말씀드리오. 내 말이 진심인지 시험해 보셔도
좋소.

더글러스 당신이야말로 가장 명예로운 왕. 이 땅 위에 숨 쉬고 있는 이들 가
운데 가장 강력한 자라고 할 수 있지요. 만일 그런 당신을 얕보는 자가 있
다면 내가 맞서주리다.

핫스퍼 그래 주신다니 고맙소.

사자, 편지를 가지고 들어온다.

핫스퍼 그 편지는 무엇이냐? (더글러스에게) 그저 고맙다는 말밖엔 드릴 말씀
이 없군요.

사자 아버님께서 보내신 편지입니다.

핫스퍼 아버지가? 왜 직접 오시지 않는 거지?

사자 오실 수가 없습니다. 무척 편찮으셔서요.

핫스퍼 이런! 이 중대한 시기에 아플 시간이 어디 있다고! 그럼 아버지의 군
대는 누가 맡고 있느냐? 누가 군사들을 이끌고 있지?

사자 편지에 모두 쓰여 있을 겁니다.

우스터 그럼 지금 누워 계시느냐?

사자 네, 제가 떠나오기 나흘 전까지만 해도 누워 계셨습니다. 그리고 제가
길을 나서던 날에는 의사들이 무척 걱정하고 있었습니다.

우스터 이 일이라도 좀 마무리되고 나서 아프셨다면! 지금이야말로 가장 건

강하셔야 할 때인데.

핫스퍼 이런 때에 편찮으시다고? 몸져누우셨다고? 아버지의 병환이 우리 계획까지 병들게 하는구나. 벌써 여기 우리 진영까지 전염되고 말았어. 편지에 따르면 몸속 어딘가 병이 걸리신 듯한데, 직무 대행인이 나섰더라면 동맹군이 그렇게 빨리 모여들지 않았을 거라는군요. 게다가 아버지께선 그런 중대한 임무를 다른 누군가에게 맡긴다는 게 도무지 내키지 않으셨답니다. 그러나 우리에게 내리는 말씀만은 단호하셔서, 적은 숫자로나마 당당히 밀고 나아가며 우리 운명을 시험해 보라 하십니다. 국왕이 이미 우리 계획을 낱낱이 알고 있기에 돌이킬 수는 없는 일이라고요. 어떻게 생각하십니까?

우스터 네 아버지의 병환은 우리에겐 큰 타격이다.

핫스퍼 치명적이라 할 수 있습니다. 팔 하나가 떨어져 나간 것과 마찬가지지요. 그렇다고 지나치게 절망할 필요는 없을 듯합니다. 아버지가 안 계셔서 큰 타격을 입은 듯하나, 꼭 그렇지만은 않을 수도 있다는 거지요. 전 재산을 주사위 노름 한 번에 거는 일을 현명하다고 할 수 있을까요? 우리가 가진 모든 것을 어떻게 될지 모르는 위험천만한 일에 내거는 것이 정말 바람직한 일일까요? 그렇지 않을 겁니다. 그랬다면 우리는 희망의 끝자락, 우리 운의 한계에 다다르고 말았을 테니까요.

더글러스 맞는 말이오. 이렇게 그분이 불참하면 뒷날 다시 일어설 수 있는 희망을 남겨두는 셈이니까 성공을 위해 희망차게 나아갈 수 있죠. 실패해도 돌아갈 곳이 있으니까요.

핫스퍼 악마나 불행 따위가 우리 계획을 망치려 들 때 언제든지 몸을 숨길 수 있는 든든한 피난처가 되어주실 겁니다.

우스터 그래도 네 아버지가 있었으면 좋았을 것을. 이번 일은 따로따로 움직여선 안 돼. 네 아버지가 편찮으신 줄 모르는 이들이 보기에는 그분이 뭔가 비밀을 숨기고 있다거나, 왕에게 충성하기로 마음먹었다거나, 아니면 우리 계획에 불만을 품고 있다고 생각할 수 있지 않겠느냐. 그런 오해들은 그렇지 않아도 두려운 마음을 품고 있는 우리 지지자들이 우리의 대의명분을 더욱 의심하게 만들 뿐이다. 너도 잘 알다시피 우리처럼 먼저 싸움을 거는 쪽은 비난받을 만한 꼬투리를 잡히지 않도록 조심해야만 해. 속내가 드러나지 않도록 모든 구멍과 뚫린 틈을 막아야만 한다. 그 사이로 약점을 파고들어 의심하는 자가 늘 있기 마련이니까. 이번 네 아버지의 불참은, 아무것도 모르는 자들에게 이제까지 생각지 못했던 두려움과 의심의 장막을 드리워 주는 거란다.

핫스퍼 그건 너무 지나친 생각이십니다. 저는 오히려 우리에게 잘된 일이라 생각하겠습니다. 그분이 계시지 않기에 우리가 쌓아온 수고와 노력이 더욱더 용감하게 보일 수 있습니다. 사람들은 우리가 아버지 도움 없이도 왕과 맞서 싸울 군대를 모을 수 있었으니, 아버지까지 힘을 합친다면 쉽게 온 나라를 뒤엎을 수도 있다고 믿을 테니까요. 다 잘된 일입니다. 타격 따윈 없습니다.

더글러스 생각하신 그대로입니다. 스코틀랜드에는 두려움이라는 단어가 없지요.

리처드 버논 경 등장.

핫스퍼 어서 오시오, 버논.

버논 내가 환영받을 만한 소식을 가져왔더라면 좋으련만. 웨스트모어랜드 백작이 군사 7천을 이끌고 이리로 오고 있습니다. 존 왕자도 함께 있지요.

핫스퍼 상관없소. 다른 소식은?

버논 내가 들은 바로는 왕도 직접 나서려는 듯합니다. 아니, 어쩌면 이미 엄청난 군사를 이끌고 이리로 오고 있는지도 모르겠습니다.

핫스퍼 얼마든지 오라지. 왕의 아들 녀석은 어디 있소? 얼빠진 겁쟁이 웨일스 왕자 말일세. 그리고 세상 그 어떤 일에도 관심이 없는 그 친구들은?

버논 모두 무장을 하고 갑옷을 차려입었습니다. 바람에 나부끼는 타조나, 물에 젖은 날개를 퍼덕이는 독수리처럼 요란하게 깃털 장식을 달고, 성자 조각상처럼 빛나는 금빛 갑옷을 입은 모습이 꼭 봄날처럼 생기로 넘치고, 한여름 햇살처럼 눈부시며, 새끼 염소처럼 들떠 있고, 젊은 황소처럼 용맹스러워 보였습니다. 투구를 쓰고 허벅지에 보호대를 한 해리 왕자를 보았는데, 위엄 있게 무장을 한 모습이 날개를 가진 메르쿠리우스 신이 이 땅에 내려와 앉은 듯했습니다. 말안장 위에 사뿐히 걸터앉은 모습은 꼭 하늘에서 내려온 천사가 용맹한 페가수스를 타고 달리며, 그 뛰어난 말타기 솜씨로 온 세상 사람들을 매혹하는 듯했지요.

핫스퍼 그만, 그만! 그런 칭찬은 말라리아를 몰고 오는 3월 태양보다도 더 꼴보기 싫소. 올 테면 오라지. 아름답게 차려입고 제단으로 끌려가는 제물처럼, 뜨거운 피가 식기도 전에 이글이글대는 눈을 가진 전쟁의 여신 앞에 바치고 말겠소. 전쟁의 신 마르스는 그 제단 위에 앉아 온몸을 피로 물들이겠죠. 이런 굉장한 사냥감이 코앞에 다가오고 있는데 아직 우리 것이 아니라니, 내 피가 끓어오르는군요. 내 말을 시험해 봐야겠소. 나를 태우고 웨일스 왕자에게 번개처럼 내달려, 이 해리가 그 해리를 만나게 될 것이오. 내 말이 그 말을 가로막아, 어느 한쪽이 시체가 되어 나뒹굴기 전에는 결코 서로 떨어지지 않으려 할 거요. 아, 글렌다워가 있었다면 더 좋았을 텐데!

버논 소식이 더 있습니다. 우스터 측으로부터 들었는데 글렌다워가 군사를 모두 모으려면 앞으로 두 주는 더 걸릴 거라고 합니다.

더글러스 그거야말로 가장 나쁜 소식이오.

우스터 정말 그렇군. 심장이 얼어붙을 만큼 나쁜 소식이야.

핫스퍼 왕의 군대는 몇 명쯤 되지요?

버논 3만쯤 될 겁니다.

핫스퍼 4만이라도 끌고 와보라지. 아버지나 글렌다워 없이도 우리 군사들은 충분히 이길 수 있소. 지금 바로 군사들을 소집합시다. 결전의 날이 다가오고 있어요. 죽더라도 즐거운 마음으로 죽어야지요.

더글러스 죽는다는 말은 하지 마시오. 앞으로 반년 동안은 죽음도, 죽음의 손길도 두렵지 않소. (모두들 서둘러 천막 안으로 들어간다)

〔제4막 2장〕

코번트리 근처. 한적한 길.
폴스타프, 반쯤 무장한 차림으로 바돌프와 이야기를 나누며 등장.

폴스타프 바돌프, 자네는 우리보다 앞서서 코번트리에 도착해서 내가 마실 포도주 한 병을 채워놓게. 우리 군대는 쉬지 않고 행군하면 오늘 밤엔 서턴 콜드필드에 닿을 수 있을 것 같아.

바돌프 돈을 주셔야지요, 대장님?

폴스타프 알아서 갖다 쓰게.

바돌프 이 병을 가득 채워오려면 10실링 은전에 새겨진 천사님을 만나 뵈야 할 것 같은데요.

폴스타프 좋을 대로 해. 심부름 값으로 챙기라고. 천사님이 스무 명쯤 되더라도 상관없으니 가져가게. 내가 책임질 테니까. 가서 피토 중위에게 마을 밖으로 나를 마중 나오라고 전하게.

바돌프 네, 대장님, 그럼 먼저 갑니다. (퇴장)

폴스타프 이렇게 형편없는 군사들을 거느리고도 부끄럽지 않다면 차라리 소금에 절인 생선이 되는 게 낫지. 군사 150명을 모으고 3백 파운드나 받아 챙겼으니까. 나는 돈 많은 농부들과 지주들의 아들만 골라서 군사를 모았지. 결혼을 앞두고 있거나, 특히 결혼 준비가 다 된 자들만 골라서 소집했어. 행군 명령을 따르느니 악마에게 영혼을 팔아넘기고, 총소리만 들었다 하면 한 번 맞아본 새나 한 번 다쳤던 들오리보다 더 겁을 집어먹는 바보들로만 골라냈단 말이지. 용기라고는 바늘구멍만큼도 없는 얼간이들만 소집을 했으니, 전쟁을 피하려고 내게 뇌물을 퍼다 바치는 게 아닌가. 그래서 대신 끌어모은 내 부하들은 마침내 기수도, 하사관도, 장교도, 병사들도 하나같이 다 개가 달려들어 긁은 상처를 핥고 있는, 누더기 입은 나사로 꼴이지 뭔가. 싸움이라고는 해본 적도 없는 놈들, 주인을 속이다 들켜서 쫓겨난 하인들, 물려받을 재산이라곤 없는 막내 녀석들, 도망친 술집 종업원들, 해고당한 마부들로만 이루어진 군대라니. 세상이 평온하고 조용할 때는 사회에 해만 끼치는 놈들이지. 걸레처럼 낡아빠진 깃발보다 열 배는 더 너절한 녀석들이야. 그래도 나한테 뇌물을 바친 자들이 빠져나간 빈자리를 메우려면 어쩔 수 없지. 누가 보면 농장에서 쓰레기만 주워 먹고 살면서 돼지를 키우다 온 자들로만 150명을 채웠냐고 할 거야. 어떤 미친 녀석은 우리를 보더니 글쎄, 교수대에서 시체들을 끌어내려서 군대를 만들었냐고 하지 뭐야. 이런 허수아비 군대는 아무도 본 적이 없을 거다. 이런 녀석들을 이끌고 코번트리를 지나 행진을 해야 하다니, 그럴 순 없지. 녀석들 걷는 꼴을 좀 보라고, 발목에 족쇄라도 찬 것처럼 두 다리를 넓찍이 벌리고 걷는 모양새라니. 하긴 감옥에서 데려온 녀석들도 많으니 말은 되네. 셔츠를 제대로 갖춰 입은 자는 온 무리를 통틀어 한 명 반밖에는 없고, 게다가 그 반쪽짜리 셔츠는 천 두 조각을 망토처럼 이어 붙인 걸레에 지나지 않지. 그리고 다른 셔츠 하나는 사실 세인트 올번스 술집 주인에게서 훔쳐온 거잖아. 아니, 대번트리 주정뱅이 여관 주인에게서 훔쳤던가? 무슨 상관이람. 옷쯤이야 울타리 너머 널어놓은 빨래들을 얼마든지 훔칠 수 있을 테니.

헨리 왕자와 웨스트모어랜드 경 등장.

헨리 왕자 웬일이야, 뚱보 잭? 별일 없나, 배불뚝이?

폴스타프 아니, 헬 왕자 아냐? 자네야말로 웬일이지? 도대체 워릭셔에서 뭘 하고 있는 거야? 그리고 웨스트모어랜드 경 아니십니까? 이거 실례했습니다. 나는 당신이 슈루즈버리에 가 계신 줄 알았는데요.

웨스트모어랜드 그렇소. 나는 벌써 그곳에 가 있어야 할 사람이오. 당신도 그렇고. 내 부대는 이미 그곳에 도착했을 거요. 국왕 전하께서 우리가 오기를 기다리고 계실 테니 밤을 꼬박 새워서라도 오늘 밤 안으로 가야겠소.

폴스타프 걱정 마십시오. 나는 훔쳐 먹을 크림을 찾아 헤매는 고양이처럼 정신 똑바로 차리고 있으니까요.

헨리 왕자 그래, 정말 크림깨나 훔쳐 먹었겠군. 이렇게 기름덩어리가 된 걸 보니. 그런데 잭, 자네 뒤를 저렇게 줄줄이 따라오는 녀석들은 도대체 뭐하는 자들이지?

폴스타프 내 병사들이지 뭐야.

헨리 왕자 저렇게 형편없는 자들은 처음 보는군.

폴스타프 쯧쯧, 그래도 내버릴 자들로는 충분하지. 어차피 총알받이로, 그래, 총알받이가 돼서 무덤을 가득 메울 자들이니까 더 나은 놈들을 쓸 필요는 없단 말이야. 어차피 죽을 목숨들이라고.

웨스트모어랜드 그렇기는 하네만 정말이지, 초라하고 헐벗은 게 하나같이 거지꼴이오.

폴스타프 글쎄, 어쩌다 저리도 초라한 꼴이 됐는지는 나도 모르겠지만, 뼈가 앙상하게 드러나도록 헐벗은 건 나를 보고 배우지 않은 것만은 틀림없군요.

헨리 왕자 그야 틀림없을 테지. 갈비뼈 위로 살이 두둑이 붙어 있는 자네 모습을 보고 뼈가 드러나도록 헐벗었다고 할 수는 없을 테니. 어쨌든 서두르게. 퍼시는 벌써부터 전쟁터에 나와 있을 거야. (퇴장)

폴스타프 아니, 그럼 국왕 전하께서는 벌써 와 계십니까?

웨스트모어랜드 그렇소, 존 경. 그러니 우리도 서둘러야 하오.

폴스타프 글쎄요, 축제는 첫판에, 전투는 막판에 들어가는 법이죠. (두 사람 퇴장)

〔제4막 3장〕

슈루즈버리 가까운 반란군 진영.
핫스퍼, 우스터, 더글러스, 버논 등장.

핫스퍼 오늘 밤 공격합시다.

우스터 그건 안 돼.

더글러스 그럼 적에게 득이 될 텐데요.

버논 절대로 그렇지 않습니다.

핫스퍼 그렇게 말씀하시는 이유가 뭐죠? 저들은 지원군을 기다리고 있는 게 아닙니까?

버논 그건 우리도 마찬가지입니다.

핫스퍼 저들의 지원군은 틀림없이 오고 있고, 우리 지원군은 올지 안 올지 모르잖습니까?

우스터 애야, 내 말 들어라. 오늘 밤은 안 된다.

버논 (핫스퍼에게) 백작님 말씀을 들으십시오.

더글러스 두렵고 겁이 나서 하는 말씀이겠죠.

버논 나를 모욕하지 마시오, 더글러스. 내 목숨을 걸고 맹세하건대, 신중한 결정에 따라 싸움에 뛰어든다면 나도 당신과 마찬가지로, 아니 그 어떤 스코틀랜드인 못지않게 그 무엇도 두렵지 않소. 내일 전투에서 누가 겁을 집어먹는지 두고 봅시다.

더글러스 좋소. 오늘 밤 보게 될 수도 있겠죠.

버논 이제 그만하시지요.

핫스퍼 오늘 밤 공격합시다.

버논 글쎄, 그럴 수는 없습니다. 훌륭한 지휘관인 두 분이 왜 이리 섣불리 행동하려는지 모르겠습니다. 내 사촌 버논의 기마 부대는 아직 도착하지 못했고, 당신 숙부 우스터 백작의 부대는 오늘에서야 겨우 합류했습니다. 그들의 사기는 아직 잠들어 있으며, 용기는 힘든 여정에 한풀 꺾여 있단 말입니다. 본디 가지고 있던 전투력의 반의반도 드러낼 수 없을 겁니다.

핫스퍼 하지만 적들도 이곳까지 오느라 지친 건 마찬가지입니다. 오히려 우리 병사들은 충분히 휴식을 취한 상태이지요.

우스터 왕의 군사력이 우리보다 우세하다. 애야, 제발 내일 모두가 올 때까지 기다리려무나.

국왕의 사절이 왔음을 알리는 나팔 소리와 함께 블런트 등장.

블런트 자비로우신 국왕 전하의 전갈을 가지고 왔나이다. 존경과 예의를 갖추어 들어주시기 바랍니다.

핫스퍼 어서 오십시오, 월터 블런트 경. 당신이 우리 편이라면 얼마나 좋을는지요. 우리 쪽에서는 경을 아주 높이 평가합니다. 그러나 경의 재능과 명성은 우리가 아니라 적을 위한 것이니, 시기하고 못마땅하게 여길 수밖에요.

블런트 하느님께서 나를 언제까지나 당신들의 적으로 두시길 바랄 뿐입니다. 당신들은 신하의 충성과 도리를 지키지 않고, 하느님께서 세우신 국왕 전하에 맞서 일어났으니 말입니다. 전하께서는 당신들의 명분이 무엇인지 듣고자 나를 보내신 겁니다. 무엇 때문에 평화로운 이때에 전쟁을 일으켜, 전하의 충성스런 백성들에게 무시무시한 폭력을 휘두르려 하는지 말이오. 만일 칭찬받아 마땅한 여러분의 업적 가운데 전하께서 미처 살피지 못하고 지나쳐 간 공이 있다면 말씀해 보시지요. 여러분이 세운 공로에 마땅한 보답을 내리지 못했다는 건 전하께서도 인정하고 계십니다. 그러니 불만이 있으면 모두 말씀해 보십시오. 전하께서 여러분의 요구에 귀를 기울이셔서, 흘러간 세월에 대한 보상까지 더해 되갚아 주실 겁니다. 거기에다 이번 반란에 대해 여러분뿐만아니라, 그릇된 선동에 휘말린 다른 사람들까지도 모두 너그러이 용서해 주시겠다 하십니다.

핫스퍼　참으로 친절하시군요. 전하께서 약속을 하고 지키는 방식에 대해서라면 우리가 아주 잘 알고 있습니다. 전하께서 왕위에 오를 수 있었던 건 모두 나의 아버지, 숙부, 그리고 내 덕분입니다. 모두가 그분께 등을 돌려 고작 스물여섯 명의 부하들만을 거느린 채 세상의 관심에서 벗어나 한낱 비참한 추방자로서 남몰래 귀국했을 때, 오로지 나의 아버지만이 바닷가로 그를 맞으러 나가셨습니다. 그분께서 눈물로 호소하며 랭커스터 공작이었던 자기 아버지의 지위를 되찾고 리처드 왕과 화해하고 싶다고, 돌아온 목적은 오직 그뿐이라고 말했을 때, 상냥하신 나의 아버지는 그분을 가엽게 여기셔서 돕겠노라 약속하시고 그대로 지키셨지요. 이 나라를 쥐고 흔들던 귀족들은 곧 나의 아버지 노섬벌랜드 백작이 그의 편이 된 것을 보고 하나둘 모자를 벗어 들고 무릎을 굽혀가며 그분 곁으로 모여들었습니다. 마을마다, 도시마다 다리 위에 줄지어 서서 그분을 환영하고, 거리마다 그분께 선물을 안기며, 충성을 맹세하고, 맏아들을 종으로 바치겠다는 사람들로 넘쳐났지요. 그러자 그분께서는 곧 자신의 권력을 깨닫고는, 비참했던 시절에 레이븐스퍼그에서 내 아버지께 했던 약속을 저버리고 말았습니다. 그러고는 갑자기 법령의 개정자라 자처하며 나라의 발목을 잡는 악법을 뜯어고치고, 국민들을 괴롭히는 부조리를 비난하는 분노로 가득 찬 연설을 하고 다니며 나라의 모든 문제를 해결해 줄 구원자로 나섰지요. 그렇게 정의라는 가면을 쓰고 모든 이의 마음을 사로잡더니, 한 발 더 나아가 리처드 왕이 아일랜드 전쟁터로 떠나가며 남겨두었던 대리인들을 모조리 처형해 버린 겁니다.

블런트　나는 이런 이야기나 듣자고 온 게 아닙니다.

핫스퍼　그럼 할 말만 하지요. 그리고 얼마 뒤에 그는 마침내 리처드 왕을 내쫓고 끝내 죽여버렸지요. 그러고는 곧바로 세금을 올리더니 한층 더 악랄하게 본디 왕위를 계승했어야 할 그의 사촌 모티머를 몸값을 내고 구출해 오기는커녕, 웨일스 감옥에 갇히도록 내버려 두었소. 내가 거둔 승리를 이용해 나에게 오히려 불명예를 안기려 했으며, 첩자를 심어 나를 함정에 빠뜨리려고도 했지요. 나의 숙부를 의회에서 몰아내고, 내 아버지를 궁정에서 쫓아냈으며, 약속이란 약속은 모조리 깨어버리고 죄악에 죄악을 점점 더해 갔을 뿐입니다. 그리하여 마침내 그는 군사를 일으켜 스스로를 방어할 수밖에 없는 처지로 우리를 내몰게 된 것이나 다름없습니다. 그분은 왕위에 앉을 자격이 없는 사람입니다.

블런트   그럼 전하께 그대로 말씀드릴까요?

핫스퍼   아니요, 월터 경. 시간을 좀 주십시오. 왕에게 돌아가 계시면 내 숙부께서 아침 일찍 찾아뵐 겁니다. 숙부님이 무사히 돌아오실 수 있도록 보증인을 세워주십시오. 그럼 안녕히 가십시오.

블런트   경께서 전하의 너그러운 마음을 받아들이시길 바랍니다.

핫스퍼   두고 봐야 알겠지요.

블런트   그렇게 되기를 하느님께 기도하겠습니다. (모두 퇴장)

〔제4막 4장〕

요크 대주교 저택.
요크 대주교와 마이클 신부 등장.

대주교   마이클 신부, 이 봉인된 편지를 어서 사령관에게 전해 주오. 그리고 이 편지는 내 사촌 스크룹에게, 나머지는 모두 쓰여 있는 대로 전해 주오. 얼마나 중대한 편지들인지 안다면 서두를 수밖에 없을 거요.

마이클   네, 주교님. 내용은 저도 짐작하고 있습니다.

대주교   물론 그럴 테죠. 마이클 신부, 내일은 1만 명의 목숨이 판가름 나는 날이 될 거요. 내가 듣기로는 슈루즈버리에서 거대한 군대를 이끌고 와서 왕이 해리 퍼시 경과 맞서 싸울 거라 하오. 그런데 마이클 신부, 우리 가운데 가장 강력한 군사들을 거느린 노섬벌랜드 백작이 몸져누운 데다, 믿고 있던 오웬 글렌다워까지도 점괘가 좋지 않다며 물러나 버렸으니 퍼시의 군사들만으로는 왕을 맞서기에 역부족일 것 같아 걱정이 되는군요.

마이클   걱정 마십시오, 주교님. 아직 더글러스와 모티머 경이 있지 않습니까.

대주교   아니, 모티머는 그곳에 없소.

마이클   하지만 모데이크, 버논, 그리고 해리 퍼시 경과 용맹한 전사이자 위대한 지도자이신 우스터 백작이 계시지 않습니까.

대주교   그건 그렇지. 하지만 왕은 이 나라에서 가장 뛰어난 병사들로 편성

된 군대를 이끌고 있소. 웨일스 왕세자, 랭커스터 공작, 그리고 고귀하신 웨스트모어랜드 경에다, 용맹한 블런트, 게다가 전투 경험이 풍부하기로 이름 난 다른 여러 사람들까지 있지 않소.

마이클 걱정 마십시오. 결코 만만치 않은 상대를 맞이하게 될 테니까요.

대주교 나도 그렇게 생각하지만, 그래도 걱정이 되는군요. 자, 어서 서둘러 주오, 마이클 신부. 끔찍한 일이 벌어지는 것만은 막아야지요. 퍼시가 막아내지 못한다면 군대를 해산하기 전에 왕의 다음 표적은 우리가 될 거요. 벌써 우리도 한패라는 사실을 전해 들었을 테니, 신중히 앞날을 준비해야 하오. 자, 어서 출발하시오. 나는 다른 친구들에게도 편지를 더 써야겠소. 그럼 잘 다녀오시오, 마이클 신부. (두 사람 퇴장)

〔제5막 1장〕

슈루즈버리 가까운 왕의 진영.
헨리 4세, 헨리 왕자, 랭커스터 공작 존, 월터 블런트 경, 그리고 폴스타프 들어온다.

헨리 왕 저 우거진 언덕 위로 태양이 핏빛으로 떠오르는구나. 태양이 불안한 탓인가, 새벽 하늘빛이 창백하다.

헨리 왕자 남녘에서 불어오는 바람이 꼭 나팔 소리 같습니다. 태양의 결심을 온 세상에 알리려나 봅니다. 나뭇잎에 나부끼는 바람 소리로 미루어, 오늘은 폭풍이 휘몰아치는 하루가 될 것 같습니다.

헨리 왕 패배자를 위로하려나 보군. 승자는 그 어떤 날씨에도 불쾌할 리 없으니 말야.

나팔 소리가 울려 퍼지고 우스터와 버논 등장.

헨리 왕 안녕하신가, 우스터 백작! 그대와 내가 이런 식으로 만나다니 참으로 안타까운 일이오. 그대는 나의 믿음을 저버렸소. 편안한 옷을 입고 평화를 즐기던 내 늙은 몸에 불편하고 딱딱한 갑옷을 걸치게 만들었으니. 참으로 안타깝군요. 어디 할 말 있으면 해보시오. 모두가 증오하는 전쟁이라는 꼬인 매듭을 풀 생각은 없소? 다시 내게 충성할 생각이 있느냐는 말이오. 나의 신하로서 마땅히 지켜야 할 궤도 위를 맴돌던 경의 모습은 아름답고 빛났었는데 지금은 혜성처럼 활활 타오르며 무시무시한 저주를 내뿜고, 끔찍한 재앙이 닥치리라고 예고하는 것 같군요.

우스터 제가 말씀드리겠습니다, 전하. 늙은 저는 남은 삶을 평화롭게 조용히 보내고 싶은 마음입니다. 감히 말씀드리지만, 오늘날 이러한 소란은 제가 바라서 일어난 게 아닙니다.

헨리 왕 그대가 바라던 일이 아니라면 어째서 이렇게 되었소?

폴스타프 반란이 길에 떨어져 있는 걸 그가 주웠나 보죠.

헨리 왕자 쉿, 이 수다쟁이야, 입 다물어!

우스터 (헨리 왕에게) 전하께서 먼저 저와 제 가족으로부터 등을 돌리시지 않았습니까. 저희들은 한때 전하의 하나뿐인 지지자들이었음을 말씀드리고 싶습니다. 저는 전하를 위해 리처드 왕의 궁정에서 자리를 박차고 나와 낮이나 밤이나 전하를 따라다니며 길에서 전하 손에 입을 맞추었습니다. 그때 전하는 저보다도 더 가진 것 없고 힘없는 존재에 지나지 않으셨지요. 그럼에도 저와 제 형님 그리고 제 조카는 위험도 무릅쓴 채 전하를 기꺼이 맞아들였습니다. 전하께서는 돈캐스터에서 맹세하시기를, 되찾고자 하는 것은 오로지 돌아가신 아버지의 영지와 랭커스터 공작의 작위일 뿐이며 무슨 일이 있어도 왕의 자리를 탐내지 않겠다 하셨나이다. 그래서 저희들은 전하를 돕겠다고 약속했던 겁니다. 하지만 곧 행운은 비처럼 전하 머리 위로 쏟아져 내렸고, 엄청난 지위를 얻게 되셨지요. 그에 대해서는 우리 가문의 영향력이 가장 큰 뒷받침이 되었다 할 수 있습니다. 또 리처드 왕의 부재와 온 나라가 전쟁으로 고통받고 있던 상황, 또 전하께서 오랜 시간 고난을 견뎌온 데에 대한 사람들의 동정심도 한몫했던 거지요. 아일랜드 정벌을 위해 떠나 있던 리처드 왕의 귀환이 자꾸만 늦어지면서 그가 죽었다는 소문까지 나돌자, 마침내 전하께서는 기회를 놓치지 않고 이 모든 상황을 이용해 득을 보신 겁니다. 그러고는 돈캐스터에서 한 맹세는 까맣게 잊으셨지요. 저희는 전하를 도왔으나 전하께서는 저희를 이용하시기만 한 겁니다. 뻐꾸기가 참새를 이용하듯이 저희 가문에 둥지를 틀고, 저희가 떠먹여 주는 밥을 먹고 자라나 끝내는 은인이었던 저희들을 내쳐버리셨지요. 저희는 전하를 존경했지만 전하께서 저희를 삼켜버릴지 모른다는 두려움에 차마 가까이 다가갈 수조차 없었습니다. 마침내 저희 스스로를 방어하기 위해서 몰래 달아나 군사를 일으킬 수밖에 없게 된 겁니다. 저희가 오늘 군사들을 이끌고 무장한 차림으로 전하게 맞서 있는 것은 모두 전하께서 자처하신 까닭입니다. 전하께서는 저희를 부당하게 대우하셨고, 분노와 미움의 눈초리만을 보내셨으며, 힘없던 시절에 했던 맹세와 신뢰를 모두 저버리셨습니다.

헨리 왕 그 이야기라면 이미 다 하지 않았소? 그대들은 거리거리마다 돌아다니며, 교회마다 떠들썩하게 이야기를 해댔지. 비겁한 변절자들과 어리석은 불평꾼들의 눈에 반란이 그럴듯하게 보이도록 갖은 노력을 해댔소. 그런 자들은 반란이 일어난다는 소식이 들려오면 신이 나서 손뼉을 치며 웃고 떠들기 마련이오. 반란은 언제나 이런 말도 안 되는 명분을 내세워, 혼란과 소란에 목마른, 분노한 얼간이들을 자극하는 법이오.

헨리 왕자 전쟁이 벌어지면 두 쪽 모두에게 희생이 따를 수밖에 없습니다. 경의 조카에게 웨일스 왕세자는 세상이 헨리 퍼시에게 쏟아내는 모든 찬사에 동의하는 바라고 전해 주십시오. 진심으로 맹세컨대 이번 반란을 일으킨 책임만 제외한다면, 나는 이 세상을 통틀어서 그만큼 용감하고 영웅다우며 대담한 사람은 다시없다고 생각하지요. 나로 말씀드리자면, 스스로 입에 담기에도 부끄러운 일입니다만 기사다워야 할 본분을 내버린 채 살아왔지요. 헨리 퍼시 경 또한 나를 두고 그러한 악평을 한다고 들었습니다. 그러나 전하께서 지켜보시는 가운데에 감히 말씀드리겠소. 많은 이들의 목숨을 위험에 빠뜨리는 일을 피하기 위해서, 그 사람의 위대한 명성을 생각해 보았을 때 그가 유리함에도 그와 나 일대일 싸움으로 운명을 가르고 싶습니다.

헨리 왕 웨일스 왕세자, 내게는 네가 그런 일을 벌인다면 말려야 할 이유가 셀 수 없이 많지만, 그럼에도 난 그 제안에 찬성한다. 우스터 경, 나는 내 백성들을 사랑하오. 그대 조카의 꼬임에 넘어가 그릇된 길을 택한 백성들까지도 모두 사랑하오. 그들이 내 용서를 받아들이겠다면 그대와 그대 조카, 그리고 다른 이들 모두 다시 나의 친구가 될 수 있으며, 나 또한 그대들의 친구가 될 수 있소. 가서 조카에게 이야기하고 대답을 받아오시오. 그러나 그가 양보하지 않겠다고 하면 끔찍한 벌을 피할 수 없을 거요. 그럼 가보시오.

우리는 대답에 개의치 않소. 우리가 공정한 제안을 했으니, 그대들은 신중히 생각해 받아들이는 게 좋을 거요. (우스터와 버논 퇴장)

헨리 왕자 저들이 받아들일 리가 없습니다. 더글러스와 핫스퍼는 서로 힘을 합치면 온 세상을 정복할 수 있다고 자신만만해 있으니까요.

헨리 왕 그럼 모두들 제 위치로 돌아가시오. 저들이 답을 보내오는 순간 공격을 시작할 거요. 우리는 정의로운 자들이니, 하느님께서 우리와 함께해 주시기를! (헨리 왕자와 폴스타프만 남고 모두 퇴장)

폴스타프 헬, 전쟁터에서 내가 쓰러지는 모습을 보거든, 내 앞을 가로막고 날 지켜줘야 해. 친구라면 그렇게 하는 법이야.

헨리 왕자 자네 친구가 되려면 거인 콜로수스가 먼저 돼야겠군. 기도나 하게. 그럼 안녕.

폴스타프 이게 잠들기 전에 하는 기도라면 얼마나 좋을까.

헨리 왕자 하지만 자네 목숨은 신에게서 잠시 빌린 게 아닌가. (퇴장)

폴스타프 아직 돌려드릴 때가 안 됐는걸. 날짜가 되기도 전에 돌려드릴 마음은 없다고. 아직 독촉도 하지 않는데 왜 돌려드려야 한단 말인가? 그래, 그런 건 상관없어. 하지만 명예가 나를 바늘처럼 찔러대는군. 그런데 정말 중요한 순간에 명예가 나를 저버리면 그땐 어떡하지? 그럼 무슨 일이 벌어지는 거야? 명예가 부러진 다리를 고쳐주기라도 하나? 그럴 리가 없어. 부러진 팔을 붙여주나? 그것도 아니지. 그럼 명예가 욱신거리는 상처를 낫게 해주나? 그것도 아냐. 명예가 수술을 할 줄 아나? 못하지. 그럼 도대체 명예란 뭐지? 그냥 말뿐이지. 도대체 그 말 속에 뭐가 들었기에 "명예"를 거들먹거리는 거지? 그 명예라는 게 대체 뭐지? 공기일 뿐이지. 이 답이 그럴듯한걸! 그럼 그걸 가진 자는 누구지? 지난 수요일에 죽은 자. 그가 그걸 느낄수 있나? 못 느끼지. 그럼 들을 수는 있나? 아니. 그럼, 어떻게 알 수 있지? 죽은 사람이 뭘 어떻게 알겠어. 그럼 살아 있는 자들에게는 없나? 없어. 왜냐고? 세상의 음모와 비방이 가만 내버려 두지를 않거든. 그러니 나는 명예 따위 필요 없단 말이야. 명예는 묘비에 지나지 않아. 이걸로 내 교리문답은 이만 마쳐야겠군. (퇴장)

슈루즈버리. 반란군 진영.
우스터와 버논 등장.

우스터 오, 안 돼요, 리처드 경. 왕이 말한 그 관대하고 친절한 제의가 절대로 내 조카 귀에 들어가선 안 됩니다.

버논 그래도 알아야 하지 않을까요?

우스터 그랬다간 우린 모두 끝장이오! 왕이 약속을 지키고 우리를 다시 받아들일 리가 없소. 두고두고 우리를 의심할 거요. 뭔가 다른 핑계를 찾아서라도 어떻게든 우리를 벌하려 할 거란 말이오. 왕과 왕의 충신들은 우리가 죽을 때까지 의심의 눈초리를 보낼 거요. 반란은 여우 같은 거라오. 길들이고, 돌봐주고, 우리에 가둘 수는 있지만 그렇다고 해서 대대로 물려받은 야생 본능이 사라지는 게 아니란 말이오. 우리가 우는 얼굴을 하건 웃는 얼굴을 하건 사람들은 그걸 보고 어떻게든 비방을 할 거요. 우린 외양간에 갇힌 황소가 된 거요. 잘 먹으면 잘 먹을수록 살이 쪄서 잡아먹히고 말죠. 내 조카의 죄는 어쩌면 용서될 수도 있을 거요. 그 애는 아직 젊어서 혈기 왕성한 때에 뭣도 모르고 저지른 일이라 변명이라도 할 수 있으니까요. 핫스퍼라는 별명부터가 그런 그 애 성격을 잘 말해 주고 있잖소. 무모한 핫스퍼, 언제나 흥분에 들떠 있는 핫스퍼. 그 애의 죄는 모두 나와 그 애 아버지가 덮어쓰게 될 거요. 그리고 우리가 그 애를 부추긴 게 사실이기도 하오. 왕을 미워하도록 가르쳤으니까요. 다 우리가 뒤집어쓰게 될 겁니다. 그러니 사촌, 왕이 한 말을 절대로 해리에게 알려서는 안 되오.

버논 그럼 무슨 말을 하면 좋을지 말해 보시오. 내가 옆에서 거들도록 하겠소. 마침 저기 오는군요.

핫스퍼와 더글러스, 군사들을 이끌고 등장.

핫스퍼 숙부님이 돌아오셨군요. 웨스트모어랜드 경을 돌려보내라. 숙부님, 어떻게 됐습니까?

우스터   왕이 곧 전쟁을 시작할 거다.

더글러스   그럼 웨스트모어랜드 경 편에 응전 통고를 하시지요.

핫스퍼   더글러스, 당신이 가서 그렇게 말하시오.

더글러스   물론입니다. 기꺼이 그리 하지요. (퇴장)

우스터   왕은 절대로 우릴 용서할 것 같지 않다.

핫스퍼   용서를 구하신 건 아니겠지요? 설마!

우스터   우리가 가진 불만들을 정중하게 아뢰었을 뿐이다. 왕이 우리에게 한 약속을 지키지 않았다고 비난했더니, 그런 약속은 한 적이 없다고 거짓말 하더군. 우리를 반란자들이라고, 배반자들이라고 하면서 강력한 군사들을 이끌고 반드시 우리를 벌하겠노라 했다.

더글러스 등장.

더글러스   자, 여러분, 시작입니다. 막 헨리 왕에게 도전장을 보냈으니, 인질로 잡혀 있던 웨스트모어랜드가 가서 전해 줄 겁니다. 곧 전쟁이 시작될 게 틀림없습니다.

우스터   얘야, 웨일스 왕세자가 왕 앞에 나서서 네게 결투를 신청했단다.

핫스퍼   아, 나 또한 이 싸움이 오직 그와 나 사이에서만 벌어지고, 그로 인해 목숨을 잃는 사람이 나와 몬머스에서 태어난 해리 둘뿐이기를 간절히 바랍니다! 말씀해 주십시오, 그자가 결투를 신청하는 말투가 어떠했습니까? 경멸의 기색을 비치지는 않던가요?

버논   전혀. 그토록 겸손한 결투 신청은 일찍이 본 적이 없습니다. 꼭 형제끼리 연습 삼아 무술 시합을 하자고 묻는 것 같았지요. 왕자는 고귀한 말솜씨로 모든 예의를 갖춰 당신을 칭찬했어요. 당신 연대기를 쓰는 작가라도 된 듯이 당신이 얼마나 훌륭한 줄까지 줄줄이 늘어놓고, 사람들이 해대는 칭찬으로는 당신의 훌륭함을 다 담아낼 수 없다면서, 칭찬보다 더 큰 칭송을 보내야만 한다고 했지요. 그러고는 스스로를 겸손히 비난하기도 했어요. 정말이지 진정한 왕자다운 태도였지요. 경솔하게 행동해 온 스스로를 꾸짖으면서도 말투만은 어찌나 고귀하던지 꼭 위대한 가르침을 전하는 스승이면서 스스로 배움을 구하는 제자인 듯 느껴지는 말투였지요. 그렇게 말을 마쳤는데,

드라마 〈헨리 4세 제1부〉 조 암스트롱(핫스퍼 역) 출연. 2016.

내가 감히 자신 있게 이야기하겠소. 그가 이 전쟁에서 살아남는다면, 잉글랜드에는 그보다 더 밝은 앞날이 없을 거요. 왕자가 방탕하다고 비난받는 것은 아주 큰 오해인 게 틀림없어요.

핫스퍼 내가 보기엔 경은 그자의 바보스러움에 단단히 넘어갔나 보군요. 들리는 이야기는 온통 타락하고 방탕한 소문들뿐이던데. 그가 어떤 사람이든, 그건 중요하지 않아요. 어쨌든 밤이 찾아오기 전에 그자를 전사로서 내 품에 안아주겠소. 나의 따뜻한 환영에 벌벌 떨게 될 거요. 전쟁 준비를 합시다, 어서! 그리고 나의 친구들, 동료들, 그리고 군사들이여, 여러분이 해야 할 일을 가만히 떠올려 보길 바랍니다. 나는 말재주가 없는지라 무슨 말로 여러분을 격려할 수 있을지 모르겠군요.

사자 들어온다.

사자   퍼시 경, 여기 편지를 가지고 왔습니다.

핫스퍼   지금은 읽을 수 없네. 아, 여러분, 인생은 짧습니다. 그 짧은 시간조차
도 비겁하게 보낸다면 너무나 긴 시간이 되고 말아요. 우리가 살아남는다
면, 그건 왕에게서 승리를 거둔 겁니다. 우리가 죽는다면, 왕자도 우리와 함
께 죽을 테니 그건 명예로운 죽음입니다. 우리 양심에 비추어 보면 이 싸
움은 틀림없이 정당한 싸움입니다. 정의를 위해서는 무기를 들고 나서는 게
옳은 일입니다.

또 다른 사자 등장.

사자   퍼시 경, 전투 태세를 갖추십시오. 왕이 공격해 옵니다.

핫스퍼   내 말을 가로막아 주다니 참으로 고마운 일이오. 나는 본디 말솜씨
라곤 없는 사람이니까. 딱 하나만 더 말하겠습니다. 모두들 최선을 다해야
합니다. 이 말과 함께 내 칼을 뽑아들겠습니다. 이 위태롭기 그지없는 날
에 나는 가장 빼어난 적을 찾아내서 그 피로 이 칼을 물들이고 말겠습니다.
자, 희망이여! 퍼시 가문이여! 진격이다! 진격의 나팔을 울려라. 그 소리에
맞추어 서로를 품에 안읍시다. 하늘의 뜻으로 그 포옹의 인사를 다시는 나
눌 수 없게 되는 사람들도 반드시 우리 가운데 있을 테니까요. (나팔 소리가
울려 퍼지고 모두 서로를 끌어안고 인사한 뒤 퇴장)

〔제5막 3장〕

슈루즈버리. 전쟁터.
헨리 왕, 군사들을 거느리고 지나간다. 나팔 소리가 울리고 더글러스와 왕으로 변
장한 월터 블런트 경이 싸우면서 등장.

블런트 이토록 격렬히 나를 공격하는 네 이름이 무엇이냐? 나와 싸워서 어떤 영예를 얻을 수 있기에 이러는 것이냐?

더글러스 내 이름은 더글러스다. 누군가 너를 왕이라 알려주더군. 그래서 이토록 끈질기게 뒤쫓고 있는 거다.

블런트 그 말이 맞다.

더글러스 스태퍼드 경도 왕을 가장하고 나선 탓에 내 손에 죽고 말았지. 헨리 왕, 이제 네 차례다. 항복하여 내 포로가 되든지, 아니면 이 칼에 죽는 거다.

블런트 나는 항복이라곤 모르는 사람이다, 이 건방진 스코틀랜드 놈아. 이 왕이 스태퍼드 경의 앙갚음을 해줄 테다. (더글러스와 맞서 싸우다가 곧 그의 손에 죽는다)

핫스퍼 나타난다.

핫스퍼 오, 더글러스! 당신이 홈던에서 이토록 용맹하게 싸웠더라면, 나는 결코 당신을 이길 수 없었을 거요.

더글러스 이제 다 끝났고 우리가 이겼소. 여기 내가 왕을 죽였소.

핫스퍼 어디?

더글러스 여기요.

핫스퍼 이 사람 말이오, 더글러스? 아니요, 이 사람은 내가 잘 아오. 블런트라는 이름을 가진 용맹한 기사였소. 왕으로 변장하고 있었군요.

더글러스 (블런트에게) 네놈 영혼이 지금 어디에 가 있을지는 모르나, 네 녀석이 바보라는 사실만은 틀림없구나! 거짓된 이름을 위해 목숨을 걸다니. 왜 나를 속였느냐?

핫스퍼 왕은 자기 옷을 입혀 변장시킨 자들을 여럿 풀어놓았소.

더글러스 그럼 내 이 칼을 들고 맹세하오. 왕의 차림을 한 자들은 이 손으로 모두 죽이고 말겠소! 진짜 왕을 맞닥뜨릴 때까지 하나하나 모두 죽여 없애겠소.

핫스퍼 갑시다! 우리 병사들에게 행운이 따르고 있으니 틀림없이 승리할 거요. (두 사람 퇴장)

나팔이 울리고 폴스타프 혼자 등장.

폴스타프 런던에서는 마시고 달아나면 그만이었는데, 여기서는 그럴 수도 없군. 여기서는 잘못하면 머리통이 날아가게 생겼으니. 아니, 이게 누구야? 월터 블런트 경이잖아! 이런 게 바로 전사의 명예라는 거야. 허영심도 별것 아니군! 녹아내리는 납덩이처럼 몸이 뜨거워진다. 물론 내 몸은 납덩이처럼 무겁기도 하지. 그러니 하느님, 저를 납덩이 총알로부터 지켜주소서. 제 뱃살은 이미 너무 무거워서 납덩이를 더 집어넣을 필요가 없답니다. 누더기를 걸친 내 병사들은 이미 다 죽어버렸고, 백오십 가운데 세 놈도 살아남지 못한 것 같군. 도망친 세 놈도 길에서 구걸하다 죽고 말 테지. 저기 누가 오는 것 같은데?

헨리 왕자 등장.

헨리 왕자 뭐야, 자네는 왜 아무것도 안 하고 여기 멀뚱히 서 있지? 칼을 이리 내. 선량한 사람들이 이렇게 많이 죽어 쓰러져서는 적들 말발굽에 짓밟히고 있는데 그들의 앙갚음을 해야 할 게 아닌가. 자, 어서 칼을 이리 내게.

폴스타프 아, 핼. 제발, 숨 좀 돌릴 시간은 달라고. 오늘 나보다 더 용맹하게 싸운 사람은 아마 없을 거야. 내가 퍼시 녀석을 해치워 버렸네. 이제 그놈 걱정은 안 해도 돼.

헨리 왕자 자네 말이 맞아. 그놈은 걱정 없지. 아무 걱정 없이 살아서 지금 자네를 죽이러 오고 있잖아. 자 어서, 칼을 이리 달라니까.

폴스타프 아냐, 핼. 하느님께 맹세하네! 퍼시 녀석이 정말 살아 있다면 칼을 넘겨줄 수는 없지. 그래도 총은 줄 수 있네.

헨리 왕자 이리 줘봐. 뭐야, 아직 총집에서 꺼내지도 않았잖아.

폴스타프 그래 맞아. 뜨거우니 조심해. 그거면 도시 하나쯤은 거뜬히 해치울 수도 있지.

헨리 왕자 (총집을 열어보니 술병이 들어 있다) 지금이 한가하게 농담이나 하고 있을 때야? (술병을 폴스타프에게 던지고 퇴장)

폴스타프 흥, 퍼시가 아직 살아 있다니, 내가 끝장을 내주지. 녀석이 나에게

연극 〈헨리 4세 제1부〉 리처드 버튼 출연. 로열셰익스피어 극단 공연. 1951.

달려들면, 뭐 어쩔 수 없지. 달려들지 않는다면 내가 달려들어 주마. 그럼 녀석이 아마 나를 고깃덩이처럼 조각조각 썰어버릴 테지. 나는 월터 경 같은 명예는 바라지 않아. 목숨이 더 중요하다고. 그렇지만 목숨을 구할 수 없다면 바라지도 않았던 그 명예가 찾아오겠지. 그럼 뭐 그거대로 좋다. (퇴장)

〔제5막 4장〕

전쟁터. 다른 장소.
나팔 소리. 군사들 접전을 벌이고 있다. 헨리 4세와 헨리 왕자, 부상을 입어 피 홀리

헨리 4세 제1부 341

고 있다.

랭커스터 공작 존과 웨스트모어랜드 백작 등장.

헨리 왕 제발 해리, 부탁이니 이곳에서 벗어나라. 피를 너무 흘렸어. 존, 네가 함께 가라.

랭커스터 저는 떠나지 않을 겁니다, 전하. 저는 다치지도 않았는걸요.

헨리 왕자 전하, 부탁이니 어서 진격하셔야 합니다. 전하께서 뒤처지는 모습을 보이시면 병사들이 사기를 잃고 맙니다.

헨리 왕 알았다. 웨스트모어랜드 경, 왕자를 막사로 데려가시오.

웨스트모어랜드 왕자님, 가시지요. 제가 막사까지 모시겠습니다.

헨리 왕자 나를 데려간다고요? 그럴 필요 없습니다. 웨일스 왕세자가 이 따위 상처쯤에 전쟁터에서 물러날 수는 없습니다. 정의로운 자들이 쓰러져 짓밟히고, 반란군들이 승리의 학살을 벌이고 있는 때에!

랭커스터 너무 오래 멈춰 있었소. 웨스트모어랜드 경, 우리도 가봐야 합니다. 어서요! (웨스트모어랜드와 함께 퇴장)

헨리 왕자 이럴 수가, 랭커스터, 내가 너에게 속고 있었구나. 네가 이토록 용맹한 전사인 줄을 까맣게 모르고 있었으니. 이제까지는 동생으로서 너를 아꼈지만, 지금은 내 영혼을 다해 너를 존경한다.

헨리 왕 저 애가 퍼시를 구석으로 몰아넣고 꼼짝도 못하게 하더구나. 어린 녀석이 그토록 용맹하게 싸울 줄은 나도 몰랐다.

헨리 왕자 아, 어린 내 동생이 우리에게 용기를 북돋워 주다니! (퇴장)

더글러스 등장.

더글러스 왕이 또 있잖아! 죽이면 죽일수록 더 많이 나타나는 게 꼭 히드라*⁴ 같아. 내 이름은 더글러스다. 왕처럼 차려입은 자들을 모조리 죽이고 있지. 왕으로 변장한 너는 누구냐?

헨리 왕 내가 바로 왕이다. 내가 아닌 다른 사람들과만 마주치고 다녔다니,

＊4 그리스 신화에 나오는 뱀. 머리가 100개, 50개, 9개인 것으로 알려졌으며 머리 하나를 자르면 그 자리에 새로 두 개가 생겼다고 함. 헤라클레스가 물리침.

슈루즈버리 전투 백년전쟁의 하나. 1403년 헨리 4세에 대항한 퍼시 가문의 노섬벌랜드 백작과 그 아들 핫스퍼의 반란. 이 전투에서 핫스퍼가 죽고 반란은 진압되었다.

정말이지 한스럽군. 이 전쟁터에는 내 아들 둘이 너와 퍼시를 찾아 헤매고 있지. 그런데 운 좋게도 나와 직접 마주치다니, 내 기꺼이 너와 싸워주겠노라. 정신 똑바로 차려라.

더글러스 틀림없이 너도 가짜겠지만, 그래도 너는 어딘가 왕다운 위엄이 있군. 네가 누군지는 몰라도 내가 죽여주마. (둘이 맞서 싸운다)

헨리 4세가 지고 있을 때 헨리 왕자 등장.

헨리 왕자 고개를 들어라, 이 더러운 스코틀랜드 녀석아. 그 머리는 이제 다시는 움직일 수 없게 될 테니까. 내 손에 용맹했던 셜리, 스태퍼드, 그리고 블런트 경이 함께하고 있다. 나는 웨일스 왕세자다. 나는 한번 내뱉은 말은 반드시 지키는 사람이지. (둘이 싸우다가 더글러스 달아난다) 아버지, 기운을 내십시오. 좀 어떠십니까? 니콜라스 가우시 경이 지원을 요청했습니다. 클리프턴도요. 저는 이제 클리프턴을 도우러 가겠습니다.

헨리 왕 잠깐, 숨은 좀 돌리고 가라. 너는 네 명예를 되찾았구나. 이렇게 나를 구하다니, 네가 이 아비를 소중히 여긴다는 것을 이제야 알았다.

헨리 왕자 오, 하느님! 제가 전하의 죽음을 바란다고 떠들어댄 자들은 정말이지 끔찍한 거짓말을 퍼뜨린 겁니다. 그 말이 사실이라면 더글러스가 전하를 공격하도록 내버려 두었겠지요. 그랬으면 놈의 무엄한 손이 그 어떤 독약보다도 더 빠르게 전하의 목숨을 앗아갔을 테고, 저에게는 반란자의 오명이 씌워지지 않을 테니까요.

헨리 왕 클리프턴에게 가보거라. 나는 니콜라스 가우시 경에게 가겠다. (퇴장)

핫스퍼 등장.

핫스퍼 내가 잘못 본 게 아니라면, 너는 몬머스에서 태어난 해리가 틀림없군.

헨리 왕자 내가 아니라고 내빼기라도 할 것 같다는 말투로군.

핫스퍼 내 이름은 해리 퍼시다.

헨리 왕자 그렇다면 네가 바로 반란군의 위대한 용사로구나. 나는 웨일스 왕세자다. 퍼시, 이제 더는 내 명예를 훔쳐갈 생각은 마라. 두 개의 별이 한 궤도를 돌 수는 없는 법이다. 해리 퍼시와 웨일스 왕자가 함께 잉글랜드를 다스릴 수는 없어.

핫스퍼 그럴 수는 없지. 해리, 우리 둘 가운데 한 명은 죽어야만 할 시간이 다가왔다. 네 녀석의 무예가 나의 무예만큼 위대하길 바란다.

헨리 왕자 우리가 헤어질 때쯤이면 내 명성은 훨씬 높아질 거다. 네 투구에 장식된 명예로운 꽃송이들이 모두 내 차지가 되어, 화환으로 만들어져 내 머리에 걸리게 될 테니까.

두 사람 싸울 때 폴스타프 등장.

폴스타프 잘한다, 헬! 싸워라, 헬! 이거 장난이 아닌데!

더글러스, 다시 나타나 폴스타프와 싸운다. 폴스타프, 바닥에 쓰러져 죽은 척한다. 더글러스는 퇴장하고, 헨리 왕자는 핫스퍼에게 치명상을 입힌다.

핫스퍼 아, 해리. 네가 내 젊음을 앗아가는구나. 허망한 목숨 따위 잃는 것쯤은 아무렇지 않지만, 내 명예를 빼앗기는 일만큼은 참으로 견디기 어렵다. 칼에 찔린 상처보다 마음에 입은 상처가 더욱 아프다. 하지만 마음은 삶의 노예요, 삶은 시간의 노예. 온 세상을 다스리는 시간 또한 언젠가는 멈출 날이 찾아오리라. 아, 그날을 더 예언할 수도 있으련만, 차가운 죽음의 손길이 이미 내 혀까지 와 닿았구나. 퍼시, 이제 너는 흙더미에 지나지 않는다. 벌레들의…… (죽는다)

헨리 왕자 밥이 되겠지. 용맹한 퍼시, 안녕히. 용맹한 영혼이여, 네가 품었던 야망은 악을 향해 겨누어지는 바람에 허망하게 끝나고 말았다. 이 얼마나 초라하게 사라졌는지 보아라. 이 몸에 영혼이 깃들어 있을 때에는 온 왕국조차도 너무나 비좁게 느껴졌으나, 이제는 두 발 넓이의 더러운 땅이면 충분하구나. 네가 죽어 누워 있는 그 땅 위에는 너처럼 용감한 전사가 단 한 명도 없었다. 네가 내 목소리를 들을 수 있었다면 내 결코 너에게 따뜻한 마음을 들키지 않았을 테지만, 이제는 죽고 없으니 내 옷으로 상처 입은 네 얼굴을 덮어주마. (핫스퍼의 눈을 가려준다) 답례는 너 대신 내가 스스로 하겠다. 안녕, 내 칭송을 하늘까지 품고 가거라. 네 불명예는 무덤 속에 잠들도록 두고, 묘비에는 결코 드러내지 않기를! (땅에 쓰러진 폴스타프를 발견하고는) 뭐야? 내 친구 아닌가? 이렇게 거대한 몸집을 하고 목숨 하나 지켜내지 못했나? 가엾은 잭. 잘 가게. 자네를 잃으니 더 훌륭한 사람을 잃는 게 나았을 것을. 내가 방탕한 삶을 진심으로 즐겼더라면 자네를 아주 그리워했을 거야. 오늘 전투에서 많은 훌륭한 사람들이 죽고 말았지만, 그 가운데에 이토록 뚱뚱한 사슴은 없었네. 곧 내장을 꺼내주러 올 테니, 그때까지는 위대한 퍼시 옆에 피투성이로 누워 있게. (퇴장)

폴스타프 (일어서면서) 뭐, 내장을 꺼내? 오늘 네가 내 내장을 꺼내면 소금에 절였다가 내일 처먹지그래! 젠장, 내가 죽은 척 속임수를 쓰지 않았더라면 꼼짝없이 스코틀랜드 녀석 손에 죽고 말았을 거야. 속임수라고? 아냐, 그건 거짓말이다. 나는 속임수 따위는 쓰지 않아. 죽는 게 더 속임수에 가깝지. 시체야말로 살아 있는 사람의 위조품이 아니냐 말이야. 그러니 가짜 죽음을 연기해서 살아남는다면 속임수라 할 수 없지. 오히려 가장 진실된 목숨이라고 해야지. 가장 훌륭한 용기는 신중함이라고. 조심한 덕분에 목숨을 건졌잖아. 젠장, 이 퍼시 녀석은 죽어서도 이렇게 무시무시하군. 이 자식도 죽은 척하는 거면 어떡하지? 갑자기 일어서면 어쩐담? 내 장담하는데, 이 녀석은 속임수도 잘 쓸 게 틀림없어. 죽은 게 틀림없는지 다시 한 번 확인해 봐야겠다. 아니, 내가 죽였다고 해야겠군. 이 녀석이라고 나처럼 벌떡 일어서지 못할 게 뭐야? 본 사람도 없는데. 그러니까, 녀석아 (칼로 핫스퍼의 시체를 찌른다) 너는 나와 함께 가는 거다. 허벅다리에 새 상처를 달고 말이야. (핫스퍼의 시체를 어깨에 짊어진다)

헨리 왕자와 랭커스터 공작 존이 나타난다.

헨리 왕자　존, 내 동생아, 첫 전투인데도 너무나 용맹하게 잘 싸워주었다.

랭커스터　잠깐! 이게 누구야? 이 뚱뚱한 자는 죽었다고 했잖아요?

헨리 왕자　그랬지. 틀림없이 피투성이가 된 채 숨이 끊어져 땅에 쓰러져 있는 모습을 봤는걸. 살아 있는 건가? 아니면 우리 눈을 어지럽히는 장난질인가? 말해 보게. 듣기 전에는 믿을 수 없어. 너는 보이는 것처럼 살아 있는 사람이 아니렷다.

폴스타프　그래 맞아. 나는 귀신은 아니야. 내가 진짜 잭 폴스타프가 아니라면 뭐 그냥 사기꾼이겠지. 자, 여기 퍼시가 있네. 왕께서 퍼시를 죽인 상을 내리시겠다면 잘된 일이지. 아무 상도 내리지 않겠다고 하시면 다음부턴 퍼시를 직접 죽이시라고 해. 이쯤이면 백작이나 공작 지위도 받을 수 있을 테지.

헨리 왕자　무슨 소리, 퍼시는 내가 죽였는데. 그리고 자네도 죽어 있는 걸 내가 틀림없이 봤다고.

폴스타프　정말인가? 이런, 이런, 사람들이 어찌나 거짓말을 잘하는지! 내가 잠깐 숨이 차서 쓰러져 있었던 건 사실이야. 그건 이 퍼시 녀석도 마찬가지였지. 그러다 마침내는 둘 다 일어서서 슈루즈버리 시계탑 옆에서 오랫동안 치열하게 싸움을 벌였다고. 내 말을 믿는다면 뭐, 좋아. 믿지 못하겠다면 용기 있는 자들에게 상을 내려야 할 사람들이 불신이라는 죄를 짓는 셈이 되는 거지. 내 목숨을 걸고 맹세하는데, 이 다리에 난 상처는 내가 입힌 거라고. 젠장, 이 녀석이 살아서 아니라고 했다가는 내가 그 목구멍 깊숙이에 칼을 꽂아줄 텐데.

랭커스터 이렇게 황당한 이야기는 처음 들어보는군요.

헨리 왕자 이 뚱보처럼 황당한 사람은 또 없으니까 그렇지. 좋아, 그럼 그 짐을 잘 짊어지고 따라와. 내가 거짓말을 해서 자네가 명예로워질 수 있다면 얼마든지 말을 맞춰 줄 테니까. (퇴각을 알리는 나팔 소리가 들려온다) 나팔 소리가 들리는군. 우리가 이겼어. 가자꾸나, 동생아. 가서 살아남은 친구들은 누구누구인지, 죽은 친구들은 또 누구인지 보자고. (두 사람 퇴장)

폴스타프 어서 따라가서 상을 받아야지. 내게 상을 내려주는 자에게 하느님께서 상을 내리시기를. 내가 높은 사람이 되면 그에 걸맞게 살도 빼고, 술도 끊고, 어디 한번 제대로 살아볼 테다. (퇴장)

〔제5막 5장〕

전쟁터. 다른 장소.
나팔 소리 울려 퍼지고 헨리 4세, 헨리 왕자, 랭커스터 공작 존, 웨스트모어랜드 백작 등장. 우스터와 버논은 포로가 되어 있다.

헨리 왕 반란자들은 이렇게 벌을 받게 마련이지. 우스터, 이 괘씸한 놈! 내가 그대에게 자비를 베풀어 용서와 우정을 제안하지 않았던가? 그런데 내 말을 반대로 전하다니. 자네 친척들과 친구들은 자네를 믿었네. 그런데 그들에게 거짓말을 해? 영예로운 내 기사들 셋과 백작 하나, 그리고 그 밖에도 너무나 많은 사람들이 오늘 목숨을 잃었다. 자네가 그리스도인답게 진실을 전했더라면 그들은 죽지 않았을 텐데.

우스터 저는 제 안전을 위해 어쩔 수 없는 선택을 했을 뿐입니다. 이제는 운명을 피할 길이 없게 되었으니 담담히 받아들이겠습니다.

헨리 왕 우스터와 버논을 사형에 처하라. 다른 자들을 어떻게 처리할지는 좀 더 생각해 보도록 하지. (우스터와 버논 끌려 나간다) 전쟁터에서는 무슨 일이 벌어지고 있지?

헨리 왕자 그 용맹한 스코틀랜드인 더글러스는, 퍼시가 죽고 다른 사람들이 겁에 질려 달아나는 것을 보고 자기가 불리해졌음을 깨닫자마자 도망쳤습니다. 그러나 도망치던 길에 언덕에서 넘어져 다치는 바람에 우리 병사들에게 붙잡히고 말았지요. 지금 제 막사에 포로로 잡혀 있습니다. 그자를 어떻게 처리할지 제가 결정할 수 있도록 허락해 주십시오.

헨리 왕   기꺼이 허락하마.

헨리 왕자   내 소중한 동생 랭커스터, 너에게 이 영예를 양보하겠다. 더글러스에게 가서 그자를 풀어주어라. 몸값도 받지 마라. 하고 싶은 대로 하게 내어주어라. 그자는 오늘 아주 용맹하게 싸웠다. 적이라 해도 용기는 높이 평가해 마땅한 거다.

랭커스터   그런 영광을 주시다니, 정말 감사합니다. 지금 바로 그렇게 하겠습니다.

헨리 왕   이제 군사들을 둘로 나누는 일만 남았구나. 웨스트모어랜드 경은 내 아들 존과 함께 요크로 가시오. 노섬벌랜드와 대주교가 그곳에서 군사를 모으고 있다고 하니 서두르시오. 해리와 나는 웨일스로 가야겠소. 글렌다워와 모티머를 처리하려면 오늘처럼 용맹한 전투를 한 번 더 벌여야만 한다. 오늘 이렇게 훌륭히 할 일을 해냈으니, 앞으로 완전한 승리를 거두는 그날까지 멈추지 않고 나아가리라. (모두 퇴장)

The Second Part Of King Henry IV
헨리 4세 제2부

[등장인물]

소문 해설자

헨리 4세 잉글랜드 왕.

헨리 왕자 뒤에 헨리 5세

랭커스터 존 왕자 ⎫
글로스터 공작　⎬ 왕의 아들들
클래런스 공작　⎭

워릭 백작

서리 백작

웨스트모어랜드 백작

존 블런트 기사

가워 궁정 신하

하코트

재판장

노섬벌랜드 백작

요크의 대주교

모브레이 경 문장원 총재

헤이스팅스 경

바돌프 경

트래버스 ⎫
　　　　⎬ 노섬벌랜드의 부하
모튼　　 ⎭

존 콜빌 기사

노섬벌랜드 백작부인

퍼시 부인 죽은 핫스퍼의 아내

포인스 에드워드 포인스 또는 네드

존 폴스타프 존 올드캐슬 또는 잭, 기사

바돌프

피스톨

피토

시동 폴스타프의 하인

퀴클리 술집 안주인

돌 티어시트 ⎫
　　　　　⎬ 시골판사
로버트 섈로우 ⎭

사일런스

데이비 섈로우의 하인

랠프 몰디 ⎫
사이먼 섀도우　⎪
토머스 워트　　⎬ 시골 신병
프랜시스 피블　⎪
피터 불카프 ⎭

팽 ⎫
　⎬ 경찰
스네어 ⎭

프랜시스 술집 심부름꾼

윌리엄

그 밖에 교구 관리들, 심부름꾼, 문지기, 전령,
하인들, 시동들, 악사들, 장교들, 병사들

[장소]

잉글랜드

헨리 4세 제2부

〔막을 올리는말〕

스코틀랜드 국경 부근. 노섬벌랜드 백작이 사는 큰 성 워크워스 앞.
빨간 혀 무늬가 가득 그려진 옷을 입고 소문이 등장.

소문　자, 귀를 열어라. 나 소문이 크게 말할 때 그것을 듣지 않고 배겨낼 도
리는 없지. 해 뜨는 동쪽에서 해 지는 저 서쪽 바다에 이르기까지 바람을
걸터타고 다니며 이 지구상에 일어난 일을 알리는 것이 나의 의무다. 나는
혓바닥 위에 끊임없이 날름대는 중상모략을 여러 나라 말로 지껄이며, 내
맘대로 소문을 사람들 귀에 불어넣지. 내가 온 하늘과 땅이 평화롭다고 말
할 때, 웃음 뒤에 칼날을 감춘 원한이 평화로운 세상에 상처를 입히리라.
소문이 아니고 누가 나 말고 누가 감히 많은 군마를 움직이게 하고 방어하
느라 떠들썩하게 만들 것인가? 새로운 사건이 일어나 곧 무서운 전쟁이 터
지리라는 망상에 빠지게 함으로써, 사실은 그런 징조조차 없을 때 소문은
추측과 질투와 억측의 입김으로 불어대는 피리이다. 소문은 수없이 많은 대
가리를 가진 괴물인 저 군중이 이리저리 오가며 제멋대로 불어대는 피리이
니라…… 그러나 다 아는 처지에 새삼 나의 기능 따위 설명해서 뭘 하겠는
가? 그런데 내가 대체 뭣하러 여기에 왔더라? 사실은 저 헨리 왕이 싸움에
이긴 것을 보고 이렇게 달려왔지. 왕은 슈루즈버리 격전에서 혈기 왕성한
핫스퍼와 그의 병사들을 쳐부수고, 기세 좋게 일어나는 반란의 불길을 그
반란자의 피로써 꺼버리고 말았다. 하지만 사실을 이렇게 먼저 말해 버리다
니, 나는 어쩌자는 셈이지? 나의 목적은 저 해리 몬머스가 핫스퍼의 매서
운 칼날에 쓰러졌다고 소문을 퍼뜨리며, 왕 또한 역적 더글러스의 용맹 앞
에서 그 신성한 머리를 죽은 듯 수그렸다고 소문을 퍼뜨리는 데 있다. 그래

서 벌써 전쟁터인 슈루즈버리를 지나 핫스퍼의 늙은 아버지 노섬벌랜드가 꾀병으로 누워 있는 이 오래된 성(城) 사이사이로, 마을마을마다 그렇게 오가며 퍼뜨려 놨지. 전령이 쉴 새 없이 숨이 턱에 닿아 달려오지만, 그들은 모두 내가 퍼뜨린 소문을 가지고 오는 거야. 이 소문의 혓바닥이 퍼뜨리는 달콤한 소식은 나쁜 진실 그 자체보다 더 나쁘지…… 그것을 진령들이 가지고 달려오는 거다! (퇴장)

〔제1막 제1장〕

같은 곳.
바돌프 경 등장.

바돌프 경　여봐라, 문지기 있느냐?

문지기, 나와서 문을 연다.

바돌프 경　백작님은 어디에 계시느냐?
문지기　누구시라고 말씀드릴까요?
바돌프 경　바돌프 남작이 찾아왔다고 전하게.
문지기　백작님은 지금 뜰을 거닐고 계십니다. 죄송하오나 그 작은 문을 두드려 보십시오. 대답하실 겁니다.

노섬벌랜드 백작, 머리를 싸매고 지팡이에 의지해 나온다.

문지기　아, 여기 나오십니다. (문지기 퇴장)
노섬벌랜드　어서 오시오, 바돌프 경. 무슨 소식이라도 있소? 순간순간마다 무슨 중대한 일이 일어날 것처럼 시절이 어수선하오. 잘 먹여 살진 말이 고삐를 끊고 미친 듯이 날뛰면서 자기 앞에 있는 모든 것을 짓밟아 버릴 것만 같구려.

바돌프 경 백작님, 슈루즈버리로부터 확실한 소식이 날아왔습니다.

노섬벌랜드 아무쪼록 좋은 소식이기를!

바돌프 경 더할 나위 없이 좋은 소식입니다. 왕은 거의 살아날 가망이 없을 만큼 중상을 입었답니다. 그리고 아드님에게 다행스럽게도, 해리 왕자는 그 자리에서 죽었답니다. 또 블런트 형제는 더글러스의 손에 죽고, 나이 어린 존 왕자와 웨스트모어랜드와 스태퍼드 두 백작은 달아나 버렸으며, 해리 왕자를 따라다니던 저 뚱뚱보 존도 아드님의 포로가 되었답니다. 오, 이토록 명예스러운 대승리, 이렇듯 예정대로 척척 맞아들어간 전쟁은 카이사르 시대 뒤로는 없었던 일입니다.

노섬벌랜드 어디서 그 소식을 들었소? 싸움을 본 거요? 아니면 슈루즈버리에서 왔소?

바돌프 경 그곳에서 온 지체 높은 한 신사로부터 들었습니다. 그 사람이, 사실 그대로라면서 말해 주더군요.

노섬벌랜드 (한쪽을 보면서) 저기 나의 부하 트래버스가 오는군. 나는 지난 화요일에 정세를 알아보려고 그를 보냈었소.

트래버스 등장.

바돌프 경 각하, 저는 길 위에서 저 사람을 앞질러 왔습니다. 아마 제가 말씀드린 이상의 소식을 가지고 오지는 않았을 겁니다.

노섬벌랜드 그래, 트래버스, 좋은 소식이라도 있나?

트래버스 각하, 존 엄프레빌 경을 만났는데, 기쁜 소식을 들려주고는 어서 가라고 하며 말을 타고 곧 앞질러 가버렸습니다. 그 뒤 또 신사 한 분이 피투성이가 된 말의 숨을 고르려 제 옆에 멈추고는 체스터로 가는 길을 물었습니다. 그래서 제가 슈루즈버리에서 무슨 일이 일어나고 있는지 상황을 물었더니, 반군은 크게 패하고 해리 퍼시는 차가운 시체가 되었다고 하더군요. 그러고 나서 재갈을 낚아채고는, 몸을 앞으로 구부정하게 숙이고 지친 말의 헐떡거리는 양쪽 배때기에 사정없이 박차를 가하며 쏜살같이 달려가 버리는 바람에, 더 물어볼 새도 없었습니다.

노섬벌랜드 뭐라고? 다시 말해 봐라. 해리 퍼시가 차가운 시체가 되었다고 그 사람이 말했느냐? 핫스퍼(Hotspur, 熱拍車)가 콜드스퍼(Coldspur, 冷拍車)가 되었다고? 반란군이 크게 졌단 말이냐?

바돌프 경   각하, 진정하시고 제 말을 들어보십시오. 만일 아드님이 승리하지 않았다면 저는 헝겊 조각 하나 남기지 않고 남작 영토 모두를 바치겠습니다. 그건 잘못 전해진 소식입니다.

노섬벌랜드   하나, 트래버스와 만난 신사가 아무 근거 없이 그토록 자세하게 패전 소식을 말했을 리가 없지 않소?

바돌프 경   누가요? 신사요? 그놈은 틀림없이 뜁니까, 자기가 타고 있는 그 말을 어디선가 훔쳐 타고 쏜살같이 달려와서는, 나오는 대로 지껄여댔겠지요. 아, 저기 또 무슨 소식을 가지고 옵니다.

노섬벌랜드 백작의 부하 모튼 등장.

노섬벌랜드   저 사람의 심각한 얼굴은 슬픈 내용이 담긴 책 표지처럼 그 내용을 말해 주는군요. 세찬 파도로 엉망이 된 바닷가가 저렇소. 모튼, 슈루즈버리에서 돌아오는 길인가?

모튼   네, 각하. 슈루즈버리에서 급히 돌아오는 길입니다. 밉살스런 죽음의 신이 더할 나위 없이 추악한 가면을 쓰고 우리 편을 위협하고 있었습니다.

노섬벌랜드   내 아들은 어떻더냐? 내 동생은? 너는 떨고 있구나. 새파랗게 질린 네 얼굴이 혀보다 더 여실히 말하고 있구나. 이처럼 맥이 풀리고 낙담해 죽을 듯한 얼굴을 한 자가 한밤에 숨이 턱에 닿은 채 달려와 프리아모스[*1]의 침실 장막을 걷고는, 트로이성은 벌써 반은 불바다가 되었노라 알렸으렷다. 하지만 그자가 입을 벌리기도 전에 프리아모스가 이미 그 불을 알아차렸듯이, 나도 네가 말하기 전에 아들의 죽음을 알아차렸다. 너는 "아드님은 이러저러하게, 아우님은 이러이러하게, 그리고 더글러스 경은 그렇게 잘 싸우셨습니다" 말함으로써, 초조하게 듣고 있는 나의 귀를 그들이 용감하게 싸웠다는 말로써 먼저 틀어막아 놓고는, 마침내 이런 칭찬이고 뭐고 모두 날려 보낼 듯한 큰 한숨과 함께 "아우님도 아드님도, 모두 죽었습니다" 보고

[*1] 그리스군과 맞서 싸운 트로이의 마지막 왕.

하여 내 귀를 완전히 막아버리려 하겠지.

모튼 더글러스 경과 아우님께선 아직 살아 계십니다. 하지만 아드님은…….

노섬벌랜드 내 아들은 죽은 게로구나. 의심이란 이렇게도 눈치가 빠르지 뭐냐! 제발 듣지 않았으면 싶은 일은, 다른 이의 눈빛만 보고도 본능적으로 알게 된다. 그러나 모튼, 이렇게 말해 다오. 적어도 백작 작위를 지닌 사람으로서 그런 추측을 하는 것은 잘못이라고. 나는 그 말을 달갑게 여겨 네가 나를 모욕한 것에 대해 오히려 크게 상을 내리겠다.

모튼 각하의 추측을 반박할 수는 없습니다. 짐작하신 대로입니다. 걱정은 바로 들어맞았습니다.

노섬벌랜드 그래도 설마 퍼시가 죽었다는 이야기는 아니겠지. 너의 두 눈에는 묘한 고백이…… 너는 머리를 가로저으며 내 아들이 죽었음을 알리기가 두려운 게로구나…… 죽었으면 죽었다고 말하라. 그렇게 말했다 해서 그 혀가 죄를 짓는 것은 아니니, 죽은 자에 대해서 거짓을 말함이 오히려 죄가 된다. 하나 맨 처음 나쁜 소식을 가져오면 누구라도 반기지 않지. 죽음을 전하는 자의 말은 장례식에서 울려 퍼지는 저 조종 소리처럼 죽음을 알리는 무서운 목소리로만 기억에 남기 마련이거든.

바돌프 경 각하, 저는 도저히 아드님이 전사했다고는 생각되지 않습니다.

모튼 믿으시게 해야 하는 제가 죄송합니다. 아아, 보지 않았더라면 얼마나 좋았을까요…… 하지만 제가 이 두 눈으로, 도련님이 해리 몬머스를 상대로 피투성이가 된 채 싸우다 지쳐 숨을 헐떡이며 칼에 맞는 것을 보았습니다. 왕자가 내리치는 맹렬한 칼 아래, 저토록 용감무쌍하던 퍼시 도련님도 마침내 땅 위에 쓰러져 두 번 다시 일어나지 못하셨습니다. 자신의 군대에서 가장 나약한 병졸에게까지 용기의 불꽃을 일게 해주시던 분이 전사했다는 소식이 알려지자, 우군 가운데 가장 단련된 용감한 병사들 가슴에서조차 불같은 열의가 사라져 버렸습니다. 도련님의 강철 같은 마음이 군대 전체를 받쳐주고 있었는데, 그분이 전사하자 다른 사람들은 모두 무거운 납으로 만든 칼처럼 둔해져 버렸지요. 본디 무거운 물건은 한번 힘만 주어지면 그대로 굴러가게 마련이듯이, 이와 마찬가지로 우군은 핫스퍼를 잃어 마음이 무거운 데다, 두려움이라는 가벼움의 무게를 더하여 겁쟁이들을 선두로 모두 자기 먼저 살겠다고 화살이 표적으로 날 듯 달아나기 시작했습니다. 우스터 경이 사로잡힌 것은 이때였습니다. 그리고 가짜 왕을 셋씩이나 처치한 저 맹렬한 용사 더글러스 경은 기세가 꺾이어 달아나는 자들의 명예를 위해 함께 도주하다가 발을 헛디뎌 넘어져 포로가 되었습니다. 마침내 왕이 승리했고, 랭커스터 왕자와 웨스트모어랜드 백작의 통솔 아래 각하를 토벌하기 위해 지금 군사가 떠나기로 되어 있습니다. 이상이 자세한 보고입니다.

노섬벌랜드 아아, 그 보고가 내게는 끝없는 슬픔의 근원이 되겠군. 하지만 독에도 약효는 있지. 만일 내가 건강한 상태였더라면 이 나쁜 소식으로 병이 났을 테지만, 병중이기 때문에 도리어 힘이 솟구치는구나. 열병으로 쇠약해진 이 관절이, 힘 빠진 돌쩌귀 같던 것이 발작으로 참질 못하여 간병인의 팔을 물리치고 벌떡 일어나듯이, 고질병으로 쇠약해진 내 팔다리가 마음의 고통으로 분노하며 평소의 세 배는 될 법한 힘을 받쳐주는구나. 이놈, 미련한 지팡이야. 너 같은 것은 저리 비켜라. 이 손은 강철 비늘로 만들어진 긴 장갑을 끼지 않으면 안 된다. 환자의 두건이여, 저리 비켜라. 너는 승리에 도취한 왕후들이 노리는 이 머리를 보호하기에는 너무나 약하구나. 자, 투구를 가져오너라. 아무리 두려운 죄를 묻는 순간이라도 이곳에 와서 이 분노하는 노섬벌랜드에게 맞서라! 하늘과 땅을 맞부딪치게 하라! 자연의 손을 늦추어 제멋대로 큰 파도를 일게 하라! 모든 질서를 사라지게 하라! 이제 이 세계는 시시한 격투나 벌어질 무대는 아니다! 등장인물에게는 모두 카인의 근성을 갖게 하여 다들 험악하기 짝이 없는 곳으로 몰아세우며 마침내 잔인한 끝장에서 막을 내리게 하라!

트래버스 아아, 그렇게 화를 내시면 몸에 좋지 않습니다.

바돌프 경 저, 각하, 분노로 체면을 잃으시면 안 됩니다.

모튼 명예를 지키기 위해서는 좀더 신중하고 지혜롭게 대처해 나가셔야 합니다. 아군 모두의 목숨은 각하의 안위에 달려 있습니다. 각하께서 자포자기하시면 모두가 무너지게 됩니다. 각하께서는 "싸우러 나가자!" 하시기 전부터 이번 싸움의 결과를 추측하셨고 맹렬한 슬픔 속에 아드님의 비운을 예언하셨잖습니까? 각하는 도련님이 위험한 절벽 위를—건너뛸 수 있기보다는 떨어질 가능성이 더 높은 절벽 위를—걷고 있음을 이미 알고 계셨습니다. 어느 정도는 상처를 입게 되리라는 사실도, 그리고 대담한 기질인 만큼 도련님이 가장 위험한 곳에 뛰어들 거라는 사실도 각하는 잘 알고 계셨지요. 그래도 각하께서는 "가라!" 말씀하셨습니다. 위험하기 짝이 없었지만 한번 발을 내디딘 일이고 보니 어쩔 수 없었지요. 그리고 보면 이런 대담한 모험 때문에, 그렇게 되리라 예상했던 일이 그저 일어난 것뿐입니다. 어디 생각지 않은 일이라도 일어났습니까?

바돌프 경　이 싸움으로 말하면 우리는 모두 싸움을 시작하기 전에 위험한 항해임을 알고 있었습니다. 어떻게 목숨만은 건져낼 수 있게 되더라도 열에 아홉은 불리할 것을 잘 알고 있었지요. 그래도 모험을 감행했습니다. 왜냐 하면 우리가 노린 목적이 그 절대적 위험을 무릅쓰고라도 나아갈 가치가 있었기 때문입니다. 이렇게 엎어진 바에야 다시 모험을 합시다. 자, 우리의 목숨과 재산을 걸고 다 함께 나아갑시다.

모튼　이젠 한순간도 지체할 수 없습니다, 각하. 확실한 보고에 따르면 요크 대주교는 이미 충분한 돈을 마련해 싸움터로 떠나셨다는 소식입니다. 그분 은 두 가지 사실을 보증으로 내세워 부하들을 단속하고 계십니다. 도련님 은 다만 사람의 형체만을, 오로지 그림자와 모습만을 싸움터로 끌고 나간 거나 마찬가지였습니다. 모반이라는 오명이 영혼과 육체의 기능을 따로 떼 어놓아, 사람들은 쓴 약을 마시듯 내키지 않으면서도 할 수 없이 싸우는 거 나 다름없었으니 말입니다. 그러므로 무기만은 이쪽에 속해 있었어도 마음 과 영혼은 모반이라는 말 하나 때문에 겨울철 늪 속의 물고기처럼 얼어 위 축되어 있었지요. 그러나 대주교가 싸움터로 나가면 폭거는 성전으로 바뀌 게 됩니다. 그러므로 성스러운 싸움에 참여하는 거라 생각해 몸과 마음을 바쳐 종군할 것입니다. 또한 저 폼프렛성 돌바닥에서 긁어모은, 세상을 떠 난 리처드 왕의 피를 헛되이 하지 않겠다는 명분도 있습니다. 다시 말하면 싸움의 이유를 하늘에 돌리고, 저 볼링브룩 왕 아래 피 흘리며 허덕이는 이 나라를 지키기 위한 것이라 선언할 수 있게 됩니다. 그리하여 신분을 떠나 앞다투어 대주교의 기치 아래 지금 모여들고 있습니다.

노섬벌랜드　그것은 나도 벌써 알고 있었다. 실은 눈앞의 슬픔 때문에 깜빡 잊고 있었구나. 이제 안으로 들어가, 어떻게 하면 가장 안전하고도 완벽하 게 복수할 수 있을지 함께 논의하자. 전령과 편지를 이용해 곳곳으로 동지 를 모으자. 이렇게 동지가 적은 때도, 이토록 필요한 때도 없었다. (모두 퇴 장)

런던 길거리

폴스타프, 지팡이를 짚고 등장. 시동이 주인의 칼과 방패를 들고 뒤따라 나온다.

폴스타프　애야, 작은 거인아, 내 오줌에 대해서 의사가 뭐라 하던?

시동　네, 저, 훌륭하고 건강한 오줌이라고 했어요. 하지만 이 오줌의 주인은 스스로 느끼는 것보다 더 나쁜 병을 가지고 있다고도 했어요.

폴스타프　다들 나를 조롱하는 것을 무슨 자랑거리로 생각하고 있는데……흙덩이 같은 바보 머리로는 웃을 만한 일도 생각해 내지 못하지. 내가 그것을 연구해 내주든가, 나를 재료로 궁리해 내든가 하지 않고서는 말이야. 나 자신은 재치를 갖추었을 뿐 아니라, 남들까지 재치 있는 사람으로 만들어 준다, 이 말씀이야…… (시동을 돌아보며) 내가 이렇게 네 앞을 걷고 있으면, 너는 마치 한배에 태어난 새끼 돼지들 가운데 한 마리만 밟아 죽이지 않은 암퇘지 같구나. 왕자가 너를 나한테 보낸 까닭은 분명 너와 나를 대조해 웃음거리로 삼자는 수작이지 뭐냐. 저 독성 있는 맨드레이크 유리판에 박았다는 말은 너를 두고 한 말이다. 너는 내 궁둥이에 붙어 다니기보다는 내 모자에 끼어 다니는 게 어울리겠다. 나는 이제까지 마노(瑪瑙)를 시종으로 데리고 다닌 일은 없으니 말이야. 그런데 마노라 해서 절대로 금이나 은을 해 박지는 않겠어. 오히려 이제 곧 더러운 옷에 싸 가지고는 보석입네 하고, 네놈을 너의 본디 주인, 턱에 수염도 채 나지 않은 저 애송이 왕자 앞에 내동댕이치련다. 왕자의 그 턱에 수염이 날 것 같으면 내 손바닥에도 수염이 나겠다. 그런 주제에 놈은 제 낯짝을 무슨 왕의 얼굴*2이랍시고 자랑스럽게 말을 해? 흥! 하느님의 뜻에 따라서 앞으로 수염은 나게 될는지 모르지만, 지금은 한 올도 없단 말씀이야. 언제까지나 왕자 낯짝으로 통해 보라지. 그래 봐야 이발사는 고작 6펜스밖에 벌지 못할 뿐이니까. 그런 주제에 자기 아버지가 홀몸이 된 뒤부터는 제법 어른이 된 듯 행세하려 든단 말이야. 혼자 뻐기고 다니라지. 난 이젠 놈이 싫어졌어, 정말이야. 그런데 덤블던

_____

*2 금화에 있는 왕의 얼굴.

씨는 나의 저 짧은 외투와 바지감에 대해 뭐라고 했지?

시동   네, 저기, 바돌프보다는 좀 나은 보증인을 세워 달라고 했어요. 그분의 증서도, 주인님 것도 받지를 않아요. 보증인이 마음에 안 든다는 거예요.

폴스타프   제기랄, 녀석, 지옥에나 떨어져 버리라지! 놈의 헛바닥에 불이나 붙어라! 망측한 반역자 아히도벨 같은 놈! 굽실대는 것밖에 모르는 비열한 자식! 신사를 속여먹고는 보증인이 있어야겠다고! 빌어먹을 대머리 녀석들이 요즘에는 정해 놓고 뒤축 높은 구두만 신고는 열쇠꾸러미를 허리에 차고 거들먹거린단 말이야. 그리고 돈을 빌려달라고 솔직하게 말하면 바로 보증인 타령이거든. 보증인 한 건으로 내 입을 틀어막느니 차라리 내 입 안에 쥐약을 털어넣지그래! 나는 신사야. 부드럽고 찰랑찰랑한 비단 스물두 마쯤이야 문제없이 내줄 줄 알았는데…… 웬 보증인 타령이냐고. 그렇지, 이 자식은 보증을 붙여서 영원히 잠들도록 하는 게 좋을 거야. 그 녀석, 오쟁이 뿔은 넉넉히 가지고 있어서 바람둥이 여편네의 경박함이 그 뿔로서 빛날 테니 말야. 하지만 저 자신이 뿔 등불로 세상을 훤히 밝히고 있으면서도 녀석의 눈에는 그게 하나도 안 보인단 말이지. 바돌프는 어디 있느냐?

시동   주인님이 타실 말을 사러 스미스필드로 가셨습니다.

폴스타프   그 녀석은 내가 세인트 폴 성당에서 사온 놈인데, 계집을 하나 매음굴에서 구해 오면 속담대로 하인도 말도 계집도 모두 갖추어지겠군.

시동   주인님, 저기 귀족이 오는군요. 바돌프 일로 왕자님에게 매를 맞고, 그 때문에 왕자님을 벌한 그 귀족 말이에요.

폴스타프   이봐, 이리 바짝 붙어 서. 만나기 싫다. (슬금슬금 달아난다. 시종이 그의 뒤를 따른다)

재판장과 그의 하인 등장.

재판장   (하인에게) 저기 가는 것은 누구냐?

하인   폴스타프입니다.

재판장   강도 혐의를 받고 있는 사람 말이냐?

하인   네, 그렇습니다. 하지만 그 뒤 슈루즈버리에서 꽤 공훈을 세웠기에 지금은 어명으로 랭커스터 공이신 존 왕자님 진지에 가기로 되어 있다 합니다.

재판장 뭐, 요크로? 저자를 불러라.

하인 (큰 소리로) 존 폴스타프 나리!

폴스타프 (시동에게) 내가 귀머거리라고 말해라.

시동 (하인에게) 더 큰 소리로 말해야 합니다. 제 주인님은 귀머거리예요.

재판장 (웃으며) 그럴 게다, 착한 일에 대해서는. 여봐라, 쫓아가서 팔을 낚아채라. 내가 꼭 만날 일이 있다.

하인 (쫓아가서 폴스타프의 옷소매를 붙들고) 존 나리!

폴스타프 (시치미를 떼고) 뭐야! 새파랗게 젊은 녀석이 구걸을 하겠다는 거냐? 전쟁 중이 아닌가? 직업은 얼마든지 있지 않나? 왕의 부하는 늘 부족하다. 반란군도 병사가 모자라서 어려움을 겪는 중이지. 그야 전하 편이 아닌 게 치욕이긴 하지만, 비렁뱅이는 가장 나쁜 놈 편이 되는 것보다도 더 창피한 일이다. 어쩌다가 역적이라는 이름보다 더한 악명이 따라붙더라도 말이야.

하인 엉뚱한 오해입니다.

폴스타프 뭐라고, 내가 너를 착실한 사람이라고 말하기라도 했느냐? 기사 작위와 군인 신분은 잠깐 제쳐두고 말하겠는데, 만일 내가 그런 소리를 했다면 나는 정말 굉장한 거짓말을 한 거야.

하인 그럼, 그 기사 작위와 군인 신분은 잠시 제쳐두시기로 하고 말씀인데요…… 나리는 거짓말쟁이입니다. 만일 저를 착실한 사람이 아니라고 말씀하신다면요.

폴스타프 뭐라고? 제쳐두기로 한다고? 내 안에서 자라나는 것을 제쳐둘 수 있겠느냐? 그따위 말을 듣고도 내가 참을 수 있을 것 같으냐? 너 같은 놈은 목이나 졸려 죽어라. 너는 크게 착각하는 거다. 에이, 귀찮다, 꺼져버려라.

하인 (절을 하며) 나리, 제 주인님께서 좀 뵙자고 하시는데요.

재판장 (옆으로 다가와서) 존 폴스타프 경, 당신에게 잠깐 할 말이 있소.

폴스타프 (이제야 알아본 듯이) 아이고! 각하, 안녕하십니까? 이렇게 뵙게 돼서 반갑습니다. 건강이 좋지 못하신 걸로 알고 있었는데요. 아마 의사의 충고로 산책 나오신 거겠죠. 각하는 아직 젊다고 말할 수 있을 만큼 좋아 보이시지만, 아무래도 연세가 있으시니 지나온 세월을 속일 수는 없지요. 실례입니다만 아무쪼록 몸조리 잘하십시오.

연극 〈헨리 4세 제2부〉 랄프 리처드슨(폴스타프 역) 출연. 올드 빅 극단, 런던 뉴시어터 공연.

재판장 존 경, 나는 당신이 슈루즈버리에 출정하기 전에 소환한 일이 있
　　었소.

폴스타프 네, 죄송하지만 전하께선 무슨 언짢은 일로 해서 웨일스로 서둘러
　　돌아오신다고 들었는데요.

재판장 전하에 대해서 말하는 게 아니오. 당신은 소환했을 때 응하지 않았소.

폴스타프 뿐만 아니라 전하께선 저 빌어먹을 뇌졸중에 걸리셨다고 하던데요.

재판장 아무쪼록 속히 쾌유하시기를! 그런데 당신에게 할 말이 있소.

폴스타프 그런데 실례지만 제가 알기로는 이 뇌졸중이란 어떤 혼수상태로서 혈액 순환이 안 되어 몸을 가눌 수 없게 되지요.

재판장 무엇 때문에 그 이야기를 꺼내는 거죠? 그 소리는 지금 할 필요가 없소.

폴스타프 지나치게 슬퍼하거나 머리를 너무 써서 혼란스러워지면 일어나는 증세랍니다. 그리스 명의 갈레노스 의학 책에 그 원인이 쓰여 있는 것을 읽었습니다. 귀머거리와 같은 증세랍니다.

재판장 당신이 그 병에 걸린 모양이군요. 아무리 말해도 알아듣지 못하는 것을 보니.

폴스타프 하긴 과연 그렇군요. 아니 그 뭡니까, 저는 그 어느 편이냐 하면 남의 말을 듣지 않는 증세, 주의해 듣지 않는 병입니다.

재판장 고문대 맛을 보면 당신 병도 싹 나을 거요. 내가 직접 치료를 해줘도 좋소.

폴스타프 각하, 저는 구약 성경에 나오는 욥보다 더한 가난뱅이입니다만, 그 사나이만큼 참을성이 있는 사람은 아닙니다. 가난한 점을 생각해서 감옥에 넣어주신다는 것은 고맙습니다만, 각하가 내려주신 처방을 착실하게 따라야 할지는 지혜로운 자들도 조금 주저하거나, 아예 사양할 겁니다.

재판장 그때 즉시 출두하라고 명령한 것은 당신 목숨에 관계되는 사건이 있었기 때문이오.

폴스타프 그때 저는 군법에 해박한 어느 변호사로부터 충고를 받은 바가 있었기에 출두하지 않았습니다.

재판장 그럼 명백히 말해 두지만, 존 경, 당신은 커다란 오명을 입고 있소.

폴스타프 그거야 이렇게 뚱뚱하니까 그만큼의 옷은 입어야 하죠.

재판장 당신은 수입이 적은데 씀씀이가 크오.

폴스타프 그건 저로서도 어쩔 수 없는 일입니다. 수입이 더 굵어지고 허리통은 좀더 가늘어졌으면 좋겠다고 생각합니다만.

재판장 더구나 당신은 나이 어린 왕자에게 나쁜 것을 가르쳤소.

폴스타프 어린 왕자님이 저에게 나쁜 것을 가르쳐 주셨습니다. 저는 그저 뚱 뚱보일 뿐이고, 왕자님은 저를 끌고 다니는 강아지이거든요.

재판장 이보시오, 나는 겨우 나은 상처를 이제 와서 긁어 부스럼 만들고 싶 지 않소. 슈루즈버리에서 빛낸 공로로 전에 개즈힐에서 당신이 밤사이 저질 렀던 일*³이 무마된 것은 바로 나라 안이 평온하지 못한 덕택이라 감사하 시오.

폴스타프 무슨 말씀인지요?

재판장 사건은 말썽 없이 끝나면 되는 것이니, 그저 가만 덮어두시오. 잠자 는 늑대를 깨울 필요는 없소.

폴스타프 잠자는 늑대를 깨우거나, 여우 냄새를 맡거나 하는 건, 모두 좋지 않은 일이지요.

재판장 뭐요? 당신은 다 타들어 가는 양초 같소.

폴스타프 아주 커다란 축하용 초입니다. 몽땅 동물의 비계이지요. 혹시 저를 낡은 초에 비유하신다면 듣기 좀 거북하겠습니다만, 그래도 지금 이렇게 커 다란 몸집을 좀 보십시오.

재판장 그 흰머리를 봐서라도 당신은 이제 좀 점잖아져야 할 텐데요.

폴스타프 흰머리는 모두 육즙, 육즙, 육즙 탓입니다.

재판장 당신은 나쁜 천사처럼 나이 어린 왕자에게만 붙어다니고 있소.

폴스타프 그렇지 않습니다. 각하가 지니고 다니시는 나쁜 천사 금화는 무게 가 가볍습니다. 하지만 저로 말하면 한번 보기만 해도 진짜로 판명될 수 있 습니다. 일부러 달아볼 필요는 없지요. 하지만 두루 쓰이기가 어려울는지는 혹시 모르겠습니다…… 그 점은 저도 뭐라고 말할 수 없습니다. 한데 요즘 같은 시대에는 미덕이 조금도 중요시되지 않고, 용사는 곰지기 취급이나 당 하고, 지혜로운 자는 술집 심부름꾼으로 대접받고, 날쌘 지혜도 셈이나 하 는 데에 낭비되고 있지요. 이런 구차한 시대에는 사람이 아무리 좋은 재능 을 지녔다 해도 딸기만큼 가치도 인정받지 못합니다. 노인네들은 우리 같은

---

*3 헨리 4세 제1부, 강도 사건.

젊은이의 심정을 몰라요. 자기들의 담즙이 얼마나 쓴가에 기준을 두고 우리 젊은이들 간장의 열을 재려 든단 말입니다. 고백하지만요, 혈기 왕성한 우리에겐 장난기도 좀 있어서요.

재판장 당신은 스스로 젊은이 명부에 올라가겠다는 거요? 얼굴에는 뚜렷이 큰 글자로 노인이라고 씌어 있는데도? 눈은 늘 지저분하지 않소? 손은 윤기 없이 거칠고, 뺨은 누렇고, 수염은 허옇게 세고, 다리 힘도 빠지고, 배만 커졌지 않았소? 목소리는 갈라지고, 숨은 차오르고, 턱은 두 개로 늘고, 재치는 하나로 줄었는데 말이오? 몸 여기저기 모두 늙어버리지 않았소? 그래도 젊다고 우길 테요? 이 엉터리, 엉터리!

폴스타프 각하, 저는 오후 3시에 태어난 사람이기 때문에 그때부터 흰머리가 나 있었고 배도 어느 정도 둥글게 부풀어 있었습니다. 목소리로 말하면 줄곧 사냥개를 불러대는 탓으로, 그리고 계속 찬미가를 불러온 탓으로 이 꼴이 되었지요. 제 젊음을 더 이상 증명하지는 않겠습니다. 사실 판단력과 이해력에 있어서만 노인 같을 뿐이지요. 만일 1천 마르크를 걸고 저와 춤을 하겠다는 사람이 있으면 얼마든지 상대해 주겠어요. 걸어야 할 돈은 그 사람한테 빌려야겠지만요! 요전에 왕자님이 각하를 때린 짓은 난폭한 행위였고, 그때 각하가 그렇게 처분 내리신 것도 마땅합니다. 그 일로 저도 왕자를 꾸짖었는데, 새끼 사자 스스로도 후회하더군요. 삼베옷 차림으로 슬픔에 잠겨 있기보다는 비단옷 차림으로 술통 속에 빠져 있으면서 그랬지만요.

재판장 아아, 아무쪼록 신이여, 좀더 좋은 벗을 왕자님 곁에 보내주시기를!

폴스타프 제발 좀더 좋은 왕자를 그 벗 옆에 보내주시기를! 실은 저도 왕자와 손을 끊고 싶어 죽을 지경입니다.

재판장 그래서 전하께서 당신과 해리 왕자를 떼어놓으신 거요. 그런데 당신은 랭커스터 공이신 존 왕자님을 따라서 요크 대주교와 노섬벌랜드 백작 두 사람을 정벌하러 나가게 됐다죠?

폴스타프 그렇습니다. 이건 재판장께서 저의 잘못을 눈감아 주시고 베푸신 훌륭한 기지 덕분이라고나 할까요. 하지만 후방에 남아서 평화의 여신과 키스만 하고 있는 나리들은 주의하십시오. 무척 더우면 전쟁은 할 수 없으니까요. 셔츠가 두 벌밖에 없으니 몹시 땀을 흘리게 되는 날이면 곤란하거든요. 그리고 너무 더우면 그저 술병이나 휘두르고 있을 거란 말입니다. 이 말이 거짓이라면 저는 두 번 다시 침을 뱉지 않도록 하지요. 위험한 일만 일어났다 하면 반드시 부름을 받게 마련인데⋯⋯저라고 어떻게 영원히 버틸 수 있겠어요? 오늘날까지도 우리 잉글랜드에선 뭐든 좋은 것만 있으면 그걸 헤프게 쓰고 싶어하는 버릇이 남아 있거든요. 저를 노인 취급해야겠거든 좀 쉬게 해달라고요. 아아, 나의 용맹을 적이 무서워하지 말아줬으면! 아, 지칠 줄 모르는 싸움으로 허둥지둥 살다 갑자기 사라지느니, 차라리 조금씩 녹이 슬어가며 죽음에 갉아먹히는 게 나아요! 툭하면 이렇게 늘 출정 명령만 받고서야 몸이 배겨날 수가 있나요!

재판장 제발 정직한, 정직한 사람이 되시오⋯⋯ 그리하면 신께서 당신이 출정하는 곳곳마다 축복을 내려주실 거요.

폴스타프 각하, 군자금으로 1천 파운드만 빌려주실 수 없겠습니까?

재판장 단돈 1페니도, 1페니도 빌려줄 수 없소. 당신은 참을 줄 아는 인간이 못 되니까 돈에도 참지 못할 거요. 잘 가시오. 나의 친척 웨스트모어랜드에게 안부나 잘 전해 주시오. (그 하인과 함께 퇴장)

폴스타프 내가 안부를 전하게 된다면, 세 사람이라야 휘두를 수 있는 망치로 나를 때려도 좋다⋯⋯ 노인과 탐욕, 젊은이와 색욕, 이것들은 떼려야 뗄 수 없는 관계지. 그러나 한쪽은 통풍으로 고생해야 하고, 한쪽은 매독으로 욕을 봐야 하거든. 아무튼 어느 점으로 보나 내가 내 입으로 이것들에 대해 욕할 처지는 못 되지 뭐냐⋯⋯ (시동에게) 얘야!

시동 네?

폴스타프 내 지갑에 돈이 얼마나 있지?

시동 7그로트*4와 2펜스 있습니다.

폴스타프 지갑의 이 쇠약증은 도무지 회복될 가망이 없구나. 더구나 오래 빌려 쓰다 보면 불치병이 되고 말지⋯⋯ 이봐, 이 편지를 나의 주인 랭커스터 공, 존 왕자에게 전해라. 이것은 웨스트모어랜드 백작에게, 그리고 이것은 헨리 왕자에게⋯⋯ 그리고 이것은 저 늙은 우르술라 부인에게. 그 부인과는 꼭 결혼하겠다고 주일마다 한 번씩 약속해 온 사이다. 자, 어서 서둘러라. 너는 내가 있는 곳으로 찾아올 수 있겠지. (시동, 퇴장) 제길! 또 통풍이 쑤시

---

*4 1그로트는 4펜스짜리 은화.

기 시작하는군. 알 게 뭐야, 절름발이가 되라면 되라지. 이건 전쟁에서 다친 거라고 둘러대야겠다. 그러면 연금을 타는 이유가 선단 말이야. 똑똑한 자는 모든 것을 이용하지. 병(病)까지도 써먹자. (퇴장)

〔제1막 제3장〕

요크 대주교의 저택.
대주교 리처드 스크룹, 헤이스팅스 경, 모브레이 경 및 바돌프 경 등장.

대주교 우리가 군사를 일으키는 명분과 군비 사정은 지금 말한 그대로입니다. 여러 경들, 아무쪼록 거리낌 없이 성공 여부에 대한 의견을 말해 주시기 바랍니다. 먼저 문장원(紋章院)에게 묻겠습니다. 어떻게 생각하십니까?

모브레이 거병의 명분은 그만하면 충분하다고 생각됩니다만, 군비에 대해서는 더 자세한 설명을 들어봤으면 좋겠습니다. 우리 병력이 왕의 강대한 병력에 맞서 과감하게 싸울 만큼 충분한 것인지 아닌지 말입니다.

헤이스팅스 현재 소집된 아군은 기록된 바로는 정예군 2만 5천에 이르고 있습니다. 그리고 노섬벌랜드 백작으로부터 대군의 지원을 받게 되어 있습니다. 오늘 백작의 마음은 사랑하는 아들을 잃은 분노로 불같이 타오르고 있습니다.

바돌프 경 헤이스팅스 경, 그렇다면 문제는 바로 이거로군요. 현재 우리가 노섬벌랜드 백작 지원 없이 2만 5천 병력만으로도 왕에게 맞설 수 있겠습니까?

헤이스팅스 그 지원이 있어야만 합니다.

바돌프 경 바로 그렇습니다. 그게 요점입니다. 만일 그분 지원 없이는 힘이 모자란다고 하면, 내 생각엔 그 지원군이 도착하기까지는 너무 깊숙이 끼어들지 않는 편이 좋을 것 같습니다. 왜냐하면 목숨을 건 이런 중대 문제에서는 지원이 있을 것 같다는 정도의 억측이나 기대나 짐작은 인정될 수 없는 일이니까요.

대주교 말 그대로 슈루즈버리에서 저 어린 핫스퍼가 바로 그랬습니다.

바돌프 경 그렇습니다. 그는 지원 약속만 믿고 기대에 부풀어, 사실은 가장 작은 기대에도 미칠 수 없을 만큼 하찮은 것을 무슨 엄청난 지원이라도 되는 듯, 미치광이에게나 있을 법한 과대망상에 사로잡혀서는 전군을 죽음의 땅으로 몰고 갔지요. 그렇게 진실을 외면하고는 파멸 속으로 뛰어들고 말았습니다.

헤이스팅스 그런데 실례지만 앞날이 대체 어찌 될지 가늠해 보는 것도 반드시 나쁘지는 않을 듯합니다.

바돌프 경 아니, 눈앞에 닥친 이 전쟁에서는 사실 행동을 바로 취해야만 하기 때문에…… 이미 벌어진 사태이므로…… 봄에 싹트는 꽃봉오리를 보고 가을 수확을 예상하듯 희망만 가져서는 안 됩니다. 그게 과연 열매를 맺을지, 어떠한 희망도 아직은 없습니다. 어쩌면 서리를 맞을지도 모르지요. 예를 들어 집을 지을 때 우리는 먼저 대지 측량을 하고 설계도를 그리고 건축비를 예측해야 하는데, 비용이 힘에 부칠 때는 설계도를 바꾸어 칸수를 줄이거나 건축을 아예 멈추거나 하는 수밖에 없습니다. 하물며 이 대건축, 한 왕국을 쓰러뜨리고 다른 것을 세우려는 대공사를 함에 있어 집터의 관측과 설계도 작성은 물론, 확실한 기초를 결정한 다음에 측량사와 협의도 거치고 재력도 조사하여 과연 그런 공사를 해낼 수 있는지 따져보아야만 합니다. 그렇지 않으면 종이 위에다 숫자만 적어 방비를 하고, 활동할 실제 병력 대신 기록에 있는 것에만 기대게 되지요. 건물을 세울 능력도 없는 자가 설계만 하듯이 말입니다. 그리고 반쯤 해보다가 큰 손해를 보고는, 그 발가숭이 건축물은 사람도 없이 덩그러니 혼자 비를 맞거나 난폭한 겨울 폭풍에 내맡겨지다가 마침내 허물어지는 결과를 맞이하지요.

헤이스팅스 어쩌면 우리 기대가 유산되리라 예측하더라도 순산의 가능성은 아직도 존재하며, 그리고 우리 병력은 지금 형편으로도 충분하므로 아군 병력을 단 한 사람도 더는 얻을 수 없다 하더라도, 왕의 군대에 맞서 싸워 이길 수 있으리라 생각합니다.

바돌프 경 그럼 왕의 병력은 겨우 2만 5천밖에 안 됩니까?

헤이스팅스 우리 예측으로는 그렇습니다, 바돌프 경. 아니, 그것도 채 못 될 것입니다. 싸움이 세 곳에서 일어나고 있기 때문에 왕은 그 병력을 셋으로 나누었습니다. 하나는 프랑스군과 싸워야 하고, 다른 하나는 글렌다워를 치러 보내고, 나머지 하나는 우리를 상대해야 합니다. 그러한 이유로 불안정한 왕좌가 셋으로 쪼개진 상태입니다. 더구나 왕의 금고에서는 텅 빈 소리가 난다고 합니다.

대주교 그럼 왕이 군대를 하나로 모아서 공격해 올 염려는 없겠군요.

헤이스팅스 그런 걱정은 조금도 없습니다. 만약 왕이 그렇게 하는 날엔 배후가 비어 있게 되므로 프랑스군과 웨일스군이 그의 뒤꿈치에서 짖어대는 결과가 되겠지요.

바돌프 경 여기로 왕군을 거느리고 오는 것은 누구입니까?

헤이스팅스 랭커스터 공작과 웨스트모어랜드 백작입니다. 웨일스 방면은 왕과 해리 몬머스가 맡게 되나 봅니다. 그러나 프랑스군과 싸울 지휘관은 누구인지 아직 확실히 모르겠습니다.

대주교 그럼 곧 행동을 시작합시다. 국민은 자신들이 추대한 그 왕으로 인해 병이 들어 있소. 지나치게 사랑하다가 이제는 물려서 싫증이 난 거지요. 아아, 천박한 민심만을 토대로 삼는 집은 흔들리고 위험하오. 아아, 너희 어리석은 백성들아, 너희는 저 볼링브룩 왕이 아직 너희가 바라는 존재가 아니었던 시기에는 하늘을 찌를 듯한 환호와 갈채로써 그를 위해 축복했겠다! 그런데 이제는 너희가 바라던 대로 그가 영광에 묻혀 있게 되니 싫증이 나서, 스스로 그를 내뱉으려 하는구나. 그런 식으로 너희는 세상을 떠난 리처드를 그 욕심 사나운 너희 가슴에서 뱉어냈지. 그런데 오늘에 와서는 그 뱉어버린 죽은 자를 다시 한 번 잡아먹겠다고 길게 짖어대며 찾고 있느냐. 이제는 믿을 수 없는 세상이 되었구나! 선왕이 살아 있던 때에는 빨리 죽으라던 자들이 오늘날엔 그 무덤에마저 미련을 두고 있구나. 선왕이 탄식하며 볼링브룩의 발뒤꿈치에 매달려 오만하고 기세등등한 런던 시에 들어오고 있을 때 그 머리 위로 쓰레기를 내던졌던 너희가 오늘에 와서는 "오, 대지여! 그 왕을 돌려주고 이 왕을 데려가라!" 아우성들이로구나! 오, 저주받을 인간의 마음속! 과거와 미래는 좋게만 보이고, 현재는 늘 나쁘게만 보이다니!

모브레이 그럼 병력을 모아서 떠날까요?

헤이스팅스 때를 놓치지 않는 것이 중요합니다. 그런데 그 때가 지금 바로 출발할 것을 명령하고 있습니다. (모두 퇴장)

런던의 이스트치프. 술집 보어스헤드 근처.

술집 안주인 퀴클리, 경찰 팽과 함께 등장. 그리고 조금 뒤에 팽의 부하 스네어 등장.

퀴클리 팽 나리, 고발을 접수해 주셨나요?

팽 아아, 했지.

퀴클리 부하되는 분은 어디 있어요? 힘센 분이에요? 걱정 없을까요?

팽 (뒤돌아보면서 큰 소리로) 이봐 스네어, 어디 있나?

퀴클리 아! 스네어 님!

스네어 예, 여기 있습니다. (대답하면서 앞으로 나온다)

팽 스네어, 존 폴스타프 경을 체포하는 거다.

퀴클리 네, 그래요. 내가 고발했으니까요. 그 사람과 그자의 패거리 몽땅요.

스네어 누군가 목숨을 잃을지도 몰라요. 푹 찌르고 보는 사람이니까요.

퀴클리 어마! 조심하세요. 그 사람, 요전에도 우리 가게에서 한바탕 난리를 피웠으니까요. 정말이지 난폭하더군요. 그 사람, 칼을 뽑아들면 무슨 짓을 할지 몰라요. 아무나 무턱대고 찌르니까요…… 사내고 계집이고 어린애고. 꼭 악마 같아요.

팽 까짓것 맞붙어 싸울 수만 있으면 찔러 오더라도 상관없어.

퀴클리 그럼요. 나도 옆에서 도와드릴게요.

팽 잡히기만 하면, 그리고 녀석이 손아귀에 들어오기만 하면…….

퀴클리 그 사람을 놓치는 날엔 내 재산은 깡그리 날아가요. 정말 그 사람은 내 덕으로 삐기고 있어요. 꼭 체포해 주세요, 스네어 님. 놓치면 안 돼요. 남자분 앞에서 이런 소리를 해서 좀 뭣하지만, 그 사람은 안장을 사러 파이 코너에 늘 드나들어요. 그리고 럼버트 거리에 있는 러버스헤드나, 포목상 스무스 씨 집에 가끔 저녁 초대를 받아서 갑니다. 내가 고발했다는 사실은 이제 온 세상이 다 알고 있으니 꼭 좀 결말을 내주세요. 1백 마르크라면 불쌍한 과부에겐 큰돈이에요. 나는 참고 또 참아왔지만 내일은 틀림없다고 끊임없이 거짓말만 하며 여태껏 끌어온 게 생각할수록 분해 죽겠어요. 어떻게 이럴 수가 있어요? 여자는 무슨 당나귀나 짐승처럼 저 나쁜 놈들이 하고 싶은 대로 해도 되는 존재란 말인가요…… 아아, 저기 와요. 코 빨갱이 악당 바돌프와 함께요. 자, 어서 빨리 저놈을 붙잡아 주세요, 팽 나리, 스네어 님. 자, 어서 빨리, 빨리요.

폴스타프가 시동과 바돌프를 데리고 등장.

폴스타프 (팽이 성큼 앞을 막아서자) 뭐냐? 누구의 말이라도 죽었나? 왜 이래?
팽 존 폴스타프 경, 술집 안주인 퀴클리의 고발로 당신을 체포하겠으니 그리 알아요.
폴스타프 에잇, 저리 비켜! 바돌프, 칼을 뽑아라! 저 녀석 모가지를 쳐라! 저 못된 계집을 도랑에 처넣어 버려라.
퀴클리 나를 도랑에 처넣어? 네 녀석을 도랑에 처넣어 줄 테다! 뭐라고? 처넣겠다고? 젠장, 사생아 악당 같으니라고. 사람 살려요! 사람 살려! 이 살인자 악당! 이 녀석아, 하느님이 보냈건 임금님이 보냈건, 누구든지 마구 죽일 작정이냐? 이 살인자야, 이 악당아, 남자고 여자고 마구 죽이겠다는 거냐?
폴스타프 바돌프, 이것들을 때려눕혀라! (바돌프는 폴스타프에게 가세한다. 상대는 스네어와 팽으로, 모두 넷이 맞붙어 싸우고 있고, 퀴클리는 그 주위를 맴돈다)
팽 어이, 구조를! 구조를!
퀴클리 (구조란 말의 뜻을 몰라 객석을 바라보며) 여보세요, 빨리 구조를 두셋만 가져다주세요. (폴스타프의 시동이 달려들자 놀라 피하면서) 뭐, 이럴 참이야? 응? 네가, 너 따위가 말이지? 자, 해봐, 해보라니까. 이 꼬마 사형수 녀석아! (시동을 때리고 나서 달아난다. 팽, 폴스타프를 체포한다)
시동 (쫓아가면서) 홍, 더러운 갈보년! 뚱뚱이년! 두고 봐라. 이제 내가 네년의 몸뚱이를 간질여 주고 말 테니.

이때 재판장, 하인들을 데리고 등장.

재판장 (소동을 보고) 이게 웬일이냐? 자, 조용히 해라! 조용히 해!
퀴클리 (우는소리로) 나리, 도와주세요. 제발 저를 좀 도와주세요.

재판장 존 폴스타프 경, 어떻게 된 일이오? 왜 이리 시끄럽게 아귀다툼을 하고 있소? 이런 혼란한 시기에, 이것이 당신 신분이나 직책에 맞는 일이오? 당신은 벌써 요크에 가 있어야 하지 않소. 자, 비켜라…… 왜 이분을 이렇게 체포하느냐?

퀴클리 아아, 나리, 나리께 말씀드리겠습니다. 황송하오나 말씀드리지요. 저는 이스트치프에 사는 불쌍한 과부입니다. 이 사람은 저의 고발로 체포된 겁니다.

재판장 고발? 그 금액은 얼마나 되지?

퀴클리 돈 때문만이 아닙니다. 제가 가지고 있는 모든 것 때문입니다. 저분은 제 거라면 집이고 뭐고 몽땅 먹어치웠습니다. 모두 저 뚱뚱한 배 속에 집어넣어 버렸습니다. 다만 얼마라도 찾아내야겠어요. (폴스타프에게) 돌려주지 않으면 내가 한밤에 꿈속에 나타나 악몽(mare)처럼 네 배 위에 올라타서 못 살게 굴 테니 그리 알아라.

폴스타프 (혼잣말로) 이제 나는 유리한 처지에 서게만 되면 암말(mare)을 타게 될 모양이군.

재판장 존 폴스타프 경, 대체 어찌 된 일이오? 신사 체면에 이렇게 모욕을 당하고도 아무렇지 않단 말이오? 재산 문제로 불쌍한 과부에게 고발까지 당한 게 당신은 부끄럽지도 않소?

폴스타프 (안주인에게) 내가 자네에게서 빌린 게 얼마나 되지?

퀴클리 당신이 정직한 사내라면, 당신의 몸뚱이와 돈이야. 당신은 도금된 은잔으로 술을 마시고 나서 내게 맹세했잖아. 바로 내 집 돌고래 방에서 둥근 탁자에 둘러앉아 석탄불을 쪼이면서, 바로 강림절인 수요일에 말이야. 그때 왕자님이 당신 머리를 깨뜨렸잖아. 왕자님의 아버지이신 임금님을 당신이 윈저의 가수와 닮았다고 했기 때문에 말이야. 바로 그때 당신이 나에게 맹세를 했어. 내가 상처를 씻어주니까 나와 부부가 되어 나를 귀부인으로 만들어 주겠다고 하지 않았어? 아니라고 말할 수 있겠어? 그때 그 자리에, 저 푸줏간 여편네 키치가 찾아와서 나를 떠버리 퀴클리라고 했었지? 식초를 조금 빌리러 와서 말이야…… 새우가 한 접시 있다면서. 그러자 당신은 그걸 먹고 싶다고 했지. 그래서 내가 상처가 났을 때는 좋지 않다고 말리지 않았어? 그리고 키치가 층계를 내려가 버리자 당신은 이렇게 말했지.

이제 곧 나는 마나님이라고 불리게 될 테니까, 앞으로는 저런 천한 사람들과는 가깝게 지내지 말라고. 그리고 내게 키스하고 나서, 30실링만 갖다달라고 하지 않았어? 자, 성경에 걸고 대답해 봐. 그렇지 않다고 할 수 있거든 어디 해봐.

폴스타프 (재판장에게) 각하, 이 여자는 불쌍하게도 미친 어자입니다. 이 여자는 시내를 고함치며 돌아다닙니다. 자기 맏아들이 각하와 닮았다고 하면서요. 전에는 잘살고 있었으나 가난 때문에 미친 겁니다. 그건 그렇고, 이 바보 관리들에 대해서는 저의 명예 회복을 위해 알맞은 처분을 내려주시기 바랍니다.

재판장 존, 존 폴스타프 경, 나는 당신이 옳은 것을 그른 것으로 만드는 데 명수란 걸 잘 알고 있소. 아주 점잖은 체하면서 염치없는 것을 넘어 뻔뻔스러운 말로 아무리 늘어놓아 봤자, 나는 절대로 재판의 공정성을 그르치지는 않소. 보아하니 당신은 이 여자가 속아 넘어가기 쉬운 사람이라는 점을 이용해, 돈이고 몸이고 몽땅 당신을 위해 바치게 했군요.

퀴클리 네, 정말 그렇습니다.

재판장 좀 가만히 있게…… 저 여자한테서 빌린 것을 갚고 또 저 여자에게 몹쓸 짓을 한 데 대하여 배상을 하시오. 한쪽은 돈으로, 다른 한쪽은 참회로 말이오.

폴스타프 각하, 그런 꾸지람을 듣고 가만있을 수 없습니다. 각하는 정직하게 사실 그대로 말하는 것을 염치없다느니, 뻔뻔스럽다느니 말씀하십니다. 그렇다면 꾸벅꾸벅 절을 하고 잠자코 있어야 고결한 사람이란 말이군요…… (거만하게) 아닙니다, 각하. 제 신분으로 봐서 그 말씀에는 도저히 따르지 못하겠습니다. 그리고 제발 꼭 좀 이 관리들을 꺼져 없어지게 해주십시오. 저는 폐하의 명령을 받들어 곧 출발해야 하니까요.

재판장 마치 나쁜 짓을 해도 좋다는 허가라도 받은 사람 같군요. 그러지 말고 당신 명예에 걸맞도록 적절한 보상을 그 여자에게 해주시오.

폴스타프 아주머니, 이리로 와. (한쪽 구석으로 퀴클리를 끌고 간다)

궁정 신하 가워가 편지를 가지고 등장.

재판장 가워 씨, 무슨 일이라도 생겼소?

가워 각하, 전하와 해리 왕자님이 곧 도착하십니다. 그 밖의 내용은 이 편지에 적혀 있습니다.

폴스타프 (안주인에게) 나는 신사야.

퀴클리 (응석을 부리며) 참, 요전에도 그렇게 말했지요.

폴스타프 나는 신사야. 자, 이젠 그 말은 하지 않기야.

퀴클리 그렇다면 이젠 정말 나는 저 접시고, 저 식당 벽에 걸린 장식용 천이고 몽땅 전당포에 맡기지 않으면 안 되겠군요.

폴스타프 유리잔, 저 유리잔만 있으면 술은 마실 수 있는 거라고. 그 벽에는 조금 색다르고 재미있는 그림이나 돌아온 탕아 그림이라든지 독일 사람의 사냥 장면을 그린 수채화 같은 게 침대 커튼이나 파리똥투성이 장식용 천 따위보다는 훨씬 낫지. (퀴클리가 울면서 가려고 하는 것을 막으며) 응, 될 수 있으면 10파운드로 해줘. 이봐, 그 변덕만 없다면 당신처럼 좋은 계집은 잉글랜드 안에는 없지 뭐야. 자, 이제 눈물을 닦고 그 소송은 취소해 버려. 이것 봐, 나한테 이러면 곤란하지 않아? 응? 내 속은 모르는 사람처럼? 자, 자, 누군가가 당신을 부추긴 걸 거야.

퀴클리 (울음 섞인 목소리로) 존 나리, 20노블로 줄여줘요. 정말 나는 저당 잡히고 싶지 않으니까. 제발 부탁이에요!

폴스타프 좋아, 마음대로 하라고. 까짓것 다른 데서 마련하지 뭐. 당신은 여전히 바보로 지내고 싶은 게로군.

퀴클리 그럼 내 웃옷을 저당 잡혀서라도 그 돈을 해놓겠어요. 저녁 먹으러 와주겠지요, 네? 모두 한꺼번에 갚아주겠어요?

폴스타프 문제없어. (바돌프에게) 이봐, 저 여자와 함께 가라, 함께 말야. 낚는 거다, 낚아.

퀴클리 저녁 식사 때 돌 티어시트를 불러도 좋지요?

폴스타프 그야 물론이지. 불러도 좋아. (퀴클리, 바돌프, 경찰들, 시동 퇴장)

재판장 (편지를 다 읽고 나서 가워에게) 나는 더 좋은 소식을 듣고 있는데요.

폴스타프 어떤 소식인데요, 각하?

재판장 (그 말에는 대답하지 않고 가워에게) 전하는 엊저녁 어디서 묵으셨소?

가워 베이싱스토크에서 묵으셨습니다.

폴스타프 모든 일이 잘되어 가고 있겠지요? 어떤 소식인가요, 각하?

재판장 (이 말에는 대답하지 않고 가위에게) 부하 군인들도 모두 돌아오는가요?

가위 아닙니다. 보병 1천5백 명과 기병 5백 기를 랭커스터 공이 이끌어, 노섬 벌랜드 백작과 대주교 두 역적을 정벌하시기로 되어 있습니다.

폴스타프 왕은 웨일스에서 돌아오십니까?

재판장 (역시 대답도 않고) 곧 회답을 써서 주겠소. 자, 가위, 따라오시오. (앞장 서서 가려고 한다)

폴스타프 각하!

재판장 (비로소 알아본 것처럼) 왜 그러오?

폴스타프 (그 말에는 대답도 않고 가위에게) 가위 씨, 함께 식사했으면 하는데 어떻겠습니까?

가위 감사합니다만, 나는 재판장님 댁으로 가야 해서요.

재판장 존 폴스타프 경, 당신은 언제까지나 여기서 꾸물거리고 있을 참이오? 당신은 가는 길에 각 주에서 병사를 모집하도록 임무를 부여받지 않았소?

폴스타프 (역시 대답도 않고) 가위 씨, 식사를 함께했으면 좋겠는데요?

재판장 존 폴스타프 경, 당신은 그런 초대법을 어떤 어리석은 선생에게서 배웠죠?

폴스타프 가위 씨, 남의 잘못을 보고 자기 잘못을 고치라고 하는 말이 있지요. 그건 본디 누가 가르쳤나요? (이렇게 말하고는 재판장을 무시하고 큰 소리로 웃으며) 각하, 이것이 검술의 묘수입죠. 피장파장이란 말입니다! (혼잣말로) 이제야 겨우 기분이 좋아지는군.

재판장 제발 신께서 당신을 깨우쳐 주시기를! 당신은 진짜 바보요. (모두 퇴장)

〔제2막 제2장〕

런던. 헨리 왕자의 방.
헨리 왕자와 포인스 등장.

헨리 왕자 (침대에 벌렁 누우면서) 정말 이젠 완전히 지쳐버렸어.

포인스 그렇게 지치셨어요? 왕자님처럼 신분 높은 분은 지치지 않는 줄 알았는데요?

헨리 왕자 정말이야. 이래서는 나의 훌륭한 신분에 조금 지장은 있겠지만 말이야. 그런데 이봐, 내가 약한 맥주를 마시고 싶다고 말하면 천하게 들리겠나?

포인스 그거야 그런 시시한 술을 헨리 왕자님이 기억하고 계신다면, 여느 때 행실을 의심받게 마련이지요.

헨리 왕자 그럼, 나의 미각은 본디 왕자답지 못한가 보군. 글쎄 그 시시한 것, 그 약한 맥주를 내가 기억하고 있으니 말이야. 이런 고상하지 못한 일만 생각하고 있다는 건 신분에 어울리지 않을 게 틀림없어. 네 이름을 내가 기억하고 있다는 게 바로 나의 수치지 뭔가! 이튿날 아침 내가 네 얼굴을 알아보다니! 그리고 나는, 네가 이 긴 비단 양말을 몇 켤레 가지고 있으며, 그 가운데 몇 켤레는 어떻고, 또 몇 켤레는 벌써 복숭앗빛으로 바래버렸다는 것까지 알고 있단 말이야! 그리고 네 셔츠가 몇 벌 있으며, 한 벌은 평소 자주 입는다는 것까지도 알고 있다고! 하지만 이런 일은 아무래도 저 테니스장 관리인이 나보다는 더 잘 알고 있겠지. 네가 라켓을 손에 쥐지 않을 때는 리넨 셔츠가 모자라다는 뜻이니까 말이야. 사실 너도 벌써 꽤 오랫동안 그곳에 가지 못했을 테지. 그거야 그럴 수밖에. 너는 아래 영토들을 가꾸는 데에 남은 힘을 모두 써버렸으니까. 그런데 기저귀로 변한 그 셔츠에 싸이게 되는 사생아들은 과연 몇 명이나 제대로 자랄지 몰라. 하지만 산파들은 이 사생아들에게는 죄가 없고, 도리어 세상에 사람의 씨가 불어나 친척들이 굉장히 많아질 거라고 말할 거야.

포인스 아무래도 어울리지 않는군요. 그렇게도 훌륭한 공로*5를 세운 분이 이런 허튼소리를 하시다니! 말씀해 보십시오. 훌륭하신 왕자님들 가운데 부왕께서 병환 중이실 때 헨리 왕자님처럼 행동하시는 분이 과연 몇이나 계실까요?

헨리 왕자 이봐, 포인스, 이야기 하나 들려줄까?

포인스 예, 아무쪼록 아주 멋지고 훌륭한 이야기를 부탁드립니다.

---

*5 헨리 4세 제1부, 슈루즈버리 전투.

헨리 왕자 네 귀에 꼭 맞는 내용일 거야.

포인스 이래봬도 저는 헨리 왕자님의 이야기쯤 당해 낼 수 있는 사람입니다.

헨리 왕자 그럼 말해 주지. 내 아버지가 병환 중이라서 내가 슬픈 얼굴을 하는 것은 가당치 않다고. 하지만 친구다운 친구도 없으므로, 너를 믿고 이야기하겠는데, 나는 정말 슬프다네. 정말 슬프다고.

포인스 그렇지도 않으신 것 같은데요.

헨리 왕자 그럼 너는 나를 너나 폴스타프와 다름없이 철저한 철면피로서, 악마의 회계 장부에 깊숙이 관계하고 있는 사람으로 알고 있나 보군. 이제 두고 보라고. 사실 나는 가슴속에서 피눈물을 흘리며 부왕의 병환을 근심하고 있어. 그렇지만 너 같은 나쁜 놈과 친구로 지내기 때문에 할 수 없이 슬프지 않은 것처럼 거짓으로 꾸미고 있네.

포인스 그건 무슨 말씀인가요?

헨리 왕자 내가 눈물을 흘린다면 너는 나를 어떻게 생각하겠나?

포인스 겉으로만 효자인 척하신다고 생각하겠지요.

헨리 왕자 누구든지 그렇게 생각할 거야. 너는 사람들 마음속을 잘 들여다볼 줄 아는군. 세상 사람들 생각이 절대로 그와 다를 리 없지. 누구나 나를 위선자라고 생각할 거야. 그런데 너는 어떻게 해서 그런 확신을 하게 되었지?

포인스 그거야 여태껏 헨리 왕자님 행실이 그러하셨고, 더욱이 폴스타프와 아주 친하시니까요.

헨리 왕자 그리고 너와도.

포인스 천만에요. 이래봬도 저는 꽤 평판이 좋은 사람입니다. 그것은 이 귀가 직접 듣고 있어요. 저에 대한 욕이라고 해봐야, 저 사내는 둘째 아들이라는 둥, 그 패거리들 중에서는 꽤 멋진 사람이라는 둥, 그 정도이지요. 그런데 이 두 가지만은 어쩔 수 없는 일입니다. 이거, 바돌프가 나타나는군요.

바돌프와 기묘한 옷차림을 한 시동 등장.

헨리 왕자 폴스타프에게로 보낸 아이도 함께 오는군. 내가 보냈을 때는 그리스도교 신자였는데, 좀 보라고, 뚱뚱보 영감이 아이를 원숭이로 만들어 버렸군.

바돌프 안녕하십니까?

헨리 왕자 야아, 이건 바돌프 각하로군.

바돌프 (시동에게) 이런, 어찌 된 거냐, 수줍어만 하는 바보 녀석아. 왜 그렇게 얼굴을 붉히고 부끄러워하는 거야? 어째서 그렇게 계집애 병사같이 되어 버리느냐! 뭣 때문에 그렇게 처녀처럼 낯이 빨개지느냐고?

시동 (헨리 왕자에게) 왕자님, 이분이 조금 전에 술집의 빨간 격자 창살 사이로 저를 불렀어요. 하지만 창문을 아무리 찾아보아도 얼굴은 보이지 않았어요. 그러던 중 겨우 눈만 나타나 보였지요. 그런데 저 술집 안주인 빨간 치마에 뚫린 두 구멍 사이로 내다보고 있는 줄로만 알았어요.

헨리 왕자 어린아이가 꽤 재미있는 말을 할 줄 알게 되었는데?

바돌프 (몹시 화가 나서) 꺼져버려라, 이놈. 다리 두 개로 선 토끼 놈아, 썩 꺼져 버려!

시동 꺼져버려라, 이놈. 알타이아 할머니 꿈에 나오는 몹쓸 귀신아, 썩 꺼져 버려!

헨리 왕자 애야, 좀 가르쳐 다오. 그건 어떤 꿈이냐?

시동 저, 옛날 트로이에 알타이아라는 할머니가 불타는 말뚝을 낳는 꿈을 꾸었대요. 그래서 저는 저분을 알타이아 꿈에 나오는 귀신이라고 한 거예요.

헨리 왕자 그럴듯한 해석이다. 확실히 1크라운의 가치는 있어. 자, 상금이다. (시동에게 금화를 한 개 준다)

포인스 아아, 이 좋은 봉오리가 제발 벌레에게 먹히지 않았으면! 자, 너를 지켜주기 위해 나도 6펜스 주지. (시동에게 구리 동전을 한 닢 준다)

바돌프 이래서 마침내는 목매달려 죽는 인간이 되고 마는 거지. 그렇지 않다면 교수대가 할 일이 없어지지 뭐야.

헨리 왕자 바돌프, 네 주인은 어떻게 지내는가?

바돌프 별고 없습니다. 그가 왕자님이 돌아오셨다는 소식을 듣고…… 이 편지를 전하라 했습니다. (공손히 편지를 내민다)

포인스 야아, 제법 격식을 갖추어 보냈군. 그런데 자네 주인 뚱뚱보 나리는 요즘 어떻게 지내고 있지?

바돌프 몸은 건강하다네.

포인스   그럼 정신 쪽은 의사가 필요하겠군그래. 그렇지만 그 자신은 아무렇지도 않게 생각하고 있을 테지. 정신은 병들어 있어도 난봉질은 여전할 거야.

헨리 왕자   (편지를 읽고 나서) 내가 이 비계덩이 영감을 집에서 기르는 개처럼 버릇없게 내버려 두었더니, 좀 보라고, 이 건방진 편지투를.

포인스   (읽는다)

기사 존 폴스타프로부터……

이름을 말할 때마다 그놈은 누구에게나 자신이 기사라는 걸 알리지 않고는 못 배기는군요. 마치 임금의 혈통이기나 한 듯한 투로, 손가락에서 피만 조금 나와도 "어, 이거 야단났군. 왕족 피가 새어나오고 있어!" 떠들어댈 판이에요. 그래서 일부러 모르는 체하고 "어찌 된 일입니까?" 물으면, 기다리고 있었다는 듯이 "사실은 나는 전하와는 육촌 간이오" 이렇게 말하거든요. 그런데 그 대답이 어찌나 재빠른지, 돈을 빌리는 사람이 모자를 벗는 것 같다니까요.

헨리 왕자   그렇고말고. 놈들은 야벳*6까지 거슬러 올라가서 왕족 혈통이라고 주장하겠다는 거야. 어쨌거나 그 편지부터 먼저 읽어봐.

포인스   (읽는다)

기사 존 폴스타프로부터 국왕의 혈육, 헨리 왕자께 아뢰오.

이건 무슨 명령서 같은 투로군요.

헨리 왕자   쉿!

포인스   (계속 읽어 나간다)

나는 저 명예로운 로마인들을 본받아 간단히 말하고자 하오.

---

*6 구약 성경 창세기에 나오는 대홍수 이야기의 주인공인 노아의 셋째 아들. 유럽과 아나톨리아(소아시아) 인종의 조상이 되었다고 한다.

그럴 테죠. 숨이 찰 테니까요.

나는 헨리 왕자께 안부 전하며 헨리 왕자의 편임을 알려드리오. 포인스를 지나치게 가까이하지 마오. 그는 헨리 왕자가 베풀어 주는 호의를 함부로 써서 헨리 왕자가 자기 누이동생 넬과 결혼하기로 되어 있다고 퍼뜨리고 있소. 틈이 날 때마다 반성해 주시기를 바라며, 이만 붓을 놓겠소. 헨리 왕자께서 허락하신다면, 내 부하와 형제자매와 그리고 온 유럽까지 모두 바치고자 하는 존 폴스타프로부터.

왕자님, 이 편지를 술에 담가두었다가 그 사람에게 먹이기로 합시다.
헨리 왕자 그렇게 하면 말(言)을 도로 먹여주는 셈이 되겠군. 그건 그렇고 네드, 너는 나를 그런 식으로 말하고 다니나? 내가 네 누이동생과 결혼한다고?
포인스 그렇게 되기만 한다면야, 그 계집애로선 큰 행복이지요! 하지만 그런 말은 하지 않았습니다.
헨리 왕자 우리가 이렇게 어리석게 세월을 보내고 있는 것을 지혜로운 정령들은 틀림없이 저 구름 사이로 내려다보며 웃고 있을 거야. 그런데 네 주인은 지금 런던에 있나?
바돌프 네, 그렇습니다.
헨리 왕자 그럼 어디서 머무르고 있느냐? 이전 그 돼지우리 같은 싸구려 술집에 있느냐?
바돌프 네, 이스트치프에 있는 그 집에서 머무르고 있습니다.
헨리 왕자 어떤 패거리와?
시동 이전 그 먹고 마시고 하던 패거리입니다.
헨리 왕자 여자도 있느냐?
시동 여자라고는 퀴클리 노파와 돌 티어시트밖에 없습니다.
헨리 왕자 그건 또 무슨 이단자냐?
시동 얌전한 부인입니다. 제 주인님 친척입니다.
헨리 왕자 하긴 마을 암소도 읍내 황소 친척쯤 되지 뭐냐. 이봐, 저녁 식사 때 살그머니 습격해 보지 않겠나?

포인스 좋습니다. 제가 그림자처럼 모시고 가겠습니다.

헨리 왕자 이봐 시동, 그리고 바돌프, 내가 시내에 와 있다는 사실을 너희 주인에게 말하면 안 된다. (돈을 주면서) 자, 입막음 값을 주지.

바돌프 아무 말도 않겠습니다.

시동 저도 절대로 말하지 않겠어요.

헨리 왕자 그럼, 가봐. (바돌프와 시동 퇴장) 그런데 그 돌 티어시트라는 여자는 틀림없이 통행이 자유롭겠지.

포인스 틀림없이 그럴 겁니다. 세인트 올번스와 런던 사이에 나 있는 중심도로 같은 거지요.

헨리 왕자 어떻게 하면 오늘 밤에 저 폴스타프가 본색을 드러내게 할 수 있을까? 이쪽 얼굴은 보이지 않고서 말이야.

포인스 왕자님과 제가 가죽조끼 차림에 앞치마를 두르고서 전령 행세를 하면 어떨까요?

헨리 왕자 신(神)이 황소로 둔갑하는 것처럼? 굉장한 타락이군. 유피테르가 그랬었지. 왕자에서 술집 심부름꾼으로! 엄청난 몰락인걸! 그게 내가 맡을 역할이군. 무슨 일이든 목적에 따라서는 바보짓도 마지못해 할 수밖에 없지. 자, 따라오게. (모두 퇴장)

〔제2막 제3장〕

워크워스성(城) 앞.
노섬벌랜드 백작 부부와 핫스퍼의 아내 퍼시 부인 등장.

노섬벌랜드 사랑하는 아내여, 그리고 상냥한 며느리야, 이 무서운 일은 제발 나에게 맡겨 주오. 세상 사람들처럼 못마땅한 얼굴로 내 뜻을 막지는 말아 주오.

백작부인 그럼 이제 저는 더 말하지 않겠습니다. 당신 뜻대로 하세요. (한쪽에 가서 흐느껴 운다)

노섬벌랜드 아, 사랑하는 아내여, 나의 명예는 저당 잡혀 있소. 약속을 한 이상, 싸움터로 나가지 않고서는 명예를 되찾을 수 없소.

퍼시 부인 아, 그렇더라도 제발 가지 마세요! 약속이라고 말씀하시지만 아버
님, 지금보다도 훨씬 중요한 순간에 당신 아드님인 저의 소중한 해리가 아버
님의 지원군을 기다리며 몇 번이나 북쪽을 바라보았을 때조차도 약속을 어
기시지 않았나요? 해리는 기다리다 허탕을 치고 말았지요. 그때 누가 아버
님께 가시지 말라고 한 적 있었나요? 한꺼번에 두 명예가 날아가 버리고 말
았습니다. 당신과 아드님의 명예 말이에요. 아버님의 명예는 아무쪼록 신의
은총으로 더욱 빛나시기를! 그러나 해리의 명예는 회색 하늘에 나타난 태
양처럼 잉글랜드 모든 병사들에게 용기를 불러일으키는 빛이요, 젊은 용사
들의 거울이었습니다. 해리의 걸음걸이를 흉내 내지 않는 사람은 발 없는
사람 취급을 받았으며 그이의 타고난 결점이었던 저 빠른 말투는 용사들의
말투로까지 되어, 침착하게 천천히 말할 수 있는 사람들까지 일부러 그 말
투를 따라 했을 정도였지요. 걸음걸이에서부터 미각, 오락, 규율, 기분 등 무
엇이든지 그이는 세상 사람들의 목표이자 거울이며 본보기였지요. 그 남편,
오, 세상에서 보기 드문 훌륭하신 분! 오, 기적처럼 놀라운 인간이라고 감
히 말할 수 있는 분! 첫째가고 둘째는 가지 않는 남편, 그이를 당신은 도우
려고도 하지 않고, 핫스퍼라는 별명 말고는 아무런 방비도 없이 싸움터에
보내어, 마침내 죽음의 땅으로 몰아넣고 말았습니다. 오, 이제 와서 새삼스
럽게 다른 사람들을 위해 제 남편에게 했던 것 이상으로 약속을 지키신다
면, 그이의 영혼을 모독하시는 겁니다! 절대로 그런 일을 하셔서는 안 됩니
다. 문장원 총재님과 대주교님은 충분한 군대를 가지고 계십니다. 제 남편
해리에게 이분들의 반만큼만 군대가 있었더라도, 저는 지금 남편의 목에
매달려 저 몬머스의 무덤 이야기나 하고 있었겠지요.

노섬벌랜드 그게 무슨 소리냐, 겨우 잊고 있었던 일을 새삼스레 꺼내어서 내
용기를 꺾어놓겠다는 거냐? 그러나 나가지 않으면 안 된다. 지금 섣불리 회
피하고 있다가는 앞으로 준비가 더 되어 있지 않을 때 위험한 꼴을 당하고
말 거다.

백작부인 오, 스코틀랜드로 피하십시오. 귀족과 평민들이 힘을 좀더 시험해
보게 될 때까지 말이에요.

퍼시 부인 그 사람들이 왕과 싸워서 전세가 조금은 유리해졌을 무렵에, 강
한 것을 더욱 강하게 하는 강철처럼 합세하십시오. 그러니 제발 먼저 저 사

람들에게 싸우게 하십시오. 아드님이 실제로 그런 일로 죽었습니다. 그래서 제가 이렇게 과부가 되었습니다. 추억 위에 한평생 눈물의 비를 뿌려 자라나게 해서, 훌륭한 남편을 기념해 그 끝이 하늘에까지 닿게 해주고 싶습니다. 그러나 그때까지 견뎌 낼 수 있을 것 같지도 않습니다!

노섬벌랜드 자, 자, 함께 안으로 들어가자. 지금 내 심장은 가득 차오른 바닷물처럼 꼼짝 않고 있어서 물러갈 수도 없다. 대주교를 만나러 가고 싶어도, 여러 사정이 생겨서 불가능한 처지다. 스코틀랜드에 가기로 결정하겠다. 마침내 유리한 시기가 와서, 내게 출진을 요청할 때까지는 그곳에 가 있겠다. (모두 퇴장)

〔제2막 제4장〕

이스트치프. 술집 보어스헤드 안.
탁자 하나와 의자들이 놓여 있다. 뒷면과 좌우에 출입구가 있다. 술집 심부름꾼 프랜시스가 포도주와 과일을 탁자 위에 갖다놓는다. 또 다른 심부름꾼이 사과 접시를 들고 들어온다.

프랜시스 이거, 자넨 대체 뭘 내왔나? 말린 존 사과를 내왔나? 존 나리는 말린 존 사과를 아주 싫어하는 걸 잘 알면서.

심부름꾼 2 그야 그렇지. 언젠가 헨리 왕자님이 말린 존 사과를 존 나리 앞에 한 접시 내다놓으면서 존이 여기 다섯 더 있다고 말씀하시곤, 모자를 벗으시며 "그럼 이제 나는 여섯의 말라빠지고 동그란 기사들, 늙어빠지고 시든 기사들과는 작별해야겠군" 이렇게 말씀하셨지. 그러자 벌컥 화를 내더군. 하지만 벌써 그 일을 잊어버렸을 거야.

프랜시스 그럼 헝겊을 덮어서 거기 놔두게나. 그리고 스니크 악대를 좀 찾아봐 주게. 티어시트가 음악을 듣고 싶다고 하니까.

심부름꾼 2 알았어, 그렇게 하지. 그런데 손님들이 요전에 식사를 했던 그 방은 너무 덥더군. 그분들이 곧 나타나실 거야.

프랜시스 이봐, 이제 곧 헨리 왕자님과 포인스 나리가 오신단 말이야. 그런데 두 분은 우리가 입고 있는 이 조끼와 앞치마를 한사코 입으시겠다는 거야.

존 나리에게는 눈치채지 않게 말이야. 바돌프가 그렇게 전해 왔지 뭐야.

폴스타프, 콧노래를 부르며 왼쪽 입구에서 등장해 오른쪽 출입구로 퇴장.

심부름꾼 2 (폴스타프의 뒷모습을 바라다보면서) 이야, 정말 신나는 일이 벌어지겠는걸! 굉장한 음모가 숨겨져 있나봐.

프랜시스 스니크를 빨리 찾아내야 할 텐데.

술집 안주인 퀴클리와 돌 티어시트, 왼쪽 출입구에서 등장.

퀴클리 이것 봐요, 아가씨. 당신은 완전히 건강을 회복한 것 같군요. 무엇보다 당신 손의 맥이 터무니없이 잘 뛰고 있잖아요. 그리고 혈색은 좋아져서 정말 장밋빛처럼 새빨개요. 정말이에요! 하지만 당신은 사실 카나리아 포도주를 과음했지 뭐예요. 그건 이만저만 독한 술이 아닌데. 이 술에는 피도 타버릴 정도라고요. "어머, 왜 이럴까?"채 말도 할 수 있기 전에 말이에요. 그런데 이젠 좀 어때요?

돌 티어시트 전보다는 훨씬 나아졌어요. 에헴!

퀴클리 참 다행이군요…… 기분이 좋은 건 돈을 가지고 있는 거나 맞먹으니까요. 어머, 존 나리가 오시네.

폴스타프 다시 등장.

폴스타프 (노래를 부른다)

옛날 아서가 왕위에 올랐을 때

(프랜시스에게) 애, 요강 좀 비워라. (프랜시스 퇴장, 노래 부른다)

과연 훌륭한 왕이었지. (심부름꾼 2, 오른쪽 문으로 퇴장)

아, 돌 양이군!

퀴클리 좀 뭣해서 속이 편치 않대요. 정말이에요.

폴스타프 그거야 그럴 수밖에. 저런 직업의 여자들은 세상이 좀 잠잠해졌다 하면 장사가 잘되지 않으니까.

돌 티어시트 요 빌어먹을 양아치 같으니, 병자에게 그런 말버릇이 어디 있어요!

폴스타프 네 덕에 뚱보 새끼 양이 생기는군, 돌 시어시트.

돌 티어시트 뭐라고요? 포식을 하고 매독에 걸리면 부어터지게 되는 거예요. 내가 그렇게 만든 게 아니고.

폴스타프 그거야 음식이 포식을 도와주고, 네가 매독을 도와준다면야 문제없이 어떻게 될 수도 있지. 자, 어때, 돌. 인정할 건 인정하라고. 나야 어디 체면이 있나.

돌 티어시트 흥, 목걸이와 보석도 가져가죠.

폴스타프 브로치와 진주와 장식용 핀도. 전장에서는 후퇴가 먼저지 뭐야…… 그리고 용감하게, 대담하게 뚫고 들어가야 하지. 감히 침실에 침입하려면…….

돌 티어시트 뒈져라, 이 망할 자식. 당장 뒈져버려.

퀴클리 어머, 또 시작이군! 두 사람은 만났다 하면 반드시 시비를 벌이고 마는군요! 둘 다 참말로 바싹 마른 빵쪽같이 신경집이 메말라 있어서, 서로 부딪치지 않고서는 배겨나지 못하나 봐요. 어머! 한쪽이 참아야죠. (돌에게) 물론 당신이 참아야지요…… 여자 쪽이 더 약한 그릇, 빈 그릇이니까요.

돌 티어시트 약하고 빈 그릇이 저렇게 큰 술통을 당해 낼 수 있겠어요? 저인저 몸 안에 보르도산(産) 상품을 모두 담고 있어요. 저렇게 큰 그릇은 둘도 찾아볼 수 없지 뭐예요…… 자, 화해해요, 잭. 당신은 전쟁에 나가잖아요. 또 만날 수 있을는지, 알게 뭐예요.

프랜시스, 다시 등장

프랜시스 저, 피스톨 기수님이 아래에 찾아와서 뵙자는뎁쇼.

돌 티어시트 흥, 빌어먹을 허풍쟁이! 올려 보내지 말아. 잉글랜드에서 그렇게도 입이 더러운 악당은 둘도 없으니까.

퀴클리　허풍쟁이라면 절대로 올려 보내지 마. 참말로 이웃 체면도 있으니까. 허풍쟁이는 필요 없어. 이래 봬도 나는 어엿한 분들 사이에서도 신용 있는 여자니까. 문을 닫아버려. 이곳에는 절대로 허풍쟁이를 들어오게 할 수는 없어. 내가 허풍쟁이 따위를 이곳에 들어오게 하려고 여태껏 살아온 건 아니니까…… 제발 문을 닫아줘.

폴스타프　이것 봐, 안주인!

퀴클리　존 나리, 좀 진정해 주세요. 허풍쟁이는 절대로 이곳에 들어오게 할 수 없어요.

폴스타프　이것 봐, 그 사람은 내 기수야.

퀴클리　이것 참! 존 나리, 안 돼요. 당신의 기수라도 허풍쟁이는 이 집에 들어오게 할 수 없어요. 글쎄, 요전만 해도 불려가서 티시지크 나리를 뵈었는데, 그분이 말이에요 바로 요전 수요일 일인데, "이것 봐요, 퀴클리" 하고 그분이 말이에요…… 그때 마침 덤 목사님도 곁에 계셨지만…… "이것 봐요, 퀴클리. 점잖은 손님만 받도록 해줘. 왜냐면" 하시면서 말이에요. "꽤 언짢은 소문이 들리니 말이야" 말씀하셨어요. 그런데 그분이 왜 그런 말을 하셨는가 하면 말이에요, 그분이 말이에요, "자네는 정직한 여자로 세상 평도 좋으니까 점잖은 손님만 받도록 각별히 주의하고, 허풍쟁이일랑은 절대로 받지 않도록 하게" 당부하셨단 말이에요. 그러니 허풍쟁이는 절대로 들어오게 할 수 없어요. 어때요, 그분 말씀을 전해 듣고 나서 놀랐지요? 아무튼 허풍쟁이는 절대로 안 돼요.

폴스타프　안주인, 그 사람은 절대로 허풍쟁이가 아니야…… 기껏 노름꾼밖에는 안 돼. 강아지처럼 온순한 사람이야. 바버리산(産) 암탉에게도 대항하지 못할 사람이라고. 그 암탉이 날개를 곤두세우고 대들 때는 말이야. (프랜시스에게) 이봐, 그 사람을 올라오게 해줘. (프랜시스 퇴장)

퀴클리　기껏해야 노름꾼밖에는 안 된다고요? 정직한 사람은 들어오게 하겠어요. 허풍쟁이는 절대로 안 돼요. 참말로 허풍쟁이가 이야기하면 나는 무서워요. 좀 보세요. 이렇게 내가 덜덜 떨고 있잖아요, 참말로.

돌 티어시트　정말 떨고 있네요, 아주머니.

퀴클리　그렇지요? 나는 지금 사시나무 잎처럼 떨고 있어요. 허풍쟁이는 딱 질색인걸요.

피스톨, 바돌프, 그리고 시동 등장.

피스톨 존 나리, 안녕하십니까!

폴스타프 어서 오게, 나의 기수 피스톨. 자, 피스톨, 자네를 위해 축배의 잔을 들겠네. (한 잔 마시면서) 이 술잔을 안주인의 이름으로 비워주게. (술 한 잔을 피스톨에게 준다)

피스톨 예, 존 나리, 안주인에게 두 발을 쏘겠습니다.

폴스타프 그녀는 방탄복을 입고 있어. 끄떡도 안 할 거야.

퀴클리 싫어요, 방탄복이나 총알 같은 술은 싫어요. 나는 몸에 나쁘게는 마시지 않겠어요. 누가 뭐래도 말이에요.

피스톨 그럼 도로시 양, 당신이 상대요. (돌 티어시트에게 축배를 하려고 한다)

돌 티어시트 나를 상대로 하겠다고! 쳇, 지저분한 자식! 흥! 가난뱅이, 상놈, 노름꾼, 셔츠쪽도 없는 자식! 에잇, 꺼져버려, 망할 자식! 나는 네 주인이 상대란 말이야.

피스톨 도로시 양, 나는 당신을 알고 있는데요.

돌 티어시트 꺼져. 소매치기, 악당, 지저분한 날치기 같으니! 이 술에 걸고 맹세하지만 내게 못된 수작만 해왔단 봐라. 이 칼로 그 더러운 볼때기를 찔러버릴 테야. 꺼져, 병신 같은 녀석! 낡아빠진 칼이나 휘두르는 자식! 대체 네가 나를 언제부터 알고 있단 말이야? 어깨에 제법 표장(標章)을 다 달고 있네! 꼴불견이군!

피스톨 이제 더는 못 참아. 그 주름 옷깃을 가만 놔두지 않을 테다.

폴스타프 이제 그만해, 피스톨. 여기서 실력을 뽐낼 건 없어. 자네는 곧 이 자리를 떠야 해.

퀴클리 이러지 마세요, 피스톨 대장님. 제발 부탁이에요.

돌 티어시트 대장님이라고! 이 빌어먹을 노름꾼 녀석아, 대장님이라는 소리에 무안하지도 않느냐? 내가 대장이라면 너같이 뻔뻔스런 놈은 몽둥이찜질을 해주겠다. 네가 대장님이라고, 무슨 공로로? 갈보 집에서 갈보 주름 옷깃을 찢는 공로로? 저런 자식이 대장이라고! 뒈질 자식! 갈보 집에서 퀴퀴한 찐 자두와 말라비틀어진 케이크 같은 음식 찌꺼기나 얻어먹고 사는 자식. 대장이라고! 저런 자식은 틀림없이 이제 곧 대장이란 말을 엉뚱한 뜻으로 만들어 놓고 말 거야. "한번 한다"는 말이 아주 엉뚱한 뜻으로 바뀌어 있듯이 말이야. 그러니 진짜 대장님들은 조심해야 한다고.

바돌프 여보게 기수, 내려가 있게.

폴스타프 이것 봐, 돌 양, 이리 좀 와. (둘이서 한쪽으로 물러간다)

피스톨 난 참을 수 없어. 바돌프, 난 저년을 찢어놓고 말 테야. 복수를 하지 않고는 그냥 있을 수 없어.

시동 좀 참으세요.

피스톨 먼저 저 계집년이 지옥에 떨어지는 걸 보고 말겠다…… 플루톤의 무서운 못, 저 지옥의 바닥에 떨어지는 걸 보고야 말겠어. 암흑의 신 에레보스와 험난한 고통을 맛보게 하겠어. 낚싯바늘과 낚싯줄을 내가 늦출까 보냐! 기어라, 기어라, 개들아! 쓰러져라, 사기꾼들! 하이렌*7이 있잖냐 말이야!

퀴클리 (바들바들 떨며) 어머, 피스톨 대장님, 진정하세요…… 밤이 너무 깊었잖아요. 참말로 제발 부탁이니 그렇게 화를 내지 마세요.

피스톨 이거, 재미나는 장면이 벌어지는군! 뭐야, 짐 끄는 말이나 하루 30마일밖에 뛰지 못하고 응석만 부리는 아시아 망아지를, 카이사르와 한니발이나 트로이의 그리스 용사들과 비교하겠다고? 에잇, 차라리 모두 다 지옥에나 떨어져 버려라. 지옥 입구를 지키고 있는 저 개 케르베로스와 함께! 그리고 하늘을 으르렁대게 하라! 뭐야, 하찮은 걸로 싸우겠다는 거야?

퀴클리 참말로, 대장님은 무서운 소리만 하네요.

바돌프 여보게 기수, 자네는 어서 가게. 이러다가는 곧 싸움이 벌어지고 말겠어.

피스톨 (큰 소리로) 사람이 개같이 죽을 순 없지! 금화와 바늘은 다르다고! 여기 이렇게 하이렌이 있잖은가!

퀴클리 어머, 대장님, 여기에 그런 여자는 없어요. 아이참, 내가 뭐 그런 여자를 나쁘다는 건 아니에요. 아무튼 좀 진정하세요.

피스톨 그럼 실컷 처먹고 살이나 뒤룩뒤룩 찌라지. 공명정대한 나의 칼리폴

---

*7 Hiren은 Irene이며, 여기서는 칼을 뜻한다.

리스*8여, 자, 술이나 좀 달라고. "내 비록 운수 사나워 지금은 사로잡혀 있는 신세지만, 미래의 희망이 없는 것도 아니다!" 이거란 말씀이야. 일제사격쯤이야 겁날 게 뭐 있담. 악마가 불을 뿜어대도 무서울 건 없어. 자, 술이나 좀 달라고…… 내 사랑아, 너는 여기 좀 누워 있거라. (칼을 허리춤에서 풀어 내려놓고는) 그럼 이걸로 끝이란 말인가? 심심풀이는 더 없니?

폴스타프 이봐, 피스톨, 좀 조용히 하자고.

피스톨 친애하는 기사님, 그럼 당신 주먹에 키스를 하고 조용히 물러갈까 합니다. 우리는 북두칠성을 바라보며 한데서 밤을 샌 적이 한두 번이 아니니까요.

돌 티어시트 저 자식을 제발 좀 계단 아래로 떠밀어내 버려요. 저런 불량배는 꼴도 보기 싫으니까요.

피스톨 계단 아래로 떠밀어내 버리라고? 내가 네 정체를 모를 줄 알고, 요 갈보야?

폴스타프 바돌프, 저 사람 좀 밀어내 버리게. 굴리기놀이 동전처럼 말야. 쓸데없는 소리만 하는 사람은 이곳엔 필요 없으니까.

바돌프 자, 아래로 내려가게.

피스톨 뭐라고! 칼질을 좀 해봐? 손에 피 좀 묻혀볼까, 우리? (칼을 얼른 집어 들고는) 그럼 죽음의 신아, 나를 잠들게 하여 이 서글픈 인생, 더욱 짧게 해다오! 자, 저 잔인무도한 상처, 아가리를 딱 벌린 채 놀라 숨을 헐떡이는 상처로 운명의 세 자매*9가 감고 있는 생명의 실을 잘라다오! 자, 아트로포스여, 어서 잘라다오! (덤벼들려 한다)

퀴클리 어머, 큰일났군!

폴스타프 (시동에게) 애야, 내 칼 좀 집어줘.

돌 티어시트 어머, 잭, 제발 칼을 빼지 마세요.

폴스타프 (칼을 빼들고 피스톨에게) 이놈, 아래로 썩 내려가지 못해! (바돌프가 피스톨을 오른쪽 문 쪽으로 밀어내자 뒤쫓아 간다)

---

*8 그리스 신화에 나오는 인물. 형의 죽음을 알리러 아버지에게 갔으나 신성을 모독했다는 오해를 받아, 제물을 바치고 있던 아버지 알카토오스에게 죽임을 당함.

*9 인간의 운명을 관장하는 세 여신. 생명의 실을 잣는 클로트, 인생의 길이를 정해 그 실을 감거나 짜는 라케시스, 그 실을 잘라 생명을 거두는 아트로포스.

퀴클리 이게 무슨 소동이람! 참말로 이건 지긋지긋하구먼. 이렇게 무서운 꼴을 당해서야 장사인들 어디 해먹겠어? (폴스타프가 피스톨을 칼로 쿡쿡 찌른다) 어머, 살인 소동이 벌어지고 말겠네, 참말로! 아, 아! 그 칼 좀 칼집에 집어넣으세요. (바돌프가 피스톨을 문밖으로 밀어내고 자기도 따라간다. 폴스타프는 칼을 집어넣고 자리로 돌아와 숨을 헐떡거린다)

돌 티어시트 잭, 그만 진정해요. 그 불량배는 가버리고 없으니까요. 이제 보니 당신은 참으로 몹쓸 귀여운 악당이군요.

퀴클리 (폴스타프에게) 사타구니를 찔린 것은 아닌가요? 난 그 사람이 당신의 아랫배를 쿡 찔렀는가 싶어서 소름이 좌악 끼쳤어요.

바돌프, 다시 등장.

폴스타프 밖으로 내쫓아 버렸나?

바돌프 예. 녀석이 술에 취해 있어요. 당신 칼에 어깨를 찔렸어요.

폴스타프 망할 자식! 제깟 놈이 내게 덤벼!

돌 티어시트 아, 요 귀여운 꼬마 악당! 어머, 요 원숭이 좀 보게, 땀에 흠뻑 젖어 있네! 자, 내가 얼굴을 닦아 줄게요. 요 고깃덩이 나리, 요 악당, 정말 귀여워 죽겠네! 당신은 트로이 영웅 헥토르같이 용감하군요. 아가멤논 다섯 몫은 되겠어. 저 아홉 영웅들*10보다 열 배는 더 힘이 세고요. 아, 요 깍쟁이! (폴스타프에게 매달려서 아양을 떤다)

폴스타프 망할 자식! 요다음엔 담요에 싸서 내동댕이쳐 버릴 테야.

돌 티어시트 제발 그렇게 해버려요. 그러면 내가 당신을 이불 속으로 밀어넣어 줄 테니까.

악사들 등장.

시동 악사들이 왔어요.

폴스타프 그럼 시작하라고. 자. (감미로운 음악이 연주된다) 돌, 내 무릎에 앉아.

---

*10 세 명의 이교도(헥토르, 알렉산더, 카이사르), 세 명의 유대인(여호수아, 다윗, 유다 마카베오), 세 명의 기독교인(아서, 샤를마뉴, 고드프루아 드 부용).

빌어먹을 허풍선이 녀석! 내 눈초리에 수은이 구르듯이 달아나 버리는군!

돌 티어시트 (혼잣말로) 참말이야, 당신이 그놈을 뒤쫓아 가는 품은 마치 교회 건물이 뒤쫓아 가는 것만 같았어요. (폴스타프 무릎에 올라앉으며) 요 깍쟁이 뚱뚱보 돼지, 낮이면 싸우고 밤이면 찌르고 하는 짓을 언제나 관두고, 그 늙은 몸뚱아리를 천국으로 보낼 채비를 하겠다는 거죠, 응?

헨리 왕자와 포인스, 술집 심부름꾼으로 변장하고 뒷문으로 등장.

폴스타프 뭐야, 돌! 재수 없게시리, 자기가 무슨 죽음의 신이라도 되는 것처럼! 죽는 이야기는 이제 그만해.

돌 티어시트 저, 헨리 왕자님은 어떤 분인가요?

폴스타프 그거야 천박한 풋내기 녀석이지. 빵 자르는 솜씨만이라도 가졌더라면 식료품 저장실에서 부려 먹을 수나 있을 게 아냐.

돌 티어시트 포인스란 분은 썩 재치 있는 사람이라던데요?

폴스타프 그 자식이 재치 있는 사람이라고? 엉터리 같으니라고! 그 자식의 재치는 고작해야 턱스베리산(産) 겨자 정도밖에 맵지 않아. 재치 있는 말이 그 자식 머리에서 나올 수 있다면, 그런 건 망치에서라도 나올 수 있을 거야.

돌 티어시트 그럼 뭣 때문에 헨리 왕자님은 그분을 좋아할까요?

폴스타프 그거야 두 사람 다리 길이가 똑같거든. 그리고 둘 다 쇠고리던지기를 잘하거든. 둘 다 붕장어와 회향풀을 즐겨 먹고 촛불을 술에 띄워 놓고 삼키지. 애들과 어울려서 시소 놀이도 하고, 조립식 의자를 뛰어넘고 놀다가 그럴싸하게 맹세도 하거든. 종아리 간판이나 되는 듯이 꼭 맞는 장화를 신고 다니지. 그리고 고상한 언어로 수다를 떠니 말다툼할 일은 없거든…… 아무튼 포인스란 놈은 장난치고 못하는 게 없고, 머리는 둔하지만 몸만은 건강하지. 바로 그 점이 왕자 마음에 든 거야. 글쎄 왕자 자신도 똑같은 사람이니 말야. 아무튼 두 사람 무게를 달면 반반한 저울접시가 그저 머리털한 올로 기울 거야. (돌 티어시트가 그의 머리를 쓰다듬는다)

헨리 왕자 (포인스에게만 들리게) 차바퀴 같은 이 뚱보 악당의 귀를 잘라버릴까?

포인스 (헨리 왕자에게만 들리게) 이 여자 있는 데서 흠씬 두들겨 패줍시다.

헨리 왕자 (포인스에게만 들리게) 좀 보라고, 다 시들어빠진 늙은이가 앵무새처럼 저 여자에게 머리빡을 쓰다듬게 하고 있는 꼴을.

포인스 (헨리 왕자에게만 들리게) 저렇게 늙었어도 욕정만은 시들지 않고 그대로 남아 있으니 참으로 이상하지요?

폴스타프 돌, 키스 좀 해줘. (돌이 키스한다. 그러는 사이 바돌프는 슬그머니 퀴클리 허리를 한쪽 팔로 껴안는다)

헨리 왕자 (포인스에게만 들리게) 이거, 올해는 토성과 금성*11이 만나게 되려나! 달력은 뭐라고 예언하고 있지?

포인스 (헨리 왕자에게만 들리게) 그리고 좀 보십시오. 저 불타는 빨간 삼각형이 자기 주인의 헌 일기장, 수첩, 비밀장부와 혀 짧은 소리로 시시덕거리는 모습을요.

폴스타프 (돌에게) 이 키스는 사탕발림 같은데.

돌 티어시트 아니에요. 이 키스는 진짜라고요.

폴스타프 이제 나는 글렀어. 나이를 먹어놔서.

돌 티어시트 난 야비한 풋내기들보다는 당신이 훨씬 좋은걸요.

폴스타프 치맛감은 무엇으로 해줄까? 화요일이면 돈이 생기거든…… 모자는 내일 사주지. 자, 즐거운 노래로 한 곡 불러줘! 밤이 꽤 깊었군! 자, 가서 자자고. 내가 떠나버리면 너는 나를 싹 잊고 말거야.

돌 티어시트 당신이 그런 소릴 하면 정말 나는 울고 싶어요. 당신이 돌아올 때까지 내가 좋은 옷을 입는지 두고 보세요. 두고 보면 알게 될 테니까요.

폴스타프 프랜시스, 술 좀 가져와.

헨리 왕자, 포인스 (앞으로 불쑥 나오며) 예, 예, 곧 가져오겠습니다.

폴스타프 (깜짝 놀라) 이크! 왕의 서자로군? 그리고 포인스, 너는 그 동생이고?

헨리 왕자 뭐야, 죄악 세계의 화신(化身) 같으니, 대체 무슨 짓을 하고 있는 거야?

폴스타프 자네보다야 나은 짓을 하고 있지 뭔가…… 나야 신사지만, 자네는

---

*11 토성은 사투르누스, 금성은 베누스이며, 저마다 늙은 신과 젊은 여신을 나타낸다.

오늘 술집 심부름꾼 노릇을 하고 있으니 말야.

헨리 왕자 하긴 그렇군. 그래서 내가 자네 귀를 잡아끌려는 거야.

퀴클리 어머, 왕자님께서 이렇게! 참말로 런던에 잘 돌아오셨어요. 이렇게 건강한 얼굴을 뵙게 되니 얼마나 기쁜지 모르겠어요! 그래, 정말 웨일스에서 돌아오셨어요?

폴스타프 요 빌어먹을 미치광이 왕자 같으니. (돌을 가리키며) 여기 이 썩은 피와 살에 두고 맹세하지만, 자네는 잘 돌아왔네.

돌 티어시트 뭐라고! 요 바보 뚱뚱이 좀 보게! 네까짓 게 뭐라고!

포인스 (헨리 왕자에게만 들리게) 왕자님, 기회를 놓치시면 저 영감, 적당한 수작으로 얼버무리고 말 겁니다.

헨리 왕자 빌어먹을 양초 창고 같으니, 지금 정숙하고 얌전한 이 귀부인 앞에서 나에게 뭐라고 욕을 했지?

퀴클리 어마, 고마우셔라! 참말로 이 여자는 그런 부인이에요.

폴스타프 자네는 내가 한 소리를 들었나?

헨리 왕자 물론 들었지. 자네는 지난번에 개즈힐에서 달아났을 때도 그랬지만, 내가 있는 것을 알고도 나를 시험해 볼 생각으로 일부러 내 욕을 했어.

폴스타프 아냐, 아냐, 절대로 그렇지 않아. 난 자네가 듣고 있으리라고는 생각지도 못했어.

헨리 왕자 그럼 일부러 욕을 한 사실을 자백시키고 말겠네. 그다음에 자네를 어떻게 처리해야 하는지도 나는 알고 있으니까.

폴스타프 이것 봐 헬, 내 명예를 걸고 맹세하지만 나는 절대로 자네 욕을 한 적이 없어.

헨리 왕자 뭐, 내 욕을 한 일이 없다고! 빵 자르는 솜씨가 어떻다는 둥, 식료품 저장실에서 부려먹겠다는 둥, 그렇게 말하지 않았다는 거야?

폴스타프 헬, 그건 욕이 아니잖아.

포인스 욕이 아니라고?

폴스타프 욕이 아니지, 네드. 그건 절대로 욕이 아니야, 네드. 나쁜 사람들 앞에서 일부러 내가 자네를 헐뜯은 이유는, 이런 악당들이 헨리 왕자를 좋아하게 되어선 안 된다고 생각했기 때문이야. 그러니 나는 용의주도한 친구와 충성스런 신하 역할을 다한 거지 뭔가. 나는 자네 아버지한테 감사를 받아야 마땅하지. 그건 욕이 아니었어, 핼…… 절대로 욕이 아니었어. 네드……
성말이야, 절대로 욕이 아니었어.

헨리 왕자 이처럼 정숙한 귀부인을 모욕까지 해가면서 우리와 화해하려는 수
작은 그야말로 비겁한 짓이지. 이 부인이 악당이란 말이야? 여기 이 안주인
이 악당이냐고? 자네 시동이 악당이야? 또 열성이 저렇게 코끝에 불타고
있는 저 정직한 바돌프가 악당이란 말이지?

포인스 자, 대답해 봐. 이 시들어빠진 느릅나무 같으니. 어서 대답해.

폴스타프 바돌프로 말하면 악마가 벌써 점찍어 놓은 사람이야. 저 녀석 얼
굴은 마왕 루시퍼의 전용 부엌으로, 저 녀석이 술고래를 굽는 곳이 된 거라
고. 또 저 시동 녀석으로 말하면, 돌봐 주는 좋은 천사도 있지만 악마에게
도 걸려들었지.

헨리 왕자 그럼 부인들은?

폴스타프 한쪽 여자는 지옥에 떨어져서 지금 불쌍한 영혼들을 불태우고 있
어. 그리고 다른 쪽 여자는 내게 돈을 빌려주었는데, 그 일 때문에 지옥에
떨어지게 될는지도 모르지.

퀴클리 아뇨, 절대 그럴 리는 없어요.

폴스타프 하긴 그럴지도 모르지. 아마 다 끝나 있을지도 모르니까. 하지만 당
신한테는 다른 죄목이 있어. 규율을 어기고 사순절 동안에 고기를 팔았잖
아. 이 죄목 때문에 이제 곧 울부짖게 될 거야.

퀴클리 음식점에서는 다 그렇게 하는데 뭘 그래요. 긴 금욕제 동안에 양고
기 한두 근쯤이 어떻단 말이에요?

헨리 왕자 보시오, 부인…….

돌 티어시트 예, 왕자님.

폴스타프 왕자님 말투는 참으로 점잖지만 그의 몸은 딴판이지. (밖에서 노크
하는 소리)

퀴클리 누가 저렇게 세게 문을 두드릴까? 애, 프랜시스, 나가봐라.

피토 등장.

헨리 왕자 피토, 어쩐 일이냐? 무슨 일이라도 일어났느냐?

피토   부왕 전하께서 웨스트민스터에 계십니다. 그리고 북쪽에서 온, 지쳐버린 전령들이 스무 명이나 도착해 있습니다. 제가 이곳에 오는 길에 대장을 열두 명이나 만났는데, 모두 모자도 쓰지 않은 채 땀을 뻘뻘 흘리며 술집마다 문을 두드리면서 존 폴스타프 경을 찾고 있었습니다.

헨리 왕자   여보게, 포인스, 중대한 시기에 이렇게 바보짓을 하고 있어서야 되겠나. 반란의 폭풍이 시커먼 독기를 품은 남풍처럼 우리 맨머리 위로 불어 닥치려는 때에 말이야. 내 칼과 외투를 좀 집어주게. 폴스타프, 그럼 잘 있게. (포인스, 피토, 바돌프와 함께 급히 퇴장)

폴스타프   자, 이제부터가 밤의 가장 맛있는 부분이지. 그러나 우리는 그것을 집어먹지 못하고 떠나야만 하는구나. (밖에서 또 노크 소리) 또 문 두드리는 소리가 나는군.

바돌프, 다시 등장.

폴스타프   웬일이냐? 무슨 일이라도 일어났나?

바돌프   곧 궁정으로 들어가셔야 합니다. 대장 열두 명이 문밖에서 당신을 기다리고 있습니다.

폴스타프   (시동에게) 애야, 악사들에게 돈을 줘라. 그럼 안주인, 잘 있어. 돌 양도 잘 있어. 보다시피 유능한 사람은 여기저기에서 찾기 마련이야. 쓸모없는 사람은 잠을 자고 있어도 좋지만, 활동적인 인간은 줄곧 부름을 받거든. 그럼 둘 다 잘 있어. 곧 떠나게 되지만 않는다면 가기 전에 다시 한 번 찾아오도록 하지.

돌 티어시트   말이 나오질 않아요. 가슴이 터질 것만 같아요…… (흐느낀다) 이 봐요 잭, 부디 몸조심하세요.

폴스타프   그럼 잘 있어, 안녕. (바돌프와 함께 나간다)

퀴클리   그럼 안녕히 가세요. 당신과 나는 이번 초여름 완두콩 풋꼬투리를 딸 무렵이 오면 벌써 29년간 친구 사이예요. 하지만 당신만큼 정직하고 진실한 사람은…… (말을 잇지 못하고 흐느낀다) 그럼 안녕히 가세요.

바돌프   (문밖에서) 티어시트 양!

퀴클리   왜 그러죠?

바돌프 주인님이 티어시트 양을 부르시는데요.

퀴클리 어머나 돌 양, 달려가 봐요. 자, 어서요, 돌 양.

바돌프 어서요!

퀴클리 어머나, 돌 양의 얼굴이 눈물 범벅이군요. (돌의 얼굴을 닦아준다) 자, 가야겠죠, 돌 양? (모두 퇴장)

〔제3막 제1장〕

웨스트민스터. 왕궁.

헨리 4세, 잠옷 바람으로 시동을 데리고 등장. 자정이 지난 시각.

왕 서리 백작과 워릭 백작을 불러오너라. 그리고 오기 전에, 이 편지들을 읽고 잘 생각해 보도록 전해라. 어서 가거라. (시동 퇴장) 백성들 가운데 가장 곤궁한 자라도 이 같은 시각에는 수천 명이 곤히 잠들어 있을 텐데! 오, 잠이여, 자연의 보드라운 유모라 할 친절한 잠을 내가 어째서 놀래게 해놓았는지. 너는 이제 나의 눈꺼풀을 덮어주지 않고, 나의 감각을 망각에 젖게 해주지 않는구나. 잠이여, 어째서 너는 굴뚝도 나 있지 않은 농부들의 오두막 짚이불 속으로만 기어드느냐. 윙윙거리는 밤벌레도 귀찮아하지 않고 말이다. 위대한 자가 머무르는 향기로운 침실, 고귀한 커튼 아래 감미로운 음악 소리에도 찾아와 주지 않으면서. 오, 둔감한 잠의 신이여, 어째서 더러운 이불 속 천한 사람들과는 잘 머무르면서, 왕의 침대는 불침번 초소나 흔해빠진 경종처럼 만들어 버리는가? 그대는 눈이 아찔할 만큼 높은 돛대 위에 올라가 있는 어린 뱃사공의 눈도 감게 해주지 않는가? 바람이 휘몰아쳐 와, 구름에까지 닿은 저 무서운 파도들로 하여금 죽은 사람조차 깨어나게 할 만한 큰 소리를 내게 해도, 그것을 오히려 요람 삼아 어린 뱃사공은 달콤하게 자고 있지 않은가? 오, 불공평한 잠이여! 그렇게 험한 밤에도 어린 뱃사공에게 편안한 잠을 주면서, 이토록 조용하고 한가한 밤에 편안한 잠의 모든 조건이 다 갖추어져 있는 왕에게는 그것을 거부하는가? 그럼 행복한 백성들아, 잘 자거라! 왕관을 쓴 머리에는 편안한 잠과 휴식이 없구나!

워릭 등장.

워릭 늘 기쁜 아침을 맞이하소서!

헨리 왕 벌써 아침이오?

워릭 벌써 1시가 지났습니다.

헨리 왕 두 분 모두 안녕하시오. 내가 보낸 편지는 읽어보았소?

워릭 읽어보았습니다, 전하.

헨리 왕 그럼, 지금 나의 왕국이 얼마나 혼란스러운지, 그리고 얼마나 중병에 걸려 있는지, 그 병이 심장에까지 퍼져서 얼마나 위험한 상태인지 알았겠지요.

워릭 그 정도는 아닙니다, 전하. 몸이 조금 불편할 뿐입니다. 적절한 치료법이면 회복될 수 있을 것입니다. 노섬벌랜드 경의 열은 곧 내릴 겁니다.

헨리 왕 아, 신이여! 운명의 책을 미리 펼쳐볼 수만 있다면 오죽이나 좋겠소! 그리고 산이 평지가 되고 대륙은 자신의 견고함에 싫증이 나 스스로 녹아내려 바다가 되고는 하는, 저 천재지변을 예언할 수만 있다면 얼마나 좋겠소! 때로 바다의 신 넵투누스의 허리라 하기에는 너무나도 넓은 모래사장을 뒤에 남겨놓고 물러가는 일도 있지 않소! 그리고 우연이 빚어내는 변덕과 장난은 온갖 잔에 가지각색의 술을 채우고 있소! 아, 이것들을 미리 알 수 있게 되는 날에는, 가장 행복한 청년도 지난날 위험과 앞으로 다가올 고난을 들여다보고는, 운명의 책을 덮어버리고 주저앉아 죽음을 택할 것이오. 세상 떠난 리처드 2세 왕과 노섬벌랜드가 둘도 없는 친구로서 식사를 같이 한 것은 고작 10년 전 일이었소. 그런데 2년 뒤, 두 사람은 적이 되어 맞싸웠소. 그리고 저 퍼시가 나의 가장 친한 친구로서 형제같이 나를 위해 헌신해 준 것은 겨우 8년 전 일이었소. 그때 퍼시는 나를 위해 리처드 앞에서 직접 그에게 비난을 했다오. 그 자리에는 두 분 가운데 누가 있었더라…… (워릭에게) 아, 이제 생각나오. 네빌 경이 있었지…… 그때 리처드는 두 눈에 눈물을 가득 머금고 노섬벌랜드에게 책망을 받으면서 이런 말을 했었는데, 예언이 딱 들어맞은 거요. "내 형제 볼링브룩을 왕위에 오르도록 하는 사다리역할을 하고 있소." 그때 나로서는 조금도 그런 야심이 없었는데, 내가 왕위에 올라앉게 된 것은 어쩔 수 없는 나라 사정 때문이었소…… 리처드는 "반

드라마 〈헨리 4세 제2부〉 제레미 아이언스(헨리 4세 역) 출연. 2016.

드시 그때가 올 것이오" 말했고, "더러운 죄악이 쌓이고 쌓여서 마침내 곪 아 터지리라" 단언했소. 그에 이어서 지금의 이 같은 상태며 우리 사이의 불 화까지도 예언했소.

워릭 과거 상황이 잘 표현돼 있는 사건들이 누구의 생애에나 기억돼 있게 마 련이지요. 그것을 잘 관찰한다면, 씨가 흙에 묻혀서 겨우 싹이 튼 것만 보 고도 우리는 앞으로의 사태를 얼마쯤 예언할 수 있습니다. 이것을 시간이 따뜻하게 품어주면 부화해서 세상 밖으로 나오게 됩니다. 리처드 왕은 이 러한 필연적인 과정에 따라 정확히 예언할 수 있었던 거지요. 노섬벌랜드는 군주를 배신한 사람이니만큼 그 씨는 머잖아 더욱 큰 배신으로 자라날 테 니까, 뿌리를 뻗으려 해도 다른 곳이라고는 없으므로 반드시 전하가 그 대 상이 되고 말리라는 것입니다.

헨리 왕 그럼 그들의 반역은 필연적인 결과란 말이오? 그렇다면 우리도 불가 피한 일로 치고 대책을 마련합시다…… 그리고 상황이 몹시 다급해졌소. 들리는 이야기로는, 대주교와 노섬벌랜드의 병력은 1만 5천이라고 하오.

워릭 그럴 리가 없습니다, 전하. 풍문은 으레 산울림과 같아서 무서운 병력의 수를 곱으로 전해 오게 마련입니다. 전하, 아무쪼록 편안한 잠과 휴식을 취하도록 하십시오. 이미 파견하신 여러 군대가 손쉽게 승리를 거두고 개선할 게 틀림없습니다. 그리고 반갑게도 글렌다워가 죽었다는 확실한 소식이 들어와 있습니다. 전하께서는 요 두 주일 내내 병중이셨기 때문에 이렇게 일찍 일어나 계시면 더욱 해로울 것입니다.

헨리 왕 그 충고를 따르리라. 경들, 이번 내란이 수습되면 함께 성지(聖地)로 원정을 떠나기로 합시다. (모두 퇴장)

〔제3막 제2장〕

글로스터셔. 샐로우 판사의 집 앞.
샐로우 판사와 그의 동료 판사 사일런스가 좌우에서 등장. 이윽고 몰디, 새도우, 워트, 피블, 불카프, 그리고 하인들 등장.

샐로우 자, 자, 자, 손을, 손을 주시오! 참으로 일찍 일어났군요······ (사일런스와 악수를 한다) 그런데 요즘은 어떻게 지내시오, 사일런스 판사?

사일런스 예, 안녕하시오, 샐로우 판사?

샐로우 그런데 당신 아내인 내 사촌누이도 잘 있소? 그리고 예쁜 따님, 내가 이름을 지어준 엘렌 양은요?

사일런스 뭐, 그 애는 검은지빠귀지요, 샐로우 판사.

샐로우 그런데 사촌동생 윌리엄은 이제는 싫건 좋건 훌륭한 학자가 되겠군요. 그는 요즘도 옥스퍼드에 재학 중인가요?

사일런스 예, 그런데 학비가 무척 많이 듭니다.

샐로우 그럼 곧 법학원에 가겠군요. 나도 전에 클레멘트 법학원에 있었지요. 그곳 사람들은 지금도 나를 '미치광이 샐로우'로 알고 있을 거요.

사일런스 그때 '늠름한 샐로우'라고도 했었지요.

샐로우 정말 여러 가지 별명으로 불렸지요. 그리고 실제로 무슨 일이든 서슴지 않고 덤벼들었고요. 그런데 그때는 스태퍼드셔의 작달막한 존 도이트와 새까만 조지 반즈, 프랜시스 픽본과 코츠월드 출신의 저 윌 스퀼 등등과 함께 있었지요. 그런데 런던 법학원을 모조리 뒤져본대도 이 넷만큼 난잡한 사람은 아마 찾아볼 수 없었을 거요. 그때 우리는 반반한 창녀들과도 꽤 가깝게 지내고 있어서, 실컷 놀아나곤 했었소…… 지금의 존 잭 폴스타프도 함께 있었는데, 그때 그는 소년으로, 노퍽 공작 토머스 모브레이의 시동이었지요.

사일런스 바로 그 존 폴스타프가 병사를 끌어모으는 일로 지금 이곳에 와 있습니다.

샐로우 글쎄 바로 그 존 폴스타프 경 말이군요. 그가 소년 시절에 법학원 정문 옆에서 스코건의 머리빡을 부수는 장면을 나는 목격했지요. 그런데 바로 그날, 나는 그레이 법학원 뒤에서 과일 장수 샘슨 스톡피쉬와 싸웠지요. 원, 그 시절에는 나도 어지간히 난폭하게 놀았었소! 이제는 옛 친구들도 거의 다 죽고 없어요!

사일런스 우리도 언젠가 따라가게 되겠지요.

샐로우 그렇지요. 물론 그렇지요. 찬송가 작가가 말하듯이 인간은 죽음을 피하지 못합니다. 누구나 죽게 마련이지요. 그런데 스탬퍼드 시장에서는 쓸 만한 송아지가 한 쌍에 얼마나 하던가요?

사일런스 그 시장에는 가보지 못했습니다.

샐로우 죽음은 피할 수 없지요. 그런데 당신 마을의 더블 노인은 아직도 살아 있습니까?

사일런스 죽었습니다.

샐로우 저런, 저런, 죽었다고요! 그는 활을 꽤 잘 쏘았지요…… 결국 죽었군요! 활을 꽤 잘 쏘는 사람이었어요. 곤트의 존 공작*¹²은 그 사람을 너무 좋아해서, 그의 활솜씨에 큰돈을 걸곤 했었지요. 결국은 죽었군요! 그는 240야드 거리에서도 과녁을 쏘아 맞혀냈지요. 그리고 280, 290야드로 화살을 날렸는데, 보기만 해도 속이 시원했지요. 그런데 요즘 암양 스무 마리 시세는 어떻게 하던가요?

사일런스 물건 나름입니다. 좋은 암양 같으면 스무 마리에 10파운드쯤 할 겁

---

*12 에드워드 3세의 넷째 아들, 헨리 4세의 아버지.

니다.

샐로우 그런데 더블 노인이 죽었다고요!

사일런스 누군가 두 사람 나타났습니다. 아마 존 폴스타프 경의 부하들인가 봅니다.

바돌프와 하인 한 사람 등장.

바돌프 안녕하십니까, 두 분! 말씀 좀 묻겠는데, 어느 분이 샐로우 판사님이 신가요?

샐로우 내가 바로 로버트 샐로우요. 이 마을의 하찮은 향사로, 국왕의 치안 판사직을 맡고 있소. 그런데 무슨 일이죠?

바돌프 네, 저의 대장님이 안부를 전하라 했습니다. 제 대장 존 폴스타프 경 은 정말로 훌륭한 신사이자 참으로 용감한 지휘관입니다.

샐로우 그 인사 고맙소. 그분이 훌륭한 검술가라는 사실은 나도 알고 있소. 그토록 멋진 기사 분은 잘 지내고 계신가요? 그리고 실례지만 그분의 부인 도 안녕하신가요?

바돌프 실례지만 군인은 아내를 갖지 않는 것이 편익적(便益的)입니다.

샐로우 하긴 그렇군요. 옳은 말이오. 편익적! 과연 그렇소. 그럴듯한 말이오. 훌륭한 새 말을 사용하면 예나 오늘이나 편리하고 바람직하지요. 편익적! 이건 '편리'라는 말에서 나온 거겠지요. 좋은 신어요. 참으로 좋은 구절이 군요.

바돌프 실례지만 그 말을 분명히 이 귀로 들었습니다. 구절이라고요? 미안하 지만 저는 구절이 무엇인지 모릅니다. 하지만 이 칼에 걸고 주장하지만 그 말은 분명히 군인다운 말이며 분명히 호령적인 말입니다…… 편익적이라 함 은 편익적인 것을 두고 한 말이죠. 그러니까 편익적일 경우를 두고 한 말인 겁니다…… 그것은 매우 고급스러운 것입니다.

폴스타프 등장.

샐로우 과연 그렇소. 마침 존 폴스타프 경이 오시는구려. (반갑게 맞이하면서)

어서 오시지요, 어서요. 무엇보다도 건강해 보이시고, 그동안 잘 지내신 것 같아 다행스러운 일입니다. 존 폴스타프 경, 잘 오셨습니다. (폴스타프와 악수를 한다)

폴스타프 로버트 샐로우 경, 당신도 별고 없으니 반갑소. (사일런스에게) 그런데 당신은 슈어카드 씨인가요?

샐로우 아닙니다. 내 사촌이자 동료 판사인 사일런스입니다.

폴스타프 사일런스(Silence, 침묵) 경, 당신은 그 이름으로 봐서도 치안 판사로서는 적격이겠습니다.

사일런스 만나서 반갑습니다.

폴스타프 (이마의 땀을 씻어내면서) 이거, 날씨가 몹시 덥군요. 그런데 쓸 만한 사람을 여섯 명쯤은 모았나요?

샐로우 예, 모았습니다. 여기 좀 앉으실까요?

폴스타프 (앉으면서) 그럼 좀 만나보기로 할까요?

샐로우 (흥분해서) 명부를 어디다 뒀더라? 명부를? 명부가 어디 있지? 가만있자, 가만있자, 가만있자. 아, 그렇지, 아, 여기 있었군. 그럼 호명하겠는데⋯⋯ 랠프 몰디! 이름을 부르면 앞으로 나오거라. 부르면 각하 앞으로 나와. 자, 몰디는 어디 있느냐?

몰디 예, 여기 있습니다.

샐로우 어떻습니까? 팔다리가 튼튼한 사람입니다. 그리고 젊고 건강하고, 좋은 집안 출신입니다.

폴스타프 네 이름이 몰디(Mouldy, 케케묵은)냐?

몰디 예, 그렇습니다.

폴스타프 그럼 곧 써먹어야만 되겠구나.

샐로우 하, 하, 핫! 참으로 알맞은 말씀입니다. 케케묵어서 곰팡이가 피어버리면 쓸모가 없으니까요. 과연 절묘한 표현이군요. 아주 적절한 표현입니다.

폴스타프 (샐로우에게) 그럼 찔러서 표를 하시오.

몰디 안 그래도 저는 이제까지 실컷 찔리고 욕을 봐온 사람입니다. 될 수 있으면 저는 빼주십시오. 제가 없으면 나이 드신 어머니가 곤란해집니다. 농사일도 집안일도 할 사람이 없게 되니까요. 저를 찔러서 골라내지 않더라도, 전쟁에 나갈 만한 사람들은 얼마든지 있습니다.

폴스타프 홍, 닥쳐라, 몰디. 너는 싸움터로 나가야 하는 거다. 네 이름이 이름이니만큼, 너는 써먹어야 하는 거다.

몰디 써먹어야 한다고요!

샐로우 쉿, 쉿! 저리 비켜서라. 여기가 어딘 줄 아느냐? 그럼 다음 차례입니다. 다음은…… 사이면 새도우(Shadow, 그림자)!

폴스타프 옳거니, 그 사나이를 바로 내 아래 서 있게 해주시오. 이름으로 봐서 냉철한 병사가 될 것 같으니까요.

샐로우 새도우는 어디 있느냐?

새도우 (앞으로 나오면서) 예, 여기 있습니다.

폴스타프 새도우, 너는 누구 아들이냐?

새도우 제 어머니 아들입니다, 각하.

폴스타프 네 어머니 아들이라고! 그럴 테지, 그래서 네 아버지의 그림자일 테지…… 어머니의 아들은 아버지의 그림자밖에 안 된다고 하니까. 사실 어머니의 아들은 아버지의 그림자밖에 안 되는 경우가 너무나도 흔하지. 왜냐하면 아버지가 실질적으로 아들의 아버지인 경우는 좀처럼 없으니 말이야!

샐로우 어떻소, 마음에 드십니까, 존 경?

폴스타프 새도우는 여름철에 쓸모 있으니…… 찔러서 표를 하시오. (혼잣말로) 소집 명부에는 유령 인원*13이 있어야 하니까.

샐로우 다음은 토머스 워트!

폴스타프 어디 있느냐?

워트 (앞으로 나오며) 예, 여기 있습니다.

폴스타프 네 이름이 워트(Wart, 사마귀)냐?

워트 예, 그렇습니다.

폴스타프 사마귀치고는 몹시 지저분한 편이구나.

샐로우 찔러서 표를 할까요?

폴스타프 그럴 필요는 없습니다. 옷은 등에 걸쳐 있고 몸뚱이는 두 개의 핀에 꽂혀 있는 셈이니까요. 그러니 더는 찌를 필요 없소.

---

*13 보수를 더 받아내려고 명부에 가짜로 올려놓은 인원.

샐로우 판사 집에서 새로 입대한 병사를 만나는 폴스타프   제임스 더노. 1798.

샐로우 하하핫! 멋진 표현입니다…… 참으로 재미있습니다. 다음은 프랜시스 피블!

피블 (앞으로 나오며) 예, 여기 있습니다.

폴스타프 네 직업은 뭐냐, 피블?

피블 부인옷 재단사입니다.

샐로우 이놈도 찔러놓을까요, 존 경?

폴스타프 그렇게 하시오…… 하지만 저놈이 남자옷 재단사였다면, 오히려 당신을 찔렀을는지도 모르오. (피블에게) 너는 평소에 여자의 치마에 수많은 구멍을 뚫어놨듯이 적의 진지로 뚫고 들어갈 수 있겠느냐?

피블 최선을 다해 보겠습니다. 하지만 그 이상은 안 될 것 같습니다.

폴스타프 부인옷 재단사치고는 그 말 한번 잘했다! 옳은 말이다, 용감한 피블(Feeble, 허약한)! 너는 성난 비둘기나 용맹스런 생쥐만큼만 용감하겠구나…… 샐로우 님, 이 여자옷 재단사를 깊숙이 찔러두세요.

피블 제발 저 워트를 대신 나가게 해주십시오.

폴스타프 네가 남자옷 재단사였더라면 저놈을 고쳐 만들어 가지고 나갈 수 있게 했을 텐데…… 저 사나이는 보통 병졸을 시킬 수 없단 말이야. 저 누더기 옷에 수천 마리의 이를 거느리고 다니는 대장이니까. 이만하면 알겠지, 용감한 피블?

피블 예, 알겠습니다.

폴스타프 고마워, 피블. 그럼 다음은?

샬로우 목장의 피터 불카프!

폴스타프 어디 보자, 누가 불카프냐?

불카프 (앞으로 나오면서) 예, 여기 있습니다.

폴스타프 과연 늠름한 젊은이로군! 샬로우 님, 불카프(Bullcalf, 수송아지)를 찔러주시오. 으르렁댈 때까지요.

불카프 아이고! 대장님…….

폴스타프 뭐야, 찔리기도 전에 벌써 으르렁대나?

불카프 아이고, 나리, 저는 환자입니다.

폴스타프 무슨 병이냐?

불카프 빌어먹을 감기에 걸렸습니다. 예, 기침을 하거든요. 국왕 전하의 대관식 날 축하 종을 치는 일을 맡아서 하다가 걸렸습니다, 나리.

폴스타프 그럼 외투를 입혀서 싸움터로 보내주지. 그리고 감기쯤 쫓아내 주지. 그리고 네 친구들에게 명령해 너를 위해 조종(弔鐘)을 치게 하자꾸나. 그럼 됐지?

샬로우 요구하신 인원보다 두 사람이 더 많습니다. 여기서는 네 사람만 데려가기로 했으니까요. 그럼 저리 가서 식사나 하십시다.

폴스타프 함께 술이나 한잔합시다. 식사는 필요 없습니다. 샬로우 판사님, 이렇게 만나서 정말 기쁩니다.

샬로우 아, 존 폴스타프 경, 세인트 조지 벌판에 있는 풍차에서 함께 하룻밤 머무르며 밤샘했던 일 생각나십니까?

폴스타프 아아, 샬로우, 제발 그 이야기는 꺼내지 마시오.

샬로우 그날 밤은 정말 재미있었지 뭡니까. 그런데 제인 나이트워크는 아직 살아 있습니까?

폴스타프 예, 아직 살아 있소.

샐로우 그 여자는 나를 아주 싫어했었지요.

폴스타프 참, 그렇군요. 그 여자는 입버릇처럼 샐로우가 싫다고 했으니까요.

샐로우 정말 나는 가끔 그 여자에게 몹시 약을 올려주곤 했었지요. 그즈음 화류계 계집치곤 꽤 참한 편이었지요. 그 여자 요새도 여전한가요?

폴스타프 그 여자 이제는 나이를 먹었어요, 나이를.

샐로우 그렇겠지요. 이제는 많이 늙었을 거요. 그 여자라고 어떻게 늙지 않을 수 있겠소. 그 여자는 내가 클레멘트 법학원에 입학하기 전에 벌써 저 나이트워크 늙은이와 친밀해져 가지고는 로빈 나이트워크를 낳았으니까요.

사일런스 그건 벌써 55년 전 일이지요.

샐로우 아, 사일런스, 이 기사님과 내가 목격했던 일을 당신도 봤더라면 오죽이나 좋았겠소! 아아, 존, 안 그렇습니까?

폴스타프 우리는 또 함께 밤중에 종소리를 듣곤 했지요.

샐로우 정말 그랬었죠, 그랬고말고요, 존…… 그 무렵 술고래의 암호는 언제나 "에헴, 애들아!"였지요. 자, 가서 식사나 합시다. 정말 그 시절이 그립군요! 그럼, 자, 갑시다. (폴스타프를 안내하며 퇴장. 사일런스도 따라 들어간다)

불카프 바돌프 나리, 좀 봐주십시오. 이렇게 프랑스 금화로 40실링을 바치겠습니다. 싸움터에 나갈 바에야 차라리 교수형을 받는 편이 낫겠습니다. 정말입니다. 그거야 저 한 사람으로서는 아무래도 상관없습니다. 하지만 마음이 내키지를 않아서요. 그리고 저로선 친구들과 함께 남아 있고 싶거든요. 그렇지만 않다면 저는 아무래도 상관없습지요.

바돌프 안 돼, 물러가 있어.

몰디 저, 바돌프 대장님, 제 늙으신 어머니를 위해 좀 봐주십시오. 제가 아니면 어머니를 위해 일해 줄 사람이 없으니까요. 어머니는 너무 늙으셔서 꼼짝도 못하시거든요. 이렇게 40실링을 바치겠습니다.

바돌프 안 돼, 물러가 있어.

피블 좋아, 까짓것 한 번 죽지 두 번 죽나. 어차피 목숨은 하늘에 달렸어. 비열하게 굴어선 안 되지. 죽을 운명이라면 좋다…… 죽을 운명이 아니라면 그것도 좋다. 왕을 위해서 죽는 것이 억울한 사람은 없지 뭐냐. 까짓것 될 대로 되라지. 올해 죽으면 내년에는 죽지 않을 테니까.

바돌프 됐어! 참 장하구나!

피블 이래 봬도 절대로 비열하게 굴지는 않습니다.

폴스타프와 두 판사, 다시 등장.

폴스타프 자, 그럼 누구누구를 데리고 가야 하나?

섈로우 누구라도 좋으니 넷을 고르십시오.

바돌프 (폴스타프에게만 들리게) 잠깐만요, 대장님. 몰디와 불카프를 빼내주면 3파운드가 생깁니다.

폴스타프 (바돌프에게만 들리게) 으음, 알았다.

섈로우 그럼 누구누구 넷을 고르시겠습니까?

폴스타프 당신이 좀 골라주시오.

섈로우 그럼 몰디, 불카프, 피블, 그리고 섀도우.

폴스타프 몰디와 불카프! 몰디, 너는 군대 갈 나이가 지날 때까지 집에 남아 있어라. 그리고 불카프, 너는 아직 이르다. 좀더 커라. 둘 다 필요 없다.

섈로우 존, 존 폴스타프 경, 그러시면 안 됩니다. 그 둘이 가장 알맞습니다. 최고의 부하를 뽑도록 하십시오.

폴스타프 섈로우, 지금 내게 병사 선발법을 지시하겠다는 건가요? 그래 팔다리, 근육, 키, 몸집, 체구 등을 표준으로 하란 말씀인가요? 무엇보다도 정신이 중요합니다. 저 워트를 좀 보시오. 궁상맞은 꼴을 하고 있지요. 저래 봬도 땜장이의 쇠망치 못지않게 재빠르게 총알을 재기도 하고 쏘아대기도 할 사람입니다. 양조장 하인이 술통을 다루는 솜씨보다도 날쎄게 돌격도 하고 퇴각도 할 사람입니다. 그리고 얼굴이 반쪽밖에 없는 저 섀도우…… 나는 저 녀석을 고르겠소. 저 녀석은 적의 과녁이 될 수 없어요. 저 녀석을 겨냥해서 맞히려는 것은 깃펜 깎는 칼을 맞히려는 격이죠. 그리고 퇴각 솜씨로 말하면 부인옷 재단사인 이 피블 녀석이 날쌜 것 같군요! 여윈 녀석들을 고르죠. 뚱뚱한 녀석들은 필요 없습니다. 바돌프, 워트에게 총을 줘라.

바돌프 (총을 주면서) 워트, 자, 받아 들고, 해보는 거다! 이렇게, 이렇게.

폴스타프 자, 그 총을 조작해 봐. 음, 그렇게, 됐어. 음, 그렇게, 됐어. (워트가 아주 어색한 솜씨로 총을 다룬다) 작달막하고, 여위고, 늙고, 쭈글쭈글하고 대머리인 이런 녀석이 병사로는 더없이 알맞지. 됐다, 됐어. 워트, 너는 쓸모 있는 녀석이다. 자, 이 6펜스 받아라, 상금이다.

샐로우 (총을 빼앗아 들면서) 이 녀석은 틀렸습니다. 제대로 총을 다루지 못하니까요. 클레멘트 법학원 재학 시절 마일엔드그린 연병장에서 아서 왕 기념 사격 대회가 벌어졌을 때의 일인데⋯⋯ 그때 나는 아서 왕의 광대 다고넷 역을 맡아했죠⋯⋯ 그때 몸집은 작아도 민첩한 녀석이 하나 있었는데, 총을 이렇게 조작하면서 이쪽으로 번쩍, 저쪽으로 번쩍하면서 "타타타" 했다가 "쾅!" 했다가 하면서, 다시 이리 번쩍 저리 번쩍 했지요. 그런 사람은 두 번 다시 볼 수 없을 것 같습니다.

폴스타프 샐로우 판사님, 이 녀석들도 잘할 겁니다. 안녕히 계시오, 사일런스 경. 당신에게는 수다를 늘어놓지 않겠습니다. 두 분 모두 안녕히 계시오. 감사합니다. 나는 오늘 밤 12마일을 가야 합니다. 바돌프, 신병들에게 외투를 나누어 줘라.

샐로우 존 폴스타프 경, 신께서 당신에게 축복을 내려주시기를! 신께서 당신을 성공으로 이끌어 주시기를! 신이여, 우리 모두에게 평화를 내려주옵소서! 그럼 돌아오는 길에 들르십시오. 묵은 정을 그때 새로이 해봅시다. 아마 나도 그때 함께 궁정으로 가게 될 것 같습니다.

폴스타프 아무쪼록 그렇게 되시기를!

샐로우 자, 이제는 할 말을 다 했습니다. 그럼 안녕히 가십시오.

폴스타프 그럼 두 분 다 안녕히 계시오. (샐로우와 사일런스 퇴장) 바돌프, 저것들을 인솔해라. (바돌프, 신병들을 이끌고 퇴장) 돌아오는 길에 저 판사 녀석들의 껍데길 벗겨야겠군. 샐로우(Shallow, 얄팍한)는 속이 환히 들여다보여. 맙소사, 우리는 나이깨나 먹으면 너나 할 것 없이 왜 그렇게 거짓말하는 버릇이 생기는 걸까! 저 말라깽이 판사 나리, 청년 시절 탈선에 대한 이야기와 턴불 거리 공훈담만 떠들어대더니, 세 마디째는 터키 왕에게 공물을 바치는 것보다 더 어김없이 듣는 사람 귀에다 거짓말을 불어넣더군. 이제 기억나지만 클레멘트 법학원 시절엔 어찌나 야위었던지, 저녁 식사 뒤 남은 치즈 부스러기로 만든 인형 같았지. 벌거벗으면 꼭 쌍다리 무 같았지 뭐야. 머리를 기묘하게 칼로 조각해 놓은 쌍다리 무 말씀이야. 그토록 볼품이 없어서 시력이 나쁜 사람들 눈에는 띄지도 않았어. 그야말로 굶주림의 수호신이었지! 그런 주제에 음탕하기론 원숭이 뺨쳤고, 처녀들로부터는 색광이라는 별명까지 받았겠다. 그리고 늘 유행에 뒤떨어지는 주제에 짐마차꾼 휘파 람에서 주워들은 노랫가락 따위를 굴러먹은 갈보들에게 들려주면서 자신 이 만든 즉흥곡, 소야곡이라는 둥 허풍을 떨었어. 그런 광대 녀석이 이제는 향사랍시고 곤트의 존 공작과 의형제나 된 듯한 말투로군그래. 틀림없이 그 녀석, 마상(馬上) 시합장에서 한 번 그 공작을 본 일이 있었을 거야. 그때 그 녀석, 경호원들 속으로 뚫고 들어가다가 머리빡을 깼지 뭐야. 내가 그 장면 을 보고, 곤트의 존 공작한테 이렇게 말해 줬지. 각하는 자신의 이름을 때 리시느냐고. 곤트에는 말라깽이라는 뜻이 있으니 말이야. 그런데 그 녀석은 옷을 입은 채로 뱀장어 허물 속에 집어넣어도 헐렁할 지경이었지…… 가장 가느다란 나무피리 상자가 그 녀석에게는 저택이자 궁정이었어. 그런데 이 제는 논밭도 있고, 소도 기르고 있군. 좋아, 내가 이기고 돌아오는 날이면, 그 녀석과 가까이 해야겠어. 그래서 연금술사의 두 개의 돌만큼이나 놈을 나의 봉으로 삼아야지. 새끼 황어가 곤들매기 먹이로 정해져 있다면, 내가 놈을 잡아먹지 말라는 법은 없지 뭐냐. 시간에 맡겨둬야지. 그렇게 끝이 나 는 거다.

〔제4막 제1장〕

요크셔. 골트리 숲.
요크 대주교(무장을 하고 있다), 모브레이, 헤이스팅스, 바돌프 경, 그밖의 사람들 등장.

대주교   이 숲은 뭐라고 부르지요?
헤이스팅스   골트리 숲입니다.
대주교   그럼 이곳에서 쉬도록 하고, 척후병을 내보내서 적의 병력을 알아냅 시다.
헤이스팅스   척후는 이미 내보냈습니다.
대주교   잘하셨소. 그런데 이번 거사에 참가한 동지들, 얼마 전 노섬벌랜드 백 작이 보내온 편지에 대해 알려드리겠소. 그 내용이며 문투는 매우 냉담했소. 백작은 자기 신분에 어울리는 군대를 거느리고 곧 출진할 생각이었으나, 그만한 군대를 동원할 수가 없어 행운이 무르익을 때까지 스코틀랜드에 물러가 있겠다는 것이오. 그리고 우리 계획이 다행히 적을 이겨서 성공을 거두기를 진심으로 기원한다고 끝을 맺었소.

모브레이 그럼 우리가 그분에게 걸었던 희망은 땅에 떨어져서 박살나고 말았군요.

전령 등장.

헤이스팅스 무슨 소식이냐?

전령 이 숲 서쪽으로 1마일 떨어진 곳까지 적군이 진격해 와 있습니다. 적병이 차지한 면적으로 봐서 병력은 3만 명에 가까울 것 같습니다.

모브레이 우리가 예측했던 숫자요. 그럼 우리도 진군해 적과 대치합시다.

웨스트모어랜드가 왕군의 군사 장교 몇몇과 함께 등장.

대주교 완전 무장을 한 지휘관이 오고 있군요. 누굴까요?

모브레이 웨스트모어랜드 경인 것 같습니다.

웨스트모어랜드 우리 총사령관인 랭커스터 공 존 왕자님이 여러분의 건강을 기원하며 인사드리오.

대주교 웨스트모어랜드 경, 안심하고 말씀을 계속하시오. 무슨 일로 오셨소?

웨스트모어랜드 그럼 대주교 각하, 주로 각하에게 전령의 말을 아뢰겠소. 만약에 반역이 피에 굶주린 젊은이들에게 주도되고, 누더기 불량배들의 호위와 철없는 소년들과 거지들의 지지 속에 비열하고도 천한 본질을, 그러니까 저주받을 가장 적나라한 본색을 드러낸다면, 각하를 비롯하여 귀족 여러분은 저 비열하고 피비린내 나는 폭동의 추한 모습을 당신네 고상한 명예로 꾸며서 이렇게 와 있지는 않았을 것이오. 대주교 각하, 각하의 직위는 이 나라의 평화로써 유지되고, 각하의 수염은 평화의 손길에 의해 은빛으로 변하게 된 것입니다. 각하의 학문과 학식 또한 평화 덕분에 배워 익힌 것이며, 각하의 흰 옷은 티 없이 순수한 비둘기와 평화의 복된 정신을 상징하고 있지요. 그런데 무엇 때문에 각하는 그 고마운 평화의 복음을 시끄러운 전란의 말로 잘못 옮겨놓으려 하십니까? 각하는 대체 무엇 때문에 각하의 복음을 무덤으로 삼으려 하십니까? 그리고 무엇 때문에 잉크를 피로, 펜을 창으로, 그리고 각하의 신성한 혀를 저 시끄러운 개전의 나팔로 삼으려 하시는지요?

대주교　무엇 때문이냐고요? 그럼 그 물음에 간단히 말하겠소. 우리는 모두 중병에 걸려 있소. 이 나라는 게으름과 방탕으로 심한 열병을 앓게 되었으니, 피를 빼는 길밖에는 치료법이 없소. 선왕 리처드 2세도 이 병으로 죽었소. 하지만 웨스트모어랜드 경, 나는 자신을 명의로 자처하는 것도 아니며, 평화의 적이 되어 무인들과 어울리려는 것도 아니오. 아니, 나는 오히려 잠시 전란의 무서움을 실증해 보임으로써, 행복에 질린 오만한 무리들에게 건강하게 살기 위해 자신의 무게를 좀 줄일 것을 권고하고, 이 나라 혈관을 틀어막기 시작한 몹쓸 피를 뽑아내자는 것이오…… 좀더 분명히 말씀드리면 이렇소. 나는 우리 군사 행동이 불러올 폐단과 현재 우리가 입고 있는 폐해 가운데 어느 쪽이 더 무거운지를 공정하게 저울질해 보았소. 그래서 현재 우리가 겪는 고통이 우리가 앞으로 짓게 될 죄과보다 더 무겁다는 사실을 깨달은 거요. 그래서 우리는 시대의 흐름을 보고, 안일한 거처를 버리고 부득이 이 시대의 거친 소용돌이 속으로 뛰어든 것이오. 그리고 모든 억울하고 비통한 일들과 불평 사항들을 하나하나 기록해 만일의 경우에 대비하고 있소. 그것은 벌써 오래전에 전하께 상소한 바 있었으나, 전하는 막무가내였을 뿐이오. 우리가 억울한 일을 당해 진정을 하고자 전하께 뵙고자 청해도 우리에게 억울한 일을 당하게 한 그 장본인들이 중간에서 가로막는 바람에 번번이 거절당하고 말았소. 그래서 그 기억이 아직도 생생하게 이 땅 위에 피로 적혀 있는 거라오. 이제까지 시시각각으로 나타나는 폐해들을 더는 바라보고만 있을 수 없기에 우리는 이렇게 신분에도 어울리지 않는 무장을 하게 되었소. 우리는 평화를 무너뜨리려는 뜻은 조금도 없소. 아니, 오히려 우리는 참된 평화를 이룩하려는 것이오.

웨스트모어랜드　대주교 각하의 건의를 전하께서 거절한 때가 언제입니까? 전하께서 각하를 어떻게 냉대했습니까? 전하께 사주하여 각하를 못살게 굴었다는 귀족은 누구입니까? 이 불법적이고 잔학한 반역을 대주교 각하가 신성한 인감으로 보증하여 괘씸한 폭거를 찬미하게끔 하는 데에는 특별한 이유가 없어서는 안 될 것입니다.

대주교 백성 전체와 국가의 안녕이, 그리고 한 집안의 사사로운 일로서는 친동생에 대한 잔학 행위가 나로 하여금 구제 수단을 취하게 한 것이오.

웨스트모어랜드 그와 같은 구제 수단을 취할 필요는 없습니다. 그럴 필요가 있다 하더라도 그것은 각하가 하실 일은 아닙니다.

모브레이 어째서 그렇단 말이오? 이미 엄청난 타격을 받아왔고, 현재로서도 모진 학대로 고통받고 있는 우리 모두는 구제 수단을 따를 수밖에 없소.

웨스트모어랜드 아, 모브레이 경, 시국의 필연성을 고려해 보시오. 그러면 당신들이 해를 입는 것은 폐하의 탓이 아니라 시국 탓임을 깨닫게 될 것이오. 그러나 당신 개인으로 말하면 내가 보기에는, 전하에 대해서나 세태에 대해서나 불평해야 할 근거는 조금도 있을 리 없소. 모두가 기억하는 고귀하고 정직한 당신 아버지 노퍽 공작의 모든 명예를 전하께서 회복해 주시지 않았습니까?

모브레이 아버지가 잃으셨던 어떤 명예도, 나로서는 새삼스럽게 되찾아야 할 필요는 없었소! 그즈음 리처드 2세는 내 아버지를 총애하셨지만, 형편상 어쩔 수 없이 그분을 추방할 수밖에 없었소. 그때 저 헨리 볼링브룩과 내 아버지는 박차(拍車)를 받아 힘이 나서 울어대는 준마 등에 당당하게 걸터앉아 창을 팔에 끼고, 투구의 턱받이는 내리고, 투구와 턱받이 사이로 불꽃 튀기는 눈초리를 번득이면서, 드높이 울려댈 신호나팔 소리를 기다리고 있었소. 그런데 그때, 내 아버지가 볼링브룩의 가슴을 단번에 찔러 놓고야 말 바로 그때…… 아, 바로 그 순간에 왕은 그 창을 내던져 버리셨는데, 그것은 곧 왕 자신의 생명을 내던져 버린 거나 다름없었소! 그때 왕은 자신의 생명뿐 아니라, 뒷날 검거되거나 반항으로 해서 볼링브룩에게 살해당한 여러 사람의 생명까지 함께 내던져 버린 거나 마찬가지였지요.

웨스트모어랜드 모브레이 경, 그것은 사정을 잘 모르시는 말씀이오. 그 무렵 헤리퍼드 백작 볼링브룩은 잉글랜드에서 가장 용맹한 분으로 이름나 있었소. 그러니 행운의 여신이 과연 어느 쪽에 승리를 보낼 것인지는 누구도 예측할 수 없는 일이었소. 당신 아버지가 승리를 거둔다 해도, 그분은 도저히 코번트리 결투장 밖으로 나가지는 못했을 것이오. 왜냐하면 그분은 모든 이로부터 저주를 받고 있었으니 말이오. 그리고 백성들의 사랑과 기도는 오직 헤리퍼드 백작에게만 향해 있었지요. 백성들은 그분을 왕 이상으로 우러르며 온갖 축복을 해드렸지요…… 그러나 이것은 나의 사명 밖에 있는 일이오. 나는 총사령관 왕자님 명을 받들어 여러분의 불평 불만들을 알아보고, 또한 왕자님이 기꺼이 여러분의 말을 들어주시겠다는 뜻을 전하고자 하오. 그러니 여러분의 요구가 정당하다면, 그리고 여러분을 적으로 보아야 할 이유만 사라진다면 여러분의 요구는 받아들여질 것이오.

모브레이 하지만 왕자는 이 제의를 우리에게 강요하는 것이오. 그리고 그것은 정략에서 나온 것이지 진심에서 나온 게 아니오.

웨스트모어랜드 모브레이 경, 그것은 지나친 말씀이오. 이 제의는 관용에서이지 공포 때문은 아니오. 왜냐면 자, 보시오. 아군은 코앞에 진을 치고 있고, 모두 자신감에 넘쳐서 명령만 내리면 두려움 없이 바로 나아갈 태세가 되어 있으니 말이오! 아군 쪽은 용사들로 가득하다오. 당신네 용사들보다도 한결 용맹으로 이름 높은 용사들, 노련한 용사들이 많소. 그리고 아군의 갑옷은 견고하며 대의명분도 물론 정당하오. 어느 모로 보나 아군은 당신네 군대에 못지않을 것이오. 그러니 형편이 마지못해 이런 제의를 해왔다고 하는 것은 말도 안 되는 소리요.

모브레이 어쨌든 우리는 싸우기도 전에 담판을 내자는 제의를 절대로 받아들일 수 없소.

웨스트모어랜드 그것은 당신들의 범법 행위에 대한 치부를 드러내는 것밖에 되지 않소. 썩은 것에는 손을 쓸 수도 없으니 말이오.

헤이스팅스 그럼 존 왕자는 부왕을 대신해 우리가 내세우는 조건들을 귀담아듣고, 단독으로 결정할 수 있는 전권을 위임받고 있습니까?

웨스트모어랜드 그것은 총사령관이라는 이름 안에 포함되어 있는 사항이오. 그런 하찮은 일을 묻는다는 것이 이상하군요.

대주교 그럼 웨스트모어랜드 경, 이 목록을 가지고 돌아가시오. 여기에 우리 불만 사항들이 적혀 있소. 각 조항들이 시정되고, 이번 의거에 참가한 사람들에게 지금 이 자리에 있고 없고를 묻지 않고 틀림없이 무죄가 선고되고, 우리 바람들이 제대로 받아들여지기만 한다면 우리는 다시 충성스런 신하의 자리로 돌아가, 평화의 대열에서 최선을 다하겠소.

웨스트모어랜드 이것을 총사령관에게 전하겠소. 그럼 두 군대가 보는 앞에서 회담이 이루어지기를 바랍니다. 그리고 일이 평화롭게 끝날 것인지……이는 오직 신에게 달려 있습니다만! 혹은 담판이 결렬될 경우 칼과 칼로 결판을 내야 할 것인지, 아무튼 둘 중 하나입니다.

대주교 좋소, 그렇게 합시다. (웨스트모어랜드 퇴장)

모브레이 내 예감으로는 어떠한 조건 아래서도 도저히 평화는 바랄 수 없을 것만 같습니다.

헤이스팅스 걱정 마십시오. 만약 우리 쪽 요구 조건이 충분히 받아들여진다면, 바위산같이 견고한 평화가 세워질 수 있을 테니까요.

모브레이 그렇겠지요. 하지만 왕이 우리를 신임하지 않는 한, 사소한 중상이나 하찮고 근거 없는 일로 해서 왕은 우리의 이번 일을 되씹게 될 거라오. 그래서 우리는 순교자의 정신으로 충성을 다하더라도, 왕겨로밖에는 여겨지지 못하여 옳고 그름을 따지지 않고 매서운 바람에 사정없이 키질당하고 말 것이오.

대주교 아니오, 설마 그럴 리가 있겠소. 내 이야기를 좀 들어보시오…… 왕은 그런 일에 지나치게 신경을 쓰는 데에는 지쳐 있소. 왜냐하면 왕은 의심스런 사람 하나를 죽이면 더욱 의심스런 사람들이 나타나게 된다는 사실을 깨닫고 있으니까요. 그러므로 왕은 자신의 비망록을 깨끗이 지우고, 기억 속에 아무것도 남겨놓지 않기를 바라는 것이오. 다시 적어 넣으면 넣을수록 잃어버린 것들에 대한 기억만 새롭게 하는 것뿐이니 말이오. 왜냐하면 왕은 의심을 품지 않아도 좋을 만큼 이 나라 곳곳에 뿌리내리고 살아가는 잡초들을 완전히 사라지게 할 수는 없음을 잘 알고 있으니까요. 왕의 적과 동지는 너무나도 깊이 뿌리가 얽혀 있어서, 적의 뿌리를 뽑아내려고 하면 동지의 뿌리까지 흔들리니 말이오. 그러니 지금 이 나라는 남편을 화나게 만든 아내의 경우와 같다고 할까요. 남편이 치려고 들면 아내가 젖먹이 아이를 번쩍 안아 올려서 방패로 삼는 바람에, 응징하려고 치켜들었던 팔은 어쩌지도 못하고 그대로 공중에 떠 있는 셈이오.

헤이스팅스 그뿐 아니라 왕은 요즈음 응징 사태에 필요한 매를 모조리 써버리고 없어서, 더 응징하려 해도 맞서 싸울 무기가 없소. 그래서 그는 어금니가 없는 사자나 마찬가지로 물어뜯고 싶어도 어찌할 도리가 없다오.

대주교　바로 그렇소. 그러니 문장원 총재 각하, 만일 화해만 이루어지게 되면 부러진 팔다리가 다시 붙게 될 때 더욱 강해지듯이 평화는 반드시 이룩될 수 있을 것이오.

모브레이　그렇게 되기를 바랍니다. 웨스트모어랜드 경이 되돌아옵니다.

웨스트모어랜드 다시 등장. 존 왕자와 그의 군대가 뒤쪽에 대기하고 있다.

웨스트모어랜드　왕자님이 곧 이곳에 도착하십니다. 각하, 양군의 중간 지점에서 왕자님과 만나주십시오.

모브레이　그럼 요크 대주교 각하, 신의 이름으로 나아가시지요.

대주교　그럼 앞장서 주시오! 그리고 왕자님을 맞아주시오.

웨스트모어랜드　각하, 자, 갑시다. (모두 앞으로 나간다)

〔제4막 제2장〕

같은 숲의 다른 곳.
한쪽에서 모브레이, 요크 대주교, 헤이스팅스가 장교들과 함께 나온다. 다른 한쪽에서 존 왕자가 웨스트모어랜드, 병사들과 함께 등장해 그들을 맞는다.

존 왕자　모브레이 경, 잘 와주셨소. 안녕하십니까, 대주교 각하. 헤이스팅스 경, 그 밖에 여러분 모두 안녕하시오. 그런데 요크 대주교, 각하의 양떼들이 종소리에 모여들어 말씀을 듣고자 공손히 당신을 둘러싸고 있는 때가, 각하가 이렇게 갑옷으로 무장해 북소리로 폭도들을 북돋고 말씀 대신 칼을 들고서 삶을 죽음과 바꾸고자 하시는 지금의 모습보다는 훨씬 잘 어울렸습니다. 이를테면 국왕의 마음을 얻어 그 은총의 햇살 아래 무르익는 신하가 있다 치고, 만약 그 사람이 그 커다란 그늘 아래 숨어서 왕의 신임을 함부로 쓴다면 과연 어떤 폐단을 불러오겠습니까? 대주교 각하, 당신의 경우가 바로 그렇습니다. 각하가 신의 깊은 은총을 받고 계신 분이라 함은 온 세상이 다 알고 있습니다. 우리 속인들에게 있어서 각하는 신성한 의회의 의장이자, 신의 대변자로 여겨지는 분으로서 하늘의 은총과 인간의 신성한 의무를 어리석은 인간들에게 전달하는 분입니다. 오, 국왕의 총애를 받는 사이비 충신이 군주의 이름으로 부정을 자행하듯이, 각하가 신성한 직위나 하늘의 은총을 남용하리라고 그 누가 믿겠습니까? 그런데 각하는 신의 이름으로 신의 대리자인 국왕의 백성을 부추겨서, 하늘의 평화와 국왕의 평화를 둘 다 교란하는 폭거를 일으키시겠다는 거군요.

대주교 랭커스터 공작님, 나는 조금도 국왕의 평화를 뒤흔들려는 것이 아니오. 이 점은 이미 웨스트모어랜드 경에게 말한 바 있지마는, 세상 사람들이 다 알고 있듯이 소용돌이치는 나라 정세가 우리로 하여금 이와 같이 기괴한 양상으로 집합 단결시켜 저마다 자신들의 안전을 도모하게 한 것이오. 저번에 나는 우리의 불만 사항들을 자세히 적어서 전하께 올린 바 있는데, 그것은 모욕적인 말들과 더불어 기각되고 말았소. 그래서 끝내 전란의 괴물, 머리가 아홉 개 달린 히드라가 태어나게 된 것이오. 하지만 우리의 공명정대한 요구 사항들만 받아들여진다면 이 괴물의 무서운 눈초리도 조용히 잠들 것이오. 그리고 이 미치광이 같은 분노만 가라앉게 되면 모두가 충성스런 신하답게 전하의 발아래 공손히 무릎 꿇게 될 것이오.

모브레이 그러나 우리 요구가 허락되지 않을 경우에는 마지막 한 사람까지 싸워서 우리의 운명을 시험해 보고야 말겠소.

헤이스팅스 그리고 우리가 쓰러지더라도 제2세력이 대기하고 있소. 제2세력이 실패하면 제3세력이 나타날 것이오. 그렇게 내란이 이어진다면 잉글랜드에 사람의 씨가 남아 있는 한, 같은 민족끼리의 싸움은 끝나지 않을 것이오.

존 왕자 헤이스팅스 경, 후세 일까지 억측하는 건 너무나도 경솔한 짓이오.

웨스트모어랜드 왕자님, 저쪽의 요구 조건을 어디까지 승인하시는지 분명히 답변해 주십시오.

존 왕자 요구 조건은 모두 받아들이겠소. 그리고 나는 이 왕국의 명예로운 피에 걸고 맹세하겠는데, 부왕의 뜻이 잘못 해석된 것이오. 그리고 부왕의 측근들이 부왕의 존엄한 뜻을 자기들 멋대로 해석했던 것이오. 대주교 각하, 그러한 불평불만에 대해서는 즉각 시정하도록 하겠습니다. 내 영혼에 걸고 맹세코, 반드시 그렇게 하겠습니다. 그럼 군대를 해산하여 저마다 자기 고향으로 되돌려 보내주시오. 그때는 이쪽 군대도 해산하겠습니다. 그리고 양군이 만나 평화를 축하하는 연회를 열어, 모두의 우의가 회복된 증거

를 안고 고향으로 돌아가게 합시다. (병사들이 탁자를 마련해 놓고 술병과 술잔을 갖다놓는다)

대주교 왕자의 서약이니만큼 틀림없으리라 믿겠습니다.

존 왕자 한번 약속한 이상 반드시 지키겠습니다. 그리고 각하를 위해 축배를 들겠습니다. (모두 축배를 든다)

헤이스팅스 대장, 이 평화로운 소식을 전군에 전하오. 그리고 병사들에게 급료를 주어 해산하시오. 모두 무척 기뻐할 거요. 자, 서두르시오, 대장! (장교 한 사람, 퇴장)

대주교 자, 당신을 위해 축배를 들겠소, 웨스트모어랜드 경.

웨스트모어랜드 나도 각하를 위해 축배를 들겠습니다. 이 평화 협상을 이끌어 내기 위해 내가 얼마만큼 애를 썼는지 알아주신다면, 각하는 충분히 축배를 드셔야 합니다. 하지만 각하에 대한 내 성의는 앞으로 더욱 뚜렷해질 날이 올 것입니다.

대주교 나는 경의 말씀을 조금도 의심하지 않습니다.

웨스트모어랜드 그 말씀 감사합니다. (모두 축배를 든다) 모브레이 각하의 건강을 위해 축배를 들겠습니다.

모브레이 마침 적절한 때에 내 건강을 축하해 주시는구려. 왠지 지금 나는 갑자기 기분이 좀 이상해졌으니 말입니다.

대주교 나쁜 일이 있기 직전에는 즐거워지는 법이지만, 좋은 일이 있기 직전에는 기분이 우울해지기 마련입니다.

웨스트모어랜드 그러니 즐거워하십시오, 모브레이 경. 갑자기 침울해지신 건 내일 무슨 좋은 일이 있을 것을 예고해 온 셈이니까요.

대주교 사실 나는 지금 무척 기쁩니다.

모브레이 각하가 방금 하신 말씀이 옳다면 그건 슬퍼해야 할 일이군요. (안에서 외침 소리)

존 왕자 협상 소식이 전해졌나 보오. 저 외침 소리를 들어보십시오!

모브레이 승리를 거두고 저렇다면 오죽이나 즐거운 일이겠소!

대주교 평화는 본질상 승리나 다름없소. 서로가 점잖게 복종은 했어도 진 쪽이라곤 없으니까요.

존 왕자 웨스트모어랜드 경, 아군에게도 해산 명령을 내리시오. 그리고 대주교 각하 아래 병사들로 하여금 이 곁을 통과하도록 조치해 주십시오. 나는 적이 될 뻔했던 용사들의 얼굴을 자세히 봐두고 싶으니까요.

대주교 그럼 헤이스팅스 경, 군대를 해산하기 전에 이곳을 지나게 해주시오. (헤이스팅스, 퇴장)

존 왕자 그럼 여러 경들, 오늘 밤은 같이 묵기로 합시다.

웨스트모어랜드 다시 등장.

존 왕자 아군은 어째서 움직이지 않소?

웨스트모어랜드 지휘관들은 움직이지 말라는 명령을 받았다고 하면서, 왕자 님의 명령이 있기 전에는 물러갈 수 없다고 합니다.

존 왕자 모두 다 직책에 충실하군.

헤이스팅스 다시 등장.

헤이스팅스 대주교 각하, 아군은 벌써 해산하여 굴레를 벗어난 망아지처럼 동서남북으로 흩어졌습니다. 마치 학교가 끝났을 때의 아이들처럼 저마다 집과 놀이터로 달려가고 있습니다.

웨스트모어랜드 좋은 소식이오, 헤이스팅스 경. 그럼 이제 당신을 반역자, 역 적으로서 체포하겠소. 그리고 대주교와 모브레이 당신도 대역죄로 체포하 겠소. (병사들이 달려들어 세 사람을 묶는다)

모브레이 이러고도 공명정대하다고 할 수 있소?

웨스트모어랜드 당신들이 저지른 난동을 생각해 보오.

대주교 (왕자에게) 이처럼 서약을 깨뜨리겠소?

존 왕자 이 일에 대해서 나는 어떠한 서약도 한 바 없소. 나는 경들의 진정서 에 응해 모든 폐해를 시정하기로 약속했소. 그리고 그것은 나의 명예를 걸 고 그리스도교 신자답게 반드시 이행하겠소. 그러나 경들로 말하면 모반자 들이니만큼, 모반에 따른 자업자득의 벌을 받아 마땅한 거요. 반란을 일으 킨 것부터가 경솔한 짓이거니와, 어리석게 싸움터로 나왔다가 어리석게 군 대를 해산해 버리다니 참으로 가소로운 일이오…… 북을 쳐라. 달아나는 놈들을 추격하라. 오늘 이렇게 안전하게 수확을 거두게 된 것은 오로지 신의 덕택이다. 그럼 몇몇 호위병은 반역자의 정당한 침상이자 마지막 자리이기도 한 단두대로 이들을 끌고 가라.

〔제4막 제3장〕

같은 숲의 다른 곳.
경보. 출격. 존 왕자의 병사들과 달아나는 적병들 사이에 충돌전이 일어난다. 폴스타프와 콜빌 등장해 서로 싸울 태세로 마주보고 있다.

폴스타프 너는 누구냐? 어떤 신분이냐? 어디 사느냐?

콜빌 나는 기사입니다. 데일 출신의 콜빌입니다.

폴스타프 그럼 이름은 콜빌, 신분은 기사, 주소는 데일, 이렇구나. 이젠 네 이름은 콜빌 그대로이겠지만 신분은 역적, 주소는 깊숙한 토굴, 이렇게 되는 거다…… 그러니 데일(dale, 골짜기)의 콜빌이라도 상관없다.

콜빌 당신은 존 폴스타프 경이십니까?

폴스타프 나는 그 사람 못지않게 훌륭한 사람이다. 내가 누구이건 말이다. 그런데 항복하겠는가? 아니면 내가 진땀깨나 빼야 되겠는가? 내가 땀을 흘리게 되는 날이면, 그 땀 한 방울 한 방울이 네 연인들의 눈물방울로 바뀌는 거다. 그들이 네 죽음을 슬퍼하며 울어야 하니 말이다. 그러니 아예 겁을 집어먹고 달달 떨며 나에게 자비나 빌어라.

콜빌 (무릎을 꿇으며) 당신은 존 폴스타프 경이시지요. 그렇게 생각되기 때문에 항복하겠습니다.

폴스타프 나는 이 배 속에 무수한 혀를 가지고 있는 셈인즉 그 혀 하나하나가 내 이름을 밝히지 않는 놈은 없단 말씀이야. 만약 보통 정도의 배를 가지고 있었더라면 이래 봬도 나는 유럽에서 가장 날쌘 사람이 될 수 있었지 뭐냐. 하지만 이 배, 배, 배 때문에 나는 못쓰게 되고 만 셈이지. 이크, 아군의 총사령관님이 오시는군.

랭커스터 공작 존 왕자, 웨스트모어랜드, 블런트, 그리고 그 밖의 사람들 등장.

존 왕자 이제는 고비를 넘겼으니. 더는 추격할 필요 없소. 군대를 불러들이시오, 웨스트모어랜드 경. (웨스트모어랜드 빠르게 퇴장) 여봐라, 폴스타프, 그대는 여태까지 어디서 뭘 하고 있었나? 모든 것이 끝나고 나니 나타나는구나. 그렇게 늑장만 부리고 있다가는 머잖아 교수대 맛을 보고 말 거다. 하긴 교수대가 오히려 당신 무게를 당해 내지 못하는지도 모르지.

폴스타프 왕자님, 혹시 그렇게 되지 않을 때는 저는 유감으로 생각하겠습니다. 제가 알기로는 비난과 꾸짖음이 용맹에 대한 상이니까요. 왕자님은 저를 제비, 화살, 총알 따위로 알고 계십니까? 이렇게 큰 덩치를 하고서 어떻게 마음대로 빨리 올 수가 있겠습니까? 저는 여기 오려고 있는 속력을 다 했습니다. 오는 길에 180번 넘게 새 말로 갈아타고 왔습니다. 그리고 지쳐서 여기에 가까스로 다다르자마자 순수 무구한 용기로 용감무쌍한 기사 데일의 존 콜빌을 포로로 잡았습니다. 하나 그까짓 소리는 할 게 못 됩니다. 놈은 저를 보자마자 항복했으니까요. 그러니 저는 로마의 매부리코 녀석 카이사르와 더불어 이렇게 말할 수 있습니다. "왔노라, 보았노라, 이겼노라."

존 왕자 그거야 당신 힘 덕이라기보다는 상대의 기사도 탓이겠지.

폴스타프 그거야 알 수 없는 일입니다. 놈이 여기 있습니다. 자, 넘겨드리겠습니다. 한데 왕자님, 오늘의 공훈 장부에는 제 공훈도 반드시 써넣어 주시기 바랍니다. 그렇지 않으시면 저는 이 일을 노래로 엮어서 콜빌이 제 발목에 키스하는 그림을 그려서 가장 높은 곳에 걸어놓게 하겠습니다…… 제 뜻은 아니지마는 만약에 그렇게 되는 날에는, 왕자님은 진짜 금화인 저와 비교한다면 도금한 2펜스짜리 동전으로밖에 보이지 않을 것이며, 저의 찬란한 명예는 왕자님을 압도해 버리겠지요. 보름달이 하늘의 불똥, 저 핀 대가리들만 같은 별들을 압도하듯이 말입니다. 만약 이 말이 틀렸거든 앞으로는 귀족이 하는 말들은 믿지 마십시오. 그러므로 저를 정당히 대우하여 직위를 좀더 높여주십시오.

존 왕자 그대는 본디 무거워서 도저히 높여질 수가 없다.

폴스타프 그럼 빛나게만이라도 해주십시오.

존 왕자 그대는 너무나 큰 덩어리여서 좀처럼 빛나게 할 수가 없다.

폴스타프 왕자님, 어떻게 손을 좀 써주십시오. 저에게 이익이 될 수 있도록 말입니다. 명칭은 왕자님 부르고 싶으신 대로 붙이십시오.

존 왕자 (콜빌에게) 네가 콜빌이냐?

콜빌 예, 왕자님.

존 왕자 그럼 너는 이름난 역적이로구나, 콜빌.

폴스타프 바로 그 역적을, 충성스럽기로 유명한 신하가 포로로 잡은 것입니다.

콜빌 그렇습니다. 하지만 저를 이 싸움터로 끌고 온 상관들도 포로로 잡혔습니다. 그런데 그분들이 제 의견만 따랐던들, 왕자님 쪽에서는 훨씬 더 많은 대가를 치러야만 이겼을 겁니다.

폴스타프 그놈들은 어떤 식으로 자신들을 팔았는지 알 수 없으나, 너는 친절한 사람답게 공짜로 항복해 줬지 뭐냐. 참 고마운 일이로구나.

멀리서 철군하는 나팔 소리. 웨스트모어랜드 다시 등장.

존 왕자 추격을 멈추었소?

웨스트모어랜드 이제 병사들을 철수하는 중입니다. 그리고 처형은 대기하고 있습니다.

존 왕자 그럼 콜빌을 그의 동료 역적들과 함께 요크로 보내 즉각 처형하라. 블런트, 호송 책임자로서 조금도 차질 없도록 하오. (블런트 일행이 콜빌을 끌고 나간다) 그럼 경들, 곧 궁정으로 떠납시다. 부왕께서는 지금 병환 중이시라 하오. 우리의 승리를 재빨리 전하께 전해 주오. 웨스트모어랜드 경, 경이 먼저 가서 이 소식으로 전하를 위로해 드리기 바라오. 우리는 곧 뒤따라가겠소.

폴스타프 왕자님, 저는 글로스터셔를 거쳐서 돌아가고 싶으니 허락해 주십시오. 그리고 궁정에 가시거든 아무쪼록 제 공훈을 잘 보고해 주십시오.

존 왕자 그럼 잘 있게, 폴스타프. 나의 신분이 허락하는 한, 그대 공훈을 실제보다 과장해서 보고하겠다. (폴스타프만 남고 모두 퇴장)

폴스타프 (퇴장하는 왕자의 뒷모습에 대고) 당신이 좀더 재치 있었다면 지금보다는 더 신분이 나았을 텐데. 근엄하기만 한 저 풋내기 왕자는 나를 좋아하지 않거든…… 그리고 저 녀석을 웃게 할 수 있는 사람은 아무도 없거든…… 그거야 그럴 수밖에. 저 녀석은 술이라곤 입에도 대지 않으니까. 한데 저렇게 얌전하기만 한 애송이들치고 여차한 경우 쓸모 있는 놈이라곤 없지 뭐냐. 글쎄 술기 없는 음료만 마시니까 피는 차디차고, 생선만 먹으니까 여자처럼 빈혈증에 걸리고, 그리고 결혼을 해도 딸자식만 낳기 마련이란 말씀이야. 저런 녀석들은 거의 다 바보나 겁쟁이들이지. 하긴 우리도 술기운 없이는 마찬가지일 거야…… 좋은 셰리 술은 두 가지 특효가 있으니까. 그것은 먼저 머리로 올라가 그곳에 도사리고 있는 바보같이 둔감하고 텁텁한 독기를 싹 말려버리지. 그리고 상상력이 풍부해져서 임기응변으로 척척 움직일 수 있는 창조적인 갖가지 형상, 즉 민첩하고 맹렬하며 재미있는 갖가지 형상을 만들어 내 가지고 이것을 목소리에 전달하면 이것은 곧 혀를 통해서 훌륭한 재치가 생겨나거든. 그리고 고급 셰리 술의 두 번째 특징은 피를 덥게 해주는 기능이지. 이전까지는 피가 차디차게 침체해 있었기 때문에 간장이 무기력한 겁쟁이의 상징처럼 허옇고 창백했지만, 셰리 술을 마시면 몸이 더워지고 오장육부로부터 몸 구석구석에까지 피가 돌기 시작하거든. 그러면 얼굴이 밝아지고, 이것은 곧 인체라는 소왕국 각 부분에다 깨어나라고 경보를 전해 주는 봉화 신호지 뭐냐. 그러면 일상적이기만 하던 활기와 내면에 숨겨져 있던 힘들이 모두 대장인 심장에게로 모여들고, 이 대장 나리는 이 같은 추종자들로 인해 크게 불룩해져 가지고는 용감한 짓을 서슴없이 하게 되기 마련이거든. 이 용기는 모두 셰리 술에서 나온 거야. 그러니 뛰어난 무술도 우리 몸을 활발하게 움직이도록 하는 술이 없어서는 무의미하지. 학문으로 말하더라도 악마가 지키는 황금 더미 정도밖에는 안 되지 뭐야. 술이 그 학문을 자극해서 활용케 해주기 전에는…… 해리 왕자가 용감한 것은 다 술 탓이지. 본디 부왕을 닮아 냉담한 맹꽁이밖에 못 되지마는 메마른 황무지를 잘 갈고 손질하고 거름을 주어 기름진 땅으로 가꾸듯이, 좋은 술을 실컷 마시려고 무척 애를 써왔기 때문에 오늘날 맹렬한 모사꾼이 됐다는 말씀이지. 내게 만약 아들이 1천 명 있다면, 그놈들에게 들려줄 교훈은 술기 없는 음료는 절대로 마시지 말고 오직 술에만 집착할 것, 바로 이거다.

바돌프 등장.

폴스타프 웬일이냐, 바돌프?

바돌프 군대는 벌써 흩어져 떠나버렸습니다.

폴스타프 상관없다. 나는 글로스터셔를 거쳐서 돌아가겠다. 그곳에서 로버트 섈로우 경을 찾아볼 생각이다. 집게손가락과 엄지손가락 사이로 이미 어느 정도 주물러 놨으니까, 이제 곧 봉인해서 써먹을 수 있을 거다. (두 사람 퇴장)

〔제4막 제4장〕

웨스트민스터. 예루살렘 방.

헨리 4세, 옥좌에 앉아 있다. 왕자들인 클래런스 공작 토머스와 글로스터 공작 험프리, 워릭 백작, 그리고 다른 사람들이 국왕 주위에 서서 대령하고 있다.

헨리 왕 그런데 경들, 지금 내 문 앞에서 피를 흘리고 있는 이 내란을 만약 신께서 좋은 결과로 수습해 주신다면 나는 이 나라 젊은이들로 하여금 오직 신성한 원정에만 전심전력하게 하고, 신성한 일 말고는 절대로 칼을 뽑는 일이 없게 하겠소. 해군은 이미 출항 준비를 마쳤고 육군 또한 소집이 끝나 있소. 그리고 내가 자리에 없을 때는 대리권자에게 전권이 위임되어 있으며, 모든 일이 계획대로 순조롭게 진행되고 있소…… 다만 내 건강이 조금 여의치 않구려. 그래서 아직도 들끓고 있는 역적들이 완전히 제압될 때까지 망설이는 중이오.

워릭 둘 다 전하 뜻대로 될 줄로 믿사옵니다.

헨리 왕 글로스터의 험프리, 네 형 왕세자는 지금 어디에 있느냐?

글로스터 윈저로 사냥을 나간 것 같습니다.

헨리 왕 누구랑 함께 갔느냐?

글로스터 그것은 잘 모르겠습니다.

헨리 왕 클래런스의 토머스와 함께 간 것이 아니냐?

글로스터 아닙니다. 그는 이 자리에 있습니다.

클래런스 (앞으로 나오면서) 전하, 무슨 일이신지요?

헨리 왕 특별한 일이 있어 그런 게 아니다. 너만 무사하면 된다, 토머스. 그런데 오늘 어째서 네 형과 같이 나가지 않았느냐? 왕세자는 너를 아끼고 있다. 그런데 너는 어째서 왕세자를 함부로 하느냐? 왕세자는 형제들 가운데 누구보다도 너를 소중히 생각하지 않느냐. 그 점을 고맙게 여겨야 한다. 그리고 내가 죽은 뒤에 너는 국왕과 다른 형제들 사이에서 여러 중요한 역할을 맡아야만 한다. 그러므로 형에게 함부로 대하거나 형의 관심과 애정을 무디게 해서는 안 된다. 냉정하게 대하거나 형의 뜻을 무시하거나 해서 모처럼 베푸는 호의를 저버려서는 안 된다. 형은 소중히만 대해 주면 본디 정이 깊은 그 성품을 드러내지. 불쌍한 사람들을 보기만 하면 자비의 눈물을 흘리며 그 자리에서 바로 동정의 손을 내밀어 구해 준다. 하지만 한번 화가 났다 하면 부싯돌처럼 불꽃을 튕기고, 겨울 날씨처럼 변덕스러우며, 난데없는 새벽녘 모진 눈보라처럼 싸늘하다. 그러므로 형의 기분에는 여간 주의하지 않으면 안 된다. 형의 잘못을 충고해야 할 경우는 형의 기분이 좋을 때를 택해서 정중한 태도로 해야 한다. 그러나 형의 기분이 우울할 때에는 육지에 올라온 고래처럼 제풀에 지쳐버릴 때까지 마음대로 하게 내버려 두어라. 토머스, 이 말을 명심해라. 그러면 너는 친구들의 피신처가 될 수 있고, 또한 형제 모두를 단결시키는 연결고리가 될 수 있을 거다. 따라서 혈육의 단결된 그릇에는 독이 부어진다 해도…… 아마 반드시 독을 갖다 붓는 자가 있기 마련이겠지만…… 그 독이 새어나갈 틈은 생기지 않을 거다. 매독이나 폭약처럼 격렬한 힘을 가진 극약이 갖다 부어진다 해도 말이다.

클래런스 앞으로 반드시 형을 소중히 여기며 사랑하겠습니다.

헨리 왕 토머스, 그래 너는 왜 원저에 함께 가지 않았느냐?

클래런스 형은 오늘 그곳에 간 게 아니라, 런던에서 연회를 열고 있습니다.

헨리 왕 동행은 누구누구지? 혹시 아느냐?

클래런스 포인스와 여느 때 함께 다니던 다른 측근들입니다.

헨리 왕 땅이 기름질수록 잡초가 무성하기 마련이다. 지금 왕세자는 내가 젊었을 때와 꼭 같이 잡초에 뒤덮여 있다! 그러기에 내가 죽은 뒷날 일이 걱정이다. 내가 조상들과 함께 땅속에서 잠들어 있을 때, 너희가 무질서하고 부패된 세상을 맞게 될 것을 상상하면 이 가슴에서 피눈물이 쏟아져 나오는구나. 왜냐하면 형의 게으름과 안일함에 구속이 없어져서 저 뜨거운 피가 제멋대로 날뛰어 방탕하고 사치스런 생활에 빠져들게 되면, 위험이 닥쳐왔을 때 멸망으로 날개가 돋친 듯 스스로 날아들어갈 테니까.

워릭 　전하, 그것은 지나치신 염려입니다. 헨리 왕자님이 그런 친구들과 사귀는 것은 이를테면 신기한 말(語)의 경우나 마찬가지로, 몹시 상스러운 말도 일단은 배워 두지 않을 수 없으나…… 한 번 익혀서 그 괘씸한 정체를 깨닫고 나면 더는 필요 없게 되는 것인즉, 헨리 왕자님은 시기가 무르익으면 그 측근들을 저속하고 야비한 말을 바라보듯 더는 받아들이지 않고 몰아내실 것입니다. 그래서 그런 행적은 무슨 규범이나 잣대처럼 헨리 왕자님이 타인의 성품을 판단할 때의 기준으로만 기억되어, 지난날 악행이 도리어 뒷날에는 이익이 될 것입니다.

헨리 왕 　아니오, 썩은 시체에 집을 지은 벌은 여간해서는 그곳을 떠나지 못하는 법이라오.

웨스트모어랜드 등장.

헨리 왕 　누구냐? 웨스트모어랜드인가?

웨스트모어랜드 　전하의 건강을 축원함과 아울러 반가운 소식을 하나 아뢰겠습니다. 존 왕자님으로부터의 보고입니다. 모브레이, 스크룹 대주교, 헤이스팅스, 그리고 몇몇 대신이 국법 아래 응징을 받게 됐습니다. 이제는 나라 안 어느 곳에서도 역적의 칼날을 볼 수 없고, 가는 곳곳마다 평화의 올리브만이 싹트고 있습니다. 이 사건의 자세한 내용은 이 서면에 모두 기록돼 있사오니, 한가하실 때 읽어주십시오.

헨리 왕 　아, 웨스트모어랜드 경, 그대는 언제나 겨울이 지난 뒤에 나타나 새벽이 왔음을 노래하는 아름다운 여름 철새 같구려. 아, 또 다른 소식이 왔나 보오!

하코트 등장.

하코트 　하늘이 언제나 전하를 적으로부터 지켜주시기를! 그리고 적들이 전하께 맞설 때는 제가 지금 보고드릴 역적들의 경우처럼 즉시 물리쳐 주시기를! 잉글랜드인과 스코틀랜드인으로 뒤섞인 대군을 거느리던 노섬벌랜드 경과 바돌프 경은 요크셔 주장관에 의해 격파당했습니다. 그 전투의 과정과 상황은 이 서류에 상세하게 적혀 있습니다.

헨리 왕 이토록 기쁜 소식을 전해 듣고도 나는 어째서 이렇게 기분이 우울한지 모르겠소. 행운의 여신이 두 손에다 기쁨을 잔뜩 들고는 영영 나타나지 않거나, 듣기 좋은 달콤한 말도 더러운 글자로 써야만 한다면? 식욕은 주면서도 음식은 주지 않거나…… 이것은 건강한 가난뱅이의 경우인데…… 혹은 잔칫상을 베풀어 주면서도 식욕은 빼앗아 버린다면…… 음식은 넘쳐도 그것을 즐길 수 없는 부자의 경우처럼…… 나는 이 소식들을 기뻐해야 함이 마땅할 텐데도 왜 그런지 눈이 침침하고 머리가 어지럽구려. 아! 누가 내 곁으로 좀 와주오. 지금 나는 몹시 기분이 언짢소. (기절하여 바닥에 쓰러진다. 왕자들, 국왕에게로 달려온다)

클래런스 전하, 왜 이러십니까!

글로스터 아, 아버지!

웨스트모어랜드 전하, 기운을 차리십시오!

워릭 아, 왕자님들, 진정하세요. 아시다시피 이런 발작은 전하께 이따금 있었습니다. 조금 떨어져 서서 편안하게 해드리십시오. 그러면 곧 나아지실 겁니다.

클래런스 아니오, 이 고통을 오래 버텨내지는 못하실 것 같습니다. 그칠 새 없는 염려와 괴로움으로 마침내 생명의 벽이 뚫리어 이제 떠나시려 하고 있습니다.

글로스터 백성들이 하는 소리가 내 마음에 걸리는구려. 그들은 요즘 아비 없는 자식, 자연의 기괴한 괴물이 태어난다는 소리를 하고 있습니다. 그리고 한 해가 몇 개월씩 잠을 자고 있거나 몇 개월을 그냥 뛰어넘어 간 것처럼 계절이 바뀌었다는 겁니다.

클래런스 강물이 세 번이나 넘쳤지만 그동안 한 번도 물이 빠진 일이 없었소. 그리고 쓸데없는 일이나 기억하는 노인들이 말하는 것을 들어보면 에드워드 증조부님이 병환으로 돌아가시기 직전에 꼭 이러했다는 거요.

워릭 왕자님들, 조금 낮은 소리로 말씀하십시오. 전하께서 깨어나신 것 같습니다.

글로스터 이번 졸도로 승하하실 것만 같습니다.

헨리 왕 (깨어나며) 아, 나를 좀 일으켜서 다른 방으로 데려다주오. 자, 가만히.
(워릭과 웨스트모어랜드가 그를 안고 들어간다. 왕자들 뒤따라 들어간다)

〔제4막 제5장〕

다른 방.
왕이 침상에 누워 있다. 클래런스, 글로스터, 워릭, 그 밖의 사람들 대기해 있다.

헨리 왕 아아, 경들, 좀 조용히 해주오. 지친 내 마음에 소곤대듯 푸근하고 감미로운 음악을 들려준다면 몰라도.
워릭 (한 시동에게) 별실에서 음악을 연주하도록 조치해라.
헨리 왕 베갯머리에 왕관을 두어다오.
클래런스 (워릭에게 작은 소리로) 전하의 눈이 움푹 들어가 있고, 얼굴빛이 예사롭지 않습니다.
워릭 조용히, 조용히 하십시오! (왕관을 왕의 머리맡에 갖다놓는다)

헨리 왕자 등장.

헨리 왕자 누가 클래런스 공을 보지 못했소?
클래런스 형님, 저는 여기 있습니다. 슬픔에 가득 차서요.
헨리 왕자 어찌 된 일이지! 안에서는 비가 쏟아져 내리나 보군, 밖은 아무렇지도 않은데! 전하께서 혹시라도?
클래런스 몹시 위독하십니다.
헨리 왕자 좋은 소식을 아직 알려드리지 않았나? 그걸 보고드리게.
글로스터 그 소식을 듣고 오히려 악화되셨습니다.
헨리 왕자 기쁨으로 병이 나셨다면 약을 쓰지 않아도 곧 회복하시겠지.
워릭 왕자님들, 조용히 하십시오. (헨리 왕자에게) 가만가만 말씀하십시오. 전하께서 잠드실 것 같습니다.
클래런스 모두 다른 방으로 물러가 기다립시다.
워릭 헨리 왕자님도 함께 물러가실까요?

헨리 왕자 아니오, 나는 여기 그냥 앉아서 부왕을 지키고 있겠소. (혼자만 남고 모두 퇴장) 그런데 어째서 왕관이 베갯머리에 놓여 있지, 이 귀찮은 동침자가 말야? 오, 닦여서 빛나는 불안거리! 황금의 걱정거리! 너 때문에 잠의 문이 며칠 밤씩 닫히지를 못하고 밤샘을 해야만 하는 거다! 그것을 지금 안고 주무시다니! 하지만 저 손수 짠 잠자리 모자를 쓰고 밤새도록 코를 고는 사람들의 깊은 휴식의 절반만큼도 자지 못한다. 오, 군왕의 지위여! 그대가 주인에게 가하는 고통은 무더운 날 훌륭한 갑옷을 입고 있는 것과 같다. 몸의 안전을 위한답시고 도리어 몸을 태우는 고통을 받아야 한다…… (국왕 곁으로 다가가서) 입가에 솜털이 있으나 움직이지 않는군. 숨을 쉬고 있다면 저렇게도 가벼운 솜털이 움직이지 않을 리가 없는데. (큰 소리로) 전하! 아버지! 정말 곤히 잠이 드셨군. 이제까지 수많은 잉글랜드 국왕 머리에서 이 왕관을 **빼앗아** 간 것은 바로 이와 같은 잠이었지. 저는 자식으로서 피를 마르게 하는 눈물과 비탄을 바치겠습니다. 자식된 도리와 사랑과 효도로써 지극한 마음을 다해 그 눈물과 비탄을 소중한 아버지이신 당신께 바치겠습니다. 그리고 당신이 제게 주실 것은 이 왕관입니다. 그런데 이 왕관으로 말하면 왕세자라는 지위로 해서 마땅히 곧 제게 내려져야 하겠지요…… (왕관을 자기 머리에 갖다 얹으면서) 자, 이렇게요…… 신이여, 이것을 지켜주옵소서! 그리고 세계의 모든 힘이 하나의 거대한 팔에 집결하여 덤벼온다 해도 정통을 이어받은 이 영예를 내게서 **빼앗아** 가지는 못하리라. 그리고 나는 이것을 또한 부왕으로부터 물려받았듯이 내 자손에게 물려주리라. (잠시 무릎을 꿇고 기도하고 나서, 비탄에 잠겨 오른쪽 입구로 서서히 퇴장)

헨리 왕 워릭! 글로스터! 클래런스!

워릭과 왕자들 다시 등장.

클래런스 전하, 부르셨습니까?

워릭 전하, 왜 그러십니까? 기분은 좀 어떠십니까?

헨리 왕 경들은 어째서 나를 혼자 내버려 두고 물러가 있느냐?

클래런스 형이 곁에 남아 지키기로 했었습니다.

헨리 왕 웨일스가! 그래, 어디 있느냐? 좀 보자. 여기엔 없구나.

워릭 (오른쪽 입구를 가리키면서) 저 문이 열려 있습니다. 저 문으로 나가신 것 같습니다.

글로스터 형은 저희가 기다리고 있던 방에는 오지 않았습니다.

헨리 왕 왕관은 어디 갔느냐? 내 베갯머리에서 누가 왕관을 가지고 갔느냐?

워릭 저희가 물러갈 때는 그 자리에 놓여 있었습니다, 전하.

헨리 왕 왕세자가 가지고 갔구나. 그를 찾아오너라. 내가 잠들어 있는 것을 그는 성급하게 죽은 줄로 알았단 말인가? 왕세자를 찾아와 주오, 워릭 경. 꾸짖고 나서 이곳으로 데려와 주오. (워릭, 퇴장) 왕세자의 이와 같은 행동으로 병세가 더해지면 머지않아 내 수명은 끝나고 말 것이다! 아, 아들들아, 너희는 어째서 그러느냐! 황금이 목표가 되자 부자간의 정의도 한순간에 배반하고 마는구나! 그런 줄도 모르고 어리석은 아버지들은 갖가지 생각으로 밤잠도 못 자고 골치를 썩이며, 노고로 뼈마디가 다 쑤시고 아플 때까지 비상수단으로 긁어모은 깨끗지 못한 황금을 터무니없이 쌓아올리고, 문무를 갖춘 갖가지 지식과 교양을 가르치려 고심하고 있다. 그것은 꿀벌이 온갖 꽃으로부터 좋은 꿀을 찾아다니면서, 다리에는 꽃가루를 묻히고 입에는 꿀을 한가득 빨아 모아 집으로 돌아와서는, 그 노고의 대가로 살해되고 마는 것이나 마찬가지다. 임종할 때 아버지는 섣불리 긁어모은 재산으로 그런 쓴맛을 보기 마련이다.

워릭, 다시 등장.

헨리 왕 왕세자는 어디 있소? 그의 편이라 할 병마에 나는 머잖아 숨을 거두고 말 터인데, 그는 그때까지도 기다릴 수 없단 말인가?

워릭 헨리 왕자님은 깊이 상심해 옆방에서 지극한 효심으로 눈물을 흘리고 계십니다. 피밖에는 들이켠 적이 없는 포악한 군주조차도 그 비통해하는 모습을 보면 연민을 느껴 두 뺨에 흐르는 눈물을 상냥하게 닦아주지 않을 수 없을 것입니다. 마침 오십니다.

헨리 왕 그러나 뭣 때문에 왕관을 가지고 갔을까?

헨리 왕자가 왕관을 받들고 등장.

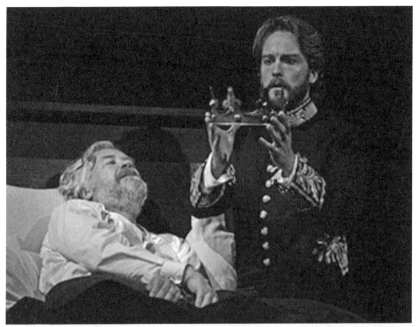

연극 〈헨리 4세 제2부〉 피터 홀 연출, 톰 마이슨(핼 역)·데이비드 옐런드(왕). 출연. 로열 베스 극장. 2011.
핼이 잠자는 아버지가 죽은 줄 알고 왕관을 써보고 있다.

헨리 왕 아, 저기 오는군. 자, 해리, 가까이 오너라. 모두 물러가 주오. 우리 둘만 있겠네.

헨리 왕자 전하의 말씀을 다시는 듣지 못할 것으로 생각했었습니다.

헨리 왕 해리, 그렇게 생각한 까닭은 그렇게 돼주기를 바랐기 때문이었겠지. 내가 너를 너무 오래 기다리게 한 바람에 너는 지친 모양이구나. 네 시기가 미처 무르익기도 전에 너는 내 영예를 지녀야만 하겠다니, 너는 나의 옥좌가 비기를 그렇게도 학수고대했단 말이냐? 오, 어리석은 놈 같으니, 너는 그 엄청난 지위가 자신을 완전히 짓누를지도 모른다는 사실은 꿈에도 생각지 않고 덮어놓고 국왕이 되겠다는 거냐? 그러나 잠시만 더 기다려라. 나의 이 위엄의 구름은 곧 비가 되어 쏟아져 내릴 것이나, 약한 바람에 의해 겨우 지탱되고 있는 중이며, 너의 낮은 벌써 어두워져 있으니 말이다. 네가 훔쳐 간 그 물건은 가만있어도 몇 시간 뒤면 저절로 네 것이 되는 거다…… 죽음에 임박해서 나는 너의 그 소행을 보고 짐작했던 바와 같다고 확신하지 않을 수 없구나! 네가 나를 사랑하지 않는다 함은 평소 네 행실로 다 알고 있는 일이지마는, 너는 틀림없이 나의 죽음을 바라고 있구나. 너는 네 생각 속에 1천 자루의 비수를 감추고서는 그 칼날들을 너의 돌 같은 심장으로 갈아서 기껏 반 시간밖에 남지 않은 내 목숨을 끊어놓는구나. 에잇! 겨우 반 시간을 참지 못하겠다는 거냐? 그럼 가서 너 자신의 손으로 나의 무덤을 파놓고 네 귀에 즐겁게 종을 울려대려무나. 나의 죽음을 알리는 조종이 아니라 너의 등극을 알리는 종을…… 내 관에 뿌려질 눈물일랑 모두 너의 대관하는 머리를 거룩하게 할 향유 방울로나 쓰려무나. 나의 시체, 너를 낳아준 아비 시체 따월랑은 아무도 거들떠보지 않는 케케묵은 먼지 속에 처박아 구더기에게나 내주려무나. 그리고 내가 임명한 대신들은 모두 파면해 버리고, 내가 선포한 법률 또한 모조리 폐기해 버리려무나. 마침내 질서를 비웃는 시기가 오고야 만 거다. 헨리 5세의 등극이다! 이제부터는 허영심에 가득 찬 왕이 지배하는 세상이다. 왕좌의 위엄 따위는 땅에 떨어져라! 지혜로운 보좌관들은 가버려라! 그리고 이 잉글랜드 조정에는 여기저기서 무위도식하던 바보들이 모여드는 거다. 이웃 나라들이여, 당신네 찌꺼기 녀석들을 이곳으로 토해 내 다오! 당신네 나라에 이러한 악당, 서약을 어겨 신을 모욕하거나, 폭음을 하거나, 춤에 광분하거나, 밤새도록 먹고 마시거나, 살인 강도질을 하거나, 그 밖의 하늘과 땅이 열린 때부터 있었던 해묵은 죄악들을 가장 새로운 방법으로 저지르는 악당이 있거들랑 기뻐하라. 그런 악당은 앞으로는 더는 당신네 나라를 괴롭히지는 않으리니, 잉글랜드가 놈들의 세 가지 죄악까지도 두 가지로 낮추어 반가이 맞아줄 것이며, 놈들에게 관직이며 영예며 권세를 부여해 주게 되리니. 왜냐하면 헨리 5세는 재갈이 물려 있던 방종으로부터 억압의 입마개를 마침내 떼어내 버리고, 미친개같이 무턱대고 누구든지 물어뜯고 말 테니까. 오, 불쌍한 나의 왕국, 내란으로 멍들어 있는 나의 왕국, 내가 이 땅 위에 피와 땀을 적시고서도 이 무질서를 바로잡지 못했는데 앞으로 무질서 그 자체가 왕으로 앉게 되면 너의 운명은 대체 어떻게 될까? 아, 너는 다시 또 이전같이 이리 떼들이 득실거리는 광야로 변해 버리고 말 것인가!

헨리 왕자 (무릎을 꿇으며) 아아, 부왕 전하, 저를 용서해 주십시오! 눈물이 이렇게 쏟아져 나와서 제 말을 가로막지만 않는다면, 저는 비탄에 잠긴 아버지의 그처럼 엄하신 질책을 막지도 않고 이렇게 오래도록 그냥 듣고만 있지는 않았을 것입니다. 왕관은 여기 있습니다…… (왕관을 제자리에 갖다놓는다) 영원히 왕관을 쓰고 계시는 하느님이시여! 왕관을 길이 아버지 것으로 지켜 주시옵소서! 만약에 제가 조금이라도 이 왕관을 아버지 영예와 명성을 드러내는 것 이상으로 다른 뜻을 품고서 애착을 가진 거라면, 저는 이 복종의 자세로부터 다시는 일어서지 못하게 된다 해도 좋습니다. 제 가슴속에 간직된 진실한 마음과 충성심이 곧 저로 하여금 이렇게 엎드리게 한 것이니까요! 신이 굽어보고 계시지만 제가 조금 전 이곳에 와서 부왕 전하의 숨이 끊어져 있는 것을 발견했을 때, 이 심장은 놀라 얼음같이 싸늘해졌습니다! 만일 제 말이 거짓이라면, 아, 저는 이제까지 일삼아 온 방탕함에 파묻혀 그대로 죽어버리고, 계획해 온 훌륭한 변화들을 저를 믿지 못하는 세상에 영원히 보여주지 못하게 되어도 좋습니다! 부왕 전하, 전하를 뵈러 왔을 때 승하하신 것으로밖에 보이지 않았기에, 생명 있는 것에 대하듯 왕관에 대고 그렇게 비난을 했던 것입니다. "나에 대한 근심과 걱정이 아버지의 목숨을 갉아먹고 있었구나. 그러니 너는 가장 귀한 황금이면서도 가장 가치 없는 황금이로구나. 순금이 아닌 금도 약으로 쓰여서 목숨을 구해 낼 수 있으니 너보다는 귀중한 셈이다. 오, 너는 그렇게도 존중받고 그렇게도 귀중하게 여겨지고 있으면서도 네 주인의 목숨을 앗아가고 말았구나." 전하, 저는 이렇게 비난하면서, 제 눈앞에서 아버지를 살해한 원수에게 아들이 복수하는 심정으로 이 왕관을 머리에 써본 것입니다. 이로써 제가 기쁨을 느끼고 자부심으로 부풀어, 이 왕관이 가져다줄 권력을 환영하는 반역의 마음이나 허영심을 조금이라도 가졌다면, 신이여, 왕관을 저의 머리에서 영원히 멀리해 주시고, 가장 미천한 신하가 군주 앞에서 황송해 몸을 떨듯이 저를 이 왕관 앞에 두려움으로 무릎 꿇게 하소서!

헨리 왕 오, 내 아들아! 신이 너로 하여 이 왕관을 가지고 가게 한 것이 틀림없다. 그와 같이 지혜로운 변명으로 아버지의 사랑을 더욱 많이 받도록 하기 위해서! 해리, 가까이 와서 이 침상에 걸터앉아라. 그리고 이것이 나의 마지막 가르침이 될 것 같으니 명심해서 들어다오. 아들아, 신은 알고 계시지만, 나는 이 왕관을 얻기 위해 옆길이며 꾸불꾸불한 샛길이며 모든 가시밭길을 지났던 거다. 그리고 이것을 머리에 쓰고 있을 때 그 괴로움은 이만저만한 것이 아니었다. 이제 네가 다스리는 세상이 오면 좀더 안정되고 민심도 더 나아져서, 너의 지위도 훨씬 튼튼해질 거다. 이것을 손에 넣으며 묻은 때는 나와 함께 땅속에 묻히게 될 테니 말이다. 나에게는 이것이 폭력으로 빼앗은 영예같이 보였다. 그리고 이것이 자기들 도움으로 얻어진 거라 하여 나를 비난한 자들이 실제로 많이 있었다. 그러한 비난은 마침내 내란과 유혈 소동으로 번져 상처투성이가 된 이 나라가 평화를 필요로 할 때 너도 알고 있듯이, 무모하게 쳐들어오는 저 역적 무리들을 이 아버지가 모두 소탕했었다. 나의 통치 기간은 역적 응징이라는 같은 줄거리만 줄곧 되풀이되는 상황이었지. 그러나 내가 죽고 나면 사태는 달라진다. 내게는 매수품이었던 것이 네게는 정당한 물건으로서 손에 들어오게 되는 거다. 너는 정당한 유산으로서 왕관을 상속받게 되는 거다. 하지만 네가 나보다 훨씬 견고한 기반 위에 서 있다 해서, 그렇다고 충분히 견고한 것만은 아니란다. 왜냐하면 갖가지 불평 불만들이 아직도 남아 꿈틀거리고 있으니까. 그리고 아버지의 모든 친구들을 너는 앞으로 반드시 너의 친구로 삼아야만 하는데, 그자들로 말하면 침과 어금니를 뽑힌 지 얼마 되지 않았으니까…… 나는 처음에 그들의 눈부신 활약으로써 왕위에 올랐던 것이나, 한편으로는 언제 또 그들에 의해 폐위당할지 모른다는 두려움을 품게 되었단다. 그래서 그 두려움을 없애기 위해, 그들 가운데 몇몇은 제거했고…… 그리고 나서 그들 대부분을 이끌고 성지 원정을 떠날 생각이었던 거다. 안일하게 가만 놔둬서는 나의 권한을 따지기 시작할 것 같아서 말이다…… 그러니 해리, 어수선한 자들은 나라 밖 일에 종사케 하여 마음의 여유를 갖지 못하게 하는 것이 좋다. 고국을 떠나서 활동하는 사이에 지난 일들은 잊히게 마련이니까…… 하고 싶은 말은 더 많으나 숨이 차서 더는 말할 힘이 없구나. 오, 신이여, 제가 이 왕관을 손에 넣은 과정을 용서해 주소서! 그리고 다음 대에는 이 왕관이 참된 평화 속에 보존될 수 있게 해주소서!

헨리 왕자 부왕 전하, 전하는 이 왕관을 얻어내 머리에 쓰셨고, 지켜오시다가 저에게 물려주셨습니다. 그러니 이것은 분명히 저의 정당한 소유물입니다. 저는 전 세계를 적으로 하더라도 혼신의 힘을 기울여 반드시 이것을 지켜 내겠습니다.

랭커스터 공 존 왕자, 워릭, 그 밖의 사람들 등장.

헨리 왕 아아, 랭커스터의 존이 왔구나.

존 왕자 부왕 전하의 건강과 평화와 행복을 빕니다!

헨리 왕 존, 행복과 평화는 네가 가지고 와주었지만…… 아아, 건강은 젊은 날개를 퍼덕이며 이 시들어 버린 벌거숭이 줄기에서 날아가고 말았구나. 너를 봤으니 이제 이 세상에서의 내 임무는 끝이 났다. 워릭 경은 어디 있소?

헨리 왕자 워릭 경! (워릭 앞으로 나온다)

헨리 왕 내가 처음 쓰러졌던 방은 무슨 특별한 이름을 가지고 있소?

워릭 예루살렘 방이라고 합니다, 전하.

헨리 왕 신의 덕을 찬미할지어다! 바로 그 방에서 내 삶을 마쳐야겠다. 여러 해 전부터 나는 예루살렘에서가 아니면 죽지 않는다는 예언을 들어왔다. 그런데 어리석게도 나는 그곳이 성지인 줄로만 알았구나. 그 방으로 나를 데려가다오. 나는 그곳에 눕겠다. 그 예루살렘에서…… 해리는 죽으리라. (모두 퇴장)

글로스터셔. 섈로우의 집.

집 앞쪽에 밖으로 통하는 큰 문이, 좌우에는 안으로 통하는 문이 나 있다.

섈로우와 폴스타프 등장. 바돌프와 시동이 따라 들어온다.

섈로우 세상에, 오늘 밤에 떠나시다뇨, 그건 안 됩니다. 여봐라, 데이비, 거기 없느냐!

폴스타프 부득이한 일이니 용서하시오, 로버트 섈로우 경.

섈로우 용서할 수 없습니다. 절대로요. 이건 말도 안 됩니다. 용서받을 일이 못 되지요. 절대로…… 절대로 용서하지 않겠습니다. 여봐라, 데이비.

데이비 등장.

데이비 예, 주인님.

섈로우 데이비, 데이비, 데이비, 데이비, 가만있자, 데이비, 뭐더라, 데이비, 가만있자…… 참 그렇군, 요리사 윌리엄, 그를 오라고 해라. 존 폴스타프 경, 절대로 용서할 수 없습니다.

데이비 그런데 주인님, 사실은 저, 분부하신 일들이 제대로 돼가지를 않습니다. 그리고 주인님, 그 길쭉한 밭뙈기에 밀을 뿌리는 겁니까?

섈로우 붉은 밀이다, 데이비. 그런데 요리사 윌리엄 말이다…… 새끼 비둘기들이 있지?

데이비 예, 있습니다. 이것이 대장장이가 건네준 청구서입니다. 편자 수선비와 쟁기 보수 값입니다.

섈로우 계산해서 줘라. 존, 절대로 용서할 수 없습니다.

데이비 그리고 주인님, 두레박 쇠줄을 사야 합니다. 그리고 요전날 힌클리 축제에서 그놈이 손해 입힌 그 술부대 값으로 윌리엄의 급료를 얼마나 제하면 되겠습니까?

섈로우 그건 마땅히 그 녀석이 물어야지. 데이비, 비둘기 몇 마리와 다리가 짧은 암탉 두 마리, 양 다리 하나, 그리고 먹음직한 요리를 장만하라고 윌리엄에게 일러라.

데이비 군인 나리가 오늘 밤 묵게 되는 겁니까, 주인님?

샐로우 (낮은 소리) 음, 그렇다. 잘 대접해야지. 궁정에 친구가 한 사람 있다는 게 돈지갑에 1페니 있는 것보다도 마음 든든하지 뭐냐. 데이비, 저분의 부하들도 잘 대접해 두는 거다. 그놈들은 이름난 악당이니까, 뒤에서 물어뜯기지(backbite) 않게 후환이 없도록 해놔야 하니 말이다.

데이비 하지만 그 녀석들은 스멀스멀 머릿속을 기어다니며 물어뜯는(backbitten) 이 등쌀에 후환이 심각한걸요. 글쎄 녀석들, 그 지독하게 더러운 냄새 좀 맡아보십시오.

샐로우 네가 꽤 재미있는 소리를 하는구나. 자, 가서 네 일이나 해라.

데이비 주인님, 부탁이 있는데, 윈코트의 윌리엄 바이저를 좀 도와주십시오. 상대는 언덕 위 클레멘트 퍼크스입니다.

샐로우 바이저는 그 밖에도 여러 사람에게 고발당했다. 그 바이저란 놈은 유명한 악당이다. 나도 다 알고 있어.

데이비 그는 물론 악당입니다, 주인님. 하지만 아무리 악당이라도 그의 친구 부탁이면 좀 봐줄 수 있지 않을까요. 주인님, 정직한 사람은 자기 자신을 변호할 수 있지만 악당은 그럴 수가 없지요. 주인님, 저는 댁에서 벌써 여덟 해 동안이나 주인님을 섬겨왔는데…… 한 철에 한두 번쯤 악당을 정직한 사람으로부터 구해 내지 못한대서야 여태껏 주인님을 섬겨온 보람도 없지 뭡니까. 주인님, 그 악당으로 말하면 저의 가장 정직한 친구입니다…… 그러니 주인님, 그 사람을 꼭 좀 도와주십시오.

샐로우 알았다, 적당히 처리하겠다. 자, 어서 가봐라. (데이비 퇴장) 존 폴스타프 경, 어디 계십니까? 자, 자, 자, 장화를 벗으십시오. 자, 바돌프 씨, 어서 오시지요.

바돌프 이렇게 뵙게 되니 참 반갑습니다.

샐로우 정말 감사합니다. 바돌프 씨…… (시동에게) 어서 오게, 키 큰 친구. 자, 존 경. (퇴장)

폴스타프 (천천히 일어서면서) 샐로우 경, 곧 뒤따라가겠습니다. 바돌프, 우리 말들을 매어두게. (바돌프가 시동을 데리고 퇴장) 나를 가늘게 쪼갠다면 저 샐로우와 꼭 같은 백발의 은둔자가 가지고 다니는 지팡이가 네 타(打)쯤 나오렸다. 주인과 하인 녀석 하는 수작이 어쩌면 그렇게도 꼭 같담. 하인들은 주인을 보고 배워 가지고는 어리석은 판사처럼 행동하게 되고, 주인 또한 하인들과 함께 지내는 사이에 하인 같은 판사가 되고 만 거지. 이래서 서로의 기질이 저렇게 완전히 똑같아지고 만 거라고. 글쎄 저 미련한 기러기들처럼 늘 뭉쳐만 다니고 있으니. 혹시 저 샐로우에게 무슨 부탁이 있을 때는 그 하인들 비위를 맞추는 게 좋겠어. "당신들만큼 주인의 신뢰를 받고 있는 사람은 없다"는 둥 추어올려서 말이야. 그리고 그자의 하인들에게 부탁이 있을 때는 주인인 샐로우를 기쁘게 해주는 게 상책이지. "당신만큼 하인들을 잘 부리는 사람은 없다"는 둥 아첨을 해서 말이야. 현명한 행동이나 미련한 태도 등은 병이나 마찬가지로 분명히 전염되거든. 그러기에 친구를 가려 사귀어야 하는 거지. 저 샐로우 녀석을 실컷 재료로 삼아서, 유행이 여섯 번 바뀔 때까지 해리 왕자로 하여금 웃어대게 해야겠다. 이건 곧 사계절, 또는 두 소송 기간에 해당하는 건데…… 그러면 그 친구는 줄곧 웃어대게 될 거야. 아, 맹세도 조금씩 하면서 거짓말을 해대거나 엄숙한 얼굴로 농담을 해대면, 어깨가 아파본 일이 없는 젊은 녀석들은 어쩔 줄 몰라 한단 말씀이야! 아, 녀석, 물에 푹 젖은 외투를 아무렇게나 펼쳐둔 것 같은 얼굴을 해가지고 마구 웃어댈 거라고!

샐로우 (안에서) 존 경!

폴스타프 아, 예, 곧 가겠소, 샐로우 경. (퇴장)

〔제5막 제2장〕

웨스트민스터. 왕궁.
워릭과 재판장이 좌우에서 등장.

워릭 이거 재판장 각하 아니십니까, 어디를 가시는지요?

재판장 전하는 지금 좀 어떠십니까?

워릭 아주 좋으십니다. 이제 걱정거리가 모두 사라졌으니까요.

재판장 설마 돌아가신 것은 아니겠지요?

워릭 전하께서는 자연의 길을 다 지나셨습니다. 바꾸어 말해 이 속세를 떠나셨지요.

재판장 전하께서 나를 데리고 가주셨으면 좋았을 것을! 재위 중에 충성을 다해 왔던 만큼, 앞으로 보복받을까 나는 두렵습니다.

워릭 하긴 젊으신 국왕 전하는 각하에게 호감을 가지고 계시진 않지요.

재판장 나도 그 점을 잘 알고 있습니다. 그래서 뜻밖에 어떤 무서운 사태가 닥치더라도 기꺼이 받아들일 각오를 하고 있습니다.

세 왕자 존, 클래런스, 글로스터, 그리고 웨스트모어랜드 백작, 그 밖의 사람들 등장.

워릭 세상 떠난 해리 왕의 왕자들이 슬픈 모습으로 나타났습니다. 아, 헨리 왕자가 저 세 왕자들 중 가장 못난 분만큼의 기질만이라도 가져주었더라면 오죽이나 좋겠소! 그랬더라면 수많은 귀족들이 저마다의 지위를 무사히 지켜낼 수 있을 것을. 그렇지 않고 보니 귀족들은 틀림없이 좋지 못한 생각을 품지 않을 수 없게 될 것이오!

재판장 아, 모든 것이 뒤죽박죽되지나 않을까 걱정입니다.

존 왕자 아, 워릭 경, 안녕하십니까.

글로스터, 클래런스 밤새 안녕하십니까, 워릭 경.

존 왕자 우리는 모두가 말을 잊어버린 사람들 같군요.

워릭 말이야 기억하고 있습니다만…… 하도 엄청난 일이라, 슬픔 때문에 감히 되풀이하여 입 밖에 낼 수가 없군요.

존 왕자 아, 우리를 엄청난 슬픔에 잠기게 한 그분에게 평화가 있기를!

재판장 우리에게도 평화가 깃들고, 더는 슬픈 일이 없기를!

글로스터 아, 재판장님, 하긴 각하야말로 참된 친구를 잃으셨지요. 각하는 절대로 가식이 아니라, 진심으로 슬퍼하신다고 믿어집니다.

존 왕자 그거야 누가 어떠한 은총을 받게 되는지는 알 수 없지만 아무튼 각하는 가장 냉대를 받게 될 것 같습니다. 참으로 안됐습니다. 그런 일이 없기를 바랍니다.

클래런스 그러니 존 폴스타프와 가까이 지내십시오. 각하와는 완전히 다른 사람이긴 하지만요.

재판장 왕자님들, 나는 공평무사한 양심에 따라 정의를 행해 온 것뿐입니다. 구차스럽게 가당치 않은 용서를 받을 생각은 조금도 없습니다. 진실과 결백이 통하지 않는다면 나의 주인이신 세상 떠난 선왕께 찾아가, 그런 사연을 여쭐 생각입니다.

워릭 마침 새 왕이 오십니다.

새로 등극한 헨리 5세와 블런트 등장.

재판장 문안드립니다. 신이여, 전하를 가호해 주옵소서!

헨리 5세 새로 맞추어 입은 이 화려한 왕의 옷은 경들이 생각하는 것처럼 그리 몸에 편한 것은 아니오⋯⋯ 아우들, 아우들은 슬픔 속에 불안한 빛을 보이고 있으나, 이곳은 터키 조정이 아니라 잉글랜드 조정이네. 터키 폭군 아무라트가 형인 왕 아무라트를 교살하고 왕위를 차지하는 것이 아니라 해리 왕자가 부왕 해리의 뒤를 마땅히 이어받는 것이다! 그래도 슬프다면 많이 슬퍼하게, 아우들이여. 슬퍼하는 게 분명히 아우들로서는 마땅하니까. 그리고 나 또한 아우들처럼 진심으로 슬퍼하고, 가슴속에 슬픔을 간직하고 다니겠으니⋯⋯ 많이 슬퍼하게. 그렇더라도 자신의 팔다리와 오장육부가 감당해 내지 못할 만큼 슬퍼하지는 마라. 그리고 나는 하늘에 두고 맹세하지만, 아우들의 형이면서 또한 아버지 역할을 할 생각이다. 아우들이 내게 호의만 가져준다면 아우들의 근심거리들은 내가 다 짊어질 생각이야. 아버지 해리 왕과의 이별에 눈물을 쏟아내라. 나도 그렇게 하겠네. 그러나 그 눈물 한 방울 한 방울들을 행복한 시간들로 바꿔놓고자 하는 이 해리가 살아 있다.

왕자들 그것 말고는 전하께 바라는 것은 없습니다.

헨리 5세 경들은 모두 이상한 눈으로 나를 대하고 있구려⋯⋯ (재판장에게) 경이 특히 그렇소. 경은 아마 내가 당신에게 호의를 갖고 있지 않다고 생각하겠지요.

재판장 정당한 평가를 받는다면 저는 전하의 미움을 살 까닭이 없으리라 확신합니다.

헨리 5세 없다고요? 앞으로 왕이 될 왕자의 신분으로서 경에게서 받았던 큰 모욕을 아무렇지 않게 생각할 수가 있을까요? 뭐요? 모욕과 힐책을 가하여, 잉글랜드 왕자를 폭력으로 감옥에 보내지 않았나요? 그게 쉬운 일이오? 그래, 그게 저승길에 있다는 저 망각의 강물에 씻기듯이 잊힐 일이란 말이오?

재판장 저는 그때 전하의 부왕을 대신했던 것뿐입니다. 저에게는 국왕의 대권이 부여돼 있었기 때문이지요. 그래서 국가를 위해 국왕을 대신하여 나랏일의 옳고 그름을 가리고 있을 때에, 전하는 정의와 법률을 집행하는 저의 신분과 국왕의 대리라는 저의 직책을 무시하고, 하필이면 법정에서 저를 때리셨으므로 직무상 어쩔 수 없이 국왕에 대한 불경죄로서 문책해야 했습니다. 만약 그것을 불법이라 생각하신다면 왕관을 쓰고 계시는 오늘날, 왕자가 계시다 치고 그 왕자가 전하 명령을 무시한다면 전하는 어떻게 하시겠습니까? 그 왕자가 법정에서 전하의 법관을 모욕한다면 어떻게 하시겠습니까? 그리고 국법 집행을 방해하고 전하의 평온과 안전을 지키는 정의의 칼을 무디게 한다면 그때는 어떻게 하시겠습니까? 전하의 대리를 발길질하고 전하의 분신을 모욕한다면 또 어떻게 하시겠습니까? 그런 경우들에 대해 전하의 마음에 물어보십시오. 전하의 왕자가 전하의 존엄성을 모독하고 국법을 무시하고 전하 자신을 모욕했다 치고, 제가 전하의 대리로서 직권에 의해 왕자를 조용히 처벌했다고 상상해 주십시오. 그런 뒤에 냉정한 판단 아래 저에게 선고를 내리십시오. 국왕 대리자의 직책상 제가 한 일 가운데 잘못이 있었다면, 국왕으로서 전하께서 지적해 주십시오.

헨리 5세 재판장, 과연 그렇소. 옳은 말이오. 그러니 저울과 검을 계속 맡아주시오. 그리고 경의 명예는 더욱 높아만 가서 마침내 나의 아들이 나처럼 그대를 모독하다가 경의 선고에 복종하는 것을 보게 될 때까지 살아주기 바라오. 나 또한 그때까지 살아서 부왕과 같은 말을 할 수 있기를 바라오. "왕위를 계승할 나의 적자에 대해서조차 정의를 집행하기를 두려워하지 않는 강직한 재판관이 있어 나는 행복하다오. 그리고 내 앞에서는 왕세자의 권리도 포기하기를 주저하지 않는 아들이 있어 이 또한 행복하다오" 이렇게 말이오⋯⋯ 경은 나를 감옥으로 보냈으니, 그 대가로 나는 오점 없는, 경이 여러 해 동안 지켜온 그 오점 하나 없는 검을 지금 다시 경의 손에 맡기겠소. 그럼, 이 검을 그대가 전에 나에게 했던 것처럼 대담무쌍하고 공정하게, 그리고 엄정하게 사용해 줄 것을 부탁하오⋯⋯ 자, 악수를 합시다. 이 젊은

이에게 아버지처럼 대해 주시오. 나의 모든 명령은 그대의 권고 아래 내려질 것이며, 나의 모든 거취는 그대의 현명하고 노련한 지시에 따르겠소…… 그리고 아우들, 아우들은 나를 믿어주기 바라네…… 이전에 내가 가지고 있던 난폭한 기질은 부왕의 무덤에 함께 묻혀서 지금쯤 부왕은 무덤 속에서 나 때문에 골치를 앓고 계시겠지만, 부왕의 근엄한 기질은 내게 살아남아 있소. 그러니 나를 겉모습만으로 판단해 내 앞날에 대해 떠들썩하게 악평하는 사람들을 놀라게 해줄 생각이오. 나의 피는 이제까지 허영심 때문에 엉뚱한 방향으로 흘러가고 있었으나, 그것이 썰물이 되는 앞날에는 완전히 방향을 바꾸어서 이 나라 운명의 물결과 진퇴를 함께해 변함없이 당당히 흘러갈 것이오. 그럼 이 나라가 동서고금의 최고 통치 국가들과 어깨를 나란히 할 수 있도록 먼저 의회를 소집해 나의 손과 발이 될 현명한 고문들을 뽑도록 하겠소. 그리하여 나는 전쟁이든 평화든, 또는 이 둘을 동시에 능숙하게 다룰 수 있게 되어야겠소…… 이 일에 있어서도 나의 아버지와 다름없는 재판장이 맨 먼저 수고를 해주셔야겠습니다…… 대관식을 마치면 지금 말한 대로 의회를 열겠소. 그리고 신께 나의 선량한 뜻을 맡긴 이상, 왕족이나 귀족 가운데 이 해리의 목숨이 하루라도 짧아지기를 비는 사람은 없을 것이오! (모두 퇴장)

〔제5막 제3장〕

글로스터셔. 섈로우의 정원.
정자 아래 탁자며 벤치들이 놓여 있다. 맑은 여름날 저녁.
섈로우, 폴스타프, 사일런스, 바돌프, 시동, 그리고 데이비 등장. 모두 휘청거리는 걸음걸이로 들어온다.

섈로우 아니오, 내 집 정원을 꼭 좀 구경해 보시오. 그리고 정원의 정자에서 작년부터 열기 시작한 피핀 사과 맛을 좀 보십시오. 그건 내가 직접 접목한 나무지요. 이 밖에도 회향풀 등을 좀 내오겠습니다……자, 사일런스, 이리 오시오…… (사일런스, 비틀거린다) 그러고 나서 잠자리에 듭시다.
폴스타프 이거 굉장히 훌륭한 저택인데요.

샐로우 뭘요, 형편없습니다. 비렁뱅이 살림이지요. 보잘것없어요. 존 경……
기껏해야 공기나 좋을 따름입니다. 데이비, 상을 차려라, 자, 어서. 음, 됐다,
그렇게. (데이비가 탁자 위에 과일 접시며 술을 갖다놓는다)

폴스타프 데이비는 매우 쓸모 있는 사람이군요. 하인이자 집사인 셈이군요.

샐로우 충실한 하인입니다. 좋은 충복입니다, 존. (딸꾹질을 하면서) 이거 내가
저녁 식사에 술이 과했었군…… 충복입니다…… 자, 앉으십시오, 어서, 앉으
십시오…… 사일런스 경도 자, 같이 앉으시지요. (폴스타프, 사일런스와 함께 탁
자 앞에 앉는다)

사일런스 (나른해져서) 아, 알았다고 여쭈어라…… (노래한다)

먹기만 하고, 신나게 놀자.
즐거운 이 한 해는 하느님 덕분이지.
고기 값은 싼데 계집 값은 비싸구나.
씩씩한 젊은이는 즐겁게 빈둥거리지.
하루 종일 그렇게.

폴스타프 재미있는 분이군! 사일런스 경, 답례로 곧 당신 건강을 위해 축배
를 들겠소.

샐로우 데이비, 바돌프 씨에게 포도주를 갖다 올려라.

데이비 좀 앉으시지요. (바돌프와 시동들을 다른 탁자 앞에 앉히면서) 곧 술을 가
져오겠습니다. 자, 앉으십시오. 시동 나리, 시동 나리도 앉아요. 됐습니다. 음
식이 부족한 것은 술로 메워 드리겠습니다. 소홀한 점은 너그럽게 봐주십시
오. 마음이 중요하니까요. (퇴장)

샐로우 바돌프 씨, 마음껏 즐겨주십시오. 그리고 작은 병사, 자네도 맘껏 즐
겨라.

사일런스 (노래한다)

즐겁게, 즐겁게 놀자꾸나,
집에 가면 여편네가 판을 치니.
여자들은 키가 크건 키가 작건

모두 왈가닥이네.
수염 난 얼굴들만 한자리에 모이니,
즐겁기 한이 없구나.
자, 모두 즐겁게 즐겁게.

폴스타프 사일런스 씨가 이렇게 즐거운 분인 줄은 몰랐는데요.
사일런스 누구 말입니까, 나 말입니까? 어쩌다가 한두 번쯤은 이렇게 즐겨보
는 거죠.

데이비 다시 등장.

데이비 두꺼운 껍질 사과를 가지고 왔습니다, 당신 몫입니다. (사과 접시를 바
돌프 앞에 내려놓는다)
샬로우 데이비!
데이비 예, 곧 갑니다, 주인님! (바돌프에게) 포도주를 한 잔 따라드릴까요? (포
도주를 잔에 따른다)
사일런스 (노래한다)

최상품 포도주 한 잔,
애인에게 축배를 하자꾸나.
마음이 즐거우면 명(命)도 길어진다네.

폴스타프 잘 부르십니다, 사일런스 씨.
사일런스 즐겁게 놉시다. 달콤한 밤이 시작되니까요.
폴스타프 (축배를 들며) 사일런스 씨, 당신의 건강과 장수를 위해 축배를 들
겠소.
사일런스 (노래한다)

술잔을 가득 채워라,
바닥까지 1마일이 되어도 마시고 볼 테다.

샐로우 바돌프, 참 잘 오셨소. (축배를 든다) 필요한 것을 말씀하시오. 사양하신다면 말도 안 되지요. (시동에게) 이봐, 작은 도적, 잘 와줬어. 참 잘 왔어. 그럼 나는 바돌프 씨를 위해 축배를 들겠소. 그리고 나서 런던 모든 멋쟁이 신사들을 위해 축배를 들겠소.

데이비 (바돌프에게) 살아 있는 동안 한 번은 런던에 가보고 싶습니다.

바돌프 혹시 그때 런던에서 우연히 너를 만나게 된다면, 데이비……

샐로우 틀림없이 한 되들이 병술을 나누어 마시겠죠. 어때요, 안 그럴까요, 바돌프?

바돌프 예, 두 되들이 병술로 하겠습니다.

샐로우 참 고맙소. 저 녀석은 절대로 당신을 배신할 사람이 아니오. 술로 해서 실수할 사람이 아니라오. 본디 얌전한 태생이니까요. (노크 소리가 들린다)

바돌프 나 또한 배신할 사람이 아닙니다.

샐로우 군주 못지않은 말씀이오. 자, 맘껏 드시고 즐기시오. (또 노크 소리) 문 밖에 누가 왔나 보군. 거기 누가 문을 두드리는 거요? (데이비 퇴장. 사일런스, 큰 잔으로 폴스타프를 위해 축배를 든다)

폴스타프 (사일런스에게) 아, 그 잔으로 내게 답례를 하시는군요.

사일런스 (노래한다)

제대로 답례하니
작위를 내려주오. 만세!

이거지요?

폴스타프 그렇습니다.

사일런스 그렇습니까? 그렇다면 늙은 사람도 어느 정도는 쓸모가 있겠군요.

데이비, 피스톨을 안내해 다시 등장.

데이비 (폴스타프에게) 피스톨이라는 분이 궁정으로부터 무슨 소식을 가지고 왔습니다.

폴스타프 궁정으로부터! 이리 안내해 줘. 아, 어쩐 일이냐, 피스톨?

피스톨 존 경, 안녕하십니까?

폴스타프 무슨 바람이 불어 여기까지 찾아왔느냐, 피스톨?

피스톨 사람에게 이익이 되지 않는 나쁜 바람이 불어 온 것은 아닙니다. 기사님, 이제 당신은 이 나라에서 가장 신분이 높은 귀족들 틈에 들어가게 되신 겁니다.

사일런스 그거야 그럴 테지요. 바슨의 저 엄청난 뚱보 영감 다음으로는.

피스톨 뚱보라고! 흥, 뚱뚱보, 하고 콧방귀를 뀔 사람은 이쪽이야, 요 비열한 겁쟁이 같으니! 존 경, 나는 당신의 막역한 피스톨입니다. 그래서 무작정 말을 몰아서 이 기쁜 소식, 황금 같은 보도, 행복한 통고를 가지고 왔습니다.

폴스타프 이것 봐, 세상 사람들이 하는 쉬운 말로 좀 보고해 보게.

피스톨 세상이나 세속적인 건 난 모른단 말이오! 내가 가져온 소식은 아프리카적*¹⁴인 기쁜 소식, 황금적인 소식이라고요.

폴스타프 이것 봐, 하잘것없는 아시리아*¹⁵ 기사, 대체 무슨 보고를 가져왔느냐? 코페투아*¹⁶께 사실대로 아뢰어라.

사일런스 (노래한다)

로빈 후드와 스칼렛과 존*¹⁷과.

피스톨 쓰레기통을 뒤지는 들개 주제에 헤리콘산(山) 시신(詩神)에게 맞서겠다고? 모처럼 들고 온 기쁜 소식을 엉망으로 해놓겠다고? 그럼 피스톨, 네 머리를 복수의 세 자매 여신 치마에 내맡겨 버리려무나.

샐로우 여보시오, 당신은 처음 뵙는데요.

피스톨 그렇다면 슬퍼해야죠.

샐로우 실례지만, 저, 만약 당신이 궁정에서 어떤 소식을 가지고 왔다면, 오직 두 가지 해결 방법이 있을 뿐이오. 그것을 지금 바로 공개하든가, 감추든가 말이오. 나는 왕으로부터 어떤 직권을 맡은 사람이오.

---

*14 바다 건너 먼 미지의 세계. 황금 같은 보물이 어딘가에 있을 거라고 상상했다.

*15 메소포타미아 지역. 고대 문명이 일어난 곳.

*16 여자를 싫어했으나 거지 처녀와 결혼한 아프리카의 전설상의 왕.

*17 로빈 후드 이야기에 나오는 인물들.

연극 〈헨리 4세 제2부〉 로열 셰익스피어 극단 영국 공연. 2001.
폴스타프·섈로우·사일런스가 주고받는 대사에서 지나가 버린 젊음과 피할 수 없는 죽음이 뚜렷하게 드러난다.

피스톨　당신이요? 어떤 왕으로부터 말이오? 자, 말해 보든가, 죽든가 하오.

섈로우　해리 왕으로부터요.

피스톨　해리 4세 말이오, 해리 5세 말이오?

섈로우　해리 4세요.

피스톨　흥, 그런 직권 따위가 무슨 소용이 있단 말이오! 존 경, 당신의 귀여운 새끼 양이 왕이 됐습니다. 해리 5세 왕 말입니다. 정말입니다. 이 피스톨이 하는 말이 거짓이라면 나를 무시해도 좋습니다. 허풍선이 스페인 사람같이 엄지손가락을 집게손가락과 가운뎃손가락 속에 내밀어서 무시해도 말입니다.

폴스타프　뭣! 그럼 노왕이 죽었단 말이냐?

피스톨　문짝에 박힌 못처럼이요! 내가 한 이야기는 모두 사실입니다.

폴스타프　바돌프, 빨리 말에 안장을 얹어라. 로버트 섈로우 경, 내가 책임질 테니 어떤 벼슬자리고 골라잡으시오. 피스톨, 네게는 관직을 이중으로 장전해 주겠다.

바돌프 참으로 운수 좋은 날이로군! 이제 나는 기사 벼슬쯤으로는 만족할 수 없지.

피스톨 어때요! 참으로 기쁜 소식이지요?

폴스타프 (데이비에게) 사일런스 씨를 가만히 안아서 잠자리로 모셔가라…… 샐로우 씨, 샐로우 경…… 무슨 벼슬이고 하시오. 나는 운명의 여신을 섬기는 집사나 다름없으니…… 장화를 신으시오. 우리는 밤새워 말을 달려야 하니까요. 아, 피스톨, 수고가 많았다. (피스톨을 껴안는다) 바돌프, 빨리. 자, 피스톨, 뒷이야기를 더 해봐라. 그리고 네 벼슬도 생각해 둬라…… 장화를, 장화를, 샐로우! 젊은 왕은 눈이 빠지도록 나를 기다리고 있을 테지. 누구 거라도 상관없으니 말을 끌어오너라…… 잉글랜드 법률은 내 손안에 있다. 나의 친구는 축복을 받을지어다. 하나 저 재판장 나리가 가엾게 됐구나!

피스톨 놈의 허파는 지옥에서 독수리 밥이나 되고 말아라! 이전의 내 삶은 어디 있느냐? 바로 여기 이렇게 있지 뭐냐. 참으로 즐거운 세상이로구나.

(모두 서둘러 퇴장. 데이비와 하인들은 잠들어 있는 사일런스를 안고 들어간다)

〔제5막 제4장〕

런던. 어느 거리.
교구 관리들, 술집 안주인 퀴클리와 돌 티어시트를 끌고 등장.

퀴클리 (몸부림치면서) 요 악당아! 나는 이대로 죽었으면 좋겠다. 살인죄로 네 놈이 교수형을 받게 말이야. 하도 세게 잡아당기는 바람에 이 어깨뼈가 빠져버렸다고.

관리 1 저건 경찰들에게 내가 넘겨받은 여자인데, 이제 회초리 맛 깨나 보게 되겠어. 요즘 저 여자 때문에 살해당한 사람이 한두 사람 있다고.

돌 티어시트 이 갈고리, 갈고리야, 거짓말 마. (관리, 돌을 때린다) 왜 때리는 거야. 상스럽게 생긴 빌어먹을 악당아, 이 배 속 아기가 유산이라도 되는 날이면 너는 네 어미를 때려주는 편이 차라리 나은 줄 알아라. 종잇장 같은 낯

드라마 〈헨리 4세 제2부〉 헨리 5세 즉위　캐빈 맥파랜드 연출, 톰 히들스턴(핼, 헨리 5세) 출연, 2013.

짝을 한 악당 녀석아.

퀴클리　아, 이런 때 존 나리가 오시면 오죽이나 좋을까! 그분만 있으면 오늘 어느 놈인가 피를 보고 말 텐데! 하지만 하느님, 돌의 배 속 아기를 유산시켜 주십시오!

관리 1　그렇게 되면 방석이 열두 장 필요하게 되겠군…… 지금은 열한 장밖에 없지만. 자, 둘 다 나를 따라와. 당신들과 피스톨이 때려준 그 남자는 죽었으니까.

돌 티어시트　향로 뚜껑에 새겨진 홀쭉이 인형 같은 자식아, 분명히 말해 두지만 보복으로 톡톡히 매질을 당할 줄 알아라…… 청색 제복의 악당, 굶주리고 더러운 간수야, 너 같은 놈이 매를 면하는 날에는 나는 여자 속치마와는 인연을 끊고 말 테다.

관리 1　자, 자, 밤에만 활개 치는 여장부, 어서 따라와.

퀴클리　아, 하느님, 정의가 이렇게 폭력에 지고 마는군요! 하지만 인내 뒤에는 좋은 날이 온다지요.

돌 티어시트　자, 악당아, 빨리 나를 재판장님한테 데리고 가려무나.

퀴클리 자, 데리고 가려무나, 굶주린 사냥개 놈아.

돌 티어시트 저승사자 놈! 뼈다귀 같은 녀석아!

퀴클리 요 해골 같은 놈아!

돌 티어시트 요 홀쭉이 녀석아! 이 악당 녀석아!

관리 1 좋아! (관리들이 두 여자를 감옥으로 끌고 간다)

〔제5막 제5장〕

웨스트민스터 사원 근처 거리.
군중이 모여들고 호위병들이 늘어서 있다. 하인 세 사람, 길목에 골풀을 뿌리면서
등장.

하인 1 골풀을 더 뿌려, 더 뿌려.

하인 2 나팔이 두 번씩이나 울렸어.

하인 3 대관식이 끝나기도 전에 2시가 되겠다. 빨리 해, 빨리. (모두 퇴장)

나팔 소리와 함께 국왕의 행렬이 사원으로 들어간다. 잠시 뒤 폴스타프, 섈로우, 피
스톨, 바돌프, 그리고 시동이 나타나 군중 속에 끼어 선다.

폴스타프 로버트 섈로우 씨, 내 곁에 바짝 서시오. 왕에게 인사를 시키겠소.
왕이 지나갈 때 내가 왕에게 눈짓을 할 테니 왕이 나를 어떻게 대하는지
보시오.

피스톨 신이여, 기사님의 허파를 축복해 주소서.

폴스타프 자, 피스톨, 내 뒤에 바짝 서라. (섈로우에게) 아, 시간이 좀더 있었더
라면, 당신한테 빌린 1천 파운드로 새 제복을 맞춰 입고 올 것을. 하지만 뭐
상관없죠. 이렇게 초라한 옷차림은 왕을 조금이라도 빨리 만나보고 싶어
달려온 증거가 될 테니까요.

섈로우 그렇겠군요.

폴스타프 열렬한 우정의 증거가 될 수 있을 테니 말이오……

섈로우 그렇겠군요.

폴스타프 나의 헌신은······.

샬로우 그렇습니다, 예, 그렇고말고요.

폴스타프 이렇게 밤낮으로 달려왔고, 망설이거나 돌이켜 보거나 옷을 갈아입을 새도 없이 말이죠······.

샬로우 정말 옳은 말이오.

폴스타프 더러운 여행복 차림 그대로, 다른 생각은 해볼 틈도 없이, 모든 일을 망각 속에 내던져 버린 채, 어서 만나보고 싶다는 마음 하나로 땀을 뻴뻴 흘리며 달려온 것처럼 보일 테니까요.

피스톨 요컨대 하나지 둘은 아닙죠. 일심동체라고들 하니까. 전체는 개체의 집합이지요.

샬로우 정말 그렇소.

피스톨 기사님, 당신의 간장이 염증을 일으키고 분노를 터뜨리게 할 일이 있습니다. 당신의 헬레네[18]라고도 할 돌 양이 감금되어 더러운 감옥에서 신음하고 있습니다. 더러운 포졸들에게 끌려간 것입니다. 무서운 복수의 여신 알렉토의 뱀이 살고 있는 칠흑 같은 동굴 속에서 여신을 깨워 어서 돌 양을 구해 내십시오. 이 피스톨의 말은 하나도 거짓이 아닙니다.

폴스타프 음, 구해 내야지. (나팔 소리와 환호 소리)

피스톨 야아, 파도처럼 퍼져나가는 저 외침 소리, 세상을 뒤흔드는 저 나팔 소리!

국왕의 행렬, 사원에서 나온다. 재판장도 보인다.

폴스타프 국왕 만세! 헬 왕! 헬 국왕 만세!

피스톨 국왕 만세! 명성이 자자한 대장 만세!

폴스타프 만세! 내 귀염둥이 만세!

헨리 5세 (재판장에게) 재판장, 저 어리석은 사람을 제지해 주오.

재판장 여봐라, 너는 정신이 나갔느냐? 너는 자신이 무슨 말을 하고 있는지나 알고 있느냐?

---

[18] 그리스 신화에 나오는 미녀로, 트로이 전쟁의 원인이 되었다.

폴스타프 (재판장을 떠밀어 내고) 나의 왕! 나의 유피테르! 내 말이 안 들리나!

헨리 5세 노인, 대체 당신은 누군지 모르겠으나 기도를 하시오. 그런 백발로 광대나 익살꾼처럼 굴다니 가당치 않소! 나는 오랫동안 그대같이 배가 뚱뚱한 더러운 노인을 꿈에 봐왔으나, 잠에서 깨고 보니 이제는 그 꿈이 가증스럽기만 하오. 앞으로는 몸무게를 줄이며 덕을 쌓도록 하고, 과식을 하지 마오. 그렇게 하지 않으면 무덤이 그대를 맞으려고 다른 사람들보다 세 배는 더 크게 입을 벌리고 기다릴 테니 새겨듣기 바라오. 그리고 나에게는 절대로 어리석은 익살로 대꾸해서는 안 되오. 나는 이미 이전의 내가 아니오. 신이 아시고, 이 세상이 알고 있듯이 나는 이전의 나와 결별했으니 이전에 나와 가까이 해오던 사람들과도 결별이오. 나의 행동이 이전과 다름없다는 소리를 듣게 되거든 그때 찾아오오. 그러면 이전처럼 그대를 스승삼아 난폭한 짓을 일삼겠소. 그때까지는 다른 못된 친구들과 마찬가지로 그대를 10마일 밖으로 추방할 것이니, 만약 나에게 접근하려는 날이면 목숨이 없을 줄 아오. 생계 수단이 없어서는 나쁜 짓을 하게 마련이므로 살아가는 데에는 어려움이 없게 해주겠소. 과거를 뉘우치고 마음을 바르게 고쳤다는 소리가 들리면 저마다 능력에 따라 등용의 길을 열어주겠소. (재판장에게) 재판장, 이 일은 경이 맡아서 내 뜻을 잘 이행케 해주오. 자, 갑시다. (행렬과 함께 퇴장)

폴스타프 샐로우 경, 내가 당신에게서 1천 파운드 빌렸지요.

샐로우 예, 그렇습니다, 존 폴스타프 경. 그 돈을 찾아 가지고 돌아갈 수 있게 해주시오.

폴스타프 샐로우 경, 그건 좀 어려운 이야기요. 그러나 염려 마시오…… 왕은 남몰래 사람을 보내서 나를 만날 것이오. 오늘은 세상의 눈도 많고 하니 이럴 수밖에 없겠지만 말이오. 당신의 앞날은 내가 보장하겠소. 내가 있는 한 당신이 큰 사람으로 출세하기는 시간문제요.

샐로우 하지만 당신 윗도리를 내게 입혀서 짚으로 안을 해넣기 전에는, 내가 큰 사람이 될 것 같지는 않은데요. 존 경, 1천 파운드의 절반만이라도 되돌려 주시오.

폴스타프 이보시오, 약속은 꼭 지키겠소. 왕이 그렇게 말한 것은 체면 때문이요.

샐로우 그 체면이 당신의 목을 매달까봐 두렵군요.

폴스타프 까짓것 무서울 것 없소. 자, 함께 식사를 하러 갑시다. 자, 피스톨 부관, 자, 바돌프…… (샐로우에게) 오늘 밤으로 나는 부름을 받을 것이오.

존 왕자, 재판장과 관리들 다시 등장.

재판장 (관리들에게) 존 폴스타프 경을 패거리와 함께 플리트 감옥에 가두어라. (관리들, 폴스타프와 그 무리를 체포한다)

폴스타프 각하, 각하…….

재판장 지금은 상대할 수 없소. 나중에 듣겠소. (관리들에게) 어서 데려가라.

피스톨 내 지금은 비운으로 고통을 받을지언정, 희망이 없는 바 아닐지어다. (관리들, 폴스타프 일당을 끌고 나간다)

존 왕자 전하의 이번 조치는 참으로 적절합니다. 전하는 평소 그자와 가까이 해오던 패거리에게 생계 수단을 마련해 주고, 그들 모두가 뉘우치기 전에는 한동안 접근하지 못하도록 추방령을 내리고 마시는군요.

재판장 예, 그렇습니다.

존 왕자 의회 소집 명령도 내리셨습니다.

재판장 그렇습니다.

존 왕자 틀림없이 올해 안에는, 이제까지 내란 진압에 사용되어 온 검과 애국적 기상은 멀리 프랑스로 진출하게 될 것 같습니다. 새 한 마리가 그렇게 지저귀고 있었는데…… 그 묘한 음악이, 내 생각으로는 전하 마음에 드신 것 같더군요. 자, 가봅시다. (두 사람 퇴장)

[막을 내리는말]

무용수가 등장해 말한다.

먼저 겁이 나는군요. 그럼 인사 여쭙고, 끝으로 변명의 말씀 아뢰겠습니다. 겁이 나는 까닭은 관객 여러분 마음에 드셨는지 걱정되기 때문이며, 인사 여쭙는 것은 제 본분이고, 변명 말씀 아뢰는 것은 여러분한테 용서를 구하려는 뜻입니다. 만약에 교묘한 변명을 기대하신다면, 저로서는 이만저만 난처한 일이 아니겠습니까. 왜냐하면 오늘 제가 할 변명은 저 스스로 생각해 낸 것이므로 틀림없이 엉망일 테니 말입니다. 그래도 아무튼 여쭈어 보겠습니다. 잘 기억하고 계시겠지만, 요전에도 저의 졸렬한 연극을 내릴 때 이곳에 나타나 여러분에게 용서를 빌며, 다음에는 반드시 더 나은 것을 보여 드리기로 약속했지요. 이제 그 약속을 지켰노라 어느 정도 자부하지만, 만약 그렇지 못하다면 저는 약속을 어겨 스스로 파산을 불러왔으니, 따라서 채권자라 할 관객 여러분은 손실을 입게 되겠습니다. 약속을 했던 만큼, 저는 여기 이렇게 나타나 관객 여러분의 처분을 바랄 뿐입니다. 이 하찮은 극을 약속 이행의 일부로 받아들여 주시면 빚을 이렇게 조금이라도 갚고, 모든 채무자가 늘 그렇듯이 앞으로 조금씩 조금씩 모두 갚기로 약속하겠습니다. 그러니 저는 여러분 앞에 이렇게 무릎 꿇고, 여왕 폐하를 위해 기도할 따름입니다. 만약 혀만 갖고는 안 되시겠다면, 다리를 써서 못 추는 춤이라도 보여드리면 좋겠습니다만, 빚을 져놓고 갚는답시고 춤만 추고는 다 되었다고 해서야 되겠습니까! 양심이 있는 한 최선을 다해 갚아야 할 것인즉, 저는 그렇게 하겠습니다. 여기 계신 귀부인들은 이미 용서해 주셨습니다. 그런데 만약 신사 여러분만이 굳이 이의가 있다고 말씀하신다면, 귀부인들과는 의견을 달리하시는 건데, 그런 일은 이런 모임에서는 일찍이 전례가 없었습니다. 한 마디만 더 아뢰겠습니다. 만약 여러분이 아직도 비곗덩이에 물리지 않으셨다면 작가는 존 폴스타프가 나오는 이야기를 좀더 계속하여, 프랑스의 아름다운 카트린 공주[19] 이야기로 여러분을 즐겁게 해드릴 계획이랍니다. 그가 여러분의 혹평을 이겨내고 아직도 살아 있다면, 제가 알기론 폴스타프는 프랑스에서 끝내 땀을 못 이겨내고 죽게 될 것입니다. 올드캐슬 경[20]으로 말하자면 실제로 순교했습니다만, 이 사람이 그런 것은 아니고 둘은 전혀 딴사람이란 말씀이지요…… 이제 제 혀는 지쳐버렸습니다. 그리고 다리도 힘이 빠져버렸으니, 이제야말로 여러분 앞에 무릎 꿇어 작별 인사 여쭙고 물러가겠습니다. 여왕 전하의 만수무강을 기원합니다.

---

* 19 작품 《헨리 5세》에서 헨리 5세가 프랑스 공주 카트린과 결혼.
* 20 Sir John Oldcastle. 1413~1414년 헨리 5세에 대항하는 롤라즈 반란을 지휘하다 화형당함. 성경을 중시하는 롤라즈 사상은 뒤에 루터파에 합류.

Henry V
헨리 5세

[등장인물]

헨리 5세   헨리 4세의 맏아들

글로스터 공작   헨리 5세의 셋째 동생

베드퍼드 공작   헨리 5세의 둘째 동생

엑서터 공작   헨리 5세의 숙부

요크 공작   헨리 5세의 사촌 형

웨스트모어랜드 백작   헨리 5세의 고모부

솔즈베리 백작

워릭 백작

캔터베리 대주교

일리 주교

케임브리지 백작   요크 공작의 동생

매섬의 스크룹 경   잉글랜드 귀족   〕 반역자들

토머스 그레이 경   웨스트모어랜드 백작의 사위

토머스 어핑엄 경

가워 대위   잉글랜드인

플루엘렌 대위   웨일스인

맥모리스 대위   아일랜드인

제이미 대위   스코틀랜드인

존 베이츠, 알렉산더 코트, 윌리엄스   병사들

피스톨, 님, 바돌프   폴스타프 패거리

퀴클리   술집 이스트치프의 안주인. 지금은 피스톨의 아내

소년   폴스타프의 시동

샤를 6세   프랑스 왕

이자벨(이자보) 왕비   샤를 6세의 아내

루이 왕자   샤를 6세의 아들

카트린 공주   샤를 6세의 딸

부르봉 공작   샤를 6세의 숙부

오를레앙 공작 프랑스 왕자의 사촌 형

베리 공작

브르타뉴 공작

부르고뉴 공작

랑뷔레 경

그랑프레 백작

프랑스군 총사령관

아르플뢰르 시의 총독

몽조이 전령관

알리스 카트린의 시녀

잉글랜드와 프랑스 귀족들, 귀부인들, 병사들, 시민들, 외교 사절들, 수행원들, 전령들, 하인, 해설자 등

[장소]

잉글랜드와 프랑스

헨리 5세

해설자 등장.

해설자 오, 창조의 가장 찬란한 하늘 꼭대기까지 불꽃을 내뿜는 뮤즈여! 무대 위에는 하나의 왕국을, 배우에게는 왕족의 지위를 내려주시고, 이 웅장한 장면에서 관객들이 제왕들을 바라보게 하소서! 그리하면 군신 마르스의 위용을 갖춘 싸움꾼 해리가, 그 발아래에 가죽끈에 묶인 굶주린 사냥개들 같은 병사들과 함께 칼과 불에 둘러싸여 나타날 겁니다. 그러나 관객 여러분, 미련하고 평범한 배우들이 이 작은 무대 위에 이토록 거창한 주제를 가지고 나옴을 용서해 주십시오. 이 닭싸움장 같은 무대 위에 어찌 프랑스의 드넓은 전쟁터를 모두 보여줄 수 있고, 이 작은 원형 목조 건물 안에 아쟁쿠르의 하늘을 뒤흔든 그 많은 투구들을 어찌 다 보여줄 수 있겠습니까? 오, 용서하십시오! 이 원형을 나타내는 'O'은, 숫자 그 자체로는 '영(zero)'이지만 숫자 맨 끝에 붙이면 '백만'이나 되는 큰 수를 나타낼 수도 있습니다. 그리고 백만에 대해 '영(zero)'과 같은 존재일 따름인 우리 배우들은 다만 여러분의 상상력에 기대어 이야기를 이어가겠습니다. 오늘 벽으로 둘러싸인 이 극장 안에는 두 강대국이 우뚝 솟은 벼랑과 험난한 해협을 사이에 두고 서로 가까이 맞서 있다고 상상해 주십시오. 우리 배우들의 부족한 점은 여러분의 상상력으로 가득 채워 주십시오. 배우 한 사람이 1천 명의 몫을 대신한다 보아주시고, 그 뒤에 수많은 대군이 있다고 생각해 주십시오 말들에 대해 이야기할 때는 늠름한 발굽으로 대지를 밟고 서 있는 모습을 바로 앞에서 보고 있다 상상해 주십시오. 왕들의 옷차림을 장엄하게 장식하는 것도, 그들이 머무는 장소를 이리저리 옮겨가는 것도, 오랜 세월에 걸쳐 쌓이고 쌓인 사건들의 시간을 뛰어넘어 모래시계 한 시간 분량으로 바꾸는 것도 모두 여러분의 상상력에 달려 있습니다. 그 사이사이에 일어난 사건들은 이 해설자가 설명해 드리겠습니다. 부디 우리의 연극을 넓은 아량으로 귀 기울여 주시며 친절하게 평가해 주시기를 간절히 부탁드립니다. (퇴장)

〔제1막 제1장〕

런던. 왕궁의 대기실.
캔터베리 대주교와 일리 주교 등장.

캔터베리 그럼 설명해 드리리다, 주교. 선왕이 통치하신 지 11년째 되던 해에 우리가 반대했음에도 통과할 뻔했던 그 법안이 다시 제출되었소. 그때는 나라 안이 시끄럽고 어수선하여 논의해야 할 문제에서 밀려났었지요.

일리 그렇지만 대주교님, 어떻게 하면 지금 우리가 그 법안의 통과를 막을 수 있을까요?

캔터베리 그 일을 신중히 생각해 봐야 하오. 우리의 반대에도 법안이 통과되면 우리는 재산을 절반 넘게 잃게 돼요. 그러면 신앙심 깊은 신도들이 유언으로 교회에 기증한 땅을 모두 빼앗기고 마오. 값으로 따지면 국왕의 권위를 유지하기 위한 백작 15명과 기사 150명, 향사 1500명을 부양할 수 있으며, 나병 환자와 노약자들 그리고 육체 노동이 어려운 병약자들을 위한 시설이 갖추어진 구호소를 100동이나 세울 수 있지요. 또한 국왕 금고에는 해마다 1천 파운드를 바치도록 법안이 마련돼 있소.

일리 잔뜩 집어삼킬 작정이로군요.

캔터베리 몽땅 집어삼키자는 것과 다름없소.

일리 막을 방법은 없을까요?

캔터베리 전하께선 너그럽고 공정한 분이시오.

일리 그리고 진정으로 교회를 사랑하는 분이시지요.

캔터베리 젊은 시절 행적을 봐서는 짐작조차 할 수 없었던 일이지만, 부왕께서 세상을 떠나시자마자 그 방탕하고 제멋대로인 성품이 사라지셨으니 말이오. 그래, 바로 그 순간 스스로 돌아보고 뉘우치는 마음이 천사와 같이 일어나, 전하 안에서 죄로 가득한 아담의 본능을 몰아내고, 그 몸을 하늘의 성령이 깃든 낙원으로 바꾸어 놓은 것이오. 그토록 갑자기 지혜와 학식을 갖춘 학자로 탈바꿈한 일은 일찍이 없었으며, 그토록 참회의 마음이 넘쳐 소용돌이치며 홍수가 휩쓸고 가듯 악덕을 말끔히 씻어낸 일도 없었지요. 그리고 머리가 많이 달린 괴물 히드라의 괴팍스런 고집이 전하에게서처럼 하루아침에 설 자리를 잃게 된 예도 없었고요.

일리 그런 전하의 놀라운 변화는 우리에겐 축복이지요.

캔터베리 전하께서 신학적인 내용을 논하시는 걸 들으면, 성직자가 되셨더라면 좋았을 텐데 하고 감탄하게 됩니다. 또 전하께서 나랏일을 이야기하시는 걸 들어보면, 끊임없이 학문에 힘쓰신다고 말하지 않을 수가 없소. 처절한 전쟁 이야기마저 음악처럼 들린다오. 제아무리 어려운 정치 문제라도 전하께서 다루시면 고르디아스의 매듭처럼 간단히 풀리고 말지요. 전하께서 입을 열어 말씀하시면 아무리 자유분방한 공기라도 잔잔해지지요. 모든 사람이 감탄하며 숨을 죽이고는 꿀처럼 감미롭게 가슴속에 스며드는 말씀에 귀를 기울이게 됩니다. 그토록 이론에 정통하시게 된 것은 실천하는 삶에서 비롯된다고 봅니다만, 전하의 명석함과 해박한 지식에 그저 놀랄 따름입니다. 전에는 아무 쓸모없는 일에만 빠지셔서 친구들이라곤 무식하고 난폭하며 천박한 패거리뿐이었으니, 날마다 소란을 피우며 흥청망청 장난치며 놀러 다니시는 게 전부였지요. 학문에는 완전히 등을 돌리고 백성들이 많이 모이는 곳이나 환락가에서만 살다시피 하신 까닭에, 혼자 떨어져서 조용하게 계시는 모습은 아예 본 적이 없답니다.

일리 딸기는 쐐기풀 아래에서도 잘 자라며, 훌륭한 씨앗은 질이 나쁜 과일들 속에서도 가장 알찬 열매를 맺으니까요. 전하께서도 젊었을 때 방탕한 베일 속에 자신을 감추고 삶의 참뜻을 깊이 관찰하신 거겠지요. 그러니 한여름의 풀처럼 밤에 무럭무럭 자라나, 누구도 알아차리지 못하는 사이에 그 본바탕이 드러난 게 틀림없습니다.

캔터베리 확실히 그럴 겁니다. 지금은 기적이란 것도 사라지고 없으니까요. 그러니 모든 일이 이루어지기 위해서는 반드시 그럴 만한 원인이 있어야 함을 우리는 인정해야 합니다.

일리 그렇지만 대주교님, 하원 의원들이 제출한 그 법안이 어떻게 수정될 가망은 없겠는지요? 전하께선 찬성하시는 겁니까, 아니면 반대하시는 겁니까?

캔터베리 전하께선 중립적인 태도를 취하시는 것 같소. 아니, 우리에게 불리한 이 법안을 내놓은 사람들보다는 오히려 우리 편에 기우신 것 같소. 실은 내가 지금 우리에게 걸려 있는 긴급한 문제들에 대한 종교회의 결의 사항을 전하께 자세히 말씀드렸소. 프랑스 토벌에 일단 들어가게 되면, 성직자들이 역대 선왕들에게 일찍이 헌납한 액수보다 훨씬 많은 돈을 바치겠다고 전하께 흔쾌히 말씀드렸소.

일리 대주교님, 전하께선 어떻게 받아들이신 것 같습니까?

캔터베리 기쁘게 받아들이셨소. 다만 시간이 충분치 않아서—물론 전하께선 몹시 듣고 싶어하셨지요—몇몇 공작령에 대한 전하의 정당한 권리들과 증조부 에드워드 3세 왕에게서 물려받으신 프랑스 왕권에 대한 모든 권리들을 아직 다 아뢰지 못했지요.

일리 그러면 무슨 일로 말씀이 중단되었습니까?

캔터베리 마침 그때 프랑스 왕의 사절이 전하를 뵙고자 청했기 때문이오. 지금쯤 전하께선 그 사람 이야기를 듣고 계시겠지요. 이제 4시인가요?

일리 그렇습니다.

캔터베리 그럼 안으로 들어가 사절이 무슨 일로 왔는지 알아볼까요? 물론 그 프랑스 사절이 하는 말을 전혀 듣지 않고도 내용을 쉽게 짐작할 수야 있지만 말이오.

일리 그럼 모시고 따라나서겠습니다. 저도 몹시 듣고 싶군요. (모두 퇴장)

〔제1막 제2장〕

런던. 왕궁의 접견실.
헨리 왕, 글로스터 공작, 베드퍼드 공작, 엑서터 공작, 워릭 백작, 웨스트모어랜드 백작 그리고 수행원들 등장.

헨리 왕 캔터베리 대주교는 어디 있소?

엑서터 이곳에는 없습니다.

헨리 왕 숙부, 대주교를 불러주세요.

웨스트모어랜드 전하, 프랑스 사절을 안으로 들어오게 하시겠습니까?

헨리 왕 아니, 좀더 기다려 주세요. 사절의 말을 듣기 전에, 나와 프랑스 왕 사이에 먼저 신중하게 결정해야 할 문제들이 있소.

캔터베리 대주교와 일리 주교 등장, 왕 앞에 예를 올린다.

캔터베리 하느님과 천사들이여, 전하의 신성한 옥좌를 지켜주소서!

헨리 왕 고맙습니다. 박학다식한 대주교에게 묻겠소. 프랑스에서 두루 쓰는 살리카법을 종교적 관점에서 공정히 설명해 주시오. 그 법이 프랑스 왕권에 대한 나의 주장을 가로막는 것인지 아닌지를 말이오. 나랏일에 충성을 다하시는 친애하는 대주교, 특별히 부탁합니다. 법문을 일부러 우리 쪽에 이롭도록 잘못 해석하는 일이 절대로 없게 하세요. 또 속으로는 사실을 잘 알면서도 진실과는 다른 허위 사실을 말하여, 사리에 어긋나는 권리를 만들어 내거나 그것을 주장하지는 마세요. 왜냐하면 하느님은 알고 계시니까요. 대주교의 충언에 따라 우리가 나아갈 길이 결정되므로 지금 건강하게 사는 많은 사람들이 피를 흘리는 사태가 벌어질 수도 있으니까요. 그러니 조심스럽게 대답해 주세요. 우리가 목숨을 걸고 잠든 무기를 깨우는 것도 모두 대주교의 말씀 하나에 달려 있습니다. 하느님의 이름으로 명하노니, 신중히 대답해 주시오. 이렇게 두 왕국이 전쟁을 하게 되면 으레 엄청난 피를 흘리게 마련이니까요. 그렇게 되면 그 죄 없는 이들의 피 한 방울 한 방울이 부당한 주장에 칼날을 모질게 세우며, 그렇지 않아도 짧은 인간의 생명을 허무하게 던져버리게 만든 한 사람에 대해 슬픈 저주를 내릴 것입니다. 이런 한 맺힌 저주가 일어나지 않도록 이 엄숙한 간청을 유념하시고 답해 주세요. 나는 대주교의 말씀을 세례로 원죄가 깨끗이 씻기듯이, 당신의 양심으로 깨끗하게 씻긴 것으로 알고 가슴에 새겨 들을 것입니다.

캔터베리 전하 그리고 이 위대한 옥좌에 생명과 충성을 바치는 귀족 여러분들도 들어주십시오. 프랑스 왕권에 대한 전하의 주장을 가로막는 것은 오로지 하나, 파라몽 왕이 말했다는 다음 조항뿐입니다. '인 테람 살리캄 물리에레스 네 수케단트(살리카국에서는 여자가 왕위를 계승할 수 없다).' 그리고 프랑스인들은 부당하게도 그 살리카국을 프랑스 땅으로 잘못 해석하고 있으며, 파라몽 왕을 여성 왕위 계승권을 금지한 이 법의 제정자로 생각하고 있습니다. 하지만 이 법을 쓴 학자들은 살리카란 나라가 독일의 잘레강과 엘베강 사이에 위치한 독일 영토라고 분명히 주장하고 있습니다. 그곳은 샤를마뉴 대왕이 일찍이 색슨족을 정복했을 때 프랑스인들을 정착시킨 곳이었으나, 그들이 독일 여자들의 부정한 행실을 보고 경멸하여 이 법령을 만든 것이었습니다. 살리카에서는 여자가 상속자가 될 수 없다고 말입니다. 이 살리카국은 말씀드렸듯이 독일 땅인 엘베강과 잘레강 사이에 있는 곳으로, 요즘은 마이센이라 부르고 있습니다. 따라서 이 살리카법은 프랑스 왕국을 위해서 만든 것이 아닙니다. 더욱이 파라몽 왕이 죽은 지 421년이 지나서야 프랑스인들은 살리카국을 차지하게 된 것입니다. 이 법의 창시자로 추정하는 파라몽 왕은 기원후 426년에 죽었으며, 샤를마뉴 대왕이 색슨 민족을 정복하고 나서 프랑스 사람들을 잘레강 건너편에 정착시킨 때는 기원후 805년이었지요. 뿐만 아니라 그 나라 역사가들에 따르면, 실데릭 3세를 폐위시킨 페팽 왕은 자신이 클로테르 대왕의 딸 블리틸드의 후손이므로 정당한 상속자라 주장하며 프랑스의 왕권을 요구했답니다. 샤를마뉴 대왕의 직계 후손으로 유일한 남성 계승자인 로렌 공작 샤를에게서 왕관을 빼앗은 위그 카페도 어떻게 해서든지 자기 왕위를 정당화하려고, 실은 허무맹랑하게 지어낸 것에 지나지 않지만 자기야말로 랭가르 공주의 상속자라 주장해 오고 있습니다. 그녀는 루이 왕의 아들 샤를 대머리왕의 딸이며, 루이는 샤를마뉴 대왕의 아들입니다. 또 왕위 찬탈자의 상속자 루이 9세는 프랑스의 왕관을 차지하기는 했으나 양심의 불안을 느끼고 있었는데, 그의 할머니인 이자벨 왕비가 앞서 말씀드린 로렌 공 샤를의 딸 에르망가르 공주의 직계 후손이라는 사실을 확인하고서 비로소 안심하게 되었습니다. 그 결혼으로 샤를마뉴 대왕의 계보는 다시금 프랑스의 왕관과 이어진 것이지요. 따라서 페팽 왕의 자격과 위그 카페의 요구 그리고 루이 왕이 얻게 된 양심의 만족, 이 모두가 여자 상속자의 권리와 칭호를 인정하고 있음은 여름날 태양처럼 뚜렷합니다. 프랑스의 역대 왕들 또한 오늘날까지 이 살리카법을 인정하고 있습니다. 그런데 이 법을 들먹이며 전하의 여계에 따른 왕위 계승권 요구를

헨리 왕과 캔터베리 대주교 헨리 코트리 셀루스

어떻게 해서든지 막으려 하고 있으나, 전하와 전하의 선조에게서 빼앗은 부정한 권리를 차마 정당하게 주장할 수가 없어 말도 안 되는 핑계를 내세워 얼버무리려는 수작일 뿐입니다.

헨리 왕 나의 이러한 요구는 정당하며 양심에 조금도 어긋나지 않는다는 거요?

캔터베리 전하, 저의 진술에 잘못이 있다면 그 죄는 제가 받겠나이다. 〈민수기〉에도 '누구든지 아들 없이 죽으면 그의 상속 재산은 딸에게 넘어가게 하여라' 기록되어 있습니다. 전하, 자신의 권리를 당당히 주장하시고 용맹스러운 선조들을 떠올리시며 진홍빛 깃발을 흩날리소서! 전하의 대권을 주장케 하시는 증조부 에드워드 3세의 무덤에 고개 숙여 절하시고 용맹하신 그분 영혼에게 신의 가호를 빌어드리십시오. 또 그 아드님이신 흑태자 에드워드 공의 영혼에게도요. 흑태자께서는 프랑스의 대군을 완전히 무찌르시어 엄청난 비극을 프랑스 땅 위에 부르셨나이다. 그때 무공으로 이름이 드높으신 부왕 에드워드 3세께서는 언덕 위에서 미소를 지으시며, 굶주린 어린 사자가 프랑스 귀족의 피를 찾아 돌아다니는 모습을 지켜보고 계셨습니다. 오, 고귀한 잉글랜드 용사들이여! 저 오만한 프랑스 정예군 병력의 절반만으로 그들과 맞서 싸우며, 다른 절반은 전투에 뛰어들지도 않고 냉담하게 비웃으며 바라보고만 있었지요!

일리 용맹한 선조들을 떠올리시어 전하의 굳센 팔로 그분들의 무훈을 다시 드러내소서! 전하는 그분들의 후계자로서, 그분들이 앉으셨던 바로 그 옥좌에 이렇게 앉아 계십니다. 그분들의 이름을 날린 피와 용기가 지금 전하의 혈관 속에도 흐르고 있습니다. 용맹하신 전하께서는 인생의 봄을 맞이하시어 오늘 한창 젊음의 황금기에 계십니다. 웅대한 계획을 실행하시어 그 위업을 세울 시기가 무르익었다고 생각됩니다.

엑서터 우방국가인 이웃 형제 국왕들과 제왕들도 왕실의 핏줄을 이어받은 전하께서 지난날 사자왕을 본받아 꿋꿋이 일어나시기를 기대하고 있나이다.

웨스트모어랜드 그들은 전하께서 명분과 재력과 무력을 모두 갖추고 계신 것으로 알고 있습니다. 물론 전하께선 다 가지고 계십니다. 전하만큼 부유한 귀족들과 충성된 신하들을 가지신 잉글랜드 왕은 일찍이 없었나이다. 지금 그들의 몸은 이 나라에 있으나, 마음은 이미 프랑스의 전장으로 날아가 진을 치고 있습니다.

캔터베리 오, 전하, 피와 칼과 불을 가진 그들의 육체가 전하의 권리를 찾기 위해 그 충성된 마음을 따르게 하소서. 그 커다란 과업을 돕기 위해 저희 성직자들은 일찍이 여러 선왕들께 올린 적 없는 큰돈을 모아 전하께 바치겠나이다.

헨리 왕 프랑스를 침공할 군비뿐만 아니라, 스코틀랜드를 방어하기 위해 병력을 대비해야겠소. 그들은 때마침 좋은 기회가 왔다 여기고 틀림없이 우리를 침입해 올 것이오.

캔터베리 국경 수비대만으로도 그따위 좀도둑 같은 침입자들을 얼마든지 막아낼 수 있을 겁니다.

헨리 왕 난 단지 약탈만 일삼는 좀도둑들만이 아니라, 스코틀랜드가 전군을 이끌고 쳐들어오는 걸 말하는 거요. 그들은 언제나 나에게 믿을 수 없는 이웃이었소. 지난날을 돌아보면 알 수 있듯이, 증조부께서 병사를 이끌고 프랑스 원정길에 오르실 때마다 어김없이 스코틀랜드는 이 나라 방어의 그 뚫린 구멍으로 성난 파도처럼 밀고 들어와, 막대한 병력으로 아무 군사력도 남아 있지 않은 이 나라를 맹공격하여 성과 도시를 처참하게 짓밟곤 했소. 따라서 방비를 갖추지 못한 잉글랜드는 그때마다 잔악한 이웃에 놀라 몸을 떨곤 했지요.

캔터베리 전하, 그때 잉글랜드는 피해를 당했다기보다는 두려움에 떨었을 뿐입니다. 그 예를 한 가지 아뢰겠으니 부디 들어주십시오. 용사들이 모두 프랑스에 출정하는 바람에 잉글랜드는 남편을 잃고 슬픔에 잠긴 과부 같은 처지였습니다만, 국토를 잘 지켜냈을 뿐만 아니라 스코틀랜드 왕을 길 잃은 짐승처럼 붙잡아 우리에 가두고는 프랑스로 보내어 포로 왕들의 수를 보탬으로써 에드워드 왕의 명성은 더욱 높아졌지요. 이 때문에 우리의 역사는 바다 밑바닥이 침몰된 배에 있던 수많은 금은보석들로 가득 차 있듯이 온갖 찬사들로 장식되었습니다.

웨스트모어랜드 하지만 옛 격언에서는 이런 진실을 말해 주지요. '프랑스를 손에 넣으려거든 먼저 스코틀랜드를 쳐야 한다.' 잉글랜드라는 독수리가 먹이를 찾아 나설 때마다, 어미 없는 둥우리에 족제비 같은 스코틀랜드가 몰래 들어와 왕자의 알을 훔쳐 먹으니까요. 고양이 없는 곳의 생쥐처럼 닥치는 대로 먹어치울 뿐만 아니라 먹지 못하는 것까지 무참히 갉아놓고 마니까요.

엑서터 그렇다면 고양이는 집에만 머물러 있어야 한다는 결론이 됩니다만, 굳이 그럴 필요는 없을 겁니다. 귀중품을 지키려면 자물쇠가 필요하듯이, 좀도둑들을 잡으려면 교묘한 함정이 있으면 되지요. 무기를 가진 병력이 나라 밖에서 싸우는 동안, 사려 깊은 두뇌가 집 안을 지키는 겁니다. 국가는 높은 자와 낮은 자, 더 낮은 자들로 나뉘어 있으나 이를 음악처럼 하나로 조화해 완전하고도 자연스러운 화음을 내도록 만드는 게 바로 정치라고 말할 수 있지요.

캔터베리 그 때문에 하늘은 인간이라는 작은 왕국을 여러 기능으로 나누어, 각 부분이 저마다 끊임없이 활동하도록 힘쓰는 것입니다. 그 지향하는 목표는 바로 복종입니다. 꿀벌의 세계가 하는 일도 이와 같은데, 그들은 자연 법칙에 따라 질서를 유지한다는 게 무엇인지 인간 세계에 가르쳐 줍니다. 그들에게는 하나의 여왕벌이 있고 여러 계층의 관리들이 있습니다. 어떤 이들은 행정관으로서 국내 일을 맡아하며, 어떤 이들은 상인으로서 해외로 나가 무역을 합니다. 또 어떤 이들은 병사로서 독침으로 무장하여 여름철 벨벳처럼 화려한 꽃봉오리를 습격하여 얻은 전리품을 가지고 돌아와 즐거운 개선 행진곡을 부르며 왕이 머무르는 거처로 나아갑니다. 왕은 또 왕대로 자신의 직무를 다하느라 바쁘시지요. 콧노래를 부르며 황금 지붕을 쌓아 올리는 석공들, 꿀을 저장하는 착한 시민들, 무거운 짐을 지고 좁은 성문 안으로 밀려 들어오는 가난한 일꾼들, 땡땡이 꿀벌들처럼 일을 하지 않는 이들을 오만한 옥리들에게 넘겨주는 슬픈 눈빛의 판사들도 있나이다. 그러므로 저는 이렇게 추정하여 아뢰고자 합니다. 많은 사람들이 저마다 다르게 움직이고 있어도 하나의 목적으로 결속되어 있으면, 어떤 문제도 일어나지 않습니다. 서로 다른 위치에서 쏘아 날린 많은 화살들이 하나의 과녁에 집중되듯이, 여러 갈래 길이 하나의 마을에서 만나고, 시냇물이 쉼없이 흘러내려 하나의 바다로 들어가고, 여러 개의 선들이 해시계의 중심을 정점으로 모이듯이, 수많은 행동들이 저마다 달리 시작되더라도 실패하지 않고 원만히 진행되어 마침내 하나의 목적에 이르게 되는 것입니다. 그러니 전하, 부디 프랑스로 출정하소서! 행복한 잉글랜드를 넷으로 가르시고 그 4분의 1 병력을 가지고 프랑스로 나아가셔도 프랑스 전체를 충분히 무릎 꿇게 할 수 있습니다. 만일 나라 안에 남은 저희가 나머지 4분의 3 병력으로 이 나라 관문을 저 들개들로부터 막아내지 못한다면, 차라리 저희는 그 개들에게 갈기갈기 찢긴 채 용맹과 영예를 영원히 잃게 된다 해도 괜찮습니다.

헨리 왕 프랑스 왕자가 보내온 사절들을 불러들여라. (수행원들 퇴장) 이제 나는 결심했소. 앞으로는 신의 가호와 이 나라 국력을 떠받쳐 주는 경들의 도

움을 받아, 프랑스가 우리의 것인 이상 우리를 경외하여 따르게 하거나 아
니면 프랑스를 산산조각 내거나 할 것이오. 프랑스와 프랑스에 속한 공국
(公國)들을 다스릴 것이며, 강력한 통치권을 행사하지 못할 때엔 차라리 이
몸의 뼈를 무덤 아닌 초라한 항아리에 담아 비문도 비석도 없이 내버려 둠
이 마땅하오. 이 나라 역사가 나의 무공을 큰 소리로 찬미하게 되지 못할
바엔 내 무덤은 혀를 뽑힌 터키 노예처럼 아무 말도 전하지 못하여, 밀랍에
새겨진 비문조차 없이 망각 속에 묻혀버리는 편이 차라리 나을 거요.

프랑스의 사절들 등장. 하인 한 사람이 황금 칠을 한 통 하나를 들고 뒤따른다.

헨리 왕 자, 이제 프랑스의 왕자가 전하는 말을 들어봅시다. 듣자 하니 이번
사절은 프랑스 왕이 아니라 왕자가 보낸 거라던데요.

사절 황공하오나 저희가 전해야 할 말씀을 사실 그대로 아뢰오리까, 아니면
프랑스 국왕이 아닌 왕자의 말씀과 저희들의 사명을 완곡하고 우회적으로
아뢰오리까?

헨리 왕 난 폭군이 아니라 그리스도교 국가의 국왕이오. 그래서 인덕을 베풀
기 위해 내 감정을 신하처럼 절제하고 있으니, 이는 죄수가 감옥에 갇혀 있
는 것과 같소. 그러니 왕자의 뜻을 있는 그대로 말하오.

사절 그러면 간단히 여쭈겠나이다. 전하께서는 최근 프랑스에 사절을 보내시
어 위대한 선조이신 에드워드 3세 왕의 권리라 하시며 몇몇 공국을 요구하
셨습니다. 이에 제가 섬기는 프랑스 왕자께서 이렇게 대답하셨습니다. 전하
의 생각은 지나치게 풋내가 나며, 프랑스에는 날쌘 춤이나 추어서 얻을 수
있는 영토는 단 한 뼘도 없으며 흥청거리는 그 발걸음을 디뎌 놀 만한 공국
또한 한 치도 없음을 깊이 헤아려 달라고요. 그래서 왕자께서는 전하의 성
품에 더 어울리는 이 보물을 보내셨습니다. 그리고 다시는 그런 주장을 하
시지 말아달라는 청이 있었습니다. 이상이 왕자님의 말씀입니다.

헨리 왕 숙부, 무슨 보물인지요?

엑서터 (통을 열어본다) 테니스 공입니다, 전하.

헨리 왕 왕자의 농담을 재미있게 들었소. 나는 왕자의 선물과 사절들의 수고
에 감사드리오. 이들 공에 어울릴 만한 라켓이 준비되면 프랑스 경기장에

서 시합을 한판 벌여, 신의 도우심을 받아 왕자의 부왕께서 쓴 왕관을 경기장 한쪽 구석에 떨어뜨려 보이겠소. 만만치 않은 상대와 맞붙게 됐음을 왕자께 알리오. 그리고 나의 라켓은 힘차게 공을 쳐 올려서 프랑스 경기장을 쑥대밭으로 만들게 될 거라고 말이오. 왕자가 나의 방탕한 시절을 조롱하는 심정은 이해할 수 있소. 그러나 왜 내가 그러한 나날들을 보냈는지는 일아차리지 못하는가 보오. 나는 대단할 것 없는 잉글랜드의 옥좌를 소중히 여긴 적이 없었기에 이 옥좌를 떠나 밖에 나아가 천하고 방탕한 생활에 빠졌던 거요. 사람이란 누구나 집을 떠나 마음 내키는 대로 놀 때가 가장 즐거운 법이죠. 내가 프랑스의 옥좌에 앉게 되는 날엔 돛대에 바람을 타고 배가 달리듯이 왕자의 당당한 위엄을 갖추어 보이겠노라 생각하며, 그날을 위해서 위엄을 버리고 보잘것없는 평민이 되어 품팔이 노동을 하며 하루하루 지내왔던 거요. 하지만 내가 프랑스 왕위에 오를 때엔 태양처럼 빛나는 영광에 휩싸여 프랑스 모든 백성의 눈을 부시게 할 테니, 왕자의 눈은 그 빛을 우러러 보려다가 오히려 시력을 잃고 말 테죠. 농담을 즐기는 왕자에게 이렇게 전하오. 이번 왕자의 조롱이 테니스 공을 포탄으로 바꾸었노라고, 또한 그 포탄이 복수의 화신이 되어 날아간 그 처참한 결과에 대해서는 그의 영혼이 통탄할 죄책감을 느껴야 하리라고 말이오. 이 조롱의 대가로 수천 명의 부인들이 사랑하는 남편을 잃고 과부가 될 것이며, 어미는 자식을 잃고 성은 무너지고 아직 태어나지 않은 이들 가운데에서도 왕자의 이 조롱을 저주할 이들이 끊임없이 나올 거라고. 이 일은 신의 뜻을 따르는 것으로, 그 신에게 호소하여 신의 이름으로 왕자에게 전해 주기를 바라지만, 힘이 미치는 한 복수를 하기 위해 진격할 것이며 신께서도 인정하는 정당한 권리를 찾기 위해 정의의 손이 프랑스 왕위를 요구할 것이라고 말이오. 사절들은 무사히 돌아가 왕자에게 전하오. 얄팍한 지혜만을 보여주는 왕자의 농담에 웃는 자들은 몇 안 되고 우는 자들이 수천을 헤아리게 될 거라고. (수행원들에게) 사절들을 무사히 돌아가게 해주어라. (사절들에게) 편히 가시오. (사절들과 수행원들 퇴장)

엑서터 우리에게는 오히려 즐거운 소식이 될 것 같은데요.

헨리 왕 그는 언젠가는 이 일로 치욕을 겪고 낯을 붉히게 될 거요. 그러니 경들, 소중한 시간을 한순간도 헛되이 낭비하지 말고 원정 준비를 철저히 해주오. 오늘 내 머릿속은 온통 프랑스 생각뿐이오. 물론 우리의 과업을 이끌어 주시도록 하느님께 기도하는 것도 늘 잊지 않고 있소. 이 전쟁을 위해 장병들을 곧바로 모아주시오. 우리 원정군의 날개를 강화하여 새들처럼 빠르게 프랑스로 날아갈 수 있도록 모든 준비를 빈틈없이 해야 하오. 신의 뜻에 따라 왕자의 부왕 앞에서 반드시 그를 혼내줄 것이오. 이 의로운 전쟁이 추진되도록 모두들 온 마음으로 힘써 주길 바라오. (모두 퇴장. 화려한 나팔 소리)

〔막을 올리는말 2〕

화려한 나팔 소리와 함께 해설자 등장.

해설자 요즈음 잉글랜드 젊은이들은 전쟁에 대한 열망에 타올라, 사교를 위한 사치스런 비단옷들은 모두 옷장에 잠들어 있습니다. 지금 번창하는 사람들은 무기 제조업자들뿐이며, 영예를 얻으려는 염원만이 모든 사람의 가슴속에 출렁이고 있습니다. 그들은 풀밭을 팔아 말들을 사들이고 있습니다. 이 땅의 사신 메르쿠리우스처럼 날개 돋친 발굽으로 달리고자 함은 그리스도교도인 국왕 전하의 본보기를 따르기 위한 것입니다. 이 나라는 온통 기대와 희망에 부풀어, 해리와 그 추종자들에게 약속된 제국의 왕관과 그보다 작은 왕관들을 꿈꾸며, 자루부터 끝까지 찬란하게 빛나는 칼을 하나씩 가슴속에 품고 있답니다. 한편 프랑스는 훌륭한 소식통으로 이 무시무시한 전쟁 준비 태세를 알아내고는 공포에 떨면서, 잉글랜드의 계획을 좌절시키려고 온갖 비열한 음모를 꾸미고 있습니다. 오, 잉글랜드여, 웅대한 정신을 간직한 섬나라여, 세상의 위대한 본보기가 되는 어머니인 당신에게 이 나라 사람들이 모두 효도를 다한다면 당신이 품은 명예를 구하여 그 위업을 이루고도 남을 것입니다! 그러나 보십시오. 프랑스 왕은 당신의 약점을 알아차리고는 신자의 무리들을 찾아내 텅 빈 가슴속을 부정한 금화로 가득 채워 놓고 있답니다. 그 가운데 부패한 세 사람을 들면 첫째가 케임브리지의 백작 리처드, 둘째가 매섬 경 헨리 스크룹, 그리고 셋째가 노섬벌랜드의 기사 토머스 그레이 경입니다. 이들은 프랑스 왕이 준 금화에 눈이 멀어 마침내 겁에 질린 프랑스 왕의 음모에 가담할 것을 약속하고 말았습니다.

지옥의 배반자들이 역모를 행하는 날이면 왕들의 거울이신 헨리 전하께서는 프랑스로 떠나기도 전에 이들의 마수에 걸려 사우샘프턴에서 살해당하게 될 것입니다. 관객 여러분, 잠시만 기다려 주십시오. 타임머신을 타고 연극 줄거리들을 뛰어넘어서 보여드릴 게 있습니다. 금화는 이미 치러졌고 역적들은 실행하겠다 약속했으며, 왕은 곧 런던을 출발하십니다. 이제 무대 장면은 사우샘프턴으로 바뀌게 되리라고 상상해 주십시오. 객석에 앉아 계신 여러분도 모두 함께 사우샘프턴으로 가 계시게 될 겁니다. 이곳으로부터 프랑스로 탈 없이 모셔가고 뒤에 다시 고국으로 무사히 돌아오시도록, 우리가 곧 지나게 될 바다에 주문을 걸어 파도를 잠재우겠습니다. 이 연극을 보시면서 그 누구도 뱃멀미를 일으켜 고통받아서는 안 되겠기에 말입니다. 지금 우리 무대는 아직 런던이며, 이제 곧 장면은 사우샘프턴으로 옮겨갑니다! (퇴장)

〔제2막 제1장〕

런던. 거리.
님 하사와 바돌프 중위 등장.

바돌프 님 하사, 잘 만났네.

님 좋은 아침이네, 바돌프 중위.

바돌프 어때, 피스톨과는 화해가 됐나?

님 나로선 아무래도 상관없어. 그와는 거의 말도 안 해. 하지만 때가 되면 웃어 보일 수도 있겠지. 그렇게 되든 말든, 난 아무래도 좋아. 결투할 생각은 없지만 여차하면 이 칼을 빼들 수밖에. 싸구려 칼이지만 뭐 어때? 그 걸로 치즈를 꿰어서 구워 먹을 수도 있고, 다른 사람 칼보다 추위를 타는 것도 아니고. 그렇게 끝장을 내면 그만이지.

바돌프 내가 너희들에게 아침밥을 살 테니, 이제 그만 화해해. 그렇게 해서 우리 셋이 우정을 맺고 함께 프랑스로 가잔 말이야. 그게 좋지 않겠어?

님 사실 말이지, 난 할 수만 있다면 아주 오래오래 살고 싶어. 그게 내 진심이야. 하지만 그럴 수 없다면 할 수 있는 데까지 최선을 다해 보는 거지. 그게 내게 남아 있는 마지막 길이야.

바돌프 이봐, 님 하사, 아닌 게 아니라 피스톨이 넬 퀴클리하고 결혼한 건 확실해. 그건 틀림없이 그 여자한테 잘못이 있어. 네가 먼저 그녀와 약혼했으니까.

님 나도 잘 모르겠어. 그냥 될 대로 되라지. 사람들은 잠이 들 때에도 목구멍을 가지고 있지. 그리고 칼에는 매서운 날이 있단 말이야. 어쨌든 될 대로 되라지. 인내란 참기 힘든 것을 참는 거라고 말들 하지만, 참는 데에도 한계가 있어. 머잖아 끝장을 보겠지. 지금으로선 나도 잘 모르겠네.

기수 피스톨과 여관 안주인 퀴클리 등장.

바돌프 (님에게) 저기 피스톨과 그의 아내가 오네. 님 하사, 오늘은 참게. 이게 어찌 된 일인가, 나의 피스톨 여관 주인 나리?

피스톨 천한 촌뜨기 같으니, 뭐, 내가 여관 주인 나리라고? 이 손에 걸고 맹세하지, 그런 소린 딱 질색이다. 내 아내도 이젠 여관을 하지 않는다고.

퀴클리 사실이고말고요. 그동안 쭉 사람을 재워 본 적이 없으니까요. 아니, 바느질품을 하며 올바르게 살고 있는 점잖은 부인들만 열두서너 명 재우고 있을 뿐인데, 이렇게 영업을 하는 것처럼 말씀하시니 말입니다. (님과 피스톨 칼을 뺀다) 아이코, 이를 어쩐담! 성모마리아 님, 이러다간 간통죄와 살인죄가 벌어지겠는걸.

바돌프 이봐, 중위! 하사! 여기선 제발 그만들 하라고.

님 이 뒈질 놈아!

피스톨 뒈질 놈은 너야, 이 아이슬란드 개새끼! 귀가 발딱 선 아이슬란드 똥개야!

퀴클리 훌륭하신 님 하사, 어서 용기를 내어 칼을 거두세요.

님 그냥 가주겠나? (피스톨에게) 너도 '솔루스'*¹면 좋겠다.

피스톨 뭐 '솔루스'라고? 이 빌어먹을 개새끼가? 이 넌더리 나는 독사야! 그

---

*1 Solus는 '혼자'라는 뜻의 라틴어인데 피스톨은 욕설인 줄 알고 마구 주워섬긴다.

괴상한 얼굴이 '솔루스'다. 네 이빨에, 목구멍에, 그 증오하는 폐 속에다 '솔루스'를 찔러 넣어주지. 아니, 네 배창자에까지 찔러주마. 그리고 그보다 더 더러운 그 아가리에도! 너의 몸속에 속속들이 그놈의 '솔루스'를 되돌려 주겠다. 나도 화를 낼 수 있는 놈이야. 피스톨 님의 피스톨 꼭지는 단단히 서 있다고. '탕!' 당기면 총알이 나간단 말씀이야.

님 악마도 아닌 나한테 그따위 주문은 외워봤자 소용없다. 널 그저 넙치가 되도록 실컷 두들겨 패주고 싶을 따름이야. 피스톨, 그 더러운 아가리를 계속 놀리면 이 칼자루로 보기 좋게 도랑을 파주겠다. 네가 이 자리를 피해 달아날 생각이라도 네 창자를 따끔하게 찔러주고 싶은 게 내 기분이란 말이야.

피스톨 오, 이 비열한 허풍쟁이! 저주받은 미치광이! 무덤이 아가리를 벌리고 죽음이 네놈을 기다리고 있다. 자, 어서 칼을 뽑아라!

바돌프 (칼집에서 칼을 빼며) 잘 들어라! 칼을 먼저 휘두르는 놈한테, 군인으로서 내가 칼자루까지 들어가게 푹 찔러주지.

피스톨 그 맹세가 대단하니, 치솟던 화를 가라앉히겠다! (칼을 칼집에 도로 넣고 나서 님에게) 네 주먹을 좀 쥐어보자. 발 앞꿈치도 좀 만져보자꾸나. 너의 용기가 참으로 대단하다.

님 (칼을 칼집에 넣으며) 언제든지 네 목을 멋지게 잘라주지. 내 기분이 그러니까.

피스톨 '쿠플 아 고르주!'*² 라고! 자, 그럼 다시 도전하겠다. 이 크레타섬의 개자식, 네놈이 내 마누라를 가로채겠다고? 어림도 없지. 지금 당장 병원으로 가서 더러운 성병 환자 욕조 속에 들어앉아 있는, 크레시다 같은 문둥이 갈보년 돌 티어시트나 끌어내서 네 마누라로 삼아라. 퀴클리는 내 마누라다. 검은 머리가 파뿌리가 될 때까지 나와 함께 살게 될 세상에 단 하나밖에 없는 내 마누라다. 그러니 파우카(간단히 말해), 허튼 수작 그만 부려라. 알겠어?

폴스타프의 어린 시동이 황급히 등장.

---

*2 '목을 자르다'라는 뜻의 엉터리 프랑스어.

소년 피스톨 나리, 제 주인님께 냉큼 와주십시오. 아주머니도요. 주인님이 큰 병을 얻어 몸져누워 계십니다. 바돌프 아저씨, 그 벌건 얼굴을 주인님 이불 속에 넣어서 잠자리 덥히는 불판 노릇을 해주세요. 지금 주인님이 굉장히 편찮으시다고요.

바돌프 저리 가지 못해, 이 고얀 놈!

퀴클리 그 나리, 조만간 까마귀밥이 되시려나 봐요. 전하 덕분에 가슴이 터져버리셨을 거예요. 여보, 빨리 집으로 가요. (소년과 함께 퇴장)

바돌프 자, 자, 내가 두 사람을 친구로 만들어 줄까? 다 함께 프랑스로 가야 할 마당에, 뭣 때문에 칼을 빼들고 서로 목을 베려 드는 거야?

피스톨 홍수는 마땅히 흘러넘쳐야 제맛이고, 악귀들은 울부짖어야 하는 거지!

님 내가 내기에서 딴 8실링 줄 거지?

피스톨 내주는 놈은 비겁한 사생아지.

님 난 꼭 받아야겠어. 내 기분이 그러니까.

피스톨 사내답게 해결하지! 어서 덤벼. (님과 동시에 칼집에서 칼을 뽑는다)

바돌프 이 칼에 두고 맹세하는데, 먼저 찌르는 놈은 내가 죽인다! 이 칼로 말이야.

피스톨 칼에 걸고 하는 맹세라면 꼭 지켜질 거다.

바돌프 님 하사, 제발 부탁이니 이제 그만 화해하고 친구로서 우정을 맹세하게. 그렇지 않으면 나하고도 원수가 될 거야. 제발 칼을 치우라니까.

님 내가 내기에서 딴 8실링을 줄 건가?

피스톨 지금 바로 노블 한 장을 주겠네. 그리고 술도 한 잔 사지.*³ 이제 우리 둘은 화해하고 둘도 없는 친구가 되는 거야. 난 님 덕에 살고, 님은 내 덕에 살고. 어때, 공평하지? 난 종군 상인이 되어 돈벌이를 할 거야. 자, 우리, 악수하자. (님과 동시에 칼을 칼집에 넣는다)

님 틀림없이 노블 한 장 줄 거지?

피스톨 그렇다니까, 그것도 현금으로.

님 그렇다면 좋아. 내 기분이 그러니까. (피스톨의 손을 잡고 흔들어 보인다)

---

*3 1노블은 6실링 8펜스이고, 술 한 잔은 1실링 조금 넘으므로 8실링을 갚는 셈이다.

퀴클리 다시 등장.

퀴클리 당신들도 어머니 몸에서 나왔다면 어서 존 경에게 가봐요. 어휴, 가
엾게도 날마다 그런 건지, 하루 걸러 그런 건지 불덩이 같은 열에 시달리는
모습이 어찌나 보기에 딱한지 몰라요. 자, 어서들 가보세요.
님 선하께서 기사님의 기분을 언짢게 하셨지. 그래서 그렇게 된 거란 말이야.
피스톨 님, 말 한번 잘했네. 폴스타프의 심장이 터져버린 게 틀림없어.
님 전하께선 좋은 왕이시지만 그래도 그런 일이 생길 수 있지. 전하도 가끔
기분 내키는 대로 일을 처리해 버리는 수가 있으시니까.
피스톨 자, 그럼, 우리 모두 그 기사를 조문하러 갑시다. 우리야 아직도 살
날이 한참이니. (모두 퇴장)

〔제2막 제2장〕

사우샘프턴. 회의실.
엑서터, 베드퍼드, 웨스트모어랜드 등장.

베드퍼드 전하께서 이런 반역자들을 믿으셨다니, 놀랍기만 하군요.
엑서터 그 역적들은 곧 잡힐 겁니다.
웨스트모어랜드 어쩌면 그렇게 아무렇지 않게 시치미를 뗄 수가 있는지, 그
들 마음속에는 충절이란 게 온통 자리잡고 있어 신의와 변함없는 충성심으
로 무장한 것 같습니다.
베드퍼드 그들이 꿈에도 생각지 못하는 밀고로 말미암아, 전하께선 역신들
이 꾸미는 음모에 대해 충분히 알고 계시지요.
엑서터 그저 놀라울 따름입니다. 전하와 같이 자며 총애를 한 몸에 받던 스
크룹이 외국 사람이 건네는 돈주머니에 눈이 뒤집혀 군주를 죽이려고 하다
니 말이오.

나팔 소리. 헨리 5세, 매섬의 스크룹 경, 케임브리지 백작, 기사 토머스 그레이, 그리
고 수행원들 등장.

헨리 왕 자, 바람도 잔잔해졌으니 이제 배에 오릅시다. 그런데 케임브리지 경과 매섬 경, 그리고 그레이 경, 그대들의 의견은 어떻소? 지금 내가 이끄는 이 병력이면 프랑스군의 방위선을 차단하여 처음에 군대를 모을 때 예상대로 성과를 올릴 수 있겠소?

스크룹 저마다 자기 맡은 바에 최선을 다한다면 틀림없습니다, 전하.

헨리 왕 나도 그 점에 대해서는 염려하지 않소. 나의 장병들 가운데 나와 한마음 한 몸이 아닌 사람은 한 명도 없고, 또 본국에 남게 된 사람들 가운데에도 나의 성공과 승리를 바라지 않는 자는 단 한 사람도 없으리라 확신하오.

케임브리지 일찍이 전하만큼 백성들의 경외와 사랑을 받으신 군왕은 없습니다. 전하의 자비로우신 통치 아래서 비통해하거나 불안에 떠는 사람은 단 한 명도 없을 것입니다.

그레이 그렇습니다. 한때 부왕의 적이었던 사람들도 전하께서 내미시는 따뜻한 손길로 말미암아 그 쓰라린 한을 풀고, 새로운 충절과 열정을 가득 담아 온 마음으로 전하를 섬기고 있습니다.

헨리 왕 그래서 나는 크게 감사하고 있소. 각자의 중요성과 가치에 따른 대가와 보상을 저버린다면, 차라리 내 손이 하는 역할을 잊는 편이 나을 것이오.

스크룹 그래서 저희들도 근육이 강철처럼 단련될 만큼 힘써 섬기어 전하께 충성을 다하려는 희망이 용솟음칩니다.

헨리 왕 나도 알고 있소. 엑서터 숙부, 어제 나를 비방한 죄목으로 들어온 자를 풀어주세요. 그 사람은 술이 지나쳐서 잘못을 저지르게 된 것 같습니다. 술에서 깨어나 정신을 차리면 용서해 주어야겠지요.

스크룹 물론 인자하신 처사입니다만 너무 방심하시면 안 됩니다. 전하, 그자를 처벌하소서. 그자가 용서받게 되면 선례로 남아, 그런 불미스러운 일이 잇따라 일어날 우려가 있습니다.

헨리 왕 그래도 너그럽게 처리해야 하지 않겠소.

케임브리지 전하, 그래도 벌은 벌대로 내리셔야 합니다.

그레이 전하, 엄벌을 내리신 뒤에 목숨만 살려주시면, 그것으로 죄과도 뉘우치게 되고 큰 자비도 베푸신 게 됩니다.

헨리 왕 오, 경들이 나를 지극히 사랑하고 염려해 주기 때문에 이 가엾은 죄인에게 매우 불리한 엄벌을 내리도록 호소하는군요! 때로 저지를 수도 있는 사소한 잘못도 눈을 감아주면 안 된다니, 그렇다면 머릿속에서 치밀하게 꾸미고 삼키고 충분히 소화해 낸 대죄가 드러나게 될 때엔 어떤 눈으로 보아야 좋겠소? 케임브리지 경, 스크룹 경, 그레이 경, 그대들이 나의 안전을 걱정해 그자의 처벌을 호소하는 것은 고맙지만, 그래도 나는 그자를 풀어주겠소. 자, 이제부터 프랑스에 관련된 문제를 논하기로 합시다. (서류를 집어 든다) 행정을 위임받은 사람들은 누구요?

케임브리지 제가 그 가운데 한 사람입니다. 오늘 사령장을 받으라는 전하의 분부가 계셨습니다.

스크룹 저도 그러합니다, 전하.

그레이 저도 그러합니다, 전하.

헨리 왕 (케임브리지, 스크룹, 그레이에게 사령장을 건네며) 자, 케임브리지의 백작 리처드, 이것은 그대 것이오. 매섬의 스크룹 경, 이것이 그대 것이고 노섬벌랜드의 기사 그레이, 이것은 그대 것이오. 어서 읽어보오. 나는 그대들의 진가를 알고 있소. 웨스트모어랜드 백작, 엑서터 숙부, 오늘 밤 함께 배에 오릅시다. 아니, 경들, 어찌된 일이오! 그 종이 위에서 대체 무엇을 보았기에 그토록 놀라는 거요? 어쩌면 그리도 얼굴빛이 변할 수가 있소! 뺨이 종잇장 같군요. 도대체 무엇을 읽었기에 그토록 겁에 질려 피가 마르고 혼비백산한 표정이란 말이오?

케임브리지 (무릎을 꿇으며) 저의 죄를 고백하겠습니다. 전하의 자비만을 구할 뿐이옵니다.

그레이와 스크룹 (무릎을 꿇으며) 저희도 전하의 자비만을 구할 뿐이옵니다.

헨리 왕 조금 전까지 내 마음속에 살아 있던 자비심은 그대들의 진언에 짓눌려 죽고 말았소. 그대들도 수치를 안다면 어찌 감히 그 자비심을 입에 담는 거요? 경들이 주장한 그 처벌의 이유들이 이제는 그대들 가슴속에 파고들어 주인에게 덤벼드는 개처럼 그대들을 괴롭히고 있으니 말이오. 자, 보시오. 왕족과 귀족들, 이들이 바로 잉글랜드의 괴물들이지요. 여기 있는 케임브리지 경은 그대들도 알다시피 내가 더없이 총애하여 그의 명예를 위한 거라면 무엇이든 아낌없이 베풀어 왔소. 그럼에도 이 사람은 얼마

안 되는 돈에 넘어가 경솔하게도 반역을 모의하고는, 사우샘프턴에서 나를 죽이려고 프랑스 왕의 음모에 가담했소. 케임브리지에 못지않게 나의 총애를 받은 그레이 경도 이에 가담했소. 그러나 오, 스크룹 경, 그대에게는 어떻게 말해야 하겠소? 잔인무도하고 배은망덕한 짐승 같은 인간이 아니오! 내 마음속 비밀을 모두 열어볼 수 있는 열쇠를 쥐고서 나의 속마음을 밑바닥까지 알고 있었으며, 왕실 재정까지 맡고 있어 나를 금화로 만들 수도 있을 만큼의 권력을 가지고 있던 그대가 그런 흉계를 꾸미다니. 어찌하여 그대가 적국에 매수되어 나의 총애에 등을 돌리고 내 손가락 하나라도 해칠 악한 마음을 작은 불꽃만큼이라도 가슴속에 일으킬 수가 있었단 말이오? 너무나 어이없는 일인지라, 이것이 흑백처럼 뚜렷한 사실로 드러났음에도 내 눈은 차마 그것을 믿을 수가 없소. 본디 반역과 살인은 같은 목적을 위해 손을 맞잡은 하나의 얼굴을 가진 두 악마인지라, 사실 그러한 것을 발견했다 해도 그리 놀랄 일은 아니오. 그러나 그대는 너무나 어처구니없으니 반역이든 시역이든 나를 놀라게 해 실신시킬 것만 같소. 그대를 이처럼 어이없게도 도리에 어긋나도록 꾀어낸 교활한 자가 누구이건, 그자는 지옥에서는 으뜸가는 찬사를 받았을 거요. 반역을 일으키도록 유혹하는 악마들은 지옥에 떨어질 죄악을 감추고 사람을 꾀어내기 위해, 신앙심을 일으키는 그럴듯한 화려한 장식이나 색채로 외관을 꾸미고 명분을 내세운단 말이오. 하지만 그대를 유혹하여 끌어들인 악마는 반역할 만한 명분 하나 그대에게 밝히지 않고, 작위라도 수여하듯이 반역자라는 이름만을 주었을 뿐이오. 그대를 이렇게 꾀어낸 악마는 사자 걸음으로 온 세계를 한 바퀴 돌고 나서 저 넓은 지옥으로 돌아가면 악마의 무리에게 이렇게 말할 것이오. "저 잉글랜드인의 영혼처럼 쉽게 손에 넣을 수 있는 것은 없다"고. 오, 그대는 아름다운 믿음을 질투의 병균으로 물들이려 하지 않았소! 이 세상에서 충신으로 보인 자가 있다면, 그대가 바로 그러했소. 근엄한 학자로 보이는 자가 있다면, 그대가 바로 그렇소. 고귀한 가문에서 왔다면, 그대가 바로 그러하오. 신앙심이 두텁게 보이는 자가 있다면, 그대가 바로 그렇소. 과음 과식을 아니하고 웃음이나 화 또는 격정을 절제하며 언제나 이성적이고 혈기로 말미암아 빗나가지 않으며, 외모를 온후하고 겸손하게 꾸미고 행동할 때에는 귀로 듣고 나서도 눈으로 본 다음 완전한 확신에 따른 판단에 비추어서가 아니면 결코 믿지 않는 자가 있다고 하면 그대가 바로 그러한 사람이 아니었던가? 그러니 경의 타락은 아무리 훌륭하고 원만한 인격을 갖춘 인물일지라도 일단 의혹을 가져보지 않으면 안 된다는 오점을 남기고 말았구려. 그대 때문에 나는 울고 싶소. 그대의 반역은 아담 이래 인간의 두 번째 타락이라고 할 수밖에 없소. 이들의 죄는 누가 보아도 명백한 것이오. 이들을 체포하여 국법에 따라 처리하시오. 신이여, 이들의 죄를 용서하소서.

엑서터 케임브리지의 백작 리처드를 대역죄로 체포한다. 매섬 경 헨리 스크룹, 당신을 대역죄로 체포한다. 노섬벌랜드의 기사 토머스 그레이를 대역죄로 체포한다.

스크룹 하느님께서는 저희의 음모를 마땅히 드러내 보이셨습니다. 저는 죽음을 한탄하기보다는 지은 죄를 뉘우칠 뿐입니다. 그 죗값을 저의 목숨으로 치른다 해도 오직 전하의 용서를 빕니다.

케임브리지 저는 뜻하는 바를 하루빨리 이루고자 일을 계획했었으나, 프랑스 왕의 황금에 매수되지는 않았습니다. 그러나 미리 막아주신 하느님께 감사드립니다. 처형의 고통으로 속죄하게 됨을 충심으로 기뻐하오며, 하느님과 전하께서 저를 용서해 주시기 바랍니다.

그레이 충성을 다하는 신하라면 위험천만한 반역이 탄로나는 것을 보며 기뻐해야겠지만, 지금 이렇게 가증스런 의도가 사전에 저지당함을 보는 저의 기쁨을 따르지는 못할 것입니다. 전하, 이 몸은 벌하여 주시되 저의 죄만은 용서하여 주소서.

헨리 왕 신이여, 이들에게 자비를 베푸소서! 선고를 내리겠노라. 너희들은 국왕에 대해 반역을 꾀하고 이미 선전 포고한 바 있는 적과 손을 잡고 나를 죽이고자 적의 금고에서 나온 착수금을 받았다. 그리하여 너희들은 이 국왕의 생명을 시역자의 손에 팔아넘겼으며, 나의 귀족들을 저들 앞에 무릎 꿇게 하고 백성들을 압제와 굴욕으로 몰아넣고 왕국 전체를 황폐화하려고 했다. 나의 이 한 몸에 대해서는 복수할 생각은 없다. 그러나 왕국의 안전에 있어서는 중대한 일이니, 나라를 뒤엎으려 한 모반죄는 국법에 따라 처리해야 할 것이다. 처량한 죄인들아, 이제 사형장으로 가는 거다. 신의 자비가 너희들에게 죽음의 고통을 견디는 인내와 대죄를 뉘우치는 참회의 마음을 내려주실 거다! 이자들을 지금 끌고 가라. (수행원들에 이끌려 케임브리지, 스크룹, 그레이 퇴장) 자, 그럼 경들, 프랑스로 출발합시다. 이 원정은 나와 경들에게 영광을 가져다줄 것이오. 나는 모든 계획이 순조롭게 진행되리라 굳게 믿소. 이 출발을 좌절시키기 위해 앞길을 가로막았던 위험한 반역을 감사하게도 신께서 알려주셨으니, 무엇보다도 이 일이 바로 확실한 증거요. 나의 앞길을 가로막는 방해물은 모두 사라졌다고 확신하오. 친애하는 동포들이여, 함께 진군합시다! 우리의 권세를 신의 손에 맡기고 바로 원정길에 오릅시다. 자, 용감하게 바다로 나아가자! 깃발을 하늘 높이 휘날려라. 프랑스 왕을 못할 바엔 잉글랜드 왕도 하지 않으리라! (화려한 나팔 소리. 모두 퇴장)

〔제2막 제3장〕

런던. 선술집 앞.
피스톨, 퀴클리, 님, 바돌프 그리고 소년 등장.

퀴클리 여보, 소중하고 또 소중한 당신, 나도 스테인즈까지 당신과 함께 가겠어요.

피스톨 그건 안 돼, 이 사나이 가슴이 서글퍼진다고. 바돌프, 힘내. 님, 자네도 그 늠름하던 기상을 되찾게. 애야, 너도 용기를 내라. 폴스타프가 죽었으니 슬퍼하지 않을 수 없구나.

바돌프 그 사람이 간 곳이라면 천국이든 지옥이든 따라가고 싶어!

퀴클리 아뇨, 그분은 지옥에 갔을 리가 없어요. 틀림없이 천국의 아서*⁴ 님 품에 안겨 있을 거예요. 남자가 죽으면 아서 님의 품으로 간다면서요. 그분의 임종은 아주 훌륭했어요. 그 마지막 모습은 갓 태어난 아기와 다를 바 없었다니까요. 밀물이 썰물로 바뀌는 밤 12시와 1시 사이에 눈을 감으셨죠. 꽃을 따려는 듯이 홑이불을 만지작거리다가 자기 손가락 끝을 보고는 빙긋이 웃어 보였어요. 그때 난 그가 다시 살아날 희망이 없겠구나 생각했죠.

---

*4 '아서'가 아니라 '아브라함'이다. 가난한 자들은 죽어서 아브라함 품에 안긴다는 성경 구절을 잘못 알고서 한 말.

그는 펜촉같이 뾰족해진 앙상한 코를 씰룩거리며 푸른 초원이 어떻다는 둥 마구 헛소리를 해댔으니까요. "존, 왜 그래요!" 말을 건네며 "자, 존 기사님! 기운을 내세요" 하니까 그가 "하느님, 하느님, 하느님!" 세 번인가 네 번 큰 소리로 중얼거렸죠. 그래서 위로해 주느라고 하느님 생각은 그만하라고, 아직은 그런 때가 아니라고 말했죠. 그랬더니 발에다 이불을 더 덮어달라고 하지 뭐예요. 그래서 이불 속에 손을 넣어 발을 만져보니 돌처럼 차갑지 않겠어요. 다시 무릎을 만져봤더니 글쎄, 돌처럼 차갑지 뭐예요. 자꾸자꾸 위로 올라가며 만져봐도 모두 돌처럼 차가웠어요.

님 술을 저주했다면서요?

퀴클리 아, 그랬죠.

바돌프 그리고 여자들도?

퀴클리 아뇨, 여자들은 저주하지 않았어요.

소년 아뇨, 저주했어요. 여잔 인간의 탈을 쓴 악마라고 말했어요.

퀴클리 그분은 분홍색을 여간 싫어한 게 아니었죠.*⁵ 색깔이란 걸 정말 싫어했으니 말이에요.

소년 이렇게 말씀하신 적도 있죠. 여자 때문에 악마가 그분을 지옥으로 잡아갈 거라나요.

퀴클리 뭐라고 여자에 대해 말씀하시긴 했는데, 그래도 그땐 정신이 들락날락할 때라서 바빌론의 창녀가 어떻다는 둥 하셨죠.

소년 생각나세요? 그분이 바돌프 님 코에 벼룩 한 마리가 붙어 있는 걸 보고는, 악한 영혼이 지옥 불에 타고 있는 거라고 하지 않았나요?

바돌프 그래, 그 불을 태워 주던 연료도 이젠 망자가 되어버렸다. 내가 그분을 받들어서 얻은 유일한 재산은 바로 그것뿐이었지.

님 자, 이제 그만 나가볼까? 이렇게 늑장 부리다간 전하께서 사우샘프턴을 뜨고 안 계실지도 몰라.

피스톨 자 가지. (넬에게) 여보, 입술 좀 줘. 내 물건들을 소중히 관리하도록 해. 장사를 제대로 하려면 내가 해주는 말을 잊어선 안 돼. 무슨 일이 있어도 '현금받기주의'로 나가고 누구도 믿어선 안 된단 말이지. 맹세는 지푸라

---

*5 '인간의 탈을 쓴(incarnate)'을, '카네이션(carnation)'으로 잘못 듣고 꽃의 분홍색을 싫어했다고 말한다.

기 같고 약속은 부서지기 쉬운 과자와 같아. 끝까지 물고 늘어지는 개가 진짜 좋은 개라는 걸 잘 새겨두라고. 그러니 손님의 돈주머니를 꽉 잡고 늘 조심하란 말이야. 이봐, 울긴 왜 울어. 예쁜 눈이 보기 싫어지잖아. 자, 전우들, 무기를 들고 프랑스로 떠나자. 말거머리(horse-leeches)처럼 적의 생피를 빨고 빨고 또 빨자!

소년 (혼잣말로) 그렇지만 짐승의 생피는 해롭다던대.

피스톨 (바돌프를 보면서) 그녀의 부드러운 입술에 키스하고 출발해야지.

바돌프 안녕히 계시오. (퀴클리에게 키스한다)

님 난 키스하지 않겠어, 내 기분이 그러니까. 하지만 살림 잘하고 집을 잘 지키고 있어요. 쏘다니지 말고, 이건 내 명령이오.

퀴클리 안녕히들 가세요. 모두 무사하기만을 빌겠어요. (모두 퇴장)

〔제2막 제4장〕

프랑스. 왕궁.
화려한 나팔 소리. 프랑스 왕, 프랑스 왕자, 베리 공작, 브르타뉴 공작, 프랑스군 총사령관 및 그 밖의 사람들 등장.

프랑스 왕 잉글랜드가 대군을 이끌고 우리를 공격해 오고 있소. 무엇보다도 물샐틈없이 경계를 강화하고 당당히 맞서 싸울 방어 태세를 갖추는 게 중요하오. 그러니 베리와 브르타뉴, 브라방과 오를레앙의 공작들은 바로 출진하시오. 그리고 왕자는 모든 도시에 서둘러 용감한 병사들과 방어용 장비들을 배치하여 성벽을 강화하고 보강하라. 모든 것을 삼켜버릴 듯한 성난 파도처럼 잉글랜드군이 쳐들어오고 있으니 말이다. 지난날 내가 그들을 우습게 봤다가 프랑스 전장에서 치명상을 입은 선례를 거울삼아 소홀함이 없도록 애써주어야겠다.

프랑스 왕자 황공하오나 전하, 적에 맞서 무장하는 것은 너무나 마땅한 일입니다. 전쟁이나 싸움이 일어날 기미가 보이지 않더라도 전쟁이 가까운 듯이 방비를 견고히 하고 군대를 소집하여 늘 맞서 싸울 태세를 갖추고 있어야 태평성대가 이어지는 동안에 나라가 허약해지지 않습니다. 그러니 모두 나서서 프랑스의 병들고 취약한 곳들을 잘 살펴보심이 옳다고 여겨집니다. 그것도 불안한 기색을 전혀 드러내지 않고서 해야 합니다. 잉글랜드에서는 성신강림절 축제로 모리스 춤을 추느라 정신없다는 소식이라도 들은 듯 자연스럽게 말입니다. 전하, 잉글랜드는 지금 우매한 자가 옥좌에 앉아 있습니다. 왕홀을 쥔 자가 어리석고 천박하며 허영심 많고 변덕스러운 풋내기에 지나지 않으니 심려치 마십시오.

총사령관 그리 말씀하시면 안 됩니다! 왕자님은 잉글랜드 왕을 오해하고 계시는 겁니다. 얼마 전에 다녀온 사절들에게 직접 물어보십시오. 잉글랜드 왕이 얼마나 위풍당당하게 사절의 말에 귀 기울였는지, 또 주위에 훌륭한 고문관들이 얼마나 많았는지, 또 의견이 서로 맞지 않을 때는 얼마나 겸허한 자세로 의견을 주고받았으며, 최종 결론을 내릴 때는 얼마나 의연하고 단호했는지를 말입니다. 그러시면 잉글랜드 왕의 방탕한 지난날이란, 로마의 브루투스처럼 어리석은 옷을 입고 그 안에 영특함을 감추고 있었다는 사실을 알게 되실 겁니다. 가장 먼저 싹을 틔우고 가장 아름답게 자라날 화초 뿌리를 정원사가 거름으로 덮어두는 것처럼 말입니다.

프랑스 왕자 아니, 그렇지 않소, 총사령관. 또 그렇다 해도 상관없지요. 방어에서는 적을 겉으로 보이는 것보다 크게 평가하는 것이 바람직하니까요. 그래야 완벽한 방어 태세를 갖출 수 있는 법이죠. 돈을 아끼며 인색하게 방비를 했다가는, 작은 헝겊을 아끼려다 옷 한 벌을 다 버리고 말지요.

프랑스 왕 나는 해리 왕을 강력한 적이라고 생각하여, 그를 맞아 쓰러뜨릴 강력한 대비를 갖추었으면 하오. 그의 조상들은 벌써 우리의 피맛을 봐서 어떤 건지 알고 있지 않소. 그는 우리에게 친숙한 고장들을 습격하여 괴롭히던 잔인한 사냥개의 혈통을 이어받은 자요. 도저히 잊히지 않는 치욕의 날들을 생각해 보시오. 그날 우리는 크레시 전투에서 치명적인 패전을 했고 귀족들은 모두 놀랄 만할 이름의 소유자인 웨일스의 흑태자, 에드워드의 손에 꼼짝없이 잡히고 말았잖소. 그동안 그의 아버지는 저 높은 산꼭대기에 우뚝 서서 금빛 햇살을 왕관 삼아 영웅적인 이들의 무공을 내려다보면서, 자연의 산물로서 신의 가호를 받으며 프랑스의 선조들이 20년 동안 가꾸어 온 이 나라를 난도질하고 무참히 짓밟는 것을 미소 지으며 바라보고 있었던 거요. 지금 왕은 그때 승리를 거둔 자의 그루터기에서 생겨난 한

가지이니, 그의 타고난 위력과 행운을 경계하지 않을 수 없소.

전령 등장.

전령 잉글랜드 왕 해리의 사절들이 전하를 뵙고자 청합니다.

프랑스 왕 지금 바로 들게 하라. (전령과 몇몇 귀족들 퇴장) 경들, 매우 서둘러 몰아치는 것 같소.

프랑스 왕자 되받아서 몰아쳐야지요. 비겁한 개는 쫓고 있는 짐승이 멀리 달아나는 것을 보고 더 무섭게 짖어대는 법이니까요. 잉글랜드군을 단번에 때려 부수어, 전하가 얼마나 위대한 나라의 왕인지 보여주어야 합니다. 자존심은 자기를 비하하는 것만큼 용서할 수 없는 죄는 아니지요.

귀족들, 엑서터 공작과 그 일행과 함께 다시 등장.

프랑스 왕 잉글랜드 국왕이 보낸 사절이오?

엑서터 그렇습니다. 전하께 인사 올립니다. 잉글랜드 왕께서는 전능하신 신의 이름으로, 전하께서 보위에서 물러나시고 빌려가신 모든 영예도 내놓으시기를 바라십니다. 그것은 본디 하늘의 은혜와 자연의 섭리 그리고 국가의 법에 따라 잉글랜드 국왕과 그분의 자손에게 속하는 것입니다. 다시 말하면 그 영예는 프랑스의 왕관과 오랜 관례에 따른 것으로, 왕권에 귀속하는 광범위한 명예를 말하는 겁니다. 저희 국왕 전하의 요구는 오래 묵어 좀이 슨 옛 기록이나 오랫동안 잊힌 먼지 쌓인 고문서 안에서 끌어낸 것이 아니며, 부당하고 엉뚱한 요구가 결코 아님을 숙지하시길 바랍니다. 그리하여 모든 세부적인 사실까지도 정확하게 실증해 주는 이 기억할 만한 족보를 보내셨으니, (문서를 내민다) 전하께서는 빈틈없이 살펴보시기를 바라나이다. 그리고 저희 국왕께서 잉글랜드 왕의 유명한 선조들 가운데에서도 가장 이름이 드높은 에드워드 3세의 직계 후손임을 인정하신다면, 가장 정당하며 참된 계승자로부터 부정하게 빼앗으신 왕관과 왕국을 넘겨주시라는 명령이 계셨습니다.

프랑스 왕 만일 이에 따르지 않으면 어떻게 되오?

엑서터 물론 피를 흘려서라도 따르게 하실 것입니다. 전하께서 왕관을 가슴 속에 숨겨놓으신다 해도 잉글랜드 국왕께서는 그 가슴을 도려내어 찾아내 시고야 말 테니까요. 그래서 지금 유피테르 신과도 같이 천둥과 지진을 일 으키며 사나운 폭풍이 되어 진격해 오고 계시며, 만일 말로 되지 않을 때에 는 칼로 그 뜻을 이루실 것입니다. 그리고 저희 국왕께서는 자비롭게 명하 시기를, 즉시 왕관을 넘기시고, 굶주린 전쟁이 큰 입을 벌리고 있는 이때 그 희생물이 될 가엾은 백성들을 구제하시라고 하십니다. 그렇지 아니하면 이 번 전쟁으로 남편을 잃은 과부들의 눈물과 아비를 잃은 고아들의 울부짖 음이, 사랑하는 연인을 잃은 처녀의 비탄 소리가, 죽은 자의 생피가 바로 전 하의 머리 위로 떨어지게 될 것입니다. 이상이 저희 국왕의 요구이며 경고이 고, 사신인 제가 전해 드리는 그분의 뜻입니다. 왕자님이 이 자리에 계시다 면 그분께도 특별히 말씀을 잘 전해 드리라는 분부가 있었습니다.

프랑스 왕 나는 이 문제를 좀더 생각해 본 뒤에, 내일 우리의 형제 나라인 잉 글랜드의 국왕께 우리 뜻을 충분히 담은 답신을 보내리다.

프랑스 왕자 왕자는 바로 여기 있는 이 사람이오. 잉글랜드 왕의 전갈이 무 엇이오?

엑서터 비웃음과 도전, 경멸과 능멸, 그 밖에도 위대한 왕이 할 수 있는 모든 말을 다 찾아내어 왕자님에게 전하라고 명하셨으며, 또한 다음과 같이 말 씀하셨습니다. 왕자님의 부왕인 프랑스 왕께서 이쪽의 요구를 모두 받아들 이시고, 왕자님이 지난번 잉글랜드 국왕께 저지른 무례함을 사과하지 않으 시면 끝내 책임을 물으시겠다고요. 프랑스 전체의 동굴들이 순식간에 잉글 랜드군의 포성으로 메아리치게 하여, 왕자님의 오만불손한 행위를 천둥과 같이 크게 꾸짖겠다 하십니다.

프랑스 왕자 나의 부왕께서 예의를 갖춘 답변을 하신다 해도, 그것은 나의 뜻과는 다른 것이오. 내가 바라는 것은 잉글랜드 왕과 힘을 겨루어 승자와 패자를 가르는 것뿐이오. 그 때문에 놀기 좋아하는 젊은이에게 가장 잘 어 울릴 수 있도록, 파리의 테니스공을 보내드린 것이오.

엑서터 그 답례로 잉글랜드 왕께서는 유럽의 가장 강력한 여제국의 후예답 게 대포알을 보내 파리의 루브르 왕궁을 뒤흔드실 겁니다. 왕자님은 그분의 방탕했던 젊은 시절과 현재 모습과의 차이를 틀림없이 깨닫게 되실 것이며,

우리 백성들이 그랬듯이 경탄의 눈으로 그분을 바라보게 되실 겁니다. 지금 국왕께서는 한순간도 헛되이 낭비하는 법이 없으십니다. 전하께서 일단 프랑스에 머무르시면, 왕자님은 패전의 쓰라린 경험으로써 절실히 깨닫게 되실 겁니다.

프랑스 왕 (일어서며) 내일 나의 뜻을 충분히 알려드리리다. (화려한 나팔 소리)

엑서터 될 수 있는 대로 속히 돌아가게 해주시길 바랍니다. 저희가 지체하게 되면 국왕께서 그 이유를 물으러 몸소 오실지도 모릅니다. 전하께선 이미 이 나라로 오고 계시니까요.

프랑스 왕 정중한 답변과 함께 곧 돌아가게 해주겠소. 이토록 중대한 문제에 답하기에는 하룻밤은 짧은 쉼, 짧은 숨이오. (모두 퇴장)

〔막을 올리는말 3〕

화려한 나팔 소리. 해설자 등장.

해설자 이와 같이 우리 무대는 상상의 날개를 타고 우리의 상상만큼이나 빠르게 날아갑니다. 국왕께서 모든 군비를 갖추고 사우샘프턴 부두에서 배에 오르고 계시는 모습을, 그리고 웅장한 함대가 비단으로 짠 깃발을 아침 햇살 속에 휘날리는 모습을 여러분이 보셨다고 상상해 주십시오. 그리고 보아주십시오. 이제 선원들이 대마로 엮은 줄사다리를 타고 배에 오르고 있습니다. 또 들어보십시오. 이 혼란을 가라앉히려고 선장이 매섭게 호각을 불어댑니다. 수많은 돛대들이 눈에 보이지 않는 미풍을 가득 안고서 거대한 선체를 움직이고, 높은 파도를 헤쳐 나아가면서 길고 하얀 꼬리를 남기며 달리고 있지 않습니까? 자, 여러분은 지금 바닷가에서 아스라이 멀리, 파도 위로 춤추듯 움직이는 해상 도시를 보고 있다고 생각해 주십시오. 위풍당당한 왕의 함대가 이제 아르플뢰르로 가고 있습니다. 자, 여러분도 뒤따라 가십시다. 어서 따라오시지요. 그 함대의 뒤꽁무니에 마음을 묶어서요. 오늘 여러분은 싸울 힘을 잃어버렸거나 아직 그 힘이 자라지 않은 할아버지들과 아기들과 할머니들만이 지키는 한밤같이 고요한 고국, 잉글랜드를 뒤로하고 떠나온 것입니다. 여러분도 이미 잘 아실 겁니다. 턱수염이 한 가닥이라도 난 사람이면 누구라도 정예 부대의 한 사람으로 뽑혀 프랑스 원정에 기꺼이 참가하지 않았나요? 그 상상력을 발휘하여 포위 공격전을 한 번 떠올려 보십시오. 포차(砲車)에 실려온 대포는 포위당한 아르플뢰르를 향해 죽음을 부르는 무서운 포구를 겨누고 있습니다. 프랑스 궁에서 이제 막 돌아온 사신의 보고에 따르면, 프랑스 왕은 그의 딸 카트린을 보잘것없는 몇몇 공국과 함께 지참금으로 딸려서 잉글랜드 왕에게 출가시키겠다고 한답니다. 그러나 잉글랜드 국왕께선 그 제안을 달가워하지 않으시니, 재빠른 포격수는 가공할 대포 뇌관에 불을 댕기고 있습니다. 이렇게 해서 눈앞에 있던 모든 것이 순식간에 파괴되어 사라지고 말았습니다. 자, 관객 여러분, 이제부터 펼쳐질 연극 무대에 더 뜨거운 열정을 보여주시고, 부족한 점은 여러분 나름의 상상력으로 보충해 주시길 바랍니다. (퇴장)

〔제3막 제1장〕

프랑스. 아르플뢰르의 성문 앞.
전투 시작을 알리는 긴급한 나팔 소리. 헨리 왕, 엑서터, 베드퍼드, 글로스터, 공성용(攻城用) 긴 사다리들을 가진 병사들 등장.

헨리 왕 한 번 더 저 돌파구로 돌격! 병사들이여, 한 번 더! 아니면 잉글랜드 군의 시체로 그 틈을 메워버려라. 평화로울 때에는 부드러운 침묵과 겸손이야말로 남자의 미덕이겠으나, 일단 전쟁의 회오리바람이 불어 귓전을 때리면 호랑이처럼 행동해야 한다. 근육을 곤두세우고 피를 용솟음치게 하며, 온화한 성품을 무섭게 화난 표정으로 무장하라. 눈을 날카롭게 번뜩여라. 성벽 틈 사이로 적을 노리는 대포처럼 두 눈을 부릅뜨고 노려보아라. 눈 위로는 눈썹을 치켜뜨며 사납게 보여야 한다. 깎아지른 듯한 바위 절벽이 거세게 몰아치는 바닷물에 깎이고 파인 바닥 위에 불쑥 튀어나와 있듯이 말이다. 자, 이를 악물고 그 콧구멍을 크게 넓혀, 숨을 힘껏 들이마시며 용기를 최대한 드러내는 거다! 돌진하는 거다, 돌진! 고귀한 잉글랜드 용사들이여, 백전백승으로 단련된 그대 아버지들로부터 이어받은 피가 그 몸속을 돌고 있느니라. 그 아버지들은 한 사람 한 사람, 저마다 알렉산더 대왕이 되어 이 땅에서 아침부터 밤까지 싸웠으며, 적이 보이지 않을 때까지 칼을 내려 놓지 않았다. 그러하니 그 아버지의 자식임을 증명해 보여야 하느니라. 그렇지 못하면 어머니의 정조를 욕되게 하는 거다. 이제야말로 낮은 신분의 사람들에게 본보기를 보이며, 어떻게 싸워야 하는지 방법을 알려주어라! 자, 우리 향사들이여, 잉글랜드에서 태어나 갈고닦아 온 그 기개를 보여주어라. 그대들이 조국에 부끄럽지 않은 백성이라고 내가 떳떳이 말하게 해다오. 물론 나는 이 점을 의심치 않으니 그대들 눈빛엔 기품이 넘치며, 비열하고 못난 자는 단 한 사람도 없느니라. 그대들은 오늘 가죽끈을 팽팽히 잡아당기고 있는 사냥개처럼 뛰어나가려 으르렁대고 있다. 자, 사냥감이 눈앞에 나타났다. 용기를 내어 나아가자. 그리고 외치자. "신이여, 해리 왕을 도와주소서. 수호천사이신 조지 성인이여, 잉글랜드를 지켜주소서!" (모두 성벽의 돌파구로 나아간다. 공격 시작을 알리는 나팔 소리가 울려 퍼지고 대포들이 발사된다)

〔제3막 제2장〕

같은 곳.
님, 바돌프, 피스톨 그리고 소년 등장.

바돌프   돌격이다, 돌격, 돌격! 돌파구로! 돌파구로!
님   제발 가만있어. 지금 총알이 비 오듯 하지 않나. 나로 말하면 목숨이 하나밖에 없다고. 내 기분이 지나치다 싶지만, 이건 솔직한 말이네.
피스톨   솔직한 말이 맞기는 맞아. 기분이 충만할 테니까. (노래한다)

총알이 오가면, 신의 자식들은 쓰러져 가네.
그리고 칼과 방패는
피의 전장에서,
불멸의 명예를 얻는다네.

소년   난 차라리 런던의 주막에나 있을걸! 살아서 맥주 한 잔만 마실 수 있다면 그까짓 명예 따위는 다 버리겠어.

피스톨 (다시 콧노래를 부른다)

그건 나도 그래.
나의 바람대로 된다면야
나도 틀림없이 달려가겠지,
내가 바라는 그곳으로.

소년 (노래한다)

아무렴 그래야지, 옳은 일은 아니나
가지마다 새들이 지저귀고 있으니.

플루엘렌 대위가 보충부대를 이끌고 돌파구로 나아간다. 그는 칼처럼 보이는 무언가를 들고 바돌프, 님, 피스톨을 마구 때린다. 소년은 수풀 뒤로 몸을 숨긴다.

플루엘렌 돌파구로 돌진한다, 이 개새끼들아! 저리 꺼져, 이 비열한 놈들아!
(그들을 적진으로 몰고 나아간다)

피스톨 위대하신 공작님, 흙으로 돌아갈 인간들을 어여삐 여겨주소서. 그 분노를 가라앉히세요. 그 사나운 분노를 가라앉히십시오. 위대하신 공작님, 분노를 가라앉히세요! 멋지신 분이여, 너그럽고 다정하게 대해 주세요!

님 우리는 기분이 좋았습니다. 대위님은 기분이 언짢으신가 봅니다. (소년만 남고 모두 퇴장)

소년 난 아직 어려도 저 겉멋 들린 세 허풍쟁이들 속이 빤히 들여다보이는 걸. 내가 저 세 사람의 심부름꾼이 될 수는 있어도, 셋 모두가 내 심부름꾼이 되겠다고 해도 난 한 사람도 택하지 않겠어. 정말이지 저런 광대들은 셋을 합쳐도 남자 하나 구실도 못하는 인간들이라고. 바돌프는 간(肝)이 하얀 겁쟁이에 불그레한 얼굴을 하고서 여기저기 기웃대지만, 감히 싸울 엄두도 못 내는 주제라고. 피스톨은 입으로만 사람을 잡지, 그 칼은 얌전하기 짝이 없어. 말은 넝마조각이 됐고 칼은 부서진 데 하나 없이 멀쩡하니까. 님은 말

수 적은 이들이 가장 용감하다는 이야기를 어디선가 주워듣긴 주워들었나 보군. 그러니 남들이 비겁한 놈이라고 할까 봐서 맹세 따위는 아예 하지도 않지. 하지만 나쁜 말을 적게 하는 게 엉뚱하게도 좋은 일을 적게 하는 것과 짝이 된다는 점이 문제야. 웬걸, 골통만 터졌다 하면 남의 머리가 아니라 바로 제 머리통인데, 그것도 술에 취해 기둥에 부딪쳐서라니 참으로 딱한 일이지. 저 인간들은 또 뭐든 훔쳐와선 전리품이라고 떠들어대곤 하지. 바돌프는 악기 상자를 훔쳐서 60킬로나 멀리 줄행랑을 치고선, 고작 반 페니에 팔아먹었어. 님과 바돌프는 좀도둑 세계의 동지라고나 할까? 칼레에서 석탄 부삽을 훔쳐내는 걸 보고, 난 저들이 어떤 비겁한 짓이라도 할 사람들이란 걸 알았어. 나더러 장갑이나 손수건 드나들 듯 남의 호주머니와 잘 사귀어 두라고 하지만, 그런 짓은 나 같은 남자에겐 어울리지 않아. 남의 호주머니에 든 것을 내 호주머니 속으로 슬쩍 한다는 건 나쁜 짓이지 뭐야. 이젠 저런 인간들을 떠나서 더 나은 주인을 찾아갈 거야. 그런 악랄한 짓은 비위 약한 나에겐 영 맞지 않으니, 깨끗이 게워낼 테다. (군막 쪽으로 퇴장)

플루엘렌 다시 등장. 가워 대위가 뒤따라 등장.

가워 플루엘렌 대위, 어서 땅굴로 가보오. 글로스터 공작께서 부르시오.
플루엘렌 땅굴로! 공작께 가서 말씀드려요. 명령대로 따르긴 하겠지만 땅굴은 그다지 좋은 곳이 아니라고 말이오. 그 땅굴은 병법에 맞지 않게 돼 있소. 함몰 부분이 충분치 못하다고요. 공작께 적군이 우리 땅굴 바로 4야드 아래에 땅굴을 파냈다고 꼭 말씀드리시오. 예수님께 맹세하고 말하는데, 까딱 잘못 하다간 우리 군은 모조리 날아가게 된다오.
가워 이 포위 작전의 지휘자는 글로스터 공작인데, 실은 아주 용맹한 어떤 아일랜드 사람한테 지휘를 위임하셨소.
플루엘렌 맥모리스 대위 말하는 거요?
가워 아마 그럴 거요.
플루엘렌 예수 그리스도에 걸고 맹세하네만, 그자는 진짜 멍텅구리요. 그 녀석 수염에 걸고 증명하는데, 제대로 된 병법을 아는 게 없소. 사실 로마 병법에 대해선 진짜 강아지만큼도 모른다오.

맥모리스 대위와 제이미 대위 등장.

가워 저기, 그자가 오고 있소. 스코틀랜드인 제이미 대위도 함께 오는군요.

플루엘렌 제이미 대위는 아주 훌륭한 장교죠. 그건 확실하오. 고대 병법에 관한 한 모르는 게 없다오. 그가 작전 지휘를 하는 걸 보면 잘 알 수 있소. 예수 그리스도에 걸고 맹세하지만 로마 고대 병법에 대해선 그를 당해 낼 사람이 없을 거요.

제이미 잘 있었소, 플루엘렌 대위.

플루엘렌 좋은 저녁이오, 제이미 대위.

가워 어떻게 된 겁니까, 맥모리스 대위? 땅굴 공사는 중지했나요? 공병들이 손을 뗀 건가요?

맥모리스 예수 그리스도에 걸고 맹세하오! 땅굴에서의 작전은 아주 잘못됐소. 공사를 포기하고 퇴각 나팔을 불 수밖에 없었소. 이 손과 아버지의 영혼에 맹세하는데, 작전이 잘못돼서 포기해 버렸소. 예수 그리스도에 걸고 맹세하지만, 나 같으면 한 시간 안에 저 도시를 정말로 폭파할 수 있었다오. 세상에, 완전히 실패하고 말았소. 나의 이 두 손에 두고 맹세하네만 그건 완전한 실패였소!

플루엘렌 맥모리스 대위, 한 가지 부탁이 있소. 당신과 병법에 대해서 토론을 해보고 싶소. 특히 로마 병법에 대해서요. 토론 형식으로 편하게 대화를 나누면서, 병법의 지시 사항에 대해 나의 의견도 말하고 싶소. 그게 요점이오.

제이미 좋다마다요, 아주 좋은 생각이오, 두 사람 모두 훌륭한 대위니까요. 괜찮다면 알맞은 때 나도 좀 끼어주오. 이거 신나겠는데요.

맥모리스 예수 그리스도에 걸고 맹세하지만, 지금은 토론할 때가 아니오. 오늘은 날씨뿐만 아니라 전쟁도 국왕도 공작들도 모두 후끈 달아올랐소. 그러니 토론이나 하고 있을 때가 아니지요. 우리 군은 이제 도시를 포위 공격하는 중이오. 저 나팔이 돌파구로 진격하라고 불어대잖소. 예수 그리스도에 걸고 맹세하건대, 이렇게 아무것도 하지 않고 넋을 놓고 있는 것은 우리모두의 수치요. 신에 두고 맹세하건대, 이렇게 가만히 있는 건 정말 수치스런 일이란 말이오. 이 손에 걸고 맹세하건대 수치고말고요. 적의 목도 베야 하고 할 일이 산더미 같은 이때 말입니다. 예수 그리스도에 걸고 맹세하지만, 이렇게 손을 놓고 있으면 안 된다는 겁니다!

제이미 미사에 두고 맹세하지만, 내 두 눈이 감기기 전에 훌륭한 일을 해 보이겠소. 그렇지 못하면 헛되이 땅속에 잠들게 되는 거죠. 이대로 죽을 순 없소. 어쨌든 용감하게 싸워야죠. 꼭 해내고야 말겠소. 내 기분을 간단히 말하면 그렇다는 거요. 사실 두 사람의 토론을 꼭 듣고 싶었는데.

플루엘렌 맥모리스 대위, 잘못이 있다면 고쳐주오. 모르긴 하나 당신 나라 사람들 가운데서는 그리 많지 않은 듯하오.

맥모리스 우리나라 사람들? 우리 아일랜드인이 어떻다는 거요? 악당이란 말이오, 사생아란 말이오, 신분이 천하단 말이오, 불한당이란 말이오? 우리 나라가 어쨌다는 거죠? 누가 우리나라 사람들을 가지고 이러쿵저러쿵하는 거요?

플루엘렌 이봐요, 당신은 내 말을 오해하고 있소. 맥모리스 대위, 그건 당신이 나에 대해 마땅히 해야 할 대접을 하지 않는 게 되오. 나도 병법에서나, 가문에서나, 어느 모로 봐도 당신에게 뒤지지 않는 사람이오.

맥모리스 당신이 나만한 인물인지 아닌지는 내 알 바 아니오. 예수 그리스도에 걸고 당신의 목을 잘라주리다.

가워 두 사람 모두 잔뜩 오해를 하고 있소.

제이미 글쎄 말이오! 둘 다 엉뚱한 잘못을 저지르고 있어요.

가워 (나팔 소리) 성(城)에서 전투 담판을 알리는군요.

플루엘렌 맥모리스 대위, 적당한 기회가 오면 병법에 대해 내가 제대로 가르쳐 줄 테니 그리 알고 있소. 내가 하고 싶은 말은 바로 이거요. (모두 퇴장)

〔제3막 제3장〕

같은 곳. 성문 앞.
성벽 위로 총독과 몇몇 시민들, 그 아래에는 잉글랜드군 등장. 뒤이어 헨리 왕 수행원들 등장.

헨리 왕 아르플뢰르 총독은 어떻게 결정했는가? 이것이 내가 허락하는 마지막 협상이다. 그러니 항복하여 나의 자비를 구하든가, 아니면 죽음을 두려워하지 않는 자답게 당당하게 맞서서 최후를 맞이하라. 나는 군인이므로 가장 군인답게, 일단 포격을 시작하면 아르플뢰르가 잿더미가 되더라도 도중에 그만두지는 않을 것이다. 자비의 문은 모두 닫히고, 난폭하고 잔인한 병사들이 그 피 묻은 손으로 지옥의 입을 크게 벌려 꽃처럼 아름다운 처녀들과 꽃봉오리 같은 아기들을 풀을 베듯 베어버릴 것이다. 하느님도 눈을 돌린 이 전쟁이 악마들의 왕자 같은 불길의 옷에 휩싸여 그을린 무서운 형상으로 온갖 파괴와 황폐를 가져온다 하더라도, 이 어찌 나 때문이라 말할 수 있겠는가? 너희들이 저지른 잘못으로 너희들의 순결한 처녀들이 뜨거운 욕정으로 타오르는 난폭한 강탈자들 손에 떨어진다 해도, 그 원인은 너희들 자신에게 있는 것이니 나를 원망하지 말라. 음탕한 사악함이 미친 듯이 언덕 내리막길을 달려갈 때, 어떤 자가 그 고삐를 잡아당길 수 있겠느냐? 이성을 잃고 이리저리 날뛰며 약탈하는 병사들에게 명령을 내리는 것은 바다 괴물 리바이어던에게 뭍으로 올라오라고 지시하는 것과 같다. 그러니 아르플뢰르의 귀족들이여, 잉글랜드 병사들이 나의 지휘 아래 있는 동안에, 냉정하고 절제 있는 자비의 바람이 무시무시운 살인과 겁탈과 약탈 같은 추악한 구름을 몰아내는 동안에 당신들의 도시와 백성들을 어여삐 여기어라. 그렇지 않으면 어느새 보게 되리라. 피에 굶주린 병사들이 이성을 잃고 음란한 손으로 비명 지르는 딸들의 머리카락을 휘어잡고 욕을 보이며, 아버지들의 은빛 수염을 잡아당겨 점잖은 머리를 벽에 쳐서 부숴뜨리고, 갓난아이들을 발가벗겨 창끝에 꽂으니 그 어미들은 미쳐 날뛸 것이며, 피를 찾아 헤매는 도살자 헤롯 왕을 보고 유대인 아내들이 그랬듯이 무서운 비명으로 구름을 찢어놓으리라. 자, 어디 대답을 들어보자. 항복하여 이 끔찍한 비극을 면할 것이냐, 아니면 방어하겠다며 큰 죄를 저질러 스스로 멸망을 부르겠느냐?

총독 이제 저희의 기대는 사라져 버렸습니다. 저희가 지원군을 요청하왕자님은 이렇게 대대적인 포위 공격으로부터 이 도시를 구해 낼 병력이 없다는 회답을 보내오셨습니다. 하오니 이 도시와 시민의 생명을 전하의 자비에 맡기겠습니다. 성안으로 들어오시어, 저희의 목숨과 재물을 뜻대로 처분해 주시기를 바랍니다. 저희는 이미 방어할 능력도 없습니다.

헨리 왕 성문을 열어라. 자, 엑서터 숙부, (이때 총독은 무대 위에서 퇴장) 어서 아르플뢰르 성안으로 들어가시지요. 이곳에 머무르면서 프랑스군 습격에 대비하여 수비를 강화해 주시기를 바랍니다. 그리고 시민들에게는 자비를 베풀기로 합시다. 숙부, 겨울이 닥쳐와 병사들이 질병에 걸리고 있으니 나는 칼레로 가 있겠습니다. 오늘 밤에는 숙부의 손님으로 아르플뢰르에서 쉬고, 내일 아침에 대오를 갖추어 행군하겠습니다. (화려한 나팔 소리. 왕과 일행 성안으로 들어간다)

〔제3막 제4장〕

루앙. 프랑스 왕궁.
카트린 공주와 늙은 시녀 알리스, 대기하던 귀부인들 등장.*6

카트린 알리스, 너는 잉글랜드에 있었으니 영어를 잘하겠지.

알리스 예, 조금이요, 공주님.

카트린 나 좀 가르쳐 줘. 영어를 배워야 해. '손'을 영어로 뭐라고 하지?

알리스 '손'이요? '한드'라고 합니다.

카트린 '한드'라고? 그럼 '손가락'은?

알리스 손가락이요? 아이코, 손가락이 뭔지 잊어버렸어요. 하지만 곧 생각날 거예요. 손가락이 뭐였더라? '핑그르' 같은데. 아, 맞아요, 핑그르입니다.

카트린 손은 '한드'. 손가락은 '핑그르'. 이러다 우등생이 되겠구나, 벌써 영어 단어를 둘이나 배웠으니 말이야. '손톱'은 뭐라고 하지?

알리스 손톱이요? '나일'이라고 합니다.

카트린 '나일'. 어디 들어봐, 잘하고 있는지. '한드', '핑그르', 그리고 '나일'.

알리스 잘하셨어요, 공주님. 아주 훌륭한 영어입니다.

카트린 '팔'은 영어로 뭐라고 하지?

---

*6 제4장은 모두 프랑스어로 되어 있으며 소극(笑劇)의 한 장면이다. 알리스는 프랑스식 영어를 하고 있는데 '핑거'를 '핑그르', '넥'을 '닉', '친'을 '신' 등으로 이상하게 발음하여 관객들을 웃게 한다.

알리스 '암므'라고 합니다, 공주님.

카트린 그럼 '팔꿈치'는?

알리스 '엘보'입니다.

카트린 '엘보'. 이제까지 가르쳐 준 말을 모두 복습해 볼게.

알리스 너무 어려울 것 같은데요, 공주님.

카트린 글쎄, 들어봐 알리스. '한드', '핑그르', '나일', '암므', '빌보'.

알리스 '엘보'예요, 공주님.

카트린 어머나, 그새 잊어버렸네! '엘보'. 그럼 '목'은 뭐라고 하지?

알리스 '닉'입니다, 공주님.

카트린 '닉'. 그럼 '턱'은?

알리스 '신'입니다.

카트린 '신', 목은 '닉', 턱은 '신'.

알리스 네, 맞습니다. 실례되는 말씀이오나, 공주님은 잉글랜드인처럼 정확하게 발음하셨습니다.

카트린 나 말이야, 신의 은총으로 짧은 시일 안에 영어를 꼭 배울 수 있을 것 같아.

알리스 제가 가르쳐 드린 건 아직 잊지 않으셨겠죠?

카트린 다시 해볼게. '한드', '핑그르', '마일'.

알리스 '나일'입니다, 공주님.

카트린 '나일', '암므', '일보'.

알리스 실례되는 말씀이오나 '엘보'입니다.

카트린 그럼 말해 볼게. '엘보', '닉', 그리고 '신'. '발'은 뭐고, '겉에 걸쳐 입는 옷'은 뭐라고 하지?

알리스 발은 '푸트', 겉에 걸치는 옷은 '카운'이라고 합니다.

카트린 '푸트'과 '카운'! 아이고, 맙소사. 무슨 말들이 그리도 듣기 싫고 거칠고 상스러울까! 귀부인들이 쓸 말은 못 돼. 아무래도 프랑스 귀족들 앞에선 그런 말은 할 수 없겠다. 안 되고말고! '푸트'에 '카운'이 다 뭐야!*⁷ 그래도 다시 복습해 볼까. '한드', '핑그르', '나일', '암므', '엘보', '닉', '신', '푸트', '카운'.

---

*7 영어의 foot과 gown은 프랑스어의 foutre와 con과 발음이 비슷하며, 이 두 단어는 프랑스어에서 각각 남성의 정자와 여성의 성기를 뜻한다.

프랑스 왕 샤를 6세의 딸 카트린 공주

알리스 아주 잘하셨습니다, 공주님!

카트린 처음 해보는 건데, 이만하면 잘한 거지 뭐. 식사나 하러 가자. (모두 퇴
장)

〔제3막 제5장〕

같은 곳.
프랑스 왕, 프랑스 왕자, 부르봉 공작, 프랑스군 총사령관, 그 밖의 사람들 등장.

프랑스 왕 헨리 왕이 솜강을 건넌 건 확실하군.

총사령관 반격해야 합니다. 그렇지 못하면 우린 이 나라에서 살 수 없게 됩니다. 모든 걸 포기하고 우리의 포도밭도 저 야만인들에게 넘겨줘야 하니까요.

프랑스 왕자 오, 디외 비방(하느님)! 우리 선조들의 정욕 찌꺼기에 지나지 않는 것들, 들에 핀 잡목에 접을 붙여 생겨난 저 잔가지들이 갑자기 구름 꼭대기까지 뻗어 올라가더니, 이제는 본디 있던 줄기를 당당하게 내려다보는구나. 어찌 이런 일이 일어난단 말이오?

부르봉 노르만인이긴 하나, 그들은 사생아 노르만인이고 노르만인 사생아입니다! 모르 드 마 비(나의 목숨을 걸고 맹세하건대), 그들이 아무런 공격도 하지 않고 행군해 온다면 저는 차라리 공국을 팔고 지구 구석구석까지 뻗어 있는 저들의 앨비언섬 습지나 진흙땅이라도 사들여야겠습니다.

총사령관 디외 드 바타유(전쟁의 신)! 도대체 그들은 어디서 그런 용맹한 기질을 얻은 거죠? 그곳 기후는 늘 짙은 안개로 가득하고 차갑고 음울하여, 태양마저 악의를 품은 듯 창백하게 찌푸려서 농작물이 열매를 맺지 못하고 떨어져 버리곤 하지 않습니까? 끓인 물, 겨우 지쳐버린 말들이나 먹는 풀, 그 땅에서 발효시킨 맥주 등으로 놈들의 차가운 피가 어떻게 뜨거워질 수 있단 말이죠? 그리고 포도주로 생기를 찾은 우리의 뜨거운 피가 어떻게 이토록 얼어붙을 수 있단 말입니까? 아, 냉혈 인간들이 기름진 우리 땅에서 이리도 용맹스럽게 땀방울을 흘리고 있습니다. 우리나라의 명예를 위해서라도 초가지붕에 매달린 고드름처럼 그들에게 매달리진 맙시다! 아니, 기름진 땅의 소유자가 이래 가지고는 차라리 가난한 땅이라고 불러야 하지 않겠습니까!

프랑스 왕자 신앙과 명예를 걸고 말하는데, 요즘 우리 프랑스 여성들은 프랑스 남자들을 용기가 없다고 비웃으며 상대도 하지 않고, 새파랗게 젊은 잉

496 셰익스피어전집 1

글랜드 병사들의 음탕함에 몸을 맡겨 이 프랑스를 용감한 사생아들의 새로운 세상으로 만들려 하고 있소.

부르봉 글쎄 우리더러 잉글랜드의 무용교습소에 가서 높이 뛰는 라볼타 춤이나 동작 빠른 쿠랑트 춤을 가르치는 게 좋겠다고 했습니다. 우리의 유일한 특기는 높이뛰기와 꽁지 빠지게 도망치는 거라고 하더군요.

프랑스 왕 전령관 몽조이는 어디 있소? 잉글랜드 왕에게 가서 매서운 도전장을 던져주고 오라 하오. 귀족들이여, 모두들 굳세게 일어나, 명예심을 칼날보다 더 날카롭게 세우고 전장으로 달려갑시다! 프랑스군의 총사령관 샤를 델라브레스를 비롯하여 오를레앙, 부르봉, 베리, 알랑송, 브라방, 바르, 부르고뉴, 자크 샤티용, 랑뷔레, 보드몽, 보몽, 그랑프레, 루시, 포콩베르, 푸아, 레스트랄, 부시쿠아, 샤롤레, 그 밖에 대공작들, 대백작들, 남작들, 귀족들, 기사들에게 알리노니, 경들의 지위를 생각해서 크나큰 치욕을 말끔히 씻어내야 하오. 아르플뢰르 시민들의 피로 물든 군기를 앞세우고 이 땅을 짓밟는 잉글랜드 왕 해리를 저지하시오. 알프스가 낮고 천한 골짜기에 눈사태를 퍼붓듯이 잉글랜드 군대를 급습하시오. 해리의 머리 위에 철퇴를 내리치는 거요. 경들에겐 그럴 힘이 충분히 있소. 그를 포로로 잡아 전차에 태우고 루앙으로 끌고 오시오.

총사령관 위대하신 국왕다운 말씀이십니다. 적군 병력이 소수인 데다 병사들이 행군 중에 병들고 굶주리고 있는 게 오히려 가련할 따름입니다. 해리가 우리 군대와 부딪치게 되면 가슴이 공포로 내려앉아 승리에 대한 생각은 잊고 배상금을 바치겠다고 사정해 올 것입니다.

프랑스 왕 그러니 총사령관, 재빨리 몽조이를 잉글랜드 왕에게 보내서, 그가 보상금을 얼마나 낼 것인지 알아보러 왔다 전하게 하시오. 왕자, 너는 나와 함께 여기 루앙에 있어라.

프랑스 왕자 아닙니다. 전하, 제가 출전할 수 있도록 허락해 주소서.

프랑스 왕 안 된다. 너는 나와 함께 있어야 한다. 그러면 총사령관, 그리고 경들, 어서 나가서 잉글랜드 왕이 항복했다는 소식을 속히 가져다주오. (모두 퇴장)

피카르디의 잉글랜드군 진영.
잉글랜드인 가워와 웨일스인 플루엘렌이 등장하여 만난다.

가워 어찌 된 일이오, 플루엘렌 대위? 다리에서 오는 거요?

플루엘렌 다리에서 격전이 벌어졌는데 우리 장병들이 대단한 공을 세웠소.

가워 엑서터 공작은 무사하신가요?

플루엘렌 엑서터 공작은 트로이 전쟁의 그리스군 총사령관인 아가멤논에 못 지않은 너그러운 분이시오. 내 영혼과 가슴과 충성과 목숨, 그리고 재산과 정력을 모두 바쳐 공을 사랑하고 존경하오. 공은 고마우신 신의 가호를 입어, 조금도 다치지 않으시고 훌륭하신 병법 전술로 용맹하게 저 다리를 지키고 계시오. 그 타리*8에는 또 다른 기수인 중위가 있는데, 마르쿠스 안토니우스 못지않게 용감하죠. 뭐, 아직 세상에 잘 알려지진 않았으나 그토록 놀랄 만한 공을 세운 걸 이 눈으로 똑똑히 보고 왔소.

가워 그 사람 이름이 뭐요?

플루엘렌 기수 피스톨이라고 하더군요.

가워 잘 모르겠소.

기수 피스톨 등장.

플루엘렌 바로 저 사람이오.

피스톨 (플루엘렌에게) 대위님, 부탁 하나만 들어주십시오. 엑서터 공작님께서는 대위님을 무척 아끼시지 않습니까.

플루엘렌 그렇다. 신에게 감사할 일이지만, 내가 그분의 사랑을 받을 만도 하지.

피스톨 실은 견고하고 진실한 마음씨와 활달한 용기를 자랑하는 바돌프 병사 말입니다. 그 사람은 지금 잔인하고 변덕스런 운명의 여신의 끊임없이

―――――――――
*8 bridge를 pridge처럼 들릴 만큼 습관적으로 강하게 발음한다.

굴러가는 돌 위에 서서 눈먼 여신의 수레바퀴에 무정하게도……

플루엘렌 아, 잠깐 기수 피스톨, 운명의 여신이 늘 헝겊으로 눈을 가린 모습으로 그려진 까닭은, 운명이란 예측할 수 없음을 뜻하는 거네. 또 여신이 수레바퀴를 돌리는 것처럼 묘사된 것은, 물론 거기에 큰 의미가 있겠지만, 그 바퀴를 돌리니 운명이 변화무쌍하게 뒤바뀌어 그 변화가 예측할 수 없을 만큼 여러 결과로 나타난다는 것을 나타내기 위함이지. 그리고 운명의 여신의 발은 동그란 돌을 딛고 섰는데, 그 돌은 뒹굴뒹굴 구르며 쉬임 없이 움직이고 있네. 시인이 참으로 멋진 묘사를 했다고 말할 수 있지. 운명의 여신이야말로 우리에게 훌륭한 교훈을 남겨주었네.

피스톨 운명의 여신은 바돌프의 적이라 험상궂은 얼굴로 지켜보고 있군요. 성화 한 장 훔쳤다고 교수형이라니, 그런 고약한 선고가 어디 있습니까! 교수대의 밧줄은 개를 매달라는 거죠. 사람의 숨통을 죄다니, 어림도 없습니다. 그런데 엑서터 공작님은 그 알량한 성화 때문에 사형선고를 내렸답니다. 그러니 어서 가서 말씀 좀 해주세요. 공작께서는 대위님 부탁이라면 들어주실 테니까요. 그 한 푼짜리 끄나풀과 고약한 책망 때문에 바돌프의 목줄이 끊어지지 않게, 부디 대위님이 나서서 목숨만 건져주십시오. 사례는 톡톡히 하겠습니다.

플루엘렌 기수 피스톨, 무슨 말인지 대충 알아들었네.

피스톨 그럼 기뻐해도 되겠군요.

플루엘렌 아니 기수, 이건 기뻐할 일이 아니야. 그 사람이 내 친형제라고 해도 난 공작께서 뜻대로 처형하시기를 바랄 뿐이네. 군기는 지켜야 하니까.

피스톨 뒈져서 지옥에나 떨어져라. 당신과의 우정도 이걸로 끝이야! (고개를 돌려버린다)

플루엘렌 그래도 할 수 없지.

피스톨 (엄지손가락을 씹으며) 개똥이나 처먹어! (퇴장)

플루엘렌 잘됐어.

가워 저놈은 이름난 사기꾼 악당이 아니오? 이제 기억나는군요. 포주에다 날치기라고.

플루엘렌 이건 틀림없는데, 그자가 아까 타리(다리)에서 화창한 여름날처럼 펏(멋)지게 큰소릴 치고 있더군요. 하지만 뭐, 괜찮소. 그놈이 내게 뭐라고 떠들었다 해도 상관없소. 때가 오면 본때를 보여줄 테니 말이오.

가워 그래, 저놈은 팔삭둥이에 머저리, 게다가 불한당인데, 그 정도밖에 안 되는 인간이 전쟁이 일어나면 명예로운 병사의 탈을 쓰고 참가했다가 런던에 돌아가서는 우쭐대며 돌아다닌단 말이오. 저런 놈들이 높은 지휘관들 이름을 귀신같이 팔아먹고 있소. 어디서 어떻게 싸웠는지, 어떠어떠한 성채에서 어떻게 됐느니, 또 어떤 돌파구에서, 어떤 방위선에서 누가 용맹하게 싸웠으며 누가 총에 맞고 누가 망신을 당했는지, 그리고 적의 상황은 어떠했는지 등등, 귀에 솔깃한 새로운 은어들로 양념을 쳐가며 그럴듯한 군사 용어들을 줄줄이 읊어대는 거죠. 거기다가 장군처럼 턱수염을 기르고 위압적인 군복을 입고 나타나 지껄여대니, 거품이 넘쳐흐르는 맥주병들을 앞에 두고 취기가 목구멍까지 꽉 찬 패거리들한테는 인기가 대단하답니다. 생각만 해도 가관이오. 우리 시대에 불명예를 안겨줄 저런 패거리들을 샅샅이 찾아낼 수 있어야 하오. 그렇지 않으면 큰코다칠 수 있다고요.

플루엘렌 가워 대위, 나도 저자가 세상 사람들에게 자랑할 인물이 못되는 줄은 알고 있소. 어디, 꼬리만 잡히면 아주 혼쭐을 내줄 거요. (북소리가 들린다) 북소리요. 국왕 전하께서 오시나 보군요. 타리(다리) 전황을 보고드려야겠소.

북과 군기를 앞세우고 헨리 왕과 글로스터, 초라한 병사들 등장.

플루엘렌 국왕 전하 만만세!

헨리 왕 오, 플루엘렌! 다리에서 왔는가?

플루엘렌 그렇습니다, 전하. 엑서터 공작은 용감하게 타리(다리)를 방어했습니다. 프랑스군은 저 멀리 달아나 버렸습니다. 매우 호전적이며 가장 용맹스러운 전투였습니다. 실은 적군이 먼저 타리(다리)를 점령하고 있었습니다만, 엑서터 공작이 적군을 물리치고 새로운 점령자가 되었습니다. 공작은 참으로 용감한 분입니다.

헨리 왕 몇 사람이나 전사했나, 플루엘렌?

플루엘렌 척군(적군)의 손실은 대단히, 실은 아주 어마어마하게 컸나이다, 전하. 전하께서도 아시겠지만 우리 군은 교회에서 절도를 저질러서 공작이 사형을 선고한 한 명 말고는, 단 한 사람도 손실이 없는 줄로 압니다. 바돌프라는 자로, 전하께서도 아시는지 모르겠사오나 그자의 얼굴을 보면 온통 종기와 여드름, 사마귀, 새빨간 점들 투성이입니다. 그의 입술이 코를 향해 후우 불면 그 코는 마치 석탄불이라도 피워 놓은 듯 파래졌다 빨개졌다 합니다만, 그 코가 사형을 당하면 그 불도 꺼질 것입니다.

헨리 왕 그런 범죄자들은 반드시 모두 처단해야 한다. 나는 분명히 명령하노라. 우리 군대가 이 나라에 머물러 있는 동안 마을 사람들로부터 어떠한 것도 징발하지 말 것, 값을 치르지 않고 강탈하는 행위를 절대로 하지 말 것, 프랑스인 그 누구에게라도 불손한 말로 모욕을 주지 말 것. 한 왕국을 걸고 관용성과 잔인성이 함께 다툰다면 친절한 관용이 마땅히 이기는 법이다.

나팔 소리와 함께 몽조이 등장.

몽조이 전하께서는 저의 차림새를 보시고 직분이 무엇인지 이미 알고 계시리라 믿습니다.

헨리 왕 그래, 안다. 전할 말이 무엇이냐?

몽조이 프랑스 국왕 전하의 뜻이옵니다.

헨리 왕 말하라.

몽조이 프랑스 국왕의 말씀은 이러하옵니다. "잉글랜드 해리 왕께 전하라. 우리가 죽은 것처럼 보였을 것이나 실은 잠들어 있었을 뿐이다. 더 좋은 기회가 오기를 기다렸다가 싸우는 게, 무턱대고 싸우는 것보다 훌륭한 전법이다. 아르플뢰르에서 잉글랜드 왕에게 반격할 수도 있었으나, 부스럼이 완전히 곪을 때까지 건드리지 않는 편이 낫다고 생각하여 잠시 물러나 있던 것이라고 전하라. 마침내 때가 이르러 우리가 입을 여나니, 우리의 목소리는 곧 장엄한 권위의 화신이 되어 울려 퍼지리라. 잉글랜드 왕은 자신의 어리석음을 뉘우치고 자신의 약점을 직시하며 우리의 관용을 칭송하게 되리라. 그러므로 잉글랜드 왕은 우리가 입은 손실, 우리가 잃은 신하들, 우리가 삼킨 굴욕에 대한 보상으로 배상금을 바치라고 명하라. 잉글랜드 왕은 너무나 힘이 미약하니, 우리의 손실을 메우려다 오히려 그 무게에 눌려 가라앉게 되리라. 그의 금고는 너무나 가난하니, 우리 신하들이 흘린 피는 잉글랜드 모든 장병의 피로써 갚는다 해도 보상될 수는 없으리라. 우리가 받은 굴욕은 잉글랜드 왕 스스로 우리 발밑에 무릎 꿇고 엎드려도 빈약하니, 불충분한 배상밖에 되지 못하리라. 따라서 우리는 도전을 선언하노라. 잉글랜드 왕에게 전하라. 그는 결국 신하들을 배신하고 그들에게 지옥행을 선고했다고 말이다." 이상이 프랑스 국왕의 말씀이시며, 이로써 저의 임무를 마치옵니다.

헨리 왕 그대의 직책은 알겠다만, 이름은 무엇이냐?

몽조이 몽조이라고 합니다.

헨리 왕 그대는 훌륭히 임무를 완수했다. 이제 돌아가 그대의 프랑스 왕에게 이렇게 전하라. 나는 지금 자청하여 프랑스와 싸우지 않을 것이며, 별일 없는 이상 칼레에서 철수할 생각이라고. 이쪽보다 책략이 뛰어나고 유리한 전세에 있는 적에게 이렇게 고백함은 지혜로운 일은 아니나, 사실 나의 병사들은 질병으로 쇠약해지고 그 숫자도 나날이 줄어들어 이제는 얼마 남지 않은 처지이니, 같은 수의 프랑스 병사들보다 나을 것도 없느니라. 잘 들어라 전령관, 나의 병사들이 건강했을 땐 잉글랜드 병사 하나가 프랑스인 병사 셋에 맞서 싸워 이길 수 있다고 생각한 것이다. 오, 신이여, 저의 호언장담을 용서하소서! 그쪽 프랑스의 분위기가 나에게 이런 나쁜 버릇을 불어넣은 것 같네. 하지만 이제는 후회하고 있으니 돌아가 그대의 왕께 이렇게 아뢰게. 나의 배상금은 이 빈약하고 보잘것없는 몸뚱이뿐이라고. 나의 군대는 허약하고 병들었으나, 프랑스 왕을 비롯하여 그에 뒤지지 않는 강대한 이웃나라 왕들이 가로막는다 해도 나는 신의 도움을 얻어 맹세코 진격하고 말겠다고 하라. 자, 몽조이, 수고한 값이네. (몽조이에게 금화 주머니를 건네준다) 돌아가 그대의 주군에게 신중히 생각하라고 전해라. 나는 할 수만 있다면 진격할 것이다. 진격을 가로막는다면 이 갈색 땅을 너희들의 붉은 피로 붉게 물들이게 되리라. 그럼 몽조이, 편히 가라. 이게 나의 짧은 대답이다. 오늘 형편으로는 구태여 싸우려 들지는 아니할 것이나 그쪽에서 걸어온다면 굳이 피하지도 않겠노라. 이렇게 너의 군왕에게 전하라.

몽조이 그리 전하겠나이다. 감사합니다, 전하. (퇴장)

글로스터　저들이 곧바로 공격해 오지는 않았으면 합니다.

헨리 왕　동생, 우리의 운명은 그들 손에 달린 게 아니라 신의 손에 달렸소. 자, 다리로 진군하세. 밤이 다가오고 있소. 오늘 밤은 다리 건너편에서 야영을 하고, 날이 새자마자 다시 진군하기로 합시다. (모두 퇴장)

〔제3막 제7장〕

아쟁쿠르에 가까운 프랑스군 진영.
프랑스군 총사령관, 프랑스의 귀족 랑뷔레, 오를레앙, 프랑스 왕자 및 그 밖의 사람들 등장.

총사령관　흠! 내 갑옷이 가장 훌륭하죠. 어서 날이 밝으면 좋겠습니다!

오를레앙　정말 훌륭한 갑옷이지요. 하지만 내가 타는 말도 좀 칭찬해 주세요.

총사령관　그야 유럽에서 가장 훌륭한 말입니다.

오를레앙　이러다 영영 날이 밝지 않는 건 아니겠죠?

프랑스 왕자　오를레앙 공작과 총사령관은 말과 갑옷에 대해 말씀하시는 거요?

오를레앙　왕자님은 어느 군주에게도 뒤지지 않을 두 가지 명품을 모두 갖추고 계십니다.

프랑스 왕자　무슨 밤이 이렇게도 긴지! 그런데 난 말이오, 네 발로, 달리는 그 어떤 것과도 내 준마를 바꾸지 않을 생각이오. 이건 진심이오! 내 말은 몸속이 가벼운 털로 채워져 있기라도 한 듯이 아주 사뿐히 뛰어오르죠. 코로 불길을 내뿜으며 하늘을 날아가는 페가수스! 그 말에 올라타면 난 매가 되어 높이 솟아오르고, 말은 하늘을 달려 나아가오. 말의 발이 바닥에 닿으면 땅은 노래를 부르는 것만 같소. 그 발굽은 가장 시원치 않게 소리를 낼 때도 헤르메스의 피리 소리보다 더 오묘한 음을 낸다오.

오를레앙　그 빛깔은 잿빛이 은은하게 감도는 밤색이지요.

프랑스 왕자　그리고 불같은 성품을 가졌소. 그놈이야말로 페르세우스의 애마 페가수스 같소. 그건 순수하게 공기와 불로 만들어졌는데, 흙과 물의 둔한 기질은 기수가 안장에 오르는 것을 참고 기다릴 때 말고는 조금도 찾아볼 수가 없소. 그게 바로 참다운 말이니 다른 말들은 다 짐승이라고 불러도 되오.

총사령관 왕자님, 참으로 그 말은 어디 한 군데 흠잡을 데 없는 준마입니다.

프랑스 왕자 그건 승마용 말 가운데 왕자라 할 수 있소. 그 울음소리는 제왕의 호령과 같고, 그 위용에는 누구나 고개를 숙이지요.

오를레앙 이제 그만하시지요, 왕자님.

프랑스 왕자 아니, 나의 말을 종달새가 아침에 날아오를 때부터 양이 잠들 때까지 한결같이 칭찬하지 못하는 사람은, 지혜가 모자라도 한참 모자라는 돌대가리라고 해야 하오. 바다처럼 풍부한 시의 주제이기에 바닷가 모래 한 알 한 알이 모두 말솜씨 뛰어난 혀가 된다 해도, 내 말 하나하나가 그 많은 입들의 화젯거리를 채우고도 남소. 내 준마야말로 군주가 다룰 화제이며, 왕 중의 왕이 타야 할 말이지요. 우리에게 낯익은 이 세계는 물론, 낯선 세계 사람들도 자기 할 일을 제쳐놓고라도 경탄해 마지않을 그런 말이오. 언젠가 난 이 준마를 찬양하는 소네트를 한 편 썼는데 이렇게 시작하오. "자연의 경이로움이여……."

오를레앙 사랑하는 여인에게 바치는 소네트 가운데 그렇게 시작하는 것을 들어본 적이 있습니다.

프랑스 왕자 그건 아마 내가 힘센 말에게 헌정한 시를 본뜬 걸 테죠. 내 말은 내 애인이라오.

오를레앙 왕자님의 애인은 태워주는 재주가 대단합니다.

프랑스 왕자 나를 잘 태운다는 것은 바로 한 사람을 생각하는, 절제 있고 훌륭한 애인이 갖춘 뛰어난 미덕이겠죠.

총사령관 그런데 어제는 그 애인이 왕자님 몸을 짓궂게 흔들어대는 것 같았습니다만.

프랑스 왕자 총사령관의 애인도 그랬을 거요.

총사령관 제 말은 말굴레도 달지 않았습니다.

프랑스 왕자 오, 그렇다면 그 말이 늙어서 온순했던 모양이군요. 그래서 장군은 프랑스식 넓은 바지는 벗어 던지고, 아일랜드의 경기병처럼 털이 숭숭 드러난 맨다리로 말에 올라탄 게 아니겠습니까.

총사령관 왕자님은 승마술에 대해 모르시는 게 없군요.

프랑스 왕자 그러니까 내 충고를 받아들이시오. 조심하지 않고 그런 식으로 마구 몰면 진흙에 빠지기가 일쑤죠. 난 애인보다 내 말이 더 좋소.

총사령관 저라면 그저 특별할 것 없는 평범한 말을 애인으로 갖겠습니다.

프랑스 왕자 이봐요, 총사령관, 내 애인은 가발을 쓴 매춘부와는 다르오.

총사령관 암돼지를 애인으로 가졌어도 그런 자랑은 할 수 있겠는데요.

프랑스 왕자 "르 쉬앵 에 르투르네 아 송 프로프르 보미스망, 에 라 트뤼 라베 오 부르비에(개는 자기가 토한 것으로 되돌아가고, 돼지는 씻은 몸이라도 진흙 속에 구른다)"라는 말처럼 총사령관은 무엇이든 다 끌어다 대는 재주가 있군요.

총사령관 하지만 저는 말을 연인으로 삼거나, 그렇게 의도에서 빗나간 속담을 쓰진 않습니다.

랑뷔레 총사령관, 어젯밤 내가 군막에서 본 그 갑옷 장식은 별들인가요, 태양인가요?

총사령관 별들입니다.

프랑스 왕자 그 가운데 몇 개는 내일 떨어질 거요.

총사령관 그래도 제 머리 위에서는 영예가 빛을 잃지 않게 할 것입니다.

프랑스 왕자 그럴지도 모르오. 어차피 경은 남에게 보이기 위해 쓸데없이 많은 별들을 달고 다니니까, 더러 떨어져 없어지는 게 오히려 영예가 될 거요.

총사령관 그 점에서는 왕자님이 말에 대해 하시는 찬사도 마찬가지입니다. 말 자랑을 덜어내셔도 그 말이 잘 달리는 데에는 지장이 없을 겁니다.

프랑스 왕자 아직도 내 말에 대해서 할 칭찬은 많이 남아 있소! 그런데 날은 언제 밝으려나? 내일 아침엔 1마일을 달려서, 내가 가는 길을 온통 잉글랜드 병사들의 얼굴로 깔아주겠소.

총사령관 저라면 그렇게 말하진 않겠나이다. 미리 큰소리쳤다가 망신당할지도 모르니까요. 어쨌든 서둘러 아침이 오면 좋겠습니다. 어서 잉글랜드군을 박살내 주고 싶으니까요.

랑뷔레 나와 포로 스무 명 잡기 내기 하실 분 안 계십니까?

총사령관 그보다 먼저 자신이 포로가 되지 않도록 조심하는 게 좋을 거요.

프랑스 왕자 벌써 한밤중이오. 가서 무장해야겠소. (퇴장)

오를레앙   왕자님은 아침이 오기만을 몹시 기다리시는군요.

랑뷔레   잉글랜드군을 잡아먹고 싶으시겠죠.

총사령관   닥치는 대로 모두 잡아먹고 싶으실 거요.

오를레앙   내 애인의 하얀 손을 두고 맹세하는데, 왕자님은 참으로 용맹스런 분이죠.

총사령관   그 애인 발에 걸고 맹세하시죠. 그래야 맹세를 발로 차버릴 수 있을 테니까요.

오를레앙   왕자님의 눈부신 활동은 프랑스에서 으뜸갈 겁니다.

총사령관   활동이야 하시죠. 늘 뭔가 하고 계시니까요.

오를레앙   또 왕자님이 누군가에게 해를 끼쳤다는 소리도 들어본 적이 없습니다.

총사령관   그야 내일도 해를 끼치지 않으실 거요. 그 명성만은 두고두고 유지하시겠죠.

오를레앙   왕자님이 용맹하시다는 사실을 나도 잘 알고 있습니다.

총사령관   난 당신보다 더 잘 아는 사람에게서 들었소.

오를레앙   그게 누군데요?

총사령관   사실은 왕자님 자신이 그러셨소. 누가 알아도 상관없다고 하시면서 말이오.

오를레앙   그럴 겁니다. 이미 누구나 아는 미덕이 되었으니까요.

총사령관   그건 말도 안 되는 말씀, 아는 사람이 아무도 없소. 왕자님의 용기를 아는 사람은 늘 혼쭐나는 하인밖에 없을 거요. 말하자면 사람의 눈을 가린 용기요. 사람 눈에 띄면 사라지고 없소!

오를레앙   "악의를 품은 말은 떡메를 맞는다" 하죠.

총사령관   "우정에는 아첨이 들어 있다"는 말로 응수하겠소.

오를레앙   그럼 "악마도 변명할 게 있다" 대답해 두죠.

총사령관   말 한번 잘했소. 그건 당신의 친구인 왕자께서 악마라는 소리오. 그럼 난 이렇게 정면으로 쏘아주겠소. "악마에게 염병이나 걸려라."

오를레앙   "바보가 먼저 활을 쏜다"더니, 당신 속담이 나보다 한 수 위로군요.

총사령관   당신이 쏜 화살은 과녁을 멀리 빗나갔소.

오를레앙   이번이 처음은 아니지만, 화살이 장군을 피해 갔을 겁니다.

전령 등장.

전령 총사령관님, 잉글랜드군이 우리 군 진영에서 1500걸음도 되지 않는 곳에 진을 치고 있습니다.

총사령관 누가 거리를 쟀나?

전령 그랑프레 경입니다.

총사령관 그분은 용맹할 뿐만 아니라 그런 일에는 아주 노련한 분이오. 어서 날이 밝아라! 아, 잉글랜드 해리 왕은 참으로 가련하구나. 우리처럼 새벽을 기다리지도 못하고 이리저리 헤매고 있으니.

오를레앙 잉글랜드 왕이란 자는 아주 어리석고 성급한 사람이군요. 잘 알지도 못하는 지역으로 그 둔해 빠진 부하들을 이끌고 무턱대고 들이닥치니 말이오!

총사령관 잉글랜드군이 조금이라도 지혜로운 자들이라면, 지금쯤 걸음아 날 살려라 줄행랑을 쳤을 거요.

오를레앙 저들에게는 지혜가 없소. 그 골통들에게 조금이라도 슬기로움이 있다면 그토록 무거운 투구를 도저히 쓸 수는 없었을 테죠.

랑뷔레 그런데 잉글랜드란 섬나라는 아주 용감한 동물을 기르더군요. 그들의 맹견 마스티프의 용맹이 대단하답니다.

오를레앙 그 얼빠진 들개들, 막무가내로 러시아 곰의 입속에 달려들어 무슨 썩은 사과 깨물듯이 골통을 으스러뜨린다니까요! 이거야, 사자 입술 위로 뛰어올라 아침 식사하는 벼룩을 보고 용감하다고 칭찬하는 거나 다를 바 없지 않습니까.

총사령관 그 말이 옳고말고요. 거기 사내들은 지혜를 집에 있는 마누라에게 맡겨놓고 맨몸으로 돌진해 들어오는 게, 꼭 자신들이 키우는 마스티프 개들 같소. 놈들에게 소고기나 듬뿍 안겨주고 쇠붙이나 좀 던져주면, 늑대처럼 처먹고 악마처럼 싸우려 들 겁니다.

오를레앙 그래요. 그리고 지금 잉글랜드군은 소고기가 바닥나 있죠.

총사령관 그럼 내일이면 알게 되겠군요. 먹을 배는 있어도, 싸울 배짱은 없다는 사실을. 자, 이제 무장할 시간이오. 그럼, 슬슬 시작해 볼까요?

오를레앙 벌써 2시군요. 그러면 어디 보자, 10시면 우리가 저마다 잉글랜드군

1백 명씩은 포로로 잡게 되겠소. (모두 퇴장)

〔막을 올리는말 4〕

해설자 등장.

해설자 이제 다시 여러분께서는 귓가에 맴도는 웅성거림과 술렁거림, 사람
들의 눈길 속에 밤의 어둠이 아득히 넓은 우주에 가득 차 있는 이 장면으
로 상상의 나래를 펼쳐주실까요? 진영에서 진영으로 밤의 칠흑 같은 얼굴
을 통해 속삭이는 소리가 쉬임 없이 울려옵니다. 그래서 두 진영의 보초들
은 저마다 자기가 서 있는 자리에서 적군의 비밀스런 속삭임을 알아차릴
수 있습니다. 모닥불은 모닥불을 비추고 창백한 불빛 속에 적군의 희끄무레
한 얼굴을 서로 바라봅니다. 군마들끼리 서로 으름장을 놓듯이 뽐내며 목
청을 높이는 소리가 밤의 둔한 귀를 꿰뚫고 지나갑니다. 군막에서는 무시무
시한 전투의 시작을 알리기라도 하듯, 기사들의 갑옷과 투구 장착을 마무
리하는 병기공들의 몹시 바쁜 못질 소리가 울려옵니다. 새벽 3시가 되자 농
가의 수탉들이 홰를 치며 울어대고 시계 종이 울리며 잠에 취한 병사들을
깨우고 있습니다. 자신의 병력을 뽐내며 자신만만해하는 프랑스군 장병들
은 오만한 눈초리로 잉글랜드군을 얕보면서 행운의 주사위를 굴리고 있습
니다. 그리고 더럽고 못생긴 마녀처럼 절룩이며 지루하게 걷는 밤의 느린 발
걸음을 꾸짖고 있습니다. 사형 선고를 받은 잉글랜드군은 제단에 바쳐진 제
물처럼 풀이 죽어서 모닥불 곁에 말없이 앉아 날이 밝으면 들이닥칠 위험
을 마음속에 되새기고 있습니다. 그 침울한 모습들은 야윈 뺨과 전쟁 때마
다 입어 닳고 닳은 외투가 달빛에 드러나, 병사들 한 사람 한 사람 흉측한
유령처럼 보입니다. 오, 초라해진 군대의 총사령관인 왕이 군막에서 군막으
로 보초들 사이를 오가는 모습을 본 사람이라면 누구나 "전하의 얼굴 위로
찬미와 영광을 내려주소서!" 외칩니다. 이처럼 국왕은 오늘 모든 장병을 찾
아다닙니다. 왕은 온화한 미소를 지어 보이며 그들에게 인사합니다. "형제들
이여, 친구들이여, 동포들이여" 부릅니다. 그 용맹스런 모습에는 강력한 적
군에 포위당한 데 대한 불안의 그림자는 좀처럼 찾아볼 수 없습니다. 또 밤

을 새웠으므로 더할 수 없이 피로하면서도, 얼굴에는 그런 기색 하나 비치지 않습니다. 활기로 넘치는 모습과 부드러운 위엄으로 암울한 빛을 날려버립니다. 두려움으로 의기소침해지고 얼굴이 파리해진 병사들도 국왕의 활기찬 모습을 보고 용기를 되찾습니다. 그 인자한 눈길은 햇빛처럼 찬란한 은혜를 병사들 한 사람 한 사람에게 고루 나누어 주며, 서릿발처럼 쭈뼛거리게 하는 공포를 얼음 녹듯이 녹아 사라지게 합니다. 관객 여러분, 그날 밤 해리 왕의 모습을 비록 서투르나마 성의껏 묘사해 드리겠으니 마음껏 상상해 주시기 바랍니다. 이제 장면을 옮겨 전장으로 가보겠습니다. 전장이라곤 하나, 아쉽게도 초라한 가짜 칼 몇 자루를 휘둘러대는 것일 뿐 엉성하고 볼품없어 보이는지라, 아쟁쿠르의 이름을 더럽힐까 두렵나이다. 그러니 여러분께서 이 초라한 장난거리를 실제 전투 장면을 보듯이 나름대로 실감나게 상상해 주시길 바랍니다. (퇴장)

〔제4막 제1장〕

아쟁쿠르의 잉글랜드군 진영.

날이 밝아오기 전. 헨리 왕, 베드퍼드, 글로스터 등장.

헨리 왕　글로스터, 아군이 큰 위험에 빠져 있는 것은 사실이오. 그러니 용기를 더 내야 하오. 좋은 아침이오, 베드퍼드. 아, 신은 참으로 전능하신 분이오! 악한 것들 속에도 얼마쯤 선함이 들어 있는 법, 그러니 사람들은 그 선함을 잘 살펴서 끄집어 내야 하오. 악한 이웃들만 보더라도 그렇소. 우릴 이렇게 꼭두새벽부터 일찍 눈을 뜨게 해주니 말이오. 건강에도 좋고 시간도 유용하게 쓰도록 해준다니까! 또 그들은 우리 양심을 일깨워 주오. 죽음을 잘 맞이하기 위해서 단단히 준비를 하라고 우리에게 충고해 주는 설교와 같은 것이기도 하오. 이렇게 해서 우리는 잡초에서도 꿀을 따고 악마에게조차 교훈을 얻을 수가 있소.

기사 어핑엄 등장.

헨리 왕 좋은 아침이오, 토머스 어핑엄 경! 그 백발이 성성한 머리엔 프랑스의 거친 풀밭보다는 부드러운 베개가 좋았을 텐데요.

어핑엄 그렇지 않습니다, 전하. 이 침상이 더 마음에 듭니다. "이젠 국왕처럼 누울 수 있다" 감히 말할 수 있으니까요.

헨리 왕 다른 사람들을 본받아 지금의 고통을 소중히 받아들이는 것은 좋은 일이오. 그렇게 하여 마음도 편해지고 활기를 되찾게 되면 틀림없이 전에 죽어 사라진 것으로 여겼던 신체 기관들이 게으르게 잠들었던 무덤을 헤치고 나와, 껍질을 벗은 뱀처럼 새로운 마음으로 힘차게 움직이게 마련이지요. 토머스 경, 그 외투 좀 빌려주오. 그리고 동생들 둘은 진영에 있는 경들에게 나를 대신해서 아침 인사를 전하고 모두들 곧바로 내 막사로 오라고 전해주오.

글로스터 네, 분부대로 따르겠나이다, 전하.

어핑엄 제가 따라나설까요?

헨리 왕 아니오, 토머스 경. 당신도 내 동생들과 함께 경들을 찾아가 주오. 나는 잠시 조용히 생각할 게 있소.

어핑엄 하늘에 계신 주님, 해리 왕께 축복을 내려주소서!

헨리 왕 고맙소! 그 말을 기쁘게 간직하겠소. (혼자만 남고 모두 퇴장)

피스톨이 길고양이처럼 어느 군막에 슬그머니 나타나 도둑질을 하려는 순간, 어둠 속에 누가 있는 것을 보고 크게 놀란다.

피스톨 키 불 라?*⁹

헨리 왕 우군입니다.

피스톨 그럼 똑똑히 대답하라. 당신은 장교인가? 아니면 천하고 흔해 빠진 일반 병사인가?

헨리 왕 하사관입니다.

피스톨 그러면 억세고 긴 창을 끌고 다니겠구나?

헨리 왕 그렇습니다. 당신은 누구요?

---

*9 '거기 누구냐'라는 뜻으로 '키 바 라(Qui va là)'를 잘못 말했다.

피스톨과 헨리 왕   H.C. 샐루스

피스톨   독일 황제 못지않은 선량한 신사이시다.

헨리 왕   그럼 당신은 우리 국왕 전하보다도 높으신 분이군요.

피스톨   우리 국왕은 멋진 친구지. 용맹스럽고 활기에 넘치는 젊은이로서 명
성이 아주 드높은 인물이야. 집안 좋지, 주먹 세지, 난 전하의 진흙 묻은 신
발에라도 입을 맞추겠다. 정말이지 내 맘에 꼭 드는 분이라니까. 그런데 당
신 이름은 뭔가?

헨리 왕   해리 르 루아(해리 왕)입니다.

피스톨   '르 루아'라고? 콘월 지방 이름이군. 당신은 콘월 태생인가?

헨리 왕   아닙니다. 난 웨일스 사람이오.

피스톨 그럼 플루엘렌을 알고 있나?

헨리 왕 압니다.

피스톨 그자에게 전하라. 성(聖) 데이비드 축제일에 그놈이 이 모자에 부추를 꽂고 있으면 그걸로 골통을 부셔주겠다고.

헨리 왕 그날은 당신도 모자에 단검을 꽂지 마시오. 그 사람이 그걸로 당신 머릴 부수면 안 될 테니까요.

피스톨 당신은 그자의 친구인가?

헨리 왕 친척이기도 하오.

피스톨 그럼 당신도 똑같이 엿 먹어라!

헨리 왕 고맙소. 그럼 잘 있소!

피스톨 내 이름은 피스톨이다. (퇴장)

헨리 왕 불한당에게 잘 어울리는 이름이로군.

플루엘렌과 가워가 서로 다른 쪽에서 등장.

가워 플루엘렌 대위!

플루엘렌 저런! 예수 그리스도의 이름으로 맹세하지만, 낮은 소리로 말하시오. 이 드넓은 세계에서 가장 놀랄 만한 일은 예부터 내려오는 참되고 정당한 병법이 지켜지지 않고 있다는 거요. 저 폼페이 대왕의 병법을 연구해 보면 알 수 있는 일이지만, 사실 폼페이 진영에선 저 와글거리는 잡담 소리는 결코 들려온 적이 없었단 말이오. 정말이지, 전쟁의 의식이나 전쟁에 대한 태도, 형식, 진지하고 절제된 정신 등 여러 면에서 다르다는 걸 알게 될 거요.

가워 하지만 적군은 저리도 시끄럽게 떠들어대잖소. 밤새껏 당신들도 그 소리를 듣고 있지 않느냐 말이오.

플루엘렌 적이 바보이고 멍청이며, 쉬지 않고 주절대는 머저리라고 해서 우리도 똑같이 바보에다 멍청이, 주절대는 머저리가 돼야 한단 말이오? 당신 양심에 걸고, 어디 말해 보오.

가워 작게 이야기하겠소.

플루엘렌 제발 그렇게 좀 해주오. (가워와 따로따로 퇴장)

헨리 왕 조금 괴팍한 데는 있어 보이지만, 이 웨일스인은 진지함도 용기도 갖춘 사람 같군.

세 병사 존 베이츠, 알렉산더 코트, 마이클 윌리엄스 등장.

코트 이봐, 존 베이츠, 저쪽이 허여스름한 걸 보니 곧 날이 밝아오지 않겠나?

베이츠 응, 그렇군, 날이 밝아온다고. 하지만 우리에겐 하나도 반가울 게 없지 뭔가.

윌리엄스 이렇게 오늘의 시작이 보인다고 해서, 그 끝마무리까지 볼 수 있다는 건 아닐 테니 말이야. 넌 누구지?

헨리 왕 우군이지.

윌리엄스 대장은?

헨리 왕 기사 토머스 어핑엄.

윌리엄스 그분은 훌륭하고 노련한 지휘관이지. 그리고 아주 친절한 신사이기도 하고. 그런데 그분은 우리의 전쟁 상황을 어떻게 생각하고 계시나?

헨리 왕 모래밭 위에 난파한 선원들 같다고 하시지. 다음 밀물에는 씻겨 내려갈 거라나.

베이츠 그런 생각을 전하께는 말씀드리지 않았는가?

헨리 왕 하지 않았지. 이런 건 국왕 전하께 알려선 안 돼. 나 같은 자가 이런 소릴 하는 건 좀 그렇긴 하네만, 왕도 나 같은 인간일 따름이야. 제비꽃 향기는 내게 그렇듯 왕에게도 향기로운 거라네. 하늘도 나와 똑같이 높아 보일 테고. 오감의 작용도 모든 인간이 다 똑같이 가지고 있는 거야. 왕의 표시인 장식을 다 떼고 나면 그도 하나의 인간에 지나지 않지. 국왕의 감정은 우리보다 높고 높은 곳으로 올라갈지 모르나, 일단 내려올 때에는 다 같은 날갯짓으로 내려올걸. 그러니 국왕도 우리처럼 두려워할 이유를 갖게 된다면 왕의 공포도 틀림없이 우리가 갖는 공포와 같은 거지. 따라서 이치로 따진다면 누구도 왕에게 두려운 눈치를 보여선 안 된다네. 왕이 겁먹은 걸 보게 되면 모든 병사의 사기도 떨어질 테니까.

베이츠 겉으로야 아무리 용맹한 듯이 보이더라도 아마 마음속으로는 전하께선 이렇게 추운 날 밤에 차라리 템스강에 목까지 잠겨 있는 편이 더 낫다고 생각하실걸. 나도 전하께서 여기 계시지 않았으면 한다네. 그래서 이곳을 빠져나갈 수만 있다면 어떤 위험을 무릅쓰고서라도 전하를 모시고 빠져나가고 싶다네.

헨리 왕　내 양심에 걸고 맹세하네만, 진실을 말하자면 국왕께선 오늘 계신 곳 말고는 그 어디에도 가 계시고 싶지 않으실걸.

베이츠　그럼 차라리 전하 혼자 여기 계실 것이지. 어쨌든 전하께선 틀림없이 몸값을 치르고 풀려나실 테니 불쌍한 병사들도 많이 목숨을 건지겠지 뭐.

헨리 왕　물론 전하께서 여기에 홀로 계셨으면 하고 말하지만, 당신도 왕을 싫어해서 그러는 건 아닐 테고, 그저 사람들 마음속을 떠보려고 한 소리겠지. 난 전하 곁에서 함께 죽을 수만 있다면 어디서라도 기꺼이 죽음을 맞겠네. 그분은 정당하고 뚜렷한 명분으로 전쟁을 하고 계시지 않나.

윌리엄스　그것까지는 우리가 알 바 아니지.

베이츠　그래, 그 말이 맞아. 알려고 들지 않아도 돼. 우리가 전하의 신하라는 사실만 알면 충분한 게 아니겠나. 비록 전하의 주장이 잘못된 거라 해도 우리가 신하로서 충직하게 따르기만 하면 우리가 지은 죄는 다 씻기는 거라고.

윌리엄스　그렇지만 전하의 주장이 잘못된 거라면 전하께선 깨끗이 갚아야 할 빚을 엄청나게 많이 갖게 되는 거지. 최후의 심판 날에는 전투에서 잘린 다리랑 팔이랑 머리들이 한데 모여서 다들 "우린 어디어디에서 전사했다" 큰 소리로 떠들어들 대겠지. 어떤 사람들은 욕지거릴 잔뜩 퍼부을 것이며 어떤 사람은 외과 의사를 불러오라고 화를 내겠지. 또 어떤 사람은 고향에 남겨둔 불쌍한 마누라를, 어떤 사람은 남겨놓고 온 빚을, 어떤 사람은 갓 태어난 아기 이름을 불러대면서 야단을 떨겠지. 전장에서 죽는 자들 가운데 곱게 죽는 이는 그다지 없을 테니, 여기저기 피가 가득 메우며 서로 다투는 이 상황에서 자비심으로 처리할 수 있는 게 도대체 어디 있단 말인가. 그래서 이 사람들이 곱게 죽지 못한다면 그 지경으로 몰아넣은 왕에게는 그야말로 큰일이 될 수밖에 없지. 그들로서야 복종하지 않는 것은 신하와 백성의 도리가 아니었을 테니 말이야.

헨리 왕　당신 논리대로라면 아버지 심부름으로 배를 타고 가던 아들이 참회

할 새도 없이 바다에서 죽게 된다면, 아들의 죄과는 그를 보낸 아버지에게로 돌아간다는 말이 되는 거지. 또 주인 심부름으로 얼마간 돈을 가지고 가던 하인이 강도를 만나 많은 죄들을 깨끗이 씻지 못한 채 죽음을 맞이하게 된다면, 그 하인을 지옥에 떨어지도록 한 것은 바로 주인이라고 말하는 것과 다름없다네. 그러나 실제로는 그렇지가 않아. 왕은 병사들 하나하나의 죽음에 책임을 질 수는 없어. 아들의 죽음이 아버지에게 책임이 없고, 하인의 죽음 또한 주인에게 책임이 없듯이 말이야. 그들이 죽임을 당하도록 일부러 일을 시킨 것은 아니니까. 더욱이 왕의 명분이 아무리 순수하다 해도, 칼로 승부를 결정하는 마당에 그 병사들이 하나같이 순진무구한 자들이라고 단정할 수는 없거든. 그 가운데에는 계획적으로 살인을 저지른 자도 있을 테고, 거짓 맹세로 처녀의 정조를 빼앗은 자도 있을 거야. 또 평화롭게 살아가던 백성들의 가슴을 도둑질이나 강도질로 멍들게 한 자가 전쟁에 참가한다는 이유로 그 죄를 덮기도 할 테지. 이런 자들이 비록 법망을 교묘히 빠져나가 나라의 벌을 피해 인간의 손길에서 벗어날 수 있었다 하더라도, 신의 손에서 벗어날 수 있는 날개를 가질 수는 없어. 전쟁은 인간에 대한 신의 처벌 수단이자 복수 수단이므로, 전에 왕의 법률을 어긴 자는 오늘 왕이 치르는 전쟁에서 처벌받게 될 거야. 따라서 인간은 죽음을 맞이하게 될 순간에도 그것을 피해 살아나기도 하며, 안전을 확신하는 순간에도 죽음을 맞게 될 수도 있지. 그래서 그러한 자들이 참회도 하지 못하고 죽어서 지옥에 떨어진다 하더라도 왕에게는 책임이 없다 이 말이야. 그들이 받는 처벌은 지난날 자신이 저지른 죄과에 대한 것이니, 왕에게는 그 책임이 없는 거지. 신하들이 가지는 의무는 국왕에게 바치는 것이지만 저마다의 영혼은 각자의 것이니까. 그러니 전장에 나간 병사들은 사형 선고를 받고 병석에 누워 있는 사람들처럼 다들 자기 양심의 오점을 씻어버려야 해. 그렇게 죽는 자들에겐 죽음이 하나의 결실이 될 수 있지. 만일 죽지 않고 살아 있다면 마음의 준비를 할 수 있으니, 지나간 시간이라도 축복받을 만한 거야. 그리고 죽음을 면한 자는 자신의 죄를 숨김없이 뉘우치고 모든 것을 신에게 맡겼으므로 신이 그의 목숨을 구해 준 것이며, 이로써 다른 이들에게 신의 위대함을 깨닫게 하고 마음의 준비가 중요함을 가르쳐 주게 했으리라 생각하는 것은 죄가 아니지.

윌리엄스 그 말이 맞아. 안 좋게 죽는 자는 그 책임을 스스로 져야지, 왕의 책임으로 돌릴 수는 없는 거야.

베이츠 난 국왕 전하께서 내 목숨을 책임져 주기를 바라지도 않지만, 그래도 전하를 위해서 죽기 살기로 싸울 생각이야.

헨리 왕 내가 직접 들은 바로는 왕은 몸값을 내지 않으시겠다던데.

윌리엄스 그래, 그렇게 말씀하신 건 사실이네. 하지만 그건 살아남기 위해 바둥거리지 말고 힘차게 싸우라는 뜻에서 하신 말씀이지. 어쨌거나 우리 모가지가 잘리는 날에는 전하께서 몸값을 내신다 한들 우리가 알 도리가 있겠나.

헨리 왕 살아서 그런 꼴을 보게 된다면 다시는 왕의 말을 믿을 수 없는 거지.

윌리엄스 거참, 맹랑하군! 하찮은 백성이자 아무 힘도 없는 졸병 주제에, 왕에게 불만을 품고서 나무총을 쏘는 것만큼이나 위험한 말을 하는군. 차라리 공작의 날갯죽지로 태양을 부채질해서 얼게 하는 편이 낫지. 다시는 왕의 말을 믿지 않겠다고? 그런 얼간이 같은 소린 집어치워.

헨리 왕 그건 너무 솔직한 비난인데. 이렇게 전투를 눈앞에 두지만 않았다면 나도 화를 냈을 거야.

윌리엄스 당신이 살아남게 되면 우리 둘이서 결투를 하지.

헨리 왕 듣던 중 반가운 소리로군.

윌리엄스 그런데 내가 당신을 어떻게 알아보지?

헨리 왕 당신의 어떤 표지를 주면 내가 모자에 달고 다니겠네. 당신이 그걸 알아보게 되면 결투를 하는 거지.

윌리엄스 이건 내 장갑이네. 당신 것도 주게.

헨리 왕 여기 있네.

윌리엄스 나도 이걸 모자에 달고 다니지. 내일 이후로 당신이 와서 "이건 내 장갑이다" 하면 귀싸대기를 한 대 갈겨주겠어.

헨리 왕 살아남아서 이 장갑을 보게 된다면 나도 도전해 보겠네.

윌리엄스 차라리 목매달려 죽겠다고 내게 매달리게 될걸.

헨리 왕 좋아, 그때 당신이 왕의 부하라 하더라도 꼭 상대해 주지.

윌리엄스 약속은 지켜야 돼. 잘 가라고.

베이츠 화해하게, 이 잉글랜드 얼간이들아. 지금은 싸울 때가 아니잖아. 프랑스만 상대해도 싸우고도 남는다. 그런 계산도 못하는가?

헨리 왕 사실이지, 프랑스 병사들은 우리를 이긴다고 20대 1로 내기할 거야. 보아하니 놈들은 매독에 걸려서 벗겨진 대머리를 어깨 위에 얹고 다니더군. 그러나 프랑스군의 대머리는 아무리 베고 또 베어도 잉글랜드에서는 죄가 되지 않지. 내일은 왕 자신도 그 목들을 자르겠다고 나설 거다. (병사들 퇴장) 모두 왕의 책임이다! 우리의 목숨도 영혼도 빚도 남편을 사랑하는 아내도 아이들도 그동안 지은 모든 죄도 모조리 왕에게 떠맡긴다니. 내가 모든 책임을 져야겠지. 오, 이런 곤란한 처지는 왕이라는 지위가 갖는 두 얼굴을 보여주는구나. 자신의 고통밖에는 아무것도 느끼지 못하는 온갖 얼간이들의 입에 오르내려야 하지! 평범한 백성들이 누리는 무한한 마음의 평화를 왕들은 얼마나 많이 버려야 할까? 또 왕들은 지녔으나 평민이 갖고 있지 않은 게 있다면 의식들, 이러한 예법과 절차들 말고 또 무엇이 있더냐? 그런데 이 의식이라는 우상은 무엇이지? 널 숭배하는 인간들보다 더 많은 이 세상의 고통을 맛보아야 하지. 그렇다면 너는 어떠한 신이란 말이냐? 너의 수입은 얼마나 되지? 그리고 네가 얻는 이득은 또 무엇이지? 아, 겉치레로 가득한 의식들이여, 너의 가치만이라도 나에게 보여주려무나. 그토록 숭배받는 너의 본바탕은 무엇이더냐? 너는 남에게 경외심과 두려움을 불어넣는 지위, 계급, 격식 말고 또 무엇이란 말이냐? 그러니까 두려움을 받고 있는 네가, 널 두려워하는 자들보다 더 불행하다는 것이냐? 네가 주로 마시는 건 달가운 존경심의 순한 잔이 아니라, 독이 든 아첨의 잔이 아니더냐? 오, 위대한 왕이여, 부디 병이 들어 그대의 의식으로 고치도록 해보아라! 불길처럼 뜨거운 열이 아첨의 입김이 불어내는 가벼운 헛소리로 식을 거라고 생각하느냐? 저들이 네 앞에 무릎을 꿇고 허리를 굽힌다고 해서 좋은 일을 기대할 수 있겠느냐? 네가 거지의 무릎을 굽히게 할 수는 있으되, 그 건강한 무릎을 너의 것으로 바꿀 수가 있겠느냐? 아니다, 왕의 단잠을 교묘하게 가지고 노는 너는, 사치스런 꿈이로다. 나는 너의 정체를 알아낸 왕이니라. 나는 알고 있다. 향유, 왕홀, 보배로운 구슬, 보검, 지휘봉, 왕관 그리고 금과 진주를 아로새긴 왕의 옷, 왕의 이름 앞에 늘어놓는 부풀린 존칭들, 왕이 앉는 옥좌, 세상의 높은 암벽에 밀려드는 호화로운 물결들도 아니, 이 모든 것을 다 모아놓은 현란한 의식들이여, 네가 이 모두를 다 그러모아 대왕의 화려한 잠자리에 늘어놓는다 해도 왕의 비천한 노예가 누리는 포근한 잠 속으로 빠져들 수는 없으리라. 낮 동안 수고롭게 일한 벌처럼 빵 조각으로 배를 가득 채우고는 시름없이 잠드는 노예는 차라리 지옥의 자식이 겪는 두려운 밤을 알지 못하리라. 태양의 신 포이보스의 눈앞에서 날이 밝아 오면서부터 해가 질 때까지 땀을 흘리는 마부는 밤 동안 참다운 낙원의 잠을 즐기고는, 이튿날 새벽에 다시 일어나서 태양의 신 히페리온이 하늘을 달리는 말에 오르는 것을 도우며 언제나 달려가는 시간을 좇아 유익한 노동에 몸을 바치며 무덤으로 가지 않는가. 그러한 미천한 자들은 왕이 치르는 의식들에는 관심조차 없으며, 그저 낮에는 수고로이 일하고 밤에는 달콤하게 잠드니, 이런 자가 왕보다는 한결 행복하지 않겠는가. 태평성대의 한 구성원으로 살아가는 노예는 그것을 즐기면서도 그 둔한 머리로는 미처 깨닫지 못하겠지만, 왕은 그 평화를 지켜 나가기 위해서 백성들이 편한 잠을 즐기는 그 시간에도 얼마나 무수한 밤을 지새워야 하는가.

어핑엄 등장.

어핑엄 전하, 귀족들이 전하께서 계시지 아니함을 근심하여 진중을 샅샅이 찾아다니고 있습니다.

헨리 왕 어핑엄 기사, 모두들 내 막사 앞으로 모이라고 하오. 내가 먼저 가 있겠소.

어핑엄 예, 그리하겠습니다. (퇴장)

헨리 왕 (무릎을 꿇는다) 오, 전쟁의 신이여, 병사들의 마음을 강철같이 단단히 해주소서. 공포심을 갖지 않게 해주시고, 적병의 수를 보고 용기를 잃게 하는 그들의 계산 능력을 빼앗아 주소서. 하늘에 계신 자비로운 신이시여, 오늘만은 제 아버지가 왕관을 차지하기 위해 저지른 죄를 잊어주소서! 저는 리처드 2세의 유해를 새로 매장하고, 아버지가 그에게 흘리게 한 피보다 훨씬 많은 회한의 눈물을 그의 무덤 위에 뿌렸습니다. 그리고 제가 연봉을 주며 돌보는 빈민 5백 명이 날마다 두 번씩 시든 두 손을 하늘을 향해 쳐들고, 그 흘린 피를 용서해 달라 빌고 있습니다. 또 저는 교회당을 두 채 세웠으며 그곳에서는 엄숙하고 진지한 신부들이 리처드 왕의 영혼을 위해 끊임

없이 미사를 드리고 있습니다. 저는 그보다 더한 일도 할 수 있습니다. 진심으로 뉘우치며 용서를 구하지 않는다면 그 무슨 일을 한들 소용이 있겠나이까. (기도를 계속한다)

글로스터 다시 등장해 큰 소리로 외친다.

글로스터 전하!
헨리 왕 (일어서며) 동생 글로스터가 부르는 소리 아닌가? 그래, 여기 온 이유를 알겠다. 함께 가야지. 또 이 하루가, 나의 친구들이, 모든 것이 나를 기다리고 있구나. (모두 퇴장)

〔제4막 제2장〕

프랑스군 진영.
날이 밝아올 무렵. 프랑스 왕자, 오를레앙 공작, 랑뷔레 경, 그 밖의 사람들 등장.

오를레앙 저 태양이 우리 갑옷에 금박을 칠해 주고 있소. 자, 어서 일어나세요, 경들!
프랑스 왕자 몽테 아 슈발(말 위에 올라라)! 내 말 가져와라, 바를레(시동)! 라케(신하)! 이봐!
오를레앙 오, 장하신 용사들이여!
프랑스 왕자 비아 레 조 에 테르(물과 땅을 지나가자).
오를레앙 리엥 퓌(그것뿐입니까)? 레르 에 퓌(공기와 불은요)?
프랑스 왕자 시엘(하늘)! 오를레앙 공.

총사령관 등장.

프랑스 왕자 아, 총사령관!
총사령관 말들이 어서 달리자고 울어댑니다!
프랑스 왕자 말 위에 올라, 뱃가죽이 찢어지도록 박차를 가하시오. 말들의 뜨거운 피가 잉글랜드 병사들 눈으로 튀어, 그 넘쳐흐르는 용기로 그들을 쓰러뜨립시다. 얏!

랑뷔레 뭐라고요, 놈들의 눈에서 말들의 피를 흘리게 하신다고요? 그러면 놈들의 진짜 눈물을 어떻게 보시려고요?

    전령 등장.

전령 프랑스 귀족 여러분께 말씀드립니다. 잉글랜드군은 전투 태세로 포진했습니다.

총사령관 자, 말을 타세요. 용감한 경들, 어서 말을 타요! 그리고 저 굶주리고 초라한 적군을 바라보세요. 경들의 아름다운 갑옷을 한 번 보기만 해도 그들은 바로 얼이 빠져나가고 뻣뻣하게 굳어서 껍질만 남은 몰골이 될 거요. 우리 군대가 특별히 나서서 맞설 일도 없을 것이오. 그들의 맥빠진 혈관을 몽땅 짜내도 우리가 뽑아 든 칼날에 묻힐 피조차 없을 테니까요. 그러니 프랑스의 용사들은 오늘 칼을 뽑았다가 별 재미도 못 보고 도로 칼집에 꽂아야 할 테죠. 우리가 숨만 한 번 훅 불어버리면 그들은 우리의 용맹한 입김에 놀라 쓰러질 거요. 경들, 여기에 있는 누구 한 사람 이의가 없으리라 믿소만, 특별한 일도 하지 않고 우리 병영에서 소란스럽게 구는 마부들이나 농부들만으로도 이 못난 적군을 얼마든지 전장에서 쓸어낼 수 있을 테고, 우린 이 산기슭에서 그저 느긋하게 구경이나 하고 있으면 되겠죠. 하지만 우리 명예를 생각한다면 그럴 수야 없는 노릇입니다. 그러면 어떡할까요? 아주 조금만 수고하면 모든 게 끝날 겁니다. 자, 나팔수에게 명하여 말에 올라타는 신호를 울리게 하시오. 우리 군이 위용을 뽐내며 진격하면 잉글랜드는 두려움에 떨며 항복해 올 테니까요.

    프랑스 귀족 그랑프레 백작 등장.

그랑프레 프랑스 귀족 여러분, 왜들 이렇게 머뭇거리고 계십니까? 저 섬나라 송장들은 어차피 뼈도 못 추리게 되리라고 단념하고는, 축 늘어진 채 아침 들판에 꼴사납게 나타나고 있습니다. 프랑스의 바람이 비웃듯, 누더기가 다

된 저들의 초라한 군기들을 흔들어 주고 있습니다. 군신 마르스도 이 거지 같은 군대에게는 도저히 희망이 없다고 생각한 것인지, 녹슨 갑옷들의 투구 사이로 맥빠진 듯 내다보는 것 같습니다. 기병들은 붙박아 놓은 촛대 괴물처럼 손에 횃불을 들고는 꼼짝도 않고 앉아만 있지요. 불쌍한 말들은 고개를 떨구고, 뱃가죽과 엉덩이 살이 빠져 축 늘어진 채로 초점 없는 그 뿌연 눈가엔 눈곱이 더덕더덕 끼어 있으며, 윤기 없는 파리한 입에서는 씹어 먹던 풀이 붙어 지저분한 이중 재갈이 움직임도 없이 가만히 달려 있습니다. 시체 청소부인 저 망나니 같은 까마귀들은 놈들 머리 위에서 맴돌며 때가 오기만을 안타깝게 기다리고 있지요. 이렇게 기가 죽어 있는 전장의 몰골을 어찌 말로 다 할 수가 있겠습니까.

총사령관 그들은 기도를 마치고 죽음을 기다리고 있소.

프랑스 왕자 그들에게 음식과 새 옷을 보내주고 굶어 죽어가는 말들에겐 먹이를 준 다음 제대로 싸워 볼까요?

총사령관 아직 군기가 도착하지 않았지만 저는 이대로 전장으로 가겠습니다! 나팔수의 군기를 빌려 급한 대로 쓰면 됩니다. 자, 자, 진격합시다. 해는 높이 떴고, 기다리는 건 시간 낭비요. (모두 급히 퇴장)

〔제4막 제3장〕

잉글랜드군 진영. 왕의 군막 앞.
글로스터, 베드퍼드, 엑서터, 어핑엄이 저마다 부하들을 이끌고 등장. 솔즈베리 백작과 웨스트모어랜드 백작도 부하들을 이끌고 등장.

글로스터 전하께서는 어디 계시오?

베드퍼드 몸소 전황을 살펴보러 나가셨소.

웨스트모어랜드 적은 전투 부대만 해도 6만은 될 겁니다.

엑서터 5대 1이군요. 게다가 모두 힘이 넘쳐 보이오.

솔즈베리 신이여, 우리 편이 돼주소서! 적의 병력은 너무도 막강합니다. 경들에게 신의 가호가 있으시기를. 저는 제가 맡은 부대로 가겠습니다. 천국에서 만날 때까지는 다시 못 볼 것 같습니다. 베드퍼드 공, 글로스터 공, 엑서터 공, 나의 사돈 웨스트모어랜드 백작, 그리고 사랑하는 전사 여러분, 모두 안녕히 계십시오!

베드퍼드 솔즈베리 경, 안녕히 가시오. 행운을 빕니다!

엑서터 잘 가시오, 백작. 오늘 용감히 싸워 주시오. 이런 말을 하는 게 오히려 실례가 되겠으나, 경은 용감하고 충직한 신하의 화신 그 자체입니다. (솔즈베리 퇴장)

베드퍼드 참으로 정의롭고 용맹스러운 분, 어느 모로 보나 귀공자다운 분이오.

헨리 왕 등장.

웨스트모어랜드 오, 지금 이곳에, 본국으로부터 지원병이 1만 명만 더 와 있다면 좋으련만!

헨리 왕 누가 그런 걸 바라고 있소? 웨스트모어랜드 백작이오? 그건 그렇지 않소, 백작. 우리가 전장에서 죽을 운명이라면 나라에 주는 손실은 우리만으로도 충분하오. 또 이겨서 살아남는다면 그 수가 적을수록 돌아오는 명예도 더 큰 법이오. 그러하니 한 사람이라도 더 와주기를 바라지 마오. 나는 절대로 황금을 탐내지 않소. 누가 내 돈을 야금야금 쓰더라도 괜찮고 내 옷을 마음대로 입어도 괜찮소. 그러한 외면적인 것을 바라는 욕심은 없소. 그러나 만일 명예를 탐내는 게 죄가 된다면, 나는 가장 죄 많은 사람이 될 것이오. 백작, 정말이지 지원병은 오직 한 사람이라도 오기를 바라지 마오. 나는 아주 큰 명예를 틀림없이 얻게 되리라 확신하기에 그 명예를 단 한 사람과도 더 나눠 갖고 싶은 생각은 없소. 오, 그러니 더는 바라지 마오. 웨스트모어랜드 백작, 차라리 전군에 이렇게 알리시오. 이 싸움을 이겨 낼 용기가 없는 자는 물러나라고 말이오. 그런 자에게는 귀국 허가증도 만들어 주고, 돌아갈 돈도 주머니에 넣어주겠소. 나는 죽음을 두려워하는 자들과는 함께 죽기를 바라지 않소. 오늘은 10월 25일 성 크리스피누스 축제일이오. 오늘 살아남아 무사히 고향에 돌아가는 이들은 이날 전투가 화제에 오를 때마다 가슴을 쭉 펴고, 크리스피누스의 이름을 들을 때마다 고개를 들게 될 것이오. 오늘 살아남아 노년을 맞이하는 이들은 해마다 이 축제일 전날 밤에 잔치를 베풀며 이웃들에게 "내일이 성 크리스피누스 축제일이다" 말할 수 있게 될 거요. 그러고는 소매를 걷고 상처를 보여주며, 크리스피누스 축제일 때 입은 거라고 말할 수 있겠죠. 노인이 되면 모든 걸 다 잊는다 해도, 오늘 세운 무훈만큼은 덤까지 붙여서 기억에 남겨두게 될 것이오. 그럴 때면 늘 인사말처럼 입에 붙은 해리 왕, 베드퍼드, 엑서터, 워릭, 탤벗, 솔즈베리, 글로스터 등 우리의 이름이 넘치는 술잔과 더불어 새로이 기억되겠죠. 이 이야기는 아버지로부터 자식에게 전해질 것이며, 오늘부터 세상이 끝날 때까지 우리를 기억하지 아니하고는 성 크리스피누스 축제일을 지냈다고 말하지 못할 것이오. 우리가 비록 수는 적지만 행복한 소수는 형제와 같으니, 오늘 나와 함께 피를 흘리는 사람은 모두 나의 형제라고 부르겠소. 아무리 비천한 신분의 사람일지라도 오늘의 공적으로 귀족의 반열에 들게 하겠소. 지금 잉글랜드에서 침상에 누운 귀족들은 뒷날 이 자리에 참여하지 못한 스스로를 저주하며, 우리와 함께 성 크리스피누스 축제일 전투에 대해 이야기할 때마다 남자로서 자신의 명예가 떨어졌다고 생각할 것이오.

솔즈베리 다시 등장.

솔즈베리 전하, 서둘러 전투를 준비하십시오. 프랑스군이 당당히 진을 치고는 당장이라도 쳐들어올 듯합니다.
헨리 왕 각오만 되어 있다면 준비는 다 된 것이오.
웨스트모어랜드 지금 용기를 잃고 뒷걸음질치는 자는 차라리 죽어버려라!
헨리 왕 경은 본국에서 지원군이 오길 더는 바라지 않소?
웨스트모어랜드 하느님의 뜻이라면 전하, 다른 사람의 도움 없이 전하와 저 두 사람만으로 이 막대한 전쟁을 했으면 합니다!
헨리 왕 이젠 우리 병사 5천 명마저도 원치 않는다니, 한 사람의 지원병이라도 더 오기를 바라는 것보다 낫군요. 저마다 자기 위치는 알고 있겠죠. 장병들 모두에게 신의 가호가 있기를!

진군하는 나팔 소리. 몽조이 등장.

몽조이 다시 한 번 알고자 왔습니다, 전하. 파멸이 불을 보듯 뻔한 이 마당에, 그에 앞서 전하께서 배상금 지급을 약속하시려는지요? 이미 그 심연에 가까이 오신 이상, 이대로라면 전하는 반드시 그 속에 휘말려 들어갈 수밖에 없습니다. 그뿐만 아니라 우리 총사령관은 자비심에서 전하가 부하들에게 참회하도록 권유하시길 바라고 있습니다. 비록 그들의 불쌍한 몸뚱이가 이곳에 남아 썩게 될 처지에 놓여 있습니다만, 그들의 영혼만이라도 이 전장을 편히 떠날 수 있게 말입니다.

헨리 왕 누가 그대를 이곳에 보냈지?

몽조이 프랑스군 총사령관입니다.

헨리 왕 지난번과 똑같은 대답을 가져가라. 나를 죽이고서 그 뼈를 팔아먹으라고 해라. 이럴 수가! 왜 이토록 불쌍한 사람들을 조롱하는 거지? 또 살아 있는 사자 가죽을 팔아먹은 자가 사자를 잡으러 갔다가 물려 죽었다는 이야기도 있다. 우리 가운데 많은 육체는 틀림없이 고국의 무덤에 묻히게 될 거다. 그리고 그 묘석에는 오늘의 공적을 동판에 새긴 비문이 남겨질 것이다. 또 사나이답게 싸우다 죽어 프랑스에 용감한 뼈를 남기는 자는 비록 프랑스 땅에 묻힌다 해도 그 이름만은 널리 세상에 전해질 것이다. 태양이 틀림없이 그들을 비추어, 명예만은 증기처럼 하늘로 올라가게 할 것이다. 그리고 그들이 진흙이 되어 묻히게 될 곳은 그 썩어가는 악취가 대지를 메우고 프랑스에 무서운 돌림병을 퍼뜨리게 될 것이다. 그러니 잉글랜드군의 넘치는 용기는 비록 우리 용사들이 죽게 되더라도, 다시 튕겨 나온 총탄이 폭발을 거듭하며 상처를 입히듯이 그 치명적인 힘을 퍼뜨릴 것이다. 따라서 나는 당당히 말하겠다. 돌아가 그대 총사령관에게 전하라. 우리는 허름한 옷을 입고 자신의 임무를 다하는 용사들이라고. 화려한 옷차림과 장식들도 힘겨운 빗속 행군으로 모두 더럽혀졌다. 우리 군대에는 장식할 깃털 하나 없다. 이토록 날개 깃털 하나 없으니 우린 달아나지도 않으리라. 이렇듯 사나운 몰골이 된 것은 오랜 행군과 전투 때문이다. 그러나 맹세코 우리 군대의 사기는 아름답게 장식되어 있다. 이 초라한 병사들은 말한다. 밤이 오기 전에 천국에 가서 새 옷으로 갈아입든지 그렇지 않으면 프랑스 병사들의 화려한 옷을 홀딱 벗겨서 지옥으로 보내겠다고. 병사들의 뜻이 이러하니 신의 뜻 또한 그러하다면 그렇게 되겠지만, 내가 받을 배상금은 곧 마련되리라. 전령관, 괜한 헛수고는 말라. 다시는 내게 배상금을 청하러 오지 말라. 나의 몸 말고는 지금 내겐 아무것도 없다. 그 몸뚱이도 내가 남겨놓고 그쪽이 갖게 될 때엔 흙덩이처럼 아무 가치도 지니지 못하게 되리라고, 총사령관에게 전하라.

몽조이 그리하겠습니다, 전하. 안녕히 계십시오. 전하께서 다시는 전령의 말을 듣지 않게 되시기를. (퇴장)

헨리 왕 프랑스 왕의 배상금 문제로 또 한 번 오게 되겠지.

요크 공작 등장.

요크 전하, 삼가 간절히 청합니다. 저에게 선발 부대를 지휘할 수 있도록 책임을 맡겨주소서.

헨리 왕 그리하오, 용감한 요크 공. 자, 병사들, 진격하라. 주여, 당신 뜻대로 이날의 승패를 가려주소서! (모두 퇴장)

〔제4막 제4장〕

전장.
긴급함을 알리는 나팔 소리. 양쪽 군대가 적진을 향해 서로 돌격. 피스톨, 프랑스 병사, 소년 등장. (프랑스 병사가 프랑스어로 말한다)

피스톨 항복하라, 들개야!

프랑스 병사 즈 팡스 크 부 제트 르 장티욤 드 본 칼리테(당신은 훌륭한 가문 출신인 것 같습니다).

피스톨 칼리티 칼미 퀴스튀르 므(칼리티가 뭐야, 처녀, 나의 보물).*10 넌 신분이 있는 사람이냐? 이름이 뭐야? 말해 봐.

프랑스 병사 오, 세뇨르 디외(오, 신이여)

피스톨 (Dieu를 Dew로 잘못 듣고) '오 세뇨르 듀'는 귀족인가 보군. 내 말을 잘 들

---

*10 비슷한 발음의 다른 말로 대답했다.

으라고, '오 세뇌르 듀' 들어라. '오 세뇌르 듀', 넌 바로 이 칼끝에 찔려 죽게 될 거야. 그러나 '오 세뇌르 듀', 네놈이 몸값을 엄청나게 내놓으면 널 살려주 겠다.

프랑스 병사   오, 프르네 미제리코르드(오, 자비를 베푸소서)! 에예 피티에 드 무 아(날 불쌍히 여겨주세요)!

피스톨   모이(동전)*¹¹ 따윈 어림도 없다. 모이라면 마흔 개는 내놔야 돼. 그렇 지 않으면 네 오장육부를 목구멍까지 끄집어내서 시뻘건 핏방울이 뚝뚝 떨 어지게 해주겠다.

프랑스 병사   에 틸 엥포시블 데샤페 라 포르스 드 통 브라(당신 팔로부터, 즉 당신에게서 도망칠 수는 없나요)?

피스톨   (bras를 brass로 잘못 듣고) 뭐? '브라스(놋쇠)'라고, 이 들개 놈아? 이 빌어 먹을 음탕한 산양, 나에게 브라스를 주겠다고?

프랑스 병사   오, 파르돈네 무아(오, 용서해 주세요)!

피스톨   ('돈네'의 '돈'을 '톤'으로 생각하고) 그래? 모이(동전) 1톤을 내놓겠다고? (소 년에게) 야, 이리 와봐. 이놈 이름이 뭔지, 프랑스 말로 좀 물어봐라.

소년   에쿠테(이봐요). 코망 에트 부 자플레(당신 이름이 뭐예요)?

프랑스 병사   므시외 르 페르.

소년   이름이 페르 씨래요.

피스톨   뭐, 페르 씨라고! 넙치가 되도록 흠뻑 패주고 말 테다. 이놈한테 프랑 스 말로 이야기해라.

소년   넙치니 흠뻑이니 패준다니 하는 프랑스 말들은 몰라요.

피스톨   그럼 각오하라고 그래. 목구멍을 따주겠다고.

프랑스 병사   크 디 틸, 무슈(이분이 뭐라고 말씀하셨나요, 선생님)?

소년   일 므 코망 다 부 디르 크 부 페트 부 프레, 카르 스 솔다 이시 에 디스 포제 투 타 세 퇴르 드 쿠페 보트르 고르주(그가 당신보고 각오하고 있으래요. 이 군인이 지금 당장 당신 목구멍을 따주겠대요).

피스톨   (프랑스어로) 위, 쿠펠 고르주, 페르마포이(그래, 참말로 목구멍을 따주겠다, 이 말씀이야). 이 촌놈아, 금화를 그것도 잔뜩 내놓지 않으면 이 칼로 묵사발

---

*11 피스톨은 '무아(moi)'를 '모이(Moy)'로 잘못 들은 데다 화폐 단위인 줄 안다.

을 만들어 주겠다.

프랑스 병사 오, 즈 부 쉬플리, 푸르 라무르 드 디외, 므 파르도네(오, 제발, 하느님의 사랑으로 용서해 주세요). 즈 쉬 르 장틸옴 드 본 메종(저는 좋은 집안 출신입니다). 가르데 마 비, 에 즈 부 돈네레 뒤 상 제퀴(목숨만 살려 주시면 2백 에퀴 드리겠습니다).

피스톨 뭐라는 거지?

소년 목숨만 살려달래요. 자기는 좋은 집안 출신이니까 몸값으로 금화 2백 크라운을 내겠대요.

피스톨 그럼 금화를 받고 분노를 가라앉히겠다고 전해.

프랑스 병사 프티 무슈, 크 디 틸(작은 선생님, 저분이 뭐라고 하셨죠)?

소년 앙코르 킬 레 콩트르 송 쥐르망 드 파르도네 오켕 프리조니에, 네앙모엥, 푸르 레 제퀴 크 부 뤼 아베 프로미, 일 레 콩탕 타 부 돈네 라 리베르테, 르 프랑쉬스망(포로를 용서하는 건 자기 맹세에 어긋나지만, 그래도 지금 약속한 금화를 주면 당신에게 자유를, 해방을 주겠대). (프랑스 병사 무릎을 꿇는다)

프랑스 병사 쉬르 메 즈누 즈 부 돈네 밀 르메르시망, 에 즈 메스팀 에뢰 크 제 통베 앙트르 레 맹 덩 슈발리에, 즈 팡스, 르 플뤼 브라브, 바이양, 에 트레 디스탱게 세뇌르 당글르테르(무릎을 꿇고 천 번 감사드리며, 당신처럼 용맹하고 호탕하신 멋진 잉글랜드 기사의 손에 잡힌 것을 기쁘게 생각합니다).

피스톨 (소년에게) 나한테 통역해 봐.

소년 무릎을 꿇고 천 번 감사한대요. 당신처럼 용맹하고 호탕하신 멋진 잉글랜드 기사의 손에 잡힌 걸 기쁘게 생각한대요.

피스톨 인간의 피를 빨아먹는 나도 자비심이 아주 없는 건 아니니까. 자, 날 따라와! (퇴장)

소년 쉬베 부 르 그랑 카피텐(저 대장을 따라가세요). (피스톨과 프랑스 병사 퇴장)

소년 저렇게 텅 빈 가슴속에서 저토록 우렁찬 소리가 나올 줄 누가 알았겠어? 그러니 "빈 수레가 요란하다"는 옛말 그대로군. 옛날 연극에 나와서 몽둥이 칼로 손톱을 잘라내고 비명을 지르는 이 악마 같은 놈보다는 바돌프와 님이 열 배는 더 용기가 있었지. 그런데 그 둘은 교수형당하고 말았어. 이 사람도 함부로 남의 물건을 훔치다간 똑같은 신세가 되고 말 거야. 난 마부들과 함께 머물면서 우리 군막의 짐들을 지켜야 해. 프랑스 놈들이 이

사실을 알게 되면 웬 떡이냐 할 테지. 지키는 사람이라곤 우리 아이들밖에 없으니까. (퇴장)

〔제4막 제5장〕

전장의 다른 장소.
프랑스의 총사령관, 오를레앙 공작, 부르봉 공작, 프랑스 왕자, 귀족 랑뷔레 크게 패하여 등장.

총사령관 오, 디아블(젠장)!

오를레앙 오, 세뇌르(오, 이럴 수가)! 르 주르 에 페르뒤, 투 에 페르뒤(오늘 싸움에서 지다니, 이젠 끝장이다)!

프랑스 왕자 모르 드 마 비(나는 죽었다). 이제 모두 끝이오, 모두! 비난과 영원한 치욕이 우리의 투구 위에서 비웃고 있소. 오, 메샹트 포르퀸(오, 저주스런 운명이여)! 그렇다 해도 절대로 달아나지는 맙시다. (짧은 경종 소리)

총사령관 오, 이럴 수가, 우리 전열은 아주 엉망진창이었습니다.

프랑스 왕자 오, 영원히 잊히지 않을 치욕이오! 차라리 자결합시다. 저들이 우리가 내기까지 걸었던 그 어리석은 자들이란 말이오?

오를레앙 저 사람이 바로 우리가 배상금을 내라고 전령관을 보냈던 그 잉글랜드 왕이 맞소?

부르봉 치욕이오, 영원한 치욕, 이게 치욕이 아니고 뭐란 말입니까! 다시 적진으로 돌아가 당당히 싸우다 죽읍시다. 이 부르봉을 따르지 않을 자는 지금 바로 물러가라. 자기 모자를 벗어 쥐고 천한 뚜쟁이처럼 방문 앞을 지키면서, 자기가 기르는 개만도 못한 잉글랜드 놈한테 이제까지 애지중지 키워온 딸이 능욕당하는 꼴을 보고만 있어라.

총사령관 우리를 죽음으로 몰아넣은 혼란이여, 이번엔 우리 편이 되어다오! 자, 목숨을 걸고 다 함께 나아갑시다.

오를레앙 전장에는 살아남은 병력이 아직 많이 남아 있소. 전열만 제대로 갖추면 잉글랜드군을 포위해서 얼마든지 질식시킬 수 있어요.

부르봉 전열 따윈 필요 없소. 난 바로 돌진하겠소. 짧게 사는 게 명예로운 거

요. 그렇지 못하면 그 치욕은 너무나 오래가오. (모두 퇴장)

〔제4막 제6장〕

전장의 다른 장소.
긴급함을 알리는 나팔 소리. 헨리 왕과 그의 군대, 엑서터, 그 밖의 사람들 등장.

헨리 왕 용감한 동포 여러분, 참으로 잘 싸워주었소. 그러나 프랑스군이 전장에 남아 있는 한 아직 전쟁은 모두 끝난 게 아니오.

엑서터 요크 공으로부터 전하께 안부가 왔습니다.

헨리 왕 숙부, 요크 공이 아직 살아 있나요? 한 시간 전에 요크 공이 세 번 쓰러지고 세 번 일어나 싸우는 걸 보았습니다. 투구에서 박차까지 온통 피투성이가 된 모습으로요.

엑서터 그 모습 그대로 용감한 요크 공은 벌판을 피로 물들이면서 누워 있습니다. 부상당해 피를 흘리고 있는 그의 곁에는, 전우로서 명예로운 부상을 함께 입은 서퍽 백작이 나란히 누워 있지요. 서퍽 백작이 먼저 숨을 거두고 말았습니다. 만신창이가 된 요크 공은 피투성이가 되어 쓰러진 서퍽 백작에게로 다가가 그를 안아 일으키고는, 피 묻은 손으로 그의 수염을 쥐고 피를 토하는 상처에 입을 맞추고 크게 외쳤답니다. "기다리오, 서퍽! 내 영혼도 당신의 영혼을 따라 천국으로 가는 중이라오. 그러니 정다운 영혼아, 날 기다려 주오. 이 명예로운 전장에서 함께 기사도 정신으로 용감히 싸웠으니, 이제 둘이서 나란히 천국으로 날아갑시다." 이 말을 듣고 저는 요크 공 곁으로 달려가 용기를 주었습니다. 그러자 공은 저를 보고 환하게 웃으며 한 손을 내밀어 힘없이 제 손을 잡고는 "엑서터 공, 전하께 안부 전해 주시오" 말하더군요. 그러고는 서퍽에게로 고개를 돌려 상처투성이가 된 팔을 그의 목에 휘감고 그의 입술에 입을 맞추었습니다. 그는 숭고한 우정의 유서를 피로 마무리하고 죽음과 인연을 맺었습니다. 너무나 고귀하고 아름다운 그의 태도를 마주 대하니 참으려던 눈물이 그만 왈칵 쏟아지고 말았습니다. 사내대장부로서 부끄러운 일이기는 하나, 어머니를 닮은 탓인지 눈물이 헤픈 탓인지 흐르는 눈물을 참을 수 없었습니다.

헨리 왕 그렇다고 숙부를 탓하지는 않습니다. 그 말씀을 듣기만 해도 내 눈가가 흐려집니다. 나 또한 감정을 추스리지 못하면 눈물이 쏟아질 것만 같군요. (긴급한 나팔 소리) 아, 저 소리는! 새 나팔 소리는 뭐지? 프랑스군이 흩어진 병사들을 다시 모아 전투 태세에 들어갔나 보군. 저마다 잡아온 포로들을 모두 죽여라. 이 취지를 전군에 전하라. (급하게 모두 퇴장)

〔제4막 제7장〕

전장의 다른 장소.
플루엘렌과 가워 등장.

플루엘렌 아히들(아이들)과 짐짝들까지 묵사발을 만들어 놓다니! 이건 철저히 병법에 어긋나는 짓이오. 이건 딱지 붙인 흉악한 행위요. 당신의 양심에 대고 어디 말해 보오, 그렇지 않소?

가워 확실히 아이들은 하나도 살아남지 못하겠소. 전장에서 뺑소니친 비겁한 놈들이 이런 살육을 저지른 거요. 또 우리 국왕의 군막에 불을 지른 뒤 그곳에 있던 모든 걸 빼앗아서 달아나 버리고 말았소. 그러니 전하께서 병사들에게 포로들의 목을 베게 하신 거요. 오, 전하께선 참으로 훌륭한 왕이시오!

플루엘렌 맞소, 가워 대위. 전하께선 몬머스에서 때(태)여 나셨소. 알렉산더 태(대)왕이 출생한 마을 이름이 뭐였죠?

가워 알렉산더 대왕이오.

플루엘렌 아니 태(대)라는 게 크다는 거 아닌가? 태(대)나 대나 강대, 거대, 방대는 표현에 조금 차이가 있을 뿐, 다 한뜻이죠.

가워 알렉산더 대왕은 마케도니아에서 태어났을 거요. 내가 알기론 대왕의 아버지가 마케도니아의 필리포스라고 불렸었소.

플루엘렌 알렉산더는 마케도니아에서 때어난(태어난) 것 같군요. 그런데 대위, 세계 지도를 펴고 마케도니아와 몬머스를 비교해 보면, 글쎄 그 상황이 둘 다 비슷하다는 걸 꼭 발견하게 된다오. 마케도니아에도 강이 있고 몬머스에도 똑같이 강이 있단 말이오. 몬머스 쪽은 와이강이라 불렸지만 마케도니

연극 〈헨리 5세〉 헨리(마이클 신)가 부하 장병을 이끌고 전장으로 나아가는 장면.
로열셰익스피어 극단이 현대의 분쟁지역으로 무대를 옮겨 펼친 공연. 1997.

아 쪽에 있는 강 이름은 뭔지 잘 쌩(생)각이 나질 않소. 어쨌든 그런 건 상
관없죠. 내 오른 손가락과 왼 손가락이 서로 닮았듯이 이 두 강도 서로 닮
았고 두 강 모두 연어가 살고 있소. 알렉산더의 생애를 꼼꼼히 살펴보면 몬
머스의 해리가 살아온 생애와 거의 비슷하다는 사실을 알게 되오. 모든 것
에는 비슷한 점들이 있게 마련이니까요. 알렉산더 대왕은 누구나 알듯이,
그리고 그대와 내가 알고 있듯이 매우 화가 나서 분통을 터뜨리고 격노해
서 기분이 상한 끝에 역정을 내고는 조금 술이 취한 상태에서 퍼리(머리)가
좀 혼미해졌을 때, 그때 홧김에 가장 친한 친구 클레이투스를 죽여버렸단
말이오.

가워 우리 국왕 전하는 그 점에서 그와 같지 않소. 그분은 친구들을 죽이신
일은 결코 없으셨다오.

플루엘렌 내 말이 끝나기도 전에 가로채서 말허리를 꺾는 건 안 좋은 일이
오. 난 다만 인물들을 비교해서 말했을 뿐이오. 알렉산더가 술을 마시고 취
한 상태에서 친구 클레이투스를 죽였듯이, 해리 몬머스도 매우 명석하고 지
혜로운 판단에 따라 배뚱뚱이 조끼를 입은 뚱보 기사를 쫓아냈다는 거죠.
그 친구는 농담에 우롱, 장난, 험담 등을 일삼던 인물인데, 이름이 뭐였는지
잘 기억나질 않는군요.

가워 존 폴스타프 경이오.

플루엘렌 그래, 바로 그 사람이오. 몬머스에선 꽤 괜찮은 인물들이 심심치
않게 때어난단(태어난단) 말이죠.

가워 전하께서 오시오.

긴급함을 알리는 나팔 소리. 헨리 왕, 포로들을 데리고 있는 부르봉 공작, 워릭, 글
로스터, 엑서터, 그 밖에 전령관들과 병사들이 마주하고 있다. 그들 가운데에는 윌
리엄스가 있다. 화려한 나팔 소리.

헨리 왕 나는 프랑스에 온 뒤로 이제까지 화를 낸 적이 한 번도 없었다. 전령
관, 나팔을 들고 저 언덕 위에 있는 적의 기병들에게 달려가라. 그리고 우리
와 싸울 의지가 있거든 당장 내려오고, 그렇지 않으면 사라져 버리라고 그
들에게 전해라! 몹시 눈에 거슬리는구나. 어느 쪽도 싫다면 우리가 직접 쳐
들어가지. 그러면 고대 아시리아의 석궁으로 쏜 돌멩이보다 더 빨리 도망쳐
버릴 거다. 그뿐 아니라 우리가 잡은 포로들을 모조리 목을 베어 죽일 것이
며, 단 한 사람에게도 자비심을 베풀 생각이 없다고 전해라. (잉글랜드의 전령
관, 왕의 명령을 따른다)

프랑스 전령관 몽조이 등장.

엑서터 프랑스의 전령관이 왔습니다, 전하.

글로스터 전과는 달리 눈빛이 겸손해진 것 같습니다.

헨리 왕 웬일인가? 이번엔 무슨 일로 왔나, 전령관? 나의 뼈를 배상금으로
걸었다는 사실은 알고 있을 텐데? 이번에도 배상금 때문인가?

드라마 〈헨리 5세〉 아쟁쿠르 전투에서 병사들의 사기를 북돋우는 헨리(케레스 브래너). 1989.

몽조이 아니옵니다, 위대하신 전하. 이 사람은 전하의 자비를 구하러 온 것입니다. 이 피비린내 나는 전장을 뒤져서 저희 측 전사자들을 기록하고 귀족과 평민을 구분해 매장할 수 있도록 허락해 주소서. 수많은 귀족들이─아, 너무나 처참합니다!─돈으로 산 용병들의 피바다에 누워 있습니다. 천한 평민들은 그 천한 몸뚱이를 귀족들의 핏속에 적시고 있습니다. 그리고 상처 입은 말들은 엉겨 붙은 핏속에 말굽까지 잠긴 채 이리저리 날뛰며 편자 박은 발굽으로 죽은 주인들을 걷어차고 있으니, 이는 제 주인을 두 번 죽게 하는 것과 다름없습니다. 오, 위대하신 전하, 저희가 안전하게 전장을 돌아보고 시신을 처리할 수 있도록 허락해 주소서.

헨리 왕 실은 전령관, 오늘 승리가 우리 잉글랜드군에게 있는 것인지 나는 잘 모르겠네. 프랑스의 수많은 기병들이 아직도 들판을 달리고 있으니.

몽조이 승리는 전하의 것이옵니다.

헨리 왕 그렇다면 하느님께서 도우신 덕분이지 결코 나의 능력 때문은 아니라네. 바로 가까이에 있는 저 성을 뭐라고 하지?

몽조이 아쟁쿠르라 합니다.

헨리 왕 그럼 오늘 싸운 전투를 크리스피노 크리스피아누스의 축제일에 일어난 '아쟁쿠르 전투'라고 부르겠다.

플루엘렌 황공하오나, 역사상 오래 기억되고 있는 전하의 조부님과 종조부님 웨일스의 폭태자(흑태자) 에드워드께서도, 제가 《연대기》에서 읽은 바로는 프랑스에서 매우 용캄(용감)하신 천투(전투)를 치르셨습니다.

헨리 왕 그랬지, 플루엘렌.

플루엘렌 마땅하신 말씀입니다. 전하께서도 기억하시는 것처럼 웨일스의 한 부대가 부추밭에서 훌륭한 전공을 세운 적이 있습니다. 몬머스 모자에 부추를 달고 말입니다. 전하께서도 아셨으면 합니다만 부추는 요즘도 명예로운 공적의 표지가 되고 있습니다. 저는 전하께서도 성 테이비드(데이비드) 축제일에는 당당히 부추를 모자에 달고 다니실 거라고 굳게 믿습니다.

헨리 왕 나도 기념할 만한 명예로 여기고 부추를 달고 있지. 알다시피 나도 그대와 같은 웨일스인이니까.

플루엘렌 와이강의 강물을 다 기울여도 전하의 혹체(옥체)에서 웨일스인의 뼤(피)를 씻어버릴 수는 없습니다. 그것만은 확실하지요. 신이시여, 전하께도 바라시는 만큼의 축폭(축복)을 내리시어 오래오래 간직하고 보전토록 해주소서!

헨리 왕 고맙네, 고향 친구.

플루엘렌 예수 그리스도에 두고 맹세하건대, 저는 전하와 같은 고향 사람으로서 누가 그것을 안다 해도 괜찮습니다. 맹세코 온 세상에 널리 알리겠습니다. 감사하게도 전하께서 감추시지 아니하므로, 전하를 더욱 자랑스럽게 여기나이다.

헨리 왕 하느님, 저를 영원히 정직한 사람으로 살아가게 해주소서! 우리 전령들도 저쪽 전령들과 함께 전장으로 나아가, 양 진영의 전사자 숫자를 정확히 조사해서 보고하라. (전령들이 몽조이와 함께 퇴장) 저기 저 사나이를 불러오너라. (윌리엄스를 가리킨다)

엑서터　이봐, 병사, 전하께서 부르신다.

헨리 왕　병사, 왜 그 장갑을 모자에 달고 다니지?

윌리엄스　황공하오나 전하, 이건 만일 전쟁에서 살아남으면 저와 결투하기로 되어 있는 자에게 저를 알리기 위한 표지입니다.

헨리 왕　그대와 결투하기로 한 자는 잉글랜드인인가?

윌리엄스　황공하오나 전하, 그자는 지난밤 저에게 으스대며 헛소리를 한 악당이옵니다. 그자가 만일 살아서 이 장갑을 감히 자기 거라고 말한다면, 그 귀싸대기를 한 대 갈겨주겠다고 맹세했습니다. 또 만일 제가 살아서 그자의 모자에서 제 장갑을 발견하게 되면, 군인답게 이 표지를 반드시 달고 있겠다고 맹세했으니, 호되게 후려갈겨 줄 작정입니다.

헨리 왕　플루엘렌 대위는 어찌 생각하는가, 이 병사가 자신이 한 맹세를 지키는 게 옳은가?

플루엘렌　황공하오나 그렇게 하지 않는다면, 저의 양심에 두고 말씀드리는데, 그자는 비겁한 자이며 악당이라고 하겠나이다.

헨리 왕　저 사람이 맞서려는 자가 지위가 매우 높아 신분의 차이로 결투에 응하지 못할 수도 있지 않을까?

플루엘렌　만일 상대가 지옥의 마왕 루시퍼나 그에 못지않은 바알세불 같은 큰 인물이라 해도 서약하고 맹세한 것은 반드시 지켜야 할 줄로 압니다. 그렇지 않다면, 저의 양심에 두고 아룁니다만, 그의 명성은 땅에 떨어져 신(神)의 땅을 검정 신발로 짓밟는 극악무도한 악한 잭 소스라 부를 것입니다!

헨리 왕　(윌리엄스에게) 그럼 그 친구를 만나거든 서약대로 하라.

윌리엄스　반드시 그리하겠습니다, 전하.

헨리 왕　너는 누구의 부하지?

윌리엄스　가워 대위의 부하입니다, 전하.

플루엘렌　가워는 훌륭한 대위입니다. 병법도 잘 알고 병서도 통달했나이다.

헨리 왕　병사, 그를 이리 불러오게.

윌리엄스　그리하겠나이다. (퇴장)

헨리 왕　자, 플루엘렌, 나를 위해서 이 물건을 경의 모자에 꽂고 있게. 내가 프랑스의 알랑송 공작과 싸우다가 함께 쓰러졌을 때 그의 투구에서 잡아

뗀 장갑이지. 누가 이것을 보고 도전을 해오면 그자는 알랑송의 친구이며 나의 적이야. 나의 간절한 부탁이니 그런 자를 만나거든 반드시 체포하게.

플루엘렌 전하께선 신하된 자로서 바랄 수 있는 커다란 영예를 저에게 주셨습니다. 기꺼이 그자를 만나겠습니다. 가진 거라곤 두 다리에 붙은 몸뚱이뿐인 그자가 이 장갑을 발견하고 저에게 다가오면 뼈저리게 후회하게 해주겠나이다. 그뿐입니다. 정말 한 번만이라도 좋으니 만났으면 합니다. 부디 신의 은총으로 그렇게 되기를.

헨리 왕 가워를 아는가?

플루엘렌 황공하오나 저의 벗입니다.

헨리 왕 그럼, 그를 찾아서 내 군막으로 데려오너라.

플루엘렌 분부대로 하겠나이다. (퇴장)

헨리 왕 워릭 경, 그리고 글로스터 공, 플루엘렌의 뒤를 바짝 뒤쫓아 가보오. 그에게 호의의 표시로 장갑을 주었으니 따귀를 얻어맞게 될지도 모르겠소. 그 장갑은 아까 그 병사의 것인데, 약속한 바로는 내가 달아야 마땅하오. 워릭 백작, 어서 그를 따라가 보오. 그 병사가 그를 때리면 큰일이구려. 그 병사의 솔직한 태도로 보아 약속을 꼭 지킬 듯이 보여 걱정이오. 갑자기 위험한 사태가 벌어질지도 모르오. 플루엘렌은 용맹하여 화가 나면 화약처럼 폭발하는 사나이라, 아마 그 자리에서 보복하려 들 거요. 그러니 어서 뒤쫓아 가서 그들 사이에 불상사가 없도록 해주오. 엑서터 숙부는 나와 함께 가시지요. (글로스터와 워릭은 서둘러 플루엘렌을 따라간다. 그 밖의 사람들 모두 퇴장)

〔제4막 제8장〕

헨리 왕의 군막 앞.
가워와 윌리엄스 대화를 나누며 등장.

윌리엄스 전하께서 대위를 기사로 책봉하시려는 게 틀림없습니다.

플루엘렌, 윌리엄스의 장갑을 낀 채 등장.

플루엘렌 (가위에게) 신의 뜻하심과 기뻐하심에 따라 대위, 어서 서둘러 전하
께 가보오. 아마 그대가 꿈조차 꾸지 못했던 좋은 일이 일어날 거요.

윌리엄스 (플루엘렌의 모자를 본 뒤에 자기 장갑을 가리키며) 이보시오, 이 장갑을
아시오?

플루엘렌 그 장갑을 아냐고? 알고말고! 장갑은 장갑이지.

윌리엄스 (플루엘렌의 모자를 가리키며) 나도 이 모자를 아오. 그러니 이렇게 덤
비는 거다. (플루엘렌을 때린다)

플루엘렌 뭐야, 이런 고약한 놈, 온 세계에서도 프랑스에서도 잉글랜드에서
도 가장 못된 이 역적 놈아!

가위 (윌리엄스에게) 왜 그러냐? 이 못된 놈!

윌리엄스 그럼 서약을 깨뜨리란 말씀입니까?

플루엘렌 저리 가 있어요, 가위 대위! 역적을 태려(때려)눕혀서 본때를 보여주
겠소.

윌리엄스 난 역적이 아니다.

플루엘렌 거짓말 마라. (가위에게) 국왕의 이름으로 널 체포한다! 이자는 적장
알랑송 공작과 한패이다.

워릭과 글로스터 황급히 등장.

워릭 왜 이래, 왜! 무슨 일로 이리 소란스러운가?

플루엘렌 아, 워릭 백작님, 지금 말입니다, 신의 은총으로 여름날 가장 극성
을 부리는 전염 병균 같은 반역자를 찾아냈습니다. 아, 전하께서 오십니다.

헨리 왕과 엑서터 등장.

헨리 왕 무슨 일인가?

플루엘렌 전하, 황공하오나 바로 여기 악당이자 반역자가 있습니다. 이자는
전하께서 알랑송의 투구에서 빼앗아 오신 장갑을 쳐서 떨어뜨렸나이다.

윌리엄스 전하, 이건 제 장갑입니다. 여기에 그 짝이 있습니다. 제가 결투의
표지로 물건을 바꿀 때 그자가 이걸 모자에 달기로 약속했나이다. 저는 그

장갑을 보면 그잘 두들겨 패주겠다고 맹세했습니다. 그런데 이자가 모자에 제 장갑을 달고 있길래, 저는 그저 약속을 지켰을 뿐입니다.

플루엘렌 전하, 황공하오나 제 말을 들어주십시오. 이자가 얼마나 오만불손하고 거지꼴에 더러운 무뢰한인지는 오늘 보고 들으신 바와 같습니다. 전하께서 저를 위해 증인이 되셔서 증거를 보여주시고, 증언도 해주시어, 이 물건이 전하께서 주신 알랑송의 장갑임을 전하의 양심에 두고 밝혀주시기를 바라나이다.

헨리 왕 그 장갑을 이리 주게. 병사, 자, 보아라, 이게 그 짝이다. 네가 때리기로 약속한 사람은 사실 바로 나다. 넌 나에게 가장 지독한 욕설들을 퍼부었겠다.

플루엘렌 황공하오나 전하, 이자의 목을 베어 이 세상에 군법이 존재한다는 사실을 널리 알리소서.

헨리 왕 너의 생각은 어떤지 이야기해 보아라.

윌리엄스 모든 죄는 마음에서 나오는 것입니다. 그러나 제 마음은, 전하를 진노케 한 죄는 절대로 저지르지 않았습니다.

헨리 왕 그러나 너에게 모욕을 받은 것은 바로 나였느니라.

윌리엄스 그때 전하께선 전하의 모습으로 계시지 않았습니다. 저에게는 그저 평범한 병사로밖에 보이지 않았습니다. 밤의 어둠과 전하께서 입으신 옷차림과 비천하게 꾸미신 전하의 태도가 그 증거입니다. 전하께서 받으신 모욕은 전하 스스로 부르신 것이지, 저의 죄는 결코 아님을 살펴주소서. 만일 그때 전하께서 정말 제가 생각한 대로 그저 평범한 병사였다면 저는 어떤 죄도 짓지 않은 게 됩니다. 그러하오니 부디 너그럽게 용서해 주십시오. (무릎을 꿇는다)

헨리 왕 엑서터 숙부, 이 장갑 속에 금화를 가득 채워서 저 병사에게 주세요. 자, 이보게, 이것을 가지고 있다가 내가 도전해 올 때까지 명예의 상징으로 모자에 달고 있게. (엑서터에게) 자, 이 사람에게도 금화를 주세요. 그리고 대위, 저 병사와 사이좋게 지내야 하네.

플루엘렌 이 태양, 이 빛에 두고 맹세하는데, 저 병사는 배 속에 담력이 가득 차 있습니다. (1실링을 꺼내며) 이봐, 여기 12펜스를 너에게 주겠다. 자, 받아두어라. 앞으로는 신을 잘 섬기며 싸움이나 말다툼, 불화, 분쟁 등은 하지 말게. 그게 너 자신에게 이로운 거야.

윌리엄스 당신 돈은 받지 않겠소.

플루엘렌 이건 내 호의로 주는 거야. 신발 고치는 값은 될걸. 아, 그렇게 투줍어(수줍어)할 게 뭐 있나? 네 신발도 그리 좋진 않구나. 이건 진짜 동전이라고, 아니라면 바꿔 주지.

잉글랜드 전령이 전장에서 돌아온다.

헨리 왕 전령, 전사자의 숫자는 알아냈는가?

전령 여기 있습니다. (문서를 건넨다)

헨리 왕 숙부, 지위 높은 포로들은 누가 있지요?

엑서터 프랑스 왕의 조카인 오를레앙의 샤를 공작, 부르봉의 장 공작, 그리고 부시쿠아 경입니다. 그 밖의 귀족들과 남작들, 기사들, 준기사들은 평민을 제하고도 1500명은 됩니다.

헨리 왕 이 문서에는 전장에서 살해된 프랑스군이 1만 명이고 그 가운데 공작 및 군기를 소유한 귀족이 126명, 여기에 기사, 준기사, 신분 있는 신사까지 포함하면 8400명이 되며, 이 가운데 어제 기사 작위를 받은 사람 500명이 포함되어 있소. 그러니 죽임을 당한 적군 1만 명 가운데 용병은 1600명뿐이며 나머지는 공작들, 남작들, 귀족들, 기사들, 준기사들과 혈통 있는 집안의 신사들이오. 전사한 귀족들의 이름은 이렇소. 프랑스 총사령관 샤를 달브레, 프랑스 해군사령관 자크 샤티용, 석궁대 지휘관 랑뷔레 경, 프랑스의 근위대 지휘관인 용장 기샤르 왕자, 알랑송 공작, 장 부르고뉴 공작의 동생 앙투안 브라방 공작, 바르 공작 에두아르가 있습니다. 그리고 용감하다는 백작들로는 그랑프레, 루시, 포콩베르, 푸아, 보몽, 마를, 보데몽, 레스트랄 등이 있소. 훌륭한 귀족들이 한꺼번에 죽었소! 그런데 우리 전사자 수는 어떻게 되는가? (전령, 또 한 장의 문서를 보인다) 요크 공작 에드워드, 서퍽 백작, 기사 리처드 케일리, 준기사 데이비 갬, 그 밖의 이름 있는 이는 더 없고, 나머지는 모두 합해서 25명이라. 오, 주여, 이는 당신의 힘이옵니다. 결코 우리의 힘이 강해서가 아니라 당신께서 도와주셨기 때문입니다. 우리의 모든 영광을 당신에게 돌립니다. 기습 전술을 쓰지 않고 오직 정정당당히 맞서 싸워서, 한쪽은 이렇게 막대한 손실을 다른 한쪽은 이토록 작은 손실을 입은 적이 있었습니까? 신이여, 이 명예를 거두소서. 이 승리는 모두가 오직 당신의 것입니다!

엑서터 이건 정말 기적입니다!

헨리 왕 마을까지 당당하게 행진합시다. 이 승리를 뽐내고 다니거나, 오직 신에게 돌려야 할 영광을 자기 힘 때문이라고 말하는 자는 사형에 처한다고 전군에 알리시오.

플루엘렌 황공하오나 전하, 만일 제가 적을 몇 명 죽였다고 말한다면 그것도 죄가 됩니까?

헨리 왕 그런 건 괜찮네, 대위. 그러나 신이 우리를 위해 함께 싸워주신 데 대한 감사를 반드시 말해야 한다.

플루엘렌 예, 저의 양심에 두고 아뢰옵니다. 신께서 우리에게 지대하신 도움을 주셨나이다.

헨리 왕 신께 감사드리는 의식을 올리자. 성가 '논 노비스(우리의 힘이 나이다)'와 '테 데움(신을 찬미하리라)'을 부릅시다. 전사자는 정중하게 매장하고, 그 일이 끝나면 칼레를 거쳐서 잉글랜드로 돌아가겠소. 이번처럼 기쁨으로 가득 차서 프랑스를 떠나 고국에 개선한 일은 일찍이 없었소. (모두 마을 쪽으로 행군하며 퇴장)

〔막을 올리는말 5〕

해설자 등장.

해설자 아직 이 이야기를 읽지 않은 분들을 위해, 잠시 실례를 무릅쓰고 그 내용을 설명해 드리겠습니다. 이미 읽으신 분들께선 이 이야기에 따르는 오랜 시간의 흐름과 수많은 인물들, 사건들의 진행 과정 등을 실제 모습 그대로 매우 큰 규모로 이 무대에 재현해 내지 못함을 용서해 주십시오. 자, 이제 우리는 헨리 왕을 칼레로 모시고 가오니, 전하께서 그곳에 계시다고 상상해 주십시오. 다음에는 여러분을 상상의 날개에 태우고, 국왕 전하께서 바다를 눈 깜짝할 사이에 건너게 해드리겠습니다. 자, 이제 보십시오. 잉글랜드 바닷가에는 남녀노소할 것 없이 모두 몰려나와 왕이 행차하시는 길목에서 환호성과 박수로 환영하며, 맨 앞에서 이끄시는 국왕 전하의 막강한 권위처럼 바다의 파도를 위압하듯 길을 헤치며 나아가고 있습니다. 이렇게 왕은 뭍에 올라 위풍도 당당히 런던으로 행진하기 시작합니다. 다시 상상의 발걸음을 좀더 빠르게 해주셔야겠습니다. 국왕 전하께서는 이제 막 런던 교외의 블랙히스에 도착하셨답니다. 이곳에서 귀족들은 전하께서 상처투성이가 된 투구와 구부러진 칼을 앞세우고 런던 거리를 행진하시기를 소망했지요. 하지만 전하께서는 이를 거절하셨습니다. 겉치레와 자기만족을 위한 과시를 금하는 우리 국왕께서는 전승의 공적과 상(賞) 모두 자기 것이 아니라 오로지 신의 것이라고 말씀하십니다. 자, 관객 여러분, 상상력을 더욱 부채질하여 이제는 런던 시민들이 쏟아져 나오는 거리를 펼쳐보십시오. 시장과 관리들이 가장 멋진 예복을 차려입고 나와서 옛 로마의 원로원 의원들처럼, 쏟아져 나온 시민들을 거느리고 개선하는 카이사르를 환영하듯이 가볍게 발걸음을 옮기고 있습니다. 헨리 왕보다 지위는 낮지만 마찬가지로 시민들에게 사랑받는 잉글랜드군 장군들이, 오늘 여왕님의 명령에 따라 아일랜드 정벌을 마치고 반역자들을 칼끝에 꽂아 개선한다면, 그들로 말미암아 이 평화로운 도시에서 살아가고 있는 수많은 시민들이 또 얼마나 기쁘게 맞이하겠습니까! 그러나 그보다 더, 훨씬 더 큰 이유로 그들은 헨리 왕을 환영했습니다. 국왕 전하께서는 잠시 런던에 계십니다. 프랑스 국민들이 상을 당해 비통해하고 있기 때문에 잉글랜드의 헨리 왕은 본국에 계시는 거죠. 신성로마제국 황제가 프랑스 왕을 대신해 두 나라 사이에서 평화를 꾀한다든가 여러 사건들이 많이 있습니다만 모두 줄이기로 하겠습니다. 다만 헨리 왕께서 다시 프랑스로 행차하실 때까지의 이야기를 진행하겠습니다. 다음 무대는 프랑스입니다. 이처럼 시간에 따른 사건 전개 과정을 여러분께 알려드리는 것이 바로 저의 역할이니까요. 중간 생략을 용서하십시오. 여러분의 상상력을 따라 그 눈길을 이제는 프랑스로 돌려주십시오. (퇴장)

프랑스. 잉글랜드군의 진영.
가워와 플루엘렌이 모자에 부추를 꽂고 몽둥이를 들고 등장.

가워 그것도 괜찮긴 하네만, 뭣 때문에 그대는 오늘도 부추를 모자에 달고 있소? 성 데이비드의 축제일도 지났는데 말이오.

플루엘렌 모든 일에는 다 그만한 사정과 원인이 있는 거요. 가워 대위, 이건 친구니까 하는 말인데, 그 염치없고 비열하고 비렁뱅이 같고 더러운 퍼풍쟁이(허풍쟁이) 악당 피스톨이란 놈 말이오, 그대나 그대 자신도 온 세상 사람들이 펼 볼일(별 볼일) 없는 자라고 인청(인정)하는 그 녀석 말이오, 어제 나한테 팡(빵)과 소금을 가져와서 말이오, 부추를 먹으라고 지랄을 떠는 거요. 그 자린 싸움을 벌일 수도 없는 곳이니, 그놈을 다시 만날 때까지 이걸 대담하게 모자에 달고 다니다가 다시 만나게 되는 날엔 아주 본때를 보여줄 작정이오.

피스톨 거들먹거리며 등장.

가워 마침 칠면조 수컷처럼 우쭐거리며 저기 오는군요.

플루엘렌 우쭐거리든, 칠면조 수컷이든 내 알 바 아니오. 신에게 차비(자비)나 빌라고 하시오. 피스톨! 딱지투성이 녀석아, 더러운 악당 놈아, 신에게 차비(자비)나 빌라고!

피스톨 야, 미친놈, 욕심쟁이, 천한 방탕아, 너는 나더러 네놈 운명의 여신들인 파르카 역을 맡아 그 하찮은 목숨을 끊어달라는 거냐? 어서 꺼져버려! 부추 냄새는 딱 질색이야.

플루엘렌 이 천하고 더러운 악당아, 내가 진심으로 파라는(바라는) 거다. 나의 소망이자 소원이고 간청이니, 어서 이 부추를 처먹어라. 왠지 알아? 네가 이걸 싫어한단 말이다. 이 부추가 네놈 기호, 식성, 소화에 영 맞질 않거든. 그러니 네가 꼬옥 처먹어 주십사 하는 거다.

피스톨 웨일스의 마지막 왕 캐드왈더와 그가 몰고 오는 염소 떼를 다 준다

플루엘렌·피스톨·가워   랜 홀름

해도 못 먹겠다.

플루엘렌   이게 염소 한 마리 몫이다. (피스톨을 때린다) 이 지저분한 놈아, 이
것 좀 처먹으라고!

피스톨   이 비열한 트로이 녀석, 야, 너 죽으려고 환장했냐?

플루엘렌   말 한번 잘했다, 이 더러운 놈아. 신의 뜻이라면 그렇다, 알겠느냐?
그때까지 네가 살아서 이 부추를 처잡수시길 바라신다. 자, 이게 양념이다.
(피스톨을 또 때린다) 어제 나보고 산골에서 내려온 촌뜨기 신사라고 했겠다.
하지만 오늘은 내가 네놈을 넙치로 만들어 주지. (피스톨을 다시 때려 쓰러뜨
린다) 자, 좀 잡숴봐라. 부추를 놀릴 줄 아니, 처먹을 줄도 알겠지!

가워 그만하면 됐소, 대위. 그자를 혼내주었으니 말이오.

플루엘렌 (그에게 무릎 꿇으며) 내가 사생결단을 내서라도 이놈에게 부추를 조금이라도 먹이든가, 아니면 나흘 동안 이 자식 골통을 투들겨(두들겨) 주든가 하겠소. 자, 제발 이걸 씹어, 네 상처에도 좋고, 네 피펌벅(피범벅) 대갈통에도 좋은 약이란 말야. (피스톨의 치아 사이로 부추를 쑤셔 넣는다)

피스톨 이걸 꼭 씹어야 하나?

플루엘렌 물론이지. 의심할 것도 없고 물어볼 것도 없어.

피스톨 (비명을 지른다) 이 부추에 두고 맹세한다. 꼭 소름 끼치는 폭수(복수)를 할 테다. (플루엘렌이 그를 때린다) 이걸 먹게 한 값을 꼭 치르게 할 거야.

플루엘렌 체발(제발) 이걸 먹으라고. 네 부추에 양념을 좀더 쳐줄까? 맹세를 하기엔 아무래도 부추가 모자라는가 보다. (몽둥이로 피스톨을 때린다)

피스톨 (신음 소리를 내며) 몽둥이는 놔두고 내가 먹는 걸 봐.

플루엘렌 이 지저분한 놈아, 너에게 아주 좋다고 하지 않느냐. (피스톨을 놓아준다) 안 돼, 조금도 버려선 안 된다니까. 껍질은 네 깨진 골통에 좋아. 앞으로 부추를 보면 부디 조롱을 해주라고, 그러면 되는 거다. 별것도 아닌 부추를 가지고 이제까지 그게 뭔가? 사내대장부가 말이야.

피스톨 알았어.

플루엘렌 그렇고말고, 부추야 좋은 거지. 이봐, 이걸 가져. 네 골통을 고칠 4펜스다.

피스톨 겨우 4펜스라니!

플루엘렌 아무럼, 꼭 받아야지. 아니면 내 주머니에 있는 부추를 또 하나 먹여주겠다.

피스톨 그 돈을 받지 않으면 보복당할지도 모르니 받아두겠다.

플루엘렌 네게 빚진 게 있다면 무엇이든 이 몽둥이로 갚겠다. 넌 장작 장사나 하며 먹고살아라. 나에게서 살 건 몽둥이뿐이니까. 그럼 잘 가라. 신의 가호로 네놈 골통이나 좀 고치고 살아라. (퇴장)

피스톨 지옥의 악마를 불러내서라도 앙갚음해 줄 테다.

가워 그만해 둬. 넌 사기꾼에 겁쟁이에 악당이야. 넌 감히 선조들의 용맹을 기리기 위해 지켜온 네 몸의 명예로운 표식을 대수롭지 않게 여기며 그걸 행동으로 보여줄 용기도 하나 없단 말이냐? 네가 그 대위를 빈정대고 놀리는 걸 난 여러 번 봤다. 대위가 영어를 제대로 못하니까 잉글랜드인의 몽둥이도 제대로 쓰지 못하는 줄로 알았던 거겠지. 어림도 없지. 웨일스인에게 혼쭐이 났으니, 앞으론 잉글랜드인의 올바른 정신을 가지고 살도록 노력하라고. 그럼 잘 있게. (퇴장)

피스톨 변덕스런 운명의 여신이여, 날 저버리시는 겁니까? 내 마누라 넬도 나쁜 병에 걸려 프랑스의 병원에서 죽었다는 소식이 왔으니, 이젠 나도 갈 데가 없다. 나이는 먹고 지친 팔다리는 명예를 몽둥이로 맞아도 도리가 없군. 그래, 이제 뚜쟁이 노릇이나 해야지. 날쌘 날치기로 살 수밖에 없어. 잉글랜드로 살그머니 돌아가 도둑질이나 하며 살아가는 거야. 이 몽둥이 상처엔 고약을 있는 대로 갖다 붙이고는, 이것이야말로 프랑스 전장에서 부상당한 명예의 상처라고 허풍을 떨어야겠다. (절름거리며 퇴장)

〔제5막 제2장〕

프랑스 왕궁.
한쪽 문으로 헨리 왕, 엑서터, 베드퍼드, 글로스터, 워릭, 웨스트모어랜드, 귀족들 등장. 또 한쪽 문으로 프랑스 왕, 이자벨 왕비, 카트린 공주, 알리스, 그 밖에 귀부인들, 부르고뉴의 공작과 귀족들 등장.

헨리 왕 이처럼 우리가 만난 자리에 평화가 깃들기를! 내 형님뻘이신 프랑스 왕과 누님뻘이신 왕비에게 건강과 행복한 나날들을 내려주소서. 더없이 아름다우며 기품 있는 카트린 공주에게도 기쁨과 호의를 표합니다. 이 위대한 모임을 주선하기 위해 애쓰신 왕실 혈통을 이은 부르고뉴 공에게 감사를 드리며, 그리고 이 자리에 참석하신 프랑스 왕족과 귀족 여러분의 건강을 빕니다!

프랑스 왕 존경하고 또 존경하는 나의 형제이신 잉글랜드 국왕 전하를 뵙게 되어 매우 기쁩니다. 어서 오시지요. 잉글랜드 귀족 여러분도 모두 환영합니다.

이자벨 왕비 우리의 형제이신 잉글랜드 왕께 말씀 올립니다. 이처럼 뜻깊은 좋은 모임에 기쁜 결과가 있기를 바랍니다. 이제까지 프랑스인을 바라보시던 당신의 눈은 한 번 바라보는 것만으로도 사람을 죽게 한다는 독사 바실리스크와 같은 살의가 번득이고 있었습니다만, 오늘과 같은 좋은 날에 그러한 무서운 독이 힘을 잃고 모든 슬픔과 불화를 사랑으로 바뀌게 되기를 간절히 바라나이다.

헨리 왕 우리도 그렇게 되기를 진심으로 바라며 이처럼 이 자리에 오게 되었습니다.

이자벨 왕비 잉글랜드 귀족 여러분, 어서 오십시오.

부르고뉴 저는 프랑스와 잉글랜드의 위대하신 두 국왕을 똑같이 환영합니다. 저의 모든 지혜와 수고와 끈질긴 노력으로 법적 절차를 정하는 이 자리에 모시게 되었음을, 누구보다도 두 전하께서 가장 많이 인정하신 줄로 생각됩니다. 제가 애쓴 결과가 맺어져 두 전하께서 마주하시어 서로 인사를 나누게 된 것이니, 황공하오나 두 분 앞에서 이토록 무례하게 말씀드리는 것을 부디 용서해 주십시오. 도대체 어떤 충돌과 장애가 있었기에, 예술과 풍요로움과 즐거운 탄생의 어머니인 평화가 이처럼 초라하게 벗겨지고 상처투성이가 되어 이 세상에서 가장 훌륭한 정원이라 일컬어 온 기름진 땅 프랑스에서 그 아름다운 모습을 찾아볼 수 없게 되었단 말입니까? 비통하게도 평화는 프랑스에서 추방당한 지 너무나 오래되었으며, 농작물은 땅 위에 떨어져 손도 쓰지 못한 채 그대로 쌓여 썩어가고 있습니다. 사람의 마음을 행복하게 해주는 포도 덩굴은 가지를 잘라주는 사람도 없이 말라비틀어지고, 가지런하던 산울타리는 여기저기 멋대로 새순이 올라와서, 머리카락을 풀어 헤친 죄수처럼 어지럽게 잔가지를 뻗고 있습니다. 아무것도 심지 않은 땅에는 독보리나 독당근 같은 악취 나는 독초들만이 무성한데, 이런 야만스런 잡초들을 뽑아버려야 할 낫은 벌겋게 녹이 슬어가고 있습니다. 전에 점박이 앵초나 오이풀, 녹색 토끼풀 등이 곱게 자라나던 이 평화로운 목장 또한 낫질도 하지 않고 손도 보지 않아 이제는 쓸모없고 보기 흉한 소루쟁이, 거친 엉겅퀴, 잡풀, 가시풀들뿐, 그 아름다움이나 가치는 모두 사라지고 말았습니다. 이렇게 포도밭이나 묵힌 땅, 목장 산울타리가 손을 보지 않으면 황폐해지듯이, 우리의 가정도 우리 자신도 우리 아이들도 우리의 조국에 맞는 학문을 잃어버리고 또는 시간이 없다고 하여 배우지도 않고 있으므로, 피 흘리는 것밖에는 생각할 줄 모르는 병사처럼 야만스러워져서 욕설을 퍼붓고 험악한 표정을 지으며, 초라한 모습으로 모든 게 부자연스럽고 비인간적으로 보이게 되었습니다. 그래서 이를 본디의 상태로 되돌리기 위해 두 국왕께서 이렇게 모임을 갖게 되신 것이옵니다. 황공하오나 도대체 어떤 문제들이 있었기에 그처럼 온화한 평화가 깨어져 이러한 불편함을 가져왔으며, 지난날과 같은 살기 좋은 환경을 다시 찾을 길이 무엇인가 알고자 합니다.

헨리 왕 부르고뉴의 공작, 여러 불합리한 상태가 일어남으로써 우리가 잃게 된 평화를 다시 찾고 싶다면 말이오, 우리의 정당한 요구를 전적으로 받아들여야 할 것이오. 그 개요와 요점은 이미 간단히 적어 공에게 보냈을 텐데요.

부르고뉴 이미 프랑스 국왕 전하께 보고드렸습니다만 아직 회답을 받지 못했습니다.

헨리 왕 그렇다면 공이 그토록 갈망하는 평화는 프랑스 왕의 회답에 달려 있소.

프랑스 왕 나는 조항들만 대충 훑어보았습니다. 괜찮으시다면 전하께서 곧 위원회를 구성하는 분들을 지명해 주시겠습니까? 그러면 우리 쪽에서 함께 참석하여 다시 한 번 충분히 검토한 뒤에, 바로 최종 회답을 드리겠습니다.

헨리 왕 형님 전하, 그렇게 합시다. 엑서터 숙부, 베드포드 공작과 글로스터 공작, 워릭 백작, 헌팅턴 경, 프랑스 왕을 모시고 가세요. 비준, 추가, 변경의 권한을 모두 위임하겠소. 여러분의 뛰어난 지식으로 나의 존엄을 지켜 우리의 모든 조항에 걸쳐 요구 조건에 있든 없든 모두 이롭게 처리해 줄 것을 확신하는지라, 나도 기쁘게 거기에 따르겠소. 아름다운 왕비님, 나와 함께 가시겠습니까? 아니면 여기 남아 계시겠습니까?

이자벨 왕비 형제이신 전하, 나도 함께 가겠습니다. 토의 중에 까다로운 문제가 생기면 여자의 의견이 조금은 도움이 될 수도 있으니까요.

헨리 왕 그러나 카트린 공주만은 남겨두십시오. 공주는 내 요구 조건 가운데에서도 가장 중요한 조항에 관련돼 있으니까요.

이자벨 왕비 기꺼이 그렇게 하지요. (헨리 왕, 카트린, 알리스만 남고 모두 퇴장)

헨리 왕 언제나 아름다우신 카트린 공주, 숙녀의 귀에 들어가 그 부드러운 가슴에 사랑을 전할 수 있는 그런 달콤한 말을 군인인 내게도 가르쳐 줄 수 있나요?

카트린 전하께선 절 놀리십니까? 전 영어를 할 줄 모릅니다.

헨리 왕 오, 아름다운 카트린 공주, 프랑스어를 말하는 그대의 마음만 진정으로 나를 사랑한다면, 그걸 고백하는 당신의 영어가 서툴러도 반가이 들으리다. 나를 좋아해요, 케이트*12?

카트린 파르돈네 무아(죄송합니다). '라이크 미'가 무슨 말인지 모르겠어요.

헨리 왕 케이트, 천사가 당신 같고 당신이 천사와 같아요.

카트린 (알리스에게) 크 디 틸(그가 뭐라 했어)? 크 즈 쉬 성블라블 아 레 장즈(내가 천사를 닮았다는 건가)?

알리스 위, 브레망, 소프 보트르 그라스, 엥시 디 틸(네, 그렇습니다, 실례되는 말씀이오나, 그리 말씀하십니다).

헨리 왕 카트린, 나는 당신이 천사 같다고 했어요. 또 그렇게 말하는 게 조금도 부끄럽지 않아요.

카트린 오 봉 디외(오 신이시여)! 레 랑그 데 좀 송 플랭 드 트롱프리(어머나, 남자들 말은 다 거짓말이야).

헨리 왕 (알리스에게) 공주가 뭐라고 말하지? 남자들 말은 거짓말투성이라는 건가?

알리스 위(예), 공주님께서 남자분들 말은 모두 거짓말이라고 하십니다.

헨리 왕 그렇게 말하는 걸 보니, 공주는 벌써 잉글랜드의 훌륭한 귀부인 같소. 사실은 케이트, 나의 청혼은 당신도 쉽게 알아들을 수 있을 거예요. 당신이 영어를 잘하지 못하는 게 오히려 다행일 따름이오. 만일 영어를 잘한다면 내가 왕관을 사들이기 위해 논밭을 팔아치우는 너절한 왕이라고 생각할 테니 말입니다. 난 간지러운 사랑의 말을 할 줄 모르오. 그저 "당신을 사랑합니다" 이렇게 말할 수 있을 뿐이죠. 그래서 당신이 "정말 사랑하나요?" 그 이상의 말을 하도록 내게 요구한다면 난 말문이 막혀버릴 거예요. 대답을 해줘요. 자, 어서요, 손뼉을 치면 결혼을 허락하는 게 됩니다. 어때요, 공주님?

---

* 12 Kate은 카트린(Catherine)의 영어식 이름 캐서린(Katherine)의 애칭이다.

헨리 왕과 카트린 헨리 코트니 셀루스

카트린 소프 보트르 오네르(죄송하지만), 무슨 말씀이신지.

헨리 왕 케이트, 당신이 내게 당신을 위해 시를 쓰거나 춤을 추라고 한다
면, 난 할 수 없어요. 시를 쓰고 싶어도 난 시어도 운율도 모릅니다. 춤을
추려 해도 난 몸동작에 맞춰 적절하게 힘을 사용할 줄도 모르지요. 그야

힘을 쓰라고 하면 잘 알고 있지만 말이오. 그러나 등넘기를 하거나 투구를 입은 채 안장에 뛰어오르거나 해서 숙녀를 차지할 수 있다면, 실없는 자랑 같지만 난 단 한 번에 아내로 삼을 수 있답니다. 또 애인을 위해서 싸우라면 얼마든지 치고받을 것이며, 애인의 마음을 얻기 위해서라면 날뛰는 말 위에 도살자처럼 올라타서, 말 등에 탄 원숭이처럼 꼭 붙잡고는 끄떡도 안 할 것이오. 하지만 신 앞에서 맹세하오, 케이트. 사랑에 젖은 듯 얼굴이 창백해지거나, 숨 가쁘게 마음에 담은 일을 떠들어대지도 않으며, 간교한 말로 사랑을 고백할 수도 없고 그저 솔직하게 사랑을 맹세할 뿐이오. 그것도 하라는 요구가 있을 때에만 어쩔 수 없이 하겠지요. 하지만 요구에 따른 서약이라 할지라도 한 번 맹세한 것은 절대로 깨뜨리지는 않는답니다. 이런 남자라도 당신이 사랑할 수 있다면 케이트, 햇볕에 얼굴을 그을릴 필요도 없이 본디 검은 이 얼굴을, 거울에 비쳐 보아도 잘생긴 곳 하나 없는 이 얼굴을 당신이 사랑할 수 있다면 케이트, 나의 이 얼굴을 당신의 눈으로 아름답게 보아주오. 군인으로서 솔직히 말하리다. 이런 나를 사랑할 수 있다면 부디 나의 아내가 돼주오. 그렇게 하지 못하겠다면 나는 죽게 될 거요. 정말이오. 사랑하는 케이트, 당신을 사랑하기 때문에 죽는 게 아니라 사람은 어차피 죽게 되어 있으니 죽는 거지요. 어쨌든 케이트, 당신을 사랑합니다. 살아 있는 동안 솔직하고 변함없는 남자를 선택해요. 그런 남자라면 다른 곳에서 사랑을 호소할 재주가 없으니 절대로 당신을 배반하지는 않을 거예요. 뛰어난 말재주로 아름다운 시를 지어서 여자들의 환심을 사는 인간들은 언제나 핑계를 대어 돌아서는 법이라오. 그렇습니다! 웅변은 허튼소리이며, 시는 유행가밖에 안 되는 거랍니다. 매끈한 다리도 언젠간 시들게 되며, 곧은 허리도 굽어지고 검은 수염도 희어지고 곱슬거리던 머리카락도 빠져 없어지며, 아름다운 얼굴은 주름이 지고 시원한 눈은 푹 꺼져버리지만 케이트, 진실한 마음만은 해와 달처럼 변치 않는 거랍니다. 아니, 달처럼 기울었다 찼다 하지 않고 늘 해처럼 변함없이 빛나며 한 궤도만을 지키고 있으니까요. 그런 자를 남편으로 구하신다면 날 선택해 줘요! 나를 선택하면 군인을 선택하는 것, 군인을 선택한다는 건 바로 국왕을 선택한다는 것입니다. 내 사랑에 대한 당신의 대답은 어떤 거죠? 아름다운 공주, 아름다운 사랑의 대답을 들려주시오.

카트린 제가 프랑스의 적장을 사랑할 수 있다고 생각하시나요?

헨리 왕 아니오, 그건 불가능한 일이지요. 하지만 케이트, 당신이 날 사랑한
다면, 그건 바로 프랑스의 친구를 사랑하는 거지요. 난 프랑스를 사랑하기
때문에 어느 마을 하나도 떠나고 싶지 않은 거랍니다. 나는 프랑스의 모든
것을 나의 것으로 하고 싶다오. 그러니 케이트, 프랑스가 나의 것이고 내가
당신의 것이 되면, 프랑스는 당신의 것이며 당신은 나의 것이 되지요.

카트린 하지만 그게 무슨 말씀인지 모르겠어요.

헨리 왕 모르겠어요, 케이트? 프랑스어로 말하리다. 아마 갓 결혼한 아내가
남편 목에 매달리듯이, 이 말이 내 혀에서 좀처럼 떨어지지 않겠지만……
즈 캉 쉬르 르 포제시옹 드 프랑스, 에 캉 부 자베 르 포제시옹 드 무아(내
가 프랑스를 소유할 때 그리고 당신이 나를 소유할 때)…… 그다음엔 또 뭐라고
하면 되지? 프랑스의 성자 데니스*¹³여, 도와주소서!—동크 보트르 에 프
랑스 에 부 제트 미엔(그래서 프랑스는 당신의 것 당신은 나의 것). 케이트, 난 이
렇게 프랑스 말을 하니 차라리 왕국을 정복하는 게 쉽소. 나는 프랑스어
로는 도저히 당신의 마음을 감동시킬 수는 없겠지요. 오히려 웃음거리밖에
되지 않을 거예요.

카트린 소프 보트르 오네르, 르 프랑세 크 부 파를레, 일 레 메이와르 크 랑
글루아 르켈 즈 파를(실례되는 말씀이오나, 전하께서 하시는 프랑스어가 제가 말하
는 영어보다는 낫군요).

헨리 왕 아니, 절대로 그렇지 않아요, 케이트. 하지만 당신이 말하는 영어나
내가 말하는 프랑스어가 잘못투성이라 해도 진실을 말하고 있다는 점에서
는 매우 비슷하다고 할 수 있을 거예요. 그런데 케이트, 이 정도의 영어는
알겠지요? 당신은 나를 사랑할 수 있나요?

카트린 저는 잘 모릅니다.

헨리 왕 케이트, 당신이 모른다면 누가 알까요? 그 사람들에게 물어볼까요?
그러나 난 당신이 날 사랑한다는 걸 알고 있어요. 밤에 당신은 침실로 가서
시녀에게 나에 대해서 물어보겠죠. 당신은 자신이 좋아하는 나의 장점들

---

*13 프랑스어로는 '생 드니(Saint Denis)'이며, 프랑스의 수호 성자이다.

을 겉으로는 나쁜 것처럼 시녀에게 말하겠죠. 케이트, 날 지나치게 깎아내리진 말아줘요. 상냥한 공주, 난 당신을 너무 사랑하고 있으니까요. 당신이 내 것이 돼준다면, 꼭 그렇게 되리라 믿고 있지만, 난 케이트, 당신을 전쟁에서 싸워 쟁취한 거죠. 그러니 틀림없이 공주는 훌륭한 용사를 낳아줄 것이오. 공주와 나 둘이서 저마다 자기 나라의 수호 성자인 데니스 성자와 조지 성자의 가호를 얻어 프랑스와 잉글랜드의 피가 반반 섞인 아들을 낳아보지 않겠어요? 콘스탄티노플로 원정을 가서 터키 왕의 수염을 움켜잡고 포로로 데려올 그런 사내 아이 말이오. 어때요? 나의 아름다운 백합 공주, 말해줘요.

카트린 저는 모릅니다.

헨리 왕 모른다고요? 하지만 앞으로 알게 될 거예요. 오늘은 약속만 해줘요. 자, 케이트, 약속만 해주시오. 그런 남자아이의 프랑스 반쪽은 당신이, 잉글랜드의 반쪽은 아직 미혼인 이 사람이 맡는다고요. 자, 어떻게 답해 줄 거죠? 라 플뤼 벨 카트린 뒤 몽드, 몽 트레 셰르 에 디벵 데에스(세상에서 가장 아름다운 카트린 공주, 나의 사랑하는 성스러운 여신이여, 어떻게 답해 줄 거죠)?

카트린 전하께선 프랑스에서 가장 정숙한 드무아젤(아가씨)을 속이는 데 안성맞춤인 포스(거짓) 프랑스어를 하시네요.

헨리 왕 내 프랑스어가 엉터리라고 해도 상관없소! 내 명예에 걸고 진실한 영어로 말하리다. 케이트, 난 당신을 사랑합니다. 같은 명예를 걸고 당신이 날 사랑한다고 단언할 수는 없어요. 그래도 당신이 나를 사랑한다고 우쭐댈 수는 있어요. 잘생기지도 않고 매력도 없는 얼굴이긴 하지만요. 이것은 다 아버지의 야심 때문이니, 원망스럽기만 하오! 날 낳으셨을 때 아버지는 내란만을 걱정하고 계셨고, 그래서 난 이렇게 철갑처럼 단단한 외모를 갖고 태어난 거죠. 그러하니 숙녀들에게 사랑을 구해도, 그들에게 겁부터 갖게 하는 거죠. 그렇지만 케이트, 나이가 들수록 틀림없이 난 볼품 있는 모습이 될 거예요. 아름다움의 파괴자인 늙음도 내 얼굴을 더는 못쓰게 만들어 주진 못하리라 나 스스로 위로하고 있으니까요. 만일 공주가 오늘 나를 받아들여 남편으로 선택해 준다면, 가장 나쁜 모습을 하고 있는 나를 받아들이는 것이죠. 그럼 공주는 앞으로 차츰 나아지게 될 남편을 가지게 되는 거랍니다. 그러니 말해 주오. 아름다운 카트린 공주, 날 남편으로 받아주겠어

요? 처녀의 수줍음을 버리고 왕비의 기품으로 진실을 고백해 주오. 내 손을
잡고 "잉글랜드 왕 해리, 나는 당신의 것입니다" 말해 봐요. 그 말로 당신이
내 귀를 축복하자마자 난 "잉글랜드는 당신 것, 아일랜드도 당신 것, 프랑스
도 당신 것, 그리고 헨리 플랜태저넷도 당신 것이오"라고 큰 소리로 말하리
다. 나 자신의 일이라 말하기도 쑥스럽지만, 이 헨리는 비록 가장 뛰어난 왕
은 못 되지만 선한 친구로서는 최고인 왕임을 보증하오. 서투른 음악으로라
도 어서 대답을 해주오. 공주의 목소리는 음악이며 공주의 영어는 서투르
니까요. 그러니 모든 백성들의 왕비 카트린, 서투른 영어나마 마음속을 보
여줘요. 날 남편으로 받아주겠소?

카트린 르 루아 몽 페르(부왕)께서 허락하시면요.

헨리 왕 아, 케이트, 공주가 허락하면 부왕께서도 좋다고 하실 겁니다.

카트린 그렇다면 저도 좋습니다.

헨리 왕 이제 당신 손에 입을 맞추고 당신을 나의 왕비라 부르겠어요.

카트린 레세, 몽 세뇨르, 레세, 레세! 마 푸아, 즈 느 뵈 푸엥 크 부 자베시에
보트르 그랑되르, 앙 베상 라 멩 뒨 드 보트르 세뇌리 앵뒨 세르비퇴르. 엑
스퀴제 무아, 즈 부 쉬플리, 몽 트레 퓌상 세뇌르(놓아주세요, 전하, 놓아주
세요, 놓아주세요! 천한 소녀의 손에 입맞춤을 하시다니요, 전하의 위엄을 지
키셔야 합니다. 위대하신 전하, 용서해 주소서).

헨리 왕 그러면 당신 입술에 키스하겠어요, 케이트.

카트린 레 담 제 드무아젤, 푸르 에트르 베세 드방 뢰르 노스, 일 네 파 라
쿠튐 드 프랑스(숙녀가 결혼 전에 키스를 허락하는 것은 프랑스의 풍습이 아닙
니다).

헨리 왕 통역 담당 부인, 공주가 뭐라고 대답했는지 어서 말해 주오.

알리스 그건 프랑스의 숙녀들에게는 허락된 풍습이 아닙니다. 베제(입맞춤)를
영어로는 뭐라고 말하는지 모르겠습니다만.

헨리 왕 키스라고 하오.

알리스 전하께선 앙탕드르 베터 크 무아(저보다 잘 들으시는군요).

헨리 왕 프랑스 처녀들은 결혼 전엔 키스하지 않는다고 말하는 건가?

알리스 위, 브레망(예, 사실입니다).

헨리 왕 오, 케이트, 까다로운 풍습도 위대한 왕들 앞에서는 몸을 굽히는 거

라오. 당신이나 나는 한 나라의 낡은 풍습이란 울타리 안에 갇힐 필요가 없소. 케이트, 우리야말로 새로운 풍습을 만들어 가는 창조자란 말이오. 우리의 지위에 따르는 자유로운 특권이 비난하는 이들의 입을 막아줄 겁니다. 나는 당신의 입술에 키스하겠으니, 당신이 태어난 나라의 풍습 때문에 나의 키스를 거부하지는 말아주오. (케이트에게 키스한다) 당신의 입술엔 마법이 들어 있소, 케이트. 달콤한 그 입술의 감촉은 프랑스 고관대작들의 혀보다 훨씬 더 많은 것을 내게 말해 주는군요. 제왕들이 올린 청원서보다 이 해리 왕의 마음을 더 강하게 설득합니다. 아, 공주의 부왕께서 오십니다.

프랑스 왕, 이자벨 왕비, 부르고뉴 공작, 그 밖에 잉글랜드 귀족들 등장.

부르고뉴 전하께 문안 인사 드립니다! 전하께선 지금 우리 공주님께 영어를 가르쳐 주고 계십니까?

헨리 왕 아, 공작, 내가 얼마나 공주를 사랑하는지 가르쳐 주려는 것이오. 그거야말로 훌륭한 영어지요.

부르고뉴 공주님이 잘 배우시나요?

헨리 왕 난 본디 말도 거칠고 성품도 부드럽지 못하오. 그래서 목소리도 마음도 듣기 좋은 소리만 골라서 할 줄은 모르니, 공주 마음속에 있는 사랑의 정령을 제대로 불러내지 못하는군요.

부르고뉴 황공하오나 스스럼없이 우스갯소리 하나 하겠습니다. 전하께서 공주님 마음속 사랑의 정령을 불러내시려거든, 먼저 이렇게 마법의 동그라미를 그리셔야 합니다. 또 이 동그라미 안에 사랑을 본디 모습으로 불러내시려 하더라도 어려움은 있지요. 사랑의 신 큐피드는 사랑에 눈이 멀어 자신을 감추지 못한 채 벌거벗은 모습으로 나타날 게 아닙니까? 아직 순결한 장밋빛 처녀의 수줍음을 가진 공주가 눈먼 나체 소년이 불쑥 나타난 것을 보고 흠칫 놀라 그것을 거부했다고 해서, 공주를 나무랄 수야 없지 않습니까? 처녀의 몸으로서 그런 것을 승낙하기는 매우 어려울 것입니다.

헨리 왕 사랑이 그렇게 눈이 멀어 억지를 쓰는 것이라면, 두 눈 딱 감고 따르면 되잖소.

부르고뉴 눈을 딱 감아버려 볼 수도 없게 된 일을 어찌 감히 하려고 시도할

카트린과 헨리 5세의 결혼   15세기 프랑스 사본

수 있겠습니까?

헨리 왕   그러니 공작, 눈을 딱 감고 승낙하는 법을 어서 공주에게 가르쳐
주오.

부르고뉴   제가 말씀드린 것을 공주께 가르쳐 주신다면, 한쪽 눈을 살짝 감
고 승낙할 수 있도록 제가 신호를 보내지요. 처녀들이 곱게 자라 성숙한 여
름을 지나게 되면, 늦여름인 8월 24일 성 바르톨로메오 축제일의 파리들처

럼 눈은 있어도 아무것도 보지 못하게 된답니다. 그전에는 쳐다만 봐도 달아났으나, 그때쯤 되면 오히려 잡아가 주길 바라며 나긋나긋해지는 거지요.

헨리 왕 그 비유는 여유를 갖고 한여름이 지나기를 기다리란 뜻이로군요. 그렇다면 늦여름이 되기를 기다렸다가 그 파리를, 아니 당신 사촌을 내가 잡으리다. 그때는 공주도 눈이 멀게 되겠지요.

부르고뉴 이는 사랑을 하기 전에 꼭 해야만 하는 사랑의 도리입니다.

헨리 왕 맞소. 여러분 가운데에는 더러 나의 눈먼 사랑에 감사하는 이들도 있을 거요. 내가 가는 길을 가로막고 선 저 아름다운 프랑스 처녀 덕분에 수많은 아름다운 프랑스 도시들을 볼 수 없게 될 테니 말이오.

프랑스 왕 아니지요, 전하는 사람의 눈을 속이는 안경을 낀 것처럼 저 멀리서 잘못 보고 계시므로 도시들 하나하나가 모두 처녀로 보일 것입니다. 그도 그럴 것이, 우리 도시들은 전쟁으로 침범당한 적 한 번 없는 처녀의 성벽으로 둘러싸여 있으니까요.

헨리 왕 케이트를 아내로 주실 수 있겠습니까?

프랑스 왕 뜻대로 하십시오.

헨리 왕 고맙습니다. 그리고 지금 말씀하신 처녀의 도시들이 공주의 시녀가 되어준다면 좋겠습니다. 그러면 내가 가는 길 앞에서 나의 희망을 가로막고 있던 처녀가 오히려 나를 소망의 길로 이끌어 주게 될 테니, 나는 그것으로 만족합니다.

프랑스 왕 나는 도리에 맞는 조항들은 모두 승인했소.

헨리 왕 잉글랜드 대공들이여, 그게 사실이오?

웨스트모어랜드 프랑스 왕께서는 모든 조항에 합의하셨습니다. 공주의 결혼 조항에 이어 모든 조항을 분명히 정해 놓은 조건대로 말입니다.

엑서터 다만 하나의 조항만은 아직 승인이 없으셨나이다. 전하께서 요구하신 대로 프랑스 왕이 인가증 서류를 인준하실 때 전하의 존칭에 대한 형식과 이에 덧붙은 조항들에 대한 것인데, 프랑스어로 '노트르 트레 셰르 피스 앙리, 루아 당글레테르, 에리티에 드 프랑스(나의 프랑스국 정통 왕위 계승자인 친애하는 나의 아들 잉글랜드 국왕 헨리)' 또는 라틴어로 '프라이클라리시무스 필리우스 노스테르 헨리쿠스, 렉스 앙글리아이 에트 아이레스 프란키아이(내가 사랑하는 프랑스국의 정통 후계자 잉글랜드 왕 헨리)'라고 써넣어야 하는데,

이것만이 남아 있습니다.

프랑스 왕 이것도 내가 거부하려고 내버려 둔 것은 아닙니다. 사촌이신 전하께서 직접 요구하시면 바로 통과시키려고 놔둔 것이지요.

헨리 왕 그러시면 사랑과 인척 관계의 이름으로 그 한 조항도 다른 조항들과 함께 승인해 주시고 따님을 내게 주십시오.

프랑스 왕 나의 멋진 사위, 공주를 데려가도 좋소. 공주와의 사이에서 나의 자손을 낳게 하여, 서로의 행복을 시기하듯 바닷가를 마주 보며 창백하게 맞서고 있던 프랑스와 잉글랜드 두 나라의 증오로 가득 찬 전쟁을 끝내주시오. 그리고 이 귀한 사랑의 결실로 두 나라 사람들 가슴에 깊은 우정과 그리스도교 신자로서 화목의 씨앗을 뿌려, 앞으로 다시는 두 나라가 피맺힌 칼날을 들이미는 일이 없기를 기원하오.

모두 아멘!

헨리 왕 아, 케이트, 어서 이리 와요. 여러분 모두가 증인이 돼주시오. 지금 나는 여기에 있는 공주에게 나의 왕비로서 입을 맞춥니다. (화려한 나팔 소리)

이자벨 왕비 모든 결혼의 가장 훌륭한 중개자이신 신이여, 두 사람의 마음도 두 사람의 영토도 하나로 맺어주소서! 남편과 아내가 사랑으로 두 몸이 하나 되듯, 두 나라도 그렇게 하나가 되기를 바랍니다. 그래서 축복받은 결혼의 잠자리를 때때로 어지럽히곤 하는 악의에 찬 간섭이나 시기가 끼어들어, 두 나라를 하나로 굳게 묶은 이 협정을 깨뜨리는 일이 없게 해주소서. 잉글랜드인은 프랑스인으로서, 프랑스인은 잉글랜드인으로서 서로를 받아들입시다. 신이여, 아멘을 외치게 하소서!

모두 아멘!

헨리 왕 그러면 결혼식을 준비합시다. 부르고뉴 공, 그대와 다른 경들도 모두 이 맹세를 보증하기 위해 서약을 하시지요. 그러면 케이트, 나는 당신에게 서약을 하고, 당신도 내게 서약을 해요. 우리의 서약이 잘 지켜져 순조로운 나날이 이어지기를! (나팔 소리. 카트린 손을 잡고 퇴장. 이어서 다른 사람들도 모두 퇴장)

해설자 등장.

해설자　이렇게 하여 거칠고 서툰 펜으로 작가는 무거운 짐을 진 듯 이 이야기를 더듬어 갔습니다. 좁은 공간 위에 위대한 인물들을 등장시켜 영광스러운 그들의 인생길을 토막토막 엮어 나갔습니다. 짧은 세월이었지만 그 짧은 시간에 잉글랜드의 샛별 헨리 5세는 빛을 뿜어내었습니다. 운명이 갈고닦은 칼로 세상에서 가장 아름다운 정원 프랑스를 손에 넣고 자식에게 그 지배권을 물려주었습니다. 아들 헨리 6세는 어려서 부왕의 뒤를 이어 프랑스와 잉글랜드 두 나라의 왕이 되었습니다. 그러나 왕을 둘러싸고 많은 귀족들이 정권을 다투어 끝내 프랑스를 잃고 잉글랜드에서도 많은 이들이 피를 흘렸습니다. 그 이야기는 이따금 무대에서 보여드린 바 있습니다. 이 작품도 그 연극들처럼 부디 너그럽게 받아들여 주시기를 바랍니다. (퇴장)

이 세상 온 시대의 문호 윌리엄 셰익스피어

    윌리엄 셰익스피어는 450여 년 전의 시인이자 극작가이다. 영어를 사용한 가장 위대하고 상상력 초월하는 대문호로 널리 존경받는 셰익스피어의 명성과 영향력은 세월이 흐름에 따라 바래지기는커녕 오히려 해마다 더욱 드높아 가고 있다.

    영국의 엘리자베스 1세는 "나라는 내줘도 셰익스피어는 내줄 수 없다"고 말할 만큼 그를 아꼈으며, 비평가 토머스 칼라일은 "셰익스피어를 인도와도 바꾸지 않겠다" 선언하며 그의 정신적 가치를 숭배했다. 셰익스피어의 작품들은 거의 모든 언어로 옮겨져 출간되었고, 오늘도 세계 곳곳에서 수많은 사람들에게 읽히고 학자들에게 연구되며 배우들에 의해 무대 위에서 새롭게 되살아나고 있다.

    영어를 쓰는 사람이라면 하루라도 그가 만든 말을 하지 않고는 지내기가 어려울 정도이다. 연극과 문학은 물론이고 미술과 음악, 또 정치에서도 그가 빚어낸 말을 쓰고 있다.

    이렇듯 시대가 거듭 바뀌어도 여전히 살아 숨 쉬는 사람처럼 우리에게 다가오는 셰익스피어는 과연 어떤 인물일까? 그 예술은 마음을 울리는 큰 힘을 지니고 찬란히 빛나는데 그 생애는 안개에 가려져 신비로우면서도 여전히 의문으로 남아 있다.

    셰익스피어 작품들 하나하나의 매력은 실제로 극장에 가서 보고 느끼는 게 가장 좋은 방법이지만 그가 어떤 사람이었는지, 또한 전체적으로 어떤 작품세계를 그렸는지를 알기 위해서는 책을 펼쳐보는 것이 무엇보다 먼저이리라.

1. 새로운 세계를 향하여

전설적 인물 태어나다

윌리엄 셰익스피어는 1564년 4월 23일 영국 중부 워릭셔 스트랫퍼드어폰에이번(Stratford-upon-Avon)에서 태어났다. 아버지 존과 어머니 메리에게는 모두 8명의 아이가 있었으며, 누나 둘은 어려서 죽었기 때문에 윌리엄이 셋째이면서 맏이였다.

셰익스피어가 개인적으로 어떤 삶을 살았는지는 뚜렷하지 않다. 풍문과 전설로 가득한 생애일 뿐, 전하는 기록이 거의 없다. 한 사람의 삶과 죽음에 대해 교회 기록 정도만 남겨지던 시대였다. 셰익스피어는 자서전도 남기지 않았으며 일기를 쓴 흔적도 없다. 그의 삶을 그리워할 만한 자전적 글은 아직 발견되지 않았다. 시간과 공간을 뛰어넘은 불후의 명작들을 남겼으면서도 그의 자필 원고 하나 남아 있지 않다. 이제까지 셰익스피어가 손수 쓴 글씨로 밝혀진 것은 여섯 개의 서명과 유언장에 적힌 한 줄 '나 윌리엄 셰익스피어가(by me William Shakespeare)' 뿐이다.

이것이 오히려 많은 이들로 하여금 셰익스피어 연구에 관심을 갖게 만들었다. 필적 감정가들은 고문서 속에서 셰익스피어의 자필을 찾으려 애썼고, 학자들은 오래된 다른 작품의 작가가 혹시 셰익스피어이지 않을까 연구하기도 했다. 그 오랜 세월에 걸친 수많은 사람들의 노력으로 오늘에 이르러 셰익스피어에 대한 깊고도 너른 이해가 가능해진 것이다.

1980년 대영박물관 도서실에 보관된 《토머스 모어》의 대본'에 셰익스피어 친필이 있다고 발표된 적이 있다. 이에 앞서 필적 감정, 셰익스피어 글투, 즐겨 쓰는 시적 이미지 등이 분석되었고, 마지막에는 컴퓨터까지 동원되었다. 그리하여 《토머스 모어》의 대본' 일부가 셰익스피어의 자필인 것 같다는 결론이 영국 신문을 뒤덮으며 사람들의 관심을 끌었다. 현대 과학문명의 최신 기술과 지식을 총동원하여 셰익스피어에 대한 탐색이 이루어진 것이다.

셰익스피어는 수많은 작품을 썼으며 그 모두가 걸작이었다. 셰익스피어는 문인 집안에서 태어나지 않았으며, 옥스퍼드나 케임브리지 대학에서 공부한 지식인도 아니다. 그런 그가 어떻게 400년 전에 그토록 깊은 통찰력으로 인간을 관찰하고 저마다 장면에 어울리는 시와 같은 아름다운 언어로 훌륭한 작품들을 쓸 수 있었을까? 그러한 의문을 품은 사람 중에는 셰익스피어의 작품을 그 시대 철학자이자 정치가였던 프랜시스 베이컨이 쓴 것으로 생각하는 연구자도 있었다. 게다가 셰익스피어는 그저 평범한 농부였는데 불현듯 기적적으로 창작 능력을 발휘하게 되었다는 주장도 있다. 그 어느 쪽도 지금은 지지를 받지 못한다.

셰익스피어가 한 인간으로서 엘리자베스 시대라는 문화 융성기를 살았음은 틀림없다. 최고학부에서 배우지는 않았지만 그가 문법학교에서 교육

셰익스피어(1564~1616)

을 받았을 것이라는 가정이 정설이다. 소년 시절 셰익스피어는 고향 스트랫퍼드 학교에서 꽤 수준 높은 라틴어 수업을 받았는데 그즈음 라틴어를 익히는 것은 유럽 문화에 참여함을 뜻했다. 셰익스피어는 문화와 예술적으로 자유로이 날아오를 수 있는 환경에서 자랐으며 그의 문학 활동은 영국 르네상스 문예에 기념비적인 꽃을 피웠다.

셰익스피어 집안

셰익스피어의 아버지 존 셰익스피어는 스트랫퍼드 근교 작은 마을 스니터필드 농가에서 맏아들로 태어났다. 셰익스피어 집안은 '창(스피어)을 휘두른다(셰익)'는 당당한 이름에서 보면 무사 가문처럼 보이지만 증거가 될 만한 자료는 없으며, 전형적인 소작농이었다.

그 무렵 영국은 헨리 8세가 영국 국교회를 설립한 것을 계기로 근대 국가로 나아가는 독자적인 길을 찾고 있었다. 사회 전체가 중세의 구속에서 벗어나

자유로운 공기가 흘러넘치고 있었다. 하지만 이 새로운 사회 변화가 소작농들에게 반드시 고마운 일만은 아니었다. 사회 변화에 따른 경제적 혼란으로 물가가 하늘 높은 줄 모르고 치솟았기 때문이다. 계약이 끝난 소작농들은 재계약을 할 수 없거나 이전보다 훨씬 높은 소작료를 내야 했다.

이러한 사회 정세를 미리 읽은 존 셰익스피어는 소작농 생활을 접고 도제의 길을 선택한다. 기능을 모두 익히면 곧 사회적으로 자립할 수 있었기 때문이다. 이윽고 그는 부지런한 기능공 생활로 가게를 갖게 되었다. 구두나 장갑 등을 만들어 파는 잡화점이었는데, 외국의 경쟁 상대로부터 법적 보호도 받고 있어 꽤 안정된 직종이었다.

존은 상인으로 성공을 거두어 1556년 스트랫퍼드어폰에이번의 헨리 거리에 집을 마련했다.

경제적으로 풍족해지자 마을의 정치적인 일에 관여하기 시작했고, 같은 해처음으로 마을에서 토속주 품질검사원 자리를 맡았다. 1559년에는 벌금 금액을 정하는 과료부과 담당이 되었으며, 1561년부터 윌리엄이 태어나는 1564년까지 회계 담당으로 마을 재산과 세입 관리 책임을 맡았다. 윌리엄이 한 살일때 존은 더욱 출세해 14인 참사회원 가운데 한 사람으로 뽑힌다.

1568년 윌리엄이 네 살 때 존은 스트랫퍼드어폰에이번 마을의 우두머리인촌장이 되었다. 촌장은 치안판사도 겸임하며, 사무실에 갈 때는 경호를 받을만큼 상당한 권력을 가진 직책이었다. 이 무렵이 존 셰익스피어 집안의 전성기였다. 촌장 임기가 끝난 뒤에 셰익스피어의 아버지는 수석참사회원과 후임 촌장의 조력자로서 활약했다. 그는 더욱 위로 올라가려 했고 신사계급이 되기위해 문장(紋章)을 신청했다. 그 시절 신사는 오늘날과 달리 귀족계급과 시민계급 사이에 속하는 신분이었다.

셰익스피어는《베로나의 두 신사》등을 시작으로 중요한 남성 등장인물의신분을 신사로 설정하는 경우가 많았다.

신사는 본디 세습 신분이다. 그러나《겨울 이야기》에서 양치기가 공주를 키워 준 대가로 신사 자격을 받아 자랑스러워하는 장면이 나오듯이, 신사가 되는 것이 불가능하지는 않았다. 실제 문장원에 많은 수수료를 내고 자격심사에 합격하면 새로이 문장을 만들어 신사가 될 수 있었다. 셰익스피어의 아버지는 성공하지 못했으나 뒷날 출세한 셰익스피어가 다시 신청을 해서 1596년

셰익스피어 생가　스트랫퍼드어폰에이번 헨리 거리

10월 20일 셰익스피어 집안은 문장 사용 허가를 받았다. 마침내 시민계급에서 신사계급으로 신분이 상승하게 된 것이다.

또한 셰익스피어는 신사집안에 어울리도록 고향에서 집과 땅도 사들였다. 부동산 투자로 재산을 지킨 것이다. 그의 작품은 하나같이 아름다운 한 편의 시이지만, 그는 오히려 현세의 지혜로 가득 찬 삶을 살았던 것 같다. 그리고 그것은 처세술에 뛰어난 아버지의 가르침과 관계있으리라.

셰익스피어의 어머니는 메리 아덴이다. 역사적으로 유서 깊은 아덴 가문은 예전에는 워릭셔 일대에 크게 세력을 떨치던 호족이었고, 그의 어머니 집안은 이 아덴 가문의 먼 친척이며 스트랫퍼드 근교의 부유한 지주였다. 셰익스피어가 귀족 여성을 생생히 묘사할 수 있었던 것은 이렇듯 고귀한 어머니 집안의 혈통 때문이다. 셰익스피어는 어릴 적에 외갓집에 자주 갔다고 한다. 지금도 월름코트에는 그 대저택이 남아 있다.

불확실한 탄생일
셰익스피어가 태어난 날은 4월 23일이라고 앞서 말했다. 그러나 이 날짜는 정확하지 않다. 그 시대에는 출생신고를 할 관청이나 제도가 있었던 것은 아니기 때문이다. 그럼에도 그날을 생일로 헤아리게 된 데에는 몇 가지 이유가 있다.

첫째, 세례 기록이다. 마을에 있는 홀리 트리니티 교회의 1564년 4월 26일 수요일 세례 기록에는 이렇게 쓰여 있다.

Gulielmus filius Johannes Shakespeare(존 셰익스피어의 아들 윌리엄).

이것이 그의 출생 증명이다. 그런데 태어나고 사흘쯤 뒤에 세례를 받는 것이 그 시대 관습이었으므로 셰익스피어의 생일을 4월 23일로 추정한 것이다. 물론 우리가 길일을 따지는 듯이 400여 년 전 셰익스피어의 부모도 관습에 얽매이지 않고 여러모로 좋은 날을 아이의 세례일로 정했을지도 모른다. 아이의 사망률이 높았던 시대임을 고려하면 더욱 그러하다. 그러나 관습에 따르는 것이 통례이다.

다음으로 이날은 잉글랜드의 수호성인 성 조지의 날이었다. 수호성인은 잉글랜드, 웨일스, 스코틀랜드, 아일랜드에서 저마다 달리 모셨는데 지역의 안전을 지켜주리라고 모두 믿었다. 사람들의 생활에 뿌리내린 깊은 신앙을 하나로 모아 축하하는 것이다.

더구나 셰익스피어가 세상을 떠난 날도 4월 23일이다. 국민적 시인의 탄생일이 사망일과 같은 날이며 게다가 수호성인의 날이라면 이보다 더 뜻깊은 일은 없으리라.

어린 시절 교육

소년 셰익스피어는 문법학교에서 교육을 받은 것으로 보인다. 마을의 길드홀 2층의 킹즈 뉴스쿨이 그곳이다. 여러 번 복원 공사를 거쳐 이 학교 건물은 오늘날까지 남아 있어 관광객이 찾아온다. 16세기는 교육이 중시되던 시대였다. 일반 대중은 거의 글자도 읽지 못했지만, 문법학교에서는 확실한 교육이 이루어졌다. 근대로 발돋움하던 영국에선 신흥 계층이 교육으로 출세할 수 있었다.

천장이 낮은 교실에는 거무스름해진 떡갈나무로 만든 책상과 의자가 놓여 있고 작은 창문으로 희미한 빛이 새어 들어왔다. 학생들은 그 안에서 날이면 날마다 아침부터 밤까지 앉아 공부에 힘썼다. 수업 시간표는 빽빽해서 일요일과 종교 관련 휴일을 빼면 방학도 없이 매일 오전 7시부터 오후 5시까지 수업이 있었다. 다만 낮에는 점심시간이 두 시간 주어졌다. 일곱 살에 입학한 어린 아이들까지 날마다 이런 하루를 보냈다. 셰익스피어는 학생들의 모습을 《뜻대로 하세요》에서 다음처럼 그린다.

> 다음은 투덜거리는 소년인데, 아침에는 햇살을 가득 받은 얼굴로 달팽이 기어가듯 마지못해 가방을 메고 학교에 갑니다. (제2막 제7장)

문법학교라는 이름이 나타내듯이 학과는 라틴어 문법이 중심이었고, 여러 권의 교과서로 다른 나라에서도 통하는 지식을 가르쳤다.

소년들은 먼저 초보적인 문법을 배웠다. 교과서는 윌리엄 릴리라고 하는 영국의 교사가 쉬운 영어로 라틴어 문법을 설명한 책이었다. 문법의 ABC를 이 단계에서 익히고 나면 다음은 실제 예문에 들어간다. 처음에는 간단하고 짧은 격언 등으로 시작하여 차츰 수준 높은 원서로 나아간다. 소년 셰익스피어도 이 단계에서 로마의 희극 작가 테렌티우스나 웅변가 키케로를 만났다. 문법학교는 라틴어 문법을 가르치면서도 학교 교재를 통해 소년들이 사회 상식이나 넓은 세계관까지 폭넓게 접하고 익힐 수 있도록 배려했다. 교과에는 독해뿐 아니라 작문도 포함되었으며, 좋은 글쓰기 훈련이 여러 방법으로 펼쳐져 학생들은 최종적으로 표현력이 풍부하고 설득력 있는 문장을 쓸 수 있도록 연습했다. 이처럼 문장 창작의 기초 훈련이라고 할 만한 교습이 문법학교에서 이루어졌다. 문법학교의 교육은 창작 강좌는 아니지만 소년들은 문장 표현 방법을 여기서 익혔다. 셰익스피어도 그러한 교육을 받았으리라.

셰익스피어는 그리스 로마 작가의 작품들을 두루 참고한다. 그가 그런 작품을 언제 읽었는지는 잘 알려져 있지 않지만 그것이 문법학교 교재로 사용되었던 것도 사실이다. 고학년의 교재는 시나 희극에서 산문까지 포함되었다. 로마 시인으로는 오비디우스, 베르길리우스, 호라티우스 3대 문호의 작품이 읽혔다. 오비디우스는 《변신 이야기》의 작가이며 베르길리우스는 로마의 대표 서사시 《아이네이스》를 썼다. 셰익스피어는 《변신 이야기》를 즐겨 읽었으며 교과목으로 라틴어뿐 아니라 그리스어까지 다루었다. 참으로 수준 높은 문학 교육이었다.

《윈저의 즐거운 아낙네들》에서 윌리엄이라는 이름의 학생이 학교 선생님에게 라틴어 복습을 받는 장면은 셰익스피어 자신의 소년 시절을 그린 내용으로 보인다. "윌리엄 관사를 빌려주는 자는 누굴까?" 선생님이 이렇게 묻자 소년은 대답한다. "관사는 대명사에서 빌려요. 활용은 단수의 주격이 '히크', '하이크', '호크'예요." 또한 《티투스 안드로니쿠스》 제4막 제2장에서 고트족 여왕의 아들 데메트리우스는 두루마리를 읽는다.

> Integer vitae, scelerisque purus,
> (생활이 올바르고 죄에 더럽혀지지 않은 사람은)
> Non eget Mauri jaculis, nec arcu.
> (무어인의 창도 활도 필요 없다.)

그러자 동생 키론이 대답한다. "오, 이것은 호라티우스의 시로군. 오래전에 라틴어 문법 교과서에서 읽었지." 릴리의 교과서는 이 시를 두 번 인용했으므로 셰익스피어는 잘 알고 있었을 것이다. 《헛소동》 제4막 제1장에서 베네디크가 "뭐야? 감탄문 연습이라도 하는 건가! 그렇다면 웃음소리를 넣어보는 건 어때? '아! 하! 히!' 이렇게 말이야" 하고 말하는 내용도 릴리의 교과서에 있는 감탄문 예시를 언급한 대사이다.

실제 인물이든 지어낸 인물이든 간에 셰익스피어가 과거의 인물들에 대해 많은 것을 배운 곳은 바로 학교였고, 언어의 힘을 깨우친 곳도 학교였다.

흔히 셰익스피어는 "짧은 라틴어에 약간의 그리스어밖에 모른다"고들 말한다. 셰익스피어가 죽은 뒤 출판된 작품집의 헌사에 이 한 문장이 새겨지고나서 셰익스피어는 교육도 받지 못한 것처럼 사람들 입에 오르내렸다. 그러나 고전에 관한 그의 지식은 현대인과 견줄 수 없을 만큼 넓고도 깊다. 엘리자베스 시대에는 케임브리지와 옥스퍼드 두 대학 출신의 '대학재인파(大學才人派)'라는 작가군이 있었는데, 그들처럼 수준 높은 학문을 익힐 기회는 없었지만 문법학교 졸업 뒤 셰익스피어에게는 사회 그 자체가 배움의 장이었다. 학문적 지식보다 자신의 삶을 살아가는 사람들이 셰익스피어 창작의 양식이 된 것이다. 더욱이 그는 런던 연극계에 몸담음으로써 대학에서 배운 이상의 것을 익히게 된다.

근대화와 영국

셰익스피어가 이 세상에 머문 52년 동안은 엘리자베스 여왕 치세였다. 사회적으로는 종교개혁에 따른 격변이 일단 끝나고, 왕국이 안정화된 때였다. 또한 유럽 사회 전체가 중세에서 근대로 넘어가는 시대이기도 했다. 영국이 근대적 왕조로 첫걸음을 내디딘 것은 헨리 7세부터이다. 엘리자베스 여왕의 할아버지인 헨리 7세는 튜더 왕조를 열었는데, 장미전쟁의 내분을 겪은 왕국은 이때부터 근대적 절대왕조로서 통일의 기틀을 세웠다. 그 무렵 유럽은 곳곳에서 중세로부터 근대로의 움직임이 일고 있었다. 이탈리아에서는 르네상스 부흥기로 레오나르도 다

홀리 트리니티 교회 셰익스피어의 세례기록이 남아 있다.

빈치 등의 활약이 눈부셨으며, 스페인에서는 콜럼버스의 신대륙 발견 소식이 온 유럽으로 퍼져 나갔다. 정신적인 면에서도 새로운 변혁이 시도되었는데 루터에 의한 종교개혁이 일어났다. 부패한 중세 교회에 반기를 든 루터의 종교개혁운동은 바로 근대적 정신의 서막을 여는 상징적인 사건이었다.

영국에서는 헨리 7세에 이어 그의 아들 헨리 8세가 왕위에 올랐다. 이 시대 영국의 종교개혁은 종교적 논쟁이라기보다 강력한 왕권을 유지하여 절대왕정을 지키려는 국왕의 로마 교회에 대한 정책이었다. 헨리 8세는 그즈음 영국을 방문한 인문학자 에라스뮈스의 반교권적 사상에도 관심을 보이는 등 부드러운 정치 수완을 갖춘 인물이었는데, 첫 왕비 캐서린과 이혼하고 새로운 왕비 앤 불린(뒷날 엘리자베스 1세의 어머니)과 결혼하기 위해 이혼을 금지한 로마

문법학교(에드워드 6세 학교)

가톨릭교회로부터 독립하면서 독자적으로 영국 국교회를 수립하여 스스로 수장임을 선언했다. 로마 교회의 권위적인 지배 아래에 있던 유럽 사회에서 이러한 행동은 세상을 뒤엎는 충격적인 사건이었다. 격노한 교황이 영국을 파문했으나 헨리 8세는 굴하지 않고 정치적 수완을 발휘해 나갔다. 그는 그때까지 로마 교회에 직속되었던 수도원의 소유지를 신흥 계층에게 팔아서 파산 직전의 국고를 살찌웠다. 이 정책으로 팔린 땅이 국왕의 전체 농지 6분의 1에 이르렀다. 그때까지 지탱해 오던 경제적 기반이 무너지면서 급격한 변화가 왕국을 뒤덮었다. 부유함을 자랑하던 귀족이나 영주를 대신하여 중산 계층의 농민이나 상인이 사회의 높은 곳으로 올라섰다. 국왕의 정책으로 혼란을 겪었지만, 그것은 곧 개인주의적인 경제 활동으로 나아가는 길을 뜻했다.

1547년 헨리 8세가 세상을 떠나고 아들 에드워드 6세는 1553년 열다섯 나이에 병으로 숨을 거두었다. 이때 프로테스탄트인 제인 그레이가 여왕 자리에 오르지만 여왕이 된 지 9일 만에 폐위, 단두대에서 처형되었다. 대신 왕위에 오른 사람은 헨리 8세의 첫 번째 왕비 캐서린 아라곤의 딸 메리 1세였다. 서른

영국 여왕 엘리자베스 1세(1533~1603, 재임 1558~1603)

일곱 살로 독신이었던 메리 1세는 열렬한 가톨릭 신자였으며, 1554년 뒷날 스페인 왕 펠리페 2세(재위 1556~98)가 되는 왕세자 펠리페와 결혼한다.

메리 1세는 자신의 어머니 캐서린을 왕비 자리에서 쫓아내기 위해 영국이 가톨릭을 버렸다고 생각해 극도로 프로테스탄트를 탄압했으며 300명이나 되는 사람들을 처형했기 때문에 '블러디 메리(피의 여왕 메리)'라고 불렸다. 그녀가 마흔두 살의 나이로 세상을 떠나자 1558년에 엘리자베스 1세가 즉위했다. 엘리자베스 여왕은 1557년 예배통일법을 재선언함으로써 헨리 8세의 정책을 이어나갔다. 나라의 교의를 따른 순종자들은 시대가 바뀔 때마다 박해를 받았으며 경제적 혼란 또한 가속화되었다. 엘리자베스가 여왕이 되던 무렵은 그렇게 불안정한 사회였다. 신대륙 발견 뒤 온 유럽의 눈이 새로운 세계로 뻗어나갔지만, 그녀의 왕국은 이렇다 할 해군력조차 없었다. 영국은 유럽 변두리의 약소국에 지나지 않았던 것이다. 그러한 왕국의 주인이 된 엘리자베스는 아버지에게서 물려받은 정치적 수완을 살려 유럽 최강의 근대 국가를 이루어

나갔다. 즉위한 뒤 의회 연설에서 그녀는 왕국과 결혼하겠다는 결의를 다졌으며 약속대로 평생 독신으로 지냈다. 여성으로서 많은 것을 희생하며 그녀는 왕국과 일생을 함께한 것이다.

영국 역사에서 근대의 출발점으로 평가되는 튜더 왕조는 엘리자베스 여왕 시대에 융성기를 맞이했다. 오늘날까지 영국인들은 국가 원수가 여왕인 시대에 나라가 번영한다는 믿음을 갖고 있다. 그것은 엘리자베스 여왕과 빅토리아 여왕 시대에 영국이 세계를 휩쓸 만큼 세력을 떨친 데에서 비롯한다. 그만큼 엘리자베스 여왕 시대에 영국은 대단한 번영을 누렸으며, 영국인들은 현대에 이르기까지 변함없이 훌륭한 이 여왕을 흠모하고 존경한다. 셰익스피어가 태어나고 살았던 것은 바로 그러한 시대였다.

왕위에 올랐을 때 여왕의 나이는 20대 중반이었지만 그녀는 통일 국가의 반석을 다지기 위해 서둘렀다. 이어 프로테스탄트와 가톨릭 사이에서 흔들렸던 민심을 모아 다시 영국 국교회를 열어 수장 자리에 앉았다. 세속적 권력과 교회 권력을 모두 손에 넣은 그녀는 명실공히 최고 권력자로서 자유롭게 정책을 추진했다. 영국은 유럽에서도 그 어느 나라보다 안정적이고 강력한 국가로 발전해 나갔다.

지방에서는 인클로저(enclosure)가 성행했음에도 여전히 삼림이나 벌판이 남아돌았다. 마을마다 상공업이 발달하여 생활에 필요한 공업제품은 거의 자급자족으로 해결했다. 마을 주위에 펼쳐진 농경지에서 수확된 밀이나 호밀은 브리스톨이나 런던 등의 도시로 옮겨졌다. 상업은 나라 밖으로까지 뻗어 나갔다. 양모나 모직물이 해외 시장에 수출되었다. 상업뿐만 아니라 잉글랜드 해군력은 스페인의 무적함대를 무너뜨리기에 이르렀고 드레이크 선장이 이미 세계를 일주했다. 스코틀랜드와의 국경 지역에서는 이따금 침입과 약탈이 이어졌지만, 여왕의 치세 아래에서는 두 나라 관계도 차츰 호전되었다.

국민 경제의 밑바탕이 탄탄했고 국력이 막강해졌다. 풍요로운 자연 속에 사람들의 삶은 활기찼다. 중세의 구속에서 해방된 자유를 가득 누리며 다음 세대에 닥칠 종교적 풍랑이나 기계 문명은 알지 못했다.

음악이나 서정시가 궁정에서 성대히 울려 퍼졌다. 그러나 예술을 즐기는 것은 궁정 사람들만은 아니었다. 온 국민이 활짝 열린 가능성으로 충만한 시대적 공기를 느꼈다. 사람들은 노래를 부르고 시를 지으며 풍류를 즐겼다. 영국 르네상스의 바탕에는 이름 높은 예술가뿐 아니라 온 국민의 예술에 대한 사랑이 있었던 것이다. 이런 사회의 모습은 '메리 잉글랜드'라는 말로 집약된다. 셰익스피어의 모든 작품은 이런 시대와 사회를 배경으로 탄생했다.

전원의 시인

셰익스피어의 고향 스트랫퍼드어폰에이번은 에이번 강가에 있다. 에이번강은 수로로 이용되었기 때문에 강가에 맞닿은 스트랫퍼드는 지리적으로 교통이 편리했다. 게다가 도로가 여기서 강을 가로지르기 때문에 육로와 수로가 엇갈리는 지점이기도 했다. 예부

엘리자베스 여왕 시대 의회

터 시장으로 번성하던 마을이었는데, 이웃 마을 농민들이 가축을 끌고 와서 스트랫퍼드의 거리나 광장에 시장을 열었다. 마을 주변에 기름진 땅이 펼쳐져 있어 잉글랜드에서도 손꼽히는 곡창 지대였다. 이렇듯 스트랫퍼드는 전형적인 부유한 농업 중심지였다.

이제는 이미 사라졌지만 그 무렵에는 에이번강 북서쪽에 짙푸르게 우거진 숲이 있었다. 깊은 삼림 지대로 사슴이나 토끼가 뛰놀았다. 여름이면 야생화가 가득 피었고 작은 새들이 지저귀는 아름다운 숲이었다. 이 숲을 자주 찾았던 소년 셰익스피어에게 자연의 풍요로움이 끼친 영향을 짐작할 수 있다. 셰익스피어는 런던에서 오래 지내면서도 도시의 시인이 아니라 평생 전원의 시인으로 남았다.

같은 시대의 극작가 벤 존슨이 셰익스피어를 에이번강의 아름다운 백조라고 칭송한 일에서 비롯한 '에이번강의 백조'는 셰익스피어의 대명사가 되었다.

다음 시는 셰익스피어의 소년 시절 체험에서 나왔으리라 여겨진다.

> 푸른 나무 아래
> 나와 함께 누워,
> 새들의 달콤한 지저귐에 맞추어
> 즐거이 노래 부르고 싶은 사람은
> 이리 오라, 이리 오라, 이리 오라.
> 이곳에는 적도 없고,
> 있다 한들
> 한겨울 거친 날씨뿐.
>
> 야심일랑 버리고
> 햇살 속에 살고 싶은 사람,
> 스스로 먹을 것을 찾아
> 자기가 얻은 것에 만족하는 사람은
> 이리 오라, 이리 오라, 이리 오라.
> 이곳에는 적도 없고,
> 있다 한들
> 한겨울 거친 날씨뿐.

셰익스피어는 이 시를 희극 《뜻대로 하세요》를 창작하며 썼다. 《뜻대로 하세요》는 전원에서 바라본 궁정의 추악함을 조롱하는 작품이다. 주인공들은 권력욕이 소용돌이치는 궁정에서 추방되는 불운을 맞아 아덴 숲으로 도망친다. 여기서 흘러나오는 노래(제2막 제5장)가 바로 이 시다. 결국 숲에 머물던 옛 공작과 새 공작이 서로 화해하여 궁정으로 돌아간다는 것이 이 작품의 줄거리이다.

스트랫퍼드의 자연환경은 참으로 풍요로웠다. 에이번강을 끼고 숲 건너편에 드넓은 밀밭이 펼쳐졌다. 밀은 대지의 양분을 빨아들여 쑥쑥 자랐다. 그곳은 말하자면 활기찬 생명의 세계이기도 했다. 소년 셰익스피어도 전원의 힘을 느끼며 자랐으리라. 그가 진심으로 흥미를 갖고 있었던 세계는 책이 아니라 눈앞에 펼쳐지는 현실 그 자체였다. 도시는 작아도 주위에 호기심을 자극하는 것들은 넘쳤다. 여름이 되면 산과 들을 돌아다니며 친구들과 어울려 놀았을 것이며, 겨울에는 난로에 몸을 녹이면서 마법이나 귀신 이야기에 귀를 기울였으리라.

〈죽음의 무도〉 한스 홀바인. 셰익스피어가 태어나던 무렵 페스트가 널리 퍼져 유럽 사람들을 죽음의 공포로 몰아넣었다.

또한 마을에는 축제도 많았다. 오월제 때는 산사나무를 꺾어와 장식하기 위해 아침 일찍 일어나 숲으로 향했을 것이다. 《한여름 밤의 꿈》에서 리산드로스가 "5월절 아침 축제를 보러 갔을 때 헬레나를 만났던 곳"이라 부르는 숲속에서는 여자가 남자 뒤를 쫓는 즐거운 시간이 펼쳐진다. 새로운 사랑이 태어나기도 했던 신나는 마을의 축제 분위기는 《한여름 밤의 꿈》에 그려진다.

사람들은 발에 방울을 달고 모리스댄스를 추거나 호비호스라는 말 모양 나무 조각[木馬]을 몸에 달고 춤을 췄다. 햄릿이 "안 그러면 잊히고 말 테니까. 목마(木馬)처럼 말이야"(《햄릿》 제3막 제2장) 외치는 것은 그 시절 유행가의 한 구절이었다. 《사랑의 헛수고》 제3막 제1장에도 춤에 대한 이야기가 나온다.

만년의 희극을 쓸 무렵에도 셰익스피어는 생명력 넘치는 전원을 잊지 못해 《겨울 이야기》에 방물장수 아우톨리쿠스를 등장시켰다. 희극적 흥미를 불러일으키는 중요한 역할을 맡은 이 인물은 착하지도, 그렇다고 지혜로운 사람도 아니다. 입도 가볍고 손도 잰 인물로 농민들에게 물건들을 팔며 이 마을 저 마을을 떠돌아다니는데, 때로는 사람들을 속여 돈을 뜯어내기도 한다. 하지만 그것이 조금도 음흉하지가 않다. 그 까닭은 단지 아우톨리쿠스가 생명력이 밝게 넘치기 때문이다. 셰익스피어가 아우톨리쿠스를 창조했기에 오히려 밀밭 전원이 후세 독자에게 소박한 생명력으로 전달되는 것인지도 모른다.

아무튼 셰익스피어가 그려낸 전원 풍경은 선과 악이 문제시되는 따끈한 사회가 아니라 아름다운 자연이 펼쳐지고 축제나 춤으로 활기가 넘치는, 삶을 즐기는 세계였음은 분명하다.

그대는 죽음을 각오할지어다

셰익스피어가 태어난 1564년 무렵, 스트랫퍼드 마을은 페스트(흑사병)가 널리 퍼졌다. 갓 태어난 셰익스피어도 죽음의 공포 앞에 놓였다.

페스트의 유행은 수세기 동안 유럽 사람들을 죽음의 공포로 몰아넣었다. 페스트 중에서도 특히 가레톳페스트에 걸리면 피부가 검보라빛으로 변해서 메말라간다. 14세기 중엽 시칠리아섬에 상륙한 페스트는 몇년 동안 크게 유행해서 유럽 인구 3분의 1이 목숨을 잃었다는 기록이 남아 있다. 셰익스피어가 태어난 해에 페스트로 쓰러진 마을 사람의 수는 200명이 넘었다. 마을 인구가 2000명 정도였고 한 집에 사는 식구 수가 6, 7명이었으므로, 비율로 따지면 집집마다 한 사람은 페스트로 목숨을 잃은 것이다. 이 사실을 보더라도 온 마을에 죽음의 공포로 침울한 공기가 떠돌았음을 쉽게 상상할 수 있다.

런던처럼 인구 집중이 심한 대도시에서의 유행은 한층 더 큰 재앙을 불러왔다. 셰익스피어는 살면서 몇 번인가 페스트의 유행과 만났으나, 그중에서도 런던에서의 활약이 궤도에 오르기 시작한 1592년에는 극작가로서의 생활까지 위협받을 정도였다. 이때 셰익스피어는 가까스로 죽음을 피했으며 런던 시민은 1년 동안 1만 명 넘게 목숨을 잃었다.

사람들은 어떻게든 죽음의 공포에서 벗어나려고 했다. 그러나 환경위생을 위한 아무런 예방 수단도 없었던 사회에서는, 결국 그 노력도 헛된 것이었다. 모두가 생명의 위기감과 죽음의 의식을 느낄 수밖에 없었다.

한편 죽음의 각오가 생명을 노래하는 것으로 이어지는 경우도 잦았다. 비참한 죽음과 대비함으로써 사람들은 생활이나 예술에서 생명력을 폭발시켰다. 이것이 르네상스의 특징 가운데 하나였다.

〈마을 광장의 야외공연〉 얀 브뤼헐. 셰익스피어가 어린 시절 처음 연극을 접했을 때도 이 그림의 정경과 큰 차이가 없었을 것이다.

셰익스피어도 예외는 아니었다. 그는 시대의 풍조에 교묘하게 살을 붙여 그 것을 작품화해 갔다. 《로미오와 줄리엣》은 페스트가 런던을 덮친 바로 뒤에 쓰였다. 이 작품에서 다음의 대사는 주인공 로미오의 친구 머큐시오가 하는 말이다. 그는 혈기왕성하고 기지에 넘치는 젊은이로 서로 미워하는 두 가족의 다툼에 휩쓸려 치명상을 입은 뒤, 이렇게 외친다.

벤볼리오, 어디 근처 집으로 날 좀 데려다줘. 기절할 것 같아. 두 집안 다 전염병에 걸려버려라! 그놈들이 나를 구더기 밥으로 만들어 버렸어. 나는 다쳤어. 그것도 꽤 깊이. 네놈들 두 집안 다! (제3막 제1장)

머큐시오의 비명은 셰익스피어의 관객에게는 현실적인 공포를 불러일으켰 으리라. 셰익스피어는 그 사실을 잘 알고서 관객에게 공통된 절실한 마음을 작품에 담았다.

그런데 셰익스피어는 '그대는 죽음을 각오할지어다'라는 시대 흐름에 그대 로 따랐을까? 아니면 생명을 노래했을까? 한 개인으로서의 셰익스피어가 죽 음을 의식하면서 어떠한 처지에 놓였었는지는 알 수 없다. 그러나 예술가로서 셰익스피어의 눈은 언제나 살아 있는 인간을 향해 있었다. 그의 작품에는 죽음을 몽상하는 인물도 그려진다. 하지만 셰익스피어는 그들의 모습을 생명의 상태로서 그린 것이지, 결코 생명을 부정한 것이 아니었다. 셰익스피어의 흥미는 살아 있으면서 고민하거나 괴로워하거나 기뻐하는 인간 그 자체에 있었다. 거기에 르네상스 사람다운 셰익스피어 예술의 생기가 깃든 것이다.

앤과 결혼하다

1576년부터 1582년에 걸쳐서 셰익스피어에 대해 특별한 기록은 없다. 이 기간은 아버지의 운이 기울기 시작한 시기와 맞아떨어진다. 아버지 존의 재정 상태는 확실히 악화되었고, 아내의 지참금 일부였던 농지를 팔거나 저당 잡히는 처지에 내몰렸다. 빠지지 않고 나갔던 의회에도 발길이 뜸해졌으며, 차츰 모든 공적인 생활에서 물러나게 되었다. 그러나 실제로 아주 가난했던 것은 아니다. 셰익스피어가 학교를 중퇴했다든가, 고깃집에서 고용살이를 했다든가, 말을 훔쳤다든가 하는 것은 아무 근거도 없는 만들어 낸 이야기들이다.

그러던 중 셰익스피어 인생의 실이 다시 연결되는 때는 1582년 셰익스피어가 열여덟 살이 되는 해이다. 스트랫퍼드 지방을 담당하는 우스터 주교가 쓴 교회 기록부에 적힌 내용을 보면 그해 11월 27일, 셰익스피어와 앤 해서웨이의 결혼허가증이 교부되었다.

앤은 스물여섯 살로 셰익스피어보다 여덟 살 많았다. 해서웨이 집안은 유복한 농가였고, 스트랫퍼드 헨리 거리에 있는 셰익스피어 집에서 쇼터리에 있는 앤의 집까지는 걸어서 30분 정도밖에 걸리지 않았다. 그 샛길은 군데군데 푸른 나무들이 가지를 뻗은 쾌적한 산책길이다. 또 앤의 집은 떡갈나무를 사용하고 벽을 하얗게 칠한, 두꺼운 초가지붕에 높은 벽돌로 된 굴뚝이 딸린 전형적인 튜더 왕조 시대의 농가이다. 셰익스피어는 앤을 만나려고 문턱이 닳도록 이곳을 드나들었으리라. '설득하는 긴 의자'라고 불리는 의자가 지금도 그대로 남아 있다.

셰익스피어와 앤이 어떻게 가까워졌는지는 모르지만 촌장을 지내며 스트랫퍼드의 유력자였던 셰익스피어의 아버지와 이웃 마을에 사는 유서 깊은 해서웨이 집안 사이에는 친분이 있었던 것으로 생각할 수 있다. 아마 맏딸이었던 앤은 동생들을 돌보며 집안 살림을 척척 해내는 여성이었을 테고, 열여덟 셰익

셰익스피어의 아내 앤 해서웨이가 결혼 전에 살던 집

스피어의 눈에 이 모습은 듬직하게 보였을 것이다. 《한여름 밤의 꿈》에서 사랑은 이성적일 수 없다고 말했듯이, 셰익스피어는 정신없이 사랑에 빠졌고 그 결과 앤은 아이를 가졌다.

　그 시절에는 손을 잡고 맹세한 것만으로 두 사람은 결혼한 것이나 마찬가지라는 사고방식이 있었다. 서로 부부가 되기로 맹세했다면 부부나 마찬가지라는 그 시대의 사고방식을 모르면 《한여름 밤의 꿈》에서 헬레나가 데메트리우스를 뒤쫓는 모습은 부끄러움을 모르는 행동으로 보일지도 모른다. 그러나 데메테리우스는 헬레나의 남편과 마찬가지라는 사실을 알면, 그가 다른 여자에게 한눈을 파는 것은 용서하지 못할 상황이라는 게 보일 것이다. 비슷한 상황은 《끝이 좋으면 다 좋아》에서도 그려진다.

　물론 아버지 존은 아들의 결혼이 썩 마음에 내키지는 않았으리라. 훌륭한 집안이고 지참금이 있다고는 해도 앤은 이미 스물여섯 살이었고, 아직 성인이 되지 않은 셰익스피어의 아내로는 특별히 좋은 점이 없었기 때문이다. 그러나 결혼허가증이 교부되었을 때 앤은 임신 3개월이었다. 그리고 이듬해 5월에 큰

딸이 태어났고 이름을 수잔나라고 지었다. 그 2년 뒤에는 남녀 쌍둥이 햄넷과 주디스가 태어난다. 이때 셰익스피어는 스무 살 젊디젊은 아버지였다.

셰익스피어는 가족을 데리고 헨리 거리의 아버지 집에서 살았다. 셰익스피어의 형제는 넷이었다. 여동생 하나는 여덟 살에 세상을 떠났지만 열여덟 살 남동생 길버트, 열다섯 살 여동생 조앤, 열 살 남동생 리처드, 네 살 남동생 에드먼드이다. 집안은 빚에 허덕이고 있었으며 돌봐야 하는 가족은 많았다. 셰익스피어의 부모님을 비롯해 11명이나 되는 대가족에게 정해진 수입이 없었기에 셰익스피어의 경제적 책임은 무거웠다.

더욱이 부동산 때문에 친척들과 다투며 재판까지 했다. 셰익스피어 집안은 부동산을 담보로 친척들에게 돈을 빌렸다. 동서 에드먼드 램버트에게 담보로 준 윌름코트의 땅은 1580년에 돌려받기로 약속했지만 에드먼드는 빚을 모두 갚지 않는 한 땅을 돌려줄 수 없다고 말했고, 존도 이에 동의했다. 그런데 1587년 에드먼드가 세상을 떠나자 이런 사정을 몰랐던 그의 아들 존 램버트가 윌림코트의 땅은 램버트 집안이 산 것이라고 주장했다. 그래서 교섭 끝에 존 램버트가 20파운드를 셰익스피어 집안에 주면 땅 소유권을 넘겨주기로 했는데 그가 돈을 주지 않자 셰익스피어 집안이 소송을 걸었다. 이 재판 기록에 따르면 1587년 9월까지 윌리엄 셰익스피어는 부모님과 함께 살았다는 사실을 알 수 있다.

그런데 그 뒤 윌리엄은 갑자기 기록에서 사라져 버린다. 세 어린아이와 아내, 부모님, 동생들을 고향에 남겨두고 런던으로 떠난 것이다.

새 시대 물결 속으로

남쪽 런던으로 가기 위해 윌리엄 셰익스피어는 스트랫퍼드의 에이번강을 가로지른 클롭턴 다리를 건넜다. 14개의 아치형으로 이루어진 이 돌다리는 오늘도 제자리를 지키고 있으며, 1496년에 스트랫퍼드의 부자인 휴 클롭턴이 세운 것이다. 셰익스피어가 이 다리를 건너기 100여 년 전, 클롭턴은 장사로 큰돈을 벌었을 뿐만 아니라 기사 작위를 받고 런던 시장 자리에까지 올랐다. 그는 스트랫퍼드를 떠나 큰 성공을 거두었지만 고향을 잊지 못해 스트랫퍼드에 교회당을 새로 지었으며 나무다리를 허물고 돌다리를 세웠다. 돌다리에는 '기사이자 런던 시장인 휴 클롭턴 경이 헨리 7세 왕 치하에 전액 자비로 이 다리

〈시골 결혼식 풍경〉 요리스 호프나겔, 1569. 신부가 임신 중이었으므로 이에 알맞은 결혼식을 올렸을 것이다.

를 세우다'는 글이 새겨져 있다.

휴 클롭턴처럼 또 한 명의 시골 사람 셰익스피어가 지식과 새로운 시도와 활기로 가득 찬 런던으로 발을 내딛었다. 등 뒤로는 조용한 스트랫퍼드 마을이 그리움 속에 멀어져 가고 앞에는 번화한 대도시 런던이 그를 기다렸다. 청년 셰익스피어는 이제 낡은 사회로부터 새로운 사회로 막 들어간 셈인데, 그것은 셰익스피어에게 실제적인 독립의 시작일 뿐만 아니라 막대한 문예, 사회에 대한 지식의 획득을 뜻했다. 특히 그는 런던에서 르네상스 문예의 전형이라고도 할 수 있는 작품들을 만나게 되었다.

소년 시절 책을 멀리하지는 않았지만 시골 주변에서 자유롭게 손에 넣을 수 있는 문학 작품은 적었다. 인쇄 출판은 런던에서는 옥스퍼드와 케임브리지 대학 거리로 한정되어 있었고, 보통 인쇄 부수도 매우 적었다. 스트랫퍼드는 런던에서 150킬로미터나 떨어져 있고, 옥스퍼드는 좀더 가깝지만 그래도 그즈음 출판 상황에서는 오늘날처럼 책을 쉽게 구할 수 없었다. 런던과 지방의 작은 마을을 오가는 도붓장수들이 방물과 함께 팔고 다니는 속요(俗謠)가 스트랫퍼드 사람들에게는 가장 친숙한 문예일 뿐이었다.

그에 비해 런던의 문단은 어떠했을까? 산문에서는 독자적인 문체를 확립한 릴리가 궁정을 중심으로 인기를 얻었으며, 시에서는 영문학사에서 유명한 시드니나 스펜서의 작품이 사랑을 받았다. 그 밖에도 여러 문예 작품이 시민 생활 속으로 들어와 있었다. 런던 시민은 아무 때나 출판물을 손에 넣을 수 있었다. 이 문학적 활기가 셰익스피어에게 자극을 주었다.

연극 상황을 보아도, 고향 마을과 런던은 두드러지게 달랐다. 스트랫퍼드가 연극사적으로 여전히 중세라면, 런던은 이미 근대에 들어서려 하고 있었다. 런던에서 스트랫퍼드로 유랑극단이 와서 길드홀 같은 곳에서 공연을 하기도 했으나, 마을 사람들이 여느 때 즐겨 보았던 연극은 주로 중세적인 기적극이나 도덕극이었다. 무대라고 해도 조잡한 천막을 친 오두막이 마련되었을 뿐이다. 그리고 이야기도 매우 간소해서 누구라도 알 수 있는 줄거리였다. 기적극이라면 그리스도에 관한 전설이거나, 도덕극이라면 일상적인 교훈담 정도였다. 장면은 '천국'이거나 '지옥'이며, 등장인물은 '악덕'이나 '선행'이라는 식이다. 다시 말해서 연극적인 여러 요소 자체가 매우 우의적(寓意的)이고 소박했다. 더구나 잉글랜드 왕국의 어느 마을에서든 연기자는 길드의 조합장들이 맡아서 상연하는 이른바 아마추어 연극이었다.

셰익스피어는 스프랫퍼드에서 자라면서 여러 차례 연극을 보았다. 1569년 촌장이었던 아버지 존은 미리 연극을 보며 검열해야 했는데, 그는 연극을 좋아했던 것이 틀림없다. 허가를 내주면서 배우들에게 9실링을 주었다는 기록이 남아 있다. 그러므로 셰익스피어는 다섯 살 때 연극을 처음으로 본 것 같으며, 셰익스피어 가족은 1575년 레스터 백작의 성이 완공된 것을 기념하면서 엘리자베스 여왕을 위해 열린 18일간의 긴 축하 공연에도 잠깐 참석을 한 것 같다. 마을 사람들이 연극을 즐길 수 있는 것은 낡은 형식의 연극이 상연될 때뿐이었기에, 도시의 극단이 와서 하는 공연은 매우 인기가 있었다. 1587년 스트랫퍼드를 찾은 여왕 극단이 공연을 했을 때는 관객이 너무 많이 몰려들어서 객석의 의자가 부서지기도 했다. 이로써 지방의 농촌 마을 사람들도 새로운 연극에 강한 관심을 가졌다고 할 수 있다. 지금 셰익스피어가 발을 들

▲찰리 코트 저택
셰익스피어는
이 정원에서 몰
래 사슴사냥을
하다가 붙잡
혔다.

▶주인 앞으로
끌려나온 셰익스
피어
그는 주인 토머
스 루시의 고소
를 피해 런던으
로 도망쳤다.

여놓으려고 하는 런던의 연극계는 시대적 관심이 뒷받침되어 차츰 발전하고
있었다. 영국 르네상스 연극은 영국 문학에서나 세계 연극 전체에서나 기념할
만한 작품들을 남겼는데, 셰익스피어는 그야말로 그 시대 속으로 뛰어들어간
것이다.

런던의 극장 시어터와 커튼

셰익스피어가 도착한 1585년 무렵, 런던에서 극장다운 극장은 시어터와 커

튼, 두 곳뿐이었다.

오늘날 떠올릴 수 있는 대형 극장이 발전한 것은 그리 오래된 일이 아니다. 그전까지는 술집을 겸한 여관의 안뜰이나, 궁정이나 법학원의 큰 방, 그리고 스트랫퍼드에 온 극단처럼 길드홀 등에서 공연을 했다. 그러다가 연극을 하나의 사업으로 만든 것이 시어터와 커튼 극장이었다.

시어터를 세운 사람은 제임스 버비지였다. 배우이기도 했던 그는 연극 열기가 높아진 시대의 기운을 민감하게 알아채고 새로운 형태의 극장 건축에 들어갔다. 이 결정이 영국 르네상스 연극을 단숨에 발전시키는 방아쇠가 되었다. 그러나 극장 건축이 처음부터 아무런 어려움도 없이 진행된 것은 아니었다. 자세히 말하자면, 먼저 그즈음 런던이 어떠한 곳이었는지를 살펴보아야 한다.

한마디로 런던은 시민적인 상업 거리였다. 그 무렵 다른 도시 인구가 기껏 2, 3만이었던 것과 견주면 20만이라는 숫자는 엄청나다. 상업이나 금융의 중추는 낡은 도시 벽으로 둘러싸인, 기껏해야 330에이커 정도의 지역에 집중되어 있었다. 이곳이 런던의 핵이었다. 도시에는 넓은 정원을 가진 집들도 있으나, 한편으로 인구가 지나치게 집중되어서 길은 좁고, 집이 바싹바싹 붙어 있는 거리도 많았다. 거리의 융성과 함께 인구는 계속 늘어나서, 도시 벽 밖으로도 신흥 지역이 곳곳으로 뻗어 나가고 있었다. 런던 거리는 점점 번화하고 시민은 재산과 힘을 쌓아 독립적이고 강력한 지위를 왕국 내에 확립해 갔다.

도시의 행정은 시민의 대표로 이루어진 런던 시회가 맡았으나 시민의 대부분은 상인이었기 때문에 저절로 경제생활에서의 개인주의를 지지하는 프로테스탄트로 향했다. 그중에서도 청교도주의가 셰익스피어 시대 런던 시회의 중심을 이루었다. 청교도주의는 연극에 비판적이었는데, 연극이 인간을 타락으로 이끈다고 여겼다. 이 생각이 연극을 발전시키려고 하는 시대 흐름과 맞부딪쳤다. 교리는 둘째 치더라도, 연극을 공연하던 술집이나 다름없는 오두막에는 술 취한 사람들이나 불량배들이 모여들어 풍속은 문란해지고 빽빽이 모여 앉은 사람들 사이에서 역병이 단번에 유행할 위험도 있었다. 이렇게 해서 런던 시의회는 도시 벽 안쪽에 전문 극장을 건축하는 일을 줄곧 강하게 반대했던 것이다.

이런 일들이 시어터 건축에 뒤따른 어려움이었으리라. 손님들이 모이기 쉬운 도시에 극장을 세우는 것이 마땅하지만, 시어터는 도시 벽을 나와서 북쪽

16세기의 런던

쇼디치라는 지역에 세워졌다. 그러나 청교도주의와 연극인의 대립은 그 뒤로도 오래도록 이어졌다. 셰익스피어도 결국 이 대립에 휩쓸리게 된다.

런던 시회의 반대에도 연극 산업은 상승세였다. 시어터는 대성공을 거두고 그 호경기에 편승하려고 이듬해에는 바로 근처에 커튼 극장이 문을 열었다. 셰익스피어가 살아 있는 동안 런던에는 로즈·스완·글로브·포춘·호프 극장이 생겨났다. 이들 극장은 퍼블릭 시어터(공공 극장)라고 불렸다. 이 밖에 프라이빗 시어터(개인용 극장)라고 불리는 극장도 차례로 문을 열었다. 이렇게 해서 극장이 늘고 수준 높은 희곡에 대한 욕구도 커졌다.

2, 극작가의 길

잃어버린 세월
먼저 고향에서 아버지 존은 당황하고 마을 사람들은 이래저래 수군거렸을 것이다. 배우가 되려면 젊었을 때 일정 기간 연습하는 것이 관례였지만, 셰익스피어는 갑자기 배우(또는 극작가)의 길로 뛰어드는 과감한 행동을 저질렀을 뿐만 아니라 배우 그 자체가 유별난 인종이었다. 대부분 배우의 생활은 볕이 들지 않았고, 적어도 안정된 직업은 아니었다. 중류계급 사람들도 배우의 연기에 박수를 아끼지 않았지만, 그렇다고 배우를 얕보는 시선이 달라지는 것은 아니었다. 배우로 유명해지고 돈을 모으지 않으면 제대로 된 사회적 지위에 오르는 일은 바랄 수 없었다. 또한 앞서 말했다시피 연극이 모든 악덕의 근원이라고 비난하는 청교도들도 있었다.

학자들 중에는 셰익스피어의 아내 앤이 청교도는 아니었더라도 그들과 비슷한 생각을 갖고 있었다고 주장하는 사람도 있다. 이 주장에 따르면 앤이 왜 스트랫퍼드를 떠나지 않았는지 설명할 수 있다. 배우의 아내는 적어도 런던까지는 따라가는 것이 일반적이었기 때문이다. 무대 위의 악당도 사생활에서는 반듯하고 성실했으며, 떠돌아다니면서 자유분방하게 살려고 하지는 않았다. 가족과 떨어져 혼자 살았던 셰익스피어는 예외적이었다.

그렇다면 셰익스피어는 런던으로 가서 바로 무엇을 했을까? 상세한 내용은 전혀 알려지지 않았으나 연줄에 기대서 어딘가의 극단에 합류하지 않았을까 생각된다. 즉 배우를 목표로 한 것이다.

처음에 그는 극장 앞에서 말을 타고 오는 손님을 위해 말을 지키는 일을 했다고 한다. 본디부터 영리해서 마구간지기로서도 재능을 발휘한 그는 같이 일하는 소년 몇 명과 모임을 만들었다. 마구간지기 셰익스피어 보이즈이다. 다른 마구간지기들 중에서 특히 눈에 띈 셰익스피어 보이즈는 극단 배우의 눈길을 끌었기에 셰익스피어는 배우가 될 수 있었다는 이야기이다.

1592년에는 다른 작가가 그를 언급하며 '배우이면서 극작가'라고 말했던 것으로 미루어 보아 과정이야 어찌 되었든 그는 아무래도 배우 겸 극작가, 또는 그 둘 중의 하나로서 어딘가의 극단에 고용되었던 듯하다.

정확한 단서는 없지만 다만 주목할 점은 그 시절 가장 인기가 있었던 곳은 여왕 극단이었다. 이 극단의 상연 목록에는 《리처드 3세의 진정한 비극》, 《헨리 5세의 유명한 승리》, 《존 왕의 난세》, 《레어 왕》 등 뒷날 셰익스피어가 집필하는 《리처드 3세》, 《헨리 5세》, 《존 왕》, 《리어 왕》 같은 희곡의 바탕이 되는 작품이 많았기 때문이다.

더욱이 1587년 6월 여왕 극단 단원 윌리엄 넬이 싸움 소동으로 세상을 떠

왼쪽 위 : 종자를 거느린 런던 시장을 그린 삽화. 왼쪽 아래 : 종자를 거느린 런던 시장을 그린 그 때의 삽화. 오른쪽 : 시인 친구 벤 존슨(왼쪽)과 체스를 두는 셰익스피어

났기 때문에 셰익스피어가 그 대신 입단하지 않았을까 짐작되기도 한다. 또 여왕 극단 정도 되는 극단이 초보자를 갑자기 채용하리라고는 생각할 수 없 으므로, 셰익스피어는 처음 한동안은 레스터 백작 극단이나 다른 극단에 있 다가 거기서 여왕 극단으로 옮긴 게 아닐까 주장하는 사람도 있다. 여왕 극단 은 광대 역할 배우 리처드 탈턴이 있는 곳으로 유명했다. 재미난 표정으로 관 객들의 웃음을 터뜨리고 《탈턴의 농담》이라는 제목의 유머집을 남긴 남자이 다. 셰익스피어도 그의 연기에 크게 웃으며 뒷날 광대 역할을 쓸 때 참고했으 리라. 그러나 1588년 9월 탈턴이 역병에 걸려 세상을 떠나자 여왕 극단은 급격 히 기울었다.

여왕 극단을 대신해 스트레인지 경 극단이 주목을 끌었다. 이 극단은 1588 년 9월쯤 재정비되면서 뒷날 셰익스피어 희극에서 광대 역할을 맡게 되는 윌 리엄 캠프, 초대 폴스타프 역을 맡는 토머스 포프, 셰익스피어 작품에 출연하 게 되는 조지 브라이언 등, 레스터 백작 극단이었던 사람들이 참가했다. 셰익 스피어가 이때 스트레인지 경 극단에 있었을 가능성은 부정할 수 없다.

스트레인지 경 극단이 중요한 까닭은 뒷날 셰익스피어 일행이 만드는 궁내 장관 극단의 거의 모든 구성원이 스트레인지 경 극단에 있었기 때문이다. 스트레인지 경 극단은 1590년에는 최고의 비극 배우 에드워드 앨런이 있는 해군 장관 극단과 합동 공연을 할 만큼의 실력을 지녔다. 셰익스피어가 초기에 쓴 《헨리 6세 제2부》와 《헨리 6세 제3부》는 이 합동 공연으로 초연되었으리라고 생각된다. 《제2부》에 등장하는 반란자 케이드를 연기한 사람은 극단의 윌리엄 캠프였을 것이다. 캠프는 모리스댄스 무용수로도 유명했으며 케이드는 모리스 댄스를 추듯이 뛰어오른다.

스트레인지 경 극단에는 또 셰익스피어 작품의 주연을 맡는 리처드 버비지나 《헛소동》에서 캠프의 상대 배역을 맡은 리처드 카울리 등, 뒷날 셰익스피어의 동료들이 많았다.

《헨리 6세 제2부》와 《헨리 6세 제3부》 책 표지에는 펨브룩 백작 극단이 상연했다고 적혀 있는데 이 무렵 내리막길에 접어든 펨브룩 백작 극단은 스트레인지 경 극단이나 해군장관 극단에 흡수되었다. 그리고 《헨리 6세 제1부》는 1592년 3월 3일 스트레인지 경 극단이 로즈 극장에서 공연했다는 기록이 있다.

연극은 차츰 주목받는 직업이 되어갔다. 전문 극장이 건립되면 전문 극단이 그곳에서 상연을 했다. 그러면 명연기를 펼친 배우는 저절로 주목을 받는다. 이른바 스타 배우가 탄생하는 것이다. 더불어 배우의 주가도 올라간다. 배우를 부랑자처럼 생각했던 사회에서는 획기적인 일이었다. 물론 배우는 그전부터 있었으나 직업으로서는 인정받지 못했었다. 한때의 위안을 제공하는 미천한 자들로밖에 받아들여지지 않았었기 때문이다.

그때 극작가와 배우는 보통 화합이 잘되지 않았는데, 이 두 가지는 극작가이면서 배우이기도 했던 셰익스피어에게는 하나였다. 극작가는 대체로 어딘가 색다른 대학 출신의 시인이고, 선술집뿐만 아니라 교도소에도 빈번하게 드나드는 무리였다. 극단은 극작가들에게 대본과 그 모든 권리를 몇 파운드로 사들였으며, 그 때문에 그들은 그 대본으로 수입을 바랄 수 없게 된다. 반대로 배우가 큰 금액의 몫을 갖는 일은 자주 있었다. 궁핍한 극작가들이 이 방식에 분개하는 것은 마땅했고, 실제로 셰익스피어의 활약상을 글로 써서 남긴 사람도 이런 극작가 중의 한 사람 로버트 그린이다. 연극계의 조상이었던 대학재인파(大學才人派) 극작가 로버트 그린은 1592년에 죽음을 맞이했다. 케임브리지에서 일류 교육을 받았으면서도 보헤미안의 생애를 보낸 그린은 몹시 가난하게 살다가 죽었다. 그는 죽기 전에 자신이 몸담아 온 연극계를 돌아보며 이런 글을 썼다.

배우들을 믿지 말게. 그중에는 벼락출세로 새가 된 녀석이 있어서 우리의 날개를 빌려 흉내를 내고는, 호랑이의 마음을 배우의 옷으로 감추고 그대들 가운데 가장 뛰어난 이처럼 멋진 대사를 말할 수 있다며 자만에 빠져 있네. (……) 그리고 국내에서 오직 자신만이 연극을 만드는 명장(Shake−scene)이라고 생각한다네.

《그린의 세 문장의 지혜》라고 불리는 글 가운데 이 구절은 동료인 대학 출신 문필가들을 향해서 쓴 것이었다. 그린이 욕을 퍼붓는 상대가 바로 셰익스피어다. 학문도 집안도 별 볼 일 없으면서 벼락출세한 자로서, 대중의 인기를 한 손에 움켜쥔 셰익스피어를 그린은 죽어가면서 고통스럽게 떠올린 것이다. "호랑이의 마음을 배우의 옷으로 감추고," 이 말은 셰익스피어의 《헨리 6세 제3부》 가운데 한 문장을 비꼰 것이다. 연극을 만드는 명장도 셰익스피어의 이름을 빈정댄 것이다.

이 내용으로 보아 시인 겸 배우라는 존재는, 유례를 찾아보기 어려울 만큼 특별한 재능이며 격렬한 질투를 살 만큼의 사례였던 듯하다. 이렇게 해서 '잃어버린 세월'이 끝나고, 드디어 극작가 셰익스피어가 런던 연극

리처드 버비지(1567~1619)
셰익스피어 비극의 주인공 첫 공연에 자주 연기한 배우

사우샘프턴 백작(1573~1624)
셰익스피어의 후견이었던 유력한 귀족

이 세상 온 시대의 문호 윌리엄 셰익스피어 587

계에 나타났다.

셰익스피어의 이름이 처음으로 활자로 등장한 것은 1593년 6월 런던에서 출판한 시집 《베누스와 아도니스》였다. 이듬해인 1594년에도 시집 《루크레티아의 능욕》이 출간되었다. 두 책 첫머리에는 관례대로 귀족 예술 애호가 앞으로 공들인 헌사를 써서, 궁정에서도 인기 있는 젊은 귀족 가운데 한 사람인 사우샘프턴 백작 헨리 라이오데슬리에게 바쳤다. 지성과 케임브리지대학 학위와 뛰어난 재력까지 모두 갖춘 사우샘프턴 백작은 열 살쯤 나이가 많은 셰익스피어와 곧 친교를 맺었는데, 처음 헌사보다 《루크레티아의 능욕》 헌사가 더욱 따뜻하고 친숙한 글로 쓰였다.

갑자기 시골 마을에서 행방을 감춘 젊은이가 다시 모습을 드러냈을 때는 런던에서 잘나가는 젊은 백작에게 시를 헌정하는 시인이 되어 있었다. 게다가 1593년까지 《헨리 6세》 3부작, 《리처드 3세》, 《티투스 안드로니쿠스》 등의 비극과 《베로나의 두 신사》, 《말괄량이 길들이기》 《실수 연발》, 《사랑의 헛수고》 등의 초기 희극을 쓰고 있었을 텐데 이름을 드러내지 않은 채 집필 활동을 이어 나갔다는 말이 된다.

에드워드 앨런이 이끄는 스트레인지 경 극단

나중에 궁내장관 극단의 경쟁자가 되는 해군장관 극단은 역병의 유행으로 공연이 부진해지자 1591년 사실상 일시적으로 해산했다. 그 뒤로 해군장관 극단의 간판배우 에드워드 앨런은 스트레인지 경 극단과 인연을 맺고 활동을 이어 나갔다.

로즈 극장 경영자인 필립 헨즐로는 화려한 배우 앨런이 이끄는 스트레인지 경 극단의 기세에 주목해 스트레인지 경 극단을 맞이하기 위해 로즈 극장의 관객석을 400~500석 늘리는 큰 공사를 시작한다.

앨런은 1592년 10월 헨즐로의 의붓딸과 결혼했다. 그리고 20파운드 10실링 6펜스에 상당하는, 금은으로 수놓은 검정 벨벳 망토 한 벌을 살 만큼 위세가 높아졌다. 저작권이 없던 시절 극작가는 새로운 희곡을 써도 6파운드를 받으면 그걸로 끝이지만 배우들은 공연이 성공하면 그 수익을 몽땅 자기 것으로 할 수 있었다.

셰익스피어는 두 살 어린 에드워드 앨런의 대활약을 눈부시게 올려다봤다. 셰익스피어가 눈길을 끌기 전부터 앨런은 크리스토퍼 말로의 《탬벌레인 대왕》,《포스터스 박사》,《몰타의 유대인》 등의 작품에서 주인공을 맡으며 인기를 모았다. 말로는 셰익스피어와 같은 나이였지만 케임브리지대학교를 졸업한 엘리트였다. 한편 시골에서 갓 올라온 셰익스피어는 《헨리 6세》 등의 역사극을 써서 극단에 상연할 기회를 얻은 지 얼마 안 되었으며 아직 세상에 이름을 널리 알리지 못했다.

에드워드 앨런(1566~1626)

런던교 꼭대기에 서면 이 도시를 가장 잘 둘러볼 수 있다. 18미터 높이에 20개의 아치로 이루어진 이 다리가 셰익스피어에게는 신기한 구경거리였다. 그는 좁은 길을 따라 걸어서 다리를 건너며, 양옆에 줄지어 선 가게가 딸린 아름다운 목조 주택을 지나가다가, 다리 위 건물이 없는 세 군데 공터 어딘가에서 걸음을 멈추고 백조를 바라보곤 했으리라. 백조는 시민과 관광객, 귀족, 장터의 물건들을 싣고 템스강을 오르내리는 수많은 배 사이로 유유히 헤엄쳤다. 상인들에게 아침 인사를 건네고 강의 음악에 귀를 기울이며 그는 가슴에 드높은 꿈을 키워 갔음에 틀림없다.

그러나 한편 런던은 젊은이들이 모이는 번화가이면서도 역병의 도시이기도 했다. 수도나 하수 설비는 없고 위생상의 배려가 거의 이루어지지 않았기에 병이 유행하면 환자가 나온 집을 폐쇄하거나 병원균을 옮긴다고 오해해 개들을 헌꺼번에 죽이기도 했다. 《로미오와 줄리엣》에서 중요한 소식을 전달하는 존 수사가 도중에 역병 소동에 말려들어 발목이 잡히는 이야기는 런던 관객들에게 익숙한 상황을 재연한 것이다. 역병으로 말미암은 사망자가 한 주에 30명이 넘으면 사람들이 많이 모이는 극장도 닫아걸고 상연도 금지되었다. 특히 1593년에는 런던에서 1만 명이 넘는 사망자가 나왔기 때문에 스트레인지 경 극단을 포함한 많은 극단이 지방으로 순회공연을 나섰다.

뒷날 셰익스피어가 발표하는 《소네트》(셰익스피어식 소네트라 불리는 14행시 154편 수록)를 1593년부터 쓰기 시작했다는 사실을 생각하면, 이해는 순회공연에 나서지 않고 런던의 하숙집에서 시와 희곡을 쓰는 데 전념했을지도 모른다. 오랜 기간 말을 타고 이동한 뒤에 무대에 오르는 생활이 반복되면 새로운 작품을 생각할 시간을 확보하는 것도 기력을 유지하는 일도 어려웠을 것이다. 게다가 이 무렵 셰익스피어가 배우로 활동했다고 증명하는 단서는 하나도 없다. 스트레인지 경 극단과의 관계는 처음 극작가로서만 활동하기로 했을지도 모른다.

1594년 4월 16일 스트레인지 경 극단의 후원자였던 제5대 더비 백작 페르디난드 스탠리가 세상을 떠났다. 후원자를 잃고 불안이 높아지는 가운데 에드워드 앨런은 1594년 5월 14일에 로즈 극장에서 해군장관 극단의 새로운 일에 참가하면서 극단원들과 다른 길을 가게 되었다. 이로 말미암아 셰익스피어는 아직 무명이었던 배우 리처드 버비지를 의지하게 된다.

후대에 만든 유명한 우스갯소리가 남아 있다. 어느 《리처드 3세》 공연 뒤 주연을 맡은 리처드 버비지를 마음에 들어한 부인이 대기실로 찾아와 밤에 리처드 3세라 말하며 자신의 집으로 찾아와 달라고 부탁했다. 이를 엿들은 셰익스피어는 한발 먼저 그 부인 집으로 가서 대접을 받고 있는데 문 쪽에서 리처드 3세가 왔다고 외치는 소리가 들려왔다. 그 목소리를 듣고 셰익스피어가 이렇게 대답했다고 한다. "리처드 3세보다 윌리엄 정복왕이 먼저다." 별 볼 일 없는 농담이기는 하지만 두 사람이 행동을 함께했다는 사실을 보여주는 점에서는 진실을 말했는지도 모른다.

궁내장관 극단

1594년 6월 3일, 스트레인지 경 극단은 새로운 후원자로 궁내장관이기도 한 헌스던 경 헨리 캐리를 맞이해 궁내장관 극단이라 이름을 바꿨다. 헨리는 1596년 7월에 세상을 떠났고 아들 조지 캐리가 극단을 이어받았지만 그때 조지는 아직 궁내장관이 아니었기에 잠깐 헌스던 경 극단이라 불렸다. 이듬해 조지는 궁내장관이 되어 극단 이름은 궁내장관 극단으로 돌아온다. 그 뒤에도 역대 궁내장관이 후원자를 이어받아 엘리자베스 여왕이 세상을 떠날 때까지 해군장관 극단과 어깨를 나란히 하는 잉글랜드 2대 극단으로 활약했다.

1594년 6월 3일~13일 해군장관 극단과 궁내장관 극단의 마지막 합동 공연이 뉴잉턴 버츠 극장에서 상연됐다. 이 합동 공연 뒤 해군장관 극단은 로즈 극장으로 돌아갔고 두 극단은 경쟁을 하게 된다.

이 합동 공연에서는 날마다 여러 작품을 상연했고 알렌은 《몰타의 유대인》 주인공 악당 바라바스를 연기했는데 셰익스피어의 《티투스 안드로니쿠스》에서는 자신의 아들을 칼로 베어 죽이거나 자신의 손목을 잘라버리는 과격한 티투스를 연기했으며, 또 《말괄량이 길들이기》에서는 말괄량이 아내를 길들이는 페트루치오를 연기했다. 모두 거친 연기로 유명한 알렌에게 어울리는 역할이다.

이상한 점은 6월 9일에 《햄릿》 상연 기록이 있다는 것이다. 이는 셰익스피어가 6년 뒤에 쓰는 《햄릿》과는 다르다. 구별하기 위해 학자들이 《원작 햄릿》이라 부르는 옛 작품이다. 이 오래된 《햄릿》의 자세한 내용은 알 수 없지만 거친 연기로 유명한 알렌이 연기하는 《햄릿》을 본 셰익스피어가 리처드 버비지와 함께 '생각하는 햄릿'을 만들자는 대화를 나눴다고 상상해도 전혀 잘못된 일은 아닐 것이다.

셰익스피어가 자신의 《햄릿》을 썼을 때 주인공 햄릿에게 다음과 같은 말을 하게 한 이유는 알렌의 연기를 풍자한 게 아닐까 지적하는 학자도 있다.

너무 자주 손으로 허공을 휘젓지 말고, 점잖게 해야 해. 감정이 격해져서 격류나 폭풍, 또는 뭐라고 할까, 회오리바람처럼 일어나는 순간일지라도 자제심을 잃지 말고 부드럽게 할 줄 알아야 하는 거야. 가발을 쓴 난폭한 배우가 관중의 귀청이 찢어지도록 고함을 질러 감격적인 장면을 망쳐놓고 마는 꼴을 보면 정말 화가 나니까. 엉터리 무언극이나 왁자지껄 떠드는 것밖에 아무것도 이해하지 못하는 관중이 상대라면 모르지만, 그런 배우는 채찍으로 갈겨주고 싶어진단 말이야. 난폭한 터머건트 신이나 폭군 헤롯 왕보다 한 술 더 뜨는 인간이거든. 제발 그런 짓만은 하지 말아다오. (…) 참, 나도 보았지만, 지독한 배우가 있었어. 남들이야 다 칭찬이 대단했지. 그런데 좀 지나친 말 같으나 대사는 예수교도답지 않고, 게다가 그 걸음걸이는 예수교도는커녕 이교도, 아니 도대체 인간의 걸음걸이가 아니었단 말이야. 그저 꺼떡거리기나 하고 어찌나 고함을 치는지, 창조의 신이 제자들을 시켜서 얼치기로 만든 인간이라고 생각될 정도였네. 인간의 흉내를 냈지만 너무나 비인간적이었어. (제3막 제2장)

또 《몰타의 유대인》에서 그리스도교도에게 복수를 하는 유대인 역할을 맡은 앨런의 연기를 보고, 원한을 가슴에 품은 유대인 이야기로 바꾸어 생각해 《베니스의 상인》 샤일록을 만들었을지도 모른다.

셰익스피어는 시대의 유행에 민감했다. 그것은 그만이 가진 감각으로 일생 동안 작품을 통해 드러난다.

'어떤 주제가 적절할까? 어떤 유머가 시선을 끌까? 관객은 고상한 것을 좋아할까, 아니면 잔혹한 것을 좋아할까?' 거듭 고민하면서 그는 먼저 세상일을 바탕에 깔고 그 위에 펜을 움직여 써 내려갔다.

이러한 점을 이해하려면 그 무렵 연극계 사정을 들여다봐야 한다. 그때 런던에서는 전문극장이 내리 세워졌다. 셰익스피어가 죽은 1616년에는 10개의 극장이 있었고 그중에는 스완 극장처럼 3000명 가까이 들어갈 수 있는 곳도 있었다. 전체 극장의 좌석수를 모두 합하면 런던 시민의 10분의 1이 동시에 연극을 볼 수 있는 규모였다. 현실이 이러하니 극장 경영자에게 빼어나게 재미있는 작품을 무대에 올리는 것은 경쟁 극장을 견제하는 일일 뿐만 아니라 경영상으로도 매우 중요한 일이었다.

또한 런던의 연극인들은 청교도주의 시정(市政)에 맞서지 않으면 안 되었다. 연극은 보통 오후 2, 3시부터 시작되었다. 런던 시민은 누구나 자유롭게 연극을 볼 수 있었지만 대부분은 장인이나 도제들이었다. 이렇게 건실하게 일을 해야 할 사람들이 일하다 말고 빠져나와 연극을 보러 모이는 것이다. 그 가운데에는 관리인의 눈을 피해 극장에 온 이들도 있었으리라. 그러니 일보다 연극에 빠지는 이런 상황을 고지식한 관료들이 반길 리 없었고, 어떻게든 연극을 반대하는 정책을 펼치게 된 것이다. 때문에 극작가로서 셰익스피어도 시(市)의 반연극적인 자세에 대응해 관객을 끌어들일 수 있는 훌륭한 작품을 써야만 했다.

극장에서는 날마다 작품을 돌아가며 상연했고, 2주에 한 편 정도는 새로운 작품도 무대에 올렸다. 관객은 계속해서 여러 작품들을 볼 수 있지만 극장들은 그들만의 작품을 서둘러 준비해야만 했다. 다른 극장이 전쟁물로 성공했다면 곧 이쪽에서는 더 재미있는 전쟁물을 내놓아야만 했다. 그러는 사이에도 어떻게 하면 새로운 취향의 작품을 확보할 수 있을까 늘 신경써야 했다. 시간에 맞추지 못하면 다른 작가의 작품을 고쳐 쓰는 경우도 있었다. 그렇기 때문에 한번 써놓은 작품이라도 결코 신성불가침한 것이 아니라 언제든지 누구라도 자유롭게 개작할 수 있었던 것이다.

셰익스피어도 여러 번 다른 작가의 작품을 참고했다. 그는 고전에서부터 같은 시대 작품에 이르기까지 소재를 부지런히 찾았다. 그의 작품에는 모두 원작이 있다고 해도 말해도 좋을 정도이다. 그 범위는 그리스 로마 신화로부터 그를 공격했던 그린에 이르기까지 다양하다.

그 무렵 인쇄물이란 책의 형태로 된 것 말고도 팸플릿(소책자)이 있었다. 여러 기사들이 팸플릿으로 인쇄되었는데, 그는 아마 이것들도 훑어보았을 것이다. 작품의 소재가 될 만한 것이라면 가리지 않고 연구했다. 이 또한 셰익스피어의 특징 가운데 하나였다. 자신만의 좁은 세계에 갇히지 않고 넓은 세계관을 작품에 담아낸 점만 보아도, 셰익스피어의 성실함과 열정을 알 수 있다.

셰익스피어의 작품을 상연한 곳은 극장만이 아니었다. 지방 순회공연 때는 귀족의 저택에서 상연하기도 했으며 런던에서는 법학원 홀 등에서 상연하기도 했다. 1594년 12월 28일에는 셰익스피어의 초기 희극《실수 연발》을 그레이스 인 법학원 홀에서 상연한 기록이 남아 있다.

1595년 무렵《로미오와 줄리엣》이 커튼 극장에서 처음 무대에 올랐다.《헨리 5세》의 해설자 역할을 맡은 배우가 "이 닭싸움장 같은 무대 위에 어찌 프랑스의 드넓은 전쟁터를 모두 보여줄 수 있고, 이 작은 원형 목조 건물 안에 아쟁쿠르의 하늘을 뒤흔든 그 많은 투구들을 어찌 다 보여줄 수 있겠습니까?" 말하는 대사는 커튼 극장을 가리킨다고 생각되며, 시어터 극장이나 나중에 짓는 글로브 극장과 같은 구조의 극장이었다.

《한여름 밤의 꿈》의 초연은 재무 장관 벌리 경 윌리엄 세실의 손녀 결혼 피로연(1595년 1월 26일 결혼식)을 축하하며 궁전에서 공연했다는 주장이 있다. 또 셰익스피어의 극단을 후원한 궁내장관 헌스던 경의 손녀 결혼 피로연(1596년 2월 19일 결혼식)을 축하하며 궁전에서 공연했다는 주장도 있다. 어쨌든 나중에 시어터 극장에서 일반 관객을 위해 상연했다. 다양한 상연 장소를 찾으면서 극단은 공연을 계속했다.

셰익스피어는 이 뒤로 해마다 서너 편쯤 신작을 썼다.

성공, 그리고 고향으로

1596년 8월 셰익스피어는 맏아들 햄넷의 부고를 받았다. 그때 아들은 열한 살이었다.

1596년 끝 무렵 시어터 극장 지주 자일스 앨런과 궁내장관 극단 사이에 말다툼이 벌어진다. 셰익스피어는 이를 예상했는지 서더크의 스완 극장을 쓰려 생각해 스완 극장 경영자 프랜시스 랭글리와 접촉했다. 그런데 서더크 북서쪽에 팰리스 가든즈라 불리는 지역을 좌지우지하는 치안 형사 윌리엄 가드너는 스완 극장을 폐쇄하려 했는지 랭글리와 대립하고 있었다. 셰익스피어는 그 싸움에 말려들어 1596년 11월 랭글리와 함께 판사의 사위에게 소송당하고 말았다. 함께 고발된 사람들 가운데는 그 부근에서 수상쩍은 여관을 경영하는 여주인도 있었다.

자세한 사정은 모르지만 셰익스피어가 이 부근 사람들과 섞여 살았을 가능성이 높다. 1596년에는 비숍게이트의 성 헬렌 교회의 교구(현재 가장 가까운 역은 리버풀 거리)에 살았는데 1599년까지는 템스강 건너편의 서더크에 살았다.

다음으로 손댄 《헨리 4세》의 주인공 핼 왕자가 수상쩍은 지역 사람들과 섞여 사는 장면을 묘사할 때 셰익스피어 자신의 실제 체험이 녹아 있는지도 모른다. 《헨리 4세》에서는 매우 희극적이게도 왕자가 술과 여자를 가까이하고 살이 찐 기사 존 폴스타프를 이야깃거리로 활용했다.

그다음으로 쓴 작품은 《윈저의 즐거운 아낙네들》로, 셰익스피어의 작품 가운데 유일하게 그 무렵 잉글랜드의 시민이 주인공이다.

1597년 5월 4일 셰익스피어는 고향 스트랫퍼드어폰에이번에서 두 번째로 큰 집 뉴플레이스를 구입해 가족들을 살게 했다. 구입액이 60파운드라는 사실은 감정한 가격이며 마을 경제가 불황일 때를 노려 이보다 낮은 가격에 사들였다. 정원과 창고가 두 개씩 있었다고 한다.

때는 셰익스피어가 서른세 살인 무렵. 맏딸 수잔나의 열네 살 생일까지 22

엘리자베스 여왕의 초대를 받은 셰익스피어 빅토리아 왕조의 판화

일 남은 어느 날이었다. 잠시 집에서 머물며 아내 앤(41세), 둘째딸 주디스(12
세)와 함께 생일을 축하했다. 아버지(66세), 어머니(60세), 여동생 조앤(28세), 남
동생 리처드(23세)도 건강했다. 여동생은 몇년 뒤 모자장수 윌리엄 하트와 결
혼한다. 남동생 길버트(30세)는 런던에서 바늘과 실, 리본 등을 파는 잡화점을
운영했는데 형의 성공 소식을 들었는지 1602년 고향으로 돌아온다. 셰익스피
어와 함께 런던에서 배우를 하던 막냇동생 에드먼드(17세)도 이때 함께 고향
으로 돌아왔을지도 모른다. 에드먼드가 배우로서 어떤 활약을 했는지는 기록
이 남아 있지 않다.

　셰익스피어는 고향에서 느긋하게 시간을 보내며 잠시 창작 활동을 쉬었다.

　런던에서는 7월 벤 존슨과 토마스 내시가 쓰고 스완 극장에서 공연한 《개
들의 섬》이 여왕과 콥햄 경 헨리 브룩 등 정부 고위 관료를 우롱하는 이야기
라는 이유로, 출연한 가브리엘 스펜서와 로버트 쇼 그리고 작가 존슨이 체포
되어 마샬시 교도소에 갇혔다. 내시는 런던에서 도망쳐 체포를 피했다. 두 배
우는 바로 풀려나고 존슨도 10월에 출소했으며 작품을 상연한 펨브룩 백작
극단도 활동을 다시 시작했지만 스완 극장을 다시 여는 일은 허락되지 않아
경영자 프랜시스 랭글리는 치명적인 타격을 받았다(스완 극장은 1602년 랭글리
가 세상을 떠난 뒤 얼마 안 되어 다시 문을 열었다).

　셰익스피어는 그런 소식을 고향에서 듣고 사건에 휘말리지 않아서 다행이
라며 안도의 한숨을 내쉬었을지도 모른다.

그해 10월 뒤로 《로미오와 줄리엣》은 커튼 극장에서 다시 공연했다.

출세하여 고향으로 돌아온 셰익스피어는 극작가로서의 평판이 더욱 높아져 간다.

세상에 이름을 올리다

1597년 12월 26일 《사랑의 헛수고》를 궁전 여왕 앞에서 상연했다. 궁내장관 극단은 크리스마스 시기마다 궁전에서 공연했는데 작품 목록이 남아 있는 것은 이날이 처음이었다. 아마도 엘리자베스 여왕이 본 첫 셰익스피어 작품은 《사랑의 헛수고》였으리라.

공을 세우고 명성을 높여 드디어 극작가 셰익스피어의 이름이 활자로 등장했다. 1598년에 출판한 셰익스피어의 희극 《사랑의 헛수고》(초연은 1594년 무렵) 책 표지에 'W. 셰익스피어가 새로 고쳐 썼음'이라 인쇄된 글이 기념할 만한 첫 사례이다.

이제까지 셰익스피어의 희곡은 작가 이름이 빠진 채 출판되었다. 저작권이 없었던 시절에는 작가에 대한 개념이 오늘날과는 크게 달랐다는 사실을 알 수 있다. 1598년에 다시 출판한 《리처드 2세》 제2판, 제3판과 《리처드 3세》 제2판 표지에도 윌리엄 셰익스피어의 이름이 있다. 이는 획기적인 일이다. 이듬해 《헨리 4세 제1부》 제2판, 그다음 해의 《헨리 4세 제2부》 초판, 《베니스의 상인》 초판, 《한여름 밤의 꿈》 초판, 《헛소동》 초판에도 표지에 셰익스피어의 이름이 실렸다.

한편 배우로서도 이름이 올랐다. 1598년 7월부터 9월 사이에 궁내장관 극단은 벤 존슨의 신작 《십인십색》을 상연했는데 그 출연자 표(1616년 존슨 전집에 실림)에 셰익스피어의 이름이 올라 있다. 아마도 아버지 역할을 셰익스피어가 맡고 똑똑한 하인 역할은 버비지, 광대는 캠프, 그리고 호언장담을 늘어놓는 겁쟁이 군인은 포프가 맡았으리라.

셰익스피어가 출연한 기록은 이것이 처음이며 벤 존슨의 《세이아누스의 목록》(1603년) 출연자 일람과 첫 희곡전집 퍼스트 폴리오의 출연자 목록에 이름이 오른 것 말고는 셰익스피어가 무대에 섰다는 기록은 없다. 1604년 3월 15일에 새로운 국왕 제임스 1세가 런던에 입성할 때 행렬에 참가한 배우 아홉 사람의 대표로 이름이 올라 있기에 국왕 극단의 대표라고 할 수 있지만 구체적

으로 무슨 연기를 했는지는 알
수 없다.

전해 오는 바로는 《햄릿》의 망
령을 맡았다든지 《뜻대로 하세
요》에서 죽을 것 같은 노인 아
담을 연기했다고 하지만 근거는
없다.

1607년 궁전에서 상연을 했을
때 버비지, 헤밍스, 아민 등의 이
름은 있으나 셰익스피어의 이름
은 없다. 학자 조너선 베이트는 이
를 근거로 셰익스피어가 이때쯤
배우를 그만뒀다는 결론을 내렸
다(《시대의 혼》, 2009년). 베이트의
지적대로 셰익스피어가 자신의
연극에 출연했다는 사실을 알려
주는 증거는 전혀 없다.

벤 존슨(1572~1637)

또 셰익스피어의 연기 실력에 대해서는 모순된 기록이 남아 있다. 골동품
수집가 존 오브리(1626~1697)는 셰익스피어가 매우 연기를 잘했다고 썼으며
시인 니컬러스 로(1674~1718)는 배우보다는 시인으로서 더 뛰어나다고 기록했
다. 모두 셰익스피어 시대보다 뒤의 사람들이며 둘 다 믿을 수는 없다. 그러나
극작가로서의 평판은 남아 있는데, 그 가운데 가장 주목할 만한 기록은 셰익
스피어와 같은 시대를 산 저술가 프랜시스 메레스가 자신의 책 《팔라디스 타
미아―지혜의 보고》(1598년)에서 다음과 같이 말한 것이다.

그리스 신화에 나오는 에우포르보스의 영혼이 피타고라스 안에 살아 있다
고 생각하듯이 오비디우스의 달콤하며 재치가 풍부한 영혼은 매끄러운 꿀 혓
바닥을 가진 셰익스피어 안에 살아 있다. 셰익스피어의 《베누스와 아도니스》
를 보라. 《루크레티아의 능욕》을 보라. 사적인 동료들이 읽는 셰익스피어의 달
콤한 《소네트》 등을 보라.

플라우투스와 세네카가 라틴어 세계의 희극과 비극의 최고봉이라 하듯이 영어에서는 셰익스피어가 희극에서도 비극에서도 가장 뛰어나다. 희극은 셰익스피어의 《베로나의 두 신사》, 《실수 연발》, 《사랑의 헛수고》, 《사랑의 보람》, 《한여름 밤의 꿈》 그리고 《베니스의 상인》을 보라. 비극은 《리처드 2세》, 《리처드 3세》, 《헨리 4세》, 《존 왕》, 《티투스 안드로니쿠스》, 그리고 《로미오와 줄리엣》을 보라.

(…) 나는 시의 여신들이 영어로 말한다면 아마도 셰익스피어의 섬세하게 다듬은 말로 이야기하리라고 생각한다.

《사랑의 보람》이 무엇을 가리키는지는 정확히 알 수 없으며 《헛소동》의 다른 이름이 아닐까라는 주장도 있다.

이렇게 셰익스피어는 극작가로서 최고의 명성을 손에 넣었다. 1598년 1월 24일 스트랫퍼드 촌장 에이브러햄 스탠리는 처남인 참사회원 리처드 퀴니에게 '우리와 고향이 같은 셰익스피어 씨는 돈을 투자해 쇼터리 부근에 1야드랜드(30에이커)의 땅을 사고 싶다고 한다'는 편지를 보냈다. 그리고 '셰익스피어 씨를 설득해 우리의 10분의 1 세금징수권을 사게 만들 수 있다면 마을 재정에 도움이 될' 거라고도 덧붙였다. 촌장의 눈에 셰익스피어는 마을을 구할 힘이 있는 부자였다.

그 무렵 가뭄으로 마을 경제가 어려웠다. 곡물이 부족하여 사람들은 궁핍한 생활을 했다. 그런 상황에서 1598년 2월 4일 공적인 서류에 셰익스피어가 10쿼터(2880리터)의 맥주와 곡물을 비축했다는 기록이 있다. 가격이 오르기를 기다렸다가 팔 계획이었으리라. 훌륭한 작품을 쓰는 셰익스피어가 한편에서는 이렇게 돈을 벌었다고 비난하는 사람이 많다. 어려운 사람들을 위해 뭐든지 주는 티몬이라는 남자의 비극을 10년도 지나기 전에 완성하는 셰익스피어이지만 이때 그가 생각한 건 먼저 자신의 안전이었다. 오랜 세월 가난한 생활을 한 부모님과 가족들을 조금이라도 편하게 살게 해주고 싶다는 마음이 있었으리라.

셰익스피어는 촌장이 기대한 만큼 바로 10분의 1 세금징수권을 사지는 않았다. 이는 땅에서 거두어들인 곡물이나 가축 비율에 따라 농부가 내는 세금의 1할을 받을 수 있는 권리로, 큰돈을 투자하는 사람이 받을 수 있었다. 셰익스피어는 신중했다. 1605년 10분의 1 세금징수권을 샀지만, 이때는 보류했다. 흉작이 이어져 마을 경제는 기울었고 수확으로 수입을 기대할 수 없었기 때문이다.

뒷날 스트랫퍼드어폰에이번 촌장이 되는 참사회원 리처드 퀴니의 아들 토머스는 나중에 셰익스피어의 둘째 딸 주디스와 결혼한다.

글로브 극장

이제까지 셰익스피어 극단은 런던 북부에 있던 시어터 극장을 본거지로 삼았다. 이는 리처드 버비지의 아버지 제임스 버비지가 1576년에 세운 극장이었는데 제임스는 1597년 2월 2일에 세상을 떠나고 같은 해 4월 13일에 토지 임대 계약이 끝난다. 경영은 아들 커스버트와 리처드 버비지의 손에 맡겨졌고 지주 자일스 앨런은 계약 갱신 조건으로 땅값을 이제까지의 연간 14파운드에서 20파운드로 올렸으며, 극장 소유권도 5년 뒤 지주에게 돌아간다는 조건을 붙였다.

교섭 실패로 시어터 극장 사용이 중지되고 궁내장관 극단은 이웃의 작은 커튼 극장을 대신 쓸 수밖에 없었다. 극단은 경제적으로 어려워서 결국 1599년까지 잘 쓰여진 대본 열한 작품을 출판사에 팔아 수입을 얻었다.

땅을 빌렸을 뿐인데 극장까지 빼앗길 수는 없다며 단원들은 극장 이사를 결행했다. 1598년 12월 28일 폭설이 내리는 날 시어터 극장을 해체해 재목들을 템스강 남쪽 뱅크사이드라 불리는 지역으로 옮겨 극장을 다시 세우고는 이름을 새롭게 글로브 극장이라 붙였다.

지금 셰익스피어의 글로브 극장이 있는 자리는 거의 예전에 글로브 극장이 있었던 곳이며(200미터쯤 차이가 난다고 한다) 짚으로 이은 지붕이나 3층짜리 객석 등 그 시절 글로브 극장의 구조를 고스란히 재현했다. 템스강 건너편에 극장을 세운 까닭은 그 무렵 런던 시내에 극장을 세우는 허가가 내려오지 않았기 때문이다. 예전에 런던 시는 성벽으로 둘러싸여 있었으며 그 벽 바깥쪽에 극장을 세울 수 있었다

글로브 극장 개장은 1599년 6월 12일이며 공연 작품은 《율리우스 카이사르》였다. 《헨리 5세》가 글로브 극장의 첫 공연이라는 주장도 있지만 학자 제임스 샤피로는 《헨리 5세》는 커튼 극장에서 초연됐다고 한다(《제임스의 생애

▲글로브 극장
17세기 판화. 깃
발 게양은 공연
시작을 알리기
위한 것. 1613년
에 소실되어 이
듬해 재건, 1644
년 철거, 1906년
신축되었다.

◀글로브 극장
내부 모습
재구축한 모형.
돌출 무대, 내
부무대, 지붕 없
는 무대 등이
있고, 특수 효
과를 위해 배우
를 무대 뒤로
밀어 올리는 문
등의 기계장치
를 갖추고 있다.

1599년》).

그즈음 런던에 와 있던 스위스 출신 여행가 토머스 플래터가 이 연극을 보고 나서 집으로 보내는 편지에 그 감상을 적었는데, 이는 셰익스피어의 공연을 동시대인이 직접 관람하고 쓴 소중한 자료 가운데 하나이다.

포춘(운명) 극장(1600)

9월 21일 점심을 먹고 나서 2시쯤에, 나는 일행과 함께 강을 건너서 (…) 최초의 황제 율리우스 카이사르에 대한 비극을 아주 즐겁게 보았다. 배우는 줄잡아 15명쯤 등장했다.

글로브 극장에서는 계속해서《뜻대로 하세요》와《십이야》등의 한껏 무르익은 희극을 상연했고 1600년에는《햄릿》을 집필, 상연했다. 시어터 극장보다 입지 조건이 좋은 곳으로 본거지를 옮기고 관객 수도 늘어 궁내장관 극단은 드디어 좋은 시절을 만났다고 할 수 있다.

입장료는 빵 한 덩어리 가격과 같은 1페니. 바닥 자리에서 보는 게 싫다면 1페니를 더 내고 갤러리석에 앉을 수 있었다. 여기에 1페니를 더 내면 2층에 앉을 수 있고 1페니를 더 내면 3층, 그리고 1페니를 추가하면 쿠션을 빌릴 수 있었다.

광대 배우 윌리엄 캠프는 글로브 극장을 세울 때 돈을 냈는데도 이 극장 무대에 서는 일은 없었다. 그는 셰익스피어와 크게 싸우고 극단을 나가버렸다. 캠프는 이듬해

스완(백조) 극장(1596년 무렵의 스케치)

2~3월 실질적으로 9일에 걸쳐 런던에서 노리치까지 모리스댄스를 추면서 여행을 했으며 이를 《캠프 9일 동안의 경이로움》(1600년)이라는 제목의 책에 담았다. 셰익스피어는 캠프가 나간 뒤에도 좀처럼 화가 풀리지 않았는지 그해에 쓴 《햄릿》에서 다음과 같은 햄릿의 대사를 넣었다.

어릿광대 역도 대본에 없는 대사는 말하지 않도록 해야 해. 또 그 가운데는 둔한 관객을 웃기려고 자기가 먼저 웃는 자들이 있는데, 그러는 사이에 필요한 것들은 까맣게 잊어버리거든. 말도 안 되는 소리야. 광대가 그따위 수작으로 치사한 야심을 드러내 보인다는 것은. (제3막 제2장)

캠프는 대본에 없는 즉흥 대사를 잘하는 광대 배우였으므로 대본대로 연기하기를 바라는 셰익스피어와 정면으로 부딪힌 듯하다. 신사답다는 평가를 받는 셰익스피어이지만 일에서는 이토록 엄격했다.

글로브 극장 재건을 위해 주요 단원들이 돈을 냈기 때문에 상연 수익을 배당으로 나눠 가지는 주식 방식을 선택하여 극단의 주요 단원들을 주주라고 불렀다. 1598년 시점에 주식 배당은 전체를 10으로 볼 때 버비지 5, 헤밍스 1, 셰익스피어 1, 필립스 1, 포프 1, 캠프 1의 비율이었는데 극단을 나간 캠프의 몫은 버비지를 제외한 네 사람이 나눠 가졌다. 셰익스피어가 세상을 떠났을 때는 글로브 극장 주식 하나로 해마다 25파운드의 수입을 올렸다. 스트랫퍼드어폰에이번 학교 교사의 연 수입은 20파운드, 일용직 노동자의 연수입이 8파운드였던 시대의 이야기이다.

엘리자베스 여왕의 치세 끝나다

1598년 엘리자베스 여왕은 40년이나 여왕의 정치를 지지해 온 재무 장관 벌리 경 윌리엄 세실을 잃었다. 일흔일곱 살이었다. 세실은 '다른 이의 빚을 갚아주는 사람은 자신의 파멸을 불러온다. 동포와는 가깝게 지내라. 단 경의를 표하라. 위대한 인물을 늘 친구로 둬라' 이렇게 길게 이어지는 《처세 교훈》(1616년)을 썼고 스파이 조직을 마음대로 휘두르던 인물이었다. 《햄릿》에서 교훈을 늘어놓으며 스파이를 보내는 재상 폴로니어스와 비슷한 점이 많다.

세실은 만년에 아들 로버트 세실과 함께 정무를 맡으며 예전에 엘리자베스가 총애하는 신하였던 제2대 에섹스 백작 로버트 데버루와 대립했다. 에섹스 백작은 1599년 아일랜드 반란 진압에 실패해 여왕의 노여움을 사게 되어 관직을 잃고 경제적으로도 어려운 상황에 처했다. 그 뒤로 그는 오로지 여왕을 몰아내려는 생각에 골몰했다. 그리하여 예전에 셰익스피어의 후견인이었던 사우샘프턴 백작 헨리 라이오테슬리와 함께 음모를 꾸몄다. 그들은 시민들의 지지가 필요하다고 생각하여 반란을 일으키기 바로 전날 밤, 궁내장관 극단으로 하여금 글로브 극장에서 《리처드 2세》를 공연하게 했다. 허약한 왕을 몰아내고 유능한 왕이 들어선다는 이야기를 다룬 작품이었기 때문이다.

윌리엄 세실(1520~1598)

　그렇지만 이 공연을 보았다고 해서 모두가 반란을 꿈꾸지는 않았다. 그다음 날 결행된 반란은 하루 만에 무참히 진압되고 에섹스 백작과 사우샘프턴 백작은 런던탑에 갇혔다. 두 사람은 유죄 판결을 받았으며 에섹스 백작은 2월 25일에 처형되었다. 사우샘프턴 백작은 종신형을 선고받았지만 1603년 제임스 1세가 죽었을 때 특별 사면을 받아 풀려났고 작위로 돌려받았다.

　물론 궁내장관 극단도 해명을 해야 했지만 특별히 문책을 당하지는 않았다. 공연하는 대가로 돈을 받긴 했으나 공연을 해야 하는 이유를 알지는 못했기 때

에섹스 백작(1565~1601)

문이다. 두 주일 후인 2월 24일, 에섹스 백작이 처형되기 전날 밤에 궁내장관 극단은 여왕을 위해 공연을 했다.

아버지의 죽음, 여왕의 죽음

1601년 9월 8일에는 셰익스피어의 아버지 존이 세상을 떠나 홀리 트리니티 교회에 묻었다. 유서는 없었다. 일흔 살 무렵이었다고 추측된다.

헨리 거리의 집은 서른일곱 살의 윌리엄 셰익스피어가 상속받았다. 거기에는 어머니(64세)와 아내(45세), 맏딸 수잔나(18세), 둘째 딸 주디스(12세), 모자 장수 윌리엄 하트와 결혼한 여동생 조앤(32세)과 그 아들 윌리엄(1세)이 함께 살았다. 이 무렵 셰익스피어는 런던을 오가며 생활했다.

1602년 2월 2일 런던 미들 템플 법학원에서 《십이야》를 상연했고 법학원생 존 매닝엄이 이때의 일을 기록했다.

런던에서 활동을 하는 한편 셰익스피어는 고향 부동산에 투자하기 시작했다. 1602년 5월 1일에는 작은 마을 비숍스톤과 웰컴의 농지 107에이커와 풀밭 20에이커를 320파운드에 사들였다. 9월 16일에는 스트랫퍼드어폰에이번의 챔벌레인에 있는 오두막과 정원이 딸린 땅을 샀다.

1603년 2월 2일 궁내장관 극단은 궁전으로 가서 엘리자베스 여왕 앞에서 공연을 했다. 이것이 여왕이 본 마지막 연극이었다. 여왕은 한 달쯤 뒤인 3월 24일 세상을 떠났고 4월 28일 성대한 장례식이 치러졌다. 그녀가 나라를 다스린 45년 동안 잉글랜드에서는 문학과 연극을 활짝 꽃을 피웠다. 엘리자베스 여왕이 가장 아꼈던 궁내장관 극단은 이제 그녀의 먼 친척이자 새로운 왕인 제임스 1세의 후원을 받게 되었다. 제임스 1세는 궁내장관 극단을 책임지기로 하고, 극단 이름을 '국왕 극단'으로 바꾸었다.

국왕 극단

1603년에 잉글랜드의 국왕이 된 제임스 1세는 셰익스피어를 크게 마음에 들어했다. 셰익스피어는 1603년 끝 무렵 국왕 앞에서 《뜻대로 하세요》를 상연했으며 크리스마스 무렵 궁전 상연에서 국왕 극단은 8개의 극을 상연해 달라는 부탁을 받고 그 가운데 존슨의 비극 《세이아누스의 몰락》을 상연할 때 셰익스피어가 몸소 배우로 무대에 올랐다.

엘리자베스 여왕 장례식(부분)

1604년 11월 1일 화이트홀 상연에서는 셱스버드의 《오셀로》를 상연했다는 기록이 있다. 궁전 기록 담당은 아직 셰익스피어의 이름에 익숙하지 않았던 것 같다. 《오셀로》 상연 3일 뒤 같은 무대에서 《윈저의 즐거운 아낙네들》을 상연했다.

궁전 그 자체가 하나의 퍼포먼스 공간이었다. 다른 연극을 상연한 일주일 뒤에는 《말은 말로 되는 되로》, 《실수 연발》 등을 상연했으며 그러는 가운데 셰익스피어는 국왕을 위해 특별한 새 작품을 쓰기 시작했다.

1603년 4월부터 런던에는 역병이 널리 퍼져 5월 26일 뒤로 시내 극장은 문을 닫았고 모든 극단은 지방 순회공연을 떠날 수밖에 없었다. 국왕 극단은 1603년에 리치먼드, 바스, 코벤트리, 슈루즈버리, 모트레이크, 윌튼하우스를 찾았다.

12월 2일 윌튼하우스 궁전에 왕이 머무를 때 국왕 극단은 초대를 받아 공연을 했고 보수 30파운드를 받았다. 일반 극장에서는 공연을 하고 관객이 600명이 오더라도 입장료 수익은 2파운드 반 정도였으므로 얼마나 큰 보수인지 알 수 있다.

국왕은 12월 중순에 햄프턴 코트 궁전으로 옮겨 갔고 거기서도 극단은 12월 26일부터 이듬해 2월 18일까지 여섯 차례 상연을 했다.

하지만 좋은 일만 있지는 않았다. 1603년에 초대 폴스타프 역을 맡은 배우 토머스 포프가 역병에 걸려 세상을 떠나고 말았다. 포프가 살았던 서더크(글로브 극장이 있는 지역)는 특히 사망자가 많았다.

1604년 2월 8일에 왕은 역병 때문에 시내에서 공연을 하지 못하는 위로금으로 30파운드를 극장 대표 리처드 버비지에게 전했다. 국왕은 자신의 극단을 전폭적으로 지원했다.

1604년 3월 15일 안심해도 될 만큼 역병이 진정되었다고 판단한 국왕이 제관식을 위해 런던탑에서 웨스트민스터까지 악대 연주와 함께 화려한 행차를 할 때 시내 일곱 군데에서 행사가 열렸다.

셰익스피어도 이 성대한 볼거리를 보러 갔으리라. 비숍게이트와 펜처치 거리에서의 야외극은 셰익스피어보다 젊은 극작가 토머스 데커(34세)와 벤 존슨(32세)이 대본을 썼다. 엘리자베스 여왕에게는 총애받지 못한 존슨이었지만 제임스 1세에게는 사랑받으며 이를 계기로 궁전 가면극을 자주 쓰게 된다. 데커는 나중에 런던 시장을 위한 야외극 대본을 적어도 세 번은 썼다. 그러나 셰익스피어는 가면극이나 여흥은 하나도 쓰지 않았다. 아마 셰익스피어는 궁전에서 온 의뢰를 존슨에게 양보했을지도 모른다. 벤 존슨은 셰익스피어에 대해 "참으로 정직한 남자로 겉과 속이 똑같은 담백한 성격이다" 말하며 셰익스피어의 퍼스트 폴리오(최초의 희곡 전집)에서도 머리말로 칭찬을 아끼지 않았다.

1604년 4월 9일 드디어 런던 시내 극장 폐쇄 명령이 해제되자 국왕 극단은 차츰 활동을 다시 시작한다. 셰익스피어의 집필도 순조로웠으며 1604년까지 《오셀로》를 완성했다. 포프를 대신해서 우스터 백작 극단에서 옮겨 온 존 로빈이 이아고를 연기했다. 이아고의 나이를 스물여덟 살로 정한 까닭은 로빈의 실제 나이와 맞추기 위해서였다. 로빈은 헨리 8세와 폴스타프 역할 등을 맡았으며 주역 리처드 버비지의 상대역으로 유명하다.

소중한 친구

늘 신중하게 자신의 안전을 생각하던 셰익스피어는 역병이 널리 퍼진 서더크를 떠난다. 새로운 하숙집은 런던 시내에 있었다. 크리플게이트라 불리는 북문 바로 남쪽에, 동서로 뻗은 실버 거리의 프랑스인 머리장식 기술자 집에서 하숙을 했다. 길을 남쪽으로 내려가면 십 분도 채 걸리지 않아 치프사이드 큰길이 나오고 거기서 또 서쪽으로 가면 책방이 늘어섰고 사람들로 북적이는 성 폴 성당이 나온다. 곰 괴롭히기 오두막이나 매춘 여관이 즐비한 서더크와는

달리 실버 거리는 부자들
이 많이 사는 고급스런 지
역이었다.

이 하숙집을 찾을 때 셰
익스피어는 고향 친구 리
처드 필드의 손을 빌렸을
것이다. 필드는 이때 실버
거리 코앞에 위치한 우드
거리에 살았으며 런던에서
손꼽히는 출판업자였다.

필드는 매우 중요한 친
구이다. 셰익스피어의 시
집 《베누스와 아도니스》
와 《루크레티아의 능욕》을
인쇄, 출판해 줬을 뿐만이
아니라 셰익스피어가 《율
리우스 카이사르》를 시작
으로 희곡을 쓰는 데 크
게 의지한 플루타르코스
(46~120)가 쓴 토머스 노
스 번역판 《영웅전》 제2판

제임스 1세(1566~1625) 1603년 엘리자베스 여왕이 후계자를
남기지 못하고 죽자 왕위에 올랐다. 여왕보다 더 연극과 가면
극을 사랑했다. 셰익스피어는 여전히 행운에 둘러싸여 그의
극단은 왕이 직접 특별히 보살폈다.

을 1595년에 출판한 사람도 필드였다.

초판은 필드의 고용주인 인쇄업자 보트롤리에가 1579년 출판했기에 초판
도 그의 인쇄소에 있었지만 셰익스피어가 즐겨 읽은 것은 제2판이었다. 폴리
오판의 훌륭한 책으로 가격은 2파운드나 했다. 보통 읽을 만한 책이라면 3펜
스 정도했던 시절이니 160권 분량의 가격이다. 이 밖에도 필드는 셰익스피어
가 자료로 쓴 귀중하고 비싼 책—역사극의 바탕이 된 라파엘 홀린쉐드의 《연
대기(年代記)》(1587)나 오비디우스의 시 등—을 많이 출판했다.

셰익스피어가 필드의 인쇄소를 오가며 책을 읽었다고 추측하면 안 될 이유
는 없으리라. 셰익스피어에게 책이 한 권도 없었던 이유는 이로써 설명이 되

며, 매우 검소하고 절약 정신이 투철했던 셰익스피어가 값비싼 책이 늘어선 필드의 인쇄소를 이용하지 않을 리가 없었다.

필드는 1579년 9월 열일곱 살 때 런던에 사는 유명한 출판업자 조지 비숍 아래서 수습생으로 7년 계약을 했다. 비숍은 처음 6년 동안 런던에 사는 프랑스인 출판업자 토머스 보트롤리에 밑에서 수업을 받으라고 배려했으며 필드는 거기서 실력을 쌓았다. 1587년 7월 보트롤리에가 세상을 떠나고 아내 재클린이 남편 대신 인쇄소를 맡다가 1588년 3월 필드와 결혼했다. 필드는 나날이 번성하는 인쇄소와 출판설비, 그리고 모든 출판권을 이어받았다.

이 일을 필드는 고향에 있는 친구에게 편지로 알리지 않았을까? 마침 그 무렵 셰익스피어는 고향의 기록에서 사라졌다. 소식을 듣고 곧바로 런던의 친구에게로 갔을 가능성은 없을까? 무슨 일이 있었는지는 알 수 없지만 이 출판업자는 고향 친구가 쓴 시집 《베누스와 아도니스》를 1593년에 인쇄, 간행했다.

만일 옛 친구가 가게를 찾아왔다면 필드는 주인 보트롤리에가 1586년 출판한 티모시 브라이스의 《멜랑콜리》를 보여줬으리라. 이 책은 《햄릿》에 큰 영향을 주었다. 셰익스피어는 《루크레티아의 능욕》을 쓸 때 오비디우스의 라틴어 시 《행사력(曆)》을 사용했는데 이 책도 보트롤리에가 1574년에 출판했으니 필드의 인쇄소에 있었을 것이다. 필드는 1589년 오비디우스의 《변신 이야기》 제2판을 펴냈으며, 이 책 또한 셰익스피어에게 많은 영향을 주었다.

《헛소동》의 바탕이 된 루도비코 아리오스토가 쓴 존 해링턴 번역 《광란의 오를란도》(1591년판), 《리어 왕》 등에 영향을 준 에드먼드 스펜서의 《요정 여왕》(1596년판)이나 필립 시드니의 《아르카디아》(1598년판), 《헨리 5세》의 자료가 된 리처드 글랩튼의 《위정자의 관》(1588년판), 《겨울 이야기》의 바탕이 된 로버트 그린의 《판도스토(Pandosto)》 제2판(1607년판) 등 모두 필드가 출판한 책들이다. 또 필드의 아내는 프랑스인으로 인쇄소에서는 프랑스어나 이탈리아어 책도 출판했으니 셰익스피어는 작품 안에 프랑스어를 넣을 때 필드의 도움을 받을 수도 있었다.

필드의 아내는 위그노(프랑스의 칼뱅파 신교도)였으며 같은 위그노인 마운트조이 집안과 아는 사이였다. 셰익스피어가 살게 된 마운트조이 집은 3층 건물로 1층이 가게였으며 2층과 3층이 주거 공간이었다. 셰익스피어는 잠시 이곳에 살았다.

불안한 시대

1605년 1월 7일부터 국왕 극단은 궁전에서 《헨리 5세》와 《모두 기분이 언짢아》 등을 잇달아 상연했다.

그 무렵 귀족들은 셰익스피어 작품이라면 닥치는 대로 봤다고 말해도 좋을 만큼 그의 작품을 좋아했다.

1605년 5월 4일 동료인 어거스틴 필립스가 세상을 떠났다. 《십이야》의 말볼리오 등을 연기했다고 짐작되는 배우이다.

역병 때문인지 국왕 극단의 1605년 런던 공연 기록은 없다. 동료를 잃고 일도 하지 못한 셰익스피어는 큰 결심을 내린다.

1605년 7월 24일 고향의 10분의 1 세금징수권에 440파운드나 되는 아주 많은 돈을 투자한 것이다. 이로써 연극계를 떠나더라도 편안하게 살 수 있는 38파운드의 연수입을 확보했다. 1598년 뒤로 오랫동안 고민해 온 일에 드디어 발을 내디뎠다. 최대한 신중하게 생각하고 가만히 기회를 기다리면서, 움직일 때는 크게 움직이는 셰익스피어의 성격이 여기에도 드러난다.

1605년 가을, 국왕 극단은 샤프론 월든, 옥스퍼드, 반스터블에서 순회공연을 했다. 이 무렵에는 이미 무대에 서는 일을 그만둔 셰익스피어는 함께 가지 않았을지도 모른다.

1605년 11월 4일 화약 음모 사건이 일어난다. 새로운 국왕은 가톨릭 스코틀랜드에서 왔는데도 엘리자베스 1세의 프로테스탄트 정책을 그대로 이어받았다. 이에 실망한 가톨릭 신도들이 쿠데타를 일으키려 했다. 특히 제임스 1세의 어머니인 스코틀랜드 여왕 메리 스튜어트는 엘리자베스 1세에게 체포되어 1587년 처형당했기에 가톨릭 순교자로 불렸다. 그 아들이 국왕이 되었으니 가톨릭 신도들은 메리 1세 때처럼 크게 바뀌기를 기대했다. 그러나 그런 정책 변경은 이루어지지 않았고 가톨릭 신도들의 분노는 절정에 이르렀다.

사건의 주모자 로버트 케이츠비는 웨스트민스터에 있는 의사당 폭파를 계획하고 동료들과 땅굴을 파서 대량의 화약을 지하실로 옮겼다. 국회가 열리는 날 새벽 폭파 준비가 끝나고 점화 역할을 맡은 가이 포크스가 혼자 지하실에 남아 있을 때 수색대가 들어왔다. 가이 포크스는 체포되고 사건은 미리 막을 수 있었다.

가톨릭 의원까지 끌어들이는 일에 의문을 가진 동료 하나가 몰래 개원식에 출석하지 말라고 경고하는 한 통의 편지를 가까운 가톨릭 의원에게 보낸 것이다. 11월 5일은 '가이 포크스 데이'라 불리며 국왕의 무사를 불꽃놀이로 축하하는 날이 되었다.

이 사건에 가담한 죄로 1606년 처형된 예수회 신부 헨리 가넷이라는 사람이 있다. 신부는 《회피론》의 지은이였다. 신앙을 지키기 위해서라면 선서 진술을 얼버무려도 된다고 이야기하는 책이다. 셰익스피어는 이해에 쓴 비극 《맥베스》에서 우스꽝스런 문지기의 입을 통해 야유를 보낸다.

탕 탕! 도대체 누구냐? 또 한 놈의 악마 이름으로 묻는다만, 옳지, 양쪽에 다 통하는 서약을 얼버무리는 사기꾼이 왔나 보다. 하느님의 이름으로 반역을 한 사기꾼 같으니. (제2막 3장)

《맥베스》는 마녀에게 이상하리만치 관심을 보인 제임스 1세를 위해 쓴 작품이기도 하다. 1589년 제임스는 덴마크 왕의 여동생 앤과 결혼하기 위해 코펜하겐까지 배로 여행을 했는데, 돌아오는 길에 폭풍을 만나 노르웨이에서 몇 시간 위험에 처했고 이는 마녀의 저주 때문이라고 사람들이 말했다. 그 결과 마녀라 의심을 받고 고문을 당한 사람이 차례차례 아는 사람의 이름을 말했고, 그 사람들도 가혹한 고문을 견디지 못하고 악마와 내통해 폭풍을 일으켰다고 자백했다. 제임스는 그 재판에 참여한 뒤로 마녀의 힘을 믿게 됐다.

더욱 중요한 점은 《맥베스》가 스코틀랜드 왕가의 연극이라는 것이다. 주인공 맥베스는 던컨 왕을 죽이고 왕위를 빼앗지만 끝내 뱅코우의 자손들이 대대로 왕위를 물려받게 되고 그 먼 후손이 제임스 왕이라는 설정이다. 그런 의미로 제임스 왕을 칭송하는 연극이었다.

제임스 왕은 연극 관람에 푹 빠졌고 겨울 연극 개막을 크리스마스 다음 날인 12월 26일까지 기다리지 않고 11월 1일로 앞당기는 일도 있었다. 바로 《오셀로》의 첫 공연이었다.

1606년 7월 10일까지 런던에서 역병으로 죽은 사람이 한 주에 30명이 넘어 국왕 극단은 다시 순회공연을 떠나야 했지만 1606~7년 겨울에는 궁전에서 아홉 작품을 상연했다. 12월 26일에는 4대 비극의 하나인 《리어 왕》을 왕 앞에서 상연했다.

1607년 1월부터 7월까지 국왕 극단은 아마도 시내에서 상연을 이어갔겠지만 역병 사망자 수가 한 주에 30명에 이른 때가 다섯 번이나 있었다. 런던은 죽음과 함께 사는 도시였다. 셰익스피어는 언제 런던을 포기하고 시골에 가서 살아야 할지 그 시기를 가늠해 보았으리라.

블랙프라이어스 극장

1607년 6월 5일에는 큰딸 수잔나(24세)가 스트랫퍼드어폰에이번에 사는 의사 존 홀(32세)와 결혼해 이듬해 2월 첫 손녀(엘리자베스)가 태어났다. 셰익스피어는 마흔세 살에 할아버지가 되었다.

1607년 7월부터 11월까지 역병이 심해져 극단은 다시 순회공연을 떠났지만 셰익스피어는 고향으로 돌아갔다. 1607년 겨울이 되어 드디어 역병이 잠잠해지는가 싶더니, 1608년 7월 역병 사망자 수가 갑자기 한 주에 50명을 넘어서고 다시 극장은 닫혔다. 1609년 12월 즈음까지 극장 폐쇄는 이어졌다. 그 무렵 배우 동료인 윌리엄 슬라이가 세상을 떠났다.

1603년부터 1616년 사이에 궁전에서 상연한 299작품 가운데 국왕 극단이 177작품, 왕자 극단이 47작품을 상연했다. 국왕 극단은 압도적인 인기를 유지했다.

1608년 8월부터 블랙프라이어스 극장이 국왕 극단의 겨울 공연장이 되었다. 제임스 버비지가 1596년에 600파운드를 주고 작은 수도원을 사들여 개조한 극장인데, 주변의 부유한 주민들의 반대로 사용이 금지돼 다른 사람이 빌려서 소년 극단이 활약하는 극장이 되었다.

이곳에서는 고급스러운 연극을 공연했다. 《햄릿》에서 로젠크란츠가 이 일을 언급한 내용이 나온다.

그러나 요즘 새끼 매 같은 어린이 극단이 나타나서 요란스레 고함을 질러대자, 세찬 박수갈채를 받고 있습니다. 이것이 대유행이 되고, 이렇게 그들을 부릅니다만 통속극은 사정없이 배척당하고 있습니다. 그래서 좀 멋을 부린다는 사람들은 작가들의 붓끝이 무서워 그리로는 감히 드나들지 못하

는 형편입니다. (제2막 제2장)

그런데 또 시대의 흐름이 바뀌어 버비지가 극장을 돌려받아 1608년 가을부터 국왕 극단의 겨울 공연장으로 썼을 때는 주변 주민들의 반대가 없었다. 1590년대의 소란스럽고 거친 대중 연극과는 다르게 연극의 수준이 높아졌기 때문일까? 블랙프라이어스 극장을 위해 셰익스피어는 신이 강림하는 등 기상천외한 전개를 펼치는 낭만극 《페리클레스》, 《심벨린》, 《겨울 이야기》, 《폭풍우》를 썼다.

은퇴를 바라보며

1608년 9월 9일 어머니 메리가 세상을 떠났다. 일흔한 살이었으리라 추측된다.

이듬해 1609년 5월 셰익스피어는 이제까지 써둔 소네트를 모아서 출판했다. 모든 활동을 그만두고 시골에 들어가 살려고 했을지도 모른다. 1610년 20에이커의 땅을 100파운드에 더 사들인 것도 고향에서 부동산 경영을 할 마음이 더 강해졌기 때문일지도 모른다.

셰익스피어는 아직 많은 나이가 아니었는데도 명성과 행운이 정점에 이르렀던 1611년 《폭풍우》를 끝으로 단독 집필을 그만두었다. 극단에 대한 제임스 1세의 특별한 보살핌은 늘 변함없이 더할 나위 없었지만 그것조차 그를 런던에 붙잡아 두지는 못했다. 그러나 주위 사람들은 그리 쉽게 그의 은퇴를 받아들이지는 못했다.

국왕 극단의 정식 작가로서 셰익스피어의 뒤를 이은 젊은 극작가 존 플레처는 선배를 설득해 함께 《헨리 8세》, 《두 귀족 친척》, 《카르데니오》를 썼다(《카르데니오》는 분실되었다).

1612년 남동생 길버트가 세상을 떠나 고향의 홀리 트리니티 교회에 2월 3일 묻혔다. 그의 나이 마흔다섯이었다.

그해 11월 셰익스피어는 재판 소동에 휘말렸다. 하숙집 주인 크리스토퍼 마운트조이가 사위 스티븐 벨롯에게 고발당했다. 마운트조이의 딸 메리와 결혼할 때 지참금으로 60파운드를 주겠다고 약속했는데 지불하지 않았다고 한다. 셰익스피어는 중요 참고인으로 불려갔다. 셰익스피어의 증언 내용은 다음과 같다. "증인은 피고와 원고를 10년 동안 알고 지냈으며 피고의 부인 마리의 부탁으로 딸 메리와 원고가 결혼하도록 설득했다. 지참금 일도 그때 정했지만 정확한 금액은 기억나지 않는다."

재판 기록에는 셰익스피어가 몇 년 뒤 《페리클레스》를 함께 쓴 극작가 조지 윌킨스의 이름도 나온다. 윌킨스의 숙소에 젊은 부부가 살았기 때문이다. 윌킨스는 매춘 여관을 경영하며 폭행으로 고발당하는 등 평판이 나쁜 남자였는데 셰익스피어는 그런 이들과도 가까이 지냈다.

이듬해인 1613년 2월 4일 남동생 리처드의 장례를 치렀다. 그의 나이 서른아홉이었다. 이 셋째 동생에 대해서는 거의 아무것도 알 수 없지만 막내와 둘째 동생에 이어 셋째까지, 남동생들은 모두 세상을 떠났다. 남은 형제는 하트 집안에 시집간 여동생 조앤뿐이다. 하트 집안에는 3남 1녀가 태어났고 조앤은 일흔일곱 살까지 살았다.

한편 국왕 극단의 궁전에서의 평가는 여전히 높았다. 1613년에는 엘리자베스 왕녀와 팔츠 선제후 프리드리히의 약혼 및 결혼식을 위해 14작품을 상연했다. 그 보수로 극단은 153파운드 6실링 8펜스라는 큰돈을 받았다. 이때 셰익스피어의 작품으로는 《헛소동》, 《폭풍우》, 《겨울 이야기》, 《율리우스 카이사르》, 《오셀로》, 《헨리 4세》, 《카르데니오》를 상연했다.

1613년 3월 10일 셰익스피어는 블랙프라이어스 극장 가까이에 집을 샀다. 아직 마흔여덟 살이었고 블랙프라이어스 극장을 위해 새로운 작품을 계속 쓰려는 결심을 나타낸 것이리라.

글로브 극장의 화재, 그 마지막과 부활

1613년 6월 29일, 국왕 극단이 《헨리 8세》 공연을 막 시작했을 때 재앙이 일어났다. 제1막 제4장에 이런 지문이 나온다. "다급한 나팔 소리와 함께 천둥이 치고, 번갯불이 번쩍인다." 무대 뒤에서 음향 효과로 사용하던 대포에서 불붙은 종잇조각이 바람을 타고 날아가 짚으로 만든 극장 지붕에 옮겨붙어 순식간에 타올랐다. 이 유명한 글로브 극장은 두 시간 만에 잿더미가 되고 만다.

한 남자의 바지에 불이 붙었지만 누군가 맥주로 불을 꺼주었다. 다행이 죽은 사람도, 심하게 다친 사람도 없었다. 그렇지만 이 화재 사건을 계기로 셰익스피어는 극장 공동 소유자로서의 권리도 모두 버리고 고향으로 완전히 돌아갔다. 극작가로서의 셰익스피어 경력은 자신이 최고 전성기를 보낸 이 극장과 함께 그렇게 막을 내린다.

글로브 극장은 곧 다시 지어졌고, 이듬해 1614년 7월에는 지붕을 기와로 바꾸었지만 셰익스피어가 새 작품을 쓰는 일은 없었다. 이 극장은 계속 연극을 공연하다가, 1642년 영국 내전이 일어나자 문을 닫았다. 이어서 1644년 글로브 극장은 마침내 헐리고 그 자리에는 주택이 들어섰다.

그러나 고맙게도 18년 뒤인 1660년에 극장이 다시 부활했다. 이때가 '왕정복고'라고 알려진 시대인데, 폐지되었던 왕정이 되살아나서 그런 이름이 붙은 것이다. 추방되었던 찰스 2세는 잉글랜드로 돌아와서 왕위에 올랐다. 극장이 새로 세워지고 희곡 작품도 새로 창작되었다. 또 처음으로 여자 배우가 무대에 등장했다.

1970년에 또 기념할 만한 일이 생겼다. 미국의 배우이자 감독이었던 샘 워너메이커가 사람들을 모아서 글로브 극장을 본디 자리에 재건하기 시작한 것이다. 그리고 1997년 마침내 '셰익스피어 글로브(Shakespeare's Globe)'라는 이름의 극장으로 문을 열었다.

내 뼈를 옮기는 이는 저주받을지어다

셰익스피어는 쉰두 살도 안 된 1616년 1월 유언장을 썼다. 유산은 거의 홀 집안으로 시집간 큰딸 수잔나와 앞으로 태어날 남자 후계자에게 남겼다. 하나뿐인 아들이었던 햄넷이 일찍 세상을 떠나자 첫째 딸의 아들에게 희망을 걸었다. 새로운 집 뉴플레이스와 헨리 거리의 집 두 채, 스트랫퍼드 안팎에 있는 다양한 부동산, 장례식 비용을 치르고 남은 보석, 그릇, 가구 등을 홀 부인에게 물려준다고 했다. 수잔나가 세상을 떠날 경우 수잔나의 맏아들에게 재산이 돌아간다. 만일 그것이 불가능하다면 둘째, 셋째, 넷째…… 등 남자 후계자에게 물려준다. 또한 남자 후계자가 없을 경우에는 홀 집안의 맏딸 엘리자베스와 그녀의 남자 후계자에게 돌아간다. 손녀 엘리자베스에게는 모든 은그릇(둘째 딸 주디스에게 준 은 꽃병은 제외한다)을 남겼다. 셰익스피어는 홀 부부를 유언장 집행자로 지명했다.

같은 해 2월 10일 서른두 살이 된 둘째 딸 주디스가 고향의 명문 가문인 퀴니 집안의 셋째 토머스 퀴니(27세)와 결혼식을 올렸다. 하지만 퀴니는 몰래 마거릿 윌라라는 여성을 임신시키고 간통죄로 고발당했다. 윌라는 아이를 낳다가 목숨을 잃었다. 주디스와 결혼식을 올린 지 한 달 만에 법정에서 퀴니는 죄를 인정했다. 셰익스피어는 변호사를 불러 앞서 써둔 유언장에서 퀴니의 이름을 딸 주디스로 고쳤다. 주디스에게는 결혼 준비금으로 100파운드, 뉴플레이스 근처 챔벌레인의 오두막(아마도 거기에 주디스 부부가 살고 있었으리라) 소유권을 주장하지 않는다면 추가로 50파운드

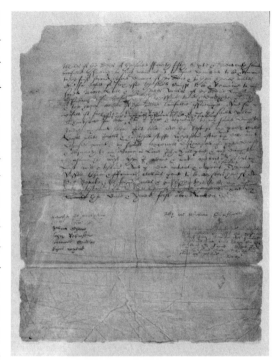

셰익스피어 유언장(1616) 3쪽 부분

를 물려준다고 했다. 그리고 주디스 또는 그녀의 자손이 3년 뒤에 태어난다면 150파운드를 더 물려준다고 했다.

여동생 조앤 하트에게는 30파운드와 헨리 거리의 집에서 살 권리. 세 조카에게는 저마다 5파운드. 그리고 존경하는 토머스 쿰에게 칼을, 친구 토머스 러셀에게 5파운드, 동료 존 헤밍스, 리처드 버비지, 헨리 콘델에게 반지를 사기 위한 대금 26실링 6펜스를 보냈다.

스트랫퍼드의 가난한 사람들에게 10파운드를 기부한다는 항목도 있었다. 이제까지 지갑을 잘 열지 않던 그의 성향을 생각하면 엄청난 관대함이었다.

아내 앤에게는 두 번째로 좋은 침대를 남긴다고만 한 것은 무슨 의미일지 여러 의견이 엇갈린다. 가장 좋은 침대는 손님용이며 두 번째로 좋은 침대가 부부의 침대였을 거라는 주장도 있다. 그러나 재산은 거의 딸 부부에게 물려주고 유언 집행도 딸 부부를 지명했다는 점을 생각하면 앤이 딸 부부에게 의지하며 살아야 한다는 사실은 은연중에 약속된 것인지도 모른다. 앤은 남편

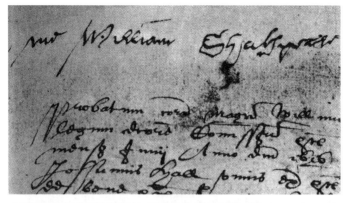

◀셰익스피어 유
언장의 마지막 서
명

▼뉴플레이스의
정원
셰익스피어는
이 뉴플레이스
에서 숨을 거두
었다.

▶셰익스피어
장례 기념물
홀리 트리니티
교회, 스트랫퍼
드어폰에이번

◀셰익스피어
무덤
홀리 트리니티
교회

이 세상 온 시대의 문호 윌리엄 셰익스피어 617

이 죽은 7년 뒤 세상을 떠났으며 남편과 같은 무덤 안에 묻어주기를 간절히 바랐다고 한다.

유서를 바꾼 지 한 달도 채 지나지 않은 1616년 4월 23일 셰익스피어는 숨을 거두었다. 죽음의 원인은 확실하지 않지만 갑작스러운 죽음이었다. 3월 25일 날짜의 유언장에는 "건강, 기억력 모두 더할 나위 없는 지금"이라고 똑똑히 적혀 있기 때문이다. 이틀 뒤 인 4월 25일 셰익스피어는 홀리 트리니티 교회에 묻혔다.

그의 묘비에는 다음과 같은 글귀가 새겨졌는데, 셰익스피어 본인의 지시로 썼을지도 모르지만 그 무렵에는 유해를 파서 다른 곳에 묻는 일이 흔했기 때문에 붙은 경고문이라는 견해도 있다.

벗들이여 제발 부탁컨대
여기 묻힌 것을 파지 말아 다오
이것을 그대로 두는 사람은 축복받고
내 뼈를 옮기는 이는 저주받을지어다.

다행히 무덤은 손을 타지 않았고, 셰익스피어는 그 고요한 둥근 천장 아래에 오늘도 잠들어 있다.

셰익스피어 작품집 발간

벤 존슨은 《작품집》이라는 제목으로 1616년에 자기 희곡 작품들을 책으로 펴냈다. 그 무렵 극작가가 이렇게 책을 내는 것은 아주 드문 일이었다. 그런데 궁내장관 극단 시절 윌리엄 셰익스피어의 친구였던 존 헤밍과 헨리 콘델도 그토록 흔치 않은 일을 자청했다. 너무나 소중한 친구의 작품을 아무렇게나 방치해서는 안 된다고 생각해 책으로 펴내기로 한 것이다. 그래서 셰익스피어가 죽고 7년이 되던 1623년에 이미 출판된 18편과, 《맥베스》와 《율리우스 카이사르》 등 출간되지 않은 18편을 포함해 모두 36편을 모아서 퍼스트 폴리오(First Folio, 초판 이절판)를 발행했다.

이전까지 나온 여러 판본을 비교해 오류를 최대한 줄였기 때문에 셰익스피어 작품을 가장 잘 정리한 전집으로 평가받는다. 또한 일반적인 극작가의 책과 달리 표지가 가죽으로 만들어져, 셰익스피어의 위상을 짐작할 수 있다.

존 헤밍과 헨리 콘델의 선견지명 덕분에 사랑과 배신, 희망, 의심, 광기, 승리에 대한 희극과 비극, 역사극 등을 거의 4세기가 지난 오늘날에도 온전히 즐길 수 있게 되었다. 퍼스트 폴리오에 두 사람은 이렇게 썼다.

"그의 정신과 손은 동행을 해서, 그가 생각하는 것이 그대로 수월하게 글이 된 덕분에 우리는 그의 글에서 하나의 오점도 찾을 수 없다."

그렇지만 그의 작품을 가장 멋있게 표현한 말은 그의 경쟁자이자 친구였던 벤 존슨이 머리말에 쓴 글이다.

"그는 한 시대의 인물이 아니라, 모든 시대를 위한 인물이었다."

퍼스트 폴리오는 에드워드 블런트와 아이작 자가드가 인쇄했으며 1623년 11월 8일에 판권 등록이 되었다. (1911년까지 영국에서는 모든 출판물을 서적출판업 조합사모소에 신고하고 판권을 등록해야 했다.) 초판은 약 1000권이 발행되었고, 오늘날 그 가운데 남아 있는 책은 230권 정도이다.

3. 셰익스피어의 연극 기법

타임 슬립

셰익스피어의 연극을 볼 때는 눈치채지 못하는데 나중에 글로 다시 읽어보면 앞뒤가 맞지 않는다는 사실을 알고 사람들은 하나의 속임수에 넘어갔음을 깨닫는다. 셰익스피어만의 힘이다. 그 상세한 구조를 알면 셰익스피어의 현대극 세계가 안톤 체호프나 헨리크 입센 등이 펼쳐 보이는 신극의 세계와는 어떻게 다른지도 이해할 수 있게 된다.

《햄릿》은 햄릿 왕자의 돌아가신 아버지가 유령이 되어 나타났다는 이야기로 시작하는데, 이 유령이 나타나는 것은 몇 시일까?

연극은 깊은 밤 보초들이 교대하는 장면으로 시작한다. 시간에 맞춰 등장한 보초가 "이제 12시를 쳤어. 자, 교대하세" 이렇게 동료에게 말하는 부분에서 이 연극이 밤 12시에 시작한다는 사실을 알 수 있다. 그 바로 뒤 또 한 병사가 햄릿 왕자의 친구 호레이쇼를 데려온다. 그리고 호레이쇼와 병사 두 사람은 유령이 나오기를 기다린다.

"쯧쯧, 나오긴 뭐가 나와" 비웃는 호레이쇼에게 전날 밤에도 유령을 본 병사 하나가 "그때, 종이 막 1시를 쳤는데……" 설명할 때 유령이 정말로 나타난다. 이를 본 호레이쇼는 새파랗게 질린 얼굴로 흥분해서 여러 이야기들을 하는 중에 다시 유령이 나타난다. "또 나왔어!" 어쩔 줄 몰라 하는데 새벽을 알리는 수탉의 울음소리에 놀란 유령은 사라진다. 호레이쇼는 밤이 끝났다는 표현을 시적으로 한다.

> 아, 보게. 새벽이 적갈색 망토를 걸치고 저기 저 산마루의 이슬을 밟으며 넘어오고 있네. (제1막 제1장)

첫 유령이 무대에서 물러나 두 번째 유령이 등장할 때까지 이야기를 나눈 시간은 3분 정도이다. 그 짧은 순간에 깊은 밤에서 새벽녘까지 순식간에 시간을 뛰어넘는다. 그런데 관객은 이 시간 이동을 눈치채지 못하며, 이상하다고 느끼지도 않는다. 시간은 주관적인 감각이고, 집중하거나 흥분하면 눈 깜짝할 사이에 지나간다. 셰익스피어는 이 시간 감각을 역이용해서 관객을 흥분시키고 싶은 장면에서는 일부러 시간을 빠르게 진행시킨다.

이와 같은 전개는 《로미오와 줄리엣》의 발코니 장면에서도 볼 수 있다. "아, 로미오, 로미오, 왜 당신은 로미오인가요?" 발코니에서 혼자 말하는 줄리엣에게 과수원에 숨어 있던 로미오가 아래에서 말을 거는 장면이다. 과연 몇 시쯤이었을까? 카풀렛 집안의 연회가 밤늦게 끝나고 그 바로 뒤 발코니 장면으로 이어지니 깊은 밤임은 틀림없다. 그리고 두 사람이 사랑의 대화를 나누는 사이 줄리엣이 "벌써 날이 새나 봐요" 말한다. 두 사람이 헤어진 뒤 로렌스 수사는 시적인 표현으로 아침이 왔다는 사실을 묘사한다.

> 회색 눈을 한 아침이 찌푸린 밤에 희미하게 미소짓고, 동녘 하늘의 구름을 빛줄기로 물들이고 있다. (제2막 제3장)

두 사람이 나눈 대화는 길어야 7, 8분이다. 하지만 정말 몰입한 상황에서는 시간 감각을 잃어버린다. 긴장이 풀린 순간, 멈춰 있던 시간이 한 번에 흘러가듯이 어느새 아침이 밝았다. 덕분에 관객은 젊은 두 사람과 함께 두근거리는 흥분을 나눌 수 있다.

《맥베스》에서도 마찬가지로 이런 장면이 나온다. 마녀가 언젠가는 왕이 될 분이라 예언한 일을 계기로 장군 맥베스가 선량한 던컨 왕을 살해하기로 자신의 아내와 함께 결심하는 장면이 제1막. 드디어 살인 계획을 행동으로 옮기려는 제2막은 늦은 밤 12시부터 시작하고 맥베스는 단검의 환영을 따라 던컨 왕이 잠든 침실로 간다. 이렇게 깊은 밤 살인이 일어난다. 그러나 왕을 죽인 뒤 맥베스가 피로 새빨갛게 물든 두 손을 바라보면서 자신의 행동에 당황하고 아내가 크게 꾸짖는 사이로 문을 두드리는 소리가 들려온다. 허둥지둥 부부는 그 자리를 떠나지만 문을 두드린 사람은 아침이 되어 왕을 깨우러 온 맥더프라는 사실을 알게 된다. 여기서도 느닷없이 아침이 찾아온다. 이 장면에서도 관객은 살인이라는 행위가 만들어 내는 격심한 긴장감을 시간을 잊은 채 경험한다.

《맥베스》 제3막의 절정은 뱅코우의 유령이 눈앞에 나타난 연회 장면(제3막 제4장)이다. 저녁 7시에 시작된 연회는 갑자기 나타난 피투성이 뱅코우의 유령을 보고 놀란 맥베스(다른 사람들에게는 보이지 않는다) 때문에 도중에 취소되고, 그 바로 뒤 아내와 둘만 남았을 때 맥베스는 이렇게 묻는다.

맥베스 밤은 얼마나 깊었소?
맥베스 부인 밤인지 새벽인지 분간하기 어려운 시간입니다.

연회는 저녁 7시에 시작했는데 유령 소동이 끝나고 나서 정신을 차려보니 아침이 가까워졌다. 이론상으로 생각하면 이상한 일이지만 피투성이 유령이 나오고 맥베스가 당황하는 모습을 무대에서 보고 나면 어느덧 시간 관념은 사라져 버린다.

사람이 인생에서 경험하는 시간은 매우 주관적이다. 즉 시계가 가리키는 규칙적이고 객관적인 시간(크로노스)과는 별도로 언제까지나 기억에 남겨두고 싶은 중요한 시간(카이로스)이 있으며, 인생을 의미 깊게 만드는 것은 카이로스이다. 크로노스만 따르며 생활하는 일은 단조롭고 지루하지만 카이로스를 의식하게 되면 삶은 즐겁고 흥분으로 가득하다. 셰익스피어는 그 사실을 알고 일부러 크로노스를 넘어서도록 주관적인 카이로스의 흐름을 설정했다.

셰익스피어 글로브 극장(1997년 복원)

특히 유명한 작품은 《오셀로》이다. 오셀로 장군과 절세 미인 데스데모나는 연극 앞부분에서 이제 막 사랑의 도피를 했으며 제2막 제3장에서 키프로스 섬으로 온 오셀로가 첫날밤은 이제부터라고 이야기한다. 그날 밤 부관 카시오 가 술에 취해 소동을 일으키고 장군에게 직위를 빼앗겨 다음 날 아침 데스 데모나에게 도움을 청한다. 이를 본 기수 이아고는 마치 카시오와 데스데모나 사이에 무언가 있는 듯이 암시를 주어 오셀로의 의심을 불러일으킨다. 그러나 이 시점에서는 결혼한 지 하루밤에 지나지 않았고 데스데모나가 카시오와 바 람을 필 시간이 없다.

제3막 뒤로 오셀로의 마음에 질투가 생기자 시간의 흐름은 불현듯 최고조 에 이른다. 오셀로는 데스데모나와 오랜 세월 결혼 생활을 했던 것처럼 이야기 가 펼쳐진다. 데스데모나가 부모 곁을 떠나 하녀 에밀리아와 함께 지낸 지 아 직 얼마 안 되었을 텐데 이아고가 아내 에밀리아에게 데스데모나의 자수가 놓 인 손수건을 훔쳐오라고 여러 번 말했다고 되어 있거나, 키프로스섬의 창녀와 비앙카가 카시오에게 일곱 날 일곱 밤이나 만나러 오지 않았다고 아양을 떠

▲셰익스피어 글
로브 극장 무대
큰 기둥 두 개
가 특징적이다.

▶무대 쪽에서
바라본 객석

는 장면으로 관객들에게 무척 긴 시간이 흐른 듯한 기분이 들게 만든다. 크로노스의 시간으로는 키프로스섬에 온 지 하룻밤밖에 지나지 않았는데 카이로스의 시간으로는 이미 오셀로와 데스데모나의 도피 기간이 끝난 듯이 말한다. 또한 이아고가 다음과 같은 거짓 증언을 해도 시간적으로 이상하다고 생각하는 관객은 없다.

이 세상에는 자고 있을 때 주책없이 자기 일을 뇌까리는 놈이 있는데, 카시오가 그런 축으로, 그놈이 이런 잠꼬대를 했습니다. "귀여운 데스데모나, 조심합시다. 둘의 사랑을 남들 모르게 감춥시다." 그리고 글쎄 제 손을 꼭 잡고는 "귀여운 것" 하고 소리 질렀습니다. 그러고는 저에게 키스를 하지 않겠습니까. (제3막 제3장)

셰익스피어는 이아고와 마찬가지로 사람의 마음을 조정하는 매우 솜씨가 뛰어나다고 할 수 있다.

무대 구조

셰익스피어의 독특한 연극 세계를 가능하게 만드는 것은 엘리자베스 여왕 시대의 극장 구조이다. 1997년에 복원된 셰익스피어의 글로브 극장 무대에는 막이 없으며 돌출 무대 주변을 관객이 둘러싼 모습을 볼 수 있다. 게다가 무대 앞 평지에 객석은 없고 관객은 모두 서 있다. 앉고 싶은 사람은 무대를 빙 둘러싼 형태로 설치한 3층짜리 갤러리 벤치에 앉는다. 또한 두 기둥으로 떠받친 무대 천장에는 해와 달, 별 등이 그려져 있었다. 나무로 만든 기둥은 대리석 같은 느낌을 주는 색으로 칠했다. 시간을 나타내기 위해서는 장면을 바꾸는 게 아니라 '배경 그림'이라는 소도구나 대사를 이용했다. 예를 들어 길을 밝히는 횃불을 보여주거나 아침 종달새를 언급함으로써 밤인지 아침인지를 관객에게 알려준다. 화려한 무대 소품(왕좌, 사자 가죽, 탁자, 나무, 장막, 벽걸이 융단 등)도 적절히 사용했다. 시어터 극장, 커튼 극장 등 다른 극장들도 모두 돌출 무대이며 평지에 객석이 없는 구조이다.

영국에서 막을 사용한 시기는 셰익스피어가 세상을 떠난 뒤 40년이 흐른 1660년이다. 셰익스피어 시대에는 아직 막이 존재하지 않았다. 막의 효과는 본디 막이 내린 동안 무대 장치를 바꾸고 막을 올렸을 때 새로운 무대를 보여주는 점에 있다. 그렇지만 셰익스피어의 연극에 막은 필요 없었다. 대규모 무대 장치도 쓰지 않았는데 흔히 말하는 장면 전환이 없었기 때문이다. 탁자나 침대 등을 꺼내는 정도의 일은 있었지만 기본적으로는 아무것도 없는 공간이다.

이런 돌출 무대를 어떻게 이용했을까? 희극 《뜻대로 하세요》를 살펴보자. 궁전에서 쫓겨난 주인공 로잘린드가 사촌 동생과 광대를 데리고 아든 숲으로 간다. 그리고 아무것도 없는 무대 위를 "오, 유피테르 신이여! 지친 내 영혼이여!" 같은 대사를 말하면서 걸은 끝에 "아, 여기가 아든 숲이로구나" 말한다. 이렇게 대사로 장면 전환이 이루어진다. 무대 장치를 바꾸지 않으니 암전(暗轉)도 필요 없다. 즉 관객의 상상력만으로 무대는 실내가 되기도 하고 숲이 되기도 한다.

셰익스피어의 연극은 서양 연극임에도 입센이나 체호프 같은 현대극은 아니다. 영국의 경우 1660년부터 시작한 왕정복고기에 새로이 연극이 부활했을 때 연극 양식은 완전히 변해 버렸다.

프랑스에서 처음으로 프로시니엄(액자형) 무대가 등장한 것은 1641년이며 이 때문에 코르네유, 몰리에르, 라신 등의 신고전주의 연극은 이미 셰익스피어의 연극과 모습이 달랐다. 신고전주의 연극이란 쉽게 말해 정형화된 연극으로, 사실성이나 시각을 바탕으로 하는 미술 등을 중시한다. 신고전주의의 사실성을 지키기 위한 규칙으로 삼일치 법칙이 유명하다. 이는 관객에게 허구를 현실이라 믿게 만들기 위해 극중에서 일어나는 사건을 하루 이내로 정리하고(시간의 통일), 하나의 이야기만을(줄거리 통일), 하나의 장소를 무대로(장소 통일) 그려내야 한다는 법칙이다. 이런 사고방식은 입센 같은 근대극에 큰 영향을 미쳤다. 액자형 무대가 생긴 뒤로 연극은 많건 적건 이런 사실성을 지향했다.

한편 셰익스피어의 작품에서 이 삼일치를 엄격하게 지킨 작품은 없고 그나마 《실수 연발》과 《폭풍우》가(거기까지 이르는 긴 과정을 설명하는 이야기를 고려하지 않으면, 그리고 광대 같은 인물들의 우스꽝스러운 내용을 곁딸린 줄거리라고 생각하지 않는다면) 시간과 이야기 통일 법칙을 지켰다고 말할 수도 있지만 그럼에도 장소는 이곳저곳 바뀐다. 기본적으로 셰익스피어는 자유롭게 상상력을 드러내므로 작품이 좁은 세계에 머물지 않는다.

시간 통일을 셰익스피어가 지키지 않는다는 점은 앞에서 이야기한 타임 슬립으로도 이해할 수 있다. 극단적인 예는 《겨울 이야기》이다. 앞부분 이야기가 끝난 지점에서 카밀로가 등장해 "고국을 떠난 지도 어느덧 16년이 됐습니다 (제4막 제2장)" 말한다. 다음 장면에서는 바로 앞 장면에서 막 태어난 아기가 열여섯 살의 소녀로 나온다. 셰익스피어의 자유로움은 허구를 상상력으로 부풀리는 연극의 성질을 최대한으로 이용한다.

줄거리 통일이란 쓸데없는 이야기를 섞지 않고 처음부터 끝까지 일관되게 나아가라는 규칙인데, 셰익스피어는 중심 줄거리 말고도 곁딸린 이야기를 만들 때가 많다. 《헨리 4세》에서는 왕권을 유지하느라 고생하는 왕과 그의 방탕한 아들 핼 왕자의 관계가 중심 줄거리이지만 그와 더불어 우스꽝스러운 기사 폴스타프가 대활약하는 이야기가 펼쳐진다. 《리어 왕》에서는 세 딸 가운데 누가 가장 아버지를 사랑하는지 꿰뚫어 보지 못한 리어 왕의 중심 줄거리와 두 아들 가운데 누가 아버지를 사랑하는지를 꿰뚫어보지 못한 글로스터의 이야기가 함께 진행된다. 중심 이야기와 곁딸린 이야기는 반드시 서로 통하며 작품의 주제를 깊게 만드는 역할을 한다. 그리고 많은 등장인물이 나와서 시점이 복합적이라는 이점이 있다.

마지막은 장소의 통일인데 셰익스피어의 희곡에서 장소 통일을 지키는 작품이 하나도 없는 데는 뚜렷한 이유가 있다.

그런데 셰익스피어의 무대는 삼면을 관객들이 둘러싼, 기본적으로 아무것도 없는 공간이며 큰 도구라 해도 고작 탁자나 왕좌 등을 관객이 보는 가운데 조용히 옮기는 정도이다. 그리고 앞에서 말했듯이 대사 하나로 무대 설정을 순식간에 어디든 바꿀 수 있다.

순간 이동

《로미오와 줄리엣》 발코니 장면은 로미오의 순간 이동으로 시작한다. 카풀렛 집안의 잔치가 끝나고 로미오는 친구 머큐시오, 벤볼리오와 함께 집으로 돌아가려고 길을 걷고 있었는데 갑자기 모습을 감춘다. 벤볼리오는 "(로미오는) 이쪽으로 달려와서 이 과수원 담을 뛰어넘어갔어" 말하는데 무대 위에는 과수원 벽이 없기에 아마도 큰 기둥 받침대에 기어올라갔으리라. 머큐시오가

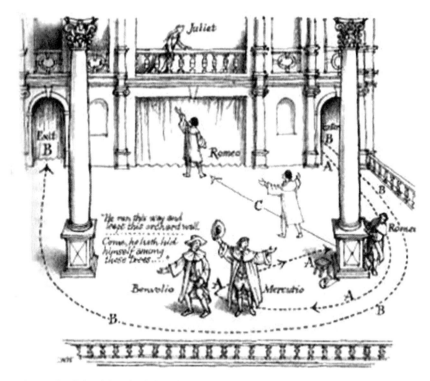

그림으로 보는 셰익스피어 무대 월터 호지스

로미오를 부르지만 답은 없고 벤볼리오가 "로미오는 이 수풀 속에 몸을 숨기고 밤이슬에 촉촉이 젖고 싶은 모양이지" 말하니까, 기둥을 나무로 설정했다고 생각된다. 로미오의 친구들은 포기하고 먼저 돌아가기로 하며 여기서부터 이야기는 다음과 같이 진행된다.

벤볼리오 그래, 가자. 들키지 않으려고 숨은 사람을 찾아봐야 헛수고니까.
[두 사람 퇴장]

[로미오, 그늘 속에서 나타난다]

로미오 (과수원 안쪽에서) 상처의 아픔을 모르는 자는 남의 상처를 비웃는 법이지.

　　[줄리엣이 2층 창문에 등장]

　　그런데 쉿, 저기 저 창문에서 흘러나오는 빛은 무엇일까? 저기는 동쪽, 그렇다면 줄리엣은 태양이다. 아름다운 태양이여, 떠올라 시샘하는 달을 죽여다오. (제2막 제1장~제2장)

　　[ ]로 묶은 부분은 셰익스피어 원문에는 없는 지문으로 알기 쉽게 만들기 위해 넣었다. 벤볼리오와 머큐시오는 밤길을 걸어가 버리고, 이를 눈으로 배웅하던 로미오가 문득 등 뒤 2층 무대를 돌아본 순간, 장면은 카풀렛 집안의 과수원으로 바뀐다. 말 한마디로 순식간에 장소를 이동하는 셰익스피어 무대 기법의 특징을 활용한 전개이다.

　　셰익스피어 뒤로 근대극에서는 장소가 바뀌면 장면이 바뀌는 것이 상식이며, 저마다의 장면에 장소를 기록하는 방식으로 변했기 때문에 이에 따라 벤볼리오와 머큐시오가 퇴장한 바로 뒤 '제2막 제2장 카풀렛 집안의 과수원'처럼 새로 단락을 넣는 습관이 한동안 이어졌다. 그렇지만 셰익스피어의 원문은 여기서 장면을 나누지 않는다.

　　《안토니우스와 클레오파트라》에서는 알렉산드리아, 이탈리아, 시칠리아섬의 메시나, 시리아, 아테네 등 42개의 장면이 있다. 그래서 순식간에 장면을 바꾸지 않으면 장면 전환만으로 많은 시간이 걸린다.

자유자재로 장소 설정

　　셰익스피어의 연극에서는 경우에 따라 동시에 두 가지 장면을 한 번에 연기하기도 한다. 예를 들어 《로미오와 줄리엣》에서 잔치에 가는 로미오 일행은 "북을 쳐라, 북을" 외치면서 무대를 한 바퀴 행진하고 그사이 무대 중앙에 뛰어나온 하인들이 바쁘게 준비를 하는 모습을 보여준다. 이 하인들이 사라지면 거기에 카풀렛 부부를 시작으로 많은 신사 숙녀들이 나오는데 마침 무대를 한 바퀴 다 돌고 온 로미오 일행을 맞이하는 장면이 있다.

　　하인들이 바쁘게 준비하는 동안에도 관객은 무대 끝에서 계속 돌아다니는 로미오 일행을 볼 수 있다. 하인들이 대사를 말하는 곳이 카풀렛 집 안이라고 새로이 장면 구분을 하는 것은 이상하다. 아무것도 없는 공간이기에 더욱 장소를 자유자재로 설정할 수 있다.

장소 설정은 관객의 상상력에 맡긴다는 점이 셰익스피어 연극의 강점이자 약점이기도 하다. 셰익스피어가 이 점을 강하게 의식했다는 사실은 《헨리 5세》의 해설자 역할을 맡은 배우의 대사로 알 수 있다. 그 배우는 이 무대 위에 드넓은 프랑스 전쟁터를 몽땅 담을 수 없기에 관객의 상상력에 기댈 수밖에 없다고 말한다.

"말들에 대해 이야기할 때는 늠름한 발굽으로 대지를 밟고 서 있는 모습을 바로 앞에서 보고 있다 상상해 주십시오" 부탁하며 장소가 마음대로 바뀌고 시간을 뛰어넘는 것도 관객의 상상력에 달려 있다고 말한다. 이 상상력이야말로 셰익스피어 연극의 비결이라 말해도 좋다.

운문, 리듬을

음악처럼 그다음이 듣고 싶어지는 대사는 어떻게 하면 쓸 수 있을까? 리듬이 있는 말은 흔히 극적인 효과를 낳곤 한다. 이를 위해 셰익스피어는 무운시(無韻詩)라고 불리는 약강5보격(弱强五步格)을 주로 썼다. 이는 약하고 강한 형식이 행마다 다섯 번 반복되는 운율로 리처드 3세의 명대사 "말을 다오! 말을! 그대신 이 왕국을 주겠으니!(제5막 제4장)"를 살펴보면

A horse, a horse, my kingdom for a horse!

이렇게 된다.

왜 약강 5보격을 사용할까? 먼저 영어는 my mother 나 a book처럼 약강이 자연스러운 리듬이다. 그리고 6보격으로 하면 호흡이 이어지지 않는다. 무엇보다 배우는 이 리듬으로 내내 이야기를 해야만 한다. 5보격은 이어서 말하는데 있어 가장 자연스러운 리듬이다.

행 끝에 압운을 넣지 않고 행에서 행으로 대사가 옮아가는 무운시는 결국 우리에게는 3, 4조가 기분 좋게 들리듯이, 영국인에게 듣기 좋은 울림이었다. 로즈 극장에서 앨런이 낭랑하게 읊은 《탬벌레인 대왕》이 크게 성공한 이유 가운데 하나는 무운시의 매력에 있었던 것이다. 셰익스피어는 이 기법을 배우

려고 애썼다.

어리고 예쁜 한 소녀가 있다. 그녀는 한 소년을 사랑하게 되고 그의 이름이 로미오임을 알게 된다. 그러나 그는 그녀 집안과 앙숙인 가문의 아들이었다. 보통의 산문이라면 "원수 집안의 아들인 로미오를 사랑하게 되다니 어찌 된 일인가!" 하고 말할 상황이다. 그런데 이렇게 하면 어떠한 드라마도 생겨나지 않는다.

아 로미오, 로미오! 왜 당신은 로미오인가요? 아버지와 관계없다고, 그 이름이 아니라고 말씀하세요. 그렇게 못하신다면, 나를 사랑한다고 맹세만이라도 해주세요. 그러면 나는 카풀렛이라는 성을 버리겠어요. (제2막 제2장)

이래야만 비로소 드라마틱한 매력이 솟구치게 된다. 이 매혹적 리듬이 셰익스피어 작품에는 갖춰진 것이다.

배우의 마음이 기쁨, 분노, 슬픔, 즐거움 등으로 들떠 있거나 긴장감이 뒤따르는 장면 등에서는 무운시가 쓰였다. 이른바 극적인 부분이다. 그리고 알맞은 곳에 산문을 섞어 나갔다. 무운시로 북돋워진 분위기를 산문으로 풀어내 관객들을 안심시키는 것이다. 이때 산문과 운문의 대비로써 새로운 극적 효과도 나타난다.

그러나 결코 초기에 익힌 이런 기법만을 평생 되풀이해 쓴 것만은 아니었다. 뒷날 《리어 왕》에서 셰익스피어는 짧은 한 문장을 주인공에게 말하게 했다.

"이 단추를 좀 빼라" (제3막 제4장).

이는 겨우 다섯 단어로 되어 있으면서도 세 가지 뜻을 포함한다. 실제로 옷의 단추를 풀라는 의미, 허영의 상징인 의복을 벗어버린다는 의미, 그리고 이 삶의 고뇌를 벗고 떠나고 싶다—즉 죽고 싶다는 뜻이다. 등장인물의 성격과 상황에 맞는, 살아 있는 말을 쓰는 능력을 셰익스피어는 긴 창작 활동을 통해 익혔던 것이다.

뛰어난 시란 어떤 것일까? 간결한 말에 여러 의미를 담는다. 말에서 저마다의 이미지가 넓어진다. 읽는 이로 하여금 분명 그러하다고 이해하게 만든다. 그러면서도 그들 나름대로 해석하는 자유를 방해하지 않는다. 이런 시가 있다면 뛰어난 시로 평가되리라. 셰익스피어는 그러한 작품을 썼다. 희극이면서 동시에 시인 작품을 말이다. 결국 셰익스피어는 시인이었고, 그가 시성(詩聖)이라고 불리는 까닭과 작품의 끝없는 깊이도 거기에서 비롯한다.

4. 시대정신의 역사극 세계

엘리자베스 시대의 세계관·정치관

셰익스피어 희곡들에서 중세 영국사를 다룬 11편을 흔히 역사극이라 부른다. 이 역사극은 희극이나 비극의 연극적 처리에 그치지 않고, 엘리자베스 시대 사람들에게는 특별한 의미를 가졌다. 셰익스피어 시대의 영국은 결코 무사태평한 황금시대가 아니라, 나라 안팎으로 정치적·종교적 과제가 쌓여 있던 때였다. 그러한 과제가, 그리고 그 배경에 있는 세계관·역사관·정치관 등이 셰익스피어 역사극에 반영되어 있으며, 그것이 역사극의 존재 가치를 이룬다.

우리는 셰익스피어를 엘리자베스 시대의 전형적 인물, 르네상스 시대의 정수라고 흔히 말한다. 그렇다면 그가 작품에 담아낸 사상은 오롯이 그 시대의 것이어야 하겠지만, 그 시대의 사상은 다른 시대와는 달라서 매우 복잡하다. 영국 르네상스 시대의 낭만주의나 이단적인 마키아벨리즘은 고려하지 않더라도, 르네상스 중세 시대를 완전한 부정, 즉 자아의 깨달음을 부르짖은 휴머니즘 운동이라고 본다면 셰익스피어는 인간 해방을 꿈꾼 새 시대의 대문호임에 틀림없다. 그러나 영국 르네상스 시대의 사조는 오히려 중세적인 유산을 밑바닥에 가지고 있었으니, 셰익스피어도 새 사상과 더불어 중세적 개념을 갖고 있었으리라.

르네상스 시대를 꽃피우다

중세적 개념이라는 표현은 곧 질서 개념이라고 바꾸어 말할 수 있는데, 셰익스피어 시대의 우주는 중세 시대부터 믿어왔던 프톨레마이오스의 우주관(천동설)으로, 상하연쇄관계, 평면연쇄관계, 음악과 춤이라는 세 가지 방식에서 인식되었다. 이들 가운데 음악과 춤은 그리스 시대부터 내려온, 천체가 질서정연하게 소리를 내며 궤도를 돌고 있다는 개념이며, 상하연쇄관계는 우주의 모든 존재는 신으로부터 무생물에 이르기까지 계급체계를 이루고 있다는 관념이다. 그리고 평면연쇄관계는 천사계로부터 인간계·동물계·식물계·광물계 등이 서로 맞닿아 관련을 맺고서, 각 평면계는 각 계마다 상응하는 상하계급 체계가 있고, 또한 각 평면계의 우두머리는 위아래 다른 평면계의 우두머리에 상응한다는 것이다. 참으로 질서정연한 인식이라 하겠다.

이런 질서 개념에는 반드시 그 반대인 무질서 개념이 따르기 마련인데 천체의 질서체계가 무너지면, 예컨대 일식·월식이나 천재지변이 일어나 그것이 당장 인간관계에 반영되어 무질서한 혼돈이 나타날 것이고, 반대로 인간관계의 질서체계가 무너지면, 예를 들어 신하가 군주를 죽이고 정권을 빼앗거나, 부덕하고 무능한 통치자가 집권하거나 또는 싸움터에서 아버지가 자식을 죽이고 자식이 아버지를 죽이는 등 비극이 벌어지고, 그것은 곧 천지의 이변인 가뭄·흉년·홍수·태풍 등으로 반영되게 마련인 것이다. 이렇듯 자연계와 인간계의 질서체계는 상호적·직각적이라고 생각되었다. 이런 세계관은 셰익스피어의 역사극에만 나타나 있는 것이 아니라, 그의 희곡 전체에서 찾아볼 수 있는 하나의 체계이다. 그것은 영국 르네상스 시대 모든 작가들의 사상적 배경을 이루고 있다고 보아도 지나침이 없으며, 그 시대 문학을 이해하려면 먼저 그런 사상적 배경을 알아야 한다.

그의 역사관 형성에는 16세기 후반 역사가 에드워드 홀의 흔히 《홀의 연대기》라 불리는 《랭커셔와 요크의 고귀하고 저명한 두 가문의 연합》과 같은 시기의 《설교집》, 그리고 작가 미상의 《왕후귀감(王侯龜鑑)》, 이 세 가지가 크게 영향을 미쳤다. 《홀의 연대기》 이전에, 튜더 왕조의 시조인 헨리 7세는 자기의 의심스러운 왕위를 정당화하고자 하는 뜻에서 이탈리아인 폴리도루스 베르길리우스에게 장미전쟁 무렵의 영국사를 쓰게 했는데, 폴리도루스는 독자적 비평정신을 가지고 역사적 사실의 서술에다 윤리를 끼워넣었다. 그는 사실을 공정하게 기록하는 성실성과 인간 동기에 대한 합리적이며 동정적인 판단, 그리고 사건의 인과관계를 밝히려는 의욕을 가졌었다. 특히 사건의 인과관계 개념을 처음으로 영국사에 끌어들임으로써, 역사를 단순한 사실 기록에 그치지 않고 하나의 인간극으로 만들었다는 점에서 셰익스피어 역사관과 깊은 인연을 맺게 되는 것이다. 그러나 튜더 왕조의 역사관 형성에 가장 큰 역할을 한 역사가는 홀인데, 그는 폴리도루스의 교훈적인 드라마 기법을 한층 더 강조하여 권선징악의 도덕을 사실 안에 넣어 가면서, 변화무쌍하고도 기나긴 역사의 인과관계를 밝혀냈다. 그리고 여기에서 인과응보 법칙을 찾아내어, 앞 시대 무질서한 역사를 하나의 전체로 체계화시켰다. 이것이 곧 셰익스피어의 역사관 형성에 크나큰 영향을 주었던 것이다.

다음으로 영국 국교파(國敎派)의 《설교집》을 보면 정치적·경제적·국왕의 개인적 동기가 크게 작용하여 헨리 8세 시대 영국은 명목상으로는 영국 성공회로 개종되었으나, 여전히 구교적 사고방식이 그 밑바닥에 흐르고 있었다. 그러므로 국교에 흡수되지 못한 종교적 감정을 영국 왕에 대한 종교적인 숭배로 돌려야 했다. 그래서 튜더 왕조의 《설교집》 내용은 추상론이 아니라 도덕적·교훈적 색채가 짙은 실제적인 것이었으며, 이것은 곧 튜더 왕조의 풍조와도 일치했다. 때문에 거기 나타난 국왕 중심의 질서 개념 또한 셰익스피어 역사관에 큰 영향을 미친 것이다. 이런 국왕 중심의 질서관이 엘리자베스 여왕 시대에서는 국가적·사회적인 절대 요청이었던 것이다.

그즈음 가장 주목할 만한, 작가 미상의 책 《왕후귀감》은 셰익스피어 역사관에 가장 직접적인 영향을 준다. 이 책은 셰익스피어 역사극과 똑같은 사건을 다루고 있을 뿐 아니라, 그 정신에서도 아주 비슷하다. 《왕후귀감》은 단순한 사실들을 늘어놓은 글이 아니며 가르침을 담아 인과응보의 법칙을 강조하고, 지난날의 실례를 들어 왕후를 교육하자는 것이 주된 목표였는데, 이렇게 역사의 인과관계를 밝혀내는 교훈적인 방법은 폴리도루스 베르길리우스에서 출발하여 홀이 덧붙여 강조했으며, 《왕후귀감》에 와서는 더욱더 명확해진 것이다.

잘 짜인 정치극

이처럼 역사의 인과율, 교훈적인 인과응보 법칙이 튜더 왕조의 역사관을 이루었는데, 그러면 셰익스피어는 어째서 질서 개념이라는 세계관과 인과응보라는 역사관을 사상적 배경으로 삼게 되었을까? 말했다시피 셰익스피어 시대의 영국은 근대적인 중앙집권 체제와 초기 자본주의 체제가 갖추어지고 국가의 통일과 부강이 이룩된 시기라고는 하지만, 대외관계·왕위계승 문제·신교와 구교의 갈등 등 여러 가지 어려운 과제가 산처럼 쌓여 있다 보니 언제 또다시 지난날과 같은 어지러운 시대로 돌아갈지도 모른다는 우려가 있었으며, 그리하여 질서가 더욱 요청된 시대였다. 야심 있고 권모술수에 뛰어난 기회주의자 헨리 볼링브룩이 나약하고 무능한 사촌 리처드 2세의 왕위를 강제로 빼앗은 대가는 그의 치하에서 벌어진 내란으로, 그의 손자 헨리 6세 때 마침내 나라는 걷잡을 수 없는 혼란에 빠지게 된다. 그리하여 오늘의 친구가 내일은 목이 달아나며, 권력을 잡은 자도 10년이 멀다 쓰러지고, 제후들 간의 권력투쟁 틈바구니 속에서 무고한 백성들만 희생당하는 등 피비린내 나는 왕위 쟁탈전 사태는 바로 장미전쟁이 생생하게 가져다준 것이다. 이것은 오로지 헨리 4세가 불법으로 왕위를 빼앗은 데에서 비롯되었다.

무릇 정신계나 자연 현상이나 정(正)의 개념에는 반드시 반(反)의 개념이 상응하기 마련이다. 셰익스피어 역사극에 그려진 내란과 무질서라는 반(反) 개념은 그 뒤쪽의 정(正) 개념인 질서관과는 떼려야 뗄 수 없는 것이다. 엘리자베스 시대에 질서가 절실했으므로, 앞선 시대 장미전쟁의 혼란을 돌이켜보고, 또 이 장미전쟁의 원인이 된 그 앞 시대와 관련시켜 인식했다는 점에서, 셰익스피어의 역사극은 그 무렵 정치 문제를 다룬 연극이면서 나라 사랑의 관점에서 만든 하나의 애국극이라고 할 수 있다.

셰익스피어는 엘리자베스 시대 사람들에게 가장 흥미롭고도 가장 중요했던 영국 역사의 한 단면을 하나의 체계로 구성한 것이다. 더욱이 이 체계는 그 규모가 웅장하고 커서, 이것을 완성시키는 데에는 8편의 작품과 10년의 세월이 필요했다. 이 체계의 윤곽은 《홀의 연대기》와 《왕후귀감》에서 얻은 것이지만, 이것을 펼쳐 나아간 힘은 셰익스피어 자신의 예술적 감각이었다.

이처럼 역사극을 하나의 체계로 보면, 11편의 역사극 중에서 《존 왕》, 《에드워드 3세》와 《헨리 8세》는 체계 바깥에 고립되고, 나머지 8편은 4편씩 두 개의 무리를 이룬다. 먼저 제작 연대가 앞인, 그러나 역사 연대는 뒤인 《헨리 6세 제1·2·3부》와 《리처드 3세》는 서로 밀접한 관계를 지닌 4부작이며, 나중에 쓴 《리처드 2세》, 《헨리 4세 제1·2부》, 그리고 《헨리 5세》 또한 하나의 무리를 이루는 4부작이다. 이렇게 두 무리의 4부작은 하나의 통일체를 이루는데, 앞의 4부작에서 셰익스피어는 현재인 장미전쟁의 시대를 언제나 과거, 즉 두 번째 4부작 시대와 관련지어 생각하고 있는 것이다. 다시 말해서 그는 장미전쟁

시기라는 혼란과 무질서는 두 번째 4부작에서 일어난 왕위 찬탈에서 비롯된 것이라고 믿었다.

역사극의 구성 체계

첫 번째 4부작을 각색할 때 그 틀은 《홀의 연대기》에서 따온 것이지만 셰익스피어의 질서의식은 확고했다. 즉 내란의 배후에서도 세계는 영원한 법칙의 일부라는 확신을 볼 수 있다. 그리고 또 《홀의 연대기》나 《왕후귀감》을 본떠서, 역사의 인과율을 집요하게 파고들었다. 특히 이 4부작 뒷부분에서는 《왕후귀감》의 주제인 인과응보 법칙과 왕후의 몰락, 높이 오른 자는 반드시 떨어지게 마련이라는 성자필쇠(盛者必衰)가 두드러진다. 그런데 이 첫 번째 4부작에서는 주인공이 없다고도 할 수 있다. 이 작품에는 이름 없는 주인공이 있기 때문인데, 그것은 영국이며 이 영국이 진짜 주인공이다.

두 번째 4부작에 와서 처음의 3편, 《리처드 2세》와 《헨리 4세 제1·2부》에서는 영국이라는 주인공에다 서사시적인 방법이 쓰이고 있다. 셰익스피어는 이 3편에서, 그 무렵 사람과 그 자신이 생각한 중세적 생활을 서사적으로 표현하고자 한 것이다. 이것은 그의 큰 공헌이자 큰 성공이며, 비극의 준비라기보다 이것 자체로서 존재 의의가 있는 것이다. 그 시절 서사시는 어떤 문학적 형식보다 윗자리를 차지했고, 또한 문학적 유행이기도 했다. 여기에는 민족주의도 작용하여, 위대한 서사시를 영어로 쓴다는 것은 영어와 영국민에게 위대한 영광을 가져오는 일이라는 민족적 자각에 영향을 받아, 셰익스피어도 역사극을 서사시로 표현하려고 한 듯싶다.

이렇듯 역사극에 서사시가 덧붙여지면서 《헨리 5세》에서는 이제까지는 추상적이던 국왕이 주인공이 되고, 연극은 영웅극으로 구성되었다. 이렇게 주인공이 영국에서 국왕으로 바뀌면서 셰익스피어가 지금까지 창안한 형식은 하루아침에 무너지고, 비극적인 주제가 드러나면서 역사극의 시대를 지나 비극의 시대로 들어서게 된다.

5. 모순의 희극 세계

희극은 모든 것을 긍정한다

공연할 시간이 한 시간 앞으로 다가오면 극장 꼭대기 탑에서 이 사실을 알리는 깃발을 올리고 트럼펫으로 팡파르를 울렸다. 흰 깃발은 희극을, 검은 깃발은 비극을, 붉은 깃발은 역사극을 공연한다는 뜻이있다.

넓은 의미에서 희극은 웃음을 자아내는 모든 연극을 일컫는다. 그렇지만 좁은 의미로는, 터무니없는 상황에서 오로지 관객을 웃기려고만 하는 소극(笑劇)과 달리 수준 높은 문학적 풍자와 해학이 담긴 연극을 희극이라고 한다. 셰익스피어의 희극은 특히 '낭만 희극'이라 할 수 있는데, 어려움을 이겨내고 사랑의 승리를 거두어 행복한 결말에 이르는 이야기를 다룬 희극이다. 셰익스피어의 비극 세계에서는 한 주인공의 가치관에 주목하며 하나만 옳다고 주장하지만, 희극 세계에서는 여러 사람들이 온갖 말을 하며 이를 모두 긍정한다.

성실한 사람일수록 자신에게 엄격하고 뚜렷한 가치관을 지녔기에 그 가치관을 다른 사람도 지켜줬으면 하고 바라기 쉽다. 그리고 다른 이에게 자신의 가치관을 강요하면 비극이 된다. 희극에서는 자신의 가치관과 일치하지 않는 다른 사고방식을 가진 사람들을 부정하지 않는다. 좋게 말하면 마음의 여유가 있다는 뜻이지만 나쁘게 말하면 어중간하고 흐릿하다. 불성실하다고 말할 수 있을지도 모른다. 아니 성실과 불성실이라는 경계를 나누는 일 자체가 희극인 것이 아니라 성실한지 불성실한지를 모른다는 모호함이 셰익스피어 희극의 정수라고 말할 수 있다. 어떤 상황에서도 유머를 잃지 않는 영국인의 기질도 셰익스피어 희극 세계와 통한다.

사람은 반드시 실수를 한다. 크건 작건 실패를 한다. 어리석은 행동을 한다. 이것이야말로 인간성이며 인간답다고 인식하는 일이 그 무렵 르네상스 시대에 퍼진 휴머니즘 사상이었다. 휴머니즘이란 실용주의 교육이 아니라 인격적인 인간으로 자라는 데 필요한 교양을 익히기 위한 고대 그리스 로마 시대의 고전 문화 연구를 말한다. 참된 학문은 보다 잘 살기 위한 학문이며, 그러기 위해서는 눈앞의 이익만 쫓는 근시안적 삶에 만족하지 않고 자신의 죽음을 내다보며 죽을 때까지 무엇을 할 수 있는지 생각해야 한다. 인간은 신처럼 전지전능하지도 않으며 불사(不死)의 존재도 될 수 없기 때문에 자신의 부족한 부분을 깨닫지 않으면 안 된다는 사상이 바로 휴머니즘이다.

진정으로 학문을 하는 사람은 알면 알수록 스스로 무지를 깨닫는다. 자신이 무엇을 모르는지 알게 된다. 엘리자베스 1세와 같은 나이의 프랑스 인문학자 미셸 몽테뉴는 "자신은 어리석은 사람에 지나지 않는다는 사실을 배워야만 한다" 주장하며 "나는 무엇을 알고 있는가" 물었다. 이 발상은 일반적으로 소크라테스의 '무지(無知)의 지(知)'라는 개념이 원점이라고 생각하면 된다.

소크라테스의 '무지의 지'는 주로 다음과 같은 이야기로 설명한다. 어느 날 아테네 철학자 소크라테스는 "소크라테스보다 똑똑한 사람은 없다"는 아폴론의 신탁을 받고 놀란다. 그렇지만 그는 어리석은 자신이 가장 똑똑할 리가 없으며 자신보다 똑똑한 사람이 있으리라고 생각해 유명한 정치가나 군인, 시인을 찾아가 이야기를 나누어 보았다. 그리하여 "세상에서 똑똑하다고 하는 사람들은 자신이 똑똑하다고 생각하지만, 나는 자신이 어리석다는 걸 알고 있다"는 사실을 깨닫고, 자신은 자신의 어리석음을 알고 있다는 점에서 이를 모르는 사람보다 똑똑할지도 모른다고 받아들였다고 한다.

다만 '무지의 지'라는 표현은 소크라테스가 사용한 흔적이 없고 플라톤의 책에서도 보이지 않는다. 아마도 중세 철학자 니콜라우스 쿠자누스가 설명한 '지혜로운 무지'에서 비롯한 표현 같다. 쿠자누스의 '지혜로운 무지(학식 있는 무지)'란 인간이 신의 무한함을 파악할 수 없다는 사실을 깊이 깨닫는 일로 확인할 수 있는 무지를 말한다. 하지만 셰익스피어는 쿠자누스가 아니라 좀 더 통속적인 소크라테스의 이야기로 이해한 것 같다. 이는 셰익스피어가 묘사하는 광대들의 다음과 같은 대사로 확인할 수 있다.

광대 터치스톤이 말하길 "바보는 자기를 똑똑하다고 생각하지만, 똑똑한 사람은 자기가 바보란 걸 안다"(《뜻대로 하세요》 제5막 제1장). 또 광대 페스테가 말하기를 "자신이 지혜롭다고 생각하는 사람은 거의 바보라는 걸 알 수 있어. 우리는 자신이 지혜가 없다는 사실을 알고 있으니 지혜롭다고 할 수 있지. 퀴나팔루스 선생도 이렇게 말했거든. '바보 같은 지식인보다 지혜로운 바보가 되어라.'"(《십이야》 제1막 제5장).

《십이야》에서 여주인공 비올라가 광대 페스테를 "바보 흉내를 내고 있지만 영리한 사람이네. 광대 노릇을 하려면 사실 무척 똑똑해야 하거든" 말했듯이, 셰익스피어의 광대는 기본적으로 소크라테스처럼 자신이 어리석다는 사실을 알고 있는 똑똑한 바보라는 모순된 존재이다.

지혜로운 광대들

셰익스피어의 희극에는 광대가 곧잘 나온다. 광대는 다른 등장인물들에게 자신이 어리석다는 사실을 깨닫게 만드는 역할을 한다. 중세 르네상스에서 광대는 서커스의 피에로와는 다르게 인간이 가진 어리석음을 인식할 필요성이 있다고 주장하는 휴머니즘에 바탕을 둔 존재이다. 연극 역사에서 보면 광대의 원형은 도덕극의 악덕이나 로마 비극의 우스꽝스러운 노예 역할에서 볼 수 있다. 그리고 셰익스피어가 살던 시대에는 궁정 광대라 불리는 사람들이 존재했다.

엘리자베스 여왕도 그녀의 아버지 헨리 8세도 궁정 광대를 데리고 있었다. 헨리 8세의 궁정 광대 윌 서머스는 왕에게 친근한 말투로 말을 걸며 우스갯소리나 쓴소리를 해도 된다는 허락을 받은 공인된 바보였다. 헨리 8세가 매우 화가 나 회의를 계속할 수 없었을 때 윌 서머스가 전혀 무서워하지 않고 농담으로 왕을 웃겼으며 무사히 회의를 진행했다는 일화가 있다. 궁정 광대는 방울 달린 광대 모자를 쓰고 꼭대기에 괴상한 광대 얼굴이 그려진 광대 봉을 들고 있다.

르네상스 시대 가장 널리 알려진 인문학자 에라스뮈스의 《우신예찬》의 삽화 제목인 '어리석은 자의 거울'은 참으로 정교하게 광대의 기능을 나타낸다. 광대 옷을 입었는데 광대 모자를 벗고 진지한 표정을 한 남자가 거울을 들여다보면 거울 속 광대가 "너는 바보다" 지적하듯이 혀를 내밀고 있는 그림이다. 광대의 역할이란 바로 이 거울 속 광대처럼 자신이 진지하고 똑똑하다고 생각하는 사람에게 "자신의 어리석음을 깨달아라" 이야기해 주는 일인데, 이는 "당신도 바보인 나와 똑같은 바보야" 말하는 것이나 마찬가지이다.

뜨거운 얼음, 불타는 눈

'지혜로운 바보'나 '무지의 지' 같은 모순된 표현을 옥시머론(모순어법, 형용모순)이라 부른다. 옥시는 '지혜롭다' 머론은 '어리석다'는 뜻의 그리스어다. 그야말로 '지혜로운 바보'의 어원이다. 모순된 내용을 일부러 묶은 이 표현은 근대성 틀에 얽매이지 않고 자유로운 상상력을 마음껏 펼치는 셰익스피어 작품의 특징적인 표현 방식이다.

셰익스피어가 모순된 표현을 즐겨 쓴 까닭은 '인간은 모순된 존재'라는 인식이 있었기 때문이다. 좋은 일, 바람직한 방법을 알고 있음에도 그렇게 하지 못하거나 사랑하는 사람에게 상처를 주고 또 해서는 안 되는 일을 해버리기도 한다. 인간은 이론을 뛰어넘은 존재이며 바로 모순 속에 인생의 위험과 재미가 깃들어 있다.

예를 들어 《한여름 밤의 꿈》에서는 결혼을 축하하여 상연하게 될 가면극을 장황하면서 간결하게 설명하는 장면이 나온다. 매우 비극적

〈바보배〉 광대 옷을 입은 남자　제바스티안 브란트. 1494.

인 유머라 설명할 때 공작이 "이건 꼭 뜨거운 얼음, 불타는 눈(雪)이랄까" 말하며 옥시머론을 사용한다. 《한여름 밤의 꿈》에서는 젊은이들이 구애를 하며 소동을 일으키는데, 마침내 사랑이 이루어져 잠잠해지자 여주인공 헬레나가 "나도 그래. 데메트리우스가 손에 들어오긴 했지만, 주운 보석처럼 내 것인지, 내 것이 아닌지 모르겠어"라고 말한다(제4막 제1장). 언제 다시 멀어질지 모르는 연인의 마음을 지금 가지고 있다는 생각을 둘러싼 불안은 반대로 현재의 덧없는 기쁨을 강조해 준다.

인간은 모순된 존재라는 발상은 희극에만 그치지 않기에 셰익스피어의 비극에서도 옥시머론 예를 자주 찾아볼 수 있다.

　고운 건 더럽고, 더러운 건 곱다. (제1막 제1장)

이는 《맥베스》 앞부분에서 마녀들이 말하는 대사이다. 훌륭하게 보이는 일도 시선을 바꿔 보면 도덕적이지 않은 점이 있거나 이러이러하다고 생각되는 것이 실은 전혀 다른 실체를 가지고 있기도 하는, 이 작품의 주제와 깊은 관련이 있다. 이런 생각을 가진 마녀들은 희극적이라고 말할 수도 있다.

《로미오와 줄리엣》 제1막 제1장에서는 로미오가 달콤한 사랑에 뒤섞인 슬픔을 다음과 같이 그려내며 고민하는 동안에는 비극으로 발전할 기색이 느껴지지 않는다.

　　본디 무(無)에서 생겨난 유(有)! 아, 침울한 경쾌함, 진지한 허영, 겉으로는 좋아 보여도 그 안은 일그러진 혼돈, 납덩이 같은 솜털, 빛나는 연기, 차가운 불꽃, 병든 건강, 늘 깨어 있는 잠, 그러면서도 그렇지 않은 것!

분명 비극의 발단은 원수 집안 사이에서 사랑이 돋아나는 "오직 하나의 내 사랑이 오직 하나의 내 미움에서 싹트다니!"(제1막 제5장) 부분에 있지만 《로미오와 줄리엣》은 살인이 일어나기 전까지, 그러니까 머큐시오와 티볼트가 죽기 전까지는 희극의 전개를 보여준다. 게다가 줄리엣은 사랑하는 로미오가 사촌 티볼트를 죽였다는 사실을 알고 슬퍼할 때마저 옥시머론을 사용한다.

　　아름다운 폭군! 천사 같은 악마! 비둘기 깃털을 가진 까마귀! 늑대처럼 탐욕스런 양! 고귀한 겉모습과 달리 추악한 실체! 겉과 속이 정반대로구나. 저주받은 성자! 고결한 악당! (제3막 제2장)

그렇지만 마지막으로 죽음 같은 삶(가사 상태)이라는 옥시머론의 의미를 로미오가 읽어내지 못했기 때문에 비극적인 결말을 맞이한다.
또한 로마극 《트로일로스와 크레시다》에서는 사랑을 맹세한 연인 크레시다가 다른 남자와 사이좋게 지내는 모습을 본 주인공 트로일로스는 외친다.

　　그것은 크레시다야. 그렇지만 크레시다가 아니야. (제5막 제2장)

이 로마극은 트로이 전쟁을 그렸으며 트로일로스의 형 헥토르가 학살당하는 비극을 다뤘는데 제목에 나오는 트로일로스와 크레시다 두 사람은 죽지 않는다. 옥시머론을 입에 올린 시점에서 트로일로스는 비극적인 세계에서 벗어난다.

모순의 화신—폴스타프

폴스타프는 예나 지금이나 가장 생기 넘치는 희극적 인물 가운데 한 사람이며, 의심할 여지도 없이 셰익스피어 작품 중에서도 가장 쾌활한 익살꾼이다. 그가 맨 처음 등장하는 작품은 《헨리 4세 제1부》인데, 큰 호평을 얻어서 《헨리 4세 제2부》에서도 중요한 역할을 맡는다.

《헨리 5세》 제2막 제3장의 인상적인 대사에서 이 늙은 기사 폴스타프의 죽음을 예고하고 일단 무대에서 모습을 감추지만, 뒤에 살아 돌아와 《윈저의 즐거운 아낙네들》에 다시 나온다.

폴스타프는 처음 극중에서 존 올드캐슬 경이라는 이름으로 나왔는데, 14세기에서 15세기에 걸쳐 영국에 실제로 존재한 인물이다. 이에 올드캐슬 집안 출신인 카범 경이라는 사람이 크게 항의를 했다. 뒷날 이야기에 따르면, 이 술 마시기 좋아하고 냉소적이며(주로 《헨리 4세 제2부》에서이지만) 길에서 도둑질을 하는 허풍쟁이 군인에게 폴스타프라는 이름을 붙인 것은 의도적이었으며, 카범 경이 청교도적 성향이 강하고 연극에 증오심을 품은 인물이었던 탓에 틀림없이 도발하려 한 것이라고 한다. 그러나 이는 아무런 근거도 없는 이야기이다.

존 올드캐슬 경은 이미 《헨리 5세의 유명한 승리》라는 오래된 연극에 핼 왕자(뒷날 헨리 5세)의 술친구로 나오며, 셰익스피어는 《헨리 4세》 및 《헨리 5세》를 쓸 때 이 작품에서 소재를 얻었고 올드캐슬 이름도 거기서 이어진 것이라 추정된다. 어쨌든 셰익스피어는 항의를 받아들이고 흔쾌히 이름을 폴스타프로 바꾸었다. 실재하는 올드캐슬은 용감하며, 시시한 술친구와 사귀지 않는 훌륭한 군인이었기에 그렇게 하는 것이 예의였고 마땅한 일이기도 했으리라. 이름을 바꾼 존 폴스타프는 곧바로 관객에게 호평을 얻었다. 이 뻔뻔한 모순 덩어리이자 허풍쟁이 노인은 현실을 그대로 드러내는 인물이었기 때문이다.

런던 길거리에는 폴스타프 같은 유형의 사람들이 우글거렸다. 런던에는 영

국 군대의 4분의 1이 머물고 있었고, 뚱뚱한 기사 폴스타프처럼 능청스러운 사람은 어느 선술집을 가더라도 쉽게 만날 수 있었다. 폴스타프는 《헨리 4세》에서 뒷날 헨리 5세가 되는 젊은 왕자의 마음에 드는 방탕한 친구로 묘사되어 있는데, 왕자가 폴스타프의 편을 들어주는 것도 무리는 아니다. 폴스타프에게는 뿌리칠 수 없는 매력이 있기 때문이다. 그는 술꾼에 대식가이며 거짓말을 잘하고 곧장 타협해 버리는 겁쟁이지만 개방적이며 허물없는 점이 있다. 그는 현실주의자이고 자

《헨리 4세 제2부》에서 정부 돌 티어시트를 안고 있는 폴스타프
19세기 판화

신이 누구인지를 잘 안다. 이러한 점은 위선이 심해지고 자기기만에 빠지기 쉬운 세계에서는 귀중하다(그렇다고 해도 《헨리 4세 제2부》가 되면 그 자신도 자기를 기만하는 경향이 심해지지만). 폴스타프는 차츰 이른바 짐 같은 존재가 되기 시작한다. 사실을 바탕으로 하는 역사극 속에서 거침없이 활약하고 중심인물이 되어 모든 것을 혼란스럽고 시끄럽게 만들어 계획을 틀어놓고 생각지도 못한 일을 저질러 그 자리에 어울리지 않는 웃음의 소용돌이를 불러일으킨다.

그러나 즉위가 가까워지고 새로운 삶의 길을 걸어가려 하는 헬 왕자에게 폴스타프는 정신적이고 도덕적인 의미에서 갈수록 마음에 들지 않는 존재가 된다. 이리하여 이 늙은 무뢰한은 애처로운 마지막에 이를 수밖에 없게 된다. 그는 방탕한 친구 헬 왕자가 즉위하고 자신이 행운의 문턱에 서 있다고 생각

한 바로 그때, 인생의 새로운 역할이 요구하는 위엄을 의식한 새로운 왕 헨리 5세에게 무자비하게 버림받는다. 그 충격으로 폴스타프는 몸져눕게 되고 마침내 세상을 떠난다. "전하 덕분에 (폴스타프의) 가슴이 터져버리셨을 거예요"(《헨리 5세》제2막 제1장).

폴스타프가 왜 인기가 있으며 어찌하여 관객들이 그가 다시 살아 돌아오기를 바랐는지 분명히 알 수 있다. 셰익스피어는 간절한 바람(엘리자베스 여왕이 사랑하는 폴스타프를 보고 싶다고 간절히 바랐다는 이야기도 전해진다)에 따라 그를 되살려서 《윈저의 즐거운 아낙네들》에 다시 등장시킨다. 비록 여자를 아주 좋아하는 늙은 익살꾼의 모습으로 전락했으나, 궁지에 몰려도 구렁이처럼 빠져나오는 폴스타프만큼 이렇기도 하고 저렇기도 하다는 모호한 희극 정신을 몸소 표현하는 인물은 없을 것이다.

A이면서 A가 아니라는 모순을 부정한 세계야말로 셰익스피어의 희극 세계라고 할 수 있다. 논리학 세계와 다르게 실제 삶에서는 모든 일을 다 이해할 수는 없다. '그렇지만 그렇지 않다'는 모호한 일이 일어나면 사람은 고뇌에 빠진다. '나'라는 존재의 마음도 변하며, 좋다고 생각한 일이 나쁜 일로 바뀌기도 한다.

어두운 그림자에서 어지러운 과정으로

캐나다 문학연구원 노드롭 프라이의 분석에 따르면 셰익스피어 희극의 구조는 다음과 같다.

먼저 앞부분에서 어두운 그림자를 보여주고, 이를 극복하는 주인공들이 나아가는 길에서 어지러운 과정이라는 혼란 상태로 들어간다.

그렇게 절정을 맞이한 뒤 혼란이 해소되고 대단원을 장식한다.

앞부분에 등장하는 어두운 그림자가 무엇인지 모든 희극에서 음미해 보자. 문제극이라 분류하기도 하는 《끝이 좋으면 다 좋아》와 《말은 말로 되는 되로》도 희극이라 생각한다면 셰익스피어의 희극은 다음의 12작품이 된다(셰익스피어의 희곡 40작품은 희극 12, 비극 11, 역사극 12, 낭만극 5로 분류한다).

희극 작품 이름을 추정 집필 순서대로 나열하고 저마다 작품 앞부분에 등장하는 어두운 그림자를 살펴보자.

①《베로나의 두 신사》연인과 강제로 이별

② 《사랑의 헛수고》 연애 금지라는 불합리한 규칙

③ 《말괄량이 길들이기》 말괄량이의 신경질

④ 《실수 연발》 가족의 흩어짐과 불합리한 사형 선고

⑤ 《한여름 밤의 꿈》 불합리한 결혼 명령, 부부 싸움, 불륜

⑥ 《베니스의 상인》 이유 없는 우울

⑦ 《윈저의 즐거운 아낙네들》 기사의 나쁜 행동

⑧ 《헛소동》 말싸움과 불평불만

⑨ 《뜻대로 하세요》 궁전에서 추방

⑩ 《십이야》 상중(喪中)과 사랑의 우울

⑪ 《말은 말로 되는 되로》 불합리한 법률과 사형 선고

⑫ 《끝이 좋으면 다 좋아》 남편의 불합리한 지시

주인공은 이런 어두운 그림자를 이겨내기 위해 어지러운 과정으로 들어간다. 거기서 일단 이제까지의 자신을 잃어버리고 자신이 누구인지 모르게 된다. 즉 정체성 상실과 혼란을 경험한다.

이것이 바로 셰익스피어 희극의 중요한 핵심이다. 이제까지의 자신의 껍데기를 부수고 새로운 자신이 되거나 우연히 만난 사람이 인생의 중요한 일부가 되기도 한다. 새로운 정체성을 얻기 위해서는 자기 정체성을 잃어버리는 위험을 무릅써야 한다.

쉬운 예로 《실수 연발》에서 주인공 안티폴루스는 어린 시절 헤어진 쌍둥이 형과 어머니를 찾는 여행의 수고로움을 이렇게 말한다.

　　이 세상에서 나라는 존재는 하나의 물방울이 드넓은 바다에 떨어져, 자기의 동료 물방울 하나를 찾으려는 것과 같아. 찾을 수 없는 것을 물어 가며 찾다가 내 존재마저 잃어버린, 물방울 같은 존재가 바로 나야. (제1막 제2장)

스스로를 드넓은 바다의 하나의 물방울이라 말하며 세상이라는 큰 바다 속에서 자신과 관계있는 다른 한 방울을 찾다가 자기 자신을 잃어버렸다고 말한다. 하지만 그렇게 자신을 잃어버릴지도 모르는 모험에 발을 내딛지 않으면 새로운 땅은 볼 수 없다.

모험에 나선다는 사실을 구체적으로 보여주기 위해 희극의 주인공들은 숲이나 다른 나라처럼 일상생활과는 다른 곳으로 가는 경우가 많다. 예를 들어 《한여름 밤의 꿈》의 환한 달빛 아래 아테네 숲은 요정들이 노닐고 이성의 상징인 햇빛이 없다는 점에서, 그야말로 평범한 궤도에서 벗어난 어지러운 과정의 장소로 어울린다.

그런 어지러운 과정에서 사람은 정체성의 혼란을 겪는다. 이 혼란이 심하면 심할수록 즐거운 연극이 된다. 그리고 마지막에 혼란은 가라앉고 대단원을 맞이한다. 그때 주인공은 새로운 정체성을, 많은 경우 사랑이라는 형태로 얻는다.

거의 모든 희극에서 결혼이 대단원을 장식하는 이유는, 결혼을 해야 처음으로 그 사람이 어엿한 어른이 되었다고 생각한 시대였기 때문이다. 오늘날 비평에서는 결혼이 반드시 행복을 보장하는 일은 아니기에 희극의 마무리로 걸맞지 않다는 의견도 있지만 셰익스피어 시대의 결혼관은 현대와는 달랐다. 결혼 상대를 자신의 반쪽이라 부르는 표현은 이 시대부터였으며 부부는 일심동체라는 인식을 오늘보다 강하게 믿었다.

《실수 연발》에서 아내 아드리아나의 말에 귀를 기울이면 그 의미를 잘 알 수 있다.

> 그런데 여보, 이제는 어떻게 된 거죠? 당신은 왜 이토록 당신 자신에게서 멀어지게 됐나요? 나로서는 낯설지만 내가 당신 자신이라고 부르겠어요. 다시 말해서, 둘로 나뉠 수 없는 한 몸, 당신의 가장 소중한 부분보다 더 소중한 사람이에요. 아, 제발 나로부터 당신을 떼어내지 마세요! 당신 자신도 알다시피, 파도가 휘몰아치는 바닷가에 떨어뜨린 물 한 방울을 다시 늘지도 줄지도 않게 건져 올릴 수는 없어요. (제2막 제2장)

이 외침이 들어 있다. 그 외침은 매우 진지하며 비통하기까지 하다. 그러나 여기서 아드리아나가 남편이라 여기며 진심을 다해 말을 거는 상대가 남편과 똑같이 생긴 쌍둥이 동생이라는 사실에 희극적인 설정이 있다. 처음 본 여자에게 갑자기 사랑 고백을 들으며 동생이 놀라는 모습에 관객들은 웃음을 터뜨린다.

웃음 뒤에는 눈물이 있다. 그 복잡한 이중성이 바로 셰익스피어다운 표현이라 할 수 있다.

중심 줄거리와 곁딸린 줄거리

이중성은 작품의 구조에도 들어 있으며 셰익스피어 희극은 중심 줄거리와 곁딸린 줄거리로 이루어진 경우가 많다. 중심 줄거리에서는 신분이 높은 사람들이 진지한 이야기를 펼치고, 곁딸린 줄거리에서는 신분이 낮은 사람들의 우스꽝스러운 이야기가 흐르는 형태가 보통이다. 여기서는 전형적인 희극 《십이야》를 예로 그 구조를 확인해 보자.

《십이야》에서 남장을 하고 자신을 세자리오라 부르는 비올라는 일리리아 공작 오르시노를 위해 일하며 남몰래 공작을 사랑한다. 하지만 공작은 백작 집안의 아름다운 올리비아를 사랑하며 올리비아는 남장한 비올라를 사랑한다. 이것이 중심 줄거리이다.

곁딸린 이야기에서는 마찬가지로 짝사랑을 주제로 우스꽝스러운 내용이 펼쳐진다. 먼저 젊고 어리석은 귀족(앤드류 에이규치크)은 올리비아를 사랑하는데 올리비아의 숙부(토비 벨치)에게 속아 돈을 대주었다. 한편 고지식한 집사 말볼리오는 장난에 넘어가 주인인 올리비아에게 연애편지를 받았다고 믿으며 그 편지에 적힌 대로 독특한 옷을 입거나 싱글싱글 웃는 등 이상한 행동을 해서 웃음거리가 된다.

올리비아를 일방적으로 사랑하며 이루어지지 않는다는 점에서는 중심 줄거리의 공작이나 또 다른 이야기의 말볼리오와 앤드류도 마찬가지지만, 관객은 공작을 보고는 웃지 않고 곁딸린 이야기의 등장인물을 보고 웃음을 터뜨린다. 왜냐하면 공작은 자신을 사랑해 주는 비올라의 존재를 깨달아 올리비아에 대한 덧없는 사랑을 단념하고 새로운 사랑을 얻지만, 곁딸린 줄거리의 등장인물은 자신의 어리석음을 깨닫지 못하기 때문이다.

마침내 남장을 한 비올라와 똑같이 생긴 쌍둥이 오빠 세바스찬이 등장해 연극은 어지러운 과정으로 들어간다. 올리비아는 세바스찬을 세자리오라 착각하고 설득해서 결혼해 버린다. 그리고 마지막 장면에서 세바스찬과 비올라가 처음으로 무대 위에서 만나며 이야기는 결말로 나아간다.

이때 오르시노 공작은 한 사람이 여기에도 있고 저기에도 있다고 생각해서

"얼굴도 하나, 목소리도 하나, 옷차림도 하나인데 사람은 둘이라니, 자연이 만든 환상이 아니면 무엇인가!"라는 옥시머론을 입에 올린다. 죽은 사람이 되살아나는 이야기는 《헛소동》, 《끝이 좋으면 다 좋아》, 《페리클레스》, 《겨울 이야기》, 《심벨린》에도 나온다.

올리비아의 실수는(비올라가 아니라 세바스찬과 결혼한 점) 실수가 아니었다고 세바스찬이 말한다.

올리비아가 두 사람을 착각한 일은 말볼리오가 거짓 편지를 올리비아의 편지라고 오해한 것과 비슷하다. 그런데 올리비아는 사랑이 이루어지고 말볼리오는 벌을 받는 이유가 무엇일까? 올리비아는 자신이 어리석다는 사실을 알지만 말볼리오는 오만하고 어리석은 자신을 깨닫지 못했기 때문이다.

올리비아는 자신의 마음을 더는 억누를 수가 없자 자신이 이상하다고 여기며, 말볼리오가 이상해졌다는 이야기를 듣자 이렇게 말한다.

> 머리가 이상한 건 나도 마찬가지야. 진지한 상황이든 즐거운 상황이든 이상한 건 변함없어. (제3막 제4장)

그런데 이와는 달리 말볼리오는 자신은 미치지 않았다고 외친다. 광대 페스테는 말볼리오의 어리석음을 다음처럼 지적했다.

> **말볼리오** 광대야, 세상에 나만큼 억울한 사람은 없어. 나는 정신이 멀쩡하단다. 너만큼이나 멀쩡하다고.
> **페스테** 저만큼이나요? 그럼 정신이 나간 게 맞을 텐데요. 광대보다도 정신이 온전치 못하면 그게 미친 거지 뭐예요. (제4막 제2장)

말하자면 페스테는 말볼리오에게 광대의 거울을 보여주는데 정작 말볼리오는 깨닫지 못한다. 마찬가지로 앤드류도 마지막에 토비가 보란듯이 "당신이 이렇게 한 방 먹은 건 처음 보오(제1막 제3장)" 말할 때까지 자신의 어리석음을 알지 못한다. 중심 줄거리에서도 그에 딸린 줄거리에서도 비슷한 어리석은 행동을 한다. 다만 중심 줄거리의 사람들은 자신의 어리석음을 깨닫는 반면 곁딸린 이야기의 등장인물들은 끝까지 어리석다는 점이 다르다.

두 정체성의 공존─변장

희극에서 정체성 혼란을 만들기 위해 많이 쓰는 수법은 변장이다. 변장을 하면 이중 정체성을 얻을 수 있다. 다시 말해 '그러면서 그렇지 않은' 옥시머론의 인물이 될 수 있다.

그렇기에 셰익스피어의 작품뿐만 아니라 엘리자베스 여왕 시대 연극에서는 변장이 곧잘 등장했다. 셰익스피어가 활약한 1590년부터 30년 동안의 통계를 살펴보면 현재 읽을 수 있는 엘리자베스 여왕 시대의 희곡 285작품 가운데 218작품, 그러니까 76퍼센트에 이르는 연극에서 변장을 사용했다.

엘리자베스 여왕 시대 연극을 대표하는 셰익스피어 희극에 변장이 곧잘 등장한 것도 자연스러운 일이다. 《말괄량이 길들이기》는 낯선 나라에 온 주인과 하인이 옷을 바꿔 입어서 정체성을 바꾸는 장면으로 시작한다. 옷을 그럴듯하게 갈아입지 않아도 《사랑의 헛수고》나 《헛소동》처럼 가면을 쓰고 다른 사람인 척하는 이야기도 변장의 하나라 할 수 있다.

변장이나 가면 기법을 쓰지 않는 예외적인 셰익스피어 희극은 《실수 연발》과 《한여름 밤의 꿈》 두 작품뿐이다. 그렇지만 《실수 연발》에서는 똑같이 생긴 쌍둥이가 두 쌍 등장하므로 변장을 쓰지 않고도 정체성 혼란이 일어난다. 그리고 《한여름 밤의 꿈》에서는 사랑의 마법 약이 눈에 들어간 남자가 눈을 떴을 때 처음으로 본 여자에게 반한다는 소동이 일어나 네 젊은 남녀 가운데 누가 누구에게 사랑에 빠질지 알 수가 없다. 게다가 아테네 숲에서 이상한 연극 연습을 하던 직조공 보텀은 요정 퍽의 장난으로 당나귀로 변한다. 여기에서는 변장보다 강력한 정체성 혼란을 만들어 냈다고 할 수 있다.

다만 변장은 기본적으로 희극에서 쓰는 방법이기 때문에 비극에서는 그다지 등장하지 않는다. 셰익스피어의 비극에서는 (햄릿의 미친 척하는 연기를 제외하고) 《리어 왕》, 《티투스 안드로니쿠스》, 《코리올라누스》 세 작품에서 사용했을 뿐이다. 비극은 인물의 내면에 집중하는 경향이 있는데 희극은 오로지 인간관계를 그린다. 셰익스피어 희극에서는 '나'라는 존재가 다른 사람과의 관계 속에서 만들어진다는 사실을 변장이라는 기법으로 보여준다고도 할 수 있다.

그리고 신들의 존재를 전제로 예상을 뛰어넘는 전개를 펼치는 낭만극 (《페리클레스》, 《겨울 이야기》, 《심벨린》, 《폭풍우》, 《두 귀족 친척》)에서도 반드시 변

장이 나온다. 역사극에서는 75퍼
센트의 작품에서 변장을 썼으며
엘리자베스 여왕 시대 연극 전체
의 평균에 가깝다. 다만 역사극에
는 남장이나 여장 같은 이성으로
변장하는 일은 없다. 이성으로 변
장하는 것은 희극의 특징이라고
볼 수 있다.

셰익스피어의 희극에서는 특히
남장을 한 여주인공이 많다. 남
자답게 행동하려 하면서 숨길 수
없는 여성의 마음을 가졌다는 이
중성을 표현할 수 있기 때문이
다.《베로나의 두 신사》의 줄리아,
《베니스의 상인》의 제시카, 포르
티아, 네리사,《뜻대로 하세요》의

17세기 후반의 소년 배우 에드워드 키나스톤

로잘린드 그리고 앞에서 이야기한《십이야》의 비올라가 남장을 했다.

반대로 여장을 한 남자가 적은 까닭은 무엇일까? 엘리자베스 여왕 시대 연
극에는 여배우 없이 소년이 여장을 하고 여자 역할을 연기했다. 정해진 여성
역할과는 별도로 연극의 기법으로 여장을 이용하려면 무대 위에서 남자라
는 사실을 알리지 않으면 의미가 없다. 아름다운 여성의 옷으로 차려입은 사
람이 몽땅 벗어던지고 남자다운 모습을 보이든지 때때로 굵은 목소리를 내며
남성의 정체성을 강하게 드러내지 않으면 재미를 보여줄 수 없다(여자 역할과
다르다는 점을 뚜렷하게 보여줘야 한다). 그러나 엘리자베스 여왕 시대 연극의
여자 역할은 귀여운 소년들이 맡았기에 강한 남성성을 표현하기 어려웠다.

소년이 아닌 성인 남성이 여장을 하는 작품은《윈저의 즐거운 아낙네들》의
폴스타프가 수염 달린 노파로 변장해 얻어맞는 장면처럼 말도 안 되는 여장
밖에 없다.

폴스타프 말고는 연극 속의 연극에서 소년이 여자 역할을 한다는 설정뿐
이다(《말괄량이 길들이기》 하인의 여장,《한여름 밤의 꿈》 풀무 수선공 플루트의

여자 역할, 《햄릿》 속 연극의 여왕 역할 세 작품).

빛과 그림자

셰익스피어가 남장한 여주인공을 많이 등장시킨 까닭은 변장이 마음의 변화를 드러내기에 알맞은 장치였기 때문이라고도 할 수 있다. 속마음을 있는 그대로 고백하지 못하고 가슴속에 숨겨두는 일은 자신의 참된 모습을 사람들에게 드러내지 않는 변장이나 마찬가지이다.

《십이야》의 비올라는 남장을 하고 오르시노 공작 곁에서 일하지만 실은 공작을 사랑한다. 하지만 여자라는 사실을 밝히지 못하니 사랑하는 마음을 공작에게 고백할 수 없어서 겨우 이런 수수께끼 같은 말을 던진다.

비올라 제 아버지께는 딸이 하나 있었는데, 그 애는 어떤 사내를 사랑했지요. 아마 제가 여자이고 상대가 공작님이라면 꼭 그렇게 사랑했을 거예요.

공작 그녀는 어찌 되었지?

비올라 아무 일도 없었어요. 그녀는 결코 그 사랑을 고백하지 않고 그저 숨기기만 했지요. 꽃봉오리 속에 꽁꽁 숨은 애벌레가 장밋빛 뺨을 갉아 먹게 내버려 뒀던 거예요. 생각에 젖어 애달파하고, 창백하고 파리한 우울함에 잠겨 비탄 속에 미소 짓는 무덤가 조각상처럼 앉아만 있었답니다. 이게 진정 사랑이 아니었던 걸까요? (제2막 제4장)

변장 자체가 아무리 재미있어도 변장을 한 사람이 긴장을 잃지 않도록 셰익스피어 희극은 웃음 뒤에 늘 그림자가 있으며, 그림자가 빛을 뒤에서 받쳐 준다는 사실을 가르쳐 준다. 《십이야》에서는 사랑 노래를 원하는 공작을 위해 광대가 "어서 오라, 죽음이여, 내게로 오라" 이런 어두운 노래를 부르기도 한다.

르네상스에서는 사람은 언젠가는 죽어야 하는 존재라는 사실을 강조하는데, 삶에 끝이 있다고 인식하면 할수록 한정된 삶을 더욱 잘 살려고 노력하게 된다. 더욱 잘 살기 위해서는 인간의 한계를 깨닫고 자신의 어리석음을 알아야만 한다.

스스로 어리석다는 사실을 깨달아야 한다는 점을 생각하면 《한여름 밤의 꿈》에서 요정 퍽이 연인들의 소동을 즐거워하며 다음과 같이 말했을 때, 단순히 인간을 무시한 게 아니라는 사실을 알 수 있다.

> **파크** 우리 요정 나라의 대장님, 지금 헬레나가 오는 중입니다. 제가 실수를 한 청년도 함께 오면서 애인의 권리를 애걸하는 중입니다. 그들의 바보 같은 어릿광대짓을 구경이나 하실까요? 아, 인간들은 참으로 멍청해요!
> (제3막 제2장)

사랑은 인간이 저지르는 가장 훌륭한 어리석은 행동이다. 어리석은 행동을 하지 않는 사람보다 재미없는 사람은 없다. 그렇기 때문에 《뜻대로 하세요》의 청년 올란도는 로잘린드를 사랑해 숲속의 모든 나무에 로잘린드를 칭송하는 시를 붙이는 바보 같은 행동을 함으로써 행복해진다. 비관적인 제이퀴즈가 그런 바보 같은 일로 숲을 해치지 말라고 주의하자 올란도는 다음처럼 말한다.

> **제이퀴즈** 당신의 가장 큰 실수는 사랑에 빠져 있다는 점이오.
> **올란도** 그런 실수라면 당신의 가장 훌륭한 미덕과도 바꾸지 않을 테요.
> (제3막 제2장)

《십이야》의 광대 페스테는 이렇게 말한다. "광대란 저 태양처럼 지구 위를 돌아다니는 법이지요"(제3막 제1장). 사람이 있는 곳에는 반드시 어리석음이 따라다닌다는 뜻이다.

인간의 어리석음, 무능함은 별이 빛나는 하늘을 올려다보면 더 확실하게 느낄 수 있다. 《베니스의 상인》의 로렌조는 연인에게 이렇게 말한다.

> 앉아요. 그리고 저것 보오. 넓은 하늘은 황금 접시를 온통 깔아 놓은 것만 같소. 저기 보이는 아무리 작은 별도 모두 궤도를 돌며 천사같이 노래를 하오. 눈이 맑은 아기 천사들에게 소리를 맞추어서 말이오. 불멸하는 영혼 속에는 다 저런 화음이 있소. 그러나 그 영혼은 썩어 없어질 이 진흙 같은 살 속에 들어 있어서, 그런 화음이 우리 귀에는 들리지 않는 것이오. (제5막

제1장)

인간의 몸은 흙으로 돌아간다. 그래서 육체는 부패하는 진흙이나 마찬가지다. 그 허무함을 제대로 인식할 때 반대로 생명이 얼마나 경이로운가를 느낄수 있다. 셰익스피어의 희극은 그런 어둠을 바탕으로 한 빛의 이야기이다.

6. 그림자의 비극 세계

그 본질은 자만심

비극은 운명이나 인간적 결함, 또는 둘 다 때문에 고통과 불행을 겪는 영웅적인 인물에 대한 이야기이다. 셰익스피어는 초기에 《로미오와 줄리엣》이라는비극을 쓴 뒤 세계 문학의 금자탑이라 할 수 있는 4대 비극 《햄릿》, 《오셀로》,《리어 왕》, 《맥베스》를 썼다. 셰익스피어 비극 세계는 'To be, or not to be(이것이냐 저것이냐)'로 규정할 수 있다. 강인한 정신이 이것이냐 저것이냐는 선택을하고 자신의 판단에 걸맞지 않은 것을 부정하는 일에서 비극이 태어난다. 그리스 비극의 본질은 자만심(신들을 무시하는 행동, 거만)에 있다. 자만심을 '자신이 신이 되어 운명을 정하려는 거만함'이라 정의할 수 있다면 셰익스피어 비극의 본질도 자만심에 있다고 할 수 있다. 비극의 주인공이 자만심의 지배를받은 모습을 확인하기 위해 4대 비극을 집필 순서대로 살펴보자.

《햄릿》

햄릿은 셰익스피어의 등장인물 중에서도 가장 현대적이다. 일반적으로 말하면 셰익스피어가 창조한 극중 인물은 한 시대에 한정된 존재가 아니라 모든시대에 존재할 수 있는 인물이라는 의미에서 모두가 현대적이며 셰익스피어의타고난 재능이 기억에 남아 영원한 생명을 가진다. 그러나 햄릿은 아주 특수한 의미에서 시간을 초월하는 영원한 존재이다.

현대의 심리적 갈등은 모두 그가 구체적인 사실로 나타낸다. 마침 19세기가빛과 어둠, 충성과 배신, 흑인 남성과 백인 여성이라는 낭만적인 대조를 상징하는 오셀로를 좋아했듯이 현대는 햄릿을 보고 자신의 모습을 확인한다. 햄릿

말리는 부하들을 뿌리치며 부왕의 유령이 부르는 손짓을 따라가는 햄릿   19세기 판화

은 현대적인 의미에서 '의사소통'을 할 수 없는 상태에 빠진 최초의 극중 인물
이다. 의사소통의 결여는 벽 속에 갇혀버린 듯한 상황으로 그를 몰아넣는다.
그는 의사소통의 결여로 다른 사람에게도, 같은 시대의 사람들에게도, 그를
사랑하는 여성에게도 소외당한다. 게다가 그의 참된 자신의 존재가 어딘가
손이 닿지 않는 저 먼 곳으로 도망쳐 버린 듯이 그 자신에게조차 소외당한다.
어느 비평가가 말하듯이 햄릿은 자신의 삶이 전개되는 장소에는 현존하지 않
고 넓은 강 건너편 기슭에서 이야기하는 인간의 모습을 보인다. 그는 위기 상
황에 있는 세계의 산물처럼 느껴진다.

셰익스피어는 햄릿을 창조할 때 엘리자베스 여왕이 다스리던 말기에 널리
퍼져 있던 우울한 분위기를 비추어 낸 것으로 짐작된다. 비텐베르크대학 학생
이었던 햄릿은 1590년대 학생들의 갈등, 욕구불만, 나약함, 모순을 담은 인물
이며, 16세기부터 17세기에 걸친 세기의 전환기에 있는 젊은이들은 인생의 덧
없음, 영웅 정신의 메마름, 모든 욕정 경험의 굴욕적인 면을 햄릿과 마찬가지
로 확신하고 있었을 것이다. 또 햄릿의 대사는 그들이 하는 말과 같았을 것이
다. 또 오히려 자신의 사상을 이야기하는 그들의 기쁨은—햄릿과 비슷해서—

곧바로 독백으로 바뀌는 종류의 것이었으리라.

셰익스피어가 햄릿을 무대에 등장시키기 전에 햄릿이라는 이름의 극중 인물이 나오는 연극이 이미 존재했지만, 이것은 특별히 중요하지 않다. 셰익스피어가 이용한 것은 그때 인기가 있었던 복수 비극의 줄거리일 뿐이며, 이러한 복수극이 가진 암울한 배경에 그 자신이 창조한 전혀 새로운 독창적인 주인공—반영웅이면서 참으로 실존주의적인 불안, 인생에 맞서야만 하는 정신이 경험하는 복잡한 불안의 상징, 그 자체인 주인공—을 만들었다. 이러한 개념은 셰익스피어 이전의 연극에는 예가 없지만, 그 뒤 햄릿에게는 많은 후손이 탄생한다.

도의를 어긴(또 그때의 통념에서 보면 근친상간의 죄를 저질렀다고 여겨지는) 어머니와 부왕을 죽이고 왕의 자리를 차지한 클로디어스를 향한 햄릿의 복수 그 자체에는 어떤 새로운 점도 없다. 이러한 주제는 기원전 5세기에 쓴 아이스킬로스의 《오레스테이아》 3부작에 이미 등장했다. 그러나 햄릿이 아이스킬로스의 3부작에 나오는 어머니를 죽인 오레스테스와 공유하는 점은 아주 외적인 정황—배신한 살인자에게 아버지를 잃게 되고, 그 살인자가 권력의 자리에 앉는다는 점, 자신의 어머니가 살인자의 한 사람(거트루드의 경우는 꼭 그렇다고 할 수 없지만)이며, 살해 주모자와 정을 통한다는 점—에 머무른다. 또 두 젊은이는 함께 정의를 간절히 바란다. 그러나 오레스테스는 자신의 복수로 정의가 실현되리라 확신하지만 햄릿에게는 그런 확신이 없다. 오레스테스는 아이스킬로스가 그 존재를 굳게 믿었던 운명에 내몰려 망설이지 않고 복수로 돌진해 가는데, 연극 분야에서 최초로 현대인다운 햄릿은 그때까지 친숙하지 않았던 새로운 요소—심리적인 태도의 회의감—를 무대로 들여온 것이다.

덴마크 왕자 햄릿은 돌아가신 아버지의 유령에게서 복수해 달라는 부탁을 듣고 현재 국왕인 작은아버지 클로디어스를, 아버지를 죽인 범인이라 여긴다. 그러나 그리스도교에는 인간은 복수해서는 안 되며 복수는 신이 하는 일이라는 가르침이 있다. 다시 말해 햄릿이 직접 복수를 하는 것은 자신이 신이 되려는 자만심을 가진 일이 된다.

그리스도교의 틀을 무시하면 햄릿이 왜 고민하는지 알 수 없어서 작품을 오해하게 된다. 그렇지만 이 비극을 단순한 복수 이야기로 생각해서는 안 된다. 햄릿은 어디까지나 그리스도교도인 인간으로서 어떻게 해야 하는지 고민하고 있으며, 그런 생각의 연장선 위에 '인간이란 무엇인가'와 같은 철학적인 고민이 등장한다. 이렇게 인간의 몸을 지녔으면서 복수를 시도하는 모순에 고통스러워하던 햄릿은 아버지의 궁전에 있던 광대 요릭의 두개골을 손에 들고 슬픔에 잠긴다.

> 아, 가엾은 요릭. 나는 이 사람을 아네, 호레이쇼. (제5막 제1장)

해골을 손에 들고 명상에 잠기는 모습은 그 시절의 메멘토 모리(죽음을 기억하라, Memento mori)라는 개념을 반영한 장면이며 인간은 언젠가 죽을 허무한 존재라는 인식을 가지라는 휴머니즘의 발상을 바탕으로 한 사고방식이다. 요릭이 궁전 광대였다는 설정도 깊은 의미가 있다. 죽은 뒤에도 이 광대는 인간의 허무함을 가르쳐 준다.

이 작품이 그리스도교 틀 안에 있다는 사실은 햄릿의 첫 번째 독백이 십계명의 하나인 '살인하지 말라'를 언급한다는 점에서도 확인할 수 있다.

> 아, 더러워질 대로 더러워진 이 살덩어리, 차라리 녹고 녹아 이슬이 되어 버려라! 자살을 금하는 신의 계율만 없었다면! (제1막 제2장)

아버지의 장례도 다 치르지 못했는데 어머니가 작은아버지와 결혼해 작은 아버지가 국왕이 된 일을 한탄하는 햄릿은 어머니를 탓하며 이렇게 말한다.

> 약한 자여, 그대 이름은 여자인가? (제1막 제2장)

여자의 육체가 죄를 낳는다는 발상이 있기 때문이다.

> 사느냐, 죽느냐, 그것이 문제로다. (제3막 제1장)

햄릿의 이 대사 또한 스스로 목숨을 끊어야 하는지 아닌지 망설임을 나타내는 장면이 아니다. 그리스도교는 자살을 금지하기 때문이다. 여기서 문제는 육체를 끌어안은 채 살아가는 괴로움을 꾹 참는 게 훌륭한 일인지, 아니면 무기를 들고 일어나 정의를 위해 목숨 걸고 싸움에 나서는 편이 고귀한 일인 가를 묻는 것이다. 참으며 살아가는가 아니면 모든 것을 끝내야 하는가 고민 한다.

그런데 처음부터 유령이 정말로 아버지의 유령이었을까, 악마는 아니었을 까 의심하는 햄릿은 왕의 본심을 확인하려 하면서 신을 대신해 천벌을 내리 는 방법을 찾는다. 그렇지만 왕을 죽일 수 있는 기회를 잡았으면서도 햄릿은 죽이지 못한다. 마침내 마지막 장면에 이르러 자신의 죽음을 예상한 햄릿은 더는 고민하지 않고 한정된 인생에서 할 수 있는 한 열심히 살아갈 수밖에 없 다는 각오를 다진다.

참새 한 마리 떨어지는 것도 신의 특별한 섭리야. 지금 오면 나중에 오지 않고, 나중에 오지 않으면 지금 오네. 올 것은 지금 안 와도 나중에 오고야 마는 거야. 중요한 것은 각오야. 언제 버려야 좋은지. 그 시기는 어차피 아무 도 모르는 목숨이 아닌가? 그저 될 대로 되는 거지. (제5막 제2장)

운명을 다스리는 것은 신이며 자신은 신이 정한 운명 속에서 할 수 있는 일 을 할 뿐이라는 깨달음을 얻은 햄릿은 마지막 장면에서 스스로 자만심에서 벗어나 드디어 행동에 나선다. 이 작품은 주인공이 신을 대신해 원수에게 천 벌을 내리려는 복수극으로 시작하지만 인간이 신을 대신할 수는 없다는 깨달 음에 이르러 복수극을 벗어난다. 그 사실은 마지막에 클로디어스를 죽일 때 햄릿이 "아버지의 원수!" 같은 복수극에 곧잘 나오는 대사를 말하지 않는 점 에서도 확인할 수 있다.

《오셀로》

이탈리아 베니스라는 백인사회 군대에서 가장 높은 자리까지 올라간 검은 피부의 무어인 장군 오셀로. 그는 아름다운 백인 데스데모나와 결혼하고 자신 감이 넘쳤지만 그런 오셀로에게 남몰래 불만을 가진 이아고의 거짓말에 놀아 나 아내가 부정을 저질렀다고 믿어버린다. 그리고 끝내 자신의 손으로 아내를 죽이고 만다. 데스데모나를 죽이러 침실로 들어가는 오셀로의 대사는 매우 중 요한 의미를 가진다.

키프로스섬에 도착해서 데스데모나를 다시 만나는 오셀로　토머스 스토타드

　　죄 때문(cause)이다. 이것(데스데모나)의 죄 때문(cause)이다. 순결한 별들아,
이제는 내가 이것을 입 밖에 내지 않게 해다오! 다 이것 때문(cause)이다. 그
래도 아내의 피를 흘리게 하지 말자. 그 눈보다 희고, 대리석같이 매끄러운
살결에 상처는 내지 말자…… 하지만 죽여야 한다. 그렇지 않으면 또 남자
를 속일 거다. (제5막 제2장)

　　이 cause라는 말은 통상적으로는 이유나 재판의 기소 이유 등을 말한다. 그
렇게 해야만 하는 이유가 거기에 있다는 뜻이다. 오셀로는 이제부터 하려는

일이 복수가 아니라 해야만 하는 정의라 생각한다고 설명한다. 즉 오셀로 또한 신을 대신하여 정의로운 일을 하려고 하며, 그렇기 때문에 《오셀로》는 4대 비극에 들어간다.

만일 이 이야기가 배신당했다고 생각해서 화가 나 아내를 죽인 사건이었다면 4대 비극은커녕 신문 사회면 기사로 끝나버린다. 그리고 오셀로가 증거를 충분히 확인하지 않고 이아고의 거짓말을 믿어버린 어리석은 사람이라는 견해도 작품을 얕보는 관점이다. 이아고는 주도면밀하게 함정을 만들었으며 거기서 예술성을 보아야 한다. 손수건을 잃어버린 일을 감추려 한 데스데모나의 어색한 행동과 떳떳지 못한 카시오를 이아고는 뛰어난 연출로 이용한다.

이 작품을 이해하기 위해서는 먼저 오셀로와 이아고가 군대의 상관과 부하이며 전쟁터에서는 서로의 목숨을 맡기는 절대적인 신뢰 관계에 있다는 사실을 잊으면 안 된다. 오셀로는 장군으로 부하의 목숨을 지켜야 하는 책임이 있는 처지이다. 특히 이아고는 정직하기로 이름난 부하이다. 물론 그렇다고 해서 이아고의 말을 그냥 믿을 수는 없다. 그래서 오셀로는 이아고의 목을 조르며 "증거를 보여라" 말한다.

《오셀로》는 말할 필요도 없는 질투의 비극이다. 이아고는 교묘한 말솜씨로 오셀로를 질투라는 지옥으로 밀어넣는다. 이아고의 다음 대사는 깊은 뜻을 담고 있다.

　　장군님, 질투를 경계하셔야 합니다. 그건 파리한 눈빛을 한 괴물인데, 사람의 마음을 먹이로 삼고 있어 먹기 전에 마냥 조롱하는 그런 놈입니다. (제3막 제3장)

여기에는 두 가지 의미가 들어 있다. 오셀로에게 질투를 하지 말라고 충고하는 말은 맞지만 초록 눈을 가진 괴물이란 이아고 자신을 가리킨다.

이아고 처지에서 보면 백인사회인 베니스에서 오셀로는 무어인인 주제에 자신보다 훨씬 높은 지위에 올랐다. 게다가 베니스 남자들의 동경의 대상인 절세미인 데스데모나를 손에 넣은 얄미운 사나이다. 이아고는 이러한 질투의 괴물이 되어 오셀로를 사냥하고 비웃는다. 즉 질투의 화신인 자신을 조심하라고 말하면서 오셀로를 비웃고 있다는 두 가지 뜻을 담은 대사이다.

그런데 19세기 뒤, 베니스의 무어인 오셀로는 어떤 의문에 휩싸여 있다. 셰익스피어는 진심으로 아프리카 사람을 비극 《오셀로》의 주인공으로 삼으려 했을까? 이 비극의 소재는 이탈리아 작가 조반니 바티스타 지럴디의 《100편의 이야기》인데, 이 이야기에서는 주제에 '무어인'이라는 단어가 들어가 있으며, 주인공 오셀로가 무어인이라는 사실에 어떤 의심도 없다. 셰익스피어의 《오셀로》도 작품 그 자체에 오셀로가 무어인이라는 것을 의심하게 할 만한 부분은 어디에도 보이지 않는다. 그런데 1873년 로든 브라운이라는 옛 이탈리아 연대기 연구에서 이름이 알려진 학자가 놀랄 만한 새로운 주장을 내놓았다. 그의 말에 따르면 베니스의 무어인 오셀로는 사실 아프리카 사람도 레반트 사람(17세기에 이 말은 매우 모호한 의미로 사용되었다)도 아닌, 베니스의 명문 모로족과 관계있는 신사라고 한다. 더 자세히 말하면 이 인물은 크리스토포로 모로라는 이름을 가진, 키프로스섬에 파견된 베니스 공화국의 사절이며, 16세기 초 베니스에 돌아오고 나서 얼마 뒤 그 아내가 알 수 없는 죽음을 맞이했다고 한다. 바꾸어 말하면, 셰익스피어는 하나의 말장난(셰익스피어는 말장난을 좋아했으며, 시대의 취향과도 일치했다)으로, 모로라는 이탈리아어로 '무어인'을 의미하는 이름의 인물을 실제로 혈육을 갖춘 무어인으로 준비했다고 한다.

물론 이 주장은 셰익스피어가 얼마쯤 이탈리아어를 할 수 있었다는 전제가 있어야 하지만, 그 가능성은 충분하다. 그러나 크리스토포로 모로를 오셀로의 실재 모델로 보는 이 주장에는 여전히 해결되지 않은 문제점이 몇 가지 남아 있다. 예를 들면 터키의 키프로스섬 습격 문제가 그 하나이다[터키가 키프로스섬을 점령한 때는 실제로 16세기 끝 무렵(1571년)인데, 크리스토포로 모로에 얽힌 이야기는 16세기 초의 일이다]. 터키의 키프로스섬 습격 사건이 정확히 묘사된 점을 보면, 어쩌면 셰익스피어는 이 이야기를 영국 궁정에서 일하던 베니스 사절 가족에게 직접 들었는지도 모른다. 이것과는 달리 오셀로가 질투에 미쳐서 아내 데스데모나를 죽이는 한 사건이 더욱 새로운 다른 사건을 보여준 것이 아닌가 하는 주장도 있다. 이것도 베니스에서 실제로 있었던 이야기로 루크레티아 카펠로라는 귀부인이 그 남편 조반니 사누드에게 살해당한 사건이다. 사누드는 (뒷날 밝혀진 일인데, 전혀 아무런 근거도 없이) 아내에게 부정하다는 혐의를 씌워 교구 사제에게 데리고 가서 참회를 시켰다. 그리고 그다음 날 밤, 그는 아내의 목을 칼로 찔러 죽였다. 이 사건이 일어난 때는 1602년으로, 그때 가족이 명문가였기에 곧바로 이 사건은 유럽 안에 널리 알려졌다. 분명히 이 사건과 오셀로가 데스데모나를 살해하는 이야기에는 어떤 비슷한 점이 엿보인다. 이 사건의 남편도 살해하기 전에 아내의 영혼을 신에게 맡기기라도 하듯이 참회를 시키는데, 오셀로도 아내를 죽이기 전에 데스데모나를 다음과 같이 재촉한다. "데스데모나, 오늘 밤 기도를 올렸소? (…) 아직 하느님께 용서를 빌지 않은 무슨 죄가 있거든 지금 기도해요"(제5막 제2장). 더욱이 오셀로는 죽을 각오가 되어 있지 않은 사람을 죽이고 싶지 않다고도 똑똑히 말한다.

셰익스피어가 자주 베니스 공사관에 드나들었을 가능성이 있다고 하면 루크레티아 카펠로가 살해당한 정황을 듣고 상상력을 불러일으켜, 결혼하고 18년이 되는 유부녀 루크레티아 카펠로를 셰익스피어가 창조한 여자 중에서도 가장 매력적이며, 다정하고 때 묻지 않은 순수한 여인 데스데모나로 시적으로 만들어 냈다고 할 수도 있을 것이다. 그러나 어쨌든 '무어인 오셀로'가 '모로'라는 이름에서 나온 말장난이라는 주장에 따르자면, 우리를 당황하게 만드는 순박하고 야성적인 오셀로의 모습도 진실하지 않은 친구에게 쉽게 속아버리고 마는 그의 일면도 충분히 설명할 수 없다.

오셀로는 데스데모나와도, 원로원 의원과도, 부하 장교와도, 병사와도, 따라서 결국 자신이 사는 사회 전체와도 깊은 틈을 두고 있었다. 이것은 두 인종—역사가 있는 긴 문명의 흐름을 통해 발달한 세련된 인종과 매우 소박한 생활 환경에서 여전히 발달하지 않은 상태를 벗어나지 못한 인종—사이의 차이이며, 피부색의 차이보다도 훨씬 더 뿌리 깊은 것이다. 악의 화신 이아고는 이러한 근본적인 차이를 이용하는데, 아내를 살해하고 결국 자살하는, 마침내 분출하고 마는 오셀로의 강렬하고 엄청난 파괴력은 그조차도 전혀 예견할 수 없었다. 오셀로에게 엿보이는 흑인 고유의 특질이 이 비극의 본질적인 요소의 하나이다.

《리어 왕》

셰익스피어 비극 중에서도 우주처럼 크고 넓게 펼쳐진 세계를 느끼게 하는 가장 장대한 비극 《리어 왕》, 이 작품에서 눈에 띄는 것은 더할 나위 없이 순수한 여성, 코델리아의 모습이다. 코델리아는 셰익스피어의 여주인공 중에서 가장 다정한 여성이며 고전극 중에서 그녀보다 앞서 나온 인물이라고 하면 소포클레스의 안티고네이리라. 안티고네는 나라에서 쫓겨나 거지나 마찬가지인 모습으로 떠돌아다니는 아버지, 눈이 먼 오이디푸스 왕을 충실히 따르며 보살핀다. 그러나 안티고네는 코델리아만큼 위대하지 않다. 아버지 오이디푸스가 그녀를 사랑하는 마음은 절대 흔들리지 않으며, 딸이 불운한 아버지를 보살피는 일은 마땅하다. 오이디푸스는 부모로서도 부당한 운명의 처사를 받은 사람으로서도 마땅히 딸에게 사랑의 손길을 기대할 수 있다.

그러나 코델리아는 고집스러우며 사리 분별을 하지 못하는 아버지에게 부당한 대우를 받는다. 리어 왕은 바람직한 인물이라고는 할 수 없다. 그는 늙어빠진 비극의 폭군이 갖는 결점을 모두 갖추었다. 그의 완고함과 오만, 제멋대로이며 변덕스러운 잔혹함은 그에 대한 두 딸의 몰인정한 행위에 (절대로 용서할 수 없는 것이라 할지라도) 그럴 수도 있겠다는 마음이 들 만큼, 도가 지나치다. 고난에 빠진 그가 딸들의 배신과 인간의 비정함을 격렬하게 고발하고 자신의 운명을 저주할 때, 관객들은 리어가 먼저 자신의 양심을 되돌아보고 다시 질문해야 하는 것이 아닐까 생각할 수밖에 없다.

바람아, 불어라, 내 뺨을 갈기갈기 터지게 하라! 날뛰어라! 불어닥쳐라! 폭포야, 회오리바람아, 높이 솟아 있는 뾰족탑을 흠뻑 적시고, 뾰족탑 꼭대기에 달린 바람개비를 익사시켜 버릴 때까지 솟구쳐라! (…) 인간 창조의 모태를 찢어발기고, 배은망덕한 인간을 만드는 씨를 모조리 부숴 없애버려라. (제3장 제2막)

여기서는 리어 왕이 하늘과 하나가 되려고 한다는 자만심을 엿볼 수 있다. 리어의 거만한 태도는 처음부터 끝까지 한결같다. 왕의 자리에서 물러난 뒤에도 그는 왕의로서의 존엄성을 유지하려 하고, 폭풍 속에서는 자연에게 명령하는 신처럼 분노를 드러낸다. 그런데 이 작품을 상연한 1606년에 잉글랜드 국왕이었던 제임스 1세가 왕권신수설을 주장하며 절대 왕정을 정당화하려 했음을 생각하면 고대 브리튼 왕국을 그린 이 작품에서 국왕인 리어의 권력이 절대적이었던 의미를 다시 생각해 봐야만 한다.

'신을 따르듯이 마땅히 나를 따르라' 이런 자만심을 리어 왕은 가지고 있었다. 아버지를 얼마나 사랑하는지 이야기하라는 명령을 들은 코델리아가 "아무 할 말도 없습니다" 대답하자 다음처럼 명령한 것은 리어 처지에서는 하늘의 목소리로 말한 것이다.

> 할 말이 없으면 아무런 소득도 없을 테니, 다시 말해 봐라. (제1막 제1장)

분노한 나머지 코델리아와 의절했을 때 이를 말리려는 켄트 백작에게 리어는 "닷새 동안의 여유를 주겠으니, 그동안에 세파의 재난을 피할 수 있는 준비를 해라. 그러나 엿새째는 이 왕국에서 그 밉살스런 등을 돌려라. 만약 열흘 뒤에도 추방된 몸을 국내에 둔다면 발견하는 즉시 사형에 처하겠다"고 명령한다. 관객은 이 말을 가볍게 여겨서는 안 된다. 리어는 두려워해야 하는 존재이다. 절대 권력을 가지고 있을 뿐만 아니라 그에 따르는 존경을 받아야 하는 존재이며, 이는 리어가 멋대로 그렇게 생각한 게 아니라 봉건 시대의 가치관을 바탕으로 한 사고방식이다.

추방된 켄트 백작이 변장을 하고 리어의 신하가 되었을 뿐만 아니라 리어가 세상을 떠나자 주군을 따라 목숨을 끊으려 한다는 충성심이 이 작품을 꿰뚫고 있다는 사실을 놓쳐서는 안 된다.

리어는 친딸들이 자신을 전 국왕으로서 존귀하게 대하지 않는 것을 보고 큰 충격을 받아 이렇게 말한다.

> **리어** 내가 누군지, 누가 좀 말해 줄 수 없는가?
> **광대** 리어의 그림자요! (제1막 제4장)

리어의 그림자란 그림자처럼 리어를 따라다니는 광대를 말한다. 그 광대가 리어에게 가르쳐 준다. 당신은 리어의 그림자(실체가 없는 존재)가 되어버렸다고 말이다. 광대가 리어에게 바보의 거울을 들이밀었다고 생각하면 된다. 광대는 리어의 어리석음을 줄곧 지적하지만 이제까지 절대적인 강자로 행동해 온 사람이, 자신을 만든 가치관을 모두 버리고 죽어야 하는 인간으로서의 연약함이나 어리석음을 받아들이기란 쉽지 않다. 그렇기에 더욱 리어는 이성적인 판단을 하지 못한다.

마침내 리어는 폭풍 속에서 제정신을 잃어버릴 만큼 고통을 맛보고 나서야 인간이 얼마나 작은 존재인지를 깨닫고 자만심을 버린 뒤 코델리아의 도움을 받는다. 폭풍 속에서 의식을 잃은 리어는 어느새 침대로 옮겨졌고 코델리아가 간호해 준다. 이 장면은 특히 중요하다.

코델리아와 리어   로버트 스머크

코델리아   아! 저 좀 보세요. 그 손을 들어 저를 축복해 주세요. 아니에요, 아버지, 무릎을 꿇으시면 안 돼요.

리어 왕   제발 나를 놀리지 마오. 나는 어리석은 바보 늙은이야. (제4막 제7장)

작품의 앞머리에 등장한 질서가 뒤집어진다. 왕이 신하에게 무릎 꿇고 부모가 자식에게 무릎 꿇는다.

《리어 왕》은 리어나 켄트가 짊어진 봉건 시대의 낡은 가치관과 고네릴 및 에드먼드 등이 짊어진 새로운 개인주의 가치관의 대립을 그린 작품이다. 낡은 봉건 사회에서 새로운 시민 사회로 가는 흐름은 셰익스피어와 같은 시대를 산 사람들이 피부로 느낀 시대 분위기이다. 누군가를 위해 헌신한다는 발상은 사라지고 고용 관계는 단순히 금전적인 계약에 지나지 않는다. 품격이나 미덕 같은 개념 자체가 근대 사회가 되면서 차츰 약해진 결과 이지적이고 차가운 사회가 탄생한다.

그렇지만 한편에서 코델리아가 세운 절대적인 규범은 진실한 사랑이다. 또 그녀가 일관하는 정의감은 배려심(또는 자비)이라 부르는 편이 맞을 것이며, 그리고 그것이야말로 단 하나뿐인 진실한 정의라 할 수 있다.

자연 그 자체까지 거센 폭풍우가 되어 버림받은 리어를 채찍질하기라도 하듯이 느껴질 때, 학대하고 의절한 딸이 돌아와서 구원의 손길을 내민다. "저를 알아보시겠습니까?" 묻는 코델리아에게 "당신은 망령이야, 언제 죽었소?"라고 리어는 대답한다. 참담하고 흐릿한 의식 속에서 그렇게 답하는 리어의 말은 무의식 속의 깊은 진실을 이야기한다. 코델리아는 과연 천사에 비유할 만한 존재이기 때문이다. 그녀는 쇠약해지고 미쳐버려서 다시 어린아이가 되어버린 아버지를, 자식이 아버지를 돌본다기보다 어머니가 자식을 대하듯이 위로하고 보살핀다. 서로 애정 속에 다시 살아 있음을 느낀 불행한 아버지와 딸에게는 감옥조차도 평온한 곳처럼 느껴진다. 실제로 리어는 거의 쾌활하다고 말할 수 있을 만큼 기분 좋은 말투로 말한다. "자, 감옥으로 가자꾸나. 둘이서만 새장 속의 새처럼 노래를 부르자꾸나. 네가 나에게 축복을 해달라면, 나는 무릎을 꿇고 네게 용서를 빌겠다. 우리는 그렇게 날을 보내고 기도하고, 노래하고 옛날이야기를 하고, 화려한 나비들을 보고 웃고, 불쌍한 놈들이 이야기하는 궁중 소문을 듣자꾸나"(제5막 제3장).

나이가 든 리어를, 꿈이 깨지고 더 살도록 하지 않은 것은 셰익스피어 최소한의 배려이며 코델리아가 죽고 이어서 리어 자신도 이 세상을 떠난다. 자식을 잃은 부모의 애끊는 심정은 셰익스피어 자신도 잘 알고 있었다. 또 그는 아마 코델리아에게 살아 있는 동안 두 딸, 특히 귀여워했던 큰딸 수잔나의 모습을 보았으리라. 흔들림 없이 성실함을 일관했던 코델리아의 특징 몇 가지는 수잔나를 암시하는 점이 있었는지도 모른다. 셰익스피어는 원숙기에 이르러서는 청교도였던 수잔나의 곁으로 돌아가기를 바랐을 것이다. 용서를 빌어야만 하는 일이 많다는 것은 잘 알고 있었다. 오랜 세월 가족과 따로 떨어져 살았으므로. 그는 또 아마 수잔나가 코델리아와 마찬가지로 사랑과 효심이 담긴 말을 해주기를 바랐을 것이다.

《맥베스》

《맥베스》에 등장하는 두 주요 인물—권력을 얻으려는 야망에 휩싸여 거듭

죄를 짓고 결국은 파멸에 내몰리는 남녀—중에서 여자 쪽이 오히려 우리의 마음을 사로잡는다. 셰익스피어는 그 이름을 한 번도 언급하지 않고 맥베스 부인이라고만 부른다. 이 비극의 소재가 된 영국의 역사가 라파엘 홀린셰드의 《연대기》에도 이름은 찾아볼 수 없으며 "그 '맥베스'의 아내는 매우 야심이 크고 왕비의 이름을 손에 넣고 싶다는 뿌리칠 수 없는 욕망에 불타올라 남편이 일을 저지르도록 심하게 강요했다"고 쓰여 있을 뿐이다.

셰익스피어가 이만큼의 소재를 바탕으로 맥베스 부인을 창조했다는 사실은 놀랍고 신기하다(다만 그 밖에도 맥베스 부인을 창조하는 데 공헌했다고 여겨지는 연대기가 없지는 않지만). 또 셰익스피어는 《연대기》를 참고하여 극으로 만들 때 그 시간의 흐름을 크게 줄였다. 홀린셰드의 《연대기》에 따르면 맥베스 부부는 던컨 왕을 살해하고 왕위에 올라 몰락하기까지 오랫동안 안정된 시절을 보낸다. 맥베스의 통치는 17년 동안 이루어졌고, 그동안 그는 '훌륭한 행동, 왕에 어울리는 행동'을 보였다고 한다.

그러나 셰익스피어의 《맥베스》에는 이런 부분이 없다. 맥베스가 저지른 죄는 홀린셰드가 쓴 작품과 서로 들어맞지만 연극은 아주 빠른 속도로 진행되어 던컨 왕을 살해하고 나서 피할 수 없는 파국으로 마구 나아가는 것만 같다. 실제로 연극의 흐름을 지배하는 역할은 맥베스이지만 맥베스를 지배하는 사람은 그의 아내 맥베스 부인이며, 실제로 무대에 모습을 드러내지 않을 때조차 그 검은 그림자가 어딘가에서 느껴진다.

선량한 왕을 죽여서는 안 된다고 망설이는 맥베스에게 "이러고도 대장부라고 할 수 있겠어요?" 질책하는 맥베스 부인의 말에 초점을 맞추는 경우가 많으며, 베르디의 오페라 《맥베스》(1847)에서는 맥베스 부인을 박력 넘치는 무서운 악녀로 그린다.

사실 16세기는 무서운 여왕의 시대이다. 셰익스피어의 부모님은 같은 세대의 영국인이라면 모두 그러했듯이 프로테스탄트를 박해한 '피의 메리'(엘리자베스 여왕의 이복 언니)가 다스리던 시대를 잊지 않았을 것이다. 또 사망자가 수만 명에 이르렀다고 하는 카트린 드 메디시스의 위그노 학살 사건, 즉 성 바르텔레미의 학살이 일어난 때는 셰익스피어가 여덟 살 때의 일이었다. 게다가 충실한 신하에게 존경과 사랑을 받았다고는 하지만 엘리자베스 여왕에게도 아버지 헨리 8세가 물려준 독선적인 성격이 많았다. 이러한 강력하고 늠름한 여성 권력자의 모습이 공포와 겹쳐 일련의 죄를 저지르고 스코틀랜드 왕비가 되는 맥베스 부인이라는 인물 창조에 어느 정도 의식적으로 끌어들여진 것이 아닐까? 셰익스피어는 이아고나 리처드 3세를 모델로 해서 맥베스 부인을 가차없이 악행으로 내달리는 악의 화신으로 만들 수도 있었을 것이다. 그러나 그렇게 하지 않았던 것에 셰익스피어의 위대함이 있다.

맥베스 부인은 사람을 죽이더라도 여전히 여자라는 사실에 변함이 없으며 공포를 느끼고 자책한다. 잠든 던컨 왕을 죽이려고 남편과 함께 그 방으로 들어갔을 때, 그녀는 순간 애처로움을 느끼며 당황하기조차 한다. "그이가 아버님 얼굴과 닮지만 않았던들 내가 해치워 버렸을 것을." 하지만 그것도 잠깐 그녀의 마음을 스쳤을 뿐, 뿌리치기 어려운 권력을 쟁취하려는 잔인한 야망을 꺾을 수는 없었다. 피를 보고도 야망은 멈추지 않는다. 여자의 천성에서 벗어나고 싶다고 악령에게 바라는 것 또한 이 야망을 채우기 위해서이다. 게다가 그녀는 다음과 같이 말한다. "자, 살인의 악마들아, 이 품 안에 들어와서 내 젖을 담즙으로 바꾸어 다오. 너희는 곳곳에서 보이지 않는 형체로 인간의 재앙을 돕지 않느냐!"(제1막 제5장) 여기에 존재하는 것은 이제 아이를 낳아 기르는 여자로 살기를 그만두고, 악을 낳고자 바라는 여인의 천성을 버린 여자이다.

한편, 맥베스는 맨 처음 죄를 저지르는 것에 익숙하지 않다고 스스로 인정하는데, 일단 잔학한 행위로 손을 더럽히자, 그로써 면역이 생긴 듯이 비정한 사람이 되어 피에 감각이 없는 모습조차 보인다. 햄릿은 좀처럼 행동에 나서지 않아서 문제였지만 반대로 맥베스는 빨리 행동해 버려서 문제가 된다.

맥베스 빨리 끝낼 수 있다면 어서 해치우는 게 좋다. (제1막 제7장)

그렇게 말하며 서둘러 왕을 죽여버린 맥베스는 일을 저지른 뒤 바로 후회한다. 왕을 죽이고 문을 두드리는 소리가 들리자 이렇게 외친다.

그 문 두드리는 소리로 던컨을 깨워라. 제발 깨워 다오! (제2막 제2장)

그리고 맥베스 부인은 저질러 버린 일의 죄책감을 끝내 견디지 못하고 몽유

맥베스, 뱅코우와 세 마녀의 만남 홀린쉐드의 《연대기》에서

병에 걸려 잠꼬대를 한다.

맥베스 부인 해버린 일은 어찌할 수 없잖아요. (제5막 제1장)

양심의 가책을 느끼며 맥베스는 고뇌에 빠지기도 하지만 어쨌든 왕위에 오른다. 또 뱅코우를 죽이고 그 유령에 겁먹지만 그런 소동도 모두 끝난다. 그리고 제4막부터 뒷부분에서는 "여자 몸에서 태어난 자로 맥베스와 맞설 자는 없느니라" 말하는 새로운 환영(환영 2)의 예언을 듣고 기운을 차린 맥베스가 도저히 일어날 것 같지 않은 예언이 맞아떨어져 쓰러진다는 극적인 전개를 맞이한다.

극 뒷부분의 새로운 주인공은 맥더프이다. 폭군 맥베스 손에 처자식을 무참하게 살해당한 맥더프는 복수를 다짐하고 "이 맥더프는 달이 차기 전에 어머니 배를 가르고 나왔다"는 사실을 밝힌다. 그 순간 맥베스는 "사나이다운 내 용기가 꺾이는구나" 말한다. 이제까지 맥베스를 지켜준 주문의 힘은 사라지고 맥베스는 보통 사람으로 돌아온다.

자만심에 부풀어 모든 것을 지배할 수 있다는 절대적인 확신에 차 있던 맥베스가 보통 사람으로 돌아왔을 때 이 연극은 끝난다.

그 밖의 비극

4대 비극 말고 다른 비극은 어떨까?

딱 하나 성격이 다른 작품이 《로미오와 줄리엣》이다. 이 비극이 4대 비극에 들어가지 않는 까닭은 주인공들에게 자긍심이 없기 때문이다. 로미오도 줄리엣도 운명이나 우연에 휘말릴 뿐이다. 분명 로미오는 친구의 복수로 티볼트를 죽이지만 이는 친구가 살해당해 분한 마음에 충동적으로 벌인 행동이다. 신을 대신한다는 자긍심은 어디에서도 볼 수 없다. 살인을 저지른 뒤 친구 벤볼리오가 달아나라고 재촉하차 로미오가 외친다.

아, 나는 운명에 희롱당하는 바보로구나. (제3막 제1장)

불운한 시기에 태어난 베로나의 연인 로미오와 줄리엣—이 두 사람을 떼어 놓을 수는 없다. 두 사람의 애틋한 사랑은 죽음으로 영원히 하나가 되기 때문이다. 이 작품을 쓴 때는 셰익스피어가 아직 서른 살이었을 무렵인데, 그때 기준으로 보면 청년 로미오를 연기하기에는 이제 젊다고는 할 수 없었다(실제로 셰익스피어는 로렌스 수사를 연기했다고 한다). 그러나 저항할 수 없이 서로 끌리는 젊은 연인들의 몸도 마음도 녹여버릴 것만 같은 격렬한 감미로움, 초조함, 눈물을 더욱 가슴 아프게 여길 만큼의 젊음이 있었던 것도 분명하다. 로미오와 줄리엣의 세계에서는 봄처럼 발랄하고 생기 넘치는 매력—새벽, 아침 이슬, 잠에서 깨어남, 종달새의 지저귐—이 느껴진다.

이 이야기에는 영원한 주제—허울뿐인 도리밖에 없는, 하잘것없는 야심이나 맹목적인 불화의 노예에 지나지 않는 어른들의 세계에 맞선 젊은 연인들의 승리—가 작은 구슬처럼 울려 퍼진다. 이러한 주제는 엘리자베스 왕조와 같은 권위주의 사회에서는 결코 가공의 환상으로 끝날 만한 것이 아니었다. 그래서 이 이야기에 붓을 물들인 셰익스피어를 제외한 다른 작가들은 독자에게 두 연인의 비극적인 죽음을 통해 배우고, '음탕한 욕망과 고집'에 빠져서 '부모님의 권위나 친구의 충고'를 비웃는 용서하기 힘든 죄를 저지르지 않도록 훈계하는 긴 서론을 붙여야 한다고 느꼈다. 그렇지만 셰익스피어는 훈계에는 흥미가 없었다. 그의 공감은 두 연인에게 쏠려 있었고, 두 사람의 열정을 통해서 그 자신이 아내 앤 해서웨이와 맺어진 열여덟 살 무렵의 아름답고 신비로웠던 마법 같은 청춘 시절을 한 번 더 살아보고 싶다고 생각했으리라. 아니면 꿈이 무너지기 전에 세상을 떠난 로미오와 줄리엣을 부러워했는지도 모른다.

이야기는 비극으로 끝나지 않을지도 모른다는 긴장감을 끝까지 끌고 간다. 로렌스 수사의 해결책이 잘되기만 했다면, 로미오의 하인이 조금만 늦게 소식을 전했더라면, 로렌스 수사가 더욱 서둘러 줄리엣이 잠든 묘소에 도착했더라면, 아니면 적어도 줄리엣이 조금만 더 빨리 눈을 떴더라면 두 사람은 목숨을 잃지 않고 다시 만날 수 있었다.

그러니까 이 이야기는 비극으로 끝날지 희극으로 끝날지 알 수 없는 아슬아슬한 길을 걸어가기에 관객이 긴장을 풀지 못하게 하는 힘을 지닌다. 특히 앞부분에서는 유모나 머큐시오가 외설적인 농담을 던지며 관객들을 즐겁게 하는 면이 강하여 어떻게 보면 희극과 비극 두 성질이 잘 어우러진 훌륭한 작품이라 할 수 있다.

《로미오와 줄리엣》을 제외한 비극 6편은 모두 고대 로마를 무대로 한 로마극이다. 셰익스피어가 처음으로 쓴 피비린내 나는 비극 《티투스 안드로니쿠스》는 분노를 못 이기고 아들을 죽이는 야만스런 무장 티투스가 주인공이다. 고대 로마의 강렬한 남성성을 바탕으로 세계를 제패하려는 강인한 정신을 그리고 있는 점이 다른 로마극과 같다.

전설의 트로이 전쟁을 그린 《트로일로스와 크레시다》에서는 옛날 전쟁의 명예나 규칙이 모두 뒤집어지고 뒤바뀐 가치관을 그렸다. 이 밖에도 《율리우스 카이사르》, 《안토니우스와 클레오파트라》, 《코리올라누스》, 《아테네의 티몬》은 모두 플루타르코스의 역사책 《영웅전》을 바탕으로 하며, 로마 역사극으로 분리하는 경우도 있다. 특히 코리올라누스는 자만심의 화신 같은 남자라고 해도 좋다.

또한 《율리우스 카이사르》는 자유와 전제정치의 투쟁이라는 영원한 정치적 주제를 시적으로 제시한 비극인데, 이 비극에서 관객의 시선은 암살당하는 카이사르보다도 암살하는 브루투스와 카시우스를 향한다. 율리우스 카이사르는 이른바 이름뿐인 주인공이며, 연극의 흐름은 브루투스와 카시우스라는 두 음모자의 상극을 기준으로 펼쳐진다. 서로 전혀 다른 측면을 가진 브루투스와 카시우스는 이 정치적 암살의 두 얼굴을 대표한다. 카시우스는 카이사르 개인을 미워하기 때문에, 반면 브루투스는 로마와 자유를 사랑하기 때문에 들고일어난다. 인물로 봐서는 브루투스 쪽이 한결 흥미롭다. 브루투스는 때때로 햄릿처럼 회의감에 빠진다. 그는 일을 일으키기 전에 괴로워하며 그 내면세계는 착잡해져서 악몽이 덮친 듯한 상태를 보인다. 브루투스는 카이사르를 사랑하고 피를 흘리고 싶지는 않다. 이 브루투스라는 인물을 시적으로 높이는 요소는 첫째로 브루투스 집안 전통의 한 부분인 자유를 향한 사랑과 카이사르에 대한 우정의 갈등이며, 둘째로 자유를 향한 사랑과 카이사르의 망령에 의인화되는 양심의 가책과의 갈등이다.

카시우스는 브루투스와 견주면 기본적으로는 훨씬 단순한 인물이다. 그는 교활한 책략가이며 비정한 논리가 갖추어져 있다. 브루투스는 "너무 많은 피를 흘린"다는 이유로 카이사르와 함께 안토니우스까지 죽이는 일은 강력하게 거부한다. 그러자 카시우스는 안토니우스까지 죽여야 한다고 주장한다. 고결함이라는 점에서 브루투스에게 미치지 못하는 카시우스는 시대를 가리지 않고 존재하는 전형적인 인물의 하나이며, '개인의 원한을 공공을 위해서라는 대의명분으로 바꿔 버릴 수도 있는' 그러한 인간이다. 그러나 연극의 끝에 가까워질 때 그는 피할 수 없는 운명의 예감에 사로잡혀 닥쳐온 죽음 앞에서 엄숙한 슬픔에 휩싸인다. 이 세상에 대한 결별은 브루투스에게 뒤지지 않고 고상하다.

셰익스피어가 이 연극을 쓴 것은 국왕의 절대적인 권력이 신에게 받은 것이라는 이른바 왕권신수설이 신봉되고 신에게 받은 '신성한 권리'가 실제로 의심할 여지가 없는 권력의 주춧돌이었던 때의 일이다. 이것을 마음에 새길 때 그의 재능의 위대함과 보편성은 한결 더 놀랄 만하다. 브루투스와 카시우스는 인류가 여러 세기의 민주주의 역사를 거쳐 지금도 화해의 길을 찾고자 노력하는 그 투쟁을 상징한다.

7. 셰익스피어의 연극 철학

온 세상은 하나의 무대
인간이라는 작은 세계와 이를 둘러싼 큰 세계가 호응한다고 보는 신플라톤주의의 사고방식은 엘리자베스 왕조 시대의 연극 전반에 세계극장이라 불리는 개념을 퍼뜨렸다.

우리가 사는 세계는 모두 하나의 무대입니다. 그리고 남자와 여자들은 그저 배우에 지나지 않지요. 《뜻대로 하세요》 제2막 제7장)

여보게, 그라티아노, 나는 세상일을 그저 세상일로만 보네. 말하자면 이 세상은 하나의 무대이고 누구나 한 가지 역할을 맡고 있는데, 나는 우울한 남자 역할이야. 《베니스의 상인》 제1막 제1장)

인생은 연극, 사람은 배우라는 사상에는 연기하는 나를 객관적으로 보는 시점이 필요하다. 사람은 정신없이 살아가다 보면 눈앞의 일밖에 보지 못하기 쉽다. 그러나 세계를 극장으로 생각한다면 '나'라는 배우를 바라보는 누군가의 시선을 염두에 두어야만 한다.

《한여름 밤의 꿈》을 예로 생각해 보자. 요정 퍽은 아테네 숲속에서 연인들이 펼치는 사랑 소동을 보면서 말한다.

그들의 바보 같은 어릿광대짓을 구경이나 하실까요? 아, 인간들은 참으로 멍청해요! (제3막 제2장)

요정들은 연인들이 연기하는 바보 같은 연극을 본다. 그 모습을 우리들 관객이 지켜본다. 한편 마지막 장면에서 연인들은 극 속의 극《피라모스와 티스베》를 보는데, 이는 바로 연인들이 해왔던 바보 같은 연극을 거울에 비춘 듯한 우스꽝스러운 연극이다.

이 연극을 보고 연인들은 관객이 되어 웃음을 터뜨리지만 그 모습은《한여름 밤의 꿈》을 보고 웃는 우리들 관객의 모습 같다. 그러니까《한여름 밤의 꿈》이라는 연극 속에서 연인들은 연극을 보고 웃는 관객인 동시에 요정들이 관객으로 지켜보는 인생 연극의 배우이기도 하다. 그 연인들이 관객의 거울이라면《한여름 밤의 꿈》을 보며 웃는 관객은 자신의 인생 연극의 배우이기도 하며 요정이나 천사들이 지켜보고 있다.

이처럼 연극 속에 연극을 넣거나 연기한다는 의식을 강하게 표현하는 방법으로 연극 자체의 구조를 등장인물의 연기 의식에 집어넣는 극을 메타극이라 한다. 글자 그대로 풀이하면 연극에 대한 연극을 말한다.

《말괄량이 길들이기》가 크리스토퍼 슬라이라는 남자에게 보여주는 연극이라는 틀을 가진 것도 메타극 구조라 할 수 있다.

세계극장의 개념이 바로 메타극의 전제이다. 셰익스피어 시대에 글로브 극장 입구 위에 고대 로마의 시인 페트로니우스의 말인 "사람들은 세상이라는 무대 위에서 모두 배우가 되어 연기한다"를 걸어두있다는 이야기도 있다. 에라스뮈스의 《우신예찬》에도 "인생은 무대감독이 퇴장하라 명령할 때까지 온갖 의상을 입고 자신이 맡은 역할을 연기하는 연극이나 마찬가지다"라는 말이 있다.

세계극장의 개념을 끝까지 파고들면 연극이 끝나는 순간, 그러니까 죽음을 떠올리게 된다. 인생을 꿰뚫어 보는 시점은 비극과 잘 어울린다. 《뜻대로 하세요》에서도 우울한 제이퀴즈가 세계는 모두 하나의 무대라 말하는데, 세계극장의 명대사는 이처럼 비극에 많이 등장한다. 두 가지 예를 살펴보자.

> 우리가 태어날 때, 바보들만 있는 이 큰 무대에 나온 것이 슬퍼서 우는 거야. 《리어 왕》 제4막 제6장)

인생은 연극이라는 발상은 비극에서는 슬픔, 허무함과 이어진다. 연극 따위는 아무런 의미가 없다고 한다면 이는 인생에 의미가 없다는 말이 된다. 맥베스는 아내를 잃고 인생의 덧없음을 연극의 허무함에 빗대 이렇게 말한다.

> 내일, 내일, 또 내일은 날마다 살금살금 인류 역사의 최후 순간까지 기어들고, 우리의 어제라는 날들은 모두 어리석은 자들이 무덤으로 가는 길을 비쳐왔다. 꺼져라 꺼져, 짧은 촛불아! 인생이란 한낱 걷고 있는 그림자, 가련한 배우일 뿐이다. 제 시간엔 무대 위에서 활개치고 안달하지만, 얼마 안 가서 영영 잊혀버리지 않는가. 그것은 바보가 떠들어대는 이야기 같다고나 할까. 아무런 의미도 없이 고래고래 고함을 지르지. (제5막 제5장)

마음의 눈

《햄릿》의 주인공 햄릿 왕자는 친구 호레이쇼와 다음과 같은 대화를 나눈다.

> **햄릿** 아버님이—아버님의 모습이 보이는 것 같다.
> **호레이쇼** 어디서 말씀입니까?
> **햄릿** 내 마음의 눈이야, 호레이쇼. (제1막 제2장)

바로 전날 밤 유령을 본 호레이쇼는 햄릿 왕자에게도 유령이 보인다고 생각하여 "어디서 말씀입니까?" 물으면서 당황한다. 그러나 햄릿은 맨눈이 아니라 마음의 눈에 보인다고 대답한다.

이 대사를 눈을 감으면 돌아가신 아버지의 모습이 보인다는 의미로 이해할지도 모른다. 그렇지만 마음의 눈으로 본다는 것은 진실을 파악한다는 뜻이며 햄릿은 마침내 이 뒤 아버지의 진실을 알게 된다. 셰익스피어의 연극 세계에서는 '마음의 눈으로 진실을 본다'는 발상이 매우 중요하다.

'마음의 눈', 이 표현은 《햄릿》에 한 번 더 나온다. 호레이쇼가 말하는 '티끌 하나만 들어가도 눈이 아프듯 마음의 눈도 다를 바 없지'(제1막 제1장, 쿼터판에서만)라는 대사가 바로 그것이다. 티끌처럼 아주 작은 것이라도 눈에 들어가면 아파서 참을 수 없듯이 마음에 걸려 어찌할 수 없는 일은 다른 사람이 보았을 때 아무리 사소한 것일지라도 그 사람에게는 아주 큰 의미가 있다. 객관적으로는 아주 작더라도 주관적으로는 큰 의미를 가질 수 있다고 바꿔 말해도 좋을 것이다.

엘리자베스 왕조의 심상은 확실한 현존성을 갖는 것이었다. 예를 들면 어떤 물체를 보고 '사과'라고 생각한 경우는 지각과 기억의 정보에 따라 '사과'라는 심상이 형성된 것이다. 사실은 그것이 밀랍으로 만든 실물과 똑같은 모양의 사과일지라도 보는 사람이 그것을 '사과'라고 인식한다면, 잘못된 인식을 바로잡을 때까지 그 사람에게 그것은 '사과' 말고 다른 무엇도 아니다. 만일 그 사람이 살아 있는 동안 그 인식이 바로잡히지 않는다거나 본디부터 잘못 판단했다는 사실을 아무도 인정하지 않는다면 그것은 '사과'인 것이다. 즉 이 지각의 구조에서 '실제'나 '현실'은 정확히 인식할 수 없는 것이며, '상상'이 만들어

낸 심상이야말로 현실이 된다. 말하자면 현실은 보는 사람에 따라 어떻게라도 변할 수 있는 심상의 총체로밖에 있을 수 없다.

이것은 셰익스피어의 세계를 이해할 때 전제가 된다. 《끝이 좋으면 다 좋아》의 여주인공 헬레나가 버트람에게 반해 '나에게는 버트람밖에 보이지 않는다'는 의미에서 "내 눈앞에 떠오르는 건 오직 베트람의 모습뿐……"(제1막 제1장)이라고 말한다. 이 경우도 심상을 형성하는 지각 기능을 가리켜 '상상'이라 말하는 것이다.

《오셀로》는 인식을 형성하는 '상상'이 격정으로 뒤틀려 벌어진 비극을 그리고 있다고 할 수 있다. '눈이 파래지는 질투'라는 말은 《베니스의 상인》 제3막 제2장에도 나오는 표현인데, 《오셀로》에서는 '악마 역'이라 불리는 이아고(제5막 제2장)가 이 격정을 조작하는 부분이 가장 흥미로운 장면이다. 그때의 인식론에 따르면 지각 기능인 '상상'의 왜곡을 일으키는 원인은 두 가지인데, 그 하나는 격정(열정)이고 또 하나는 악마이기 때문이다.

오셀로는 자신의 인식에 잘못이 있다는 것을 뒤에 가서 알아차리지만 햄릿은 자신이 본 것을 과연 아버지의 유령으로 인식해도 좋을지 고민한다. 자신의 지각 기능인 '상상'에 그을음이 밴 것이 아닐까 의심하는 것이다.

> 만일 숙부의 숨은 죄악이 그 대목에서 드러나지 않을 때는 우리가 본 유령은 악귀가 분명하고, 나의 상상은 불의 신 불카누스의 대장간처럼 추잡했던 셈이야. (제3막 제2장)

돌아가신 아버지의 모습으로 둔갑하여 나타난 악마를 아버지로 잘못 봤다고 한다면 악마가 몰아넣은 격정으로 말미암아 '상상'이라는 지각 기능이 왜곡됐다고 할 수 있다.

겉모습과 속마음

시 《루크레티아의 능욕》에서 왕자 타르퀴니우스에게 능욕을 당한 유부녀 루크레티아는 방에 장식된 트로이 전쟁 그림을 바라보며 이 그림 속 아킬레우스는 '마음의 눈으로밖에 볼 수 없다'고 생각한다. 거기에는 창을 들고 있는 아킬레우스의 손만이 그려져 있었기 때문이다. 그 그림에는 트로이인을 속이고 트로이 목마를 성안으로 이끈 병사 시논이 언뜻 온화하고 정직해 보이게 그려져 있다. 타르퀴니우스도 이 시논과 마찬가지로 정직해 보이는 얼굴로 그녀를 찾아왔다. 그리하여 "나의 트로이는 무너졌다오"라고 루크레티아는 분노하며 그림 속 시논의 얼굴을 손톱으로 찢어버린다.

마찬가지로 이제 죽게 되리라는 사실도 모르는 던컨 왕의 다음 대사에서도 알 수 있다.

얼굴만 보고는 사람의 마음속을 알아볼 길이 없구나. 그는 바로 짐이 가장 신임했던 사람이 아니냐. 《맥베스》 제1막 제4장)

'그'는 이 연극에는 나오지 않는 모반자 코더의 영주이다. 이 모반인이 처형된 덕분에 글래미스의 영주였던 맥베스는 코더의 영주가 된다. 던컨이 '그'라고 말한 순간 맥베스가 등장하는 것이 얄궂다. 절대적으로 믿은 맥베스 또한 왕을 배신하기 때문이다.

겉모습과 속마음이 다르다는 동기는 셰익스피어의 작품 곳곳에 얼굴을 내민다. 《베니스의 상인》에서는 금과 은과 납 상자 중에서 포르티아의 그림이 들어 있는 것을 고르려는 바사니오가 말한다.

그러니 겉과 속이 전혀 다를 수도 있지…… 세상은 늘 겉모습에 속고만 있거든. (제3막 제2장)

금과 은은 '허울뿐인 진실'이며 꾸미지 않은 겉모습에 바로 진실이 있다고 생각한 바사니오는 납 상자 속에서 훌륭한 포르티아의 초상화를 발견한다.

《말괄량이 길들이기》에서는 카타리나와 결혼한 페트루키오가 카타리나를 위해 예쁜 모자와 옷을 들고 온 모자 상인과 재봉사를 호통치고 냉정하게 되돌려 보낸다. 이것은 페트루키오의 연기였으며 그는 이 의미를 다음처럼 이야기한다.

육체를 풍요롭게 하는 것은 마음이오. 태양이 먹구름을 헤치고 얼굴을 내밀 듯이 미덕은 초라한 옷을 뚫고 나와 눈부시게 빛을 낸다오. 어치가 종달새보다 소중한가? 깃털이 곱다는 이유만으로?

또는 독사가 뱀장어보다 나은가? 빛깔이 눈에 고우니까? (제4막 제3장)

페트루키오는 카타리나의 말괄량이 성격을 고쳐주려 한 것이다. 그녀가 말괄량이가 된 까닭은 세상 사람들의 눈을 지나치게 신경 썼기 때문이다. 여동생 비앙카는 모두에게 귀엽다는 칭찬을 받고 많은 구혼자가 떼를 지어 모이지만 카타리나를 칭찬해 주는 사람은 아무도 없었다. 그래서 카타리나는 비앙카를 괴롭히고 곁에 있는 남자들에게 독설을 퍼붓게 된다. '어치'와 '독사'를 비앙카, '종달새'와 '뱀장어'를 카타리나로 바꿔 읽으면 페트루키오가 한 말을 이해할 수 있다. 사실 이 연극 마지막에 가면 귀여운 비앙카는 그다지 남편을 소중히 하지 않는 제멋대로인 여자라는 사실을 알 수 있다.

스토아철학
스토아학파, 즉 스토아철학은 '금욕과 극기를 통해 자연에 따르는 현인의 삶, 불행에 흔들리지 않고 냉정하며 객관적인 판단력으로 마음의 평안(아파테이아)을 얻을 수 있는 고결한 삶을 꿈꿨다.

엄격하고 명예를 중시하는 브루투스나 고결함을 추구하는 햄릿 말고도 명예를 위해서라면 목숨까지 바치려 하는 핫스퍼, 코리올라누스 또한 스토아학파이다. 셰익스피어가 로마를 무대로 하여 그려낸 희곡에는 스토아학파 인물이 등장하는 경우가 많다. 스토아학파의 침착함과 냉정함을 동경하는 햄릿은 어느 때나 침착한 호레이쇼를 보고 당신은 훌륭하다며 크게 칭찬한다. 마침내 액자식 극을 상연하기 전에 햄릿은 호레이쇼를 불러서 이렇게 말한다.

자네는 인생의 모든 고통을 다 겪으면서도 전혀 꿈쩍하지 않을뿐더러, 운명의 신이 내리는 상과 벌을 똑같이 감사한 마음으로 받아들이는 사람이야. 감정과 이성이 잘 조화를 이루어 운명의 신의 손가락이 희롱하는 대로 소리를 내는 패거리와는 근본부터 다르니 참으로 복받은 사람이네. 정열의 노예가 되지 않는 사람, 그런 사람이 있으면 내 마음속 깊은 곳에 간직하고 싶단 말일세. 그런데 자네가 바로 그런 사람이야. (제3막 제2장)

이는 그야말로 스토아학파의 이상이다. 셰익스피어 작품 이곳저곳에서는 이러한 스토아학파의 사고방식이 나온다. 무엇보다 주목할 부분은, 햄릿이 로젠크란츠와 길덴스턴 두 사람과 이야기를 나누었을 때 덴마크가 자신들에게 감옥이라고는 생각지 않는다는 두 사람의 말에 대한 햄릿의 대답이다.

그렇다면 자네들한테는 아닌가 보군. 본디 좋고 나쁜 것은 다 생각하기 나름이니까. 하지만 나한테는 감옥이란 말이야. (제2막 제2장)

세상에는 처음부터 '좋은 것'이나 '악한 것'이 정해져 있지 않고 지각하는 이의 주관적 판단으로 그 가치가 정해진다.

스토아학파는 자신을 규제하고 높은 덕을 내세웠다. 개인의 논리적 행복을 추구함에 스토아학파의 가장 큰 특징이 있다. 자신을 높이고 고결한 삶의 방식이 이루어졌을 때, 비로소 논리적 행복을 얻을 수 있으리라. 스토아철학에서 로고스(logos)란, 신이 정한 세계 이론의 것을 가리키고 이는 신과 동일시되기도 한다. 즉 보편적 이성에 따르는 것은 모두가 행복해질 수 있는 덕을 익히는 일이며 누군가 불친절한 사람이 있다면 그 사람은 보편적인 이성을 알아채지 못한 바보라고 할 수 있다.

스토아철학은 셰익스피어의 세계관에 커다란 영향을 주었다. 예를 들어 《리어 왕》의 코델리아는 현대 가치관에서 보면 분위기를 읽지 못하는 바보처럼 여겨질지도 모른다. 아버지인 리어가 딸들로부터 "사랑해요" 말을 듣고 싶어한다는 게 분명하니 바라는 대로 대답할 만도 한데 고집을 부리면서 "아무 할 말도 없습니다" 말하여 굳이 화를 돋우다니 말이다. 그러나 코델리아 또한 달리 영합하는 일 없이 스토아적인 선함을 지켜나가려 했다고 볼 수 있으리라.

연극의 힘은 믿음
우리의 일상은 로고스(이성)에 지배당하는 경우가 많지만 연극은 이성과 대립하는 감성의 세계에서 그 힘을 드러낸다. 또한 그곳에서 가장 중요한 것은 상상력이다. 오늘날 말하는 상상력이 아니라 엘리자베스 왕조 시대의 상상력이다. 강하게 그려낸 마음속 이미지는 현실 그 자체의 영향력을 가진다. 때로는 새로운 현실 그 자체를 만들어 내는 힘마저 갖고 있다.

《겨울 이야기》의 마지막 장에는 중요한 대사가 나온다. 시칠리아 왕 레온테스가 터무니없는 질투로 말미암아 왕비 헤르미오네를 잃고 나서 16년. 사무치는 후회를 거듭하며 살아온 16년째, 왕은 세상을 떠난 왕비의 조각상을 바라보며 실물과 무척 닮은 그 조각 솜씨에 크게 감동한다. 그때 왕비의 시녀 파울리나가 "제가 조각상을 움직여서 내려오게 한 다음, 두 분께 조각상의 손을 잡아보게 하겠습니다" 말하고는 이렇게 요구한다.

마음속에서 믿음을 일깨워야 합니다. 모두 가만히 계십시오.

파울리나의 "내려오십시오. 이젠 돌이 아닙니다" 이 말에 응답하듯, 조각상은 움직이기 시작했고 죽은 줄로만 알았던 왕비는 왕의 곁으로 돌아온다. 스토아학파의 노력은 훌륭하지만 코델리아의 사례가 말해 주듯 의사소통이 잘 이루어지지 않아 독선에 빠져버릴 위험성이 있다.

이 세상 온갖 사람들의 삶을 그려낸 셰익스피어이지만 그가 마지막으로 이른 것은 '믿는 힘'의 소중함이었다. 믿음, 이는 연극의 밑바탕일 뿐만 아니라 우리의 삶을 뒷받침해 주는 힘이다. 사람은 늘 내일을 믿으며 살아간다. 무언가를 '믿는' 행위에는 새로운 세계를 열어 나가는 힘이 있다. "온 세상은 하나의 무대"이고 우리는 저마다 이 무대에서 중요한 역할을 맡고 있다. 그러므로 자신의 역할이 무엇인지 늘 살피며 최선을 다해 살아 나가야 하리라.

《존 왕》

어느 역사극에서나 마찬가
지로 셰익스피어는 여기서도
비극에 포함시킬 수 있는 작
품으로 만들었다. 역사적인 사
건을 폭넓게 다루면서 자기만
의 방식으로 해석한 것이다.
미국 문학평론가 토머스 패롯
에 따르면 "다른 역사극에서
와 같이 《존 왕》은 엘리자베
스 시대 영국 사람들의 애국
심에 열렬히 호소한다. 전통을
쫓아, 그는 존 왕을 프랑스에
대항하고 로마 교황에 맞서는
용맹한 왕으로 그렸다. 그러나
그는 역사에 기록되어 있는
왕을 영웅으로 만들 수 없다
는 것을 너무나 잘 알기에, 그
의 어린 조카를 죽이는 나쁜
왕으로 그릴 수밖에 없었다."

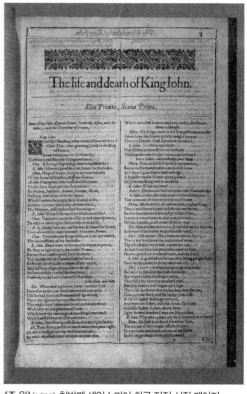

《존 왕》(1623) 첫번째 셰익스피어 희곡 전집 시작 페이지

《존 왕》은 1596부터 97년 무렵 씌어진 것으로 추정된다. 1591년에 두 권으
로 출판된 《존 왕의 난세》라는 희곡이 셰익스피어의 《존 왕》 자료였으리라 여
겨진다. 이 극의 첫 출판은 1623년 제1이절판 전집에 포함되었으며, 처음 상연
연대는 정확히 알 수 없으나 1598년 영국 성직자 프랜시스 메레스가 펴낸 12

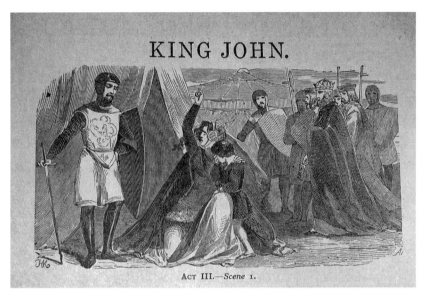

3막 1장을 그린 19세기 석판화

개의 연극 평을 실은 《팔라디스 타미아―지혜의 보고에 포함되었다고 한다. 이 극의 방식이나 그 밖의 외적 조건으로는 도무지 연대를 추측할 수 없다. 대체적으로 셰익스피어의 초기 작품으로 인정되고 있다. 이 작품은 문학적인 면에서는 그다지 신통치 않은 이류극임에 틀림없지만, 몇몇 생기 있는 장면들 덕분에 무대적인 효과로는 꽤 인기가 좋았다.

존 왕(1167~1216)은 지금의 영국 왕조의 조상 윌리엄 1세(1066년 즉위)로부터 제6대 왕으로, 현왕의 아들을 죽이고 왕위를 빼앗았다. 영국 역사에서 존은 악한 왕으로 기록된다. 그는 왕위에 있을 때에 영국 땅이었던 노르망디를 잃었으며, 국내적으로는 귀족들과의 대립이 심했고, 지주 계급의 압력에 못 이겨 마그나 카르타(대헌장)를 승인했으며, 로마 교황과 싸워서 패했다. 그러나 로마 교회로부터 독립하여 영국 성공회로 개혁한 16세기 영국인들에게는 존 왕이 로마 교황과 투쟁한 점이 새롭게 보이기 시작했고, 또 존 왕을 마치 신교도의 선구자처럼 다룬 종교극도 있었다고 한다.

여기서 존은 극을 충분히 이끌어 나갈 수 있는 힘이 없는 나약한 왕으로 나온다. 그는 야심가인 어머니에게 끝까지 끌려다닌다. 이와 같이 힘없는 형식 상의 주인공에 비해서, 셰익스피어가 만들어 낸 사생아 필립 팰컨브리지는 생기발랄한 인물로서 존 왕에게는 찾아볼 수 없는 좋은 점들을 두루 갖추고 있다. 그는 셰익스피어 희곡에서 통속적인 인물 성격에서 벗어나 연극적인 인물로 옮아간 첫 번째 인물이다. 그는 국왕의 배다른 사생아로서 성실하고 솔직하며, 용감하고 쾌활하며, 거칠지만 개인적인 야심이 없고, 왕과 나라에 끝까지 충성을 다하는 인물이다. 음모와 배신이 판을 치는 정치 세계에서 그는 거침없이 자유롭게 활약하면서, 주위의 권모술수에 맞서기 위해 온갖 꾀나 술수를 어쩔 수 없이 써야 할 경우에도 자신의 의무인 국가 이익을 절대로 잊지 않는다. 이 극의 마지막 대사의 애국정신은 유명하다. 이렇듯 셰익스피어의 모든

《존 왕》 4막 1장, 아더 왕자와 휴버트 윌리엄 F. 임즈. 1882.

역사극들은 불안한 정세 아래 국가의 통일과 비약적인 근대화를 꿈꾸는 애국주의 연극들이다. 팰컨브리지의 살아 숨 쉬는 듯한 인물 성격 창조와 함께, 존 왕이 휴버트에게 아더 왕자의 살해를 지시하는 장면(제3막 제3장), 휴버트가 아더의 암살을 그만두는 장면(제4막 제1장), 존 왕의 맨 마지막 장면(제5막 제7장)은 셰익스피어가 이미 인생의 단면과 무대의 기교를 거의 터득해 가고 있음을 보여준다.

많은 인물이 등장하면서, 여러 인물이 눈에 띈다. 조지 베그쇼위 해리슨은 "때로는 그의 인물들은 실제 인물처럼 재미있고 생생하지만, 또 때로는 장면들이 상징적인 역사적 사실 때문에 굳어지기도 했다"고 말했다. 사실 존 왕, 서자(사생아), 아더, 콩스탕스 등이 입체적 인물들이지만, 해리슨의 지적처럼 가끔 인물에 맞지 않는 일이 있는 것은, 역시 그의 걸작이 되지 못하는 큰 이유

의 하나이다. 그중에도 콩스탕스는 비교적 철저한 인물이며, 그의 아들 아더가 실종된 사실을 알았을 때(제3막 제4장) 보이는 거의 미친 사람과 같은 행동은 조금 과장된 듯하나, 또한 진실이 엿보이고 상당한 연기력이 필요한 장면이다. 새뮤얼 존슨도 "이 비극은 사건과 인물의 연속된 발생이 재미있다. 부인의 슬픔은 감격적이며, 서자는 위대성과 변화가 많이 뒤섞인 인물로, 작가는 이 인물을 창작하는 데에 큰 흥미를 가졌던 것 같다"고 평했다. 존슨의 이야기처럼, 서자는 어찌 보면, 처음에는 악한에 가깝게 그려지다가, 끝에 가서는 충성으로 일관된 인물로 두드러진다. 소년 역할 아더는 이상화된 순진함과 선함의 화신처럼 그려지고 있어 조금 비현실적인면도 없지 않으나, 동정과 사랑을 불러모을 수 있는 인물이다.

《에드워드 3세》

가터 기사단 우두머리로서의 에드워드 3세 브루제 가터 필사본

이 작품은 처음에는 작자 미상으로 알려졌다가, 1998년 9월에 셰익스피어의 초기작 가운데 하나라고 공식 발표되었다. 컴퓨터를 통해 셰익스피어의 다른 작품들과 이 작품의 본문과 언어를 비교 분석한 끝에 학계의 추측대로 셰익스피어가 쓴 역사극임이 밝혀진 것이다.

《에드워드 3세》는 《티투스 안드로니쿠스》와 《로미오와 줄리엣》 사이에 1594~95년쯤 쓰인 5장으로 이루어진 희곡이다. 이 극은 상연 무렵 큰 인기를 모으지 못했으며, 스코틀랜드인의 기분을 거스를 수도 있다는 우려에서 탄압을 받기도 했다고 한다.

1327년부터 반세기 동안 영국을 다스린 에드워드 3세는 아버지 에드워드 2세가 폐위되고 살해당하자 열네 살 나이로 왕위에 올랐다. 그의 어머니 이자벨은 프랑스 왕 필립 4세의 딸이다. 에드워드 왕은 맏아들 에드워드 왕자(백년전쟁 초기에 크게 활약했으며, 검은 갑옷을 입어 '흑태자'로 불렸다)가 스코틀랜드의 폭동을 진압하고 전쟁에서 커다란 승리를

맏아들인 에드워드 흑태자에게 아키텐(프랑스 남서부 지방)을 영지로 내리는 에드워드 3세　1390년에 그려진 세밀화. 영국 국립 도서관

거두자 어머니 쪽의 프랑스 혈통을 주장하며 프랑스 왕으로 앉히려고 했다.

그러나 프랑스에서는 여자의 혈통으로 왕위를 계승할 수 없다는 살리카법(게르만족 가운데 프랑크 부족에 속하는 살리 지족의 법으로, 딸은 땅을 상속받을 수 없다는 규정이 있었다. 살릭법이라고도 함)을 내세우며 거절한다. 이에 분노한 왕은 전쟁으로 해결할 수밖에 없다고 생각하여 더비 백작에게 유럽에서 자신의 나라를 도와줄 만한 동맹국을 찾아보게 하고, 흑태자 에드워드와 신하에게 군대를 이끌고 나가 프랑스와 싸우라고 명령한다.

한편 스코틀랜드 데이비드 왕이 프랑스의 영국령을 쳐들어와서 솔즈베리 백작부인을 포위했다는 말이 런던에 전해진다. 에드워드 왕이 록스버러성에 도착하자 솔즈베리 백작부인에게 수작을 걸던 데이비드 왕은 급히 달아난다. 솔즈베리 백작부인은 데이비드 뒤를 쫓으려는 에드워드 왕을 붙잡아 잠시 머물다 가라고 부탁한다. 그녀의 아름다움에 빠진 왕은 그녀에게 사랑을 고백하지만 백작부인은 남편이 있으니 허락할 수 없다고 거절한다. 이에 에드워드

는 백작부인의 아버지인 워릭 백작을 불러 그의 딸을 왕의 여인으로 만들어 달라고 부탁한다. 워릭은 고민하다가 이런 뜻을 딸에게 전했으나 딸의 단호한 거절에 오히려 칭찬하며 마음을 놓는다.

이때 흑태자, 더비 백작, 오들리 경이 프랑스를 정복할 준비가 끝났다고 왕에게 보고한다. 그러나 왕은 전혀 관심을 보이지 않았다. 그러자 솔즈베리 백작부인은 왕의 구혼에 대한 답이라면서 두 개의 칼을 내놓는다. 그중 하나는 왕에게 주면서 왕비를 죽이라 하고, 다른 하나는 자기 심장에 갖다 대면서 가슴속에 있는 남편을 죽이겠노라고 말한다. 그녀의 정절에 깊이 깨달은 왕은 아들과 신하의 보고에 귀를 기울이게 된다.

이 극에서 배경인 된 백년전쟁은 프랑스의 왕위 계승 문제와 양모(羊毛) 공업 지대인 플랑드르에서의 주도권 싸움이 원인이 되어 1337년 영국군이 프랑스에 쳐들어가면서 일어났으며, 여러 차례 휴전과 전쟁을 되풀이하면서 116년간 이어지다가 1453년 잔 다르크 등의 활약으로 프랑스 승리로 막을 내린다.

《리처드 2세》

첫 장면은 리처드가 한창 승리의 절정에 있을 때이며, 왕과 귀족들 사이의 오래된 암투의 끝장이기도 하다. 셰익스피어는 극적인 구성을 위해 이 파쟁을 두 사람—하나는 절대적인 왕, 또 하나는 귀족을 대표하는 이—의 결투로 나타내고 있는데, 둘의 인물 대조 등은 가장 잘된 장면의 하나이다.

《헨리 6세》 3부작과 《리처드 3세》의 4편으로 된 제1군(群)의 역사극에서 장미전쟁에 대해 일단 마무리를 한 셰익스피어에게는 헨리 6세 이전 영국의 내란 역사를 또 한 번 체계화하는 과제가 남아 있다. 바로 《리처드 2세》와 《헨리 4세》 제1, 2부와 그리고 《헨리 5세》의 4편으로 된 제2군의 역사극이다. 리처드 2세의 왕위를 찬탈한 헨리 볼링브룩은 헨리 4세로 왕위에 오르지만 내란과 죄의식에 시달린다. 그의 아들 헨리 5세가 영리하고 비범한 군주로서 등장했으나 일찍 죽는다. 이것이 제2군 역사극의 주제이다. 그러니 제2군 역사극은 제1군 역사극의 원인이 되고, 거기에는 무질서와 인과응보 역사관이 펼쳐지고 있지만 셰익스피어는 무질서의 이면에 영원한 질서를 꿰뚫어 보고 있는 것이다.

《리처드 2세》는 1595~96년 무렵에 씌었으며 1597년에 양(良)사절판으로 처음 인쇄되었다. 1595년 12월에 이미 상연된 바 있으나, 1601년에 에섹스 백작이 쿠데타를 일으키기 전날 밤에 공연을 요청하여 말썽이 나기도 했는데 이 극의 퇴위 장면의 효과를 감안하면 그 까닭은 짐작할 수 있는 일이다.

작품의 바탕은 셰익스피어의 다른 역사극들과 마찬가지로 라파엘 홀린쉐드의 《연대기》에서 따왔지만, 극작가로서의 셰익스피어는 인물을 여러모로 극화시켜 그의 목적에 알맞도록 만들었다. 언어에서도 《연대기》의 말을 많이 끌어들이기는 했으나, 작가

리처드 2세 초상화(1390) 흑태자의 아들로 아키텐에서 태어났다. 11세 나이로 즉위하자 삼촌인 곤트의 존이 섭정했다.

자신이 만들어 낸 이야기처럼 자유로이 구사하고 있다.

이 작품에서 주인공 리처드 왕은 그의 결점에 불구하고, 훨씬 더 공감할 수 있는 인물로 등장한다. 곤트의 존도 《연대기》에서는 이기적이고 괄괄한 성품이며 쉰아홉 살 나이로 죽지만, 이 극에서는 훨씬 더 나이 든 인물로서 나라의 앞날만을 걱정하면서 죽는다. 왕과 죽음을 앞둔 곤트 사이의 불편한 관계는 역사책에도 없는 장면이지만, 지은이가 교묘하게 꾸며 넣었다. 이 밖에도 제3막 제4장에서 정원사가 정치적 비유를 말하는 장면도 작가의 구상으로 짜 넣은 것이며, 이런 것들은 모두 이 극의 줄거리를 풀어 나가는 데 있어서 뚜렷한 방향을 제시하고, 또한 그 극적 효과를 더욱 자아내고 있느니만큼, 셰익스피어의 극작 기교를 나타내는 것이기도 하다.

리처드 2세는 그 전기를 쓰는 사람들에게는 늘 다루기 어려운 인물로 생각

곤트의 존 에드워드 3세의 넷째 아들. 뒤에 리처드 2세가 왕궁을 비운 틈을 타 반란을 일으켜 왕위를 찬탈한 헨리 볼링브룩(헨리 4세)이 그의 아들이다.

되어 왔다. 잘생기고 매력적인 왕으로 성격도 좋은 편이었으나, 짓궂고 고르지 못한 모습을 감추고 있었으며, 그로서는 불우한 시대에 왕위에 앉아 있다가, 보통 사람 같으면 왕위를 계속 움켜쥐기 위해 온갖 수단을 다할 것을, 오히려 어떻게 하면 훌륭하게 그것을 다른 사람에게 넘겨줄 것인가에 더욱 마음을 기울이는 등으로 보아서는, 여러 가지로 모순된 점이 많은 성격이었던 모양이다. 그와 가까운 사람들에게는 아름다운 장미 같다는 말을 들었으나, 그의 정적들로부터는 남자답지 못하며 보잘것없는 무능한 왕으로 비난을 받았다.

1377년에 그의 할아버지 에드워드 3세가 죽고 그가 뒤를 이어 열한 살의 어린나이에 왕위에 오른다. 따라서 그 뒤 약 12년간은 숙부들의 후견을 많이 받았다. 이들 가운데 둘 랭커스터 공작 곤트와 요크 공작 에드먼드는 극중 인물로 나타나지만, 글로스터 공작 우드스톡은 이미 암살당해, 극의 첫머리 볼링브룩과 모브레이 간에 일어난 싸움의 발단이 되어 있다.

1383년에 곤트가 카스티야의 왕위를 차지하기 위해 영국을 떠나기 전까지 그는 영국에서 가장 세력이 큰 귀족이었으나, 그가 떠난 다음 그의 막냇동생 글로스터가 강한 당파를 구성하고, 리처드 왕이 폐위당하기 얼마 전까지 젊은 왕의 모든 일에 반대를 했었다. 그러다가 1387년 왕은 늙은 귀족들에게 미움을 받은 몇몇 사람에게 둘러싸이게 되었다. 글로스터를 비롯한 볼링브룩,

헨리 볼링브룩에게 항복하는 리처드 2세

모브레이 등의 반대파는 왕이 그 측근자들을 물리칠 것을 요구하고, 불응할 때에는 폐위시키겠다고 위협하며, 글로스터를 중심으로 한 섭정직을 둘 것을 요구해서 관철했다. 이들은 반대파인 왕의 측근들을 없애 버리고 왕을 무력하게 만드는 데 성공했으나, 1389년 스물세 살이 된 왕은 섭정이 필요하지 않다고 선언한 뒤 섭정을 물리쳤으며, 그로부터 여러 해 동안 나라를 성공적으로 잘 다스렸다. 그러나 프랑스와 휴전 조약을 맺은 일이 국민들 사이에 불만을 자아내고, 또 왕은 남몰래 자기 세력을 키우고 있었다. 극중 인물로 나오는 부시, 그린, 배거트 등의 도움으로 의회를 좌우하고, 또 10년의 세월을 기다린 뒤 1397년에 그의 적대자에 대해서 복수를 감행했다. 그리하여 글로스터는 사로잡혀 모브레이가 총독으로 있었던 칼레에 갇혀 있다가, 거의 틀림없이 왕의 명령으로 그곳에서 암살당했다. 그의 숙부 글로스터의 영향을 받았던 볼링브룩은 모브레이를 그 공모자로 고발하고, 두 사람은 윈저로 가서 왕 앞에서 일을 결정하게끔 되었는데, 볼링브룩의 고발은 글로스터의 암살 사건에서 왕 자신을 간접적으로 비난하는 것이다.

이 극은 비극적인 인물 묘사에 무게를 두었다. 스스로 비극의 요소를 지니고 있는 왕의 멸망, 거짓되고 이기적이며, 무능력하고 현실을 직시하지 못하는 한 왕의 패망을 그린 것이다. 리처드 2세는 셰익스피어의 왕들 가운데서도 가장 가엾게 여겨지며, 또한 그의 후기의 위대한 비극적 인물의 전형이라고 말할 수 있다. 그의 침울한 성격과 소극적인 명상에 잠기는 습성은 햄릿과도 비슷한 점이 있다. 셰익스피어의 다른 인물들과 마찬가지로, 리처드는 교묘하게 자기 자신을 기만하고 자신을 극화한다. 불행에 처해서는 그 자신의 가련한 신세에 스스르 감동해서 그 슬픔을 오히려 즐기고, 시적이고 비극적인 주인공이 되어 그 감상적 이미지에 도취된다. 관객들은 바로 이런 점에서 애절한 동정심을 아끼지 않는다.

그의 성격은 볼링브룩의 계략적이고 낙관적이며, 조심스럽고 인내심이 강하며, 냉철하고 상상력이 적은 성격과는 아주 뚜렷한 대조를 이룬다. 이 대조를 나타내기 위해 셰익스피어는 역사적 사실의 범위 안에서 두 사람의 행동으로 드러나는 성격을 그려낸 것이다.

리처드는 왕으로서 행동하는 인물이라기보다는 공상적인 시인이고, 고통스러운 삶을 헤쳐 나가야 할 현실 세계에서 의사라기보다는 구름 속의 공상가이며, 인생을 위로해 줄 만한 현실적인 인간이라기보다는 사람들의 눈이나 귀를 즐겁게 해주는 배우와 같고, 자기 자신의 능력이 아닌 하늘의 은총으로써 나라를 다스리고자 했던, 역사상으로는 드물지 않은 왕인 것이다.

앞으로 셰익스피어가 극복해야 할 또 하나의 과제로 역사관과 인간관 사이의 조화와, 원전과 창작 사이의 조화 문제가 남아 있다. 《리처드 3세》에서는 괴물 같은 악당을 가해자의 관점에서 외면적으로 묘사했다면, 《리처드 2세》에서는 선량하지만 군주의 자질이 없는 허약한 리처드 2세를 피해자 관점에서 내면적으로 그려내고 있다. 리처드 2세의 내면성 묘사는 분명 이제까지의 셰익스피어 극에서는 볼 수 없던 새로운 점이다. 그러나 그의 내면성은 후기의 대비극들에서와 같이 의식과 행동이 일치하는 것이 아니라 그 자신의 내향성(內向性) 때문이며, 리처드 2세의 입에서 분수같이 뿜어져 나오는 서정적 이미지들 또한 그것 자체의 장난의 테두리를 벗어나지 못한 것만 같다. 이 극에서 작가는 성격 창조보다는 아름다운 시의 이미지들을 가지고 오로지 서정적인 세계를 작품화하는 표현 기법에 더 열중한 것으로 보인다. 같은 무렵에 제작된 《소네트》을 비롯하여 《한여름 밤의 꿈》, 심지어는 비극 《로미오와 줄리엣》 등이 모두 서정에 넘쳐흐르는 것 또한 우연의 일치는 아니리라.

《헨리 4세 제1부》·《헨리 4세 제2부》

헨리 볼링브룩은 리처드 2세의 왕위를 빼앗고 끝내 암살까지 한다. 볼링브룩은 헨리 4세로 왕위에 오르지만 죄의식에 고민하고, 그의 왕국은 귀족의 반역과 내란이 이어졌다. 이러한 무질서는 정당한 왕위를 빼앗아 버린 데서 기인한 인과응보이다. 이것이 튜더 왕조의 역사관이자 셰익스피어의 역사관이었다. 엘리자베스 여왕 시대는 무엇보다도 질서가 필요했으므로 지난날의 혼란스러운 역사를 돌이켜보고 질서를 호소하는 뜻에서 셰익스피어 역사극은 애국적인 연극이기도 하리라.

역사극 《헨리 4세》는 2부작으로서, 《리처드 2세》에 뒤이어, 그리고 《헨리 5세》 앞에 제작되었다. 따라서 역사적 사건으로 보더라도 4부작으로 간주할 수 있으며, 《리처드 2세》를 떼내어 그것을 하나의 서곡으로 보고, 헨리 4, 5세의 사건만 생각한다면 3부작이라고도 할 수 있다. 그러므로 하나의 4부작으로서, 이들 4편을 훑어보는 것이 이야기 내용을 이해하는 데 편리하다. 《헨리 4세 제1부》에서는 1402 ~03년의 역사적 사실이 담겨

《헨리 4세 제1부》 폴스타프와 헨리 왕자가 이 작품의 중심 인물이다. 2005년 내셔널극장 공연.

있고, 《헨리 4세 제2부》에서는 1403~12년까지와 10년 동안의 역사의 사실이 다루어진다.

《헨리 4세 제1부》는 1598년에 4절판으로 출판되었고, 그 제작과 공연은 그보다 앞선 1597년쯤이고, 새로운 작품 목록에 등록된 것은 1598년 무렵이라고 추측된다면, 1600년에 간행된 《헨리 4세 제2부》의 탈고는 《제1부》의 공연보다는 뒤이고, 등록보다는 앞으로 볼 수 있다.

셰익스피어는 존 폴스타프 경을 그 실존 인물과는 다르게 꾸미면서 극 전체를 분해하여, 어느 정도 딱딱한 무운시로 씌어졌던 역사적인 장면을 삭제하고 산문 장면을 희극적 익살로 가득한 걸작으로 드높여 놓음으로써, 그 뒤 여러 세기 동안 관객과 독자에게 즐거움을 선물했다.

셰익스피어 역사극의 소재는 언제나 홀린쉐드의 《연대기》였으므로 《헨리 4세》 2부작 또한 얼마쯤 충실히 역사적 사실에 따랐으나, 작가는 극적 필요성을 위해서는 자기 뜻대로 바꾸기도 한 것 같다. 혈기왕성한 왕자 헨리의 젊음과 대조되도록 헨리 4세를 노인으로 설정하고, 또 같은 이유로 핫스퍼의 나이를 바꿔 버렸다. 사실 핫스퍼는 왕자보다 나이가 많았는데도, 경쟁자로서의 성격을 강조하려고 또래로 정했다. 또 실제 역사에는 왕자와 핫스퍼의 결투도 없으며, 왕자가 아버지 헨리 4세의 총애를 다시 찾는 대목은 슈루즈버리 전투 이전이 아니라, 거의 10년 뒤의 일이다. 이렇게 셰익스피어는 이 극의 희극적 재료를 작자 및 저작일자 미상인 《헨리 5세의 유명한 승리》에서 구했지만, 어떤 장면을 위한 암시만 추출하여, 그것을 놀랄만한 희극 창작력을 바탕으로 정교화하고 발전시켰다. 요컨대 셰익스피어는 마지막에서 제시된 방탕한 왕자를 선의의 붓으로 재창조하여, 그 탈선 행위는 젊은 혈기의 탓이라고 쉽사리 용서받을 수 있도록 그렸다.

《헨리 4세》의 주인공은 헨리 4세 자신이 아니고, 나중에 헨리 5세가 될 세자 헨리이다. 그는 폴스타프와 같은 무뢰한들과 어울려 다니면서 장난이 심하지만, 뒷날에 나라의 영웅으로서 태양처럼 떠올라야 할 막중한 운명을 짊어지고 있기 때문에, 환락의 가운데서도 완전히 악에 물들지는 않으며, 필요한 순간에는 곧장 왕자다운 태도를 일깨워서 자신의 본디 자리로 돌아와 멋있게 왕위에 오른다.

헨리 왕자의 경쟁자인 핫스퍼는 용감하며 열정에 불타는 거친 성격을 빼면

《헨리 4세 제2부》 2001년 로열셰익스피어 극단 공연 장면. 폴스타프·섈로우·사일런스가 주고받는 대사에서 지나가버린 청춘과 피할 수 없는 죽음이 뚜렷하게 드러난다.

아무것도 남지 않는 저돌적인 인물이다. 이름 그대로 불같이 성급하지만 대의명분을 부르짖고, 군인의 명예를 위해서는 물불을 가리지 않는, 또한 권모술수도 모르는 충직한 인물이다. 따라서 헨리 왕자와 핫스퍼 둘만 등장했어도 이 극은 성공했을지도 모른다. 그러나 이 작품이 더욱 흥미롭게 느껴지는 까닭은, 악명 높은 존 폴스타프 덕분이다. 물론 그는 이 극의 주된 줄거리, 그러니까 커다란 사건과는 그다지 관계가 없는 하나의 희극적 인물에 지나지 않는다.

나랏일에 바쁜 왕과 재상들 사이에 끼어, 이 철두철미한 무뢰한은 《헨리 4세》 2부작의 중심인물로서 돋보인다. 엄숙한 장면 사이사이에서 삽화로서 나오는 것에 지나지 않으면서도, 그 삽화가 전체를 힘차게 끌어가고 있는 셈이다. 제목은 《헨리 4세》이지만 사실 오늘날 독자와 관객에게 이 작품은 바로 '폴스타프 극'이며, 폴스타프의 인간성에서 웃음을 만끽하기 위해서 책을 읽거나 또는 그에게 박수갈채를 보내기 위해 연극을 본다고 해도 지나친 말이 아닐 것이다.

《제2부》는 극적 구조가 《제1부》에 비해서 완만하고 엄숙한 느낌이 떨어지지만, 새로 등장한 재판장과의 응답, 시골판사 섈로우와 사일런스를 상대로 한 신병 모집과 연회 장면, 술집 보어스헤드에서의 놀이 장면 등에서 폴스타프는 여전히 그 풍자와 해학을 마음껏 발휘하는 데는 손색이 없다. 그를 도덕 세계의 사람으로 생각하고, 그에게 도덕적인 잣대를 들이려고 하는 이가 있다면, 장난꾸러기 강아지를 비난하는 것과 똑같은 잘못을 저지르는 것이다. 그렇다면 이 무뢰한의 참된 매력은 어디에 있을까?

셰익스피어의 온갖 인물 가운데서 폴스타프처럼 자기 자신을 사랑하고 즐겁게 하루하루를 보내는 것을 삶의 목표로 삼는 인물은 없다. 그는 늙은 젊은이, 가볍게 날뛰는 (자기 무릎도 보지 못하는) 뚱뚱보, 아무한테나 속기 쉬운 사기꾼, 아무도 속이지 못하는 거짓말쟁이, 용감한 겁쟁이, 명예 없는 기사, 위엄 없고 품행 나쁜 신사, 해롭지 않은 무뢰한, 악의 없는 악당이다. 그의 매력은 이렇듯 야릇한 성격의 모순보다도, 차라리 그의 그칠 줄 모르는 기묘한 농담과 기지와 기괴한 논리와 쾌활함이다. 어떤 궁지에 빠지더라도, 또는 어떠한 위기에 맞닥뜨리더라도 자기 모습을 잃지 않고 천연덕스럽다. 그의 웅변은 경탄할 만하며, 그의 말과 행동은 어느 하나라도 웃음을 자아내지 않는 것이 없다. 폴스타프와 같은 희극적 인간 창조의 극치는 세계 문학뿐만 아니라, 셰익스피어 자신의 여러 희극에서조차도 그 유례를 찾아내기가 어려우리라.

《헨리 5세》

《헨리 5세》는 셰익스피어 역사극의 체계가 마무리되는 극이다. 실제 역사 속의 헨리 5세(1387~1422)는 헨리 4세의 맏아들로, 1413년 부왕의 뒤를 이어 왕위에 올라 9년 남짓의 짧은 기간 동안 나라를 다스렸으나 그동안 나라 안은 안정을 되찾고, 프랑스에 원정하여 대승리를 거두었으며, 그리고 프랑스 공주 카트린을 왕비로 맞았다. 그는 실제 영리하고 뛰어난 왕이었고, 영국 국민들에게는 영웅이기도 했다.

《헨리 5세》의 제작 연대를 아는 데에는 프랜시스 메레스의 《팔라디스 타미아—지혜의 보고》가 큰 도움이 된다. 1598년 가을에 출판되었는데, 여기에는 《헨리 4세 제2부》까지 언급되었고 《헨리 5세》에 대한 이야기는 찾아 볼 수가 없다. 그러니까 이 작품은 1599년 늦은 봄에서 이른 여름 사이에 쓰인 것으로 짐작된다.

그러나 《헨리 5세》의 전문이 완전하게 출판된 것은 1623년이었다. 1600년 8월 4일의 서적출판업조합(Stationers' Company)의 등기 기록을 보면 《헨리 5세》, 《헛소동》, 《뜻대로 하세요》의 출판 허가가 보류된 사실이 실려 있다. 하지만 1600년에 《헨리 5세》의 위판(僞版)이 나왔고, 1602년과 1618년에는 그 재판이 나왔다. 이 위판은 원작보다 1천 행 정도가 짧으며, 해설자를 비롯해서 생략된 대사가 무척 많은 것으로 보인다.

헨리 5세가 왕세자 시절 노퍽 공작에게 책을 주는 장면 1411~13년 작품. 영국 국립도서관

대부분의 역사극을 썼을 때에도 그랬듯이, 셰익스피어는 역사적인 사실 자료를 홀린쉐드의 《연대기》에서 얻어 왔다. 대주교의 살리카법에 대한 해설, 헨리 왕이 전투 직전에 웨스트모어랜드 백작에게 "한 사람이라도 더 와주기를 바라지 마오"라고 타이르는 대목 등은 이 《연대기》와 아주 가깝다. 또 한 가지 셰익스피어가 자료를 얻은 책은 《헨리 5세의 유명한 승리》이다. 1598년에 인쇄된 이 희극은 헨리 왕의 방탕했던 청년기에서 시작해서 프랑스 공주 카트린에게 구혼하는 대목으로 끝난다.

《헨리 5세》에 대한 평론가들의 반응은 시대에 따라서 얼마간 차이가 있는 것 같다. 제2차 세계대전처럼 커다란 어려움에 부딪혀 국민들의 애국심이 한창 높아졌을 때에는 이 극의 인기가 올라가고, 평화가 오래 이어질 때에는 반대로 인기가 내려간다. 문학적인 관점에서 비교할 때 《헨리 5세》는 《헨리 4세》 2부작보다 못하다는 의견이 대부분이다.

영화 〈헨리 5세〉 포스터   로렌스 올리비에 출연. 1944.

　이야기 속에 극적인 갈등이 부족하고, 헨리 왕이 완벽에 가까운 인간으로 그려졌으며, 몇몇 독백을 빼놓고는 너무 외적인 묘사에 치우쳤고, 프랑스군을 지나치게 깎아내린 데다, 덧붙은 이야기(subplot)가 고르지 못하다는 이유 때문이다. 폴스타프의 불쌍한 임종, 플루엘렌과 피스톨의 익살스러운 싸움은 그 자체로서는 재미있는 장면이지만 《헨리 4세》의 경우와 비교하면 작품 전체에 극적 필연성이 모자라다는 것이다.

　흔히 헨리 5세는 셰익스피어가 숭상했던 왕이라고 말한다. 그러나 셰익스피어는 헨리 5세이건, 그의 아버지 헨리 4세이건 지나친 환상은 품고 있지 않았다. 그것은 프랑스 원정의 동기가 어디까지나 철저하게 계산된 정책에서 나온 것이며, 교회가 전쟁에 따른 부담금을 낸 것은 교회에 소속된 땅이 줄어드는 일을 막기 위해서였다고 극중에서 설명되어 있는 것을 보아도 알 수 있다.

　물론 셰익스피어는 헨리 왕에 대해서 어떤 환상을 가지고 있지 않았다 하더라도, 이상적인 왕이 지녀야 할 특성을 작품 속 헨리 왕에게 부여하고 있다. 냉철한 결단성은 반역을 꾀한 세 귀족의 처벌, 님과 바돌프의 처형, 폴스타프에 대한 처우에서 엿볼 수 있으며, 단호히 자기 의견을 고집할 줄 아는 줏대는 프랑스 전령과의 대화에서 또렷이 드러나고, 필요할 때는 언제나 국민의 애국심을 불러일으킬 수 있는 말재주를 지녔으며, 전투 전날 밤 그의 독백으로 알 수 있듯이 절대적인 책임감을 가지고 있는 것이다. 그리고 그의 철저한 신앙심 또한 이상적인 왕으로서 마땅히 가져야 할 점이리라. 이 작품은 연극적 구성이 조금 약해 보이지만 그 문체가 뛰어나서 오늘날까지 흔히 인용되는 명구들을 포함하고 있다. 특히 유명한 부분은 역적에 대한 헨리 왕의 설득(제2막 제2장), 아르플뢰르에서의 연설(제3막 제1장), 아쟁쿠르 전투 전날 밤의 독백(제4막 제1장), 그리고 웨스트모어랜드에게 하는 대사(제4막 제3장)이며, 이것들은 어느 누구도 뒤따를 수 없는 격조를 지니고 있다.

결국 셰익스피어는 이 작품에서 《헨리 4세》에서 본 것과는 전혀 다른 인물 성격의 헨리 5세를 만들어 냈고, 전체적인 분위기도 완전히 다른 극을 보여주었다.

셰익스피어 연보

1557년	아버지 존 셰익스피어, 메리 아든과 결혼하여 영국 중부 워릭셔 주(州)의 스트랫퍼드어폰에이번에서 살다.
1558	존의 맏딸 조앤 태어나다(9월 15일에 세례를 받았으나 어렸을 때 죽음). 존, 마을 보안관에 선출되다(다음 해에도 선출).
1561	존, 마을 재무관에 임명되다(2기 동안 근무).
1562	존의 둘째 딸 마거릿 태어나다(12월 20일 세례를 받고 다음 해에 죽음).
1564	존의 맏아들 윌리엄 셰익스피어 태어나다(4월 26일 세례).
1565(1세)	존, 마을 참사회 의원에 선출되다.
1566(2세)	존의 둘째 아들 길버트 태어나다(10월 13일 세례).
1568(4세)	존, 촌장에 선출되다.
1569(5세)	존의 셋째 딸 조앤 태어나다(4월 5일 세례).
1571(7세)	존, 참사회 의장 및 촌장 대리에 선출되다. 존의 넷째딸 앤 태어나다(9월 28일 세례를 받았으나 1579년 죽음).
1574(10세)	존의 셋째 아들 리처드 태어나다(3월 11일 세례).
1576(12세)	존, 문장(文章) 사용의 허가원을 내다.
1578(14세)	존, 집을 담보로 40파운드를 빚내다.
1579(15세)	존, 아내의 소유지를 팔다.
1580(16세)	존의 넷째 아들 에드먼드 태어나다(5월 3일 세례).
1582(18세)	윌리엄 셰익스피어, 여덟 살 위인 앤 해서웨이와 결혼하다(11월 27일 결혼 허가증 발행).
1583(19세)	맏딸 수잔나 태어나다(5월 26일 세례).
1585(21세)	쌍둥이 햄닛(남)과 주디스(여) 태어나다(2월 2일 세례).
1594(30세)	궁내장관 극단의 단원이 되다.

1596(32세)   맏아들 햄넷 죽다(8월 11일 장례). 10월 20일 존에게 문장 사용이 허락되다.

1597(33세)   스트랫퍼드에서 가장 좋은 집을 60파운드에 사들이다.

1598(34세)   벤 존슨의 희곡 무대에 출연하다.

1599(35세)   글로브 극장 개관되다. 글로브 극장 공동 경영자의 한 사람이 되다.

1601(37세)   2월 7일 글로브 극장에서 《리처드 2세》를 상연하다. 아버지 존, 죽다(9월 8일 장례).

1602(38세)   스트랫퍼드 가까운 곳 107에이커를 320파운드에 사들이다.

1603(39세)   5월 19일 궁내장관 극장을 국왕 극장이라 고쳐 부르다. 《햄릿》 첫 공연되다.

1605(41세)   스트랫퍼드 및 그 부근 토지의 권리를 440파운드에 사다.

1607(43세)   6월 5일 맏딸 수잔나를 의사인 존 홀과 결혼시키다. 동생 에드먼드, 런던에서 죽다.

1608(44세)   수잔나의 첫딸 엘리자베스 태어나다(2월 3일 세례). 어머니 메리 죽다(9월 5일 장례).

1609(45세)   셰익스피어 극단 블랙플라이어즈 극장을 흡수, 글로브 극장과 함께 두 개 극장을 소유하게 되다.

1610(46세)   은퇴하여 고향으로 돌아가다.

1613(49세)   3월 런던에 140파운드를 주고 집을 사다. 6월 29일 《헨리 8세》 공연 도중 글로브 극장이 불에 타버리다. 동생 리처드 죽다.

1616(52세)   2월 10일 둘째 딸 주디스가 토머스 퀴니와 결혼하다. 3월 15일 유서를 작성하다. 4월 23일 셰익스피어 세상을 떠나다. 4월 25일에 묻히다.

1623(59세)   8월 6일 아내 앤 헤서웨이 죽다.

셰익스피어 작품 연대 일람표*

---

* E.K. 체임버스의 추정임.

신상웅(辛相雄)

일본 교토에서 태어나 경북 의성에서 성장했으며, 중앙대 영문학과를 졸업 대학원에서 문학박사 학위를 받았다. 1968년 〈세대〉지 신인문학상에 중편 「히포크라테스 흉상」이 당선되어 작품활동을 시작한 뒤, 진중한 역사의식과 날카로운 현실인식이 돋보이는 중량감 있는 작품들을 발표하여 한국현대문학을 대표하는 작가의 한 사람으로 자리잡았다. 시대의 모순과 개인적 갈등을 밀도 있게 조명한 그의 소설들은 시대를 뛰어넘어 강한 흡인력을 행사하고 있다. 장편 「심야의 정담(鼎談)」으로 제6회 한국일보문학상을 수상하였다. 중앙대 교수와 예술대학원장 역임, 현재 명예교수이다. 주요 작품 「히포크라테스 흉상」, 「분노의 일기」, 「쓰지 않은 이야기」, 「돌아온 우리의 친구」, 장편 「배회」, 「일어서는 빛」, 「바람난 도시」, 「심야의 정담」 등이 있다. 셰익스피어30년 연구와 열정을 바친 신상웅 옮김 「셰익스피어전집(총8권)」으로 '춘원문학상'을 수상했다.

World Book 282
셰익스피어전집1 [역사극Ⅰ]
William Shakespeare
KING JOHN/EDWARD Ⅲ/RICHARD Ⅱ
HENRY Ⅳ PART1/HENRY Ⅳ PART2/HENRY Ⅴ
존 왕/에드워드 3세/리처드 2세
헨리 4세 제1부/헨리 4세 제2부/헨리 5세
셰익스피어/신상웅 옮김

1판 1쇄 발행/2019. 11. 1
발행인 고정일
발행처 동서문화사
창업 1956. 12. 12. 등록 16-3799
서울 중구 다산로 12길6(신당동 4층)
☎ 02-546-0331~6 Fax. 545-0331

www.dongsuhbook.com
사업자등록번호 211-87-75330
ISBN 978-89-497-1656-5 04080
ISBN 978-89-497-0382-4 (세트)